中國古輿服論叢

（增訂本）

孫机／著

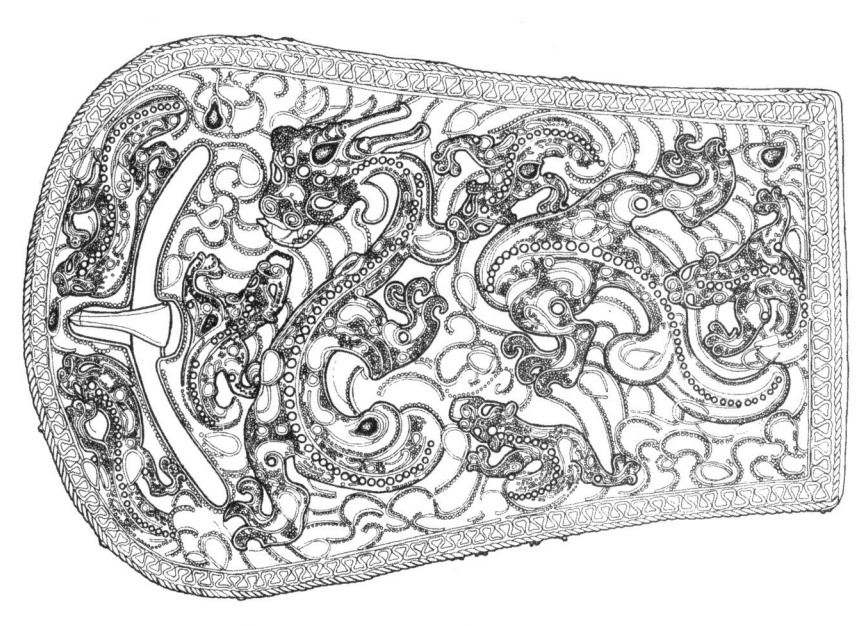

上海古籍出版社

图书在版编目(CIP)数据

中国古舆服论丛 / 孙机著. —增订本. —上海：
上海古籍出版社，2013.11 (2022.7重印)
ISBN 978-7-5325-6945-8

Ⅰ. ①中… Ⅱ. ①孙… Ⅲ. ①车马器—中国—
文集②服饰—中国—古代—文集 Ⅳ. ①K875.34-53
②K875.24-53

中国版本图书馆 CIP 数据核字(2013)第 167738 号

中国古舆服论丛(增订本)

孙 机 著

上海世纪出版股份有限公司 出版
上海古籍出版社

(上海市闵行区号景路159弄1—5号A座5F 邮政编码201101)
(1)网址：www.guji.com.cn
(2)E-mail：guji1@guji.com.cn
(3)易文网网址：www.ewen.co

上海世纪出版股份有限公司发行中心发行经销
常熟人民印刷有限公司印刷

开本787×1092 1/16 印张30.75 插页9 字数617,000
2013年11月第1版 2022年7月第7次印刷
印数：8,501—9,550
ISBN 978-7-5325-6945-8
K·1759 定价：158.00元
如发生质量问题，读者可向承印公司调换

目 录

上 编

始皇陵 2 号铜车对车制研究的新启示 …………………………… （ 3 ）
略论始皇陵 1 号铜车 ……………………………………………… （ 19 ）
中国古独辀马车的结构 …………………………………………… （ 27 ）
中国古马车的三种系驾法 ………………………………………… （ 56 ）
商周的"弓形器" …………………………………………………… （ 69 ）
辂 …………………………………………………………………… （ 80 ）
"木牛流马"对汉代鹿车的改进 …………………………………… （ 89 ）
唐代的马具与马饰 ………………………………………………… （ 94 ）
周代的组玉佩 ……………………………………………………… （120）
深衣与楚服 ………………………………………………………… （135）
洛阳金村出土银着衣人像族属考辨 ……………………………… （147）
进贤冠与武弁大冠 ………………………………………………… （157）
汉代军服上的徽识 ………………………………………………… （179）
说"金紫" …………………………………………………………… （183）
南北朝时期我国服制的变化 ……………………………………… （189）
从幞头到头巾 ……………………………………………………… （200）
唐代妇女的服装与化妆 …………………………………………… （219）
中国古代的带具 …………………………………………………… （247）
霞帔坠子 …………………………………………………………… （285）
明代的束发冠、䯼髻与头面 ………………………………………… （295）

下 编

两唐书舆（车）服志校释稿 …………………………………………（329）
  凡例 ……………………………………………………………（329）
  卷一　总序、车舆 ……………………………………………（330）
  卷二　冕服、朝服、公服 ……………………………………（375）
  卷三　常服、其他 ……………………………………………（432）
图片目录 …………………………………………………………（479）

上　编

始皇陵 2 号铜车对车制研究的新启示

1983 年 3 月间，承蒙临潼秦兵马俑博物馆和秦俑考古队惠予便利，笔者有幸对 1980 年冬在始皇陵封土西侧发掘出土、此时修复工作已近完成的 2 号铜车进行了初步考察。这一组古文物瑰宝，不仅气魄恢宏、工艺精湛、装饰华焕，而且造型极其严谨、准确（图 1-1）。全副鞍具，包括像繁缨这样的细节，都用金属逼真地复制了出来。有些从前认不准的车器这次找到了归属，有些从前感到扑朔迷离的记载这次也被澄清，并用具体形象生动地阐明了。在过去发掘的瘞真车马的陪葬坑中，这些部件却大都朽失无存。因此可以认为，2 号铜车的出土，无疑将使古车制的研究推进到一个新阶段。最近又获读此次发掘之尚未发表的简报，进一步弄清楚了一些问题，因志其一得之见，以求正于同志们。不过由于始皇陵并未正式全面发掘，有关葬仪、葬式的许多问题尚不明了，目前只能就车论车，先对它本身的形制作些探讨。

2 号车的一条辔绳末端有朱书文字"安车第一"。首字微泐，简报未释。按古玺文"安"字作🗍（《古玺汇编》页 1448）、🗍（同上书页 4348），故此字应是安字。而 2 号车的御者又坐于前舆，证以《续汉书·舆服志》刘注引徐广"立乘曰高车，坐乘曰安车"的说法，则此车应为安车；但此车有容盖衣蔽，车型又当属于辒、辌之类。辒、辌二车，车型相近。《释名·释车》："辒、辌之形同，有邸曰辒，无邸曰辌。"《宋书·礼志》引《字林》亦谓："辌车有衣蔽无后辕，其有后辕者谓之辒。"这两种车在汉画像石和壁画中都有很清楚的表现（图 1-2），并有车旁榜题为证①。将它们的形制与 2 号车比较，其相同之处不难立辨。但在一般印象中，总觉得辒、辌是妇女乘坐的。《汉书·张敞传》："君母出门，则乘辒、辌。"汉代的出行图中，乘辒车的也多是妇女②。其实这种车男子也可以乘坐。《汉书·张良传》记张良对刘邦说："上虽疾，强载辒车，卧而护之。"这里的辒车正是《释名》所谓"载辒重卧息其中之车"之意。汉高祖与秦始皇的时代相近、地位相当，两人出行卧息也可能用同类型的车。所以 2 号车单从坐乘这方面来说，可以认为是安车；而从车箱构造这方面来说，又可认为是辒车。《古列女传·齐孝孟姬传》："妾闻，妃后逾阈，必乘安车辒辌。……今立车无辌，非所敢受命。"可见辒辌可以包括在安车类型中。大抵安、立，辒、辌，轺、輬，辒、辌等车的分类标准各不相同，其中有些名称是互相交叉的。如《汉书·平帝纪》："立轺并马。"则轺车可立乘，应为立车之一种；又《霍光传》颜注："辒、辌本安车。"则辒、辌又均为安车之一种。《左传·襄公二十三年》所记齐国战车有先驱、申驱、贰广、启、胠、大殿等，但这些不同的名称可能只是依据它们在战阵中所居位置之不同而区分的，并非各自代表一种独立的车型。所以一辆先驱车，同时又可能是一辆轈车；而一辆申驱车，同时又可能是一辆轻车。鉴别2号车的车型时，也宜考虑到这种情况。

2号车车箱两侧有可推启之窗，可能就是《说文》所称之戾。《户部》："戾，辌车旁推户也。"《说文》下定义时遣词很有分寸，它不说戾是窗子，而说是推户。这是由于窗的本义是"通孔也"③。窗字亦作"囱"。王力先生谓："囱指天窗，即在帐篷上留个洞，以透光线。"④可见窗子上起先是不装窗扇的，即使后来装了窗扇，直到唐代以前也多为固定的，不能开启。而户却有可开合的"户扇"即扉。因此，辌车侧面的推窗也只得称为"推户"了。2号车的戾上还镂出了很细密的菱形孔洞（图1-3:2），应即古文献中所称之绮寮或绮疏。如，《西京赋》"交绮豁以疏寮"，《魏都赋》"曒日笼光于绮寮"，《古诗十九首》"交疏结绮窗"，《后汉书·梁冀传》"窗牖皆有绮疏"，皆指此种镂孔纹样。因为寮是"小空也"，疏是"刻穿之也"⑤，而绮则如《释名·释采帛》所说："绮，欹也。其文欹邪，不顺经纬之纵横也。"据出土古绮标本观察，其织纹多呈菱形，也有呈复合菱形的，即所谓"杯文绮"⑥（图1-3:1）。后者与2号车戾上镂孔的形状更为接近。这种式样的镂孔窗扇战国时已经出现。《楚辞·招魂》称"网户"，王注："网户，绮文镂也。"即是此物。但在汉代明器陶屋的窗子上反而不太常见，那上面往往只有直棂、斜格、穿壁等较简单的图案。虽然河南陕县刘家渠汉墓出土的陶仓楼在腰檐的栏杆上出现过与2号车戾相近之菱形镂孔⑦，却也做得很粗疏。2号车戾上的绮寮为古建筑外檐装修的细部结构提供了例证。

2号车在车箱后方开门，与《周礼·巾车》"良车、散车"郑注"谓若今辌车后户之属"之说合。其左侧门颊装银质拐形门栓（图1-4:1），应名为银户钥。《方言》卷五："户钥，自关而东陈、楚之间谓之键，自关而西谓之钥。"《礼记·月令》："脩键闭，慎管籥。"郑注："管籥，搏键器也。"可见它是一种有搏键装置的栓门之具。清·朱骏声说："古无锁钥字，凡键具皆用木不用金。"⑧所以楗⑨、键、籥、阁⑩、钥诸字可互通。户钥在满城1、2号汉墓中均出。2号墓所出者由内挡（或即键）、转轴与轴套（或即管）、把手（或即钥）三部分构成⑪（图1-4:2）。因此它亦可名为"管键"（《周礼·司门》），户钥则是其通称了。而对于车来说，只有辒、辌等车型才有后户，才能装户钥。此物既然在满城1号刘胜墓出土，说明他亦用辌车类型的车从葬，这又可以作为男子乘辌车的一项旁证。

2号车除金、银零件外，整体用铜制，惟于车盖上附有一层丝织物，当即《说文·

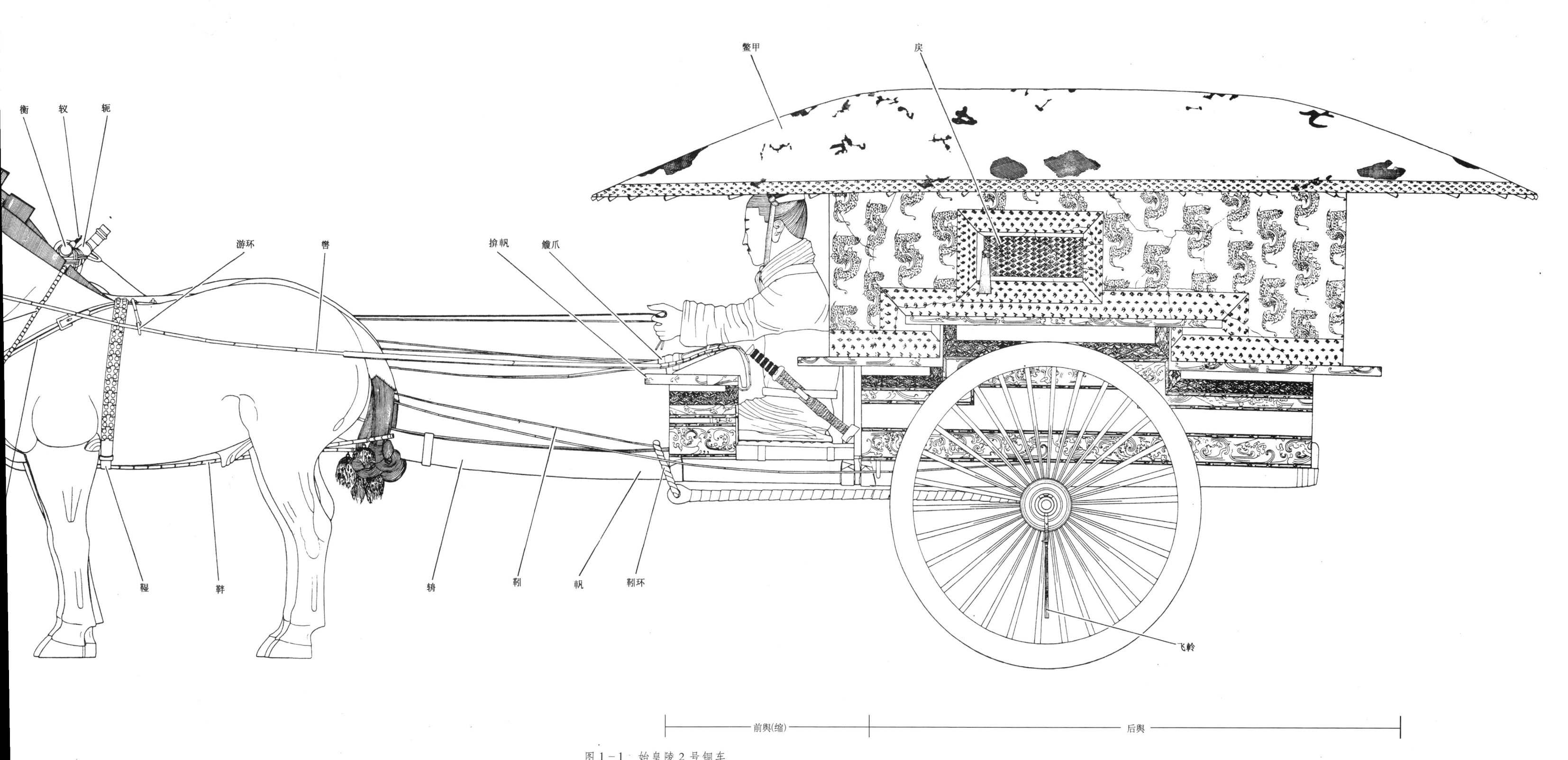

图 1-1 始皇陵 2 号铜车

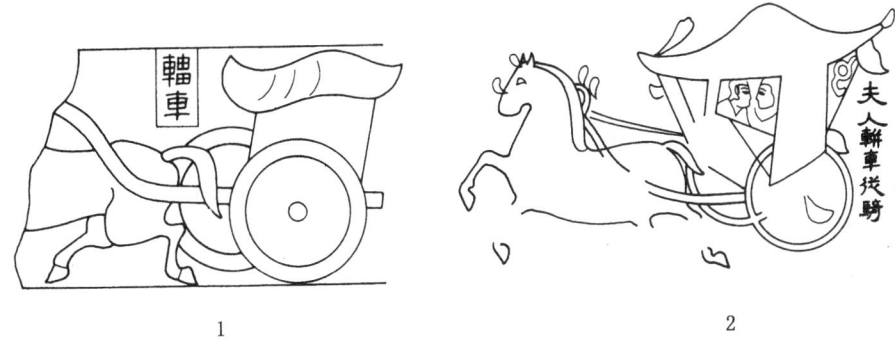

图 1-2 辎车与辇车

1. 潘祖荫旧藏汉画像石中的辎车 2. 和林格尔汉墓壁画中的辇车

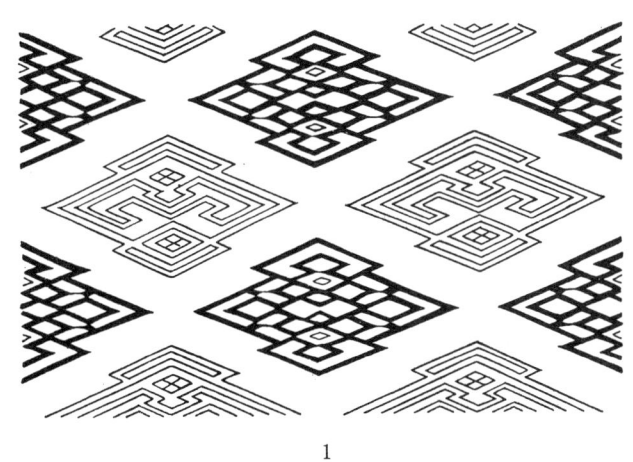

1

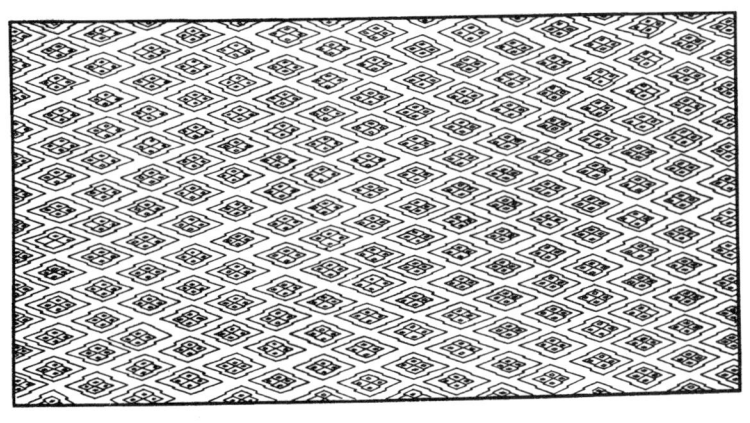

2

图 1-3 绮与绮寮

1. 马王堆 1 号汉墓出土的杯纹绮 2. 2 号铜车的绮寮

巾部》"幪,盖衣也"之幪。车盖之有盖衣犹车杠之有杠衣,盖衣当蒙覆于盖上。但此车已有铜盖,不便再加铜幪,所以盖衣就直接用丝织物制作了。此车之盖呈椭圆形,顶部隆起,近似所谓鳖甲[12]。它随车之纵深延长,这是因为其车箱为重舆,车盖要遮住前、后两节车舆之故。《隋书·何稠传》载:"旧制:五辂于辕上起箱,天子与参乘同在箱内。稠曰:'君臣同所,过为相逼。'乃广为盘舆,别构栏楯,侍臣立于其中。于内复起须弥平坐,天子独居其上。"《旧唐书·舆服志》:"玉辂,青质,以玉饰诸末。重舆。"从这些记载看来,似乎隋唐之辂才用重舆。其实早在秦汉的辎车上就能看到这种形制。山东福山东留公村出土的汉画像石中之辎车,车箱分割为前后两部分,主人坐于后舆,御者在前舆(即缩或育)中执策驭马[13](图1-5)。2号车也是这样。不过此车的御者

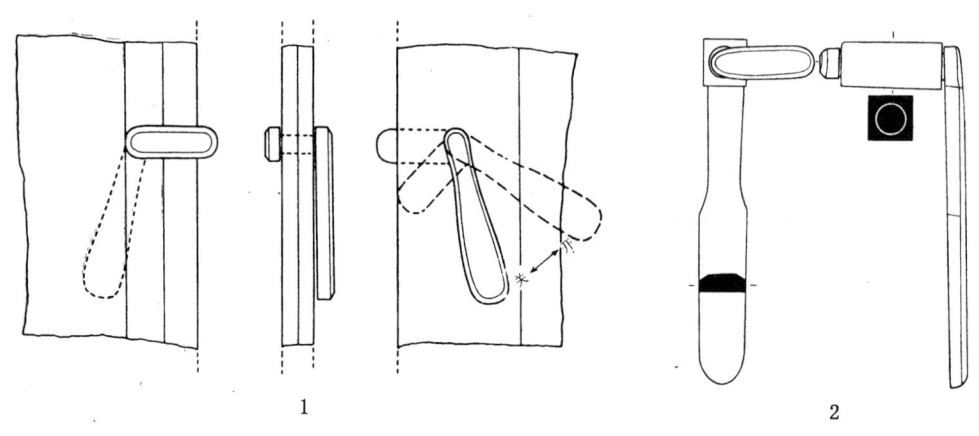

图1-4 户钥

1. 始皇陵2号铜车(左.外视 中.侧视 右.内视) 2. 满城2号汉墓出土

图1-5 山东福山出土汉画像石上的重舆辎车

双手执辔，不像福山画像石的御者手中还拿着策。但2号车的策也出土了：铜质，竿形，带节，前端有短刺（图1-6）。过去除了在画像石上看到代表策的一根线条外，出土的实例很少[14]，一直不曾了解其细部构造，所以对于古文献中有关马策的记载不尽了然。《淮南子·道应》说：白公"罢朝而立，倒杖策，錣上贯颐"。高注："策，马捶。端有针以刺马，谓之錣。倒杖策，故錣贯颐也。"倒拄杖策竟能将面颊戳穿，虽高注言之凿凿，读起来仍感费解。这次看到2号车上装刺的策，才知道白公是被它刺伤的[15]。此物亦名筴，《说文·竹部》："筴，羊车驺箠也。着箴其耑，长半分。"由于《释名》说羊车是"善饰之车"，所以段玉裁注筴字时谓"善饰之车，驾之以犊，驰骤不挥鞭策，惟用箴刺而促之"。按段说不尽准确，因为刺即錣本来就装在策上，不挥策何以用箴促马？而后代驱马所用之鞭，古代却主要用于殴人。《尚书·舜典》："鞭作官刑。"《左传·襄公十四年》："初，公有嬖妾，使师曹诲之琴，师曹鞭之。公怒，鞭师曹三百。"又《哀公十四年》："成有司使，孺子鞭之。"《周礼·条狼氏》："条狼氏掌执鞭以趋辟。"郑注："趋辟，趋而辟行人，若今卒辟车之为也。孔子曰：'富而可求，虽执鞭之士吾亦为之。'"孙诒让疏："鞭所以威人众，有不辟者，则以鞭殴之。"经典所记，鞭多用于人，罕用于马。《韩非子·外储说右下》说："操鞭使人，则役万夫。""代御执辔持策，则马咸骛矣。"将鞭与策对举，其用途的区别更是一目了然。故先秦、两汉之御车者一般并不挥鞭。所谓"左执鞭弭"等说法，乃是假殴人之具以棰马。唐以后，驱马始多用鞭，而装錣之策遂渐次隐没不见[16]。

此外，2号车舆下的当兔和伏兔也值得注意。当兔位于辀、轴交会处。以前只见《考工记·辀人》中有"十分其辀之长，以其一为之当兔之围"的记载。戴震《考工记图》以为"当兔在舆下正中"；然而实物未见，在这里是第一次被发现。至于伏兔，在西周车上多呈履形或长方形，有时其一端且楔入轮舆之间的笠毂之套管中[17]。然而宝鸡茹家庄西周墓出土的笠毂之套管只做出上半边，呈覆瓦状[18]，已不能约束伏兔。至战国时，笠毂更变成一端钉在伏兔上、另一端遮在毂上的扁平饰片[19]。2号车上的笠毂承袭了这种做法，也只是一片从伏兔外侧接出来的板状物。而伏兔的断面近似梯形，上平以承舆，下凹以含轴。其状与清代戴震、阮元等人的推测颇相合[20]。戴、阮等用这种形制解释《考工记》中的伏兔，虽未能尽合，但对秦车的伏兔来说，却是言而有中的。

图1-6 2号铜车上的策

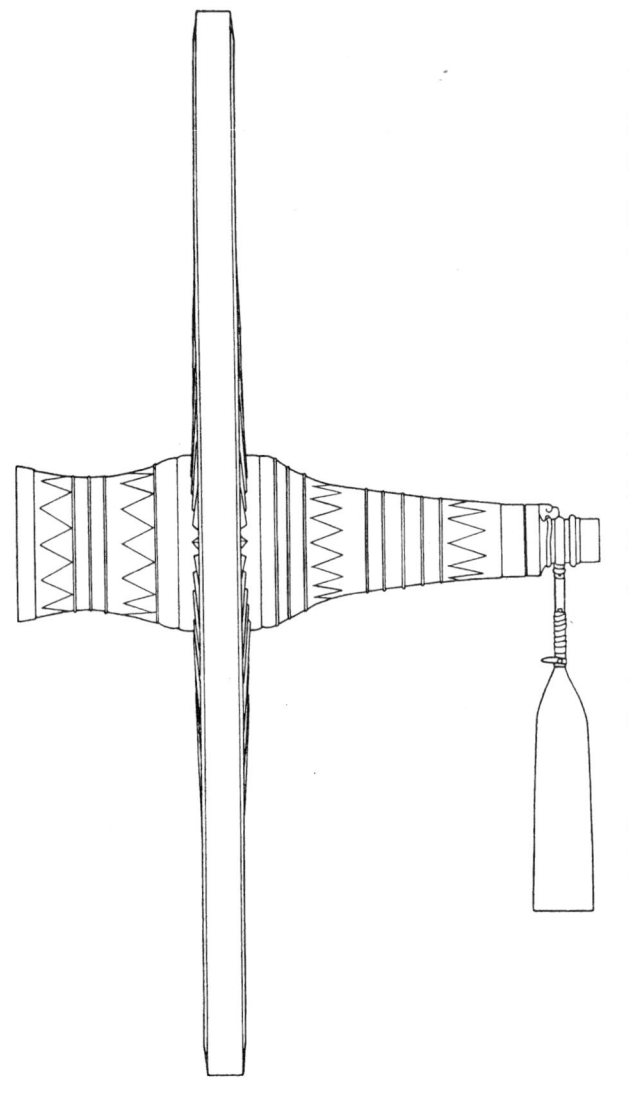

图 1-7　2 号铜车上的毂、軎与飞軨

2 号车车轴两端穿入毂中，毂长 33.5 厘米（图 1-7）。如以铜车为真车缩小二分之一的模型，则实物约长 67 厘米。《诗·秦风·小戎》中提到"文茵畅毂"，毛传："畅毂，长毂也。"2 号车的毂算得上是畅毂了。畅毂延长了轮对轴的支撑面，行车时可更加平稳而避免倾覆。但长毂容易在两车相错之时互相碰撞，被称为毂击（《晏子春秋·内篇杂下》）、辖击（《战国策·齐策》）或简称为𨍏（《周礼·野庐氏》、《说文·车部》）。这许多的专用词汇也反映出行车时此种情况经常会发生，所以孙子说："军行患车辖之。"[21]战国战车有时"尽断其车轴末"[22]。可见战国战车开始采用短毂。但长、短毂各有利弊，亦即《考工记》所谓："短毂则利，长毂则安。"2 号车采用长毂，是出于行车安稳的考虑。2 号车之毂饰以弦纹和锯齿纹，当即代表《周礼·巾车》"孤乘夏篆"、《考工记·轮人》"陈篆必正"之篆。先、后郑都把篆解释为毂约。毂约又称

𫐉约。《说文·车部》："𫐉，长毂之𫐉也，以朱约之。"《广雅·释诂》："约、缚，束也。"此字或从革作鞤，即《轮人》中提到的帱革。用它束于毂周，即《诗·小雅·采芑》孔疏所说："以皮缠束车毂以为饰，而上加以朱漆。"其实毂本用木材制作，缠革涂漆是加固之需，并非单纯为了装饰。太原金胜村 251 号春秋墓之车马坑所出 8 号车，其毂之𫐉端向里有八道凸起的环棱。制车时曾在环槽中施胶，缠以八道皮革，干后再打磨涂漆，从而增强了车毂的坚固程度。这是古车陈篆的实例[23]。始皇陵 2 号车之毂以弦纹和锯齿纹为篆，仍接近缠缚皮革所形成的纹理。此外，2 号车在毂端的軎上还系有幡状飞軨。《急就篇》颜注："路车之辖施小幡者，谓之飞軨。"这种形制在这里得到了印证。

《续汉书·舆服志》说，皇帝车上的飞軨要画苍龙白虎等花纹。但汉画上所见之飞軨常是两条短飘带，不便再施绘画，只有呈幡状才符合需要。以前在甘肃平凉庙庄秦墓出土的车上发现过饰珠的飞軨[24]，似乎秦车颇重视飞軨。此物一般用布帛制作，不易保存，他处少见其实例。

再看鞁具。2号车之繁复精致的鞁具为研究系驾方法提供了极为宝贵的资料，许多重要的情况都是第一次在这里见到的。首先，连接在服马两轭之内靭上的两条靭绳就很引人注目。服马主要通过它来曳车，这是以前所想象不出的。《左传·哀公三年》一再提到，"两靭将绝，吾能止之"，"驾而乘材，两靭皆绝"。从前总认为服马应各有二靭，合计为四靭，所以不理解《左传》"两靭"之所指。现在才知道每匹服马均用单靭曳车，两靭已经概括了服马承力之所在。这两条靭绳的后端系在舆前的环上，此环即《秦风·小戎》"阴靭鋈续"之鋈续，郑笺："鋈续，白金饰续靭之环。"此环后部连着一条粗索，系于轴之正中（图1-8），与《说文·革部》"靭，所以引轴也"之说完全一致。而据《小戎》毛传，"阴靭"句中之阴系"揜軓也"。郑笺："揜軓在轼前，垂輈上。"孔疏："阴、揜軓者，谓舆下三面材，以板木横侧车前，所以阴映此軓，故云揜軓也。"孙诒让则称之为揜舆版。但此前在古车上总找不到合乎这种条件的部件，这次在2号车前舆的车軨上看到一块覆箕状的盖板，恰好遮掩着舆前那段较平直的輈即軓，所以揜軓正是指它而言。回过来再看以前出土的战国铜器刻纹中的车，如河南辉县赵固、江苏淮阴高庄、山东长岛王沟等处之例，遂发现其舆前也都有揜軓[25]（图1-9）。但倘若不是由2号车得到启示，只从那些简略的刻画中是难以辨认出此物的。

2号车的骖马曳的是偏套，套绳分别沿两骖内侧向后通过前軨左右之吊环而结于舆底的桄上[26]。此套绳应称为靳。《左传·定公九年》记王猛对东郭书说："吾从子如骖之有靳。"杜注："猛不敢与书争，言己从书，如骖马之随靳也。"所以靳才是骖马的套绳的名称。而靳的被认识，又使许多问题随之迎刃而解。如《小戎》"游环胁驱"之游环，旧本毛传释作"靳环"，郑笺："游环在背上，无常处，贯骖之外辔，以禁其出。"2号车之靳正在骖马背部接出一短带，带端系环，骖之外辔恰恰从此环中穿过，与毛、郑之说若合符契，故此环无疑即是游环。以前因为不认识靳，所以依通行本将游环解释为靭环[27]。但这么一来，好几种鞁具的位置都连带着发生了错乱。同时，靳的被确认，也进一步证明一乘车上只有两靭，不与轴相连接的靳并不是靭。

至于《简报》所说的套在骖马颈部而系于服马轭上、用以防止骖马外逸的缰索[28]，或即是鞅。《说文·革部》："鞅，骖具也。从革、蚩声，读若骈蛪。"段注："《虫部》蚩读若骈，则此蚩声读骈宜矣。不知何以多蛪字。骈蛪连文不可通，疑当为又读若蛪也。"按《丂部》："粤，侠也。"段玉裁说："侠之言夹，夹者持也。经传多假侠为夹。"鞅之为用正是将骖马夹持于服马之侧。

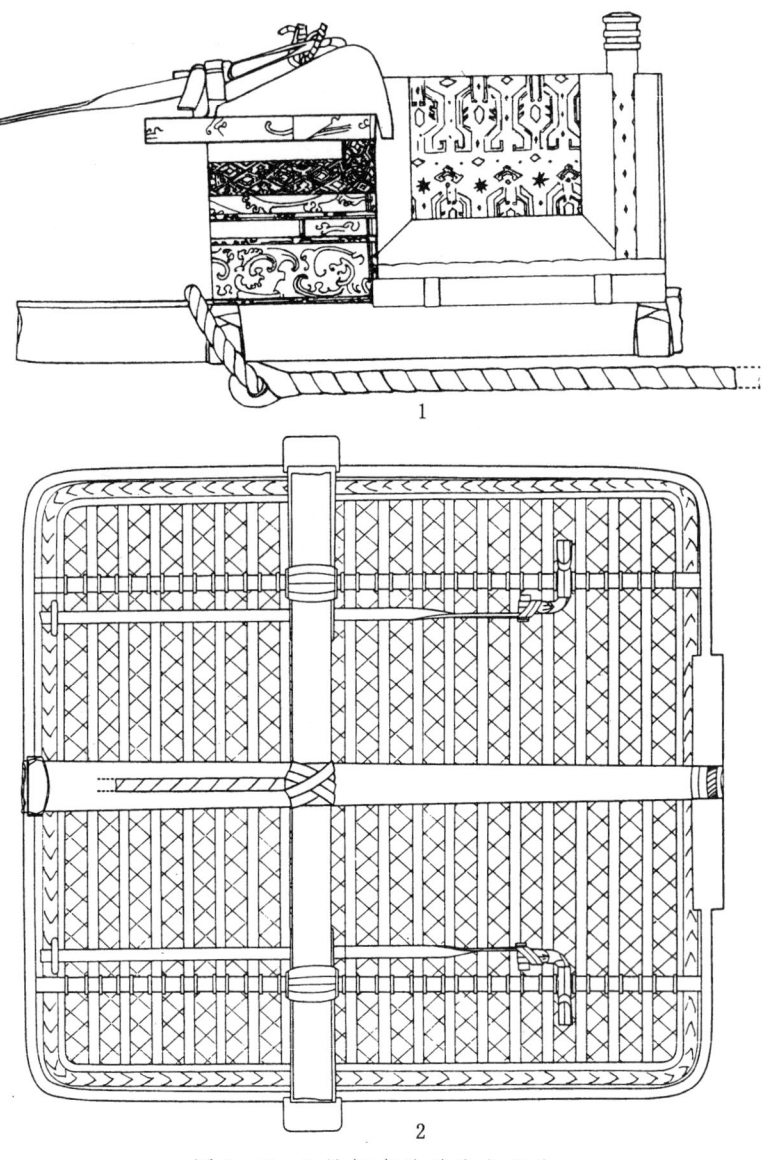

图 1-8 2号铜车的前舆与后舆

1. 前舆（侧视，下部为连接在靷环上的粗索）
2. 后舆底部（仰视，图中纵向的宽界道为軸，横向的宽界道为轐，粗索末端缚在軸上）

特别出人意料的是，2号车的服与骖均自尾后牵一带经腹下系于轭或鞅上，这也是过去从未发现过的。《左传·僖公二十八年》描写晋国的军容时说："晋车七百乘，韅、靷、鞅、靽。"其中列举出各类鞍具，用以表示晋车装备的齐全。这里面提到了一种他处很少提到的靽。据杜注："在后曰靽。"则上述后牵于马尾之带应为靽。然而杨伯峻新注谓："靽同绊，音半，絷马足之绳。"晋军临阵之战车不会自行系上绊马腿之绳。持此

图 1-9　山东长岛出土战国铜鉴刻纹中前部有撑帆的车

说者或引《楚辞·国殇》"霾两轮兮絷四马"为证[29]。但《国殇》之出此语，应如王注所说，是在"己所乘左骖马死，右骓马被刀创"之后；其霾车絷马，乃是表现"终不反顾，示必死也"之志，也就是下文说的"出不入兮往不反"、"首身离兮心不惩"之意。他们所面临的形势与晋军完全不同，故此说恐非是。但如果 2 号车上未把它表现清楚，鞶为何物，则将难以理解了。

2 号车的服马和骖马均在额前的络头上装金质当卢。当卢背面的垫片上有刻文，自右骖至左骖，分别为"鞔右一"、"道二"、"道三"、"鞔四"（图 1-10）。按鞔字古音属元部明母，与辂字同部同纽。《礼记·檀弓》记孔子合葬父母之前，"问于郰曼父之母"，《史记·孔子世家》中"曼父"作"挽父"。故鞔当是挽之假字。《说文·车部》："挽，引车也。"经传又多假道为导，《说文·寸部》："导，引也。"所以秦车可以称骖

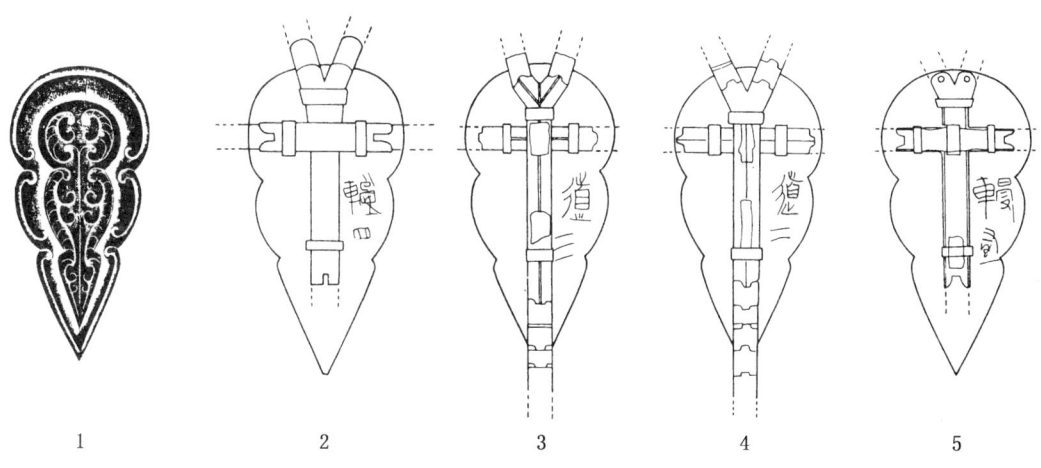

图 1-10　2 号铜车的钖

1. 正面拓片　2～5. 背面刻文
（2. 鞔四　3. 道三　4. 道二　5. 鞔右一）

为鋛，称服为道。然而道亦训先，《文选·赭白马赋》："飞輧轩以戒道。"李善注："道，先也。"考虑到在古代的驷马车上，四匹马并不是齐头并进的，《诗·郑风·大叔于田》："两服上襄，两骖雁行。"郑笺："雁行者言与中服相次序。"孔疏："此四马同驾，其两服则齐首，两骖与服马雁行，其首不齐。"清·王引之《经义述闻》卷五："上者，前也。上襄，犹言前驾，谓并驾于前，即下章之'两服齐首'也。雁行，谓在旁而差后，即下章之'两骖如手'也。"《左传·定公四年》正义也说："骖马之首当服马之胸。"所以秦代将服马称为道，还有表示这两匹马的位置靠前的含意。在这次发掘中，前后两乘铜马车出土时，驾车之马的位置均为服马在前、骖马次后，特别是前车即1号车更为明显㉚。不过鋛即骖马虽然位置稍偏后，却并不意味着其重要性偏低；相反，当时的骖马可能比服马更受重视。2号车的两骖都在颈部套着金银项圈，而服马却没有。洛阳中州路战国车马坑中之车，亦仅二骖套有银项圈㉛。马饰的丰俭与受重视的程度总该有所关联。再如《郑风·大叔于田》描写大叔驾车时，一开始就说："执辔如组，两骖如舞。"只言两骖，不提两服，亦可证调御两骖之得宜与否，对行车相当紧要。《左传·桓公三年》记曲沃武公"逐翼侯于汾隰，骖絓而止"。《成公二年》记齐顷公之车在鞍之役中"将及华泉，骖絓木而止"。这都说明骖马较易受路边外物的干扰，故宜选强悍的马充任。并且，车子转弯时起主导作用的也是骖马。2号车的右骖在额顶立一装缨的铜杆，应即《续汉书·舆服志》所说用牦牛尾制作的"左纛"。它就是为了便于使四匹马一起转弯而设置的部件。但这里会提出一个问题：既然称为左纛，似乎就应该装在左骖头上，为何2号车却把它装在右骖头上呢？这可能是因为当时的战车一般均向左边转弯，即《郑风·清人》所谓"左旋"的缘故。孔疏："必左旋者，《少仪》云'军尚左'。"但战车为什么要左旋呢？这又和乘车者的位置密切相关。当一辆战车乘二人时，御手居左，甲士居右，如始皇陵2号兵马俑坑出土之T14号车所见者㉜。若乘者为三人，而其中又有指挥作战的将领时，则如郑玄所说："左，左人，谓御者。右，车右也。中军，为将也。兵车之法，将居鼓下，故御者在左。"㉝当然，此仅就一般情况而言，例外的场合也是有的。但不论位置如何变动，车上居右之人即所谓"戎右"，常为手执戈矛的勇力之士。《左传·成公八年》杜注："勇力皆车右也。"因此，当战车转弯时，配备武装的右侧应向外，使之仍能起到御敌的作用，即"左旋右抽"之所谓右抽；而没有武装只有御手的左侧应在内，以便受到保护㉞。在进行车战时，左旋应是御车的常规（图1-11）。由此而产生的左纛之制，亦不应理解为左侧之纛，而宜理解为左旋之纛。此纛立于右骖头上，则左旋时纛自右向左催迫诸马，弯子就比较容易掉转过来。转弯时右骖所起的主导作用，在《说文》中已经指出。《舟部》："服……一曰车右騑，所以舟（周）旋。"右騑即右骖。《马部》："騑，骖也。"而由于自右向左折旋须以右骖带头，故又称"右还"。《周书·武顺篇》："武礼右还，顺地以利兵。"《楚辞·招魂》："抑骛若通兮，引

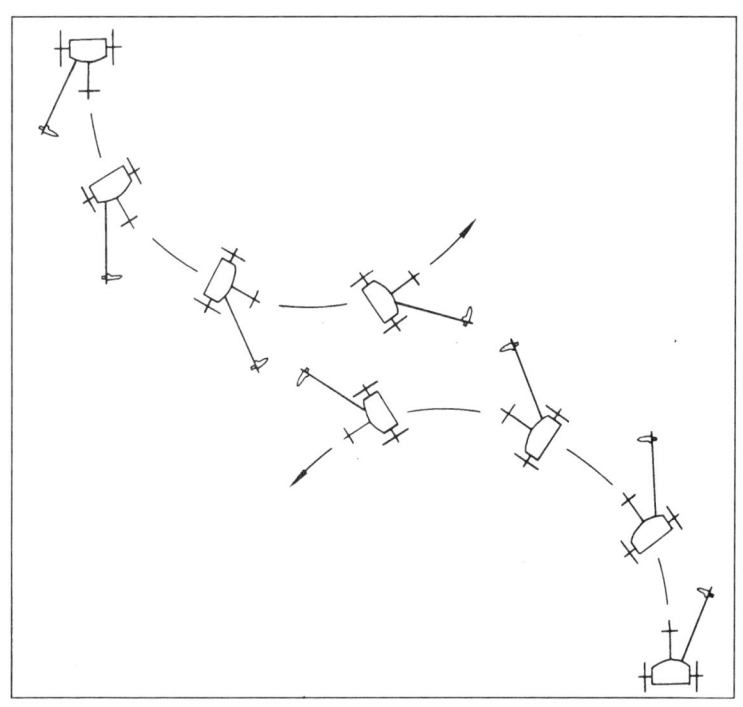

图 1-11 车战时之"左旋"（示意图）

车右还。"其实，左旋和右还说的是一回事。

既然在行车时要求两骖更灵活些，更具机敏的反应能力，所以要选强悍之马。可是悍马难驯，因而 2 号车在两骖口中除安排一套普通马衔外，还另加一套带刺的杵形衔（图 1-12）。《简报》将此物考定为镳，是很正确的。《文选·西征赋》注引《庄子》司马注："镳，騑马口中长衔也。"《史记·司马相如列传》索隐引周迁《舆服志》："钩逆上者为镳，镳在衔中，以铁为之，大如鸡子。"都说得极其明确。镳又名䶌。《说文·齿部》："䶌，马口中镳也。"䶌是齿相啮之意㉟。当时是用这种螫口的带刺的镳来加强对骖马的控制。《韩非子·奸劫弑臣篇》说："无垂（棰）策之威，衔镳之备，虽造父不能以服马。"《淮南子·氾论》说："是犹无镝、衔、镳、策、錣，而御駻马也"，而《盐铁论·刑德篇》则说："犹无衔、镳而御捍马也"，将前二处列举的马具减缩成衔、镳两种，其重点显然是镳，可见该书作者认为没有镳就难以制服悍马。

从 2 号车上骖马所受的对待，不难看出它们的地位不同于服马。而在两骖之中，左骖似乎更被看重些㊱。因为它位于左外侧，而御者的策持于右手，笞之不甚得便，故更宜选用"不待策錣而行"的"良马"㊲。它应能对行车的各种意图迅速作出反应，转弯时尤须左骖充分配合，将车控制住。所以《考工记·辀人》提出，终日驰骋而"左不楗"，即左骖不塞倦，是鉴定好车的一项标准。

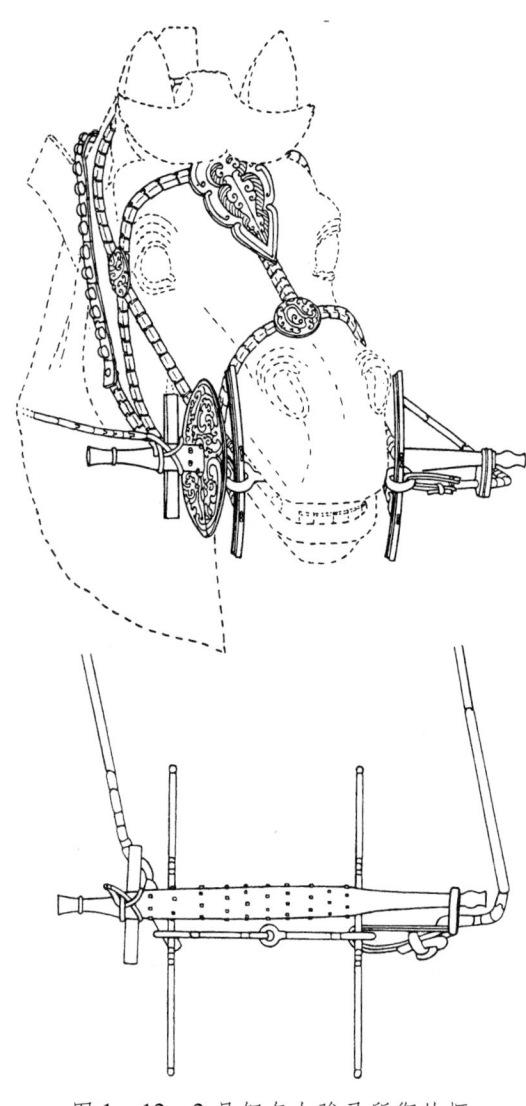

图1-12 2号铜车左骖马所衔的橛

御者的意图主要通过辔传达给马,无论骖马、服马,都受辔的调遣。驷马车上的辔如何安排,还是一个并未完全解决的问题。按理四马共八辔,而经传皆言六辔,如《小戎》就说:"四牡孔阜,六辔在手。"因此需要回答:一、余下的是哪二辔,对之如何处理?二、六辔如何安排,才能向四匹马同时发出一致的信号?由于2号车出土时辔已散断,原来的连接法并不明确。《诗·鄘风·干旄》孔疏:"御车之法,骖马内辔纳于觖,惟执其外辔耳。骖马,马执一辔,服马则二辔俱执之。"二骖马各一辔,是为二辔;二服马各二辔,是为四辔;合计之,正是六辔。但骖马之另一条辔即"内辔"却不应系于"觖",即简报所说之撑軓上的觚爪[38];而是与相邻之服马外侧的衔环系在一起。并且,两服马的内侧之辔还要在軨前左右交叉一次。辔的这种安排,在战国铜器刻纹上反映得很清楚[39](图1-13)。也只有这样,才能将各马左、右侧之辔分别集中在御者的左、右手中,通过操纵辔使车中的马一致行动。而且不仅驾四马的车用六辔,驾六马也是用六辔。《列子·汤问篇》:"六辔不乱,而二十四蹄所投无差。"不过在驾六马的车上,骓和骖都要通过内辔和服马之外侧的衔环联在一起。左旋时,起主导作用的则是最外侧的右骓;右骖、右服这时就跟着一同回旋了。而在四马车上,转弯时骖马是带头的,所以它的内辔应由御者直接掌握,不应系结在车上某处。何况2号车在衡辕交接处左右各有一银环,这两个环在山东胶县西庵西周车[40]、甘肃平凉庙庄1、2号秦车[41]、河南洛阳中州路战国车[42]上均曾发现,在湖北江陵九店104号楚墓车马坑之与2号车相同的位置上,且各有一组铜三连环[43],似乎服马之内辔相交叉以后曾自这些环中穿过。但2号车复原时将此二环闲置,没有绳索穿过其中。关于这一点,似仍有进一步探索之必要。

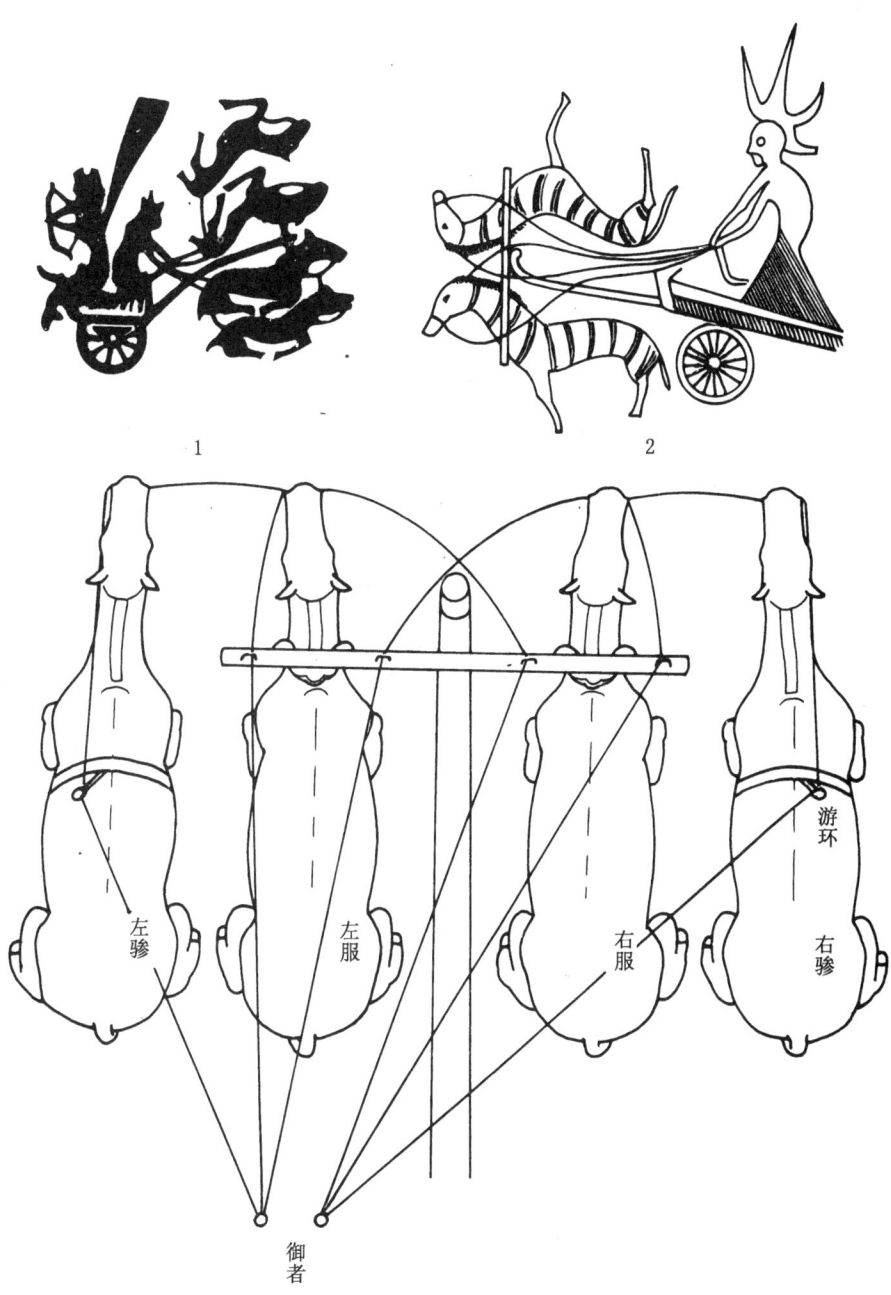

图 1-13 六辔及其系结法

上. 战国铜器车纹中所见之辔（1. A. F. Pillsbury 藏战国铜壶，可看出右骖与右服间的连接方式 2. 故宫博物院藏战国铜器残片，可看出两服马之辔在辀前的交叉） 下. 六辔系结法示意图

总而言之，2号铜车的鞍具展示出了一种前所未见的系驾方法。它和当时西方（指地中海及西亚地区）的系驾法完全不同。如果将系驾方法依其承力之最主要的鞍具来命名，则西方古车采用的是"颈带法"，车上无靷，驾车之马用颈带系在轭上，轭连衡，衡连辀，马通过颈带负衡曳辀而前。此法的严重缺点在于颈带压迫马的气管，使驾车之马奔跑时呼吸困难[44]。2号铜车的系驾法则可名为"轭靷法"，在这里起主要作用的是轭和靷。虽然2号铜车上两轭脚之间系有颈靼，但它并不起西方之颈带的那种作用，因为靷从轭軥处向后拉，马的受力点落在肩胛两侧承轭之处。颈靼无须系得很紧，它只起到防止服马脱轭的作用，曳车受力并不靠它。但由于轭受力较大，所以2号铜车在轭下铸出一层象征软垫的轭鞴。在河南浚县辛村1号西周墓上层车器中和北京琉璃河202号西周墓车马坑中都发现过它的痕迹。辛村报告称之为"漆布夹脖"[45]；发掘琉璃河墓地的郭仁先生则名之为"鞴"。按《说文·韦部》："鞴，轭裹也。"故后说可从。近年在陕西长安张家坡170号井叔墓中发现的轭鞴，厚1、宽达13.5厘米，其质地虽不明，但显然也是一层软垫[46]。西周鞴痕的发现，意味着轭靷系驾法的出现应较2号车的时代为早。所以仅从车的木质构件看，中国古车和西方古车均由轮、舆、辀、衡、轭等构成，式样似乎差别不大。有些人甚至有意无意地向西方去寻求中国古车的起源。但一经比较系驾法，东、西方则判若泾渭，它们分别采用各不相同的方式。中国古车的系驾法是中国独立的发明创造，其中看不出任何外来影响的痕迹。

不过，就在始皇陵2号铜车铸造的时代，中国车制正面临着一场变革。先秦式采用轭靷法系驾的独辀车正向汉式采用"胸带法"系驾的双辕车过渡。目前已知之最早的双辕车出现于战国早期。陕西凤翔八旗屯BM103号秦墓曾出土双辕陶车[47]，它是驾牛的牛车。双辕马车则以河南淮阳马鞍冢战国晚期1号车马坑出土者为最早[48]。由于这种车上出现了胸带，于是承力部位降至马胸前，轭变成单纯的支点，只起支撑衡、辕的作用。此法较之轭靷法更为简便实用。它的出现在我国不晚于公元前3世纪。而在西方，要到公元8世纪才出现，比我国晚了一千多年。

对2号铜车的考察还表明，2号铜车保留了我国商周车制的许多特点，代表着一种古老的驷马车的形式。它和始皇陵出土的其他若干文物一样，因循墨守的因素常常强烈地表现出来。用比它晚了不过几十年的江陵凤凰山167号西汉墓出土车与之相较，更显得2号铜车结构之保守。这里面所透露出的秦文化的风貌，的确是启人深思的。

注　释

① 辎车画像石为潘祖荫旧藏，收入关野贞《支那山東省に於ける漢代墳墓の表飾》图版113。榜题为"辎车"二字。按汉代的笛字可写作䇷、䈰（见罗振玉《齐鲁封泥集存》叶一三"䈰川庱丞"；顾南原《隶辨》卷一引

《武班碑》"齐国临菑"），故輤车即辒车。又马王堆 3 号墓所出简文中辒车作"辅车"，字形亦相近。
② 如《沂南古画像石墓发掘简报》中第 39 幅拓片为墓主夫人出行行列，由三车、六骑、二徒步前导组成，夫人车居第二，正是一辐车。
③ 《说文·穴部》。
④ 王力：《同源字典》页 385，商务印书馆，1982 年。
⑤ 《一切经音义》卷一引《苍颉篇》。《西京赋》薛综注。
⑥ 《太平御览》卷一四九、六九五、七〇七引《晋东宫旧事》有"七綵杯文绮"。夏鼐：《新疆发现的古代丝织品——绮、锦和刺绣》，《考古学报》1963 年第 1 期。
⑦ 黄河水库考古工作队：《河南陕县刘家渠汉墓》插图 30∶8，《考古学报》1965 年第 1 期。
⑧ 朱骏声：《说文通训定声·小部》阃字注。
⑨ 《说文·木部》："梱，距门也。"
⑩ 《说文·门部》："阃，门限也。"
⑪ 中国社会科学院考古研究所、河北省文物管理处：《满城汉墓发掘报告》上册，页 323～324，文物出版社，1980 年。
⑫ 《礼记·杂记》郑注："袡谓鳖甲边缘。"《礼记·丧大记》孔疏："荒谓柳车上覆，谓鳖甲也。"《释名·释丧制》说：辒车的车盖"其形偻也，亦曰鳖甲，似鳖甲然也。"
⑬ 《释名·释车》："齐人谓车枕以前曰缩，言局缩也。兖、冀曰育，御者坐中执御，育育然也。"
⑭⑰ 吴镇烽、尚志儒：《陕西凤翔八旗屯秦国墓葬发掘简报》，《文物资料丛刊》3，1980 年。
⑮ 以前常有人举出古文字中的攴字，以为是象人手执鞭状；于是认为凡是畜旁从攴之字都代表执鞭放牧。但甲文从攴之字如"牧"，多数作 (前 5·27·1)，少数作 (乙 2626)。前者象手执一杖，后者则似执带短枝桠的树杈。而金文"牧"字作 (小臣䜌簋)，其驱牛之杖却正是带枝桠的那一种。攴字隶变作扑。《书·舜典》："扑作教刑。"传："扑，榎楚也。"清·江沅《说文释例》："夏同榎，山楸，用其枝。楚者，荆；今之黄荆条。"故攴字中人手所执者，恐即夏楚之类。其短枝可用以击啄，策上的短刺或亦由此转化而来。《楚辞·九章·悲回风》："施黄棘之枉策。"王注："施黄棘之刺，以为马策，言其利用急疾也。"虽然后来洪兴祖认为黄棘是地名，指楚怀王与秦昭王的黄棘之盟，但孙诒让《札迻》卷一二否定其说。黄棘即《仪礼·士丧礼》所称"王棘"，郑注以为王棘"善理坚刃"，故可用以为策。按东汉晚期以前驱马通常用策。如《汉书·陈项传》："振长策而驭宇内。"颜注："以乘马为喻也。策，所以挝马也。"同书《万石君传》记石庆为太仆，"御出，上问车中几马。庆以策数马毕，举手曰：'六马'"。武氏祠画像石闵子骞故事的榜题说："子骞衣寒，御车失棰。"棰、箠字通，即策。以上诸例均可为驱马用策之证。

策前之鍉由于是从棘刺等物转化来，故一般并不太尖利。《吕氏春秋·功名篇》高注引《淮南记》："急辔利鍉，非千里之御也。"正缘此而发。陕西凤翔西村 1 号战国车马坑出土的铜鍉，用骨套固定于策端，其锋较钝，露出套外仅 0.3 厘米（见《考古与文物》1986 年第 1 期，页 27），但已较《说文》所说棰"着箴其耑长半分（合 0.115 厘米）"者，要长一些了。因此以鍉贯颐仍应看作是罕见的事故。
⑯ "左执鞭弭"之语见《左传·僖公二十三年》。又《左传·文公十三年》记晋·士会自秦归国，秦大夫绕朝（马王堆出土《春秋事语》作"晓朝"）赠之以策。杜注："策、马挝。"可是在李白的诗里，既有"敢献绕朝策，思同郭泰船"之句，又有"莫道词人无胆气，临行将赠绕朝鞭"之句（《李太白诗》卷一二；一七）。策和鞭已被混为一谈。
⑰ 张长寿、张孝光：《说伏兔与画輎》，《考古》1980 年第 4 期。
⑱ 宝鸡茹家庄西周墓发掘队：《陕西省宝鸡市茹家庄西周墓发掘简报》插图 64∶13，《文物》1976 年第 4 期。
⑲ 这种笠毂在辉县与洛阳均有出土，前者见《辉县发掘报告》图版 51∶2～3；后者见洛阳博物馆《洛阳中州路战国车马坑》插图 4∶4，《考古》1974 年第 3 期。关于笠毂，详本书《中国古独辀马车的结构》一文。
⑳ 戴震：《考工记图》；阮元：《车制图解》。
㉑ 青海省文物考古工作队：《青海大通上孙家寨出土汉简》，《文物》1981 年第 2 期，页 33。
㉒ 《史记·田单列传》。

㉓ 山西省考古研究所、太原市文物管理委员会：《太原金胜村 251 号春秋大墓及车马坑发掘简报》，《文物》1989 年第 9 期。

㉔㊶ 魏怀珩：《甘肃平凉庙庄的两座战国墓》，《考古与文物》1982 年第 5 期。

㉕ 中国科学院考古研究所：《辉县发掘报告》页 116，科学出版社，1956 年。淮阴市博物馆：《淮阴高庄战国墓》，《考古学报》1988 年第 2 期。王恩田：《辉县赵固刻纹鉴图说》图 6，《文物集刊》2，页 166，1980 年。

㉖ 《广雅·释水》王念孙疏证："《众经音义》卷十四云：'桄，《声类》作㮇，车下横木也。'今车床及梯舆下横木皆曰桄。"

㉗㊴㊹ 孙机：《从胸式系驾法到鞍套式系驾法》，《考古》1980 年第 5 期。

㉘ 秦俑考古队：《秦始皇陵二号铜车马清理简报》，《文物》1983 年第 7 期。

㉙ 杨英杰：《先秦古车挽马部分鞁具与马饰考辨》，《文物》1988 年第 2 期。该文认为此牵马尾之带为纷。案纷之名称不见于先秦典籍，它是汉代韬马尾的带子。此物只绾住马尾，而不经腹下向前系于轭或鞅上，与䋎不同。至于训"绊马足"之䋎，自别是一物。

㉚ 党士学：《关于秦陵二号铜车马》，《文博》1985 年第 2 期。

㉛㊷ 洛阳博物馆：《洛阳中州路战国车马坑》，《考古》1974 年第 3 期。

㉜㊳ 始皇陵秦俑坑考古发掘队：《秦始皇陵东侧第二号兵马俑坑钻探试掘简报》，《文物》1978 年第 5 期。

㉝ 《诗·郑风·清人》郑笺。

㉞ 《清人》："左旋右抽。"《说文·手部》搯下引三家诗作"左旋右搯"。搯训击刺，于义为胜。由此可知战车上左侧较安全，故国君乘车也常居左侧。《曲礼》："乘君之车，不敢旷左。"郑注："君恶空其位。"可证。《周礼·大驭》孙诒让正义："凡王平时乘路，皆居左。"

㉟ 《管子·轻重戊》尹知章注。

㊱ 《淮南子·修务》。

㊲ 《左传·僖公三十年》记孟明视战败被俘，后逃出晋国。晋使阳处父追之，及至界河边，孟明视已在舟中。阳处父则解左骖以晋襄公的名义赠之，想把他引诱上岸。《晏子春秋·内篇杂上》谓晏子去晋国，遇到一位沦为奴隶的贤者越石父，晏子"解左骖赎之以归"。《韩非子·外储说左上》谓晋文公返国时，在界河上与从行的功臣"解左骖而盟于河"。《吕氏春秋·爱士篇》："韩原之战，晋人已环缪公之车矣，晋·梁由靡已扣缪公之左骖矣。"《说苑·权谋篇》："共王猎江渚之野，野火之起若云蜺，虎狼之嗥若雷霆，有狂兕从南方来，正触王左骖。"《史记·司马穰苴列传》："景公遣使者持节赦贾，驰入军中。穰苴曰：'将在军，君令有所不受。'问军正曰：'驰三军法何？'正曰：'当斩。'使者大惧。穰苴曰：'君之使不可杀也。'乃斩其仆、车之左辀、马之左骖，以徇三军。"又同书《秦始皇本纪》："二世梦白虎啮其左骖马，杀之，心不乐。"《水经注》卷四："《搜神记》称齐景公渡于江沈（《御览》卷四二、九三二引《搜神记》皆作'江沅'）之河，鼋衔左骖没之，众皆惊愕。古冶子于是拔剑从之，邪行五里，逆行三里，至于砥柱之下，乃鼋也。左手持鼋头，右手挟左骖，燕跃鹄踊而出。仰天大呼，水为逆流三百步。观者皆以为河伯也。"从这些记载的情节和语气中都可以看出，左骖是车中最好的马。

㊵ 山东省昌潍地区文物管理组：《胶县西庵遗址调查试掘简报》，《文物》1977 年第 4 期。

㊸ 湖北省文物考古研究所：《江陵九店东周墓》页 135，图 95，科学出版社，1995 年。

㊺ 郭宝钧：《浚县辛村》页 14，科学出版社，1964 年。

㊻ 中国社会科学院考古研究所沣西发掘队：《陕西长安张家坡 M170 号井叔墓发掘简报》，《考古》1990 年第 6 期。

㊽ 资料存河南省文物研究所。

（原载《文物》1983 年第 7 期）

略论始皇陵1号铜车

20世纪80年代前期，始皇陵2号铜车的出土和发掘报告的刊布，曾受到文物考古学界的重视。现在，1号铜车的修复、展出和简报的发表，也必将引起广泛注意，并进一步推动古代车制的研究工作。因为这两辆铜车均制作得如此逼真，修复后均如此完整，各种细节均反映得如此清楚，使有关车制的若干悬而未决的问题有可能在这里找到答案。

这两辆车都是驷马车，系驾方式亦相同，惟车身的形制大不一样。2号铜车是一辆辒车型的衣车。它有与车盖相连接的、四面屏蔽的车箱。两旁有窗，后部辟门，即《周礼·巾车》郑注所称"辒车后户"。它的车盖呈椭圆形，顶部隆起，名鳖甲。《礼记·曲礼》正义引何胤《礼记隐义》："衣车如鳖而长也。"《说文·车部》："辒、辌，衣车也。"说的正是它。但2号铜车的一条辔绳末端有朱书文字"安车第一"。证以《古列女传·齐孝孟姬传》"后妃逾阈，必乘安车辒辌"之说，可知辒车也可以包括在安车类中。然而它并不是典型的安车。因为《释名·释车》说："安车，盖卑，坐乘，若今吏所乘小车也。"小车又名轻车、戎车，它的车盖是伞形，而不是鳖甲形；武威雷台汉墓出土的有"冀张君小车、马"铭文之车可证。2号铜车和"吏所乘小车"之所以都被称为安车，只是着眼于它们均可坐乘之故。我国古代车型繁多，文献中记载的名称常因分类标准的不同而互相交叉，同一种车依不同的标准可以被归入不同的、有时甚至是互相矛盾的类别之中。以1号铜车为例：此车的车箱短小，又驾四匹马，依《论语·为政》集解引包咸注"小车，驷马车"之说，则可以称为小车。而它的车箱四面敞露，依《释车》"轺、遥也，遥、远也；四向远望之车也"之说，又可以称为轺车。1号铜车装有车耳，根据这一特点又可以称为轓车。《汉书·景帝纪》："令长吏二千石朱两轓。"颜注引应劭曰："车耳反出，所以为之藩屏，翳尘泥也。"其说与1号铜车之车耳的作用正相合。同时，1号车的御者是站在车上的，根据这一特点它还可以被称作立车。《续汉书·舆服志》刘注引蔡邕曰："立乘曰高车，坐乘曰安车。"《晋书·舆服志》也说："坐乘者谓之安车，倚乘者谓之立车，亦谓之高车。"发掘简报就把1号车定为立车，这当然是有根据的。但简报又认为1、2号铜车是"五时副车"即"五色车"中的一组。虽不无可能，却有待其他四组被全部或部分发掘出土后，此说才能得到证明。

1号铜车上有武器。这些武器并不是散乱地放在车上，而是用焊、卡、缚等各种方法加以固定，应是一套符合制度的装备。此车虽只有御者居中，但从武器的组合状况看，左面还应有持弩的车左，右面还应有持盾和长兵器的车右。《尚书·甘誓》伪孔传："左、车左，左方主射。右、车右，勇力之士执戈矛以退敌。"《诗·閟宫》郑笺："兵车之法：左人持弓，右人持矛，中人御。"除了将帅所乘之车，因"将居鼓下，故御者在左"（《诗·清人》郑笺）外，一辆乘三人的战车应以上述之编置为常制。《左传·僖公三十三年》说："秦师过周北门，左右免胄而下。"也表明御者居中执辔，不便下车。而车左、车右之所以下车，据《吕氏春秋·悔过篇》说："过天子之城，宜橐甲束兵，左右皆下，以为天子礼。"乃是表示致敬之意。1号铜车上只有御者，不见车左、车右，或亦与此类礼节有关。因而从1号铜车上装备武器这一重要特征来看，它应代表当时的战车，也就是古书中常提到的兵车、戎路之类（图2-1）。我国西周、春秋时盛行车战，余风延及西汉前期。可是过去一直不曾掌握武器还装配在原位置上的战车实例。前些年军事博物馆筹建古代战争馆时，古代战车的复原模型是以河南淮阳马鞍冢战国车马坑出土之车为蓝本的。该车在车軨上装铜甲札，应即《周礼·车仆》所称"苹车"。郑注："苹犹屏也，所用对敌自蔽隐之车也。"苹车上的铜甲札固然珍罕，但其上之兵器入葬前已经取下，配置情况不明。现在有了始皇陵1号铜车，对这个问题的认识就具体得多了。惟如前所述，由于古车定名的标准不统一，所以尽管它应该归入战车类型，却不妨以立车或其他某种车的名义出现在陪葬俑群的行列之中。

在1号铜车的武器中，斜置于前軨之外的弩特别引人注目。此弩的顶端落在前軨外方左侧的两枚银质"承弓器"上，弩臂后端靠在轼上。"承弓器"在出土物和传世品中为数不少。它的后部为长方形扁筒，前端有弧形凹槽，槽帮内侧顶部向下勾曲，其对面以缓和的曲线向上斜伸出一高昂的鸟头或兽头。此物的用途长期不明，一度曾根据洛阳中州路战国车马坑中"承弓器"出土时位于弩臂之前的现象，认为它装于弩臂前端用以承弓；"承弓器"的名称也是因此提出的[①]。修复1号铜车时，才了解到它不是装在弩臂上而是焊在车軨上。它的用途也与承弓无关，因为弩弓紧缚于弩臂前端，无须另设承托的部件。根据其形制判断，此物用于张弓。弩虽是射远的利器，但强弩难以单用手张，须以足蹶张或以绳腰引，在车上操作起来极为不便；而车战却又非使用强弩不可。《周礼》说弩分夹弩、庾弩、唐弩、大弩四种。夹弩、庾弩力弱，车战用的是唐弩、大弩（《司弓矢》）。孙诒让正义："车战野战，进退驰骤，非强弩则矢不及远。"所谓"承弓器"即为解决在战车上张强弩的需要而设。将弩和"承弓器"像1号铜车上所见之方式装配在一起，以"承弓器"之凹槽的勾曲部分卡住弩臂前端弓弣两侧，再向斜上方用力拉弦，弩弓便可开张。案《文选·东京赋》："珥弩重旃。"李注："《说文》曰：'珥，车軨间皮箧，以安其弩也。'"又说："置弩于珥曰珥弩。"《续汉书·舆服志》："轻车，

图 2-1 始皇陵 1 号铜车

古之战车也。……建矛戟幢麾,韅轭弩服。"刘注引徐广曰:"置弩于轼上。"珥、韅字通(说见高步瀛《文选李注义疏》卷三),可知珥应是轼上的一种设施。1号铜车的弩从轼上向外探出,与徐说正合;这样安装的弩应即珥弩。而所谓"承弓器"即韅轭之"轭"。轭与縶相通假(《谷梁传·昭公二十年》:"卫谓之轭。"释文:"轭本作縶"),而縶训拘(《庄子·秋水篇》释文引司马注)或拘执(《左传·成公九年》杜注),亦正与此物的功用相合。有了1号铜车的例证,可知此物应名"弩轭",或承弩器;"承弓器"这一名称似可不再沿用。

1号车之弩所用的箭分置两处。一部分箭插在焊于左侧车軨外方的箙中。这件箙呈长筒形,镶银质口沿,和战国时习见的上部有靠屏、下部作浅袋状的箙不同。筒形箙一般称作楘丸。《左传·昭公二十五年》杜注:"楘丸是箭筒。"它的起源相当早,殷墟西区M43号车马坑中已出此物。乐浪古墓出土的汉代楘丸,为外贴银箔的漆筒,其中尚存箭镞[②]。但古文献中多说车上置箙而不言楘丸,比如《续汉书·舆服志》就一再说戎车、轻车上置箙,因知车上的楘丸有时也被称为箙。这是因为一来泛称时用词不甚严格,如《北堂书钞·武功部》所录贾逵说即谓:"服,矢筒也。"二来则由于箙还被当作盛弩箭之器的专称。《说文·竹部》:"箙,弩矢箙也。"《方言》卷九郭注,箙"盛弩箭器也"。车上既然用弩,则盛弩箭之器遂亦可称之为箙了。1号铜车出土时,筒形箙中的箭已经散出,集中起来应为十二支,即一束。《淮南子·氾论》高注:"箭十二为束也。"但战车上仅配备十二支箭显然不够用。故1号铜车在前軨之内、车轼之下还有一匣箭。此匣即《周礼·缮人》"乘车充其笭箙,载其弓弩"之笭箙。《周礼正义》卷六一引陈奂说:"《说文》:'笭、笒也。''笒、车笒也。'矢箙系于笒,故曰笭箙。"案《仪礼·既夕礼》"犬服",郑注:"笒间兵服,以犬皮为之。"可见车軨间本有置箙之制。《左传·哀公二年》记晋、郑铁之战后,赵鞅说:"吾伏弢呕血,鼓音不衰。"战车上的鼓装在前軨之后,其下既有弓弢,则笭箙亦应位于近处;故陈说是。1号铜车的笭箙盛箭五十四支,其中五十支属于简报所定的Ⅰ型,四支为Ⅱ型。五十支箭也是一束。一束箭有多少支,诸说不一。除上文举出的十二支一束外,《诗·泮水》毛传说:"五十矢为束。"《荀子·议兵篇》:"操十二石之弩,负服、矢五十箇。"则弩箭有以五十支为一束之制。另外的四支Ⅱ型箭,镞呈短圆柱状,近似瓶塞,显然别有特殊用途。四支箭也构成一个单位,名乘。《仪礼》所记射礼用箭,皆"搢三挟一个",即四支。《诗·猗嗟》:"四矢反兮,以御乱兮。"《行苇》:"四镞如树,序宾以不侮。"都强调用四矢。可见四支Ⅱ型箭或有礼仪上的某种用意。

1号铜车之Ⅰ型箭的镞为三棱尖锥形。此式镞出现于春秋晚期,在邯郸百家村20号、长治分水岭21号等墓葬中均曾出土[③]。至战国晚期,此式镞有装铁铤的,且常与弩机伴出,如长沙扫把塘138号、长沙左家塘新生砖厂15号等墓葬所出之例[④]。西汉时,西安汉城武库遗址出土的此式镞装有很长的铁铤,镞身与铁铤合计通长37厘米[⑤]。《方言》

卷九说，箭镞"其三镰长尺六者谓之飞䖝"。37厘米正合1.6汉尺，故此种镞即汉代所称飞䖝。山东巨野红土山西汉墓中与弩机伴出之飞䖝，其铜镞身、铁铤和铤尾的铜帽是分制的，衔接起来长约34厘米，亦与1.6汉尺相近⑥。1号铜车上的箭整体以铜制，不知其所仿之原型有铁铤否。但它无疑应属于当时杀伤力最强的一类弩箭。汉简中常发现有关"䖝矢铜镞"的记事，则飞䖝与先秦时之镞矢或为同类。镞矢之镞因装金属铤，所以特别重。《诗·行苇》毛传："镞矢叁亭。"《考工记·矢人》："镞矢叁分，……一在前，二在后。"郑众注："一在前，谓箭稾中铁茎，居叁分杀一以前。"郑玄在《周礼·司弓矢》的注中也说这种箭"前尤重，中深而不可远也"。箭既然重，要使射程及远，则发射力必须增强。所以从1号铜车上主要装备镞矢即飞䖝箭的情况看，车上用的是强弩。

1号铜车箱内于右侧车軨前部嵌有挡板，挡板与车軨间插着一面铜盾：平底、弧肩、曲腰，外轮廓像一件坎肩的后背。此式盾在河南辉县琉璃阁春秋晚期墓所出狩猎纹铜钫的花纹中已经见到，其实物在长沙一带的战国楚墓中屡被发现，均以皮革为胎，内外髹漆颇厚⑦。1号铜车上的盾估计也是模仿漆盾，但范铸甚精。盾脊起棱，左右对称。盾面中心隆起，其上下稍内敛，顶、底端再向外侈；侧视之弧线起状，形成两个曲面。这样，无论箭从哪个方向射来，均能有效地挡落，不致因箭自盾面滑过而发生意外。此盾正、背均绘有纹饰，应称韎盾。《国语·齐语》韦昭注："韎盾缀革，有文如缋也。"

我国古代有用盾蔽车的作法。《诗·小戎》："龙盾之合。"孔疏："画龙于盾，合而载之，以蔽车也。"《六韬·军用篇》列举的战车中有"大黄叁连弩、大扶胥三十六乘"。胥、苏古通，扶胥即扶苏。《周礼·司戈盾》郑注："藩盾、盾可以藩卫者，如今之扶苏与？"因知《六韬》中上述战车上设有强弩与盾，似可与1号铜车上的装备相比附。但大扶胥是大盾。1、2号铜车系原物之二分之一缩小的模型；1号铜车之盾高36.2厘米，则原物高72.4厘米，不及男子体高之半，不足以称大盾。所以看来此盾还是与戈、矛配套，供车右使用的。它在平时不由车右手执，而是插在固定的部位，是当时战车之通制。《周礼·司兵》贾疏："凡器在车，皆有铁器屈之在车校及舆，以兵插而建之。"1号铜车可以证实此制。

1号铜车上的兵器除弩与盾及御者所佩的剑以外，再加上虽未出实物但车左、车右均应佩带之剑及车右必执之长兵，共为四种。可是战车上通常装备五种兵器，即《周礼·司兵》所说："军事，建车之五兵。"五兵的种类各家说法不一，还有把五兵分为车五兵和步五兵的。车五兵据《考工记·庐人》的记载是"戈、殳、戟、酋矛、夷矛"。此说为先、后郑所赞同。然而这五种都是长兵器，甚至不包括战车上必备的射远武器弓弩，与实际情况恐不尽合。况且五兵之制意味着多种兵器互相协同的组合关系。《司马法·天子之义篇》说："兵不杂则不利。长兵以卫，短兵以守。太长则难犯，太短则不及。"同书《定爵篇》又说："弓、矢御，殳、矛守，戈、戟助。凡五兵五当，长以卫短，短以救长。迭战则久,皆战则强。"故战车上也不能清一色用长兵器。所以五兵的种类如《五经异义》所主之"矛、戟、剑、盾、弓"(《周礼·肆师》贾疏引)、《谷梁传·庄公二十五年》范宁注所主之"矛、戟、钺、盾、弓矢"、《太玄·玄数》所主之"矛、钺、戈、盾、弓矢",以及《通典》所主之"弓、戟、矛、剑、盾"诸说,皆有可听。它们举出的五兵虽不分车、步,但大体上包括格斗武器、射远武器和卫体武器三部分⑧。因此,1号铜车上只要给车左、车右再增加两件备用的长兵器,就可以满足建五兵的要求了。

这两件在遗物中未出现的长兵器如果是一矛、一戈,那么按照《考工记》的说法应皆插于车輢之间,而且戈要斜插,矛要正插。但《东京赋》"立戈迤戛"李注:"戛、长矛也,矛置车上,邪柱之迤邪也。"其安排与《考工记》正相反。由于1号铜车没有在这方面提供线索,此问题目前尚无法回答。

战车上除建五兵以外还要建旌旗。《考工记·庐人》:"六建既备,车不反覆,谓之国工。"郑注:"六建,五兵与人也。"《周礼正义》卷八二引戴震说:"六建当为五兵与旌旗。"孙诒让云:"案戴说是也。人立车上,不可言建。"戴、孙之说很正确。对战车来说,插旌旗的作法在当时是受到重视的。《诗·小雅·出车》:"我出我车,于彼郊矣。设此旐矣,建彼旄矣。""王命南仲,往城于方。出车彭彭,旂旐央央。"可见车上之旗很眩人眼目。战国时的车马刻纹中亦常见车后插旗,具体插法却长期不知其详。直到1988年发表了江苏淮阴高庄战国墓出土的刻纹铜器残片,才发现其中之车上的旌旄插在舆后的空筒中⑨(图2-2)。以此图与山东长岛出土铜鉴之刻纹相比较,不难看出那辆车上的旌旄也是这样插的(图1-9)。其实此种空筒即插旗筒,早在河南淮阳马鞍冢战国车马坑中已经发现,后来在太原金胜村251号春秋墓之车马坑中也见到类似的情况⑩。秦代在车上插旗时,方法应无大殊。1号车虽未插旗,亦无此筒,但其左右车軨后部转角处之套银帽的圆形角柱,形制与马鞍冢战国车上的空筒相近。如若插旗,将角柱换成插旗筒即可。

综上所述,可知1号铜车具有战车的基本特征,尽管不算十分完备。当时一辆标准的战车大约应具备以下五个条件:1. 车上有车左、车右、御者等三名战士,亦称甲首;2. 建五兵;3. 建旌旗;4. 不巾不盖;5. 从以若干徒兵。其中第5条不在本文的讨论范围之内,前三条则上文均已谈到。而第4条在当时也是对战车之明确要求。《左传·宣公四年》杜预注就说:"兵车无盖。"1号铜车有盖,似与此项标准相矛盾,其实不然。因为1号铜车的车盖装在活动底座上,并未固定在舆底的桄上,根据需要,随时可以取下。此底座上还立有一根竖杆,通过插环和销钉与盖杠相钳合,以稳定车盖。其钳合装置应名扃。《西京赋》"旗不脱扃",薛注:"扃、关也。谓建旗车上,有关制之令不动摇曰扃。"现在看来固定车上的旗和车盖都可用扃。日后发现建旗之车的实例时,在剥剔过程中宜注意其扃的结构。

图 2-2　淮阴高庄战国墓出土铜器刻纹中的车

除了战车上特有的设施外，1号铜车上还有若干值得考察的细节。如此车在盖杠上部和轼的背面均附有带状物。轼背所系者应名鞎。《说文·革部》："鞎，车轼中把也。"段注："轼中把者，人把持之处也。"但《说文·糸部》又说："绥，车中把也。"两种"把"的区别何在呢？《论语·乡党篇》说："升车：必正立，执绥。"既然人站在车上时还要执绥，则其位置不能太低，应为盖杠上部之带。也正因为绥的位置高，拉住它才便于迈步登车。故《仪礼·士昏礼》又《既夕礼》郑注都说："绥，所以引升车者。"而过去对此二者的定名和区分都很不明确。再如1号铜车两服马外胁下的环带上，向两骖方向各探出一棒状突棱，此突棱直立于一片长条形的平板中央，侧视近山字形。在2号铜车和始皇陵1号兵马俑坑之车的鞍具中亦有此物，后者为木构件，棒状突棱前端装带三个尖齿的骨套管（图2-3:2）。过去曾将此物定名为胁驱，不妥。它应即《东京赋》所称"方釳"，薛注："方釳，谓辕旁以五寸铁镂锡，中央低，两头高，如山形，而贯中以翟尾，结着之辕两边，恐马相突也。"这里说的"中央低，两头高"，恐为"中央高，两头低"之讹，否则就不成其为"山形"了。其他如说方釳装在"辕两边"，其作用为"恐马相突"，则均与车上所见的实际情况相合⑪。至于胁驱，《诗·小戎》郑笺："胁驱者，着服马之外胁，以止骖之入。"孔疏进一步说明胁驱是"以一条皮，上系于衡，后系于轸"。《广雅·释器》则认为："马鞅谓之胁。"各家之说虽不尽一致，但都把胁驱解释为一种革带。因而两服马外胁下的那条环带，才有可能是胁驱。

1号铜车上的轓是古车中所见之最早的一例，其上绘有精细的花纹。轓即车耳。《太玄·积次四》范望注："蕃、车耳也。"古代对车耳很重视。汉镜铭："作吏高迁车生耳。"⑫但官员车上的车耳，如《古今注》所说："武官赤耳，文官青耳。"仅涂单色，不言有花纹。皇帝之车则装金耳。《说文·耳部》："𦖞，乘舆金耳也。"金耳上有花纹。

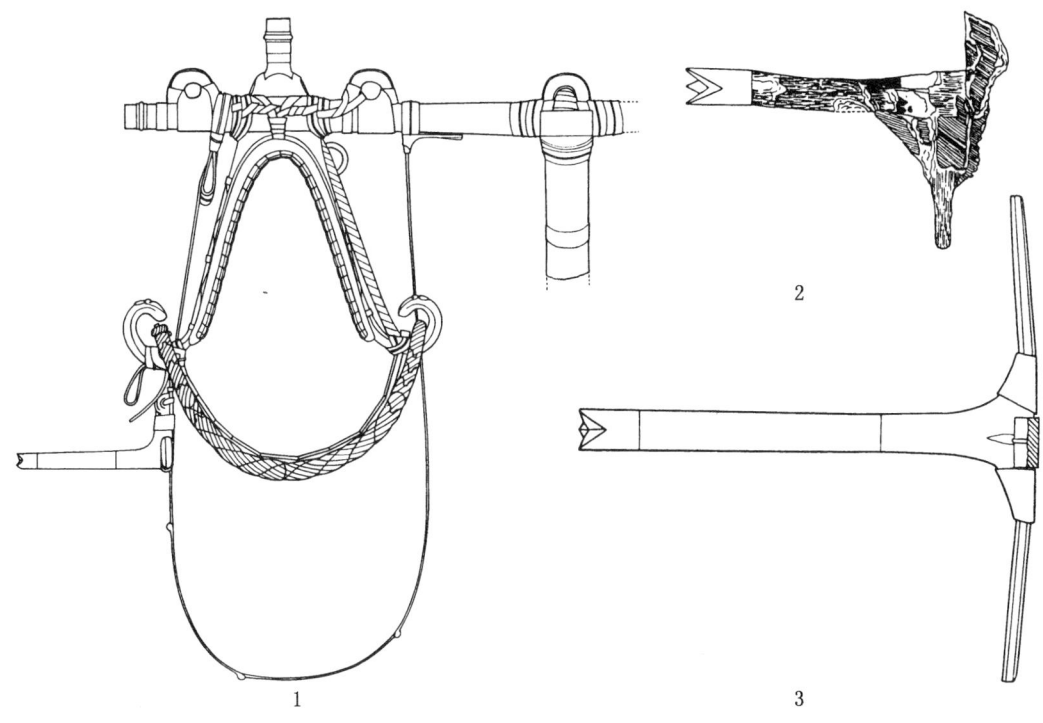

图 2-3 方軧

1. 方軧的装置方式　2. 始皇陵 1 号兵马俑坑出土的方軧（骨质突棱，后含朽木）　3. 1 号铜车的方軧

《三国志·吴志·吴主传》："吴中童谣曰：'黄金车，班兰耳。闾昌门，出天子。'"可见像 1 号铜车上这种花纹斑斓的车耳，应为皇帝之车所用。又《续汉书·舆服志》说，輨 "后谦一寸，若月初生，示不敢自满也"。山东临淄西汉齐王墓 4 号陪葬坑所出 4 号车，輨之后部有一半月形缺口，正与其说相合[13]（图 2-4）。1 号铜车的輨无此缺口，也反映出它的规格之高。

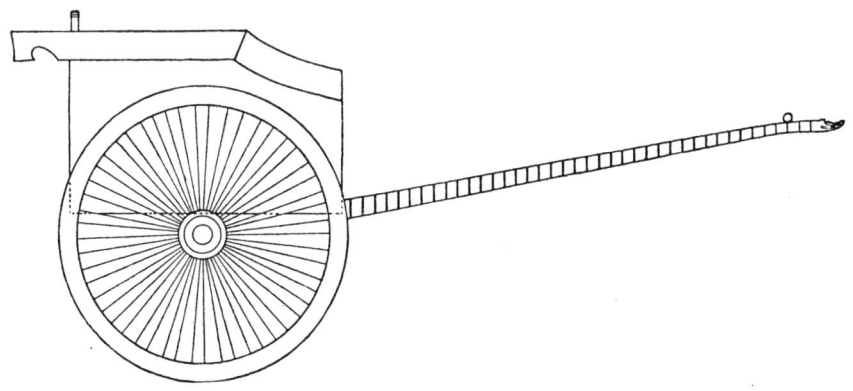

图 2-4　临淄西汉齐王墓 4 号陪葬坑中的 4 号车

总之，具有古代战车类型之车的特点的 1 号铜车之面世，是古车制研究中的盛事，由此而带来的丰富信息，尚有待长期探讨。它现在以这样精美华奂、光彩照人的形象呈现在我们面前，回想刚出土时只是一堆碎铜片的状况，不能不对出色地完成这一繁难的修复工作的程学华等诸位先生，表示崇高的敬意了。

注　释

① 洛阳博物馆：《洛阳中州路战国车马坑》，《考古》1974 年第 3 期。
② 林巳奈夫：《汉代の文物》页 467～468，京都，1986 年。
③ 河北省文化局文物工作队：《河北邯郸百家村战国墓》，《考古》1962 年第 2 期。山西省文物管理委员会等：《山西长治分水岭战国墓第二次发掘》，《文物》1964 年第 3 期。
④ 高至喜：《记长沙、常德出土弩机的战国墓》，《文物》1964 年第 6 期。
⑤ 中国社会科学院考古研究所汉城工作队：《汉长安城武库遗址发掘的初步收获》，《考古》1978 年第 4 期。
⑥ 山东省菏泽地区汉墓发掘小组：《巨野红土山西汉墓》，《考古学报》1983 年第 4 期。
⑦ 中国科学院考古研究所：《长沙发掘报告》，科学出版社，1957 年。
⑧ 杨泓：《中国古兵器论丛·战车与车战》，文物出版社，1985 年。
⑨ 淮阴市博物馆：《淮阴市高庄战国墓》，《考古学报》1988 年第 2 期。
⑩ 河南省文物研究所等：《河南淮阳马鞍冢楚墓发掘简报》，《文物》1984 年第 10 期。山西省考古研究所、太原市文物管理委员会：《太原金胜村 251 号春秋大墓及车马坑发掘简报》，《文物》1989 年第 9 期。
⑪ 古车具中名"方釳"者有二物，详本书《两唐书舆（车）服志校释稿》卷一，【旧 13】注⑰。
⑫ 王士伦：《浙江出土铜镜》页 37，文物出版社，1987 年。
⑬ 山东省淄博市博物馆：《西汉齐王墓随葬器物坑》，《考古学报》1985 年第 2 期。

（原载《文物》1991 年第 1 期）

中国古独辀马车的结构

中国古代的马车起初只有独辀，战国时才出现双辕。但在西汉前期，独辀车仍然常见，直到西汉后期，才逐渐为双辕车所取代。独辀车至少需驾两匹马，双辕车却可以驾一匹马；独辀车采用轭靷式系驾法，双辕车则采用胸带式系驾法[①]；独辀车以立乘为主，双辕车则以坐乘为主。两者相较，可知双辕车更为先进。不过先秦文献中提到的战车和贵族出行之车，大抵皆为独辀马车。所以我国上古时代的车型，应以独辀马车为代表。

由于独辀马车见于儒家经典，收入《周礼》的《考工记》对独辀车的构造和性能有较详细的记载，因而探讨先秦车制，遂成为后世经学家的一项研究课题。不过要把问题说清楚，除文献记载外，还必须有实物依据，而这类实物到中世纪后期已经很难找到了。直至20世纪30年代，在安阳殷墟的考古发掘中才发现古车遗迹；到了50年代初，在河南辉县的考古发掘中成功地解决了剥剔古车遗迹这一考古学上的技术难题之后，对古车的研究方始有可靠的凭藉。从那时到现在几十年来的考古发掘中，已积累起大量商、西周、春秋、战国、秦、西汉等各个时代的独辀马车的材料。根据这些材料，有可能对这类古车的结构，包括其各部分的作用和形制演变等问题，进行比较有系统的考察。

这里先从马车的荷载部分——车箱说起。车箱又名舆。商与西周的车，车箱分大小两种。小型车箱的车，如安阳大司空村175号墓出土的商车，箱广94、进深75厘米；长安张家坡1号车马坑中的西周车，箱广107、进深86厘米。这类车只能容乘员两名。商代金文有 、 等字[②]，旧释辇，其实像二人立于车上之形。大型车箱的车，如北京琉璃河西周车马坑出土车，箱广150、进深90厘米；山东胶县西庵西周车，箱广164、进深97厘米（图3-1）。这类车能容乘员三名；有时可增至四名，记载中则称之为"驷乘"[③]。车箱平面皆为横方形，进深较浅，即所谓"伐收"[④]。先秦时只有作为普通运输工具的牛车的车箱才比较深，平面接近正方形[⑤]。车箱底部的边框名轸。安阳小屯40号商墓所出之车在轸上饰以单个的龙形铜片。陕西宝鸡茹家庄西周车马坑出土之车在轸上包以外侧有夔龙纹的长铜片。这组铜片原有八件，组成了一个圆角的横长方形，将车箱平面的轮廓清楚地反映了出来[⑥]（图3-2）。

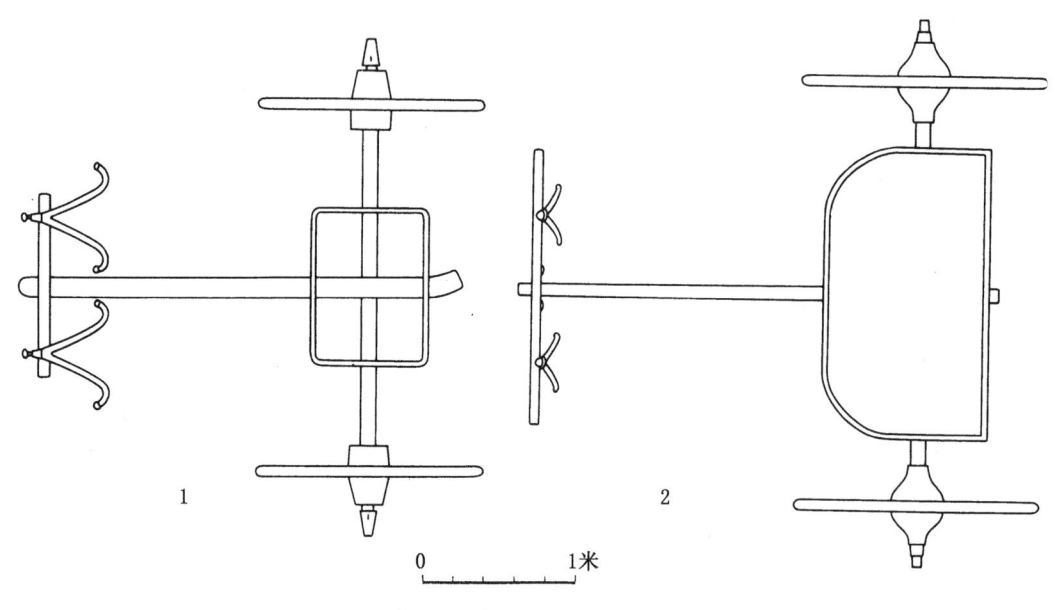

图 3-1 商、周时代的小型车箱与大型车箱

1. 小型车箱（河南安阳大司空村商代车马坑出土）　2. 大型车箱（山东胶县西庵西周车马坑出土）

图 3-2 轸饰

（陕西宝鸡茹家庄西周车马坑出土）

车箱周围有栏杆，名车轸⑦。河南淮阳马鞍冢战国车马坑出土的车有在轸上装铜甲札的，这种车应即《周礼》所称的"苹车"。一般车上不装此物。轸在车后部留出缺口，名𫐉，以便上下⑧。勇力之士往往从这里一跃而上，名超乘⑨。王者登车时却要踏着乘石⑩。妇女则踏几⑪。登上车站稳以后，应握住盖杠上部的绳套，即所谓"升车：必正立，执绥"。而据《礼记·曲礼》说："妇人不立乘。"因此她们多乘辎、軿、辇车或带棚的牛车，这类车有衣蔽，可以坐卧于其中。在立乘的车上，为了防止倾侧，于左右两旁的车轸即辀上各安一横把手，名较⑫。已发现的商车上并未装较，三面车轸的高度是平齐的。在河南浚县辛村西周车马坑中才出土铜较，状如曲钩，一端有銎，可以插在辀柱上。其顶部折而平直，以便用手扶持⑬（图 3-3:1）。始皇陵 2 号兵马俑坑出土的铜较，垂直部分较长，插入车轸并用铜钉固定；其上端折成直角（图 3-3:3），与西周铜较的式样区别不大⑭。河北满城 1 号西汉墓所出用金银错出云雷纹的铜较，作两端垂直折下的门

中国古独辀马车的结构　　29

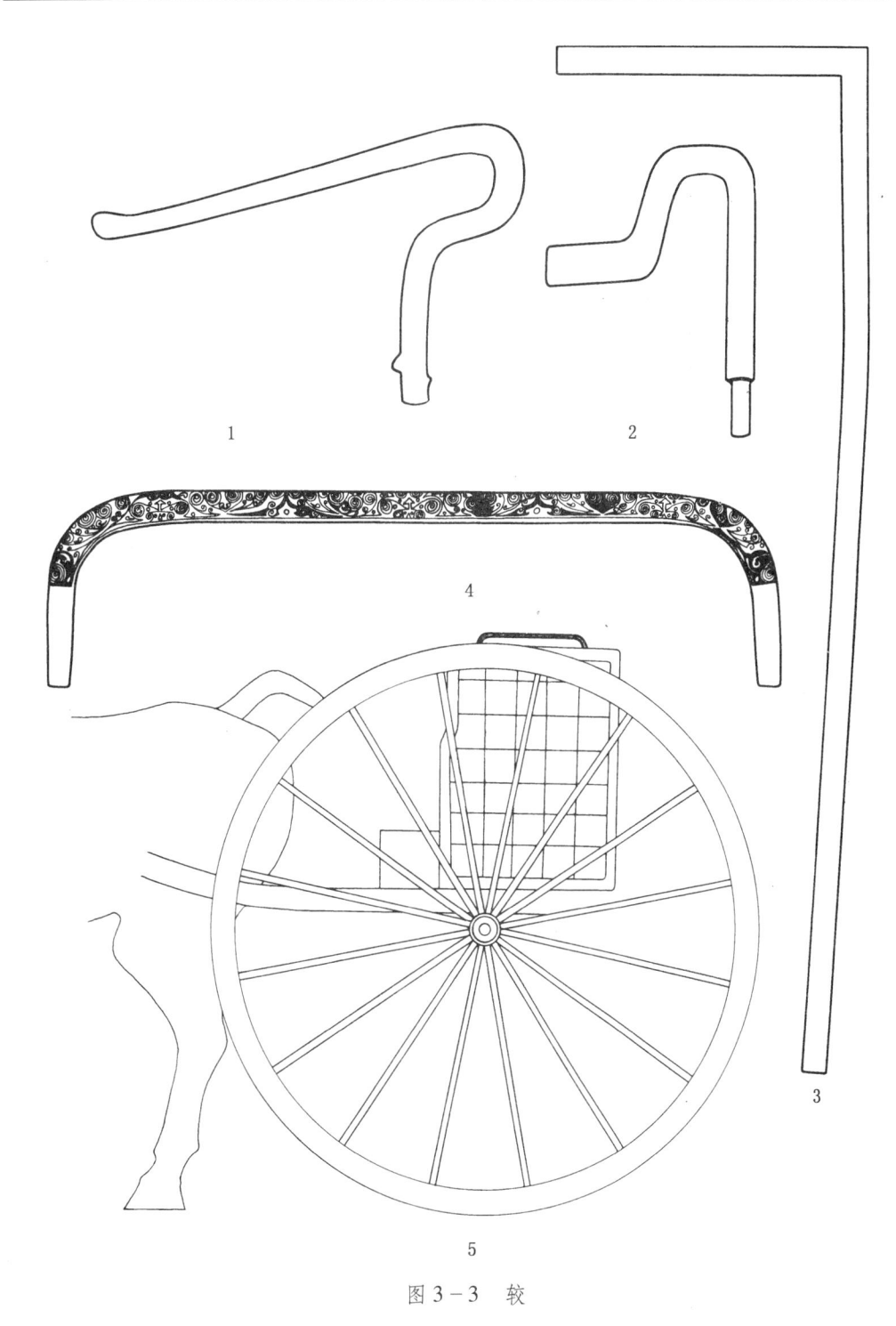

图 3-3　较

1. 春秋铜较（河南浚县出土）　2. 战国铜较（河南淮阳出土）　3. 秦代铜较（始皇陵兵马俑坑出土）
4. 汉代错金铜较（河北满城出土）　5. 在车轸上装较的木车模型（甘肃武威出土）

字形⑮（图3-3:4）。甘肃武威磨嘴子48号西汉晚期墓出土的木车模型，在两辀上也装有铜较⑯（图3-3:5）；它虽然是一辆坐乘的双辕车，却把辂和较的关系表现得很清楚。

车箱前部栏杆顶端的横木名轼。商车上的轼起初和辂一样，与车軨其他部分保持平齐。后来则将轼装在车箱中部偏前处，这种作法为西周和东周车所承袭⑰（图3-4）。在车上行礼时须伏轼。《尚书·武成》记武王克商后，曾"式商容闾"。伪孔传："商容贤人，纣所贬退，式其闾巷以礼贤。"孔疏："男子立乘，有所敬则俯而凭式，遂以式为敬名。"在战车上，还可以登轼瞭望敌情。《左传·庄公十年》记齐鲁之战，曹刿"登轼而望之"，看到齐师"旗靡"，知其已呈颓势，遂逐之。《吕氏春秋·仲冬纪·忠廉篇》说吴王称其臣要离"上车则不能登轼"，

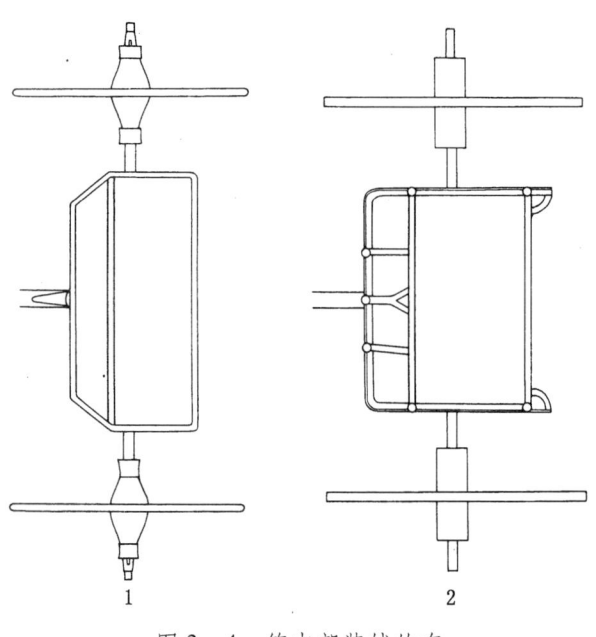

图3-4 箱中部装轼的车

1. 西周车（陕西长安出土） 2. 战国车（河南辉县出土）

认为他不符合对武士之体能的要求。可见这时轼已是独辀车上重要的部件。双辕车则将车軨向后斜接在上述横轼上，而将轼与其前部用布帛（絼）或皮革（鞍）蒙覆起来⑱。同时随着乘车姿势的改变，坐乘时可将膝部纳入车轼底下，乘者倚在轼上，比立乘时要舒适些⑲。

就广义而言，辂和轼都算是车軨的一部分。车軨由立柱支撑，立柱的下端出榫，装在车軫上。軫间的木梁名桄⑳。独辀的立乘之车多在桄上铺板，名阴板。不但商、西周时的车如此，直到陕县上村岭出土的春秋车，发掘时还看到其阴板腐朽后的板灰㉑。可是在辉县琉璃阁出土的战国车，虽然车箱底部有的仍装阴板，有的（如第18、19号车）却在桄间牵以平行的革带㉒。在双辕车上，由于坐乘的需要，发展了用革带编箱底的作法。湖南长沙西汉晚期墓所出木车模型的箱底用涂漆的革带交叉编成，始皇陵2号铜车前舆底部则铸出代表革编的花纹（图3-5），应即汉

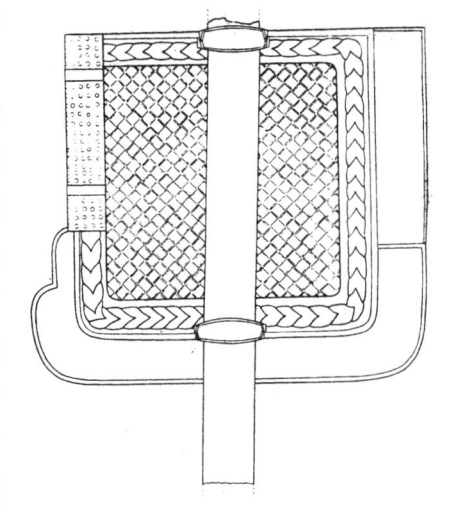

图3-5 革鞔纹

（始皇陵2号铜车前舆底部仰视）

代所谓之辆或革辑[23]。这种结构较木板柔软，适于坐乘。但无论箱底装木板还是编革带，上面都还要铺车席。殷墟西区 1613 号车马坑中所出之车，在箱底板上铺有一层茵席，席纹呈人字形，质地似莞草[24]。《诗·秦风·小戎》和《释名·释车》中则提到用虎皮作的文茵。始皇陵铜车的车箱中有带花纹的铜茵，似代表用丝织物作的车茵。湖北江陵凤凰山 8 号西汉墓出土的遣策记有"豹首车绷"[25]；豹首是一种锦的名称，见于《急就篇》，则汉茵也有用锦缝制的。锦茵不便践踏，所以它是供坐乘用的坐垫；同一批遣策中还记有"绣坐巾"，可证。而上述磨嘴子西汉墓中的木车模型，车上左侧为御者，右侧空着主人的位置，这里的朱色垫子特别厚，所铺的茵似不止一层，当即所谓"重茵"[26]。主人座前的轼上也盖着厚厚的絉，与御者的位子判然有别。《史记·酷吏列传》说和周阳由同坐一辆车的人，"未尝敢均茵、伏"，其车之设置情况当与此车相近。

为了避雨遮阳，车箱上设车盖。商车上尚未见此物。已知最早的车盖见于北京琉璃河 1100 号西周车马坑，圆形，径 1.5 米[27]。因为此坑中的车是拆开埋放的，相对位置已经变动，故盖的结构不太清楚。在山东莒南大店、湖南长沙浏城桥等地发现的春秋车盖[28]，则已制作得相当考究了。盖一般为伞形，其柄名杠[29]。柄的顶端膨大，名部，也叫保斗或盖斗[30]。环斗凿出榫眼以装橑即盖弓（图 3-6）。盖弓中部和尾部常有小孔，以备穿绳将各条盖弓牵连起来。其上再蒙覆盖帷。按照《考工记》和《大戴礼记·保傅篇》的说法，盖弓应有二十八根，以象征二十八宿。北京琉璃河所出西周车盖装盖弓二十六根，与二十八根之数接近。可是春秋、战国车盖上的盖弓却要少得多。莒南大店所出者装十四根，长沙浏城桥所出者装二十根。湖北江陵藤店和天星观等地战国楚墓所出的车盖，也都装二十根盖弓[31]。西汉车如长沙所出模型装十四根，武威所出模型装十六根，湖北光化所出实物装十九根[32]。只是根据残存盖弓帽的数字推知，河北满城 2 号西汉墓中的 3 号车应装盖弓二十八根。《考工记》等书的说法或系据此类车盖以与天象相牵合。

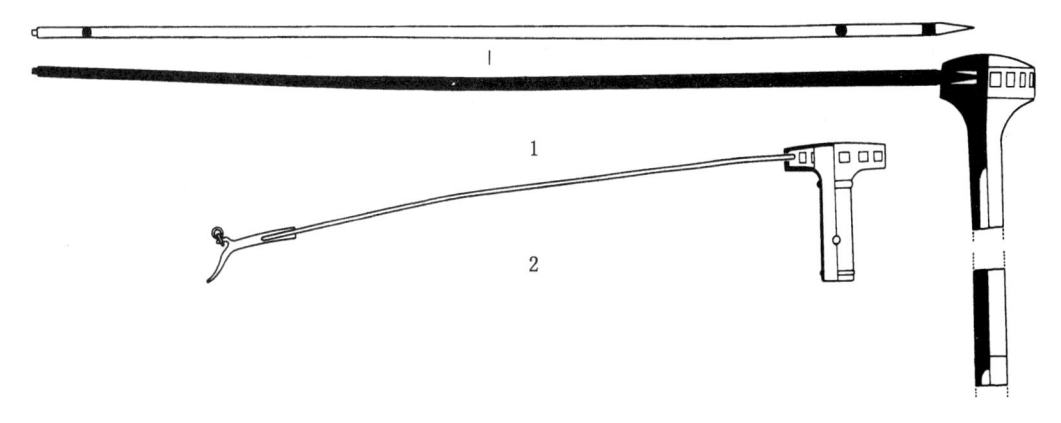

图 3-6　盖斗与盖弓

1. 春秋（山东莒南出土）　2. 战国（河南信阳出土）

盖弓末端装铜蚤即盖弓帽。蚤是爪的意思[33]。在盖弓帽上突出一个棘爪，用它钩住盖帷的缯帛以把它撑开。莒南春秋墓和河北邯郸赵王陵战国墓出土的盖弓帽上均附有双连环（图3-7:1）[34]，其中一个环挂在盖弓帽的棘爪上，另一个则应固定于盖帷的边缘。但出土的多数盖弓帽均不附环，它们或如武威木车模型的装置方法，在盖帷边缘裹竹圈，棘爪直接钩住竹圈以张盖。春秋时的盖弓帽造型朴素，或为素面，或饰简单花纹。邯郸赵王陵出土的战国盖弓帽则有作兽首形的。特别是辉县固围村1号墓出土的银质兽首形盖弓帽，用额上的独角充棘爪，构思很巧妙（图3-7:3）。至汉代，盖弓帽的造型又有所发展。以前在战国时，尽管盖弓帽的式样不一，但顶端皆呈圆形或多角形（图3-7:4~7）；汉代盖弓帽的顶端则常呈花朵形，名华蚤。其中花朵的方向与帽銎的方向一致的，名直茎华蚤（图3-7:8）；花朵自盖弓帽中部向上昂起的，名曲茎华蚤（图3-7:10）[35]。曲阜九龙山西汉墓出土的鎏金华蚤，前端有龙头，龙口含花朵，花朵中复有一人面，造型更为繁复（图3-7:9）。

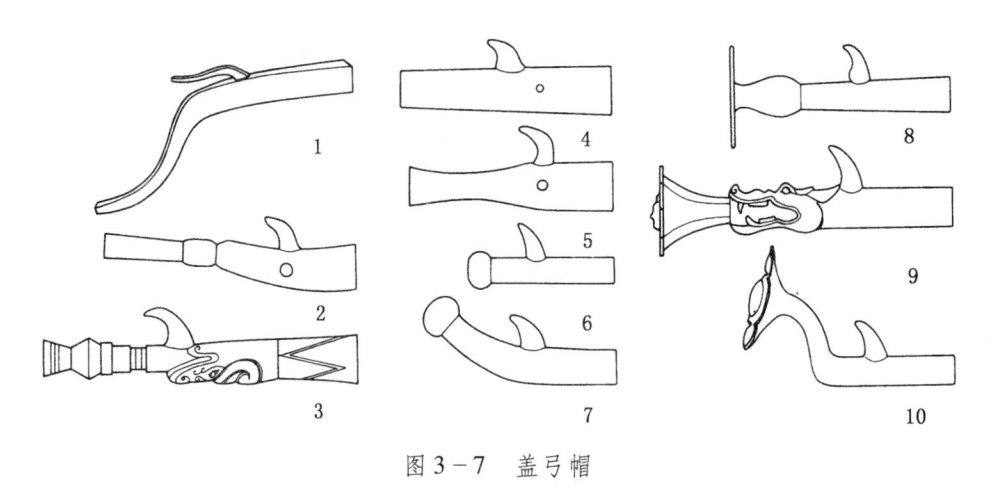

图3-7 盖弓帽
1. 春秋（山东莒南出土）　2~4. 战国（河南辉县出土）　5. 战国（河南洛阳中州路出土）
6、7. 西汉（河北满城出土）　8. 西汉（广州出土）　9. 西汉（山东曲阜九龙山出土）
10. 西汉（长沙出土）

车盖并不是完全固定在车上的。就礼仪方面而言：当王下车时，陪乘的道右则将车盖取下，步行从王[36]。在为王举行葬礼时，更须"执盖从车"[37]。就实际应用方面而言，刮大风的时候要解盖[38]。战车也不建车盖[39]。因为张盖后空气阻力大，影响车速，妨碍战斗。如以有盖之车赴兵事，则去其盖。因此，车盖应能够装卸。为了做到这一点，车杠乃分为好几节，当中用铜箍连接起来。在长沙浏城桥春秋墓出土的车杠上已发现这种铜箍，套在距盖斗22.5厘米处，可是铜箍底下的车杠已残去一段，所以不知道原来分成几节[40]。辉县固围村1号战国墓墓道中的一辆车上，出土两副连接盖杠的铜箍，均错金银。洛阳中州路战国车马坑中所出之车，也有形制与前者极相近的两副铜箍，均错银。

从而证明其车杠应分成三节。江陵藤店 1 号和天星观 1 号战国墓出土的车杠也正是如此，只不过藤店车杠的接合处未装铜箍[41]。在汉代的车上，车杠一般分成两节，上节名达常，与盖斗相连，下节名桯，植于车箱上[42]。连接两节的铜箍呈竹节形，应名鞞軨[43]。汉代很重视这个部件，有用金银嵌错出云气禽兽纹并镶以绿松石的[44]（图 3-8）。

车箱底下，由轴和轮相承托。在车箱两侧的輓与轴相接处，有垫木名鞅或伏兔。此物最初见于西周，商车上尚未发现。西周的伏兔作履形或长方形，顺放在轴上，它的作用是使輓与轴能接合得更稳定些。伏兔的外侧有铜笠毂。此物出现于西周，起初是一段带长方形盖板的套管，套在轴上，用楔予以固定；并可以将伏兔的一端插在套管内，使二者组合在一起[45]（图 3-9:1）。其盖板的方向朝外，覆盖在轮内侧的毂上。《左传·宣公四年》说："（伯棼）又射，汰辀，以贯笠毂。"孔疏："服虔云：'笠毂、毂之盖如笠，所以蔽毂上，以御矢也。'一曰：'车毂上铁也。'"此物正为"毂之盖"[46]。考古报告中多称为"轴饰"，虽然不是它的原名，但笠毂也确有保护和装饰轴的作用。商和西周时的驷马车车轴较长，一般为 3 米左右，但车箱并不太大，所以在輓、毂之间常裸露出一段车轴。河南安阳大司空村 175 号商代车马坑中所出之车，輓、毂间距为 50 厘米。陕西长安张家坡 35 号西周车马坑

图 3-8 盖杠与鞞軨
1. 分成三节的盖杠（江陵藤店出土）
2. 两段（共四件）一组的鞞軨（辉县出土）
3. 两段（共四件）一组的鞞軨（洛阳中州路出土）
4. 两件一组的鞞軨（满城出土）
5. 直筒形鞞軨（广州出土）

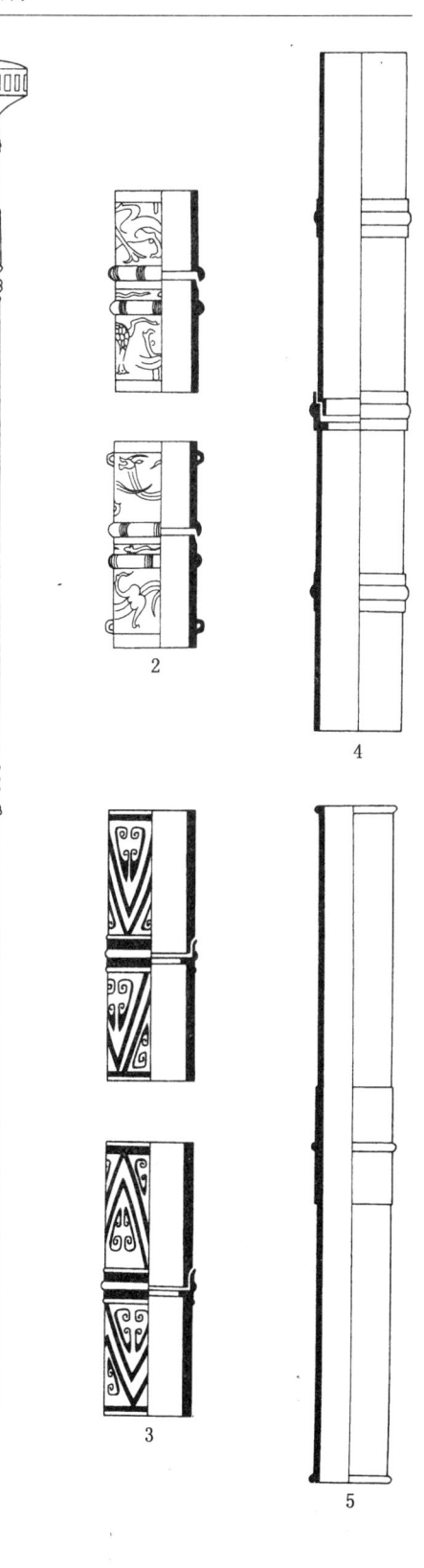

所出之车，毂痕不甚明确，但軹、毂间距仍当不小于40厘米。北京房山琉璃河1号西周车马坑中的车，车箱比较大，軹、毂间也有约25厘米的距离[47]。笠毂可以用来遮掩这段车轴。但陕西宝鸡茹家庄西周墓和洛阳老城1、2号西周车马坑中所出的笠毂，套管变成覆瓦状，只能附在轴上，不能加楔[48]。山西临猗程村1065号春秋车马坑中所出之车，其笠毂为圆角长方形木板，装于伏兔上，外端探出，覆盖车毂（图3-9:2）。伯梦的箭所贯之笠毂可能即属此类。它仅为厚1厘米的薄板，故不难被箭射穿。战国时，如辉县固围村1号墓与洛阳中州路车马坑所出者，则皆为椭圆形铜片，一端且有插头，以便插入伏兔，再用钉固定[49]。汉车由于多驾一马，车轴减短，軹、毂互相靠近，笠毂的体积也相应缩小，但其形制仍与战国时相近，惟多饰以兽面。河北满城西汉墓所出者，还有错金银、鎏金并镶嵌玛瑙、绿松石的[50]（图3-10）。

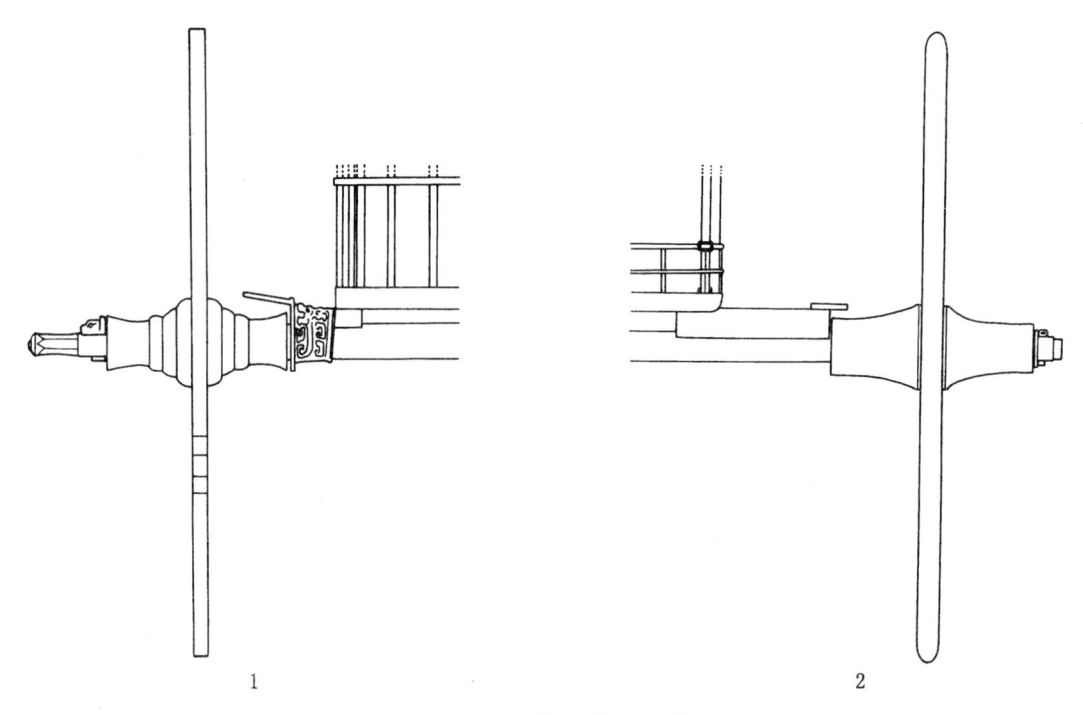

图 3-9 笠毂的装置方式

1. 河南浚县辛村1号西周墓出土车 2. 山西临猗程村1065号春秋墓出土车

笠毂之外为毂。毂的中部凿出一圈榫眼以装辐。毂内之孔名薮，亦名壶中，用以贯轴。在中国古车上，轴是固定的；而行车时，轮和毂却要不停地转动。毂上承车箱的重量，又受到车辐转动时的张力，还要抵抗车轴的摩擦，是吃力很重的一个部件。它一般用较坚固的圆木制作。靠车箱一端的孔径较粗，名贤端；靠轴末一端的较细，名轵端[51]。这是因为车轴入毂以后向外逐渐变细的缘故。在安阳孝民屯出土的商车上，毂的贤、轵

图 3-10 笠毂

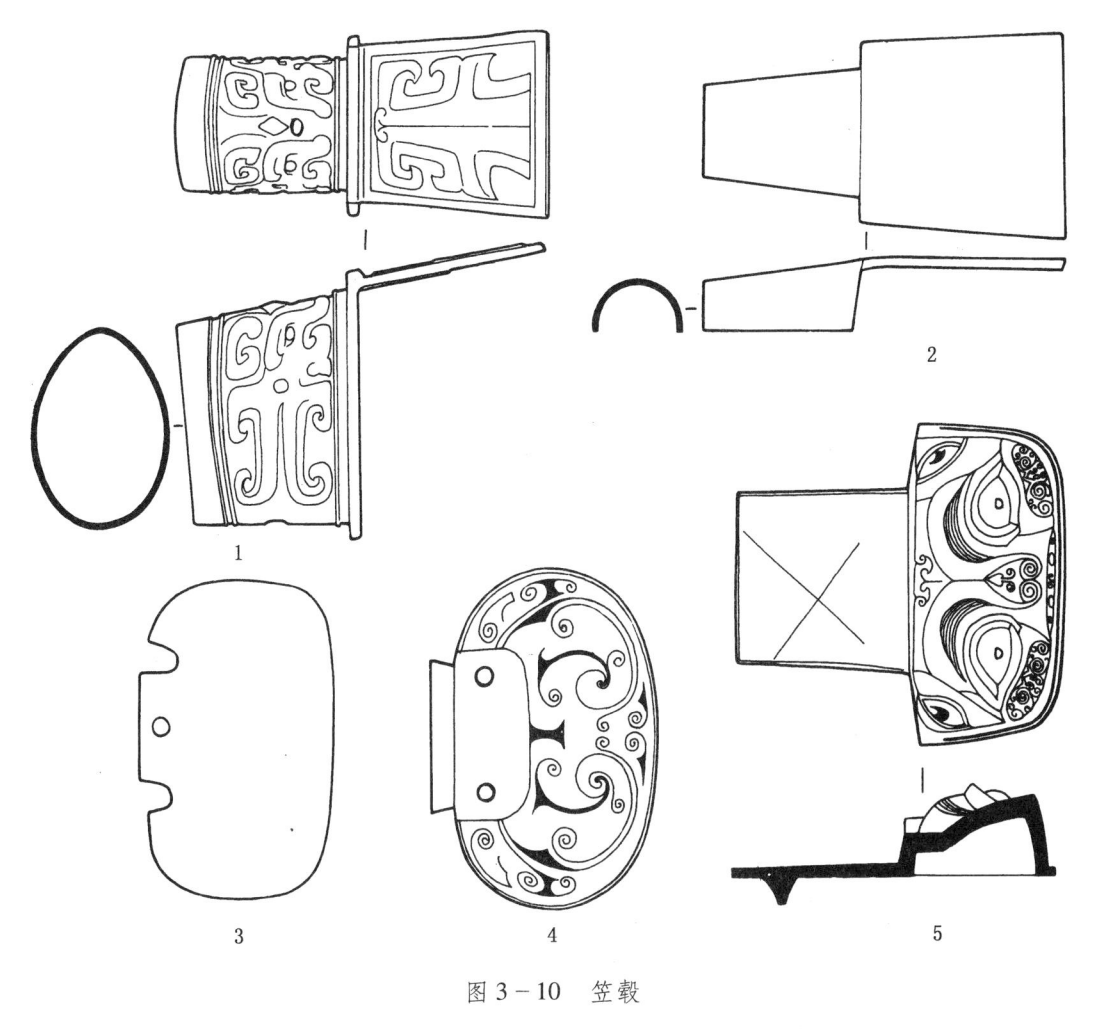

1. 西周（长安客省庄出土） 2. 西周（洛阳老城出土） 3. 战国（湖南长沙出土）
4. 战国（河南辉县出土） 5. 西汉（河北满城出土）

两端尚无多大差别；在大司空村出土的商车上，轵端却明显的比贤端细一些[52]。这种结构为以后所承袭，它起着使车毂不致内侵的作用。

另一方面，由于车箱直接靠毂支撑，毂愈长，支撑面也愈大，行车时可以更安稳些。西周时出现了长达半米多的长毂，又名畅毂[53]。但这类毂在车子倾斜时受到轴的扭压力较大，毂口容易开裂。所以这时在毂上安装铜𫐓就成为必要的了。𫐓是毂两端的金属帽，它套在毂端的外面[54]。此物在陕西长安张家坡及客省庄，河南新郑唐户、洛阳老城、浚县辛村，北京昌平白浮等地的西周车马坑中均曾出土[55]。𫐓形如底部有大圆孔的杯子，用它套住毂端，而轴仍可以从圆孔中穿出。其环状底的宽度与毂壁的厚度相等，所以它不仅从外表面对毂加固，而且可以从端面保护毂，防止它被磨损。这时还有用铜鞧、铜钏、铜軷等将车毂整个包起来的⁵⁶；但春秋以降，这种作法不再流行。

战国时，开始注意从内部对毂进行加固，即在毂中装釭。《说文》说釭是"车毂中铁也"，可见它多以铁制，在铁工具普及以前，它似乎未被广泛使用。当装釭时，必须使釭卡紧毂壁；否则，釭在毂中旋绕晃动，不仅不能保护木毂，反而对它造成损伤。已发现的战国铁车釭的实例不多，河北易县燕下都第23号遗址出土的一件，为圆筒形，两侧有突出的凸榫，可以卡在木毂上⁵⁷。此釭直径8.8厘米，估计是装在贤端的；和它配套的另一件应装于轵端，直径还要小一些。汉代的釭有的与燕下都釭的形制相近，惟凸榫常增至四个。汉代另有一种六角形釭，即《说文》所谓似琮之釭⁵⁸。河南镇平出土的此型釭上有"真倱中"铭文⁵⁹，倱即《考工记》所说的"望其毂，欲其辊"之辊；此铭系称述其内壁的匀整和光洁⁶⁰。

在用釭加固车毂的同时，轴上并开始装锏，以使铁釭中的木轴减少磨损。洛阳中州路出土的战国车上的铁锏，呈瓦状，用铁钉固定在轴上⁶¹。满城1号西汉墓中的车，则装管状铁锏，出土时其中尚含车轴朽木，有的还残存一小段铁钉。《释名》谓："锏，间也，间釭、轴之间使不相摩也。"把它的作用说得很清楚。满城1号墓出土的一枚铁锏曾经金相考察，属珠光体基的灰口铸铁⁶²，具有较高的耐磨性和较小的摩擦阻力，所以它既能起到防护作用而且还利于运转（图3-11）。春秋时的车已在轴上施用润滑油膏，见《诗·邶风·泉水》及《左传·襄公三十一年》、《左传·哀公三年》。在光滑的釭、锏中施用油膏后，行车时更为轻快。所以《吴子·治兵篇》说："膏锏有余，则车轻人。"

毂外为軎。軎装在轴通过毂以后露出的末端，是用来括约和保护轴头的。軎的内端有键孔，贯孔装辖。辖端又有孔，以穿皮条将它缚住使不脱。远在商代軎已用铜制，但当时还多用木辖，只是有些木辖外包铜套，或在顶部装铜兽头⁶³；西周中期以后铜辖才较常见。商车的軎为直筒形，长约16～18厘米，末端稍细而有当。西周早期的軎，形状与商代非常接近，但稍长，有达21厘米的。西周中期以后，軎由长变短，一般在10厘米左右。自商至西周早期的軎，多在外端饰以四出蕉叶；西周中期以后，花纹复杂起来，蟠螭纹、连续蝉纹等都在軎上出现了⁶⁴。辖的造型这时也趋于复杂，商与西周初虽已在辖顶部饰以兽头，但这时则有饰以人像的，对于人物造像很稀见的西周时代来说，它特别引起研究者的兴趣。洛阳庞家沟西周墓所出铜辖首部的人物坐像，衣裳发式均铸造得很精细，更为珍罕⁶⁵（图3-12）。而且此人像的背后还延伸出一片盖板，它应与轮内侧的笠毂相对称，从两个方向将毂两端覆盖起来。这种作法目前仅知此一例。用人像饰辖之风一直延续到春秋初，如陕西户县春秋秦墓中所出者⁶⁶。河南新野春秋墓中出土的辖虽未饰人像，却在軎端的当上饰以人面（图3-13:6）⁶⁷，可见一时之好尚。更值得注意的是，此前軎的内端为一直筒，直接插入毂内（图3-13:1～5）；在这座墓中却出现一

图 3-11 輨釭、锏

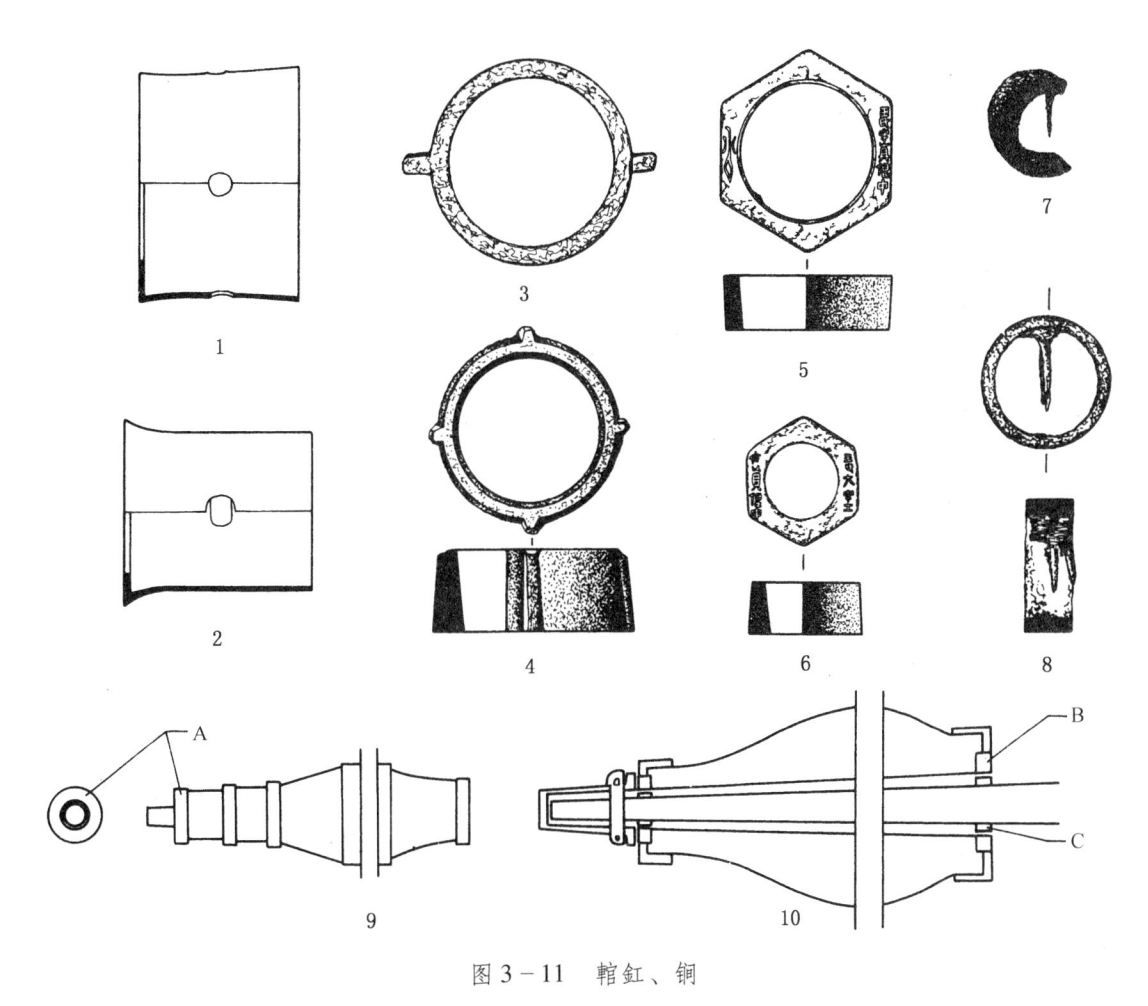

1. 西周铜輨（陕西长安出土） 2. 西周铜輨（洛阳老城出土） 3. 战国铁釭（燕下都出土）
4~6. 西汉铁釭（河南镇平出土） 7. 战国铁锏（洛阳中州路出土） 8. 西汉铁锏（河北满城出土）
9. 装于毂端的輨（A）（河南淮阳出土） 10. 釭（B）、锏（C）安装部位示意图

种内端有外向折沿的作法，辖退居折沿之外。这是为了加固辖孔后部的害壁而设。在没有折沿的害上，常看到辖孔后部被磨损，甚至裂成豁口的情况。折沿初出时较薄，以后逐渐增厚。春秋中期以后直到汉代，害就都是这种折沿式的了（图 3-13:6~10）。折沿式害有的顶端无当，有的将辖以外的部分作成多边形。春秋晚期和战国时期，多边形害相当流行，一些精工制作的害往往采用这种形式，有八边、十边、十一边、十二边、十四边等形⑱。其中边长不太好求的圆内接正十边、十一边等形的害，也制作得很规整，显示出匠师的高超技巧。战国晚期以后，特别是到了汉代，多用短筒形害。这时有的车害在辖孔周围铸出凸起的辖座，贯辖后，辖没入辖座中，一般并不外露（图 3-13:10）。而且这时的辖多数用铁制，只有少数用铜制。造型也大为简化，常为长条状，两端各留

图 3-12　附有笠毂状盖板的人形辖
（河南洛阳庞家沟出土）

出供缚结用的小孔。

在春秋战国时期，还有一种特殊的车軎，它在軎外接以有刃的矛状物。装这种軎的车应称为𨏉车[69]。进行车战时，它能有效地给予对方随车的隶属徒兵以杀伤[70]。但随着战术的变化，步、骑兵种之重要性的增加，至汉代，有刃车軎就很少见了。

軎在水平方向上用以固轴阻毂，辐则在垂直方向上用以承毂接牙。牙又名辋，即车轮接地的轮圈。牙是将直木用火烤后揉为弧形拼接成的，所以牙亦名𫐓[71]。但一副轮牙用一根直木揉不出来，浚县辛村出土西周车的牙是合二木而成的；辉县琉璃阁出土战国车根据轮上所装夹辅的情况判断，牙也是合二木而成[72]的。但《韩诗外传》卷五提到一位制车轮的工匠伦扁的话说："以臣轮言之：夫以规为圆，矩为方，此其可传乎子孙者也。若夫合三木而为一，应乎心，动乎体，其不可得而传者也。"这个故事又见《淮南子·道应》，可见汉代的轮牙多数用三木拼成。山东嘉祥洪山汉画像石中的制轮图所表现的轮牙，每段亦接近圆周的三分之一[73]。在轮牙各木的接缝之处装铜鍱，即铜牙箍，其上有孔，以细皮条穿缚，遂使牙木互相接牢。牙上也凿有榫眼；辐之装入牙内的榫名蚤，装入毂内的榫名菑[74]。在辉县琉璃阁出土的第 16 号战国车上，蚤、菑均是偏榫，车辐装好后均向内偏斜，从外侧看，整个轮子形成一中凹的浅盆状（图 3-14）。武威磨嘴子 48 号西汉墓出土木车模型的轮辐也是这样装的。此种装辐法应即《考工记》所称轮绠[75]。轮绠又称轮箪。《考工记·轮人》郑注："轮箪则车行不掉也。"孙诒让正义引戴震曰："轮不箪必左右仡摇。"而用此法，"则重势微注于内，两轮订之而定，无倾掉之患"。即此法使辐形成内倾的分力，轮不易外脱。当道路起伏不平时，纵使车身向外倾斜，由于轮绠所起的调剂作用，车子仍不易翻倒。所以是一种符合力学原理的装置方法。可是因为其制作费工，故并非所有车辆都采用轮绠装置。

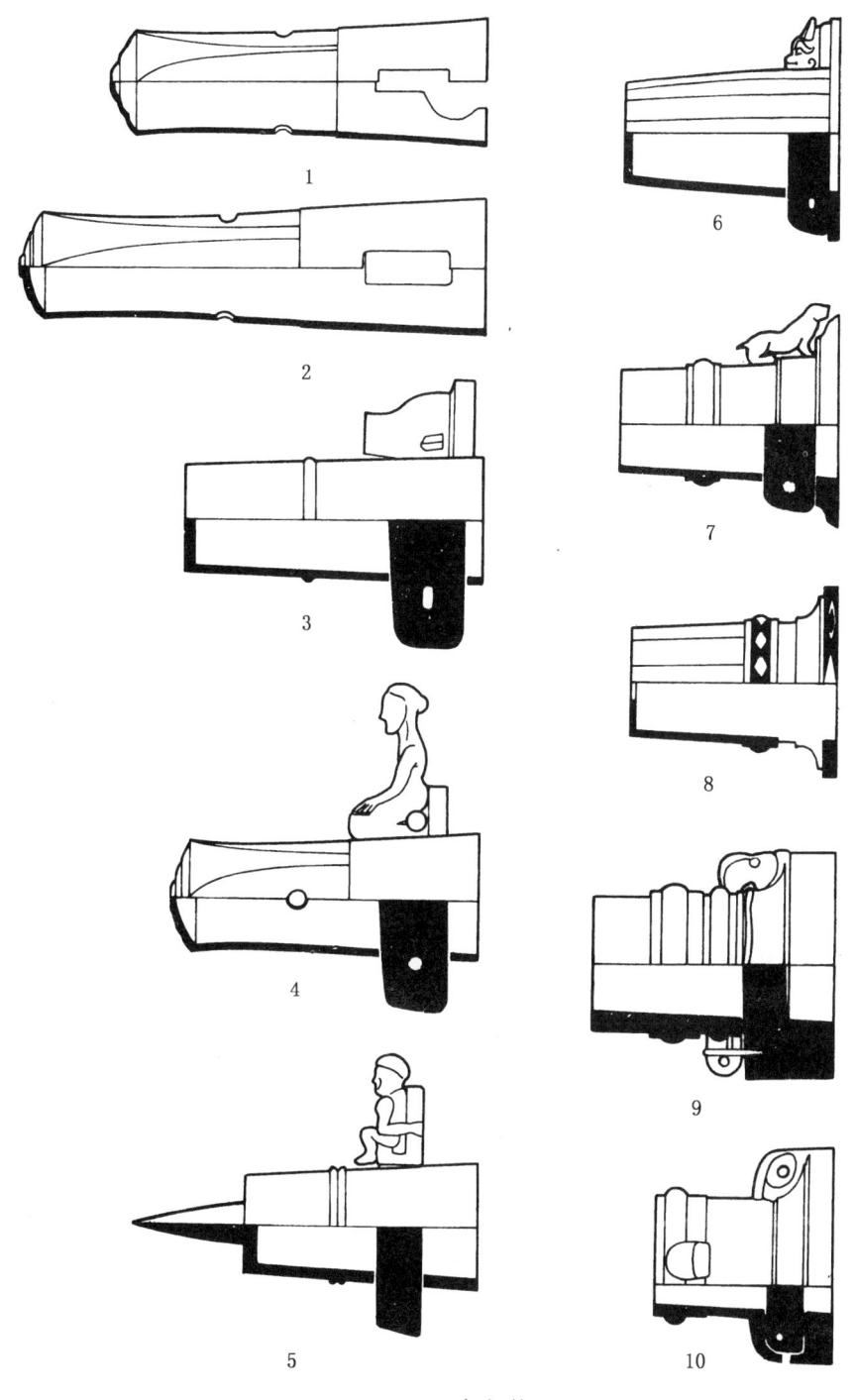

中国古独辀马车的结构　39

图 3-13　害与辖

1. 商（安阳孝民屯出土）　2、3. 西周早期（长安张家坡出土）　4. 西周中晚期（洛阳北窑出土）
5. 春秋（陕西户县出土）　6. 春秋（河南新野出土）　7. 战国（河南辉县出土）
8. 战国（江陵天星观出土）　9. 秦（始皇陵出土）　10. 西汉（河北满城出土）

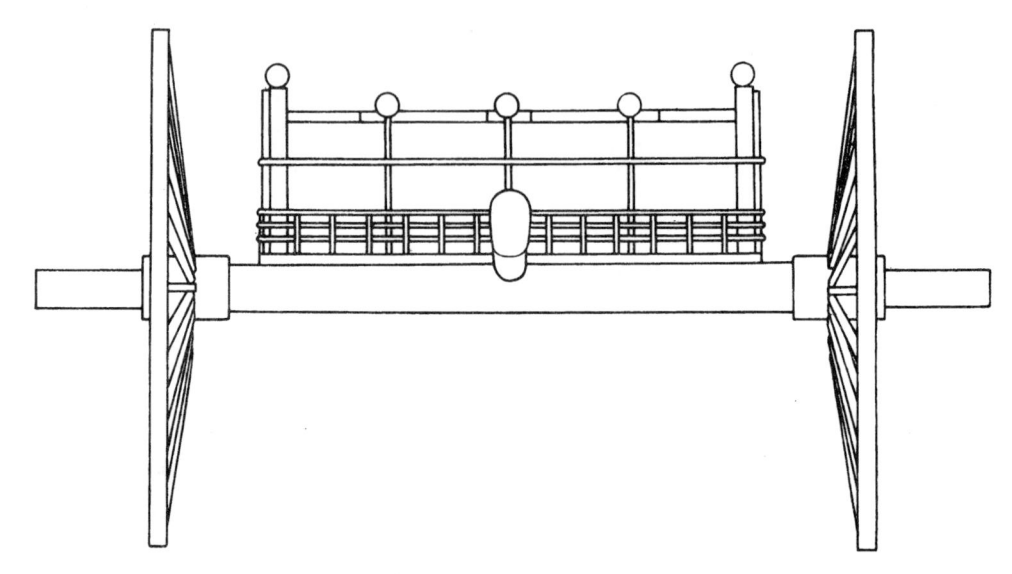

图 3-14 辉县出土战国车上所见轮辕结构

中国古独辀车的辐，商代多为十八根，但也有装二十二根或二十六根的，春秋时有装 28 根的，但直到战国中期，仍以装二十六辐者较为常见[76]。《老子》所说"三十辐共一毂"，《考工记》所说"轮辐三十"，似乎是举其整数。因为迄今只在甘肃平凉庙庄秦墓所出木车和始皇陵所出铜车上看到装三十根辐的车轮。河南淮阳马鞍冢 2 号战国车马坑之 4 号车装三十二辐，是已知装辐最多之例。西汉车如江苏涟水三里墩所出铜车模型装二十四辐[77]，长沙和武威出土的木车模型则均为十六辐。不过中国古车轮辐与盖橑的数字常约略接近，根据金属盖弓帽遗存，推知汉车有装橑达三十根以上的，所以不排除汉车有装三十辐的可能。至于古文献中提到的名辁之无辐板轮[78]，在发掘出土的独辀车上还没有见到过。而中国古车之所以装辐较多，是因为轮径较大的缘故。先秦车的轮径平均约为 1.33 米[79]。大体相当于驾车之马的鬐高。

车箱底部横向装轴，纵向则装辀。辀即辕。但如细加区分，则马车称辀，牛车称辕；单根称辀，两根虽装在马车上亦多称辕。辀尾起初与后轸平齐，后来常稍稍露出于车箱之外。这里正是登车的搭脚之处，易于损伤，所以商车已在辀尾加套铜踵。商车的铜踵有的只是一块 T 字形的平挡板，它上面的横直部分附于后轸中央，下垂的部分附于辀尾。但也有在挡板背后接出一段套管的，其断面呈马蹄形，正好将上平下圜的辀尾纳入[80]。商代晚期和西周早期的铜踵则略去横直之板，只保留套管部分。其侧面呈曲尺形，一端有凹槽，用以容车轸。其底面与侧面均饰以繁缛的花纹[81]（图 3-15:1、2）。但西周时铜踵并不多见。金文言锡车器，也只在等级最高的场合，如《毛公鼎铭》中才有锡"金歱（踵）"的记载。至西周晚期，如在山东胶县西庵一座出蹄形实足鬲的墓中所见之铜踵，已简化成平素无文、末端微凸而中有方豁的筒形物（图 3-15:3）[82]。春秋以后，铜踵遂隐没不见。

辀与轴垂直相交。自商到战国中期的车，轴上侧和辀下侧一般都凿出凹槽，以使二者互相卯合[83]。但在轴、辀上开槽，对它们的坚固性会有一些影响。至战国晚期出现将辀直接放在轴上的装置方法[84]。秦车在轴、辀之间垫以当兔，它相当于牛车上的钩心木[85]，这种作法是在始皇陵铜车上最先见到的。

辀伸出前轸木后，在车箱之前有一段较平直的部分名軓。商车在軓上或装铜軓饰[86]（图3-16）。西周及其后之车均未见此物。軓前逐渐昂起，接近顶端处稍稍变细，名颈，衡就装在这里。颈上也有用两片半圆筒状铜护套扣合起来加以包镶的，但只在长安张家坡170号井叔墓中见过一例[87]。颈外的辀端名軏，这一部分通常又转成接近水平的直线，仅见少数实例仍复上昂。軏本是木质的辀端，但有时在上面再装铜包头，此包头则称为铜軏。殷墟小屯20号车马坑所出的车已有兽首形铜軏[88]（图3-17:1）。西周铜軏多呈喇叭形，顶有圆当（图3-17:2~4）。战国时，铜軏又恢复成兽首形，辉县固围村1号墓与淮阳马鞍冢2号车马坑所出错金银兽首铜軏，工艺极精巧（图3-17:5~7）。汉

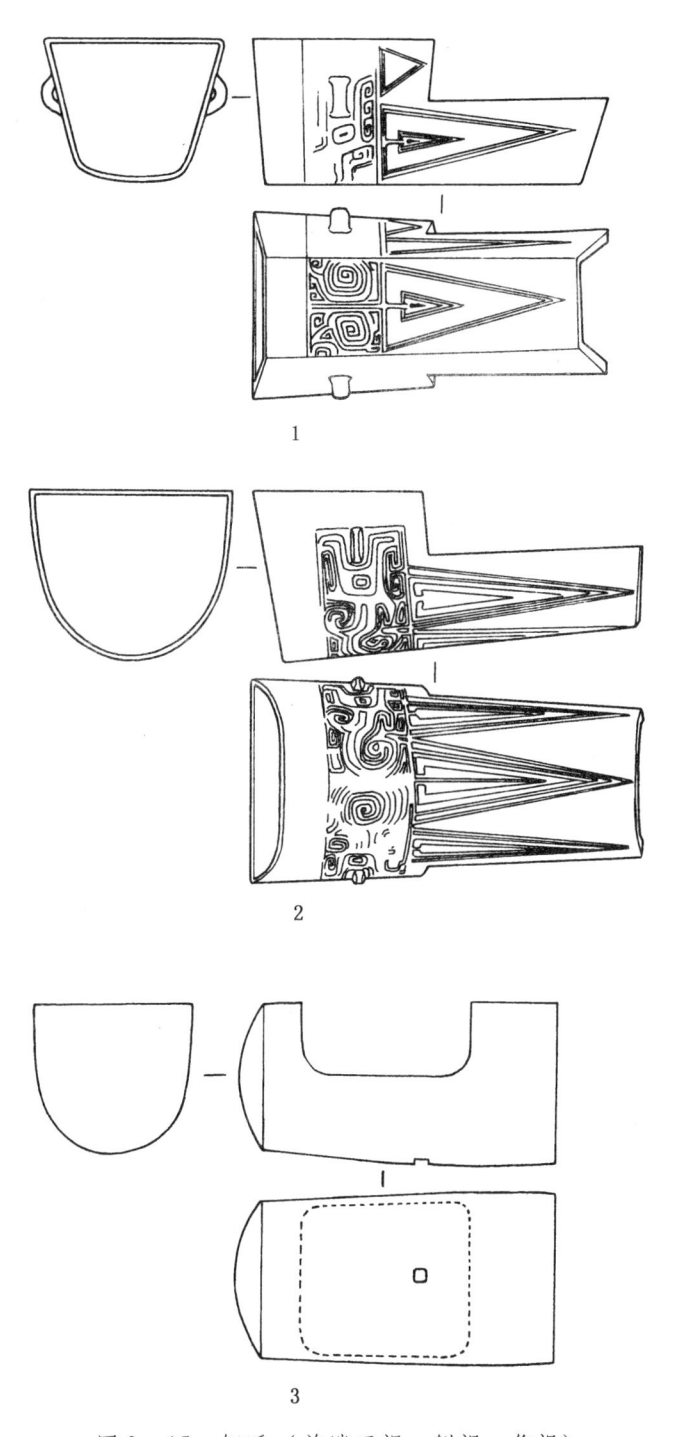

图3-15 铜踵（前端正视、侧视、仰视）

1. 商（河南安阳孝民屯出土）　2. 西周早期（陕西长安张家坡出土）
3. 西周晚期（山东胶县西庵出土）

代的铜軏有的作龙首形。满城1号西汉墓所出鎏金铜軏，口衔銎管以贯衡，结构更加完善（面3-17:8）。

軥颈上装衡，衡是用以缚軛驾马的横木。发掘中所见的商车，軥、衡多已分离。根据田野实测记录，安阳孝民屯7号车马坑中的车，衡的位置高于軥40厘米。殷墟西区1613号车马坑中的车，衡高于軥20厘米[89]。多数商代车軥仍保持着向上昂起的曲度。軥、衡间之所以出现距离，或是因为商軥多用较粗大的圆木揉成，在埋藏中受压而收缩变形所致。上述1613号车马坑中的軥出土时甚至呈向下塌陷状，可证。如果认为商车的軥、衡本不直接相连，当中还牵挂绳索[90]；那么，商车在前部就将失去稳定的支点，行

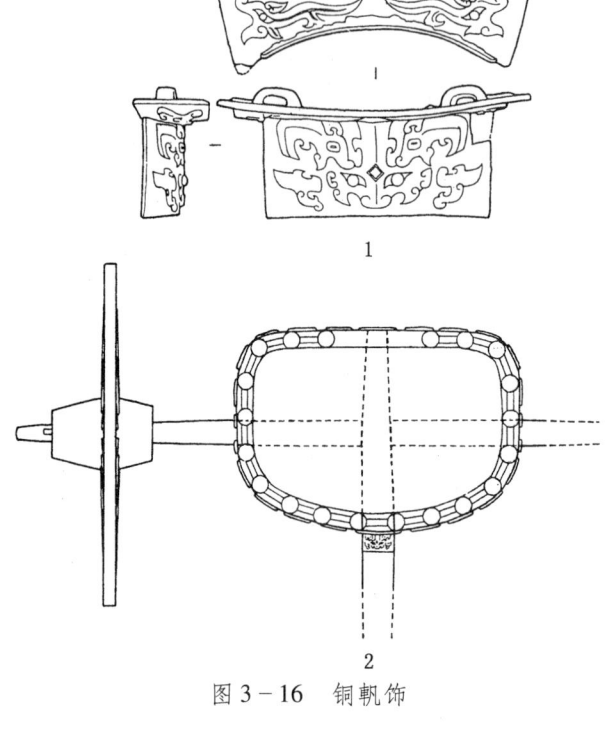

图 3-16 铜軓饰

1. 安阳小屯M40出土铜軓饰 2. 铜軓饰在舆前的位置（据张长寿、张孝光复原图，《中国考古学研究〔一〕》页153、157）

车时会上下剧烈颠簸。因而此说恐与实用的要求不符。出土商衡有直衡和曲衡两种，直衡多为长1.1~1.4米的圆木棒；曲衡两端上翘，长约2米[91]。长安张家坡2号西周车马坑2号车的衡，长度达2.1米，两外侧渐细且向上翘起，顶端各横装一件铜矛状物，矛下面垂着用红色织物串起来的货贝和蚌鱼[92]（图3-18:1）。此类铜矛状物在浚县辛村42号西周墓中也出土过。其衡端的二矛所以向上翘起，应是为骖马留活动的空间。此类衡末铜饰除呈矛状的以外，还有呈兽首状的[93]（图3-18:2）。矛状衡末至秦代已简化成一头带尖的长条形铜板，如在始皇陵2号俑坑的木车上所见者（图3-18:5）。另外，在衡木上有时还套有管状铜饰，它的一端平齐，另一端作锯齿状，与建筑物壁带上的金釭之形相近[94]，或可称为衡釭。《诗经》里常提到"错衡"，毛传一律解释为"文衡"，即有纹饰之衡。但在《毛公鼎铭》所记锡车器的物品单中，错衡并不与画轉、画輻等为伍，而是与金甬、金踵等列在一起，表明它是金属制品，或者至少是装配有较多金属零件之物。按错字可训邪行逆上[95]，因而这种两端上翘、装矛状铜饰的衡或即错衡。春秋以后，错衡不再出现，衡饰趋于简化，一般只在直衡上装衡末。陕西凤翔八旗屯BS33号春秋车马坑中出土的衡末呈圆筒形，饰蟠虺纹[96]。山东莒县大店春秋墓中出土的衡末则饰以羽状纹[97]。战国车上或装骨质衡末，如辉县琉璃阁战国车马坑中所见者。满城1号西汉

图 3-17 铜軥

1. 商（安阳小屯 M20 出土） 2. 西周早期（甘肃灵台出土） 3、4. 西周晚期（浚县辛村出土）
5、6. 战国早期（河南辉县出土） 7. 战国晚期（河南淮阳出土） 8. 西汉（河北满城出土）

墓所出衡末饰凸弦纹，与其軥首的式样相近[98]（图 3-18:6）。汉代衡末最华丽者出土于曲阜九龙山 4 号西汉墓，通体鎏金，浮雕龙纹，顶端作四出花瓣形，中有花蕊，为此时同类制品中所仅见。

衡的正中部位装靷钮，缚衡的靷即穿过它将衡系结在辀颈上。靷钮见于辉县琉璃阁 131 号战国车马坑中的 1 号车，为扁方形铜环（图 3-21:5）。始皇陵 2 号铜车上的靷钮则为半圆形银环[99]。顺便说一下，古独辀车虽然个别部分采用榫卯结构，但多数部件是用革带绑缚的。这些革带有的有专门名称，除了缚衡的靷以外，缚伏兔之带名𬴊，缚轴之带名𨍋，缚轐之带名𩊚，缚裹长毂并予以加固之带名𩊚，不一而足[100]。绑缚之时还要施胶，即《考工纪》所谓："施胶必厚，施胶必数。"但仅仅绑缚施胶，水浸后还会松脱，《盐铁论》一书的结尾部分，就记下了一句嘲笑这种不结实的胶合车的歇后语[101]。所以在外表还要涂漆。《急就篇》说涂了漆的车颜色"黑苍"。这样可使结构牢固，整体性好。

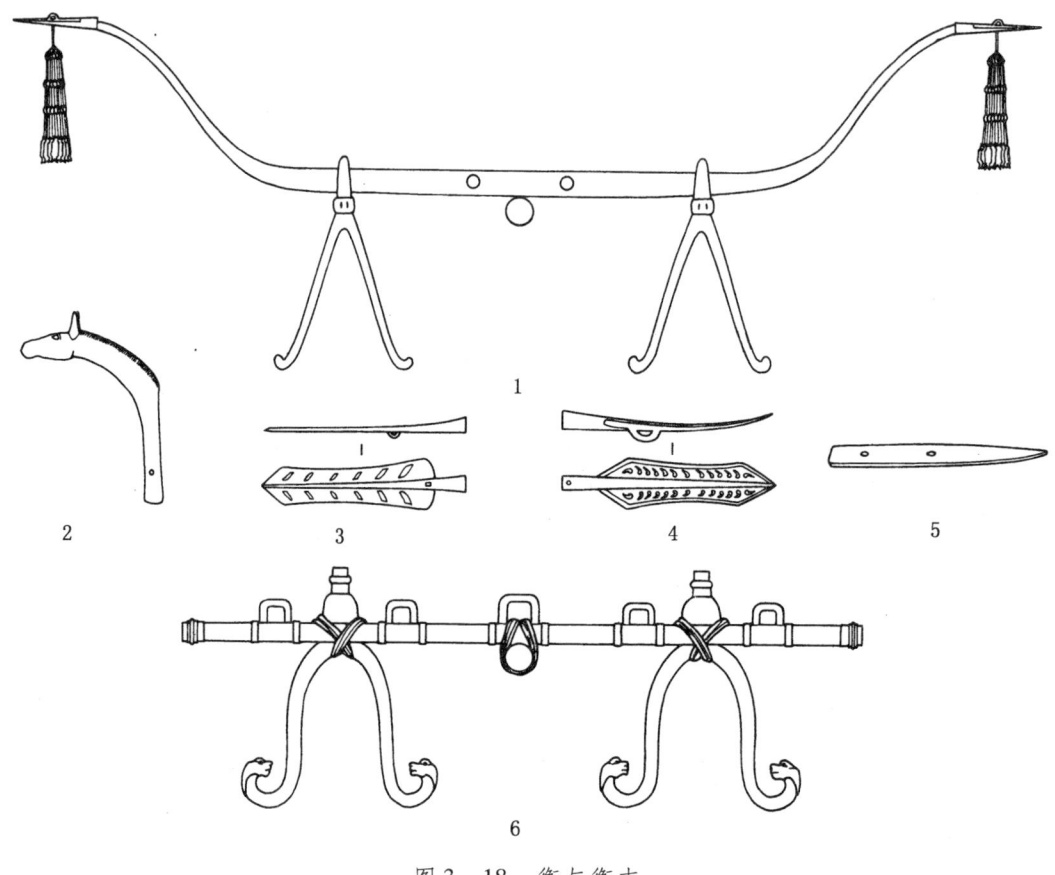

图 3-18　衡与衡末

1. 装矛状衡末的西周错衡（长安张家坡出土）　2. 西周兽首状衡末（北京琉璃河出土）
3、4. 西周矛状衡末（长安及扶风出土）　5. 秦代矛状衡末（始皇陵 2 号兵马俑坑出土）
6. 装圆筒状衡末的西汉直衡（满城出土）

回过来再看车衡，如前所述，衡主要是用以缚軛的。軛装在衡左右两侧，用它夹住两服马之颈。骖马一般不负軛，偶或有负軛者，也都游离于衡外。商车有在木軛上装铜軛首、軛颈、軛箍、軛軥等部件的；也有连軛肢都用铜制外壳，而内包木骨的[102]（图 3-19∶1、2）。西周的情况与商代大体相近，这是一个值得注意的现象。因为商车上只有少量铜车具，都装在很关键的部位如踵、軎等处，可是它们用铜之量还不如軛，反映出此处所承之力相当大，应与当时采用的軛靷式系驾法紧密相关。浚县辛村 25 号西周车马坑出土的一件軛，能看清楚其木质部分的结构：軛由三根木头组成，两肢揉曲，当中的一根作楔形；将两肢木装进軛箍、軛首，然后将楔木尖端向上楔入[103]（图 3-19∶4）。这样，上面的压力愈大，则进楔愈深，箍也就愈紧，结构很合理。春秋以后，軛上的铜件只剩下軛首和軛軥。汉代的軛首进一步缩小，已经起不到箍住軛肢的作用；铜軛軥也变成匙形，只包住軛肢末端了。軛的两侧装钗，用以贯辔。北京琉璃河和河南洛阳均曾出

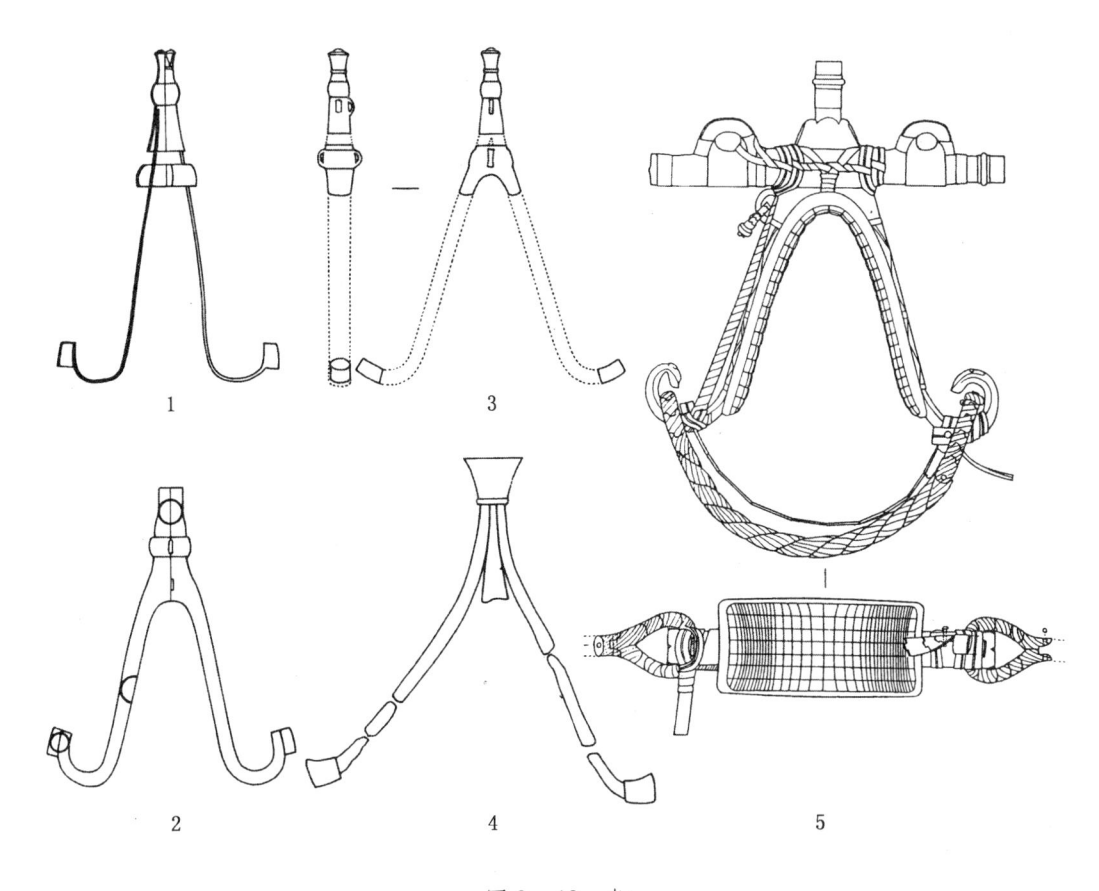

图 3-19 轭

1、2. 商（河南安阳孝民屯出土） 3. 西周（陕西长安张家坡出土）
4. 西周（河南浚县辛村出土） 5. 秦（始皇陵出土）

土西周铜轭[104]。战国和汉代的轭式样仍无多大变化，均呈倒 U 字形。豪华的鎏金铜轭，如徐州龟山 2 号、曲阜九龙山 4 号等西汉墓所出者，在倒 U 字形的弧顶增饰山峦、龙、兽[105]（图 3-20），与习见者不同。

衡上除了这些实用性的车具外，还有一种仪饰性的部件——銮。銮出现于西周，商车上尚未见过。它的下部为方銎，上部呈扁球形，辟放射状裂孔，中含弹丸，行车时振动作响。銮即周代金文所记车器中的金甬，甬字金文作（毛公鼎），即铜銮的侧视形[106]。它通常装在从轭首透出的軏木上，但如胶县西庵所出的轭并无轭首，装銮后銮銎兼充轭首。一般车上如只在轭顶装銮，则仅有二銮。长安张家坡 2 号车马坑之 1 号车，其居于衡外的两匹骖马也负轭，轭顶也装銮，则共为四銮。但古文献中常强调高级马车上的八銮，如《诗·大雅·韩奕》之"百两彭彭，八鸾锵锵"，《大雅·烝民》之"四牡骙骙，八鸾喈喈"，《商颂·烈祖》之"约軝错衡，八鸾鸧鸧"；可见对此物之重视。

图 3-20 轵

1. 春秋（奈良天理参考馆藏） 2. 战国（河南辉县出土） 3、5. 西汉（河北满城出土）
4. 西汉（徐州龟山出土） 6. 西汉（曲阜九龙山出土）

从构造上说，倘要装足八銮，或可如辉县琉璃阁131号车马坑中1号车的方式，除两骖各装一銮外，在衡上的四个轵顶也各装一銮，共为六銮；再加上服马轭顶的二銮，则共为八銮。又如淮阳马鞍冢2号车马坑中4号车的方式，在服马的两轭间装两套双銮，再加上两轭首上的銮，亦为六銮。可是此车在衡的两端还各悬一铃，这两个铃或为和铃，即张衡《东京赋》所称："銮声哕哕，和铃铗铗。"行车时，銮声与铃声可以形成和鸣的效果[107]（图3-21）。銮在西周车上相当流行，春秋战国时渐少见。湖北当阳赵巷4号春秋中期墓中出土的銮已改变成横置的扁球形，此制为汉代所沿袭，不过只发现过寥寥几例[108]。

还有一些铜件是装在马身上的，其中有的纯属装饰品，如马冠，又名钖[109]，它和銮一样，亦始见于西周。它的冠体应是一个皮套子，出土时皆已朽失不存，但附在上面的铜兽面却保存了下来，有合铸为一整体的，也有耳目口鼻分铸的（图3-22）。此物的流行时间比较短，春秋时已不再出现。

马的辔头名勒，金文中称为攸勒。清·马瑞辰《毛诗传笺通释》卷一八说："鞗革古或作鋚勒，《石鼓文》及《寅簋文》并云'鋚勒'是也。或省作攸勒、攸革。"《诗·周颂·载见》："鞗革有鸧。"郑笺："鞗革，辔首。"故攸勒即辔首亦即后世所称辔头。或以为攸、勒系二物，分别指现代所说的缰绳和笼头，不确[110]。但辔头与络头尚有区别。《说文·革部》："勒，马头络衔也。"而《急就篇》颜注说："羁，络头也，谓勒之无衔者也。"可见络头只是勒，即辔头的一部分，不包括马衔在内。它一般由项带、额带、鼻带、咽带、颊带等组成。在这些带子上常串以小铜管、小铜泡或货贝，后一种即《仪

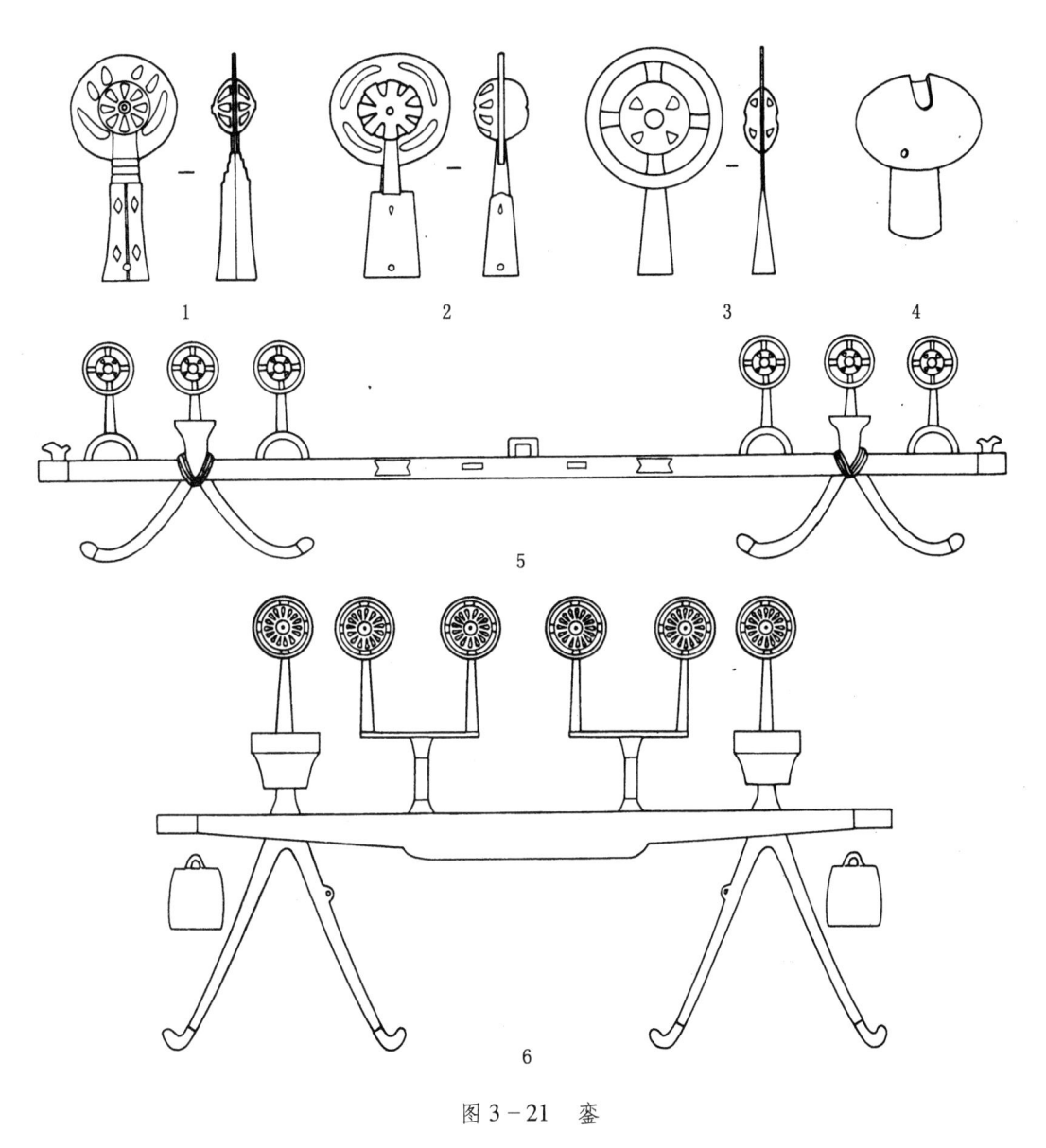

图 3-21 銮

1. 甘肃灵台白草坡出土西周铜銮　2. 陕西户县宋村出土春秋铜銮　3. 河南辉县琉璃阁出土战国铜銮
4. 湖北当阳赵巷出土春秋铜銮　5. 辉县出土战国车上所装之銮　6. 淮阳出土战国车上所装之銮

礼·既夕礼》所称之贝勒。在络头革带的纵横交叉处常装十字形四通管状节约。在马额前则常装形状特殊的铜饰，名钖，汉代通称当卢。《周礼·春官·巾车》郑众注："钖，马面钖。"郑玄注："钖，马面当卢，刻金为之。"《诗·大雅·韩奕》郑笺："眉上曰钖，刻金饰之，今当卢也。"《急就篇》颜注也说："镂，马面上饰也，以金铜为之，俗谓之当卢。"唯《说文·金部》谓："钖，马头饰也。"对照起来看，许君所称马头，即

图 3-22 钖

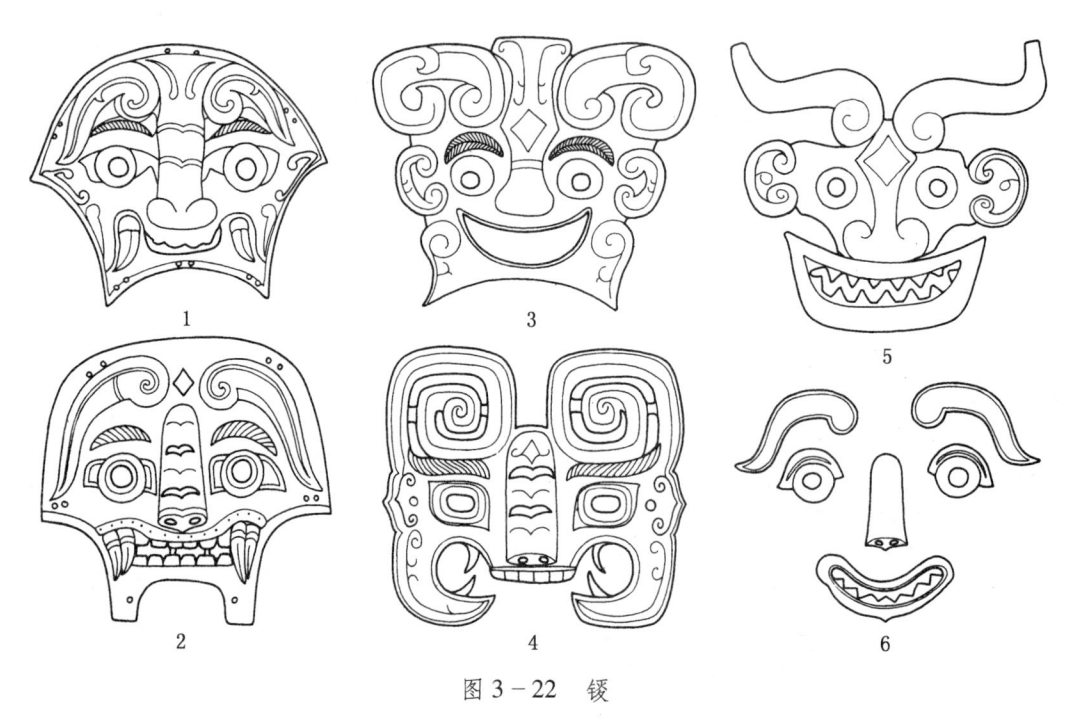

1. 陕西长安张家坡出土　2、4. 芝加哥美术研究所藏　3、5、6. 河南浚县出土

先、后郑及颜师古所称马面。因为钖饰于马额前,泛称饰于马头,亦无不可。当卢则是汉时后起之名。或以为钖指马冠,殆是误解⑪。安阳孝民屯南地商车与胶县西庵西周车之马,都在额前装圆泡形钖,其状与浚县辛村所出有"卫自易"铭文之铜盾钖的轮廓完全一致,故可以确认⑫。甘肃灵台白草坡、山西洪赵永凝堡、河南浚县辛村等地出土的西周铜钖,则于圆泡上方突出两歧角,下方垂一长方形鼻梁⑬;这种形式的钖在西周曾广泛流行。战国铜钖如辉县赵固1号墓、山西长治分水岭14号墓所出的,呈圆形,中心透雕蟠螭纹或夔纹⑭,式样仍与圆泡相近。始皇陵2号铜车上的金钖作上圆下尖,两侧各有三弧的垂叶形。常见的一种汉钖基本上承袭了这一造型,惟其垂叶上尖下圆为小异。满城西汉墓所出此式钖,用鎏银衬地,以阴线雕出鸟兽和图案化的流云纹,其上鎏金。满城还出一种马面形钖,两耳上卷,马髦簇起,鼻梁镂空,复加细线雕。马面形钖的外轮廓在西汉时不断发展,湖南长沙401号西汉晚期墓所出的,顶部与两侧均伸出鸟头⑮,如果不是根据演变的脉络进行比较,几乎就难以查知其造型的渊源了(图3-23)。

衔镳也是勒的组成部分。衔是马口中的嚼子,衔的两端有环,环外系辔,环中贯镳。商代多用革带等材料作马衔,铜衔仅在殷墟西区1613号车马坑等处见到极少的几例。但商代的镳却多用铜制,常见的一种为方形,中有孔,上有半环,两侧为管状⑯。估计使用时将革制的衔从当中的孔里穿过去,上部的半环用以系辔,两侧的管中贯皮条

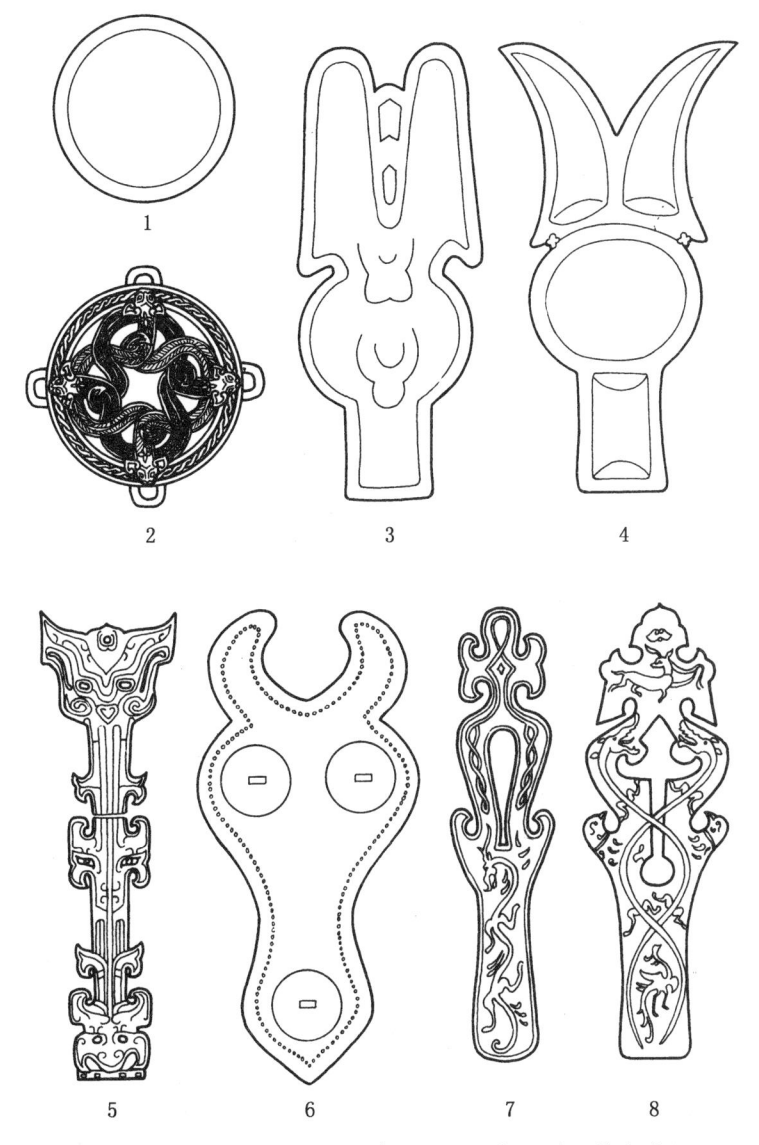

图 3-23　钖 (1、2. 圆形　3~8. 马面形及其变体)

1. 商（河南安阳大司空村出土）　2. 战国（山西芮城出土）　3. 西周（北京琉璃河出土）
4. 西周（陕西长安张家坡出土）　5. 西周（陕西扶风出土）　6. 西汉（河北满城出土）
7. 西汉（湖北光化出土）　8. 西汉（湖南长沙出土）

与络头相连。铜衔在西周时已较普遍[117]，两端用圆形[118]或角形镳绾住。角形镳的使用更普遍些，长安张家坡55号西周车马坑与北京昌平白浮西周墓中且均出鹿角镳[119]，所以镳字也可以写作䚀[120]。春秋时代的角镳在河南新野曾国墓、安徽寿县蔡侯墓等处均曾出土[121]。战国时，角镳和骨制角形镳也不罕见。风气所及，铜镳也常仿角镳之形，如浚县辛村等地西周车马坑出土的铜镳就有仿角形的。但铸铜时造型可自由设计，所以西周铜

图 3-24 衔与镳

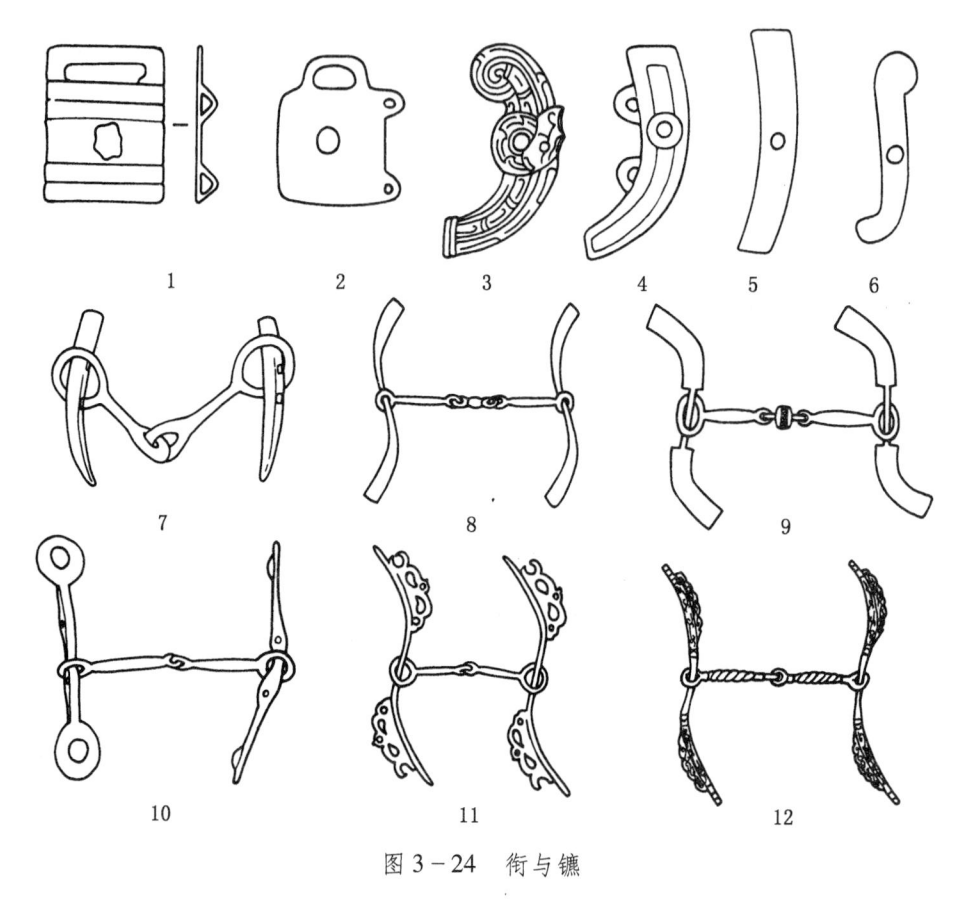

1. 商（河南安阳孝民屯出土） 2. 西周（河南浚县出土） 3. 西周（陕西扶风出土）
4~6. 西周（河南浚县出土） 7. 春秋（陕西户县出土） 8、9. 西汉（河南洛阳出土）
10、11. 西汉（湖北光化出土） 12. 西汉（河北满城出土）

镳又有蝌蚪形、S形等多种式样。S形铜镳在汉代也很流行，或将其两端作成桨叶形，或附加镂空的卷云纹，式样很多（图3-24）。也有鎏金或以错金构成花纹的。但满城2号西汉墓仍出仿角形的扁条象牙镳[12]，可见角形镳影响之深远。

衔镳的外侧，应系辔即缰绳。但它和鞅、靷等革带与绳索的安排，关系到系驾方式问题，当另文论述。此外，这里也没有谈到各类车的整体造型。这是因为尽管各类车的形制不尽相同，但其基本结构和主要部件，却大抵不出上述范围。

注　释

① [12]　见本书《中国古马车的三种系驾法》一文。
②　《三代吉金文存》卷一三，叶13。《商周金文录遗》266。
③　《左传·文公十一年》，《左传·襄公二十三年》，《左传·昭公二十年》。

④ 伐收即浅軫，见《诗·秦风·小戎》郑玄笺。

⑤ 《周礼·春官·巾车》孔疏："兵车、乘车，横广，前后短。大车、柏车、羊车皆方。"

⑥㊿㊽㊾ 张长寿、张孝光：《殷周车制略说》，《中国考古学研究〔一〕》，文物出版社，1986年。

⑦ 《说文·车部》軨字，段玉裁注引戴震云："軨者，轼、较下纵横木总名。"

⑧ 《说文·车部》："䡰，轺车后登也。"段注："古车无不后登者。"

⑨ 《左传·僖公三十三年》："秦师过周北门，左右免胄而下，超乘者三百乘。"杜注："超乘示勇。"《吕氏春秋·悔过篇》亦载此事而文微异。高诱注："超乘，巨踊车上也。"毕沅《吕氏春秋新校正》云："注'巨踊'之'巨'，当从《左传》'距跃曲踊'之'距'。车中如何跳踊？《左传》所载'左右免胄而下'为是。盖既下而即跃以上车，示其有勇。"又《左传·昭公元年》记子南请婚于徐吾家，"戎服入，左右射，超乘而出"。杨伯峻注："车在门外，超乘，一跃登上车以出。"并主此说，信是。到了汉代超乘的技术有所发展。《史记·卫绾列传》："绾以戏车为郎。"集解引应劭曰："能左右超乘也。"如淳曰："栎机轊之类。"索隐："栎音历，谓超逾之也。轊音卫，谓车轴头出者。"则这时的超乘者能从车左右两侧跃过軎端和车辀以登，难度更大。

⑩ 《周礼·夏官·隶仆》："王行，洗乘石。"郑玄注引郑众说："乘石，王所登车之石上也。"

⑪ 《仪礼·士昏礼》："妇乘以几。"

⑫ 《论语·乡党》皇侃疏，古人"皆于车中倚立，倚立难久，故于车箱上安一横木，以手隐凭之，谓之为较"。《说文·车部》："较，车辂上曲钩也。"

⑬ 郭宝钧：《浚县辛村》图版39∶1，科学出版社，1964年。

⑭ 《文物》1978年第5期，19页，图28∶11。

⑮ 中国社会科学院考古研究所、河北省文管处：《满城汉墓发掘报告》上册，页193；下册，图版103∶2，文物出版社，1980年。

⑯ 甘肃省博物馆：《武威磨嘴子三座汉墓发掘简报》，《文物》1972年第12期。

⑰ 《说文·车部》："轼，车前也。"《论语·乡党》皇侃疏："又于较之下，未至车床半许，安一横木名为轼，若在车上应为敬时，则落手凭轼。"

⑱ 《说文·糸部》："紩，车伏兔。"《释名·释车》："紩，伏也，在车前，人所伏也。"《广雅·释器》："紩谓之轼。"

⑲ 《文选·魏都赋》"凭轼捶马"，李善注："轼，车横覆膝，人所凭也。"

⑳ 《广雅·释水》"舳谓之桄"，王念孙疏证："《众经音义》卷十四云：'桄，《声类》作軦，车下横木也。'今车、床及梯、舆下横木皆曰桄。"

㉑ 中国科学院考古研究所：《上村岭虢国墓地》页43，科学出版社，1959年。

㉒ 中国科学院考古研究所：《辉县发掘报告》页51，科学出版社，1956年。

㉓ 《说文·车部》："鞃，车藉交革也。"《急就篇》颜注："革鞃，车藉交革也。"

㉔ 中国社会科学院考古研究所安阳工作队：《殷墟西区发现一座车马坑》，《考古》1984年第6期。

㉕ 金立：《江陵凤凰山4号汉墓竹简试释》，《文物》1976年第6期。

㉖ 《后汉书·祭遵传》："（建武）八年秋，复从车驾上陇。时遵有疾，诏赐重茵，覆以御盖。"我国古代有依坐席的层数区别尊卑之制。《礼记·礼器》："天子之席五重，诸侯之席三重，大夫再重。"车上铺重茵应与此制有关。

㉗ 中国社会科学院考古研究所、北京市文物工作队：《1981—1983年琉璃河西周燕国墓地发掘简报》，《考古》1984年第5期。

㉘㊵ 山东省博物馆、临沂地区文物组、莒南县文化馆：《莒南大店春秋时期莒国殉人墓》，《考古学报》1978年第3期。湖南省博物馆：《长沙浏城桥一号墓》，《考古学报》1972年第1期。

㉙ 《释名·释车》："杠，公也，众又所共公也。"《华严经音义》："杠谓盖竿也。"

㉚ 《考工记·轮人》郑玄注引郑众说："部，盖斗也。"桓谭《新论》："北斗极天枢；枢，天轴也，犹盖有保斗矣。"

㉛ 北京琉璃河所出者，见《考古》1984年第5期，页410。莒南所出者，见《考古学报》1978年第3期，页

㉛ 323。浏城桥所出者，见《考古学报》1972 年第 1 期，页 67。江陵藤店所出者，见《文物》1973 年第 9 期，页 9。天星观所出者，见《考古学报》1982 年第 1 期，页 88~89。

㉜ 长沙所出模型，见《长沙发掘报告》页 148。武威所出模型，见《文物》1972 年第 12 期，页 13。光化所出带有残余盖弓之盖斗，见湖北省博物馆：《光化五座坟西汉墓》图版 6:10，《考古学报》1976 年第 2 期。

㉝ 《考工记·轮人》："参分其股围，去其一以为蚤围。"郑注："蚤当为爪。"《汉书·王莽传》"金瑵"，颜注："瑵读若爪，谓盖弓头为爪形。"

㉞ 莒南盖弓帽见注㉘所揭文。邯郸所出者，见河北省文管处、邯郸地区文保所、邯郸市文保所：《河北邯郸赵王陵》，《考古》1982 年第 6 期。

㉟ 《续汉书·舆服志》："羽盖华蚤。"《文选·东京赋》："葩瑵曲茎。"李善注："葩爪悉以金作华形，茎皆曲。"

㊱ 《周礼·夏官·道右》。

㊲ 《周礼·春官·巾车》。

㊳ 《汉书·外戚传》谓，上官桀"少时为羽林期门郎，从武帝上甘泉，天大风，车不得行，解盖授桀"。

㊴ 《左传·宣公四年》杜注："兵车无盖。"又《左传·庄公十年》记长勺之战中，曹刿曾登轼远望敌军。而《考工记》说："盖已崇则难为门也，盖已卑是蔽目也。是故盖崇十尺。"郑玄注："十尺，其中正也。盖十尺，宇二尺，而人长八尺，卑于此蔽人目。"则人的身高正与车盖的下缘相当。如果曹刿所乘之车建盖，则他登上轼以后就无法远望。从而亦可证兵车不装车盖。

㊶ 固围村所出者，见中国科学院考古研究所：《辉县发掘报告》页 79~80，原定名为"輨饰"。中州路所出者，见《考古》1974 年第 3 期，页 174，图版 3:3。藤店所出者，见《文物》1973 年第 9 期，页 9~10。天星观所出者，见《考古学报》1982 年第 1 期，页 88~89。

㊷ 《考工记·轮人》："轮人为盖，达常围三寸，桯围倍之六寸。"贾疏："盖柄有两节，此达常是上节"，桯是"盖柄下节"。

㊸ 唐·慧苑《华严经音义》卷九引魏·李登《声类》说䡩軏"乃是轼中环，持盖杠者也"。所谓持盖之环当即指盖杠上的管籥。《急就篇》"盖、槖、俾倪、軛、缚、棠"，将䡩軏和盖、槖连举，也证明此物当位于车盖附近。《晋书·五行志》："安帝元兴三年正月，桓玄出游大航南，飘风飞其䡩軏盖。"描写的是大风将车盖连同达常与此管籥一同吹去的情况。晋·崔豹《古今注·曲盖》中也有"䡩軏盖"一词。因䡩軏附着在盖底的短柄（达常）上，故常与盖连言。

㊹ 史树青：《我国古代的金错工艺》，《文物》1973 年第 6 期。

㊺ 张长寿、张孝光：《说伏兔与画𨍷》，《考古》1980 年第 4 期。

㊻ 《左传·宣公四年》杜注注："兵车无盖，尊者则边人执笠，依毂而立，以御寒暑，名曰笠毂。"案兵车只在临阵时始去其盖，而交战之际，车上除"尊者"与御者外，惟有一名执长兵的车右，并无可容此执笠的"边人"之余地。杜说不确。又清·钱绮《左传札记》以为笠毂在车盖上，指装弓的盖斗。然而名盖斗为毂，于古无据，于理不合，其说尤误。

㊼ 大司空村之车，见马得志、周永珍、张云鹏：《一九五三年安阳大司空村发掘报告》，《考古学报》第 9 册，1955 年。张家坡之车，见中国社会科学院考古研究所沣西发掘队：《1976 年长安张家坡西周墓葬的发掘》，《考古学报》1980 年第 4 期。琉璃河之车的轸、毂间距，据《考古》1974 年第 5 期，页 319，图 18，"一号车马坑平面图"量出。

㊽ 宝鸡茹家庄西周墓发掘队：《陕西省宝鸡市茹家庄西周墓发掘简报》，《文物》1976 年第 4 期，页 36，图 64:13。中国社会科学院考古研究所洛阳唐城队：《洛阳老城发现四座西周车马坑》，《考古》1988 年第 1 期，页 21，图 5:5。

㊾ 临猗所出者，见张岱海、张彦煌：《临猗程村 M1065 号车马坑中车的结构实测与仿制》，载《中国考古学论丛》，科学出版社，1995 年。辉县所出者，见注㉒所揭书，页 79，图版 51:2、3。洛阳所出者，见《考古》1974 年第 3 期，页 175，图 4:3。

㊿ 同注⑮下册，图版 132:2；226:1~3。

㉛ 《考工记·轮人》："五分其毂长，去一以为贤，去三以为轵。"郑玄注引郑众说："贤，大穿也。轵，小穿也。"

孙诒让正义引阮元云："穿者，轴所贯也。大穿者，在辐内近舆之名；小穿者，在辐外近辖之名。"

(52) 安阳大司空村175号车马坑所出之车，轴中部遗痕宽7、轴端直径4.1厘米，见《考古学报》第9册页63。

(53) 长安张家坡第2号车马坑第2号车之毂，长约52厘米，见中国科学院考古研究所：《沣西发掘报告》图94，文物出版社，1963年。又浚县辛村所出分为二段之铜毂饰共长52.9厘米，毂凿部分尚未计入，见《浚县辛村》页47。

(54) 《说文·车部》："輨、毂耑锗也。"段注："锗者，以金有所冒也。毂孔之里，以金裹之曰釭；毂孔之外，以金表之曰輨。"

(55) 中国科学院考古研究所：《沣西发掘报告》页149，图102:11；《考古》1981年第1期，页18；《文物资料丛刊》第2辑，页49，图8:1；《考古》1988年第1期，页21；《浚县辛村》图版33:3；《考古》1976年第4期，页256。

(56) 同注⑬页48、注㉑页46。

(57) 《文物》1982年第8期，页47，图21:9。

(58) 《说文·玉部》："琮，瑞玉，大八寸，似车釭。"《考工记·轮人》孙诒让正义："《大宗伯》注云：'琮，八方，象地。'车釭与彼物相似，则当内圜而外为八觚形。盖釭内空与轴相函。故必圜以利转；外边则嵌入毂中，故为觚棱，使金木相持而固，不复摇动也。"其说甚是。惟釭为六角形，未见八角形者。所谓似琮，亦仅取外轮廓为多角形而已。

(59) 河南省文物研究所、镇平县文化馆：《河南镇平出土的汉代窖藏铁范和铁器》，《考古》1982年第3期。

(60) 镇平所出汉代六角铁釭上的铭文云："王氏大牢工作，真倱中。"倱应是辊之假字。"真倱中"即《说文》"辊，毂齐等皃，……《周礼》'望其毂，欲其辊'"之意。今本《周礼》作"欲其眼"，郑玄注："眼，出大皃。"按镇平釭铭中之倱字作倱，右旁颇似艮字。郑所据本辊字如作輥，其车旁半泐，则易误为眼字。

(61) 《考古》1974年第3期，页175，图4:2。

(62) 同注⑮《满城汉墓发掘报告》上册，页185。

(64) 同注⑬50页，图版80:3~6。《文物资料丛刊》第2辑，页49，图8:4、5。

(65) 出土文物展览工作组：《文化大革命期间出土文物》第1辑，页88，文物出版社，1972年。

(66) 陕西省文管会秦墓发掘组：《陕西户县宋村春秋秦墓发掘简报》，《文物》1975年第10期。

(67) 郑杰祥：《河南新野发现的曾国铜器》，《文物》1973年第5期。

(68) 八边形之軎，见于江陵天星观1号楚墓，《考古学报》1982年第1期；十边形之軎，见淅川下寺楚墓，《文物》1980年第10期；十一边形之軎，见于莒南大店莒国墓，《考古学报》1983年第3期；十二边形、十四边形之軎亦见于莒南莒国墓。

(69) 《淮南子·氾论》"连弩以射，销车以斗"之销车即装有刃軎之车。

(70) 孙机：《有刃车軎与多戈戟》，《文物》1980年第12期。

(71) 《说文·车部》："辋，车网也。"《释名·释车》："辋，网也，网罗周轮之处也。关西曰辋，言曲揉也。"《韩非子·显学篇》："夫必恃自直之箭，百世无矢；恃自圜之木，千世无轮矣。自直之箭、自圜之木，百世无有一，然而世皆乘车射禽者何也？隐栝之道用也。"《荀子·大略篇》"示诸隐栝"，杨注："矫煣木之器也。"《淮南子·氾论》亦云："揉轮建舆，驾马服牛。"则轮牙是揉制成的。或谓轮牙"是由数片曲形木板拼合而成"（《考古》1984年第6期，页548），如其观察不误，亦应属个别现象。

(72) 牙合二木者，见《浚县辛村》页49。又《辉县发掘报告》页48引王振铎说。

(73) 关于伦扁（亦作轮扁）的故事，在《庄子·天道篇》中已有记载，但未举"合三木而为一"的例子。洪山画像石，见《山东汉画像石选集》图181，齐鲁书社，1982年。

(74) 《考工记·轮人》郑玄注："蚤……谓辐入牙中者也，……菑谓辐入毂中者也。"

(75) 《考工记·轮人》孙诒让正义引戴震说："绠之言偏箄也。"

(76) 商代装26辐的车轮，见于安阳孝民屯2号车。春秋时装28辐的车轮，见于陕县上村岭1227号车马坑之2号车与凤翔八旗屯秦墓出土之车。辉县琉璃阁战国车马坑中之车，大部分均装26辐。

(77) 南京博物院：《江苏涟水三里墩西汉墓》，《考古》1973年第2期。

⑦⑧ 《说文·车部》："有辐曰轮，无辐曰辁。"

⑦⑨ 参看《考古》1980年第5期孙机文所附先秦古车轮径统计表。

⑧① 西周早期铜踵，见《考古学报》1980年第4期，页479，图23:1。

⑧② 胶县出土的西周晚期铜踵，见《文物》1977年第4期，页66，图5:6。

⑧③ 商车轴辀相卯合的情况，见《考古》1972年第4期，页26，图2:3。

⑧④ 甘肃平凉庙庄战国晚期墓出土之车，轴、辀间未凿槽卯合。见《考古与文物》1982年第5期，页26~27，图4~5。

⑧⑤ 《释名·释车》："钩心从舆心下钩轴也。"《易·小畜》孔疏引郑注："舆下缚木与轴相连，钩心之木是也。"

⑧⑦ 中国社会科学院考古研究所沣西发掘队：《陕西长安张家坡M170号井叔墓发掘简报》，《考古》1990年第6期。

⑧⑧ 石璋如：《小屯C区的墓葬群》，《历史语言研究所集刊》第23本；同氏《殷代的车》，《大陆杂志》第36本第10期。

⑧⑨ 中国科学院考古研究所安阳工作队：《安阳新发现的殷代车马坑》，《考古》1972年第4期。中国社会科学院考古研究所安阳工作队：《殷墟西区发现一座车马坑》，《考古》1984年第6期。

⑨⓪ 杨宝成：《殷代车子的发现与复原》，《考古》1984年第6期。

⑨① 刘一曼：《殷墟车子遗迹及甲骨金文中的车字》，《中原文物》2000年第2期。

⑨② 同注㊱之一，页144~145。

⑨③ 这种衡末饰曾在北京房山琉璃河董家林253号西周墓及琉璃河黄土坡1015号西周墓出土，后者见《考古》1984年第5期，图版4:6。

⑨④ 杨鸿勋：《凤翔出土春秋秦宫铜构——金釭》，《考古》1976年第2期。

⑨⑤ 《诗·小雅·楚茨》毛传："邪行为错。"《易·系辞上·传》虞注："逆上称错。"

⑨⑥ 《文物资料丛刊》第3辑，页77。

⑨⑦ 《考古学报》1978年第3期，页326。

⑨⑧ 《辉县发掘报告》页52，图62:1~4。《文物》1972年第5期，页44，图11。

⑨⑨ 琉璃阁之车，见《辉县发掘报告》页48。始皇陵2号车上的鞶钮在秦俑考古队《秦始皇陵二号铜车马清理简报》（《文物》1983年第7期）一文中被称为银钗；不确。

⑩⓪ 《说文·车部》："𨍱，车伏兔下革也。"又《革部》："𩊞，车轴束也。"《释名·释车》："靷，县也，所以县缚轭也。"《诗·小雅·斯干》毛传："𥿇，长毂之𥿇也，朱而约之。"《说文·车部》："𨎌，𥿇或从革。"

⑩① 《盐铁论·大论第五十九》："胶车倏逢雨，请与诸生解。"

⑩② 中国科学院考古研究所安阳发掘队：《安阳殷墟孝民屯的两座车马坑》，《考古》1977年第1期。

⑩③ 同注⑬页53。

⑩④ 琉璃河所出者，见《考古》1984年第5期，页410，图5。洛阳所出者为洛阳博物馆发掘资料。

⑩⑤ 徐州所出者，见《考古学报》1985年第1期，页127，图7:3。曲阜所出者，见《文物》1972年第5期，封3，图6。

⑩⑥ 甬字从用。杨树达《积微居小学述林·释用》谓用乃桶字初文。唐写本《说文·木部》："桶，木方器也。"铜銮下部正呈方形。郭沫若《毛公鼎之年代》谓金甬即鸾铃，其说是。曾侯乙墓简文中之"齿辅"，或是一种象牙器，与铜銮无关。

⑩⑦ 同注㉒页48，图58:2。《文物》1984年第10期，页9~10，图27~28。

⑩⑧ 当阳所出者，见《文物》1990年第10期，页29。又郭宝钧《浚县辛村古残墓之清理》（《田野考古报告》1，1936年）描述该墓出土的一件铜器，"状如銮，但二轮非纵接，上下合如两盖，中亦含一丸。座为圆管状，有三角形及米粒形花纹，下接以钉状之铜帽"。亦是其例。汉代的此类铜銮的图像见于辽阳北园汉墓壁画（《国立沈阳博物院筹备委员会彙刊》第1期，1947年）。其实物曾在陕西神木中沟出土，见《文物》1983年第12期，页29，图15。

⑩⑨ 见本书《两唐书舆（车）服志校释稿》卷一，【旧13】注⑯。

⑩⑩⑪ 杨英杰：《先秦古车挽马部鞁具与马饰考辨》，《文物》1988年第2期。

⑫ 浚县辛村出土西周圆铜泡，背铭"卫自易"（《浚县辛村》页45），应是万舞之盾上的钖，即《礼记·郊特牲》所说的"朱干设钖，冕而舞大武"，郑注："干，盾也；钖，傅其背如龟也。"北京房山琉璃河出土的西周圆铜泡，背铭"䣙侯舞易"（《中国美术全集·青铜器（上）》图170），也是这种盾钖，其形制与当时的圆形马钖基本一致。

⑬ 甘肃灵台白草坡所出者，见《考古学报》1977年第2期，页117，图16：1。山西洪赵永凝堡所出者，见《文物参考资料》1957年第8期，页44，图11。河南浚县所出者，见《浚县辛村》图版94：6～7。

⑭ 辉县赵固1号墓所出者，见《辉县发掘报告》页119，图139：2、3。长治分水岭所出者，见《考古学报》1957年第1期，页114，图4。

⑮ 《长沙发掘报告》页118，图96：6。

⑯ 商代方形铜镳，见《考古》1972年第4期，页27，图3：11。

⑰ 《浚县辛村》图版93：3可以为例。

⑱ 圆形镳，见《浚县辛村》图版94：2、3。

⑲ 《考古学报》1980年第4期，页481。《考古》1976年第4期，页228。

⑳ 《说文·金部》："觿，镳或从角。"

㉑ 《文物》1973年第5期，页19，图15。《寿县蔡侯墓出土遗物》图版24：1。

㉒ 同注⑮下册，图版229：2。

（原载《文物》1985年第8期）

中国古马车的三种系驾法

按绝对年代讲，车在中国出现的时间较西亚为晚。公元前3000年，两河流域已知造车。乌尔（Ur）出土的镶嵌画上的车和特勒阿格拉布（Tell Agrab）出土的铜车模型都是以四头牲畜曳引的。这些车有独辀和短衡，并以颈带把牲畜的颈部固定在衡上。它们曳车时，由颈部受力，通过衡和辀拖动车子前进（图4-1）。但我国已发现之有关车的考古资料只能追溯到早商时期，在河南偃师商城发现过车辙印痕、青铜车軎和铸軎用的陶范，年代约为公元前16世纪[①]。已发现之整体的古车则是商代晚期的，绝对年代不早于公元前13世纪。至于反映出系有牲畜的车的形象，在中国考古材料中要到公元前5世纪才出现，更比西方晚[②]。因此，过去研究者对于中国古车的起源和早期的系驾法，难以作出明确的论述。如果撇开系驾部分不谈，仅仅观察车身这一局部（图4-2），或者拿古汉字中车的象形及某些简单刻划与西方的这类刻纹相比较（图4-3），有时彼此竟颇相似，给人以东西方古车属于同一类型、同出一源的印象。但这种印象其实是经不起分析的，即以本文所举的例子而论，图4-3：1、3都在独辀和相当于轭的部位连以斜线，此斜线在西方的古车刻纹中从未出现，而它却正透露出中国古车之系驾法的重要特点。关于这个问题，容于下文再作讨论。

图4-1 两河流域的古车
1. 乌尔出土 2. 特勒阿格拉布出土

为了便于进一步的探索，这里先谈谈中国古车的创制时间问题。众所周知，在有出

图 4-2 中国古车与西方古车的车身

1. 埃及底比斯出土的新王国时代的木车
2. 河南浚县西周卫侯墓出土木车的复原模型（此模型将衡装于辀下，实误）

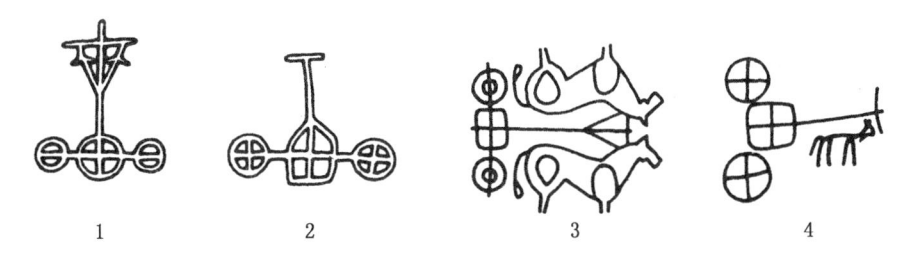

图 4-3 象形字和简单刻纹中的车

1. 车且丁爵（商代）　2. 石柜刻纹（高加索地区，前二千年代）
3. 骨刻（内蒙古宁城，战国时代）　4. 陶器刻纹（南俄，前二千年代）

土实物可资考证的晚商时期，中国古车已经比较完备了，所以在此之前，还应当有一个从雏形发展起来的过程。在生产力低下的远古，这个过程需要经过人们若干世代的社会实践才能完成，不可能在短期内完成，更不可能由某个人来完成。可是在历史传说中，往往把黄帝及其臣僚推为许多种日用器物的发明者③。而惟独车，大多数先秦文献都认为是在夏代创制的④。第一位著名"车正"奚仲的名字见于《左传》⑤。在这部以翔实著称的古老编年史中并没有提到黄帝。所以不仅近人怀疑古籍中有关黄帝的记载并非信史⑥，同时"黄帝制器"与"奚仲造车"二说在史料的可信度上也是不相同的，前者具有臆想成分，后者则是根据世代相承的口头传说写下的记录。

目前，在初步判断为夏代的各文化遗址中尚未发现过车。但车的发明，应以轮转工具发展到一定程度为其先决条件。中国新石器时代出现的纺轮、陶轮，特别是琢玉用的轮形工具，在技术发展史上都应被看作是车的直接或间接的前驱。纺轮在新石器时代早期的浙江余姚河姆渡遗址中已经出现⑦。但它的改进极为缓慢，至商、周时代，式样仍无多大变化。继纺轮之后，陶轮在仰韶文化中也出现了⑧，早期的慢轮用于对陶器作局部修整；后来在大汶口文化晚期和龙山文化中，才普遍使用陶轮来制作陶器。到了新石器时代晚期，用快轮所制的器壁匀薄的蛋壳陶的出现，标志着陶轮的使用已进入成熟时期。不过陶轮只需带动湿软的泥坯作回旋运动，其传动部分受力不大。琢玉工具的情况又有所不同。虽然在河姆渡遗址中已发现过玉器，但器形不规整，琢制技术还很原始。及至新石器时代末期，琢玉工艺有了长足进步。江浙地区之良渚文化遗物中，有些大玉璧直径达20厘米以上，造型极为规整，有的在其表面仍能观察到若干细微的同心圆形擦痕，应是用某种旋转的轮形工具蘸以研磨砂进行加工时留下的。由于玉质坚硬，故这种工具受力的强度当较陶轮为大。而车，作为轮转工具较高发展阶段的产物，当然不可能在刚开始使用纺轮的新石器时代早期出现，然而此后又经过几千年的发展，人们对轮转工具性能的认识逐渐深化，装置逐渐改善，效率逐渐提高，到了大约接近古史中的夏的时代时，已经能够用轮转工具把玉料碾琢成规整的器形，将轮子应用到车上也就有了可能。这在古史记载中也有踪迹可寻。《尚书·甘誓》一般认为是夏启与有扈氏在甘地作战的誓师词，其中说："左不攻于左，汝不恭命；右不攻于右，汝不恭命；御非其马之正，汝不恭命。"历来的研究者都认为左、右、御指车左、车右和御者⑨。果依其说，则这时已有容三人的战车了。因此，中国在夏代开始造车的说法，既有古文献上的依据，又符合技术发展史的顺序，所以较为可信。当然，更确切的答案尚待找到直接证据后才能得出。

中国古车的出现与中国古代轮转工具的发展相符合，这使人大胆设想，中国的车是中国独自发明的。而对于这一设想，可以通过东西方古车系驾法的比较来加以验证。

但对中国古车早期的系驾法进行研究时，却遇到若干困难。首先是系驾的鞁具多用皮革制成，迄今大都朽失不存。其次是随葬的遣车不一定在系上马之后才掩埋。在已发掘的车马坑中，有的车与马分两处掩埋；有的先将马处死摆好，盖上席子，再在上面放车；有的只埋车而不埋马，即如《荀子·礼论篇》所说："舆藏而马反，告不用也。"至于在以车马器作为殉车象征的例子中，也往往少见鞁具上的零件，或亦如《礼论篇》所说"趋舆而藏之；金革辔靷而不入，明不用也"的缘故。由于不了解鞁具的装置情况，所以关于中国古车的系驾法的问题，长期未能彻底解决。

当研究者对这个问题感到可靠的根据很不足时，西方古车的系驾法就成为重要的参考资料。如前所述，西方古车的系驾法是从以颈带将牲畜固定在衡上开始的，颈带是牲畜曳车前进时的主要承力部位，故此法可称为"颈带式系驾法"。采用这种系驾法时，马的气管受到颈带的压迫，马跑得愈快，愈感呼吸困难，这使马的力量的发挥受到很大限制。所以古代西方没有中国那种可用于车与车之间作近距离格斗的战车，因为这是那些呼吸不畅的马所难以胜任的。西方的战车一般用于奔袭或追击，车上的武士所用兵器主要是弓箭。西方古车的轮径通常不超过90厘米，车箱距地面较近，当接近敌人时，便于武士跳下车来，用短兵器进行步战。同时由于轮径小，所以不能在轴与马的受力部位之间，用一条平行于地面的靷绳进行连接，力的传导要靠向上昂起的辀承担。中国古车的情况则不同。中国不但有战车，而且有车战。在商、西周至春秋的长时期中，战车兵是战场上最重要的兵种。先秦时代，常以战车的多寡作为衡量一个诸侯国国力的尺度，如所谓"千乘之国"、"万乘之君"等提法，都是从这个意义上派生出来的。造车在中国古代是一个集大成的工艺部门，被称为"一器而工聚焉者，车为多"[⑩]，所以流传下来的文献记载也比较丰富。从而使我们知道，当时的马是通过靷来曳车的[⑪]。如果不用靷，那么，无论是两河流域所采用的只用颈带的方式，还是像埃及新王国时代与古希腊及罗马共和国时代所采用的在颈带之外再加腹带的方式，系驾时都必须将马紧缚在衡上，以致颈带压迫马的气管的问题，变得难以解决（图4-4）。而有靷的中国古车却避开了这个难题。所以，靷的有无，成为划分早期古车类型的一项标准。上世纪60年代初，有人

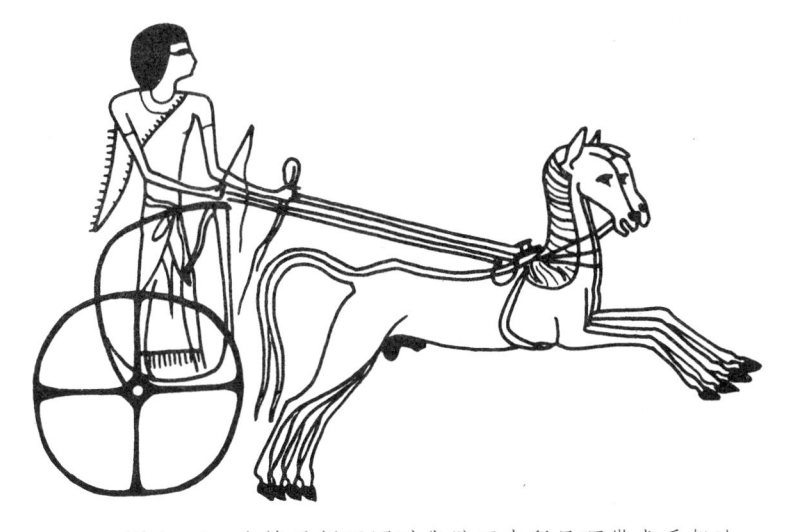

图4-4 古埃及新王国时代壁画中所见颈带式系驾法

曾对河南陕县上村岭虢国墓地出土的车，按颈带式系驾法作出复原方案[12]，未能反映出中国古车系驾的特点。70年代末推演出的另一种周代马车的系驾方案，虽然将古文献中所提到的鞅、靷等多种鞁具都作了安排，但此方案以汉代古车为模型，以致未能区分先秦与汉以后的车的不同点，使人误以为早期的先秦古车也采用了汉代通用的胸带式系驾法[13]。80年代初，陕西临潼秦始皇陵西侧出土了两辆随葬的铜马车，其中的2号车已经修复。这辆车是以四匹马曳引的，造型严谨，各种构件和系驾的鞁具都以金属制成。这才为认识中国早期古车的系驾法提供了可靠的依据[14]。

在始皇陵2号车上，服马通过系在两轭内侧的靷上的两条靷绳来曳车（图4-5、4-8:1），即《左传·哀公三年》所称"两靷"。两靷的后端系在舆前的环上，再用一条粗绳索将此环与轴相连接。由于中国古车的轮径较大，平均约1.33米，所以自轭脚至轴的连线接近于水平状态。将靷系在这里，马的力量能够集中使用，减少了对曳车前进无效的分力。在每匹服马的轭脚下虽然也系有称为颈靼的带子，但它与颈带式系驾法中的颈带的作用不同，马并不通过它来曳车，因而它受力不大，不会影响马的呼吸。在2号车中，真正受力的部件是叉在马肩胛前面的轭，传力的则是靷。颈靼只为防止服马脱轭而设。轭底下则衬以软垫，即䩰；在河南浚县辛村和北京琉璃河出土的西周车上，均曾发现䩰痕。正是由于轭受力大，所以商代车上的轭有的包有铜套，显示出它是一个需要加固的部件。这都表明2号车所采用的系驾法还可追溯到更为久远的年代。商代金文中的"车"字作 、 、 等形[15]，其中的车辀虽有俯视和侧视之别，但都有两条斜线从轭脚连到舆前，与图4-3:1、3中的斜线所代表之物相同。现在看来，它们就是两

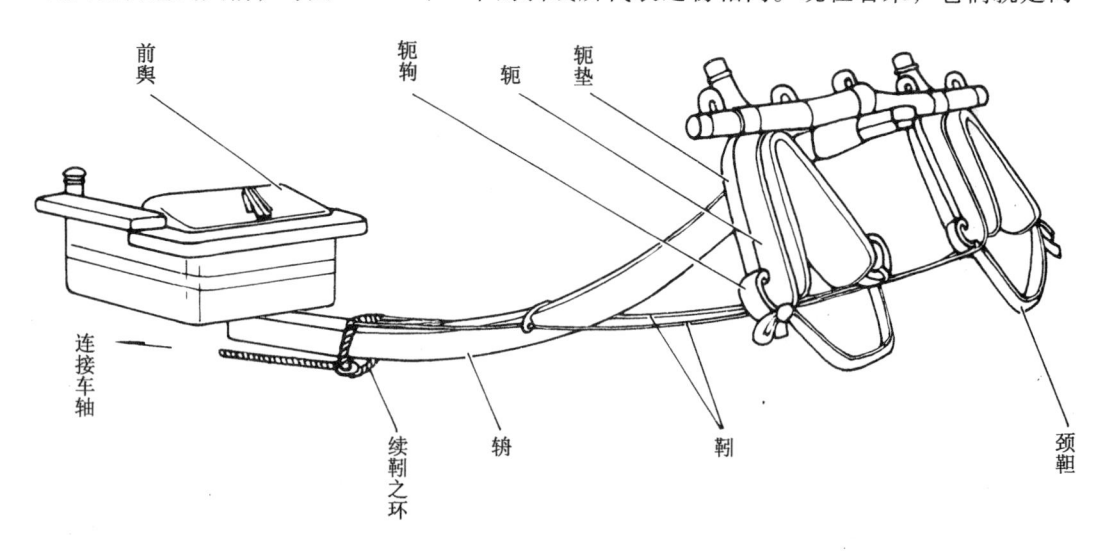

图4-5　轭靷式系驾法示意图

（据始皇陵2号铜车）

靷。再考虑到商、周时在軛上包铜套以加固并衬以软垫的情况，则当时所采用的系驾方式与始皇陵2号车应大致相同。依其受力的最主要的鞁具来命名，可以称为"軛靷式系驾法"。这种系驾法与颈带法完全不同，其中不仅看不出任何受西方影响的痕迹，而且还比用颈带法系驾更适合马体的特点，有利于马力的发挥。以軛靷法系驾的中国古车，车轮大，车箱小，车体较轻，由四匹呼吸通畅的马曳引，可以达到相当快的速度。一辆驷马车所占的面积约为9平方米，这样一个奔驰前进的庞然大物，以它所挟带的动能，可使车上战士的弓矢戈矛发挥更大的威力，形成如《诗·小雅·采芑》所描写的，戎车"啴啴焞焞，如霆如雷"之势。据记载，在开阔地带以横队展开的战车群[16]，向无此装备的对方进攻，将使对方难以抵御。西周的《不其簋铭》中，曾提到秦的不其率战车抗击严允的一次战争。这支战车部队与对方"大敦搏"的结果，"多折首执讯"，"多擒"，获得了重大的胜利[17]。

可是在这种以軛靷法系驾的古车上，两匹服马各曳单靷，两匹骖马也各曳单靳，靷和靳的系结点在车箱底部的分布和各条靷绳受力的大小必须安排得当，否则车子很难按照御者的意图平稳地前进。所谓"四黄既驾，两骖不猗"，"四牡騑騑，六辔如琴"[18]，是作为其理想的行车状态提出来的。而要达到这种控纵自如的状态，必须用心掌握驾车的技巧，所以"御"是孔门六艺之一。特别是在坎坷的山地，这类古车因为体积大，驾驭起来更难以保持平稳。春秋时，郑国与北狄作战以前，郑伯曾哀叹："彼徒我车，惧其侵轶我也。"后来晋国与狄人作战时，主将魏舒又说："彼徒我车，所遇又厄。以什共车，必克；困诸厄，又克。请皆卒，自我始。"[19]即在遇到不利行车的地形时，一辆战车甚至难以抵御10名徒步之敌，所以将战车兵完全改编为步兵，才战败了狄人。因而从战国时代开始，车战已逐渐过时。虽然，车战被淘汰的过程持续了好几个世纪，但在旧式战车完全退出历史舞台以前，中国古车已开始向新的车型过渡，它的最明显的标志是将独辀改为双辕。

先秦时，驾马的战车又名戎车、轻车，它只安装独辀；而"平地载任"之具的驾牛的大车才安装双辕。战国早期的陕西凤翔八旗屯BM103号墓曾出土陶双辕牛车[20]。但这时双辕牛车被认为是一种笨重的运输工具，不受重视。可是随着车战的衰落，马车逐渐退居到主要用于出行的地位，因而对车速的要求有所降低，对行车安全的防护设施也不像早期战车那样要求严格。在早期的战车上，为了避免倾覆而装以长毂；为了避免骖马内侵、服马外逸，不仅用各种革带约束，还装有若干防护设施；为了使骖马听从役使，除马衔以外，还在马的口中加一副带刺的橛。而当双辕马车出现后，情况则大为改观。现已知道的装双辕驾一马的车，最早发现于战国晚期的河南淮阳马鞍冢1号车马坑和甘肃秦安秦墓中。在湖南长沙楚墓出土的漆奁上也绘有驾一马的车[21]。由于只驾一匹马，不仅鞁具得以简化，系驾方式也随之改变。驾一匹马不能只系单靷，而必须系双靷。最早的一马双靷式的车可能将靷系在轭的左右两軥上；但这种情况只在江苏扬州姚庄西汉"妾莫书"墓出土的漆奁的彩绘上见过，证据尚不充足。在西汉的空心砖上，则可以看到靷已与轭分离，两靷连接为一整条绕过马胸的胸带（图4-8:2）。马曳车时，由这条带子受力，可以称为"胸带式系驾法"。采用这种系驾法后，轭仅仅起着支撑衡、辕的作用。由于轭的作用已经改变，所以在汉代的马车上既看不到靷，更看不到铜軥套了。

西方古车直到公元后才开始缓慢地加以改进，在罗马帝国时代仍有采用颈带式系驾法的车（图4-8:4）。后来虽然出现靷绳，但仍然将它系在颈圈上[22]，系驾法并未完全摆脱旧的方式。在西方，安装双辕的车到中世纪才开始推广。在这种车上出现胸带式系驾法，则不早于公元8世纪（图4-8:5）。而这时，中国古车的系驾法却又向鞍套式过渡了。

同轭靷式系驾法相比较，胸带法不仅简便，而且将支点与曳车时的受力点分开，分别由马的颈部和胸部承担，使马体局部的受力相应地减轻。但架在马颈上的轭的位置偏高，车的重心随之而提高，疾驰急转时由于离心力的作用所产生的倾覆力矩也就大，从而增加了翻车的机率。同时，由于车輈被揉成曲度颇大的弧线，所以难以利用粗硕的木材。《考工记》虽然要求"輈欲颀典"，实际上却不容易做到。《汉书·苏建传》说："长君（苏嘉）为奉车，从至雍棫阳宫，扶辇下除，触柱折辕。劾'大不敬'。伏剑自刎。赐钱二百万以葬。"可见这类意外事件，曲輈之车恐难以完全避免。而且，采用胸带式系驾法时，曳车的主要受力部位是马的胸部，而马体最强有力的肩胛部却未能充分发挥作用。这些都是胸带法的不足之处。

西汉及东汉前期马车的辕衡结构，可以著名的武氏祠画像石为代表（图4-6:1）。其中的车辕弯曲到那种程度，显然不会太坚固[23]。所以到了东汉晚期，山东福山、沂南等地出土的画像石中之车，及甘肃武威雷台所出铜制明器马车上，都在从车辕中部到軥靷之间增加两根加固杆（图4-6:2），这是防止折辕的一项安全措施。可是这样一来，辕衡结构更加复杂，并不理想。

与此同时或稍早，为了增加行车的稳定性，一项降低辕端支点，减小车辕弧度的实验正在驾马的大车即輂车上进行[24]。这种车的车辕本较粗大，弧度也较浅。因而这种车型此时得到推广。孝堂山下出土的一块画像石上之车，车衡作兀字形（图4-6:3），传沂州右军祠画像石第二石中之车衡亦作此式[25]。兀字衡的两端下垂，辕前部只须稍稍上昂，便能和它接上，这就使车辕的弧度更减小了。但是兀字衡仍不易制作，亦欠牢固，所以在武氏祠画像中的輂车上，又出现了一种对前者略加改进的"軶式衡"（图4-6:4）。效果依旧，却要结实一些。这种形制代表了当时的改进方向，因为在辽宁辽阳棒台子屯曹魏墓壁画中所见的各类车，都取消了车衡，将辕端直接连接在軥靷上（图4-6:5）。这不仅在"軶式衡"的基础上前进了一大步，而且表明上述实验已经超出了輂车的

图 4-6 从胸式系驾法向鞍套式系驾法的过渡

1、4. 东汉武氏祠画像石 2. 东汉沂南画像石 3. 东汉肥城画像石 5. 东汉末—三国初辽阳棒台子屯墓壁画 6. 西魏大统十七年石造像 7. 莫高窟 156 窟晚唐壁画 8.《清明上河图》 9. 故宫博物院藏宋代錾花铅罐

范围。这里的车辕甚至已成为一条几乎没有弧度的直杆了。但同时轭脚却需斜向外侈，以迁就辕端。揉辕的困难虽然免除了，侈脚的大轭却又成为亟待改进的对象。

可是就在侈脚轭出现的时期，高级牛车已开始流行。《晋书·舆服志》说："古之贵者不乘牛车，……其后稍见贵之。自灵、献以来，天子至士庶遂以为常乘。"《古文苑》卷一〇曹操《与扬太尉书论刑杨修》中说："谨赠足下……四望通幰七香车一乘，青犉牛二头。"宋·章樵注："牛所以驾车者。"这是有关高级牛车之形制的最早的具体记载，它和以前被称作"柴车"的牛拉大车是大不相同的。魏、晋以后，这类牛车日益风行，十六国以来的大墓中表现出行的陶俑群或壁画中多以牛车为主体。石崇、王恺、王导等人都留下了和牛车有关的故事。《颜氏家训·勉学篇》说："梁朝全盛之时，贵游子弟，……无不……驾长檐车，跟高齿屐。……从容出入，望若神仙。"长檐车指的就是高级牛车，因其车棚前出长檐。段成式诗："牸牛独驾长檐车"，又"长檐犊车初入门"，可证。通幰长檐之牛车，高大严密，车中可以设凭几，任意倚坐。而以前驾马的轺车之类，大都四面敞露，所以贵族乘车时还要讲究姿势。《论语·乡党篇》："升车：必正立，执绥。车中：不内顾，不疾言，不亲指。"这话并不仅是说说而已，确实有人照办。《汉书·成帝纪·赞》："成帝善修容仪，升车正立，不内顾，不疾言，不亲指，临朝渊嘿，尊严若神，可谓穆穆天子之容者矣。"但一上车就要如此矜持，实在比较吃力；因而既有衣蔽且较舒适的高级牛车，自然就得到了那些谈玄、佞佛的南朝统治者的偏爱。

不仅南朝如此，北朝也不例外。《北史·琅琊王俨传》："魏氏旧制：中丞出，千步清道，王公皆遥住，车去牛，顿轭于地，以待中丞过。"又《艺术·晁崇传》："天兴五年，……牛大疫，乘舆所乘巨犉数百头，亦同日毙于路侧。"可见其用牛车之盛并不亚于南朝。在这种情势下，秦汉以来最常见的驾马之轺、軿等车型乃迅速消失。这时的马多用于骑乘。除辇车外，高级马车不多见，偶或有之，它的车箱也常常仿效长檐牛车的形制。因而，在系驾方式方面，这时的马车也就更进一步地向牛车靠拢。莫高窟 257 窟北魏壁画鹿王本生故事中的马车，及西魏大统十七年（551 年）石造像之供养人的马车[26]（图 4-6:6），就是这样的。可是马的鬐甲低于牛的肩峰，这种方式不能完全适应马体的特点。至唐代，在莫高窟 156 窟壁画中的一辆与上述西魏马车结构相同的车上，驾车之马的颈部出现了用软材料填充起来的肩套（图 4-6:7），这样可以增加马鬐甲部位的高度，当曳车时使缚在衡上的轭不易从马肩滑脱。软肩套是近代鞁具中的重要部件，从这个例子来看，它在中国的发明时间当不晚于 9 世纪。但唐代的肩套还要与轭配合使用，在宋代的《清明上河图》中才出现了一辆由四头驴直接用肩套引曳的车（图 4-6:8）。不过这时尚未发明小鞍（驮鞍），是由赶车人自行把驾，以保持车的平衡。小鞍可能是南宋时发明的，纪年明确的例子没有找到，只在故宫博物院所藏一宋代錾花铅罐的纹饰中发现过配有小鞍的牛车（图 4-6:9）。肩套和小鞍一同装备到马车上的时间则不晚于元初，西安曲江至元二年（1265年）段继荣墓出土的陶车是我国已知之最早采用小鞍—肩套式系驾的车[27]（图4-8:3）。鞍套式系驾法免除了木轭对马造成的磨伤，降低了支点，放平了车辕，而且可以充分利用马适于承力的肩胛两侧。也就是说，采用此法既可保持行车的稳定，又能增加马拉车的力量。至此，近代式的系驾法已基本完成，而且一直沿用到今天。

综上所述，我国古代马车在系驾方面主要采用轭靷式、胸带式和鞍套式三种方法，其使用时间约相当商周至战国、汉至宋，以及元以后三个时期。轭靷法在古代世界上独树一帜，显示出我国早期的驾车技术无疑是我国自己的一项发明创造。综合车身与系驾的整体情况而言，这时中国古车和西方古车的差别是很大的，所以无法把中国古车说成是西方古车的仿制品。中国以后出现的各种系驾法，也都是在不断提出问题和解决问题的过程中，当经验积累到一定程度时，才取得了突破性进展的。它们从萌芽到成熟期间所留下的足迹，在考古材料中都有线索可寻。

西方的古车起初是以小轮和颈带式系驾法为特征的，直到8世纪时才出现了采用胸带式系驾法的大轮车。虽然如此，但颈带式系驾法继续使用。10世纪时，传统的颈带才被颈圈所代替，车靷直连颈圈，仍在很大程度上保存着颈带式系驾法的特点。大约在13世纪初，欧洲鞍具中出现了用软材料装填的肩套，但没有小鞍[28]（图4-7），其发展阶段约与我国北宋末年反映在《清明上河图》里的状况相当。在欧洲，小鞍可能是由套几排马的四轮马车之御者在后排马上置鞍乘骑以驱赶前排马的作法演进而来的。不过将肩套与小鞍相结合的过程相当短，13世纪中期，欧洲就出现了鞍套式系驾法[29]（图4-8:6）。从已掌握的资料看，此时无论在欧洲还是在中国，这种系驾法均已具有一定的成熟性，所以其最初发明的时间还要早些。东西方通过各自不同的途径，在基本相同的时期中，分别设计完成了基本相同的、对畜力车说来也是最合理的系驾方式。

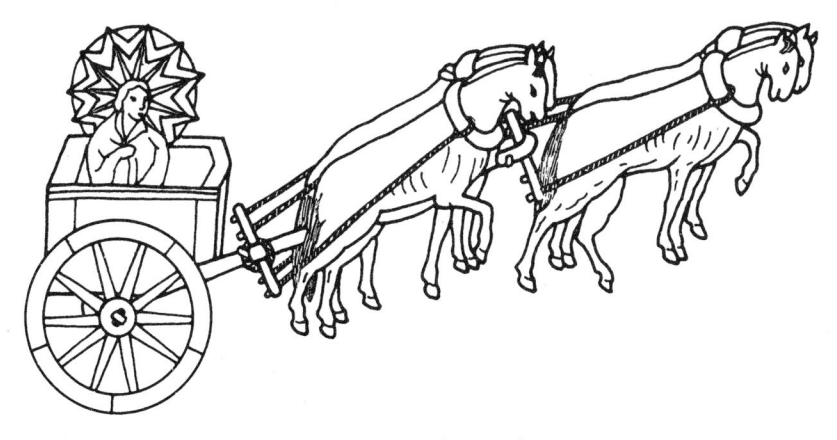

图4-7　使用肩套的欧洲马车（13世纪）

66　中国古舆服论丛

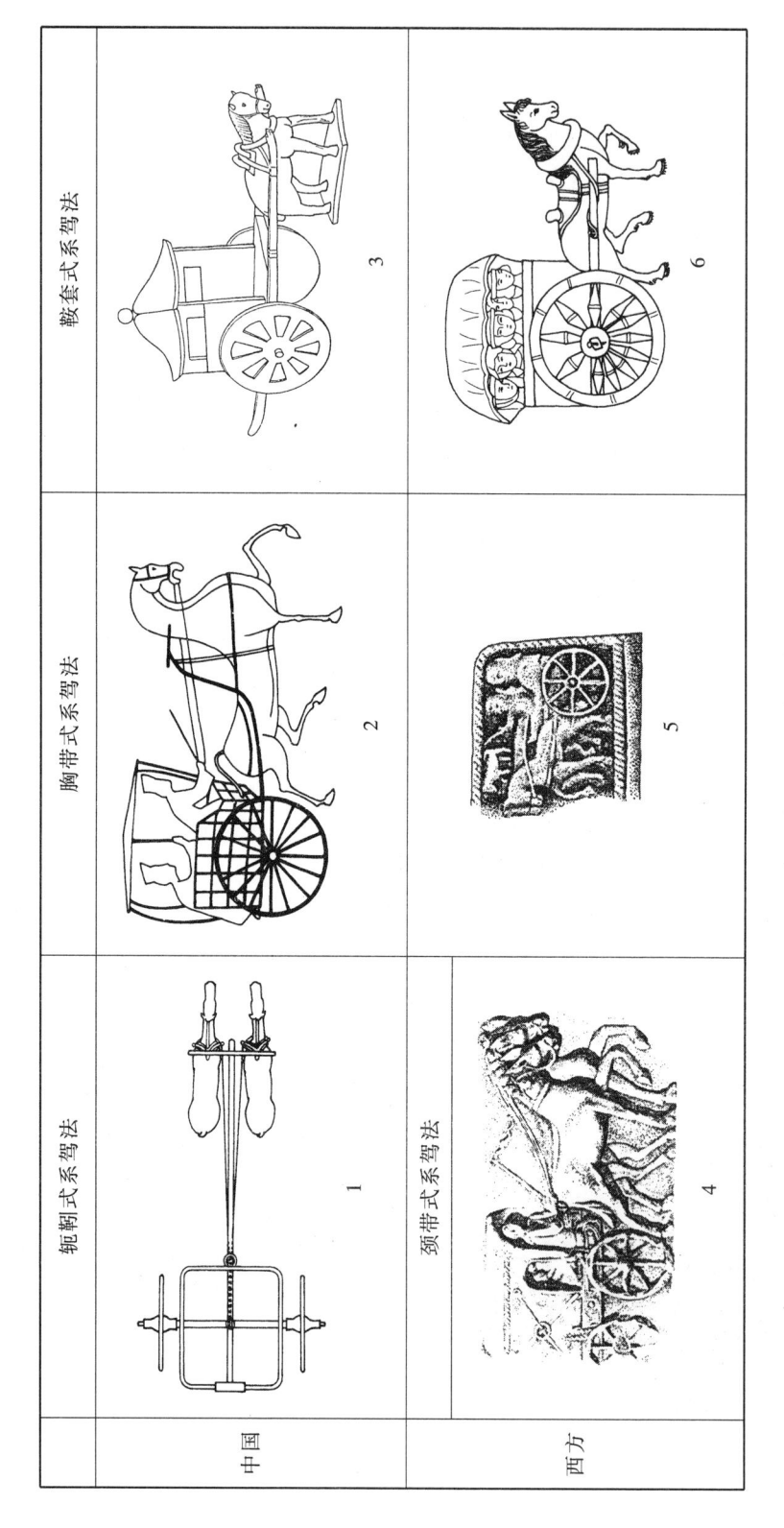

	轭靷式系驾法	胸带式系驾法	鞍套式系驾法
中国	1	2	3
西方	颈带式系驾法 4	5	6

图 4-8　中国与西方古车系驾法的比较

1. 始皇陵 2 号铜车（示意图，前 3 世纪）　2. 河南禹县空心砖（前 1 世纪）　3. 西安段继荣基陶车（1265 年）　4. 罗马帝国时代浮雕（1 世纪）　5. 后朔罗马车（8 世纪）　6. 欧洲中世纪的二轮车（1250～1254 年）

总之，我国古代在马车的系驾法方面走的是一条独特的道路。我国采用胸带系驾法的时间比西方早了近1 000年。用小鞍支持车辕的作法，看来最先也可能是在我国出现的。因为古代中国未发明四轮车上的前轮转向装置，四轮车的制作不发达；而对二轮车来说，用小鞍支持车辕的需要显然比四轮车更殷切。明以后，中国进入封建社会晚期，官僚出行时多乘轿，从而对制车技术的发展产生了消极影响。所以17世纪以来欧洲流行的装车簧的轻便马车，在古代中国一直是一件陌生的东西。

注　释

① 中国社会科学院考古研究所河南第二工作队：《河南偃师商城东北隅发掘简报》，《考古》1998年第6期；又同志同期所载，杜金鹏等：《试论偃师商城东北隅考古新收获》。
② 这类形象到战国时才在铜器纹饰中出现，如辉县琉璃阁铜奁（《山彪镇与琉璃阁》）、长岛王沟铜鉴（《文物集刊》2）、平山三汲铜鉴（《考古学集刊》5）、淮阴高庄铜器残片（《考古学报》1988年第2期）、故宫博物院藏铜器残片（《考古》1983年第2期）、A. F. Pillsbury 藏铜壶（B. Karlgren, *A catalogue of the Chinese bronzes in the Alferd F. Pillsbury Collection*. 明尼阿波利斯，1952年）、美国弗利尔美术馆藏铜鉴（《美帝国主义劫掠的我国殷周铜器集录》A843）等，其年代均不早于公元前5世纪。
③ 齐思和：《黄帝的制器故事》（《史学年报》第2卷第1期，1934年）说："黄帝最初本为天神之称，以后逐渐成为传说中之人王……虽时代较晚，而后来居上，其声势之显赫，传说之复杂，则为三皇、五帝中之最。古史传说，至战国末年，既集中于黄帝，其制器故事，自亦较其他传说中之帝王为多。"
④ 见《墨子·非儒篇》、《管子·形势解》、《荀子·解蔽篇》、《世本》（《宋书·礼志》引）、《尸子》、《吕氏春秋·君守篇》、《山海经·大荒北经》及《新语·道基篇》等处。
⑤ 《左传·定公元年》："薛之皇祖奚仲居薛，以为夏车正。"
⑥ 齐思和《黄帝的制器故事》又说："黄帝既为古代传说之中心，制器故事遂亦集中于黄帝，或攘他人之发明归之于黄帝；或以发明者为黄帝之臣；于是黄帝制器之故事，遂日征月迈，愈演愈繁矣。"
⑦ 浙江省文物管理委员会、浙江省博物馆：《河姆渡遗址第一期发掘报告》，《考古学报》1978年第1期。
⑧ 中国硅酸盐学会编：《中国陶瓷史》页6，文物出版社，1982年。
⑨ 《史记·夏本纪》集解引郑玄说。《尚书·甘誓》伪孔传又孔疏。
⑩ 《周礼·考工记》。
⑪ 《诗·秦风·小戎》："阴靷鋈续。"《说文·革部》："靷，所以引轴也。"
⑫ 林寿晋：《周代的虢国文化》，《人民画报》1962年第3期。
⑬ 孙机：《从胸式系驾法到鞍套式系驾法》，《考古》1980年第5期。
⑭ 见本书《始皇陵2号铜车对车制研究的新启示》。
⑮ 见《叔车觚铭》（平凡社《世界考古学大系》卷6，页52）、《父已车鼎铭》（《美帝国主义劫掠我国殷周铜器集录》R487P，A64）、《买车卣铭》（《商周金文录遗》242）。
⑯ 战车群作战时常以横队展开，即《左传·成公十六年》所谓"陈于军中，而疏行首"。又《司马法·定爵篇》谓"凡阵行唯疏"，《淮南子·道应》谓"疏队而击之"，意并同。
⑰ 李学勤：《秦国文物的新认识》，《文物》1980年第9期。
⑱ 《诗·小雅·车攻》、《车辖》。
⑲ 《左传·隐公九年》、《左传·昭公元年》。
⑳ 《文物资料丛刊》第3辑，页74～75。
㉑ 淮阳双辕车的资料存河南省文物研究所，待刊。秦安秦墓，见《考古与文物》1982年第5期，页33。长沙楚

墓漆奁图像，见沈从文：《中国古代服饰研究》页32，商务印书馆，香港，1982年。
㉒ E. M. Jope, "Vehicles and Harness". 载 C. Singer 等主编 *A History of Technology*. 卷2，插图494、506，牛津，1954年。
㉓ 东汉前期之高昂而弯曲的车辕是从独辀车那里沿袭下来的，马王堆3号西汉墓所出帛画车马仪仗图中的辀就是如此。
㉔ 《说文·车部》："輂，大车驾马也。"
㉕ 关野贞：《支那山东省に於ける汉代坟墓の表饰》图192，东京，1916年。
㉖ 原田淑人、驹井和爱：《支那古器图考·舟车马具篇》图版13∶1，东京，1937年。
㉗ 《文物参考资料》1958年第6期，封3，图1。此种马车即《永乐大典》卷一八二四五，十八漾匠字所收元·薛景石《梓人遗制》中所说的"亭子车"。
㉘ 平田宽：《（图说）科学·技术の历史》页136，东京，1985年。
㉙ W. Treue 主编 *Achse*, *Rad und Wagen*. S. 190. 哥廷根，1986年。

（原载《自然科学史研究》1984年第2期）

商周的"弓形器"

　　商、周青铜器中有一种"弓形器",器身作扁长条形,中部往往稍宽且微微拱起。有的底部有凹槽,当时或曾嵌入木楦。其两头伸出两条上昂复下垂的曲臂,臂端多铸出带镂孔的铃,也有的做成马头形或蛇头形。臂端与中部扁条之底边的延线靠得很近,或仅留有不宽的间隙(图5-1)。大多数"弓形器"的长度为20~45厘米,横置之,几可占满人体腰前的部位。此物的用途和定名经过长期讨论仍未取得一致意见。过去常认为它是弓上的附件[①],这主要是以石璋如、唐兰二先生之说为依据的。石说称此物为"铜弣",认为它应缚于弓弣里侧,以保持弓的弧度,并增加发射时的剽力[②]。但"弓形器"表面多铸出凸起的纹饰,有时其中还有立体的夔龙之类,棱角峥嵘,不便把持,无法握住它用力张弓。所以怀履光、林巳奈夫、唐兰等均不赞成此说[③]。可是唐兰先生虽不赞成石说,却也主张此物应缚于弓弣之内,不过他认为只在弛弓时缚之,装弦后则须解下。他给出的"弓形器"使用复原图(图5-2:1),仍沿袭石氏之旧(图5-2:2),只是删去了石氏图中那张装弦的弓。根据这一修正,唐先生改定此物之名为"铜弓柲",认为它是弛弓时缚在弓内以防损坏的[④]。

　　但问题是:(1)此物是否附属于弓,目前尚无确证。唐先生的论文中说,"从出土时的位置来看","弓形器""显然是在弛弓的背上中部的"。他所说的出土之例指安阳小屯M20车马坑。在唐文的附图中画出的"弓形器",位于围成略近椭圆形的大半圈铜泡之中部(图5-3:1)。揣其文意,似乎他认为这大半圈铜泡代表一张弛了弦的弓。其实不然。因为小屯M20车马坑中埋有一辆车,这圈铜泡是车舆下部軨木上的饰件,与弓无涉(图5-3:2)。小屯M40车马坑也出铜軨饰,也围成类似的椭圆形,可证[⑤]。并且"弓形器"如果装在弓上,则应与弓及箭上的部件如弓尾之弭或箭镞等物伴出。然而若干未经扰动的商、周墓,如安阳戚家庄东269号及孝民屯南地1、2号商墓、北京昌平白浮2、3号西周墓中,虽均出"弓形器",却都不见弓尾之弭或镞的踪影[⑥]。没有弓弭,还可以用已朽失等原因来解释;镞却是不易朽失的,没有镞,则表明随葬品中未放入箭,而无箭之弓乃是无用之物,故可知墓中其实连弓也不曾放入,因此唐说中的弓柲也就无所附丽了。况且在昌平白浮2号墓中,一件长37.5厘米的"弓形器"之一端距椁壁不

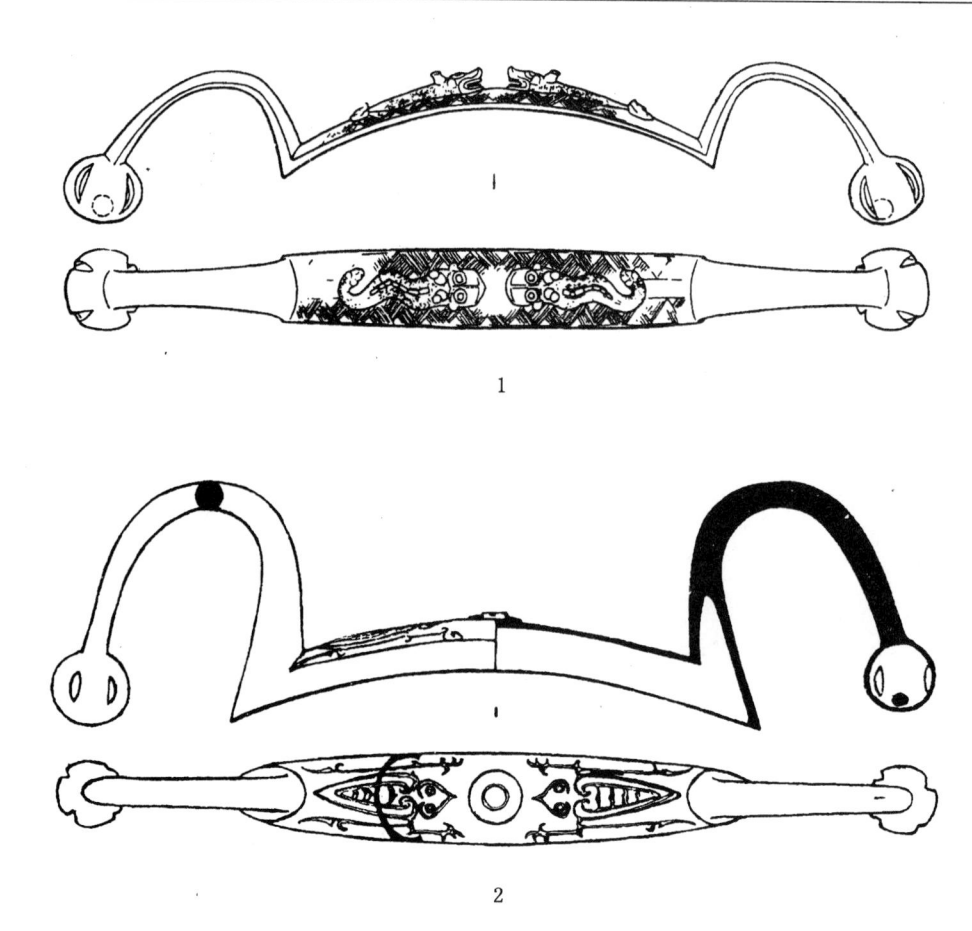

图 5-1　铜"弓形器"
1. 安阳商·妇好墓出土　2. 甘肃灵台白草坡西周墓出土

足 20 厘米；在陕西岐山贺家村 1 号墓的壁龛中，一件通长 34 厘米的"弓形器"之一端距龛壁亦仅 30 厘米[7]。而在金文中看到的表示未装弦之弓的象形字，弓体仍相当长[8]，不像石璋如设想的那样，弛弓会反屈成 C 字形；所以上述之狭小的空间中绝容不下半边弓。因而这些"弓形器"均难以指为弓上的附件。何况如安阳武官村大墓陪葬坑 E9 出土的那类"弓形器"，器身中部饰有上下向的兽面纹，表明此器是横向使用的[9]；这和引弓时弓体的方向相牾，也反映出"弓形器"并非弓上的部件。(2) 如果"弓形器"是弓柲，那么据《仪礼·既夕礼》郑注说："柲，弓檠。弛则缚之于弓里，备损伤。以竹为之。"贾疏也说：柲"以竹状如弓，缚之于弓里"。可见柲是弛弦后因收藏之需才缚在弓上的，本非炫耀兵威之物，无须用贵重的铜材制作。况且依郑、贾之说，它应该是竹制的，而不是铜制的。它的长度应大体与弓相等，才能使它所保护的弓不受损伤；假若它仅为 20～45 厘米长的一段铜件，则无法将 1 米多长的弓加以周到的保护。故"弓形

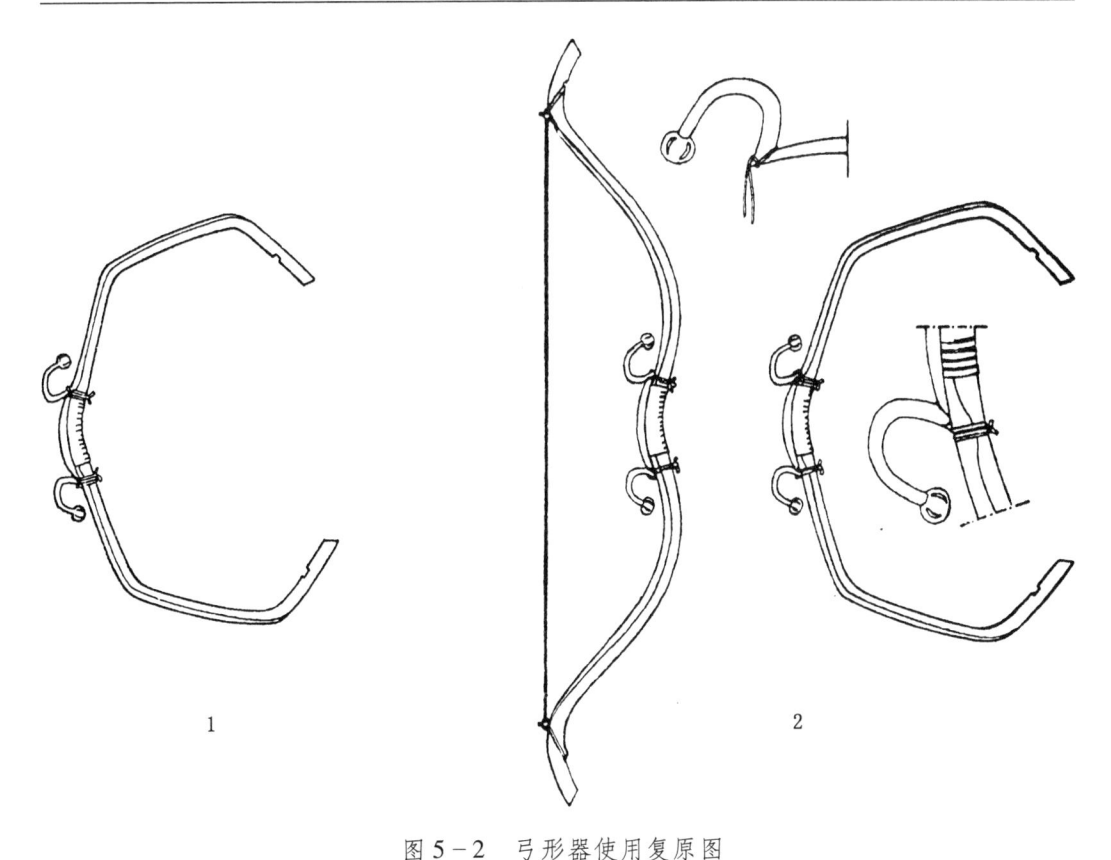

图 5-2　弓形器使用复原图
1. 唐兰文中的"铜弓柲"使用复原图　2. 石璋如文中的"铜弓䩨"使用复原图
（二说的复原方式全同，仅定名有别）

器"不是弓柲。(3)"弓形器"的造型何以要在两头作出顶端带铃的曲臂？石说的解释是：此两末端可以作为弓已拉满的标准，铃可以在发出箭后有响声。唐先生评之为："向壁虚构，羌无实据。"唐说则认为："其所以两端上屈如臂，是由于系缚牢固，不致摇动。铃或其他马头等形象，都是装饰，但也许是怕人盗窃，跟簋的方座下有铃是一个道理。"然而如仅着眼于系缚牢固的目的，可采取的方法很多，大可不必统一用铸出两条曲臂这种奇特的、对于缚结来说又不很方便的形式。"弓形器"是一种工具，总不应老放着不动，它和在宗庙等场所陈置的簋之使用情况大不相同；倘若那上面的铃一响，使用者就要注意防盗，恐不胜其烦。故唐说亦缺乏合理性。

也有些学者认为"弓形器"并非弓上的附件。马衡先生曾说："近见一器，状如覆瓦，长约尺许，宽寸余。两端各有曲柄，柄末铜和下垂。《西清古鉴》目为旂铃，其实即轼前之和也。"[⑩]但如在淮阳出土之战国车上所见的和，为两枚单个的铃（图3-21:6），与此物大相径庭。不过"旂铃"说近年又得到秦建明先生的认同，并作出"弓形器在旂旗上位置示意图"（图5-4:1），详加阐释[⑪]。唐嘉弘先生则认为"弓形器乃衣服上的挂

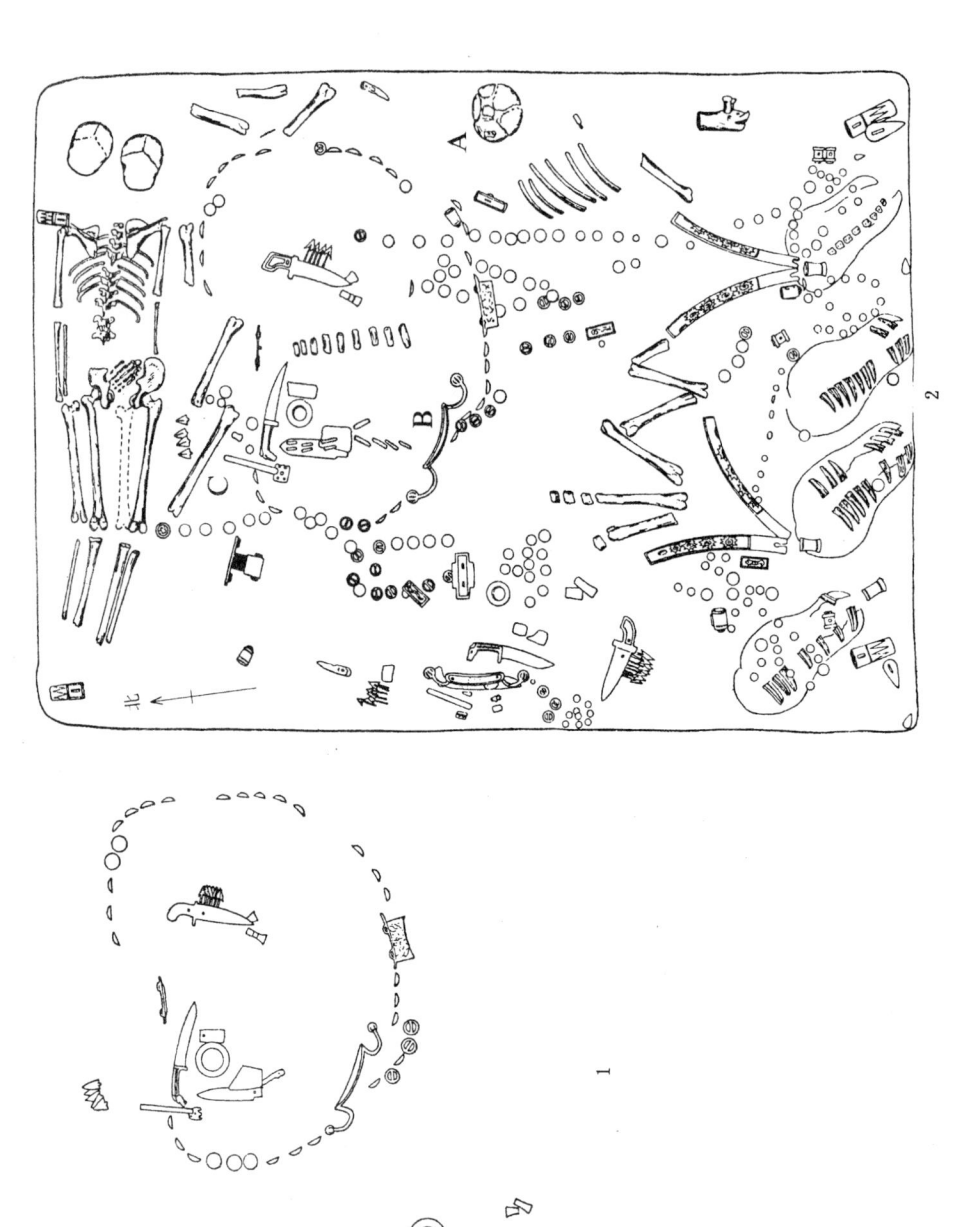

图 5-3 唐兰文中的"铜弓柲"出土位置图与小屯 M20 车马坑平面图
1. 唐兰文中的"铜弓柲"出土位置图
2. 小屯 M20 车马坑平面图 [车上有一殉人,"弓形器"("铜弓柲")位于大半圈铜泡当中部,这些铜泡应为舆底桄部的装饰 (A) 和腿骨 (C) 当中,相当其腰部]

钩，用以悬挂装饰物品的"⑫（图5-4:2）。但"弓形器"出土的位置多在车中或骑马人腰间，上述使用方法和这些现象颇相龃龉。此外，"弓形器"在南西伯利亚青铜时代的卡拉苏克文化中也曾发现⑬。前苏联考古学家科仁认为使用此物时，应把它和轭以靷绳连接起来，组成一副像后代所称"套盘"那样的鞁具⑭（图5-4:3）。这种设想与实际情况相去太远，与这个时代之古车的系驾法全不相合。况且"弓形器"之两曲臂并不十分粗壮，用它作为套盘上极吃力的部件，也是这一器物所不能胜任的。

1980年，林沄先生发表了《关于青铜弓形器的若干问题》一文，在探讨"弓形器的用途"一节中，此文的结论是，弓形器"为系于腰带正前方的挂缰钩。但这一新的假设，仍有待今后更多的考古发现来验证"⑮。林氏矜慎，谦称其说为"假设"；笔者则认为，这一看法精当无误。兹谨在林文的基础上，就此问题略述己见。

根据出土实例得知，我国商、周古车的车箱有大、小两种，小车箱的宽度仅1米许，只能容纳两名乘员⑯。这种车投入战斗时，如由御者双手执缰绳即辔，车上只余一名乘员可以使用武器；倘此人伤亡，则该车与其御者将完全陷于被动挨打的境地。对此，当时似应有某种对应的措施。在西方，古战车上有时仅一名乘员，此人既要驾车，又要战斗，遂将辔系在腰间，以便腾出双手使用武器（图5-5）。不过这种方式把辔拴得太死，不够灵活。而如果将"弓形器"

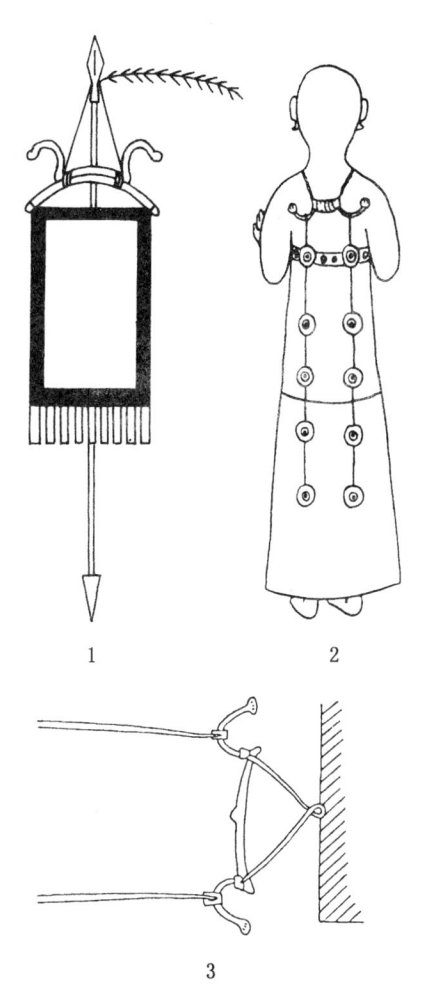

图5-4 对"弓形器"使用
方法的几种设想

1. 旂铃说（据秦建明）
2. 挂饰物钩说（据唐嘉弘）
3. "套盘"说（据科仁）

缚在御者腰前，既可用那上面的两条曲臂挂住辔绳，通过"弓形器"驾车；又可根据需要随时将辔解下，重新用手操纵，所以比较适用。从它的造型、尺寸和牢固程度看，也完全适合这一用途；同时和考古发掘所揭露的情况也有相合之处。仍以小屯M20车马坑为例，如图5-3:2所示，其车舆东南部有一带玉饰的人头骨，舆的西北部有两条腿骨，则此人的躯体应压在车上，其骨骸虽已大部不存，但"弓形器"出土时正位于他的腰部附近。安阳武官村大墓中E9殉葬人的"弓形器"亦出在腰间⑰。均可印证上说。

不过，小屯M20车马坑中压在车上的人架太不完整，也没有在辔与"弓形器"之间

图 5-5 一人兼御者与射手时，将辔绳系于腰间
（埃及底比斯阿蒙神庙浮雕中的法老拉美西斯二世）

显示出互相连接的痕迹，因此上面的说法仍未被出土物充分证实。当然，要在考古发掘中找到保存状况绝佳的相关之实例，是很不容易的。但在古文献中却发现了一些支持这一推测的线索。如《诗·小雅·采薇》中有一章说：

  驾彼四牡，四牡骙骙。

  君子所依，小人所腓。

  四牡翼翼，象弭鱼服。

  岂不日戒，狁孔棘。

这章诗主要描写一辆驾四匹马的车，对车上的装备诗中只举出象弭、鱼服二物。其中的象弭特别值得注意。毛传："象弭，弓反末也，所以解紒也。"郑笺："弭，弓反末弰者，以象骨为之，以助御者解辔纷，宜滑也。"这种弭与装在弓箫末梢上用以挂弦的弭是两种不同的器物，因为后一种弭与辔全然无涉。《说文·弓部》："弭，弓无缘，可以解辔纷者。"其定义之后一部分也是指《采薇》所咏的这类弭。旧说把《采薇》中的象弭当作弓梢之弭，以为诗中的弭代表弓；服是箭囊，鱼服代表箭。则属误解。这里说的鱼服其实也是车上固定的装备。《仪礼·既夕礼》："主人乘恶车，白狗幦，蒲蔽，御以蒲菆，犬服。"这个犬服自应从属于车。郑注："笭间兵服，以犬皮为之。"它是装在车笭间的一个箱笼状物，又名笭服，其实物曾在始皇陵出土的 1 号铜车上见过[18]。它虽然多用以盛箭，但也可以盛别的物件，如《周礼·巾车》中提到的"小服"，郑注说它是"刀、剑、短兵之衣"，说明其中可以盛刀、剑及其他短兵。《续汉书·舆服志》还说耕车上有

"秉秬之箙"。所以《采薇》中的鱼服是装在车上的用海兽皮做的笼服[19]。《毛公鼎》所记受赐的车器中也有"鱼葡",却不曾与弓矢之属并列。可见鱼服和别的笼服一样,所盛之物尽可多种多样;因而不能用它代表箭。故诗中说的训"弓反末"又可用来解骖的弭,似非"弓形器"莫属了。

说"弓形器"即这种弭,尚可以找到其他旁证,如《左传·僖公二十三年》记晋公子重耳对楚成王说:"若……晋、楚治兵,遇于中原,其辟君三舍。若不获命,其左执鞭、弭,右属櫜、鞬,以与君周旋。""左执鞭、弭"一语,多被解释为左手执鞭与弓,其实这样讲不通,因为下文明说右边挂着櫜(箭囊)、鞬(弓袋)。如果弭也代表弓,鞬也代表弓,则重耳的话翻来覆去、叠床架屋,就不成其为著名的外交辞令了。其实这里说的与鞭为伍的弭,显然是一种御车用具,把它解释成"弓形器",倒是很通顺的。

还应当说明的是,系骖用的"弓形器"即弭并不仅限于御车,早期的骑马者或亦曾使用此物。小屯M164马坑中葬有一人、一马、一犬,人架身下压着一柄精美的御马所用之策,此人被认为是一名骑手[20],但他的腰间也有一件"弓形器"[21](图5-6),可为上说之证。此外,在卡拉苏克文化中,"弓形器"也常在墓主腰部出土[22]。那里罕见车的痕迹,其"弓形器"也应是骑手驭马用的。

"弓形器"即弭在商末周初颇盛行,以后在中原地区渐少见。但在南西伯利亚地区,其流行时间一直延续到相当我国的春秋时代。不过既然西伯利亚有,也就很难断言它在中原已完全绝迹。而且假如上文对重耳所称"左执鞭弭"一语的解释得以成立,则春秋时晋、楚等地仍使用此物,惟实例尚有待发现。到了汉代,学者对它似乎还有所理解,但已不十分熟悉,所以《采薇》的毛传和郑笺中对弭的解释遂若即若离。时代愈晚,则愈陌生。如唐·孔颖达在《采薇》的疏中说:"弭之用骨,自是弓之所宜,亦不为解骖而设。……若骖或有紛,可以助解之耳;非专为代御者解紛设此象弭也。"他的认识比毛、郑又大为逊色,说得不着边际,反映出这时对"弓形器"即弭的作用已感茫然了。

上文已经说明,主张"弓形器"即挂缰钩,是林沄先生最先提出来的,笔者对此说表示信服。但在林文的论述过程中,还曾以"鹿石"上的刻纹作为判断"弓形器"用途的重要依据之一。他说:

> 广布于蒙古北部、苏联图瓦和外贝加尔的"鹿石",早就有人推测是一种概略化的人像。这次在乌施金—乌魏尔所详细勘查的"鹿石"中,第14号"鹿石"的上端有仔细刻出的人面,从而确证其他"鹿石"亦源于不同程度地简化了的人像。早先,在不刻人面的"鹿石"上,已经发现过刻有腰带的例子,而在腰带上挂着短剑、战斧、小刀、砺石等物,而且还挂着弓形器。乌施金—乌魏尔第14号"鹿石"之可贵处,则在于有人面而可以确凿判断弓形器是挂在腰带正前方的[23](图5-7)。

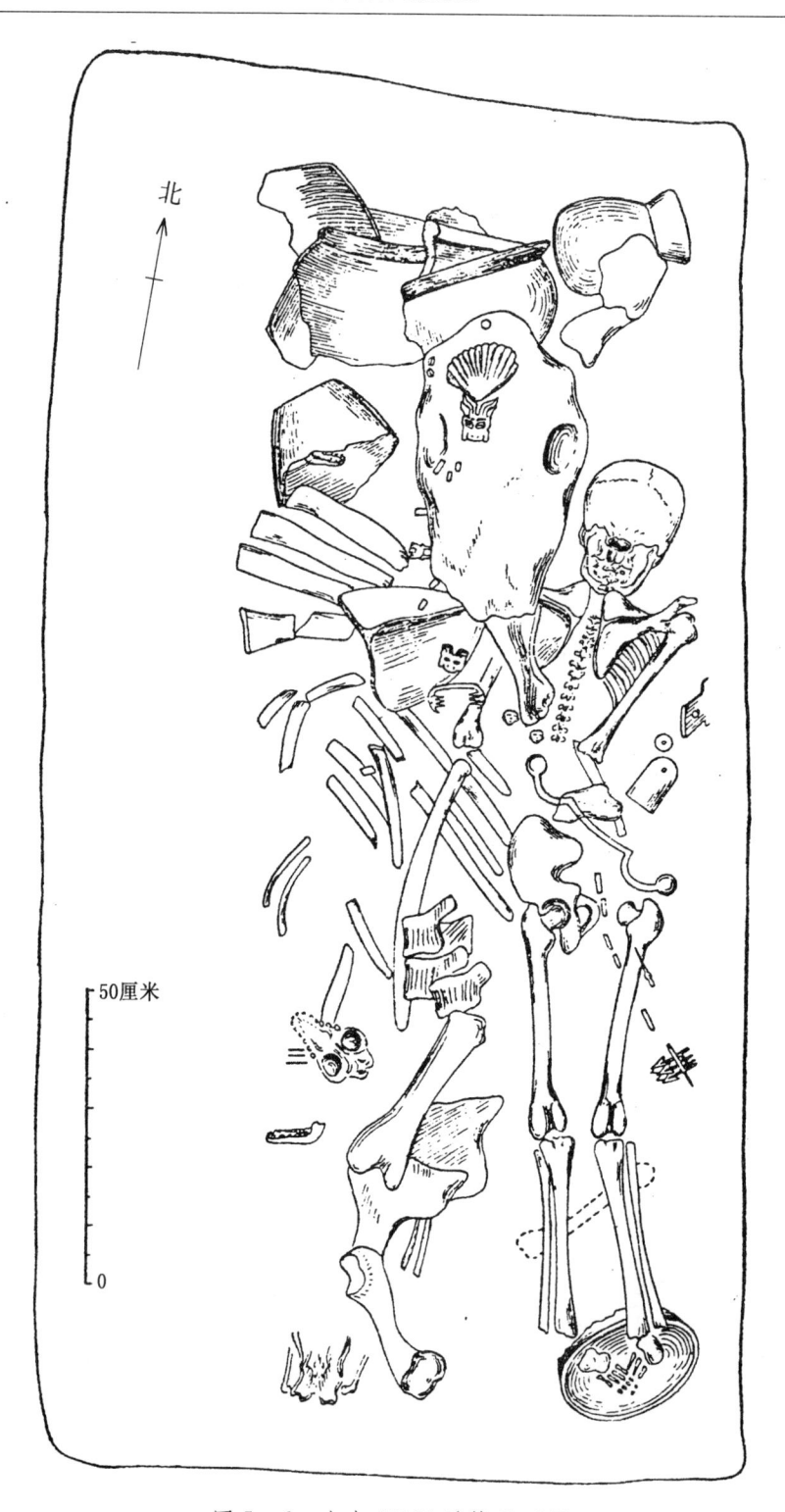

图 5-6 小屯 M164 马坑平面图

商周的"弓形器" 77

自从林文提出鹿石上刻有"弓形器"之说后，多年来常得到学者的肯定。如乌恩先生说：

> 弓形器……在商周墓葬中屡见不鲜，在南西伯利亚卡拉苏克文化和塔加尔文化中也有这类器物。关于弓形器的用途，学术界颇有争议，有弓弣说、有挂缰说。但不管其用途如何，蒙古鹿石的腰带正中常刻有弓形器，而这种弓形器自西周以后已消失[24]。

于是，不仅认为鹿石上刻有"弓形器"，而且反过来又依据"弓形器"为鹿石断代；二者的关系遂愈益密不可分。但实际上此说大有可商。因为细审鹿石刻纹，其所谓"弓形器"太小，两曲臂的位置偏低，悬垂的方式也与使用"弓形器"的情况不同。根据诺夫戈罗多娃的《古代蒙古》与沃尔科夫的《蒙古鹿石》等书所提供的实例，蒙古鹿石人像腰间佩带的"弓形器"乃是一种挂钩，有单钩，也有双钩；连结双钩的轴杆有的是一根，也有的是两根[25]（图5-8:1）。这类挂钩在我国北方夏家店上层文化的墓葬，如辽宁凌源五道河子1号墓、辽宁朝阳十二台营子2号墓、内蒙古宁城南山根石椁墓及小黑石沟8061号石椁墓中均曾出土；传世品中

图5-7 蒙古库苏古勒省木伦汗县乌施金—乌魏尔14号鹿石
（展开图）

也有不少例子[26]。它们的形制与鹿石刻纹互相对应，故后者显系此物（图5-8:2~7）。出土之铜挂钩的宽度在5~14厘米间，与鹿石刻纹中之挂钩的比例相符，而与宽达20~45厘米的"弓形器"有别。而且挂钩之钩首与钩体间有时仅留一窄缝，个别例子中两者甚至互相搭合，无法用于挂缰。夏家店上层文化的年代约为西周中期至战国中期，从整体上说较"弓形器"盛行的时代为晚，所以研究"弓形器"时不宜与鹿石相比附。而且前者由于体型较大，平时佩带有所不便。它是一种专用工具，大约只在驾车或骑马时才紧缚于御者、骑手腰前。它的正式名称应定为"弓弣"，通常可称为"弓形器"，联系其用途则可以叫作"挂缰钩"。至于林文说它是商代首创并进而影响到北方草原地区的，则与器物本身的年代所反映出的情况正合，笔者认为这一点殆无可置疑。

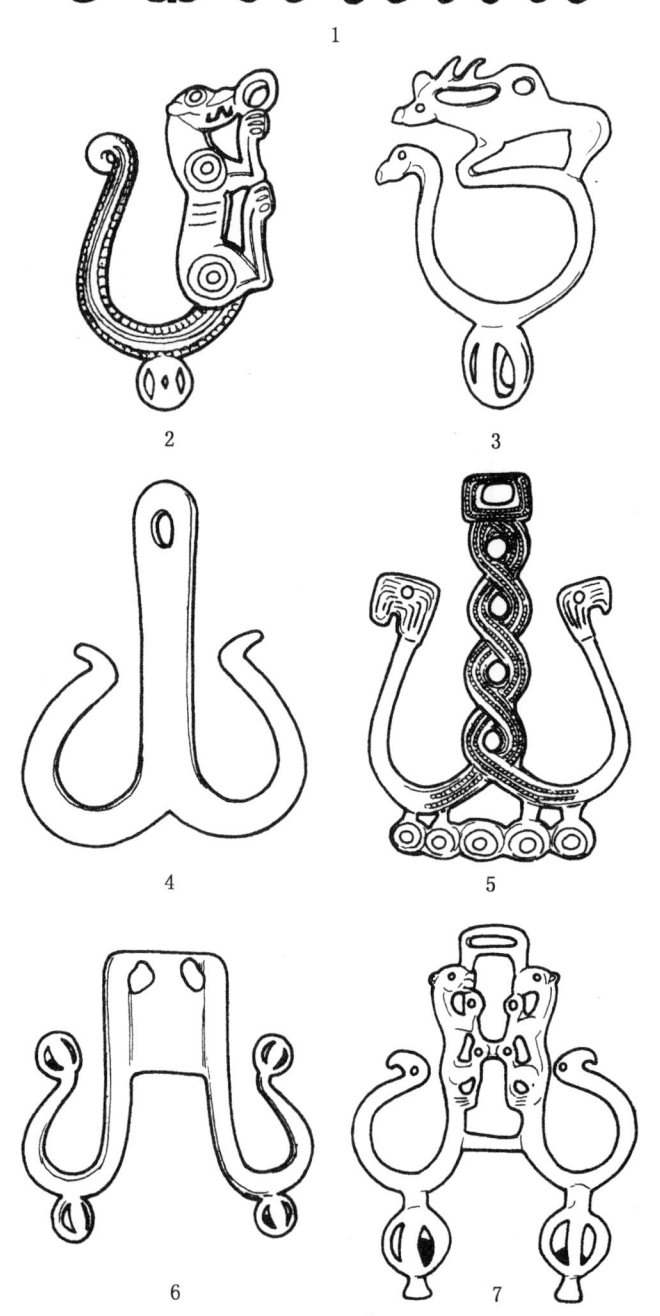

图 5-8 鹿石刻纹与铜挂钩

1. 蒙古鹿石上的挂钩形刻纹 2. 铜单挂钩（私家收藏） 3. 铜单挂钩（瑞典斯德哥尔摩远东古物馆藏） 4. 铜双挂钩（辽宁凌源五道河子1号墓出土） 5. 铜双挂钩（辽宁朝阳十二台营子2号墓出土） 6. 铜双挂钩（内蒙古宁城小黑石沟8061号墓出土） 7. 铜双挂钩（私家收藏）

注 释

① 陈志达:《殷墟武器概述》,载《庆祝苏秉琦考古五十五年论文集》,文物出版社,1989年。
② 石璋如:《小屯殷代的成套兵器》,《历史语言研究所集刊》22本,1950年;同氏:《殷代的弓与马》,同刊35本,1964年。以下所引石说皆据此二文。
③ W. C. White, *Bronze Culture of Ancient China*. Toronto, 1956. 林巳奈夫:《中国殷周时代の武器》,京都,1972年。唐兰:《"弓形器"(铜弓柲)用途考》,《考古》1973年第3期。
④ 见注③唐文。以下所引唐说皆据此文。
⑤ 石璋如:《小屯四十号墓的整理与殷代第一类甲种车的初步复原》,《历史语言研究所集刊》40本下册,1970年。
⑥ 安阳市文物工作队:《殷墟戚家庄东269号墓》,《考古学报》1991年第3期。中国科学院考古研究所安阳发掘队:《安阳殷墟孝民屯的两座车马坑》,《考古》1977年第1期。北京市文物管理处:《北京地区的又一重要考古收获》,《考古》1976年第4期。
⑦ 陕西省博物馆等:《陕西岐山贺家村西周墓葬》,《考古》1976年第1期。
⑧ 见注③所揭林巳奈夫书,插图369。
⑨⑰ 郭宝钧:《一九五〇年春殷墟发掘报告》,《中国考古学报》第5册,1951年。
⑩ 马衡:《凡将斋金石丛稿》,中华书局,1977年。
⑪ 秦建明:《商周"弓形器"为"旂铃"说》,《考古》1995年第3期。
⑫ 唐嘉弘:《殷周青铜弓形器新解》,《中国文物报》1993年3月7日。
⑬ С. В. Киселев, *Древняя история Южной Сибири*. гл. IV. Москва, 1951.
⑭ П. М. Кожин, К вопросу о происхождении иньских колесниц, ——*Культура народов зарубежной Азии и Океании*, Ленинград, 1969.
⑮㉓ 林沄:《关于青铜弓形器的若干问题》,《吉林大学社会科学论丛·历史专集》,1980年。
⑯ 参看本书《中国古独辀马车的结构》。
⑱ 参看本书《略论始皇陵1号铜车》。
⑲ 《诗·采薇》孔疏引陆玑疏:"鱼服,鱼兽之皮也。鱼兽似猪,东海有之。"
⑳ 杨泓:《中国古兵器论丛·骑兵和甲骑具装》,文物出版社,1980年。
㉑ 石璋如:《殷墟最近之重要发现》,《中国考古学报》第2册,1947年。
㉒ 吉谢列夫:《苏联境内青铜文化与中国商文化的关系》,《考古》1960年第2期。
㉔ 乌恩:《试论贺兰山岩画的年代》,《文物》1994年第7期。
㉕ Э. А. Новгролва, *Древняя Монголия*, *Некоторые ироблемы хронологии и этнокультурной истории*. Москва, 1989. В. В. Волков, *Оленные камни Монголии*. Улан-Батор, 1981.
㉖ 出土的铜挂钩,见辽宁省文物考古研究所:《辽宁凌源县五道河子战国墓发掘简报》,《文物》1989年第2期;朱贵:《辽宁朝阳十二台营子青铜短剑墓》,《考古学报》1960年第1期;李逸友:《内蒙古昭乌达盟出土的铜器调查》,《考古》1959年第6期;宁城县文化馆等:《宁城县新发现的夏家店上层文化墓葬及其相关遗物的研究》,《文物资料丛刊》第9辑,1985年。传世的铜挂钩,见 E. C. Bunker · C. B. Chatwin · A. R. Farkas, "Animal Style" Art from East to West. New York, 1970. J. F. So · E. C. Bunker, *Traders and Raiders on China's Northern Frontier*. Seattle and London, 1995. 东京国立博物馆:《大草原の骑马民族》,东京,1997年。

(中国考古学会第八次年会论文,1991年)

辂

自汉、晋迄明、清，我国最豪华的古车名辂。但在汉代以前，辂仅指大型的车而言，豪华不豪华倒在其次。《国语·晋语》说：郑伯嘉来纳"辂、车十五乘。"韦注："辂，广车也。车、轴车也。"广车就是大型车。辂字古亦作"路"，乘这种车本无特定的等级限制。《诗·小雅·采薇》只泛泛地说："彼路斯何？君子之车。"《续汉书·舆服志》刘注引服虔曰："大路，总名也，如今驾驷高车矣，尊卑俱乘之，其采饰有差。"也反映出这种情况。不过由于《周礼》中载有关于"王之五路"，即玉路、金路、象路、革路、木路等五种礼仪用车的记述，至汉代乃袭用其说，于大驾中设玉辂。这种作法大约不会早于东汉，因为《周礼》在西汉不受官方重视，王莽才利用《周礼》复古改制。东汉初虽然今文经学重新得势，但章帝建初八年（83年）仍将《周礼》、《古文尚书》、《毛诗》等同置弟子员。经群儒讨论，章帝"亲称制临决"、定稿成书的《白虎通义》，表面上统一于今文经学，实则今古杂糅。该书说："路者何谓也？路、大也，道也，正也。君至尊，制度大，所以行道德之正也。路者，君车也。"《周礼》中路的地位遂被进一步抬高，成为无可争议的帝王用车。然而由于秦时皇帝乘金根车，汉承秦制，西汉时皇帝的车也以金根为主，所以尽管东汉已尚玉辂，其形制却也只能和金根车相仿。目前在汉代的考古材料中，还未能识别出哪一种车代表当时的辂。

辂的特点至晋代才明确起来。《晋书·舆服志》中对辂的描写，除了与前代之金根等车相似的结构外，为辂所独有的设施有二：一、"两箱之后，皆玳瑁为鹍翅，加以金银雕饰，故世人亦谓之'金鹍车'。"二、"斜注旂旗于车之左，又加棨戟于车之右，皆韬而施之。棨戟韬以黻绣，上为亚字，系大蛙蟆幡。"鹍翅在《旧唐书·舆服志》中称为金凤翅，它的形象于顾恺之《洛神赋图》中洛神所乘及敦煌莫高窟296窟西壁隋代壁画东王公所乘之驾龙的辂上均能见到（图6-1:1、2）。此二辂之车箱侧面都装有很大的羽翼，即鹍翅。二辂因是神仙所乘，故驾龙，但辂体仍与世间实用者相同，以它们和《洛神赋图》中曹植所乘驾四匹马的辂相较自明（图6-1:3）。同时，这些辂在箱后皆斜插一大一小两旗。大旗即旂。旂的特征有二：一、画交龙[①]；二、竿首有铃[②]。但这两项特征在图6-1举出之辂的旂上看不清楚，倒是旂上的飘带即斿画得很引人注目。斿数多少

图 6-1 晋代和隋代的辂

1.《洛神赋图》中的龙辂　2. 莫高窟 296 窟隋代壁画中的龙辂（1、2 中的驾辂之龙均略去）
3.《洛神赋图》中驾四马的辂

不一，依乘辂者的身分为差：天子十二旒，王公九旒，侯伯七旒。图 6-1 中的旐皆施九旒，与宓妃、东王公及曹植的身分正合。小旗则代表棨戟。我国古代的戎车本有在车后斜插长兵器的传统，不过以棨戟与旐旗相配且形成定制者，仅见于辂。图中棨戟所韬绣囊似未缝合，飘扬若小旗，其中有没有真戟很难说。实际上纵使真的有戟，在辂上也并不起武备的作用。

图 6-1 中之辂都有两重车盖。汉代画像石与壁画中出现的车均为一重车盖，仅文献中说皇帝举行亲耕典礼时所乘耕根车有三重盖。河北满城 2 号汉墓之 1 号车，在车箱范

围内出土的盖弓帽分大、中、小三型③，则该车应装三盖，或即耕根车。辂盖显然吸收了此类车的作法。《南齐书·舆服志》说："永明初，加玉辂为重盖。"其实晋代已然如此。辂不仅加重盖，而且其上装饰纷繁。《隋书·礼仪志》对辂盖的描写是："青盖，黄里，绣游带，金博山，缀以镜子。下垂八佩，树十四葆羽。"图 6-1 中各辂之盖的边缘上所装三角形或拱形突起物即代表博山。东王公之辂盖上所缀圆形物，即镜子。曹植之辂在盖顶插雉尾，即"树羽"。为曹植驾车的马之额鬃均扎起，其中插长羽毛，当即《隋书·礼仪志》所说驾辂的马在头上"插翟尾五隼"之类作法。不过图中辂盖上树的羽毛和马头上插的羽毛都比文献所记之数为少。这一方面是因为王公之辂比文献中所记皇帝之辂的等级低，另一方面也可能是由于绘图时删繁就简之故。比如敦煌莫高窟 420 窟西顶隋代壁画中的辂，大轮廓虽不差，但许多细节都没有表现出来（图 6-2:2）。

唐辂的图像存世者甚罕，只在陕西乾县唐·懿德太子墓中有其例（图 6-2:1）。这里的辂也画得相当简略，值得注意的是其盖只有一重。此后各代之辂也都用一重车盖。辂施重盖之制自唐代起已不再沿用。这是因为南朝萧齐时对辂装两重盖之制曾有所非议。王子良说："凡盖圆象天，轸方象地。上无二天之仪，下设两盖之饰；求诸志录，殊为乖衷。"所以，"至建武中，明帝乃省重盖"④。但两重盖的辂至隋代似仍未绝迹，莫高窟 420 窟的壁画中所绘者可证。在懿德太子墓壁画中才出现了一重盖的辂。不过辂盖虽止一重，盖上所装自博山演变而成的耀叶却有三层。《唐六典》卷一七"太仆寺·乘黄令"条、《通典》卷六四"五辂"条等处都说辂盖为"三层"，即指这种情况而言。"三层"指耀叶，而"三重"指车盖；二者说的不是一回事。此外，懿德太子墓壁画中之辂的阘戟（即《晋书·舆服志》所称"棨戟"）上，画出了很清晰的黻纹，黻本作两己相背之状，图中却把它们组合成为一体了。

唐辂虽无其他实例，但唐显庆年间制造的玉辂却非常有名。此辂至宋代尚存，宋人对它有不少记载。庞元英《文昌杂录》卷四说："南郊大驾，上乘旧玉辂。户部王员外说，辂上有款识，唐高宗显庆年造。高宗麟德三年（666年）、玄宗开元十三年（725年）、真宗皇帝祥符元年（1008年）封禅，此辂凡三至泰山。开元十一年（723年）、祥符四年（1011年），亦两至睢上。真所谓万乘之器也。"沈括《梦溪笔谈》卷一九说："大驾玉辂唐高宗时造，至今进御。自唐至今，凡三至太山、登封，其他巡幸，莫记其数。至今完壮，乘之安若山岳，以措杯水其上而不动摇。庆历中，尝别造玉辂，极天下良工为之，乘之动摇不安，竟废不用。元丰中复造一辂，尤极工巧。未经进御，方陈于大庭，车屋适坏，遂压而碎。只用唐辂，其稳利坚久，历世不能窥其法。"南渡以后，此辂犹为人所称道。叶梦得《石林燕语》卷三说此辂"坚壮稳利，至今不少损"。张邦基《墨庄漫录》卷四甚至认为此辂是隋造唐修之物。隋造之说虽恐系传闻讹误，然而宋代曾使用唐辂则无可置疑。它的保存状况，上引诸书皆强调其坚稳，不过也有不同的说

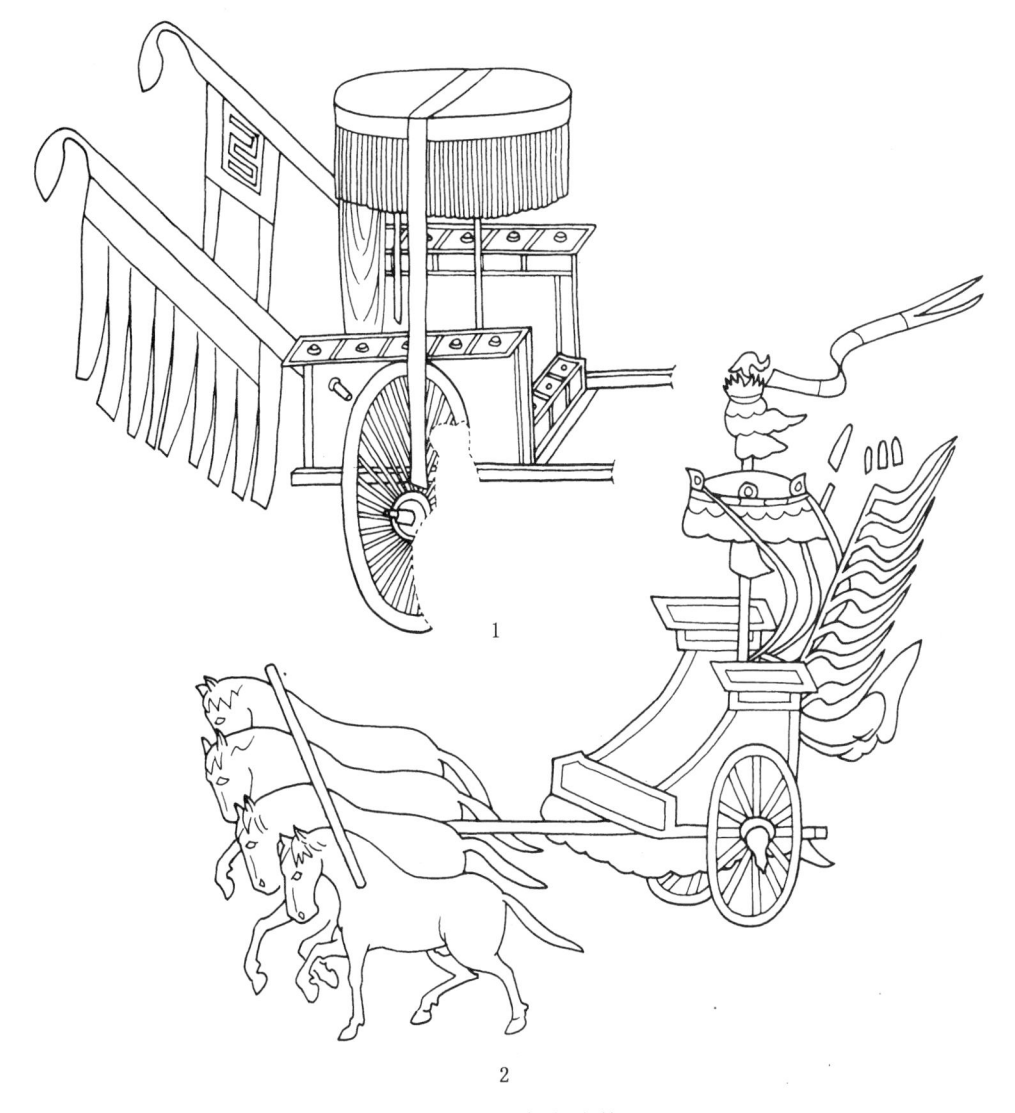

图 6-2 唐代的辂
1. 唐·懿德太子墓壁画中的辂　2. 莫高窟 420 窟隋代壁画中的辂

法。蔡绦《铁围山丛谈》卷二谓此辂"行道摇顿，仁庙晚患之"。又说："神祖苦风眩，每郊祀，益恶旧辂之不安。"但北宋历次制作的新玉辂为何均告失败，其原因在朱熹《朱子语类》卷二二八中已作解答："仁宗、神宗两朝造玉辂，皆以重大致压坏。本朝尚存唐一玉辂，闻小而轻，捷而稳。"这话正中肯綮。辂，特别是玉辂，这时受到极度重视，在某些场合中要用它代表皇帝的尊严与权威，所以排场要尽量地大，装饰要尽量地繁缛，从而车体愈来愈笨重，这样就破坏了其结构上应保持的均衡性。宋代的工艺技术并不比唐代差，只是因为统治者踵事增华，使车体的重量超过了轮轴所能负荷的限度，故其新辂"皆以重大致压坏"。唐之显庆辂的尺度、用材和构件的比例关系大约尚维持在合理的限度内，加以制作精工，故尔先后使用达四个半世纪之久。尽管在晚期它也出现了"行道摇顿"等老化现象，却仍然不能不认为是我国造车史上的一项奇迹。

显庆辂虽无可靠的图像流传下来，但南宋·马和之《孝经图》中所绘之辂，不仅画得较精致，而且和《宋史》中对前者的描写颇有相近之处（图6-3:1）。《宋史·舆服志》说："先是元丰虽置局造辂，而五辂及副辂仍多唐旧。玉辂自唐显庆中传之，至宋曰'显庆辂'，亲郊则乘之。制作精巧，行止安重。后载太常与阘戟，分左右以均轻重。世之良工，莫能为之。其制：箱上置平盘，黄屋。四柱皆油画刻镂，左青龙，右白虎，龟文。金凤翅，杂花龙凤，金涂银装，间以玉饰。顶轮三层，各施银耀叶。轮衣、小带、络带，并青罗绣云龙。周缀缏带，罗文。佩银穗、毬、小铃。平盘上布黄褥，四角勾阑。"这一段描写显庆辂外形的文字，除了其中所记油画、刻镂、刺绣的纹饰因在图中未予表现，无从比较外，辂体的大轮廓正可与马和之图相印证。图中辂顶上的三层耀叶、辂亭的四柱、从辂顶垂下的络带、辂盖下缘的一圈缏带、平盘四角的勾阑、辂后所插用以"均轻重"的两面大旗（阘戟这时也变成一面大旗）等，都和《宋史》的叙述相符。可见马氏绘此图时或曾以显庆辂的样本为参考。特别是马氏图中的辂只用马拉，不借人力推、压，这更是显庆辂、而不是南宋时所造绍兴辂的特点。

南宋绍兴十二年（1142年）制造的玉辂，即绍兴辂，其辂亭之构造虽与显庆辂接近，但"前有辕木三，鳞体昂首龙形。辕木上策两横竿，在前者名曰凤辕，马负之以行；次曰推辕，班直推之，以助马力。横于辕后者曰压辕，以人压于后，欲取其平"（《宋史·舆服志》）。以人力压辕的作法在宋、元时相当流行。元·杨允孚《滦京杂咏》："燕姬翠袖颜如玉，自按辕条驾骆驼。"自注："辕条、车前横木，按之则轻重前后适均。"马图中之辂不用此法，亦足证其制与唐为近。

南宋玉辂不仅用人推、压，而且还用铁压、用人牵挽。《西湖老人繁胜录》说，玉辂"始初以一千斤铁压车，添至一万斤方住。才出玉辂，闪试辂下曳索。班直戴耳不闻帽子，着青罗衫、青绢袜头袴，着青鞋，裹紫罗头巾，内着绯锦缬衫，全似大神，手扶青锦索曳玉辂"。用人挽索曳辂的形象在辽宁省博物馆所藏金代卤簿纹铜钟上有其例，曳辂者也戴着耳不闻帽子⑤（图6-3:2）。其辂之顶轮饰耀叶，四垂络带，仍规抚宋制。但此辂还装有金凤翅，则是这一部件之最晚的一例，因为在绍兴辂上，已不装金凤翅了。

宋辂前曳后压，诚不胜其繁，而且也影响观瞻。宋·吴自牧《梦粱录》卷五描写压辕的情况是："辂后四人攀行，如攀枝孩儿。"实在有点煞风景。而且辂的行动迟缓。宋·孟元老《东京梦华录》卷一〇说：玉辂之前"有朝服二人，执笏面辂倒行"。辂跟在倒退而行的二人之后，则车速之慢可知。为什么宋辂行进时竟如此踟蹰费力呢？笨重固然是原因之一，另一方面则是由于它不易保持平衡。我国古车多为二轮，车前面的支

图 6-3 宋代和金代的辂

1. 马和之《孝经图》中的辂 2. 金代卤簿纹铜钟上的辂

点落在马身上。从先秦到汉代,通用轺车型的轻车,调节平衡尚不成问题。经过隋、唐、五代,运输用车的车体加大,礼仪用车更甚,宋辂尤其突出。这时驾车者倘若处理失宜,以致前重后轻,则马力势难支承;反之,如前轻后重,前辕上揭,马悬车仰,甚至有倾覆之虞。所以必须将辂体的重心调节好，使之"不伏"、"不缢"，才便于行车。同时，此类大辂对路面的要求也很高。元·周密《武林旧事》卷一说：南宋临安行大礼之前，"自嘉会门至丽正门，计九里三百二十步，皆以潮沙填筑，其平如席，以便五辂来往"。否则如遇坡陀，辂体随之轩轾倾侧，就更无法掌握平衡了。宋辂之所以须配合以压辕、平整路面等各项措施，实为防止发生此类事故计而不得不然。

世界各地古车起初虽以二轮者居多，但欧洲古车却有装四轮的传统，而且在远古时代就发明了四轮车上的前轮转向装置[6]（图6-4）。如果不采用类似的装置，只在二轮车上增加一对车轮，则会由于转向困难而变得不切实用。公元8世纪以前，基于我国二轮车之系驾方式的进步性，所以就整体而言，中国古车在世界上曾一直处于领先地位。可是8世纪以后，西方古车的系驾法已加以改进，而我国随着工商业的繁荣，运输量的增加，已存在着采用带转向装置的四轮车型的需要。辂如安装这类四轮，上述问题亦可大为缓解。然而此后长时期中，我国的封建权贵却喜欢坐轿。这种风气的蔓延，遂使我国造车技术进一步发展的势头受到抑制。

图6-4 欧洲岩画中的四轮牛车

（公元前二千年代，瑞典南部）

　　轿的前身如肩舆、步辇等，虽久已有之，但其用不广。唐代前期，上层社会的男子出行乘马，妇女乘犊车。后来贵妇多以人舁的檐子代车。檐子就是轿。中唐以前，官员乘檐子尚有种种限制；中唐以后，乃逐渐向高官开放。宋·钱易《南部新书》戊集说："丞相乘肩舆，元和后也。"宋·王谠《唐语林》卷一说："开成中李石作相兼度支，一日早朝中箭，遂出镇江陵。自此诏宰相坐檐子出入。"其后互相效仿，乘者渐多。但北宋犹命官员乘马。宋·王得臣《麈史》卷上说："唐丞相乘马，故诗人有'沙堤新筑马行迟'之句。裴武之遭变，而晋公独以马逸得免。至五代则乘檐子矣。庄宗闻呵声，问之，乃是宰相檐子入内是也。本朝近年唯潞国文公致仕，以太师平章重事；司马温公始为门下侍郎，寻卧疾于家，就拜左相，不可以骑；二公并许乘檐子，皆异恩也。"而与司马光同时的王安石，对坐轿仍持反对态度，说："古之王公至不道，未有以人代畜者"（见宋·惠洪《冷斋夜话》）。南宋时，官员乘轿始成风气。宋·徐度《却扫编》卷下说："建炎初，驻跸扬州，以通衢皆砖甃，霜滑，不可以乘马，特诏百官悉用肩舆出入。"后遂沿袭不改。如宋·叶寘《爱日斋丛钞》卷一所说："竹舆之用，久著于江表，由东南马少，故从土俗之便尔。"最后造成"自南渡至今，则无人不乘轿矣"（《朱子语类》卷二二八）的局面。到明代万历六年（1578年），当朝首辅张居正自北京赴江陵奔丧，来回乘坐的竟是三十二人抬的大轿。清代的福康安，"出师督阵亦坐轿。轿夫每人须良马四匹，凡更役时，辄骑马以从"（《清稗类钞》第一三册）。对人力的滥用达到如此荒谬的程度，改进车制自然成了不急之务。而高踞于封建统治集团之巅峰的皇帝更不轻易乘车，他们坐的各种所谓金辇、礼舆等，实际上都是轿。因此，五辂已很少供乘坐，只成为大朝会时充庭的仪仗或大驾出行时的卤簿了。

在这种形势下，明、清之辂只要具有华丽的外貌即可，无须造得像宋辂那么笨重，从而也无须配合以牵挽、压辕等措施。台北故宫博物院所藏明代《大驾卤簿图》中之辂与成都凤凰山明代蜀王世子墓中出土的陶象辂极肖似，都是一辆比例较匀停的亭子车[⑦]。辽宁省博物馆所藏清代《大驾卤簿图》中的辂也是如此（图 6-5）。虽然清辂之部件的名称不尽同于明，如辂顶装的耀叶这时改称云版，辂盖垂下的沥水改称垂檐等，但外形大体不改旧观。只不过清辂更平稳，甚至已无须用辂后插的二旗来"均轻重"，所以此二旗另由人扛起随辂而行。皇帝本人则坐在五辂之后的玉辇里，图上的榜题写得清清楚楚。辂的用途缩小到只供摆摆样子的地步，其退出历史舞台的时日也就屈指可数了。

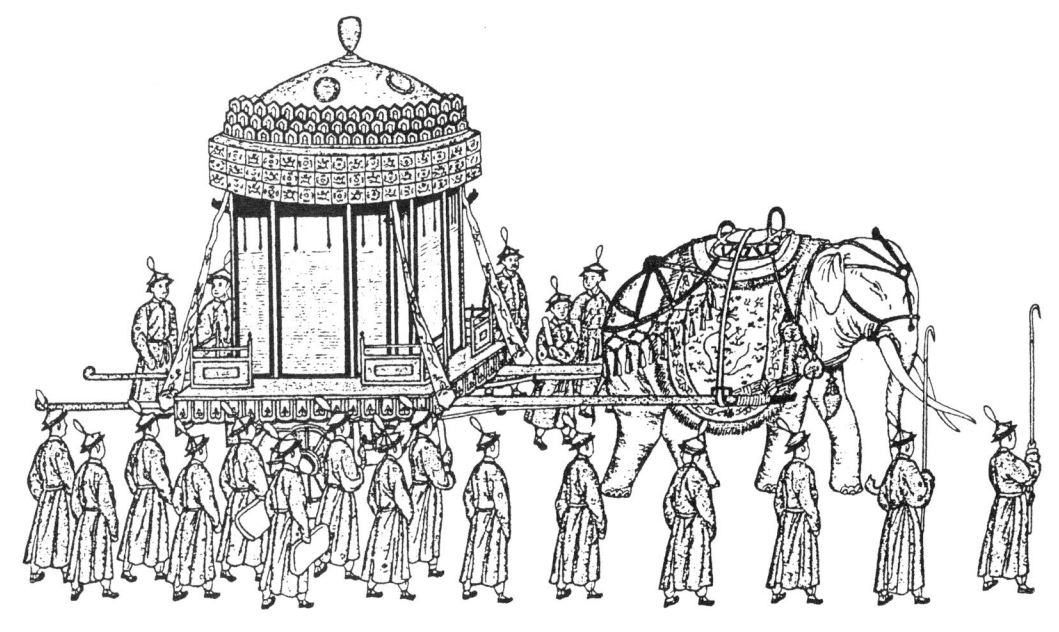

图 6-5　清代《大驾卤簿图》中的"金辂"

注　释

① 《周礼·司常》："交龙为旂。"
② 《续汉书·舆服志》李贤注引卢植《礼记》注："有铃曰旂。"
③ 中国社会科学院考古研究所、河北省文管处：《满城汉墓发掘报告》上册，页 312，文物出版社，1980 年。

④ 《通典》卷六四。
⑤ 《梦粱录》卷五称耳不闻帽子为"盖耳帽子",曳辂者之帽的式样正与之相合。
⑥ H. Hayen, "Der Wagen in europäischer Frühzeit". 载 *Achse, Rad und Wagen*. 哥廷根,1986。
⑦ 中国社会科学院考古研究所:《新中国的考古发现和研究》图版213:2,文物出版社,1984年。

(原载《文物天地》1991年第4期)

"木牛流马"对汉代鹿车的改进

我国的独轮手推车发明于汉代，既有文献与图像可征，又为刘仙洲、史树青诸先生著文考证过①，今日已成为定论。诸葛亮的"木牛、流马"，前人也多认为是一种独轮车②。然而"木牛、流马"是诸葛亮的一项重要创造。《三国志·蜀志·诸葛亮传》说："亮性长于巧思，损益连弩，木牛流马，皆出其意。"《蜀记》载晋·李兴祭诸葛亮文，其中说到他造的"木牛之奇，则非般模"③。对之均推崇备至。晋·陈寿《进诸葛亮集表》在评价诸葛亮的成就时，有"工械技巧，物究其极"的话④，也应是就他在连弩和"木牛、流马"等方面的创制而发。按《诸葛氏集》目录，其第一三篇为《传运》⑤，可知诸葛亮在交通运输方面确有见地，所以他的独轮车应不同于汉代旧制。但两者到底有哪些区别？"木牛、流马"的优越之处何在？尚无明确的答案。本文就此试加探讨。

汉代的独轮车名辇⑥，又名鹿车。《太平御览》卷七七五引《风俗通》："鹿车窄小，裁容一鹿也。……无牛马而能行者，独一人所致耳。"鹿车在敦煌卷子本句道兴《搜神记》引汉·刘向《孝子图》中作"辘车"。清·瞿中溶《汉武梁祠画像考》说"鹿车"之"鹿""当是辘卢之谓，即辘轳也"。刘仙洲说："因为这种独轮车是由一个轻便的独轮向前滚动，就把它叫作'辘轳车'或'鹿卢车'，并简称为'辘车'或'鹿车'。"⑦其说固是。但所谓鹿车"裁容一鹿"，是否纯属望文生义的敷衍之词？却也并不见得。因为四川彭县出土的东汉画像砖上之鹿车，只装载一件羊尊⑧，可谓"裁容一羊"。羊尊常与鹿尊为类⑨；如若此车改装鹿尊，就和《风俗通》之说相合了。

汉代画像砖、石上出现的鹿车，车型相当一致（图7-1）。结合文献记载加以考察，可知它具有以下特点：

1. 鹿车只用人力，不驾牲畜。不但《风俗通》说它"无牛马而能行"，图像中也未见过在鹿车上驾牲畜的。《后汉书·鲍宣妻传》说，西汉末年鲍宣的妻子"与宣共挽鹿车归乡里"。如果所谓"共挽"，不意味着两人轮流推车，而是指两人合作，一推一拉的话，则鹿车除有人在后面推以外，还可有人在前面拉。

2. 鹿车的车轮装于车子前部，无论山东武氏祠画像石、四川渠县蒲家湾汉阙雕刻，还是四川彭县和成都汉墓出土的画像砖上所见者都是如此，因而车子的重心位于轮子的着

图 7-1 汉代的鹿车
1. 武氏祠画像石　2. 四川成都画像砖　3. 四川彭县画像砖　4. 四川渠县蒲家湾石阙浮雕

地点（支点）与推车人把手处（力点）中间。从杠杆原理上说，这是一种费力的方式。

3. 文献记载的鹿车，多用于载人。如前引《孝子传》说董永之父乘鹿车。《后汉书·赵熹传》说他将韩仲伯之妻"载以鹿车，身自推之"。同书《范冉传》说他"推鹿车以载妻、子"。《三国志·魏志·司马芝传》说他"以鹿车推载母"。至晋代，《晋书》犹说刘伶常乘鹿车。可见鹿车在使用上和解放前的人力车相仿，都以载人为主。它一般只载一个人，也有载一成年人和一儿童的（如《范冉传》所记）。

4. 鹿车偶或也装载盛尸体的棺木等物。如《后汉书·杜林传》说他"身推鹿车，载致弟丧"。同书《任末传》说："末乃躬推鹿车，载奉德丧，致其墓所。"画像石中虽未发现过这种场面，但成都扬子山画像砖上的鹿车于车之后部横放一箱，估计用鹿车运棺木时也只能这样横着放，其费力之状，不难想见。

而关于诸葛亮制造的"木牛、流马"之记载却远较鹿车为少，更没有发现过图像材料。现在能据以立论的根据，主要有《三国志·蜀志·诸葛亮传》及《后主传》中的几条记事及刘宋·裴松之注中所引《诸葛氏集·作"木牛、流马"法》。裴松之的时代去三国尚近，当时二十四篇的《诸葛氏集》完本尚应存世，裴氏可以直接引用。而且此文又见于《艺文类聚》卷九四、《太平御览》卷八九九，所以不能把《作"木牛、流马"法》一文看成伪作。但此文是用隐喻的形式写的，遣词造句相当晦涩，史称诸葛亮为文"丁宁周至"，这篇文字却适得其反。因此目前还难以据此对"木牛、流马"之整体形制作出令人信服的复原方案，而只能按照文中之能够看得懂的字句，勾画出一个大致的轮廓来。并且，根据前人成说与刘仙洲先生的研究结论，"木牛、流马"均是独轮小车，二者应为大同小异的一类运输工具。故本文亦统而言之，不再强作区分。下面列举的几个特点，是将关于"木牛、流马"的记载加以综合而归纳出来的。

1. "木牛、流马"除用人力外，还可以套牲畜拉。据清·张澍编《诸葛武侯文集·故事·制作篇》引《蒲元别传》说："蒲元为诸葛公西曹掾。孔明欲北伐，患粮运难致。元牒与孔明曰：'元等推意作一木牛，兼摄双环。人行六尺，马行四步。人载一岁之粮也。'"看来蒲元曾参与"木牛、流马"的设计工作，他的话表明这种车的动力不仅有"行六尺"的人，还有"行四步"的马，可见它既有人推，还有马拉。所谓"兼摄双环"，大概也就是指兼用人和马这两种动力而言。

2. 在结构上"木牛、流马"有鞅（"细者为牛鞅"），有鞦轴（"摄者为牛鞦轴"），有两个装货的方囊（"方囊二枚"）[⑩]。以前在汉代的鹿车上，拉车的受力处是"辂"。《史记·刘敬列传》："娄敬脱挽辂。"索隐："辂者，鹿车前横木，二人前挽，一人后推之。"从图像上看，辂应是鹿车货架前一条固定的横木，如果将拉车之牲畜的鞅（在这里应指靷，即牲畜拉车时承力的套绳）直接系在上面，显然较不灵便。"木牛、流马"也并不是这样安排的，而是另装有鞦轴，鞦即《考工记》"必缚其牛后"之缚，是绕过驾车之牲畜的尻部的绳索[⑪]；而所谓鞦轴，则应指横在牲畜尻部后方的一根轴状圆木。在"木牛、流马"上是由它来统摄拉车之牲畜的力量。那么，此物正应如后世所称"套盘"，鞅系于其前而车拴于其后，它使车和牲畜之间有了一个灵活的接合部；不像以前的马车和牛车，必须把车和牲畜牢牢地缚在一起。而且以前在鹿车上只横放一个箱子，现在"木牛、流马"要装两个方囊，则只能将它们固定在车轮两侧。这样车身必随之增长，作为支点的车轮也自然会移到车子中部，从而推车者臂力的负荷又得以减轻（图7-2）。

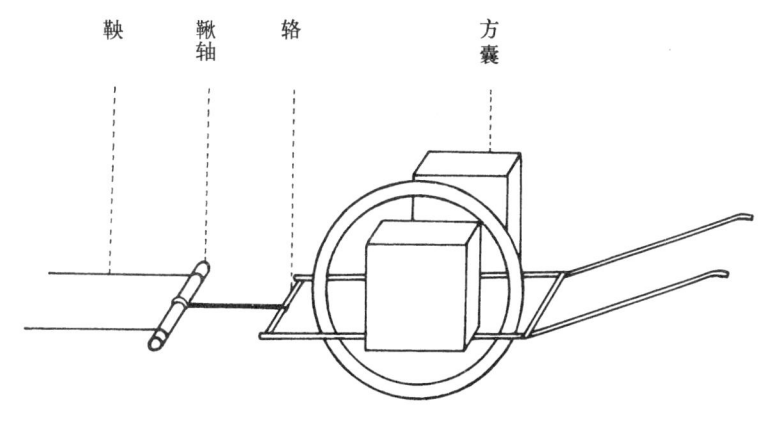

图7-2 "木牛流马"结构示意图

3. 与鹿车的用途不同,"木牛、流马"主要用于运粮。它可以运载一个士兵一年的口粮,约合250公斤,而鹿车所载的一成人、一儿童的体重仅约100公斤。两相比较,"木牛、流马"的载量要增加一倍以上,而且它适应了山路崎岖狭窄的特点,使蜀魏战争期间军粮运输这一难题得以解决,在当时起到了相当大的作用。

从技术史的角度看,"木牛、流马"的意义尚不仅限于独轮车本身。如果本文对鞧轴的理解能够成立的话,或可为我国耕犁发展史上的一个令人困惑的问题提供解决的线索。大家知道,汉代的犁起初只有一根长辕,辕端装衡,衡下用轭驾两头牛,即所谓"二牛抬杠",和传统的驾车方式基本相一致。但到了东汉时期,画像石中出现了用一头牛拉的犁,在山东滕县宏道院汉墓和陕北绥德汉墓所出的画像石中都有这样的画面(图7-3:1)。其套牛的方法看不清楚。嘉峪关魏晋墓画像砖中有用单长辕系在牛身一侧拉犁的,但回转时极困难,看来此法不具备推广的条件。有的学者主张这些犁为双辕犁,可是也存在着不同的意见。如蒋英炬先生说:"有人说滕县……画像石的犁是双辕、或双长辕。但是,犁和车不同,双辕犁是如何的结构呢?若双辕都出自犁梢,那就位于上下一条线上,无法驾牛。初步判断,所谓'双辕犁'可能是不确的,画像中的双辕应该是绳索,用两股绳索方能套驾牲畜。两股绳索又须系在一根横木上牵引,这就是后世的犁盘(俗称'套盘子'),推测东汉时期犁盘也有其雏形出现了。"⑫蒋文所提的问题很值得注意。虽然在日本京都上品莲台寺所藏唐本《绘图因果经》中出现过用双辕驾一牛的

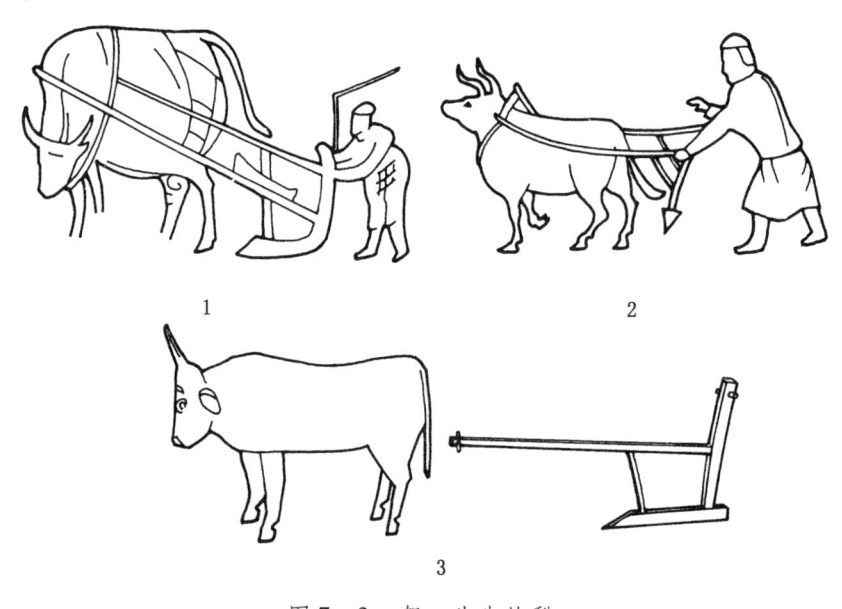

图7-3 驾一头牛的犁

1. 山东滕县宏道院汉画像石　2. 日本上品莲台寺藏唐本《绘图因果经》
3. 甘肃武威磨嘴子汉墓出土木牛、犁模型

犁，但那两根互相平行、当中的间距可容一牛的犁辕是如何连接到一根竖立的犁梢上的，同样表现得极不清楚，甚至显得有些不合理，令人怀疑这种装置在现实中是否存在（图7-3:2）。退一步说，如果图像中的犁还可能是由于透视技法的不成熟而造成若干使人难以理解之处的话，那么1972年甘肃武威磨嘴子汉墓出土的彩绘木牛、犁模型，则不仅没有双辕，而且其单辕也较短，甚至无法采用嘉峪关画像砖中之偏系单辕的驾牛法（图7-3:3）。这种犁只能如蒋文所说，须将其"两股绳索"（即靷绳，亦即䩛）系在一根横木上，再连接犁辕才成。现在看来，这根横木不是别的，正是《作"木牛、流马"法》里所说的"鞦轴"。这样，就不仅为蒋英炬先生的设想增加了一条文献上的证据，同时也为犁制的研究找到了可资印证的材料。过去讲到犁盘的时候，一般都引用唐·陆龟蒙《耒耜经》中"横于辕之前末曰槃，言可转也"的记载为据，认为迟至唐代方有此物。用绳索与上述横木组成套盘，研究者又认为是发明于从宋初到元·王祯《农书》成书的几个世纪中。而通过对"木牛、流马"的研究，却有可能把套盘出现的时间之下限上溯到三国时代。弄清楚这个问题，对于认识我国古代耕犁与独轮车的性能和技术水平，无疑有着一定的意义。

注　释

① 刘仙洲：《我国独轮车的创始时期应上推到西汉晚年》；史树青：《有关汉代独轮车的几个问题》，均载《文物》1964年第6期。
② 见刘仙洲《中国古代农业机械发明史》页91所引《宋史·杨允恭传》、宋·高承《事物纪原》、宋·陈师道《陈后山集》中诸说。
③ 《三国志·蜀志·诸葛亮传》裴松之注引。
④⑤ 《三国志·蜀志·诸葛亮传》。
⑥ 《说文·车部》："辇，车轹规也。一曰：一轮车。"
⑦ 同注①所揭刘文。
⑧ 四川省博物馆：《四川彭县等地新收集到一批画像砖》，《考古》1987年第6期。
⑨ 河南陕县刘家渠8号东汉墓中，绿釉的羊尊与鹿尊同出，见《考古学报》1965年第1期。
⑩ 括弧内引文均见《诸葛亮传》裴注引《作"木牛、流马"法》。
⑪ 《说文·糸部》："䩛，马纣也。"《方言》卷九："车纣，自关而东，周洛韩郑汝颍而东，谓之䋺。"《释名·释车》："䩛，遒也，在后遒迫，使不得却缩也。"
⑫ 蒋英炬：《略论山东汉画像石的农耕图像》，《农业考古》1981年第2期。

（原载《农业考古》1986年第1期）

唐代的马具与马饰

先秦时代，马多用于驾车，极少单骑。春秋末年才有贵族骑马的记载①。然而直到南北朝以前，我国上层社会的男子出行时，仍讲究乘车而不常骑马。在一些比较隆重的场合，舍车骑马甚至会被认为是失礼的举动。汉宣帝时韦玄成以列侯侍祠惠帝庙，晨入庙，因天雨泥泞，乃不驾驷马车而骑至庙下。结果被有司劾奏，等辈数人，皆坐削爵②。东晋偏安江南，骑马的风习仍不普遍。《世说新语·雅量篇》说："阮（庾翼的岳母阮幼娥）语女（庾翼妻刘静女）：'闻庾郎能骑，我何由得见？'妇告翼，翼便为于道开卤簿盘马，始两转，坠马堕地。"此事发生在建元元年（343年）。可见过江的贵族对骑马犹何等陌生，连手握重兵、热心北伐的庾翼也不例外。再往后，如《颜氏家训·涉务篇》所说："梁世士大夫皆尚褒衣博带，大冠高履，出则车舆，入则扶持。郊郭之内，无乘马者。……建康令王复性既儒雅，未尝乘骑，见马嘶陆梁，莫不震慑。乃谓人曰：'正是虎，何故名为马乎？'其风俗如此。"颜氏所记，对于此等权贵们的懦弱虽不无讥讽，但当时不尚骑乘，也是事实③。

为什么汉晋贵族不习惯骑马呢？原因之一是由于马具的不完善。马具中相当关键的一件是马镫。公元3世纪以前，世界各地都没有真正的金属马镫，我国也不例外。由于没有马镫，骑乘的难度大，冠服骑马尤为不便，与乘车相比更显得不够气派；而且骑马的姿势又很类似当时被世俗认为不礼貌的踞坐④。因而这时除军事行动外，官员都乘车而不骑马。考古学者曾认为，金属马镫是4～6世纪之间在世界某地被发明出来，随即很快传播于从太平洋到大西洋之间的欧亚各国⑤。其实马镫的发源地正是我国。我国在先秦时代已有马鞍，但这时鞍上尚无明显的鞍桥。为了防止骑者坠马，在汉代，鞍桥逐渐加高。至三国时，"高桥鞍"这样的专门名称遂见载于《魏百官名》一书中⑥。可是鞍桥的升高加大了上马的难度。并且，在当时的高桥鞍上，后鞍桥还往往略高于前鞍桥，更使上马的动作遇到障碍。也就在这个时期，几乎与高鞍桥定名的同时，我国出现了上马用的单马镫。有关马镫之最早的报道，是甘肃武威南滩魏晋墓出土的一例⑦。这是一只单件的铁马镫，应为上马时提供便利而设。从这个意义上考虑，可以说我国马镫的发明是以使用高桥鞍为前提；这和世界上其他地区的情况是不同的。比武威镫的例子稍晚，在长沙金盆岭21号墓（西晋永宁二年，302年）中出土了著名的单镫骑俑⑧（图8-1）。其单镫悬于马鞍左前侧，镫系较短，和武威镫一样，也是供上马时搭足用的。再晚一些，在大约属于前燕的安阳孝民屯154号墓中出土了整套鞍具，其中也只用单镫⑨（图8-18:1）。我国使用单镫的过程不长，公元4世纪前期，单镫已逐渐为双镫所取代。南京象山7号墓所出陶马俑已配有双镫⑩。这座墓的墓主据推断为东晋初年的王廙。他死于永昌元年（322年），因此这座墓甚至可能比安阳孝民屯154号墓略早些。从单镫到双镫，虽然从发展趋势上说是很自然的，但两者的作用却大不相同。只有使用双镫，骑乘者在马上才获得稳固的依托，才能够更有效地控制马匹。双镫的出现和推广，为骑乘技术在唐代的普及奠定了基础。同时，自南北朝后期至隋，缺骻袍和长靿靴的流行，又为骑乘

图8-1 单镫骑俑
（长沙西晋永宁二年墓出土）

准备了适宜的服装。高坐具进入上层社会，更改变了人们对踞坐的观感。另一方面，自魏晋以来，高级牛车的地位上升，达官贵人出行时皆乘牛车，汉代流行的驾马的轺车之类车型皆隐没不见。高级牛车虽比汉式马车严密舒适，但牛步迟徐，车速缓慢，有些人坐进去不免感到气闷⑪。隋代北周统一中国，唐又多因袭隋制，遂使北朝传播开来的骑马之风，于汉式马车与东晋—南朝式牛车均已式微之际，得以继续兴盛。唐初，贵族妇女还乘坐牛车，中唐以后，连她们也不常乘牛车而多坐檐子⑫；男子在隆重的场合都骑马。正如宋·赵彦卫《云麓漫钞》卷四所说："自唐至本朝，却以乘马朝服为礼。"而且不仅一般官僚为然，连皇帝也不例外。《旧唐书·舆服志》说："开元十一年冬，将有事于南郊，乘辂而往；礼毕，骑而还。自此，行幸及郊祀等事，无远近皆骑于仪卫之内。其五辂及腰舆之属，但陈于卤簿而已。"流风所及，有些妇女也乐于骑马。中宗以后，"宫人从驾，皆胡帽乘马，海内效之，至露髻驰骋"⑬。骑马之风已通乎上下，马具与马饰就发展得颇为完备而美观了。

下面，试对唐代的马具与马饰作一些考察，并约略追溯其渊源。

古人驯马，除原始的简单绳套不计外，最先采用的正式马具当是络头。络头起初不包括衔、镳，即《急就篇》颜注所说："羁，络头也，勒之无衔者也。"它的基本结构最迟到秦代已经定型。在始皇陵2号兵马俑坑中出土了一套完整的实物，系由项带、额带、鼻带、咽带、颊带等组成（图8-2:1、2；8-15:1）。以络头和衔、镳组合在一起，能够自头部对马加以控制，所以这一部分一直变化不大，后代主要是在络头上添加饰物。汉代的络头在额带上装马钖，又名当卢。唐代一般不用特制的当卢，只在马额前、鼻端及两颊上部各装一枚杏叶。另外，在络头的各条皮带上有时还满缀小金花（图8-2:3），形成如杜甫诗所谓之"马头金匼匝"、白居易诗所谓之"亲王簪闹装"的情况⑭。"闹

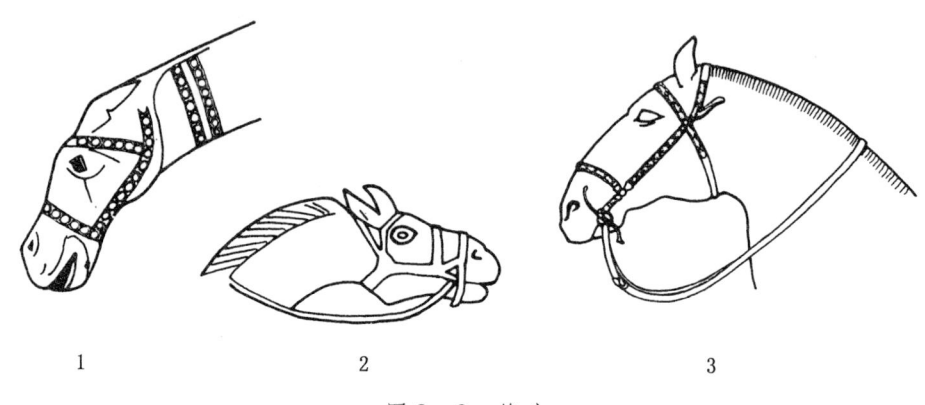

图 8-2　络头

1. 安阳商代象墓出土青铜刀之柄　2. 西汉空心砖　3. 新疆盐湖唐墓出土络头复原图

装"据明·胡应麟《少室山房笔丛》卷二一的解释，系"合众宝杂缀而成"，最为华丽。唐廷曾规定四品以下官员的"鞍辔装饰""不得用闹装"，可见这种装饰只有高官才允许使用。

与络头相组合的衔、镳，相当于周代金文所称"攸勒"，衔是汉代的叫法。《说文》："衔，马口中勒也。"[15]衔的两端有环，环外系辔，环中贯镳。"镳"也可以写作"儦"，因为此物起初是角制品。汉代的镳有的两端弯曲成卷云形，出现过相当复杂的构图，并系有油帛制的"扇汗"之类。自十六国时起，东部鲜卑所建各国流行用椭圆形板状镳[16]（图 8-3:1~4）。南北朝晚期，太原北齐娄睿墓壁画中的马均用长条形、微弯、上端圆而细、下端扁平的桨状镳（图 8-3:6），与同时代的突厥镳，如南西伯利亚库德尔格 1 号、13 号墓所出者相似[17]（图 8-3:5）。唐代常用角状镳。但在梁令瓒《五星二十八宿神形图》、徽宗摹张萱《虢国夫人游春图》等画卷中均有略近 S 形、下端有瓣状曲线的镳，其实物曾在陕西富平吕村唐·李凤墓（图 8-3:8）、西安洪庆村唐·独孤思贞墓、新疆乌鲁木齐盐湖 2 号唐墓及内蒙古科尔沁左翼后旗呼斯淖晚唐契丹墓出土[18]，足见此型镳与有唐一代相始终。其形制显然是从娄睿墓壁画中那类镳发展来的。卡坦达突厥墓中也曾出土这种镳（图 8-3:7）。

系上络头和衔镳的马，古代有些民族就直接用以骑乘，而不再装备鞍具。古希腊人常骑裸背马，罗马人也要到公元以后才用马鞍。我国远古也不用鞍。西周《守宫盘铭》中将马与"毳布"连举，于省吾先生以为此毳布即指"马衣"而言[19]，其说可从。不过它是否起着原始鞍具的作用，却难以断定。《盐铁论·散不足篇》说："古者庶人贱（伐）骑。"可见这时如果骑马，一般仍多骑裸背马。但《左传·成公二年》"战于鞍"之"鞍"，虽是地名，然而《说文》只说鞍是"马鞍具也"，别无他解；则鞍邑或以地形近鞍状而得名，那么春秋时我国可能已有雏形的鞍。临潼始皇陵兵马俑坑和咸阳杨家湾西

图 8-3　镳

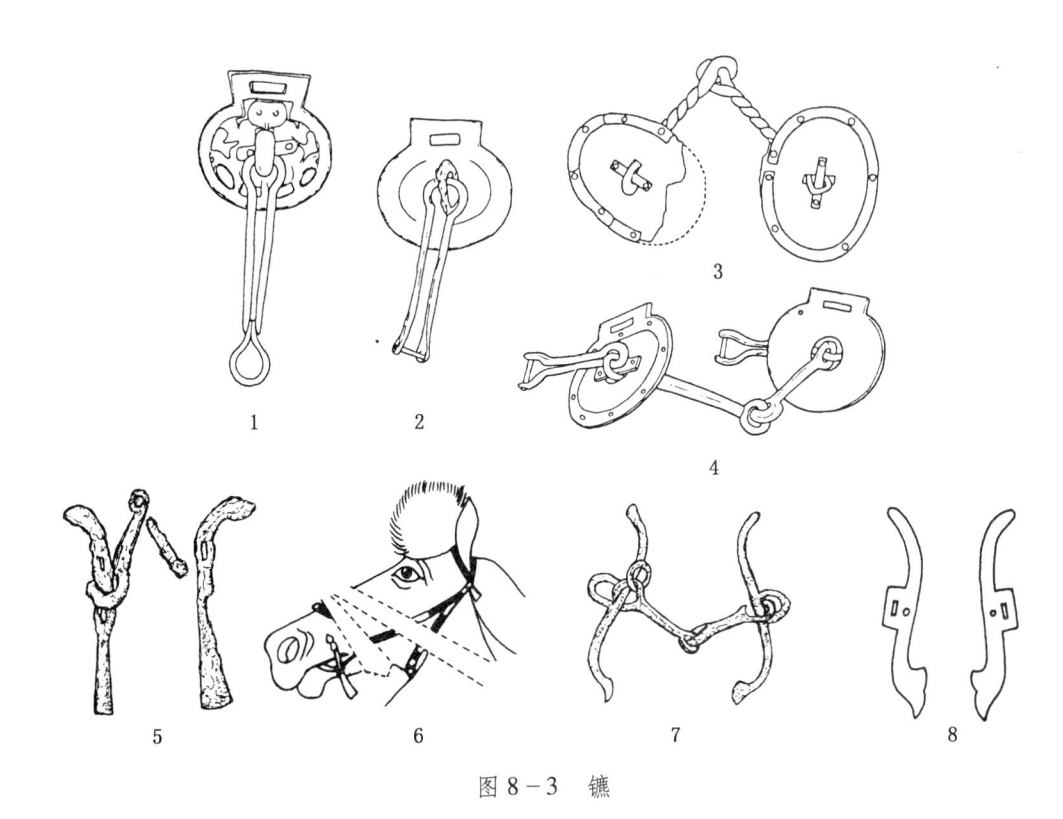

1. 安阳孝民屯154号前燕墓出土　2. 朝阳袁台子后燕墓出土　3. 本溪小市高句丽墓出土
4. 集安七星山196号高句丽墓出土　5. 库德尔格4号突厥墓出土　6. 太原北齐·娄睿墓壁画
7. 卡坦达突厥墓出土　8. 富平吕村唐·李凤墓出土

汉前期墓陪葬坑中所见的陶战马，于鞯上都置鞍，不过鞍桥较低。河北定县所出西汉后期铜䡊軏的纹饰中所见之鞍，鞍桥高了起来，即所谓"高桥鞍"。但这时鞍上的两鞍桥均直立，可以称为"两桥垂直鞍"（图8-4:1）。此式鞍于南北朝时继续流行。辽宁朝阳袁台子后燕墓、辽宁西官营子北燕·冯素弗墓，以及上述安阳孝民屯前燕墓出土的鲜卑马具中之鞍（图8-5:1）都是这样的[20]。此式鞍并经东部鲜卑各国传入高句丽。吉林集安万宝汀78号、七星山96号等高句丽墓中，均出鎏金透雕的铜鞍桥（图8-5:2、3）[21]。在两桥垂直鞍上装铜鞍桥的作法，又从高句丽经新罗传至日本。新罗的饰履冢、壶杅冢、天马冢以及日本的助户、藤之木等许多古坟中均有实例出土（图8-5:4）[22]。虽然我国在6世纪前期已开始对两桥垂直鞍加以改进，但直到6世纪后期此式鞍在日本等地仍盛行不衰（图8-18:2）。至唐代，鞍的式样完全改变，后鞍桥已向后倾斜，鞍面形成了与前大不相同的凹曲弧线。这样，既便于骑者上马又适于承载人体，可称为"后桥倾斜鞍"（图8-4:2）。从昭陵六骏及郑仁泰墓所立石马之鞍来看，自初唐起，唐鞍已普遍采用此式。乌鲁木齐盐湖2号唐墓出土木鞍，是以四块木板用榫卯拼合并加皮条系结而成

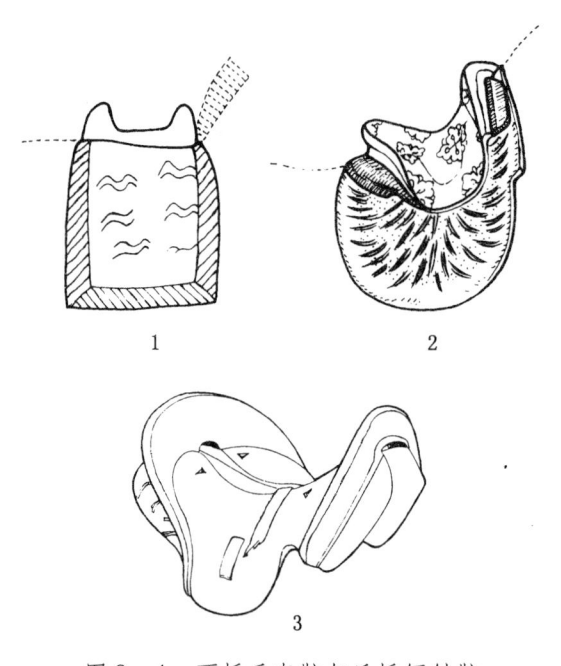

图8-4 两桥垂直鞍与后桥倾斜鞍

1. 东汉画像石上的两桥垂直鞍（据《汉代画像全集》初编，129） 2. 阿斯塔那唐墓出土彩绘泥马俑之后桥倾斜鞍 3. 新疆盐湖唐墓出土之后桥倾斜木鞍

的[23]（图8-4：3）。《唐会要》卷三一所载太和六年敕中提到的银装、输石装、乌漆装鞍，同书卷三二所载显庆二年诏中提到的宝钿并金装鞍，均应以木为胎骨。

鞍下有鞯，今名鞍褥。鞯一般是用毡子做的，慧琳《一切经音义》卷六一就说鞯是"鞍下毡替"。但也有皮毛制作的。《通鉴》卷一九五载，贞观十二年十一月"简飞骑才力骁健善骑射者，……乘骏马，以虎皮为鞯"。又《新唐书·五行志》："中宗朝安乐公主令尚方以百兽毛为鞯。"西安唐·独孤思敬墓出土的斑釉陶马俑及吐鲁番阿斯塔那出土的彩绘泥马俑的鞯上（图8-4：2），都画出了清晰的皮毛纹[24]，正可与文献相印证。

鞯下有障泥。障泥之名亦见于《魏百官名》，则它的出现当不晚于三国。南北朝时常用颇大的箕形障泥。《世说新语·术解篇》说："王武子善解马性，尝乘一马，着连钱障泥，前有水，终日不肯渡。王云：'此必是惜障泥。'使人解去，便径渡。"此障泥因拖垂较长，所以过水时容易沾濡。这时的障泥悬于鞯外，从鞍下缘一直垂过马腹下，有时还用硬质材料制作，若干南北朝马俑的障泥清楚地给人以这种质感（图8-6）。我国国内虽未发现过这类障泥的实物，但新罗天马冢曾出土竹制、桦皮制和漆板制的障泥，可作为具体例证。海东各国的这类障泥有的还镶上铜边饰，如新罗的金铃冢和日本的藤之木古坟所出者。唐代则讲究用锦制作障泥，且将其上部掩于鞯下，下垂部分一般不超过马腹（图8-18：4）。唐·李白诗："银鞍白鼻䯄，绿地障泥锦。"刘复诗："晓听钟鼓动，早送锦障泥。"均为咏锦障泥之句[25]。《虢国夫人游春图》中的马即多用较短的锦障泥。

备鞍之后，如不骑乘，则在鞍上覆以鞍袱。《安禄山事迹》卷上："绿山又自献马三十匹，……骨鞍、辔三十具，茸黄绫鞍袱三十条。"《宋史·舆服志·鞍勒之制》中称之为鞍複。西安南何村唐·鲜于庭诲墓出土的陶马，在鞍上便披有深绿色的鞍袱[26]。鞍袱有时也简称为帕。杜甫《骢马行》"银鞍却覆香罗帕"，王建《早春午门西望》"黄帕盖鞍呈过马"，《五国故事》卷下说南汉主刘鋹"自结珠龙凤鞍帕"，均指此物。宋太宗至道二年诏"先是御马以织成帊覆鞍勒"中之"帊"，亦指鞍袱[27]。《倭汉三才图会》卷

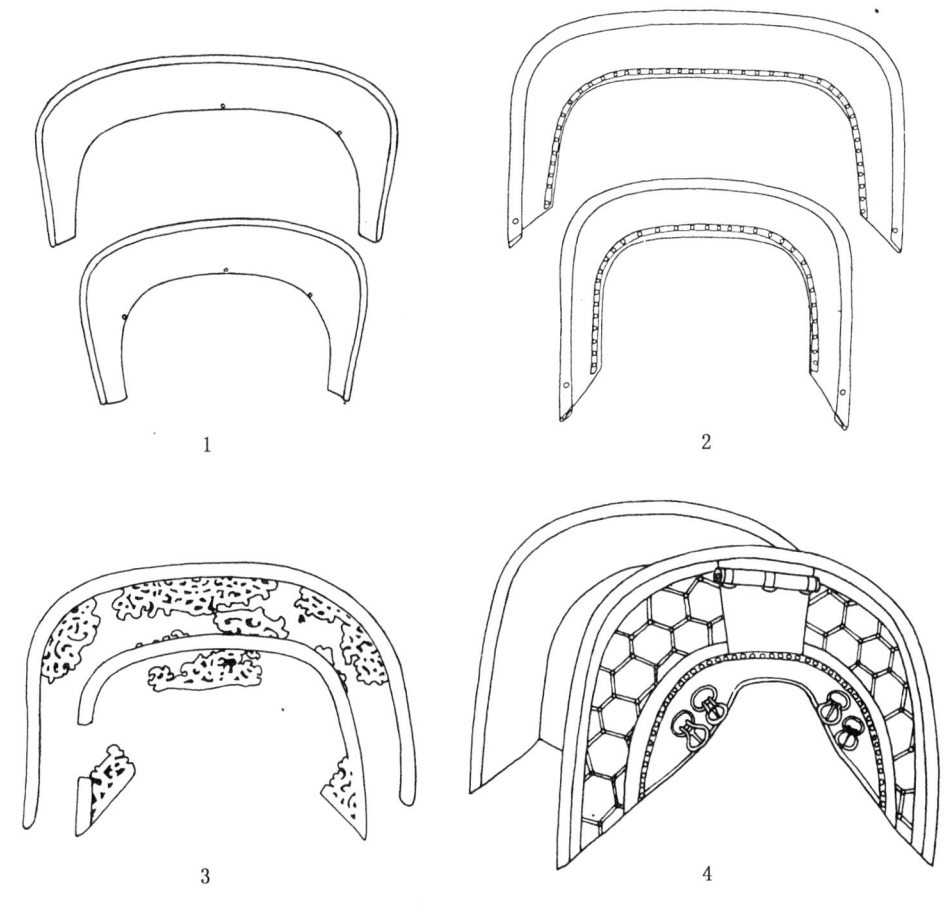

图 8-5 铜鞍桥
1. 安阳孝民屯 154 号墓出土   2. 集安七星山 96 号墓出土
3. 集安万宝汀 1078 号墓出土   4. 日本奈良藤之木古坟出土

三〇中仍存此名,记作"鞍钯"。

为了固定鞍、鞯,要向马胸、尻、腹部引出带子加以系结。自马鞍底下约住马腹的带子可称为"腹带",即所谓"鞅"。自马鞍向前绕过马胸的带子叫"攀胸",亦即白居易诗"银收钩膺带,金卸络头羁"句中之"钩膺带"。至于自鞍后绕过马尻的带子则叫"鞦"。唐马在攀胸和鞦带上常悬挂金属杏叶。在汉代,相当于杏叶的饰件叫"珂"。《西京杂记》中说汉武帝时盛饰鞍马,"以南海白蜃为珂"。汉代用海贝制作的珂虽未获其例,但却发现过金属制的珂,如云南晋宁石寨山 7 号墓、广西西林普驮铜鼓墓、古乐浪王根墓及蒙古诺颜乌拉匈奴墓中均曾出土上窄下宽的匕头形珂,有铜质鎏金的,也有银的(图 8-7:1~4)。王根墓出土的银珂一式十二件,每件上还镶有六颗红玛瑙。外轮廓与之极为相近的铜马珂曾在河南安阳孝民屯 154 号墓出土,是装在鞦带上的(图 8-7:

图 8-6　南北朝时的障泥
1. 北朝陶马（奈良天理参考馆藏）　2. 南京幕府山东晋墓出土陶马

5、6）。汉代马珂的系佩方式或与之相近。而这时波斯萨珊朝的马具中也有珂。萨珊诸王常制作一种骑马狩猎纹银盘，其上所见之珂，早期为圆形、扇形，后期则多为叶形[23]（图 8-8）。北齐陶马上有圆形珂；唐代则多用叶形珂，显然都受了萨珊的影响。唐代通常称马珂为杏叶。王勃《春思赋》"杏叶装金錂"，《宋会要辑稿·舆服六》"攀胸上缀铜杏叶"，皆指此物而言。唐代杏叶造型优美，式样繁多，除饰以卷草、宝相花等类植物图案的以外，也有铸出鸾鸟、鸳鸯、麒麟、狮子等动物图案的，其中不乏造型优异的工艺精品（图 8-9）。其质地则有铜、银、鎏金和琉璃镶嵌等多种。

唐代的银杏叶有时也简称银花。白居易诗"翩翩白马称金羁，领缀银花尾曳丝"[29]，说的就是垂于马胸前的银杏叶。缀在鞯上的杏叶又叫"压胯"。秦韬玉诗："渥洼奇骨本难求，况是豪家重紫骝；膘大宜悬银压胯，力浑欺着玉衔头。"花蕊夫人宫词："鞍鞯盘龙闹色装，黄金压胯紫游缰。"[30]均是其例。宋代此物又名"校具"，其纹饰与重量依乘马者官职之尊卑而有等差。如宰相、枢密使等用牡丹花校具八十两，枢密副使等用太平花校具七十两，三司使等用麻叶校具五十两；以下还有宝相花校具、洛州花校具、蛮云校具、槲叶校具等名目[31]。唐代杏叶的纹饰虽然有些可以与之相通，但当时还没有如此严密的制度。

唐马在鞍后还系有若干条装饰性的带子，名"鞘"。上述盐湖 2 号唐墓所出木鞍，于鞍座后部左右两侧各有五个鞘孔，四小一大，应系垂五鞘，最后面的大孔中所垂之鞘

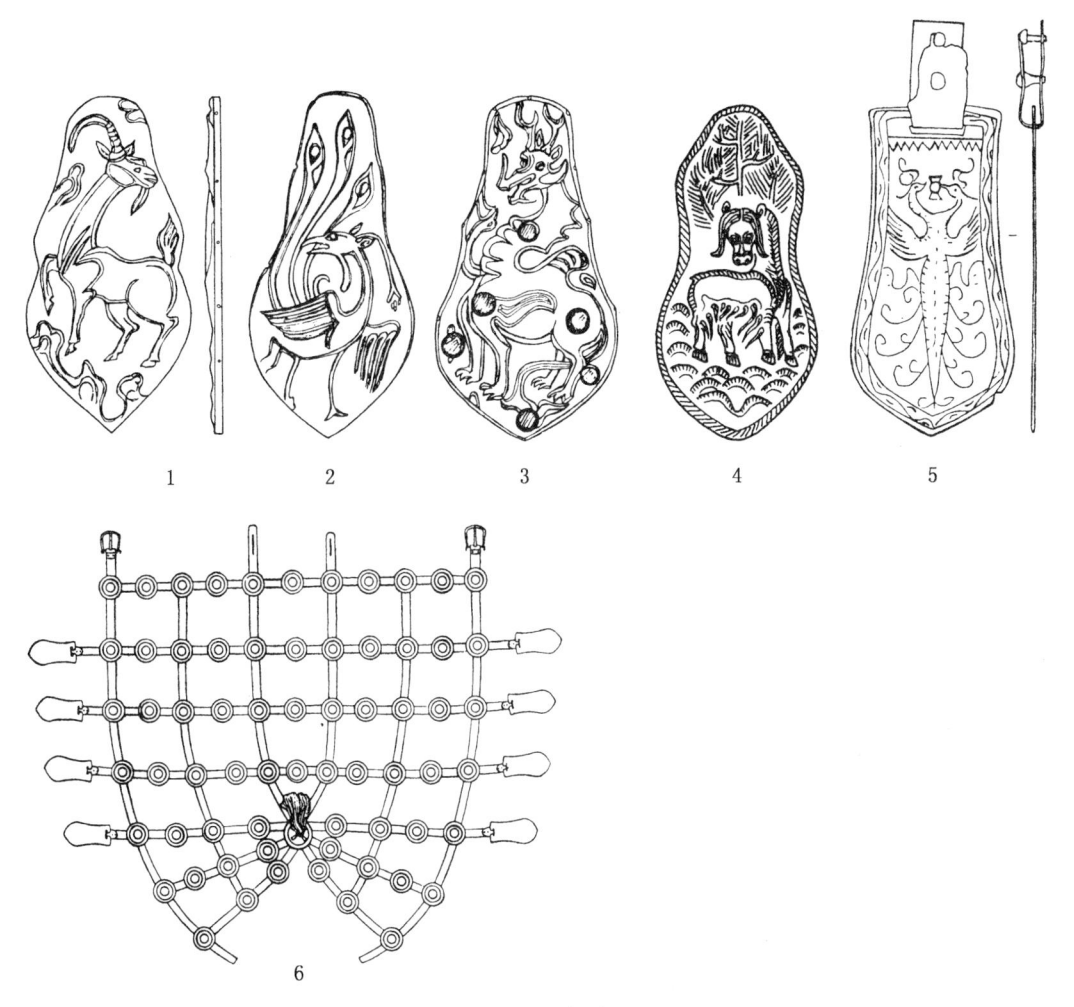

图 8-7 早期的马珂

1. 普驮铜鼓墓出土（铜质鎏金） 2. 石寨山 7 号墓出土（铜质鎏金） 3. 乐浪王根墓出土（银）
4. 诺颜乌拉 6 号墓出土（银） 5. 孝民屯 154 号墓出土（铜质鎏金）
6. 孝民屯 154 号墓马具之后鞦复原图，表示系珂的位置

较宽较长；这是唐马通行的作法。《宋史·仪卫志》说，宋代御马垂六鞘；但昭陵六骏仅各垂五鞘，可见唐代尚无此制。在马鞍后部缀以饰带，其渊源也可以上溯到汉。定县与古乐浪出土的汉代铜𫐄軏纹饰中的骑马者，鞍后每侧系一条末端缀花穗之带，同样的情况在沂南画像石和郑州出土的画像砖上也可以见到（图 8-10:1~3）。4 世纪以降，萨珊马上也饰以类似的缀花穗之带[32]。可见当时东西方均曾采用这种大致相近的马饰。但我国北朝陶马鞍后所垂之带已去其花穗，应即唐鞘之前身（面 8-10:4）。不过应当指出的是，鞘是附属于鞍，垂于鞍后的，它和下文将述及之附属在鞦带上的"跋尘"，虽外观差不多，然而却是两种不同的器物。更具体一点地说，单根的鞘带和跋尘的区别是：

鞘位于马的臁、腹之间，位置靠前；跋尘位于尻下股上，位置靠后。由于鞘初出时只有一条，所以在唐代还能看到只垂一鞘的马（图8-18:4）。五鞘应由一鞘发展而来，六鞘更是进一步的发展了。就目前所知，装多根鞘带的作法最早见于朝阳袁台子后燕墓壁画及长沙赤峰山4号南朝晚期墓出土的陶马俑[33]。降至明代，王鸣鹤《登坛必究·马鞍器械门》所录物件中犹有"硝绳"一目，它就是鞘之流裔，不过此时已不太流行。

至于跋尘，则须从鞦说起。初唐之鞦只是一条长革带，自鞍下一侧绕过马尻拴到鞍的另一侧（图8-11:1）。盛唐时，这条长革带被分成三节：尻后兜住马尾用一节，鞍两侧各用一节。于是，其系结处就出现了两个接头，各垂下一小段革带（图8-11:2、3）。这两段从接头上垂下的短带本不引人注意，但至晚唐时其长度却逐渐增加。莫高窟156窟壁画中张仪潮所骑马之此带已较前显著（图8-11:4）。被郭若虚《图画见闻志》记作"唐末人"的胡瓌，在其《卓歇图》、《回猎图》等作品中所画的马，此带更加长，成为垂于马股际的另一条独立于鞘带之外的饰带（图8-12:2）。这种饰带出现以后，旋即风行。莫高窟98窟南壁五代壁画中的马均悬垂此带。并且由于这时除非等级很高的盛饰之马，大都不佩杏叶，所以此带更被看

图8-8 萨珊马上的杏叶
（上.圆形 中.扇形 下.叶形）
1、2. 沙普尔二世（309~379年）银盘
3. 库思老二世（590~628年）银盘

图 8-9　唐代的杏叶
1. 西安十里铺 337 号唐墓出土马俑上所见者　2、3. 西安南何村鲜于庭诲墓出土马俑上所见者
4、5. 永泰公主墓出土鎏金铜杏叶　6. 卢芹斋旧藏铜杏叶　7. 正仓院藏银杏叶
8. 巴黎私家收藏鎏金铜杏叶

重。甚至在圣彼得堡爱米塔契博物馆所藏中亚出土之"围攻要塞图"银盘上捶雕的马也饰有此带[34]（图 8-14）。该银盘约制于 9 世纪后期至 10 世纪初，其装饰图案表现出东西方混合的色彩；此种饰带并非西方传统的式样，所以它们在那里的出现很可能是接受了中国马具的直接或间接的影响。时代再晚些，这种饰带更加踵事增华。天显五年（930年）浮海投后唐的辽太祖耶律阿保机之长子、被明宗赐姓名为李赞华者，是当时的一位大画家。在他的《射骑图》中，这种饰带上每条增缀两枚缨拂[35]（图 8-12:1）。以后，在辽、宋、金时，缀缨拂的或光素的这种饰带，在鞍马绘画或雕塑中经常可以见到（图 8-12:3、4，8-13:1~3）。此带在宋代称为"跋尘"。《宋史·仪卫志》描述御马鞍勒时，在"胸前及腹下皆有鞶，缀铜铃"句下说："后有跋尘，锦包尾。"而同书《舆服志》记驾玉辂之马的马具时，在"攀胸铃拂"句下，却只说有"青线织鞦，红锦包尾"。由于这种饰带在驾车的马上不用，故可知骑乘之马的马饰中比驾车之马多出的跋尘即此物。元代的鞍马仍饰有跋尘。与前代不同的是：这时的鞦常为上下两条，下面一条用于悬跋尘，上面的一条专用于固定马鞍（图 8-13:4~6）。跋尘在唐末的出现，为鞍马图像的断代提供了一项依据[36]。

有些唐马长鬃披拂，但细马多剪鬃作三花。唐·岑参诗"紫髯胡雏金剪刀，平明剪

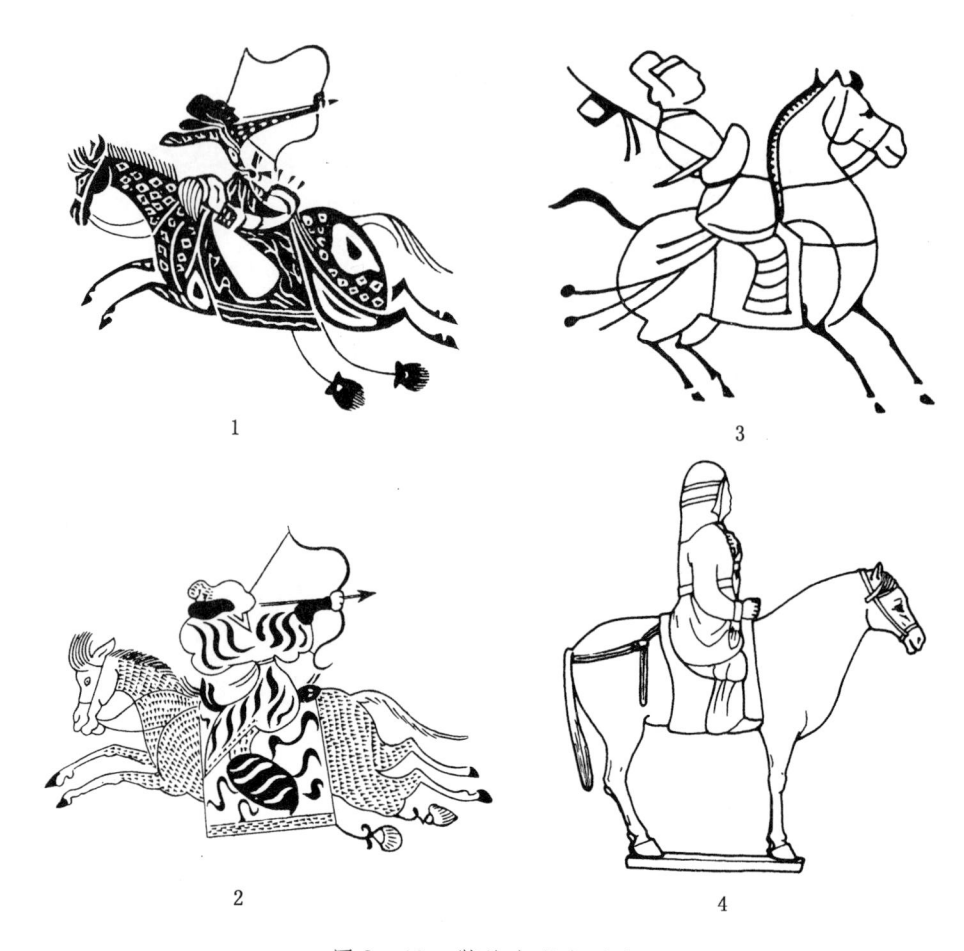

图 8-10 鞘的出现和形成
1. 定县三盘山西汉墓出土错金银嵌松石铜䩦䩮 2. 古乐浪西汉墓出土错金银铜䩦䩮
3. 郑州出土东汉画像砖 4. 磁县东陈村东魏·赵胡仁墓出土陶马

出三鬃高"之"三鬃",宋·苏轼《仇池笔记》中的"三鬃马",皆指此而言。《图画见闻志》卷五"三花马"条说:"唐开元、天宝之间,承平日久,世尚轻肥,三花饰马。旧有家藏韩干画《贵戚阅马图》,中有三花马。兼曾见苏大参家有韩干三花御马。晏元献家张萱画《虢国出行图》中亦有三花马。三花者,剪鬃为三辫。白乐天诗:'凤笺书五色,马鬣剪三花。'"南北朝至隋代的马俑虽有包鬃的,却未见剪成三花者。然而一到初唐,在昭陵六骏中已出现三花,以后在唐代的绘画和雕塑中,三花马更屡见不鲜。值得注意的是,马鬃剪花的作法在我国本有悠久的传统,《吴子》卷二谈马饰时提到过"刻剔毛鬣",所谓"剔鬣",大约就包括剪鬃。始皇陵兵马俑坑所出陶马,有剪鬃成一花的。汉代空心砖上的马纹有剪成二花的[37](图 8-15)。在帕泽雷克挂毯和匈奴、东胡人的金属饰牌上也能看到剪鬃成一花的马(图 8-16;11-10)。波斯阿契美尼德时代与

图 8-11　跋尘的出现
1. 阿斯塔那初唐墓出土屏风画（鞯上无跋尘）　2. 唐·梁令瓒《五星二十八宿神形图》
3. 宋徽宗摹唐·张萱《虢国夫人游春图》（以上二例中的跋尘均为短接头）
4. 莫高窟156窟晚唐壁画《张仪潮出行图》（跋尘稍加长）

安息时代的马鬃均不剪花。萨珊马虽在鬃部剪花，但数目往往不固定。其中剪出三花的，又都将三花集中在一片台状的高鬃毛上，这和阿弗拉西阿卜的粟特壁画及克孜尔石窟的龟兹壁画中马的剪鬃方式类似（图 8-8:2；23-12:3），与唐之三花颇异其趣。只有西

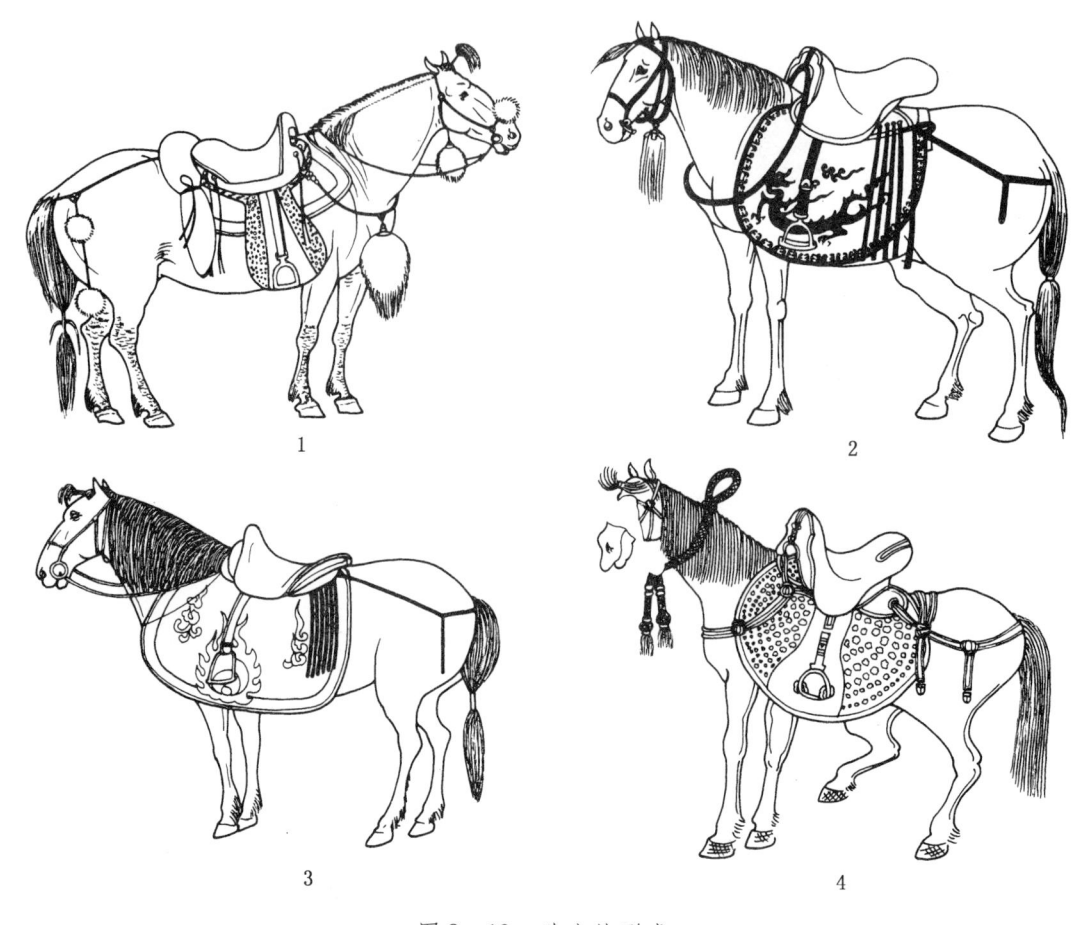

图 8-12　跋尘的形成
1. 李赞华《射骑图》　2. 胡瓌《卓歇图》　3. 内蒙古哲里木盟库伦旗 1 号辽墓壁画
4. 内蒙古赤峰敖汉旗白塔子辽墓壁画

伯利亚米努辛斯克附近及勒拿河上游希什基诺附近的突厥岩画、楚雷什曼河畔库德尔格的突厥墓地出土石刻及骨鞍桥上所刻之马（均约为 5~7 世纪），与唐马之三花的剪法相同[38]（图 8-17:1~3）；可见后者曾受到突厥马饰的影响。

然而明·张自烈《正字通·马部》曾引杜甫诗中的"五花马"一词，谓"马鬣剪为五花或三花，象天文王良星也"。则唐马似乎还有一种剪鬣成五花的制度。但这一点是颇为可疑的，因为在唐代的形象资料中从未见过剪出五花的马。唐诗中所说的"五花马"，并非指剪鬣，而是指马身上旋毛的纹理。如杜甫诗"五花散作云满身，万里方见汗流血"，岑参诗"马毛带雪汗气蒸，五花连钱旋作冰"等句中的五花，都应解释成旋毛的纹理才能讲得通[39]。《尔雅·释畜》："青骊驎䮺。"郭注："色有深浅斑驳隐粼，今之连钱骢。"可见"连钱"指马的毛色，"五花连钱"则是指斑驳的旋毛；杜诗中的"五花"能散满全身，亦正是指旋毛沾湿后的汗漫之状。《释畜》又说："回毛在膺宜乘。"

图 8-13 跋尘的演变（1. 宋　2、3. 金　4~6. 元）

1.《清明上河图》　2.《文姬归汉图》　3. 山西繁峙岩山寺壁画　4.《元世祖出猎图》
5. 陕西长安泰定三年耶律世昌墓出土陶骑俑　6.《番骑图》

郭注："樊光云：'俗呼之官府马。'《伯乐相马法》：'旋毛在腹下如乳者，千里马。'"唐·李石《司牧安骥集》中还收载有《良马旋毛之图》、《旋毛论》等图文。这些均反映出古人对马身上的旋毛的重视。

既然唐马并无剪鬃作五花者，而其三花则效自突厥，其马镳又与突厥之镳有共同点，那么在其他方面是否还和突厥马具有所关联呢？回答是肯定的。为了说明这一点，有必要先回顾一下唐以前的情况。我国的马具至4世纪前期双镫出现后才算齐备。4世纪和5世纪时，在鲜卑族统治的北方各国中形成了以装备两桥垂直鞍、硬质箕形障泥、满缀铜铃或杏叶的网络状鞦带、椭圆形板状镳等物为特征的一套马具，可以称之为鲜卑式马具。它们虽然显得比较笨重，但这是马镫产生以后第一代骑兵的马具。当马镫未出现之前，无论东方还是西方，除了在特殊的形势下，骑兵一般都要和步兵协同作战，而不单独组成主力兵团。战国时最注重骑射的赵国，在名将李牧组建的部队中骑兵只占8%[40]；在西方，罗马共和国时代的玛利安军团中，骑兵亦仅占9%[41]。没有马镫，战马不易控制，进行迅猛激烈的战斗动作时，骑兵首先要防止自身坠鞍，因而必然大大限制它的战术作用的发挥。这时用装备了镫的战骑组成队列冲击步兵，就表现出前所未见的强大威力。如再披上具装，更是所向披靡。元嘉二十七年（450年）北魏与刘宋大战，宋军溃败，六州残破。《宋书·索虏传》总结这一战役时说："彼我胜负，一言可蔽，由于走不逐飞。"走指南朝的步兵，飞则指北朝的鲜卑骑兵。由于对鲜卑式骑兵装备之优越性的承认，所以后来在南朝的兵种中甚至也有装备"鲜卑具装"的"虎班突骑"[42]。

鲜卑式马具直到6世纪中期仍有保持原样的，如河北磁县东魏茹茹公主墓所出陶马俑之例[43]。但局部的变化早在6世纪前期已经出现。建义元年（528年）北魏·元邵墓出土马俑之鞍的后鞍桥已向后倾斜[44]（图8-18:3）。以后在大统十年（544年）西魏·侯义墓、武平元年（570年）北齐·娄睿墓等处出土的陶马俑上，可以看到这种作法被继续完善[45]。特别是娄睿墓壁画中的马，马具和马饰都明显地向着简捷轻便的方向改进，

图8-14 "围攻要塞图"银盘所见跋尘

除箕形障泥还在使用外，鞍、鞯、镫的形制均与上面说的鲜卑旧式马具有别。虽然在北朝马具中，这只是一股涓涓细流，但仍表明在鲜卑统治者尚未走下历史舞台以前，他们原先专用骑兵陵蹈步兵的优势已有所改变。当双方均用骑兵相对抗时，战马及其马具也必须进一步适应战争对速度和机动性所提出的更高要求。而这也正是唐初之马具所要解决的问题。

隋末，李渊任太原留守，赴马邑"北备边朔"，他面前的敌人是"唯恃骑射"、"风驰电卷"的突厥人。李渊认为必须学习突厥的长处才能制胜，"乃简使能骑射者二千余人，饮食居止，一同突厥。随逐水草，远置斥堠，每逢突厥候骑，旁若无人，驰骋射猎，以曜威武"[46]。当时李渊和马邑郡守王仁恭两军的兵马不过五千余人，却对占人数一半的精兵给予特殊训练。汪篯先生称这种训练为"突厥化"[47]。也就是说，当李渊起事之前，其军中的骨干力量已开始突厥化了。及至起事之后，李渊北联突厥，从始毕可汗那里得到了一批突厥良马[48]。同时，西突厥的特勤大奈（史大奈）又率众来从[49]。李渊所部既然有这么多突厥化的、或者本身就是突厥族的骑兵，那么突厥式马具在唐军中自然会被广泛使用。这种马具比较轻便，而且一般不披具装。当时以李世民部为代表的唐军经常采取的轻骑突击、迂回掩袭等高度机动的战术之所以能屡奏奇功[50]，与马具的这种改进当不无关系。

除了文献记载所提供的背景情况外，唐代马具所接受的突厥影响从考古学上也能得到证明。虽然受到突厥遗物较少的限制，论证不易充分展开，但基本事实还是清楚的。

图 8-15 秦汉时期的一花马和二花马
1. 始皇陵 2 号俑坑所出一花陶马 2. 汉代空心砖上的二花马

说到马具，一般常用"鞍、勒"作为代表。勒即衔、镳，唐镳与突厥镳的一致之处上文已经指出。而唐代使用的后桥倾斜鞍亦应来源于突厥。在鲜卑式的两桥垂直鞍上，前鞍桥顶部较平，呈缓和的圆拱形，两边下折部分或垂直，或略向内敛。突厥鞍则不同，在形象资料中从未见过两桥垂直的突厥鞍，他们的鞍均属后桥倾斜鞍类型。出土的突厥鞍之前鞍桥呈颔弓形，两边斜向外侈（图8-19），唐鞍之前鞍桥的式样正与之相近（图8-4:3）。从年代上讲，库德尔格15号突厥墓的前鞍桥残片与北周"五行大布"（铸于575～577年）同出[51]，但此墓并非该墓地中年代最早的，突厥人使用此型马鞍的历史大约可追溯至6世纪前期。所以虽然528年的元邵墓陶马俑之鞍的后鞍桥已倾斜，但这类陶马的鞍上常施鞍袱，前鞍桥的形制往往看不清楚。一些未施鞍袱的马，如侯义墓陶马俑及娄睿墓壁画中所见者，其后鞍桥虽后倾，前鞍桥却仍保持两边垂直、顶部平缓的圆拱形。可见唐鞍并非取法鲜卑鞍而系取法突厥鞍。

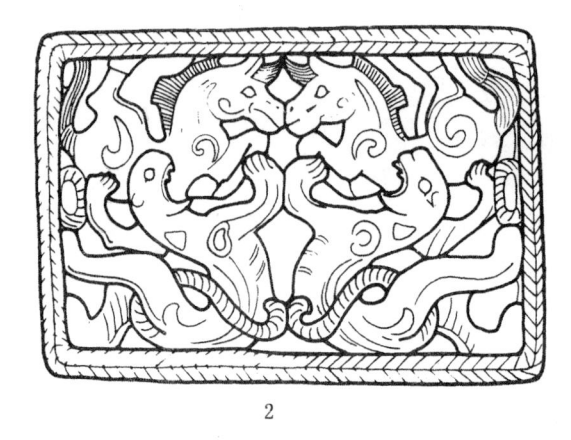

图 8-16 匈奴·东胡带具上所见一花马
1. 西伯利亚出土树下休憩骑士纹金带具
2. 二虎噬马纹铜带具（卢芹斋旧藏）

不过尽管唐马之鞍、镳、三花与突厥马具、马饰有渊源关系，但唐马上的杏叶和云珠却是从鲜卑马具中沿袭下来的。"杏叶"已见前文。"云珠"之名在我国古文献中失载，这是日本古文献中用的名称[52]，或有所本，姑借用之。云珠位于马尻顶部，初见于隋[53]（图8-20:1）。它是从鲜卑式马具之装在网络状鞦带中部的圆座形节约发展而来的，安阳孝民屯154号墓中已出此物。南北朝时的具装马有在此圆座上安装"寄生"的[54]（图8-21:1），但高句丽壁画中也出现过未披具装而安寄生的马（图8-21:4）。高句丽、新罗以及日本马饰中的寄生，大都装在从后鞍桥下部伸出的一根弯曲的管状物（即所谓"蛇行状铁器"）之端[55]（图8-21:3）；我国南北朝时的寄生虽有装在蛇行状支架上的（图8-21:2），但装在直立式支架上的也不乏其例。安徽六安东三十铺隋墓画像砖上的寄生，其支架尤为挺直[56]（图8-21:5）。唐马之装寄生者，只在四川万县唐墓

图 8-17 三花马

1、2. 米努辛斯克与希什基诺附近的突厥岩画
3. 库德尔格 9 号突厥墓出土骨鞍桥纹饰 4. 昭陵六骏中的"飒露紫"

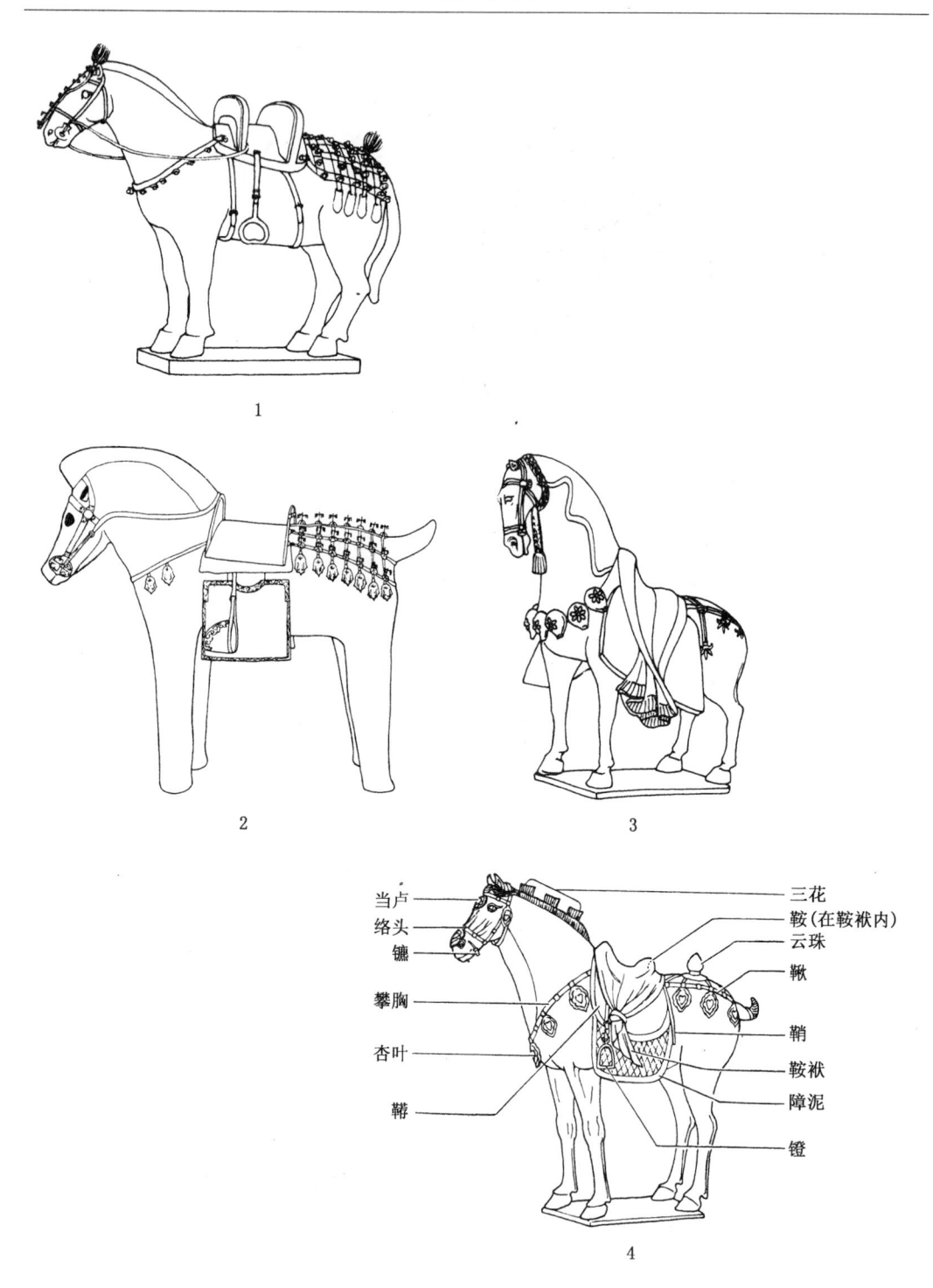

图 8-18　4～8 世纪的鞍具
1. 安阳孝民屯 154 号墓出土（复原模型，4 世纪）　2. 日本奈良藤之木古坟出土（示意图，6 世纪）
3. 洛阳元邵墓出土马俑（6 世纪）　4. 唐马的鞍具（据 8 世纪的马俑复原）

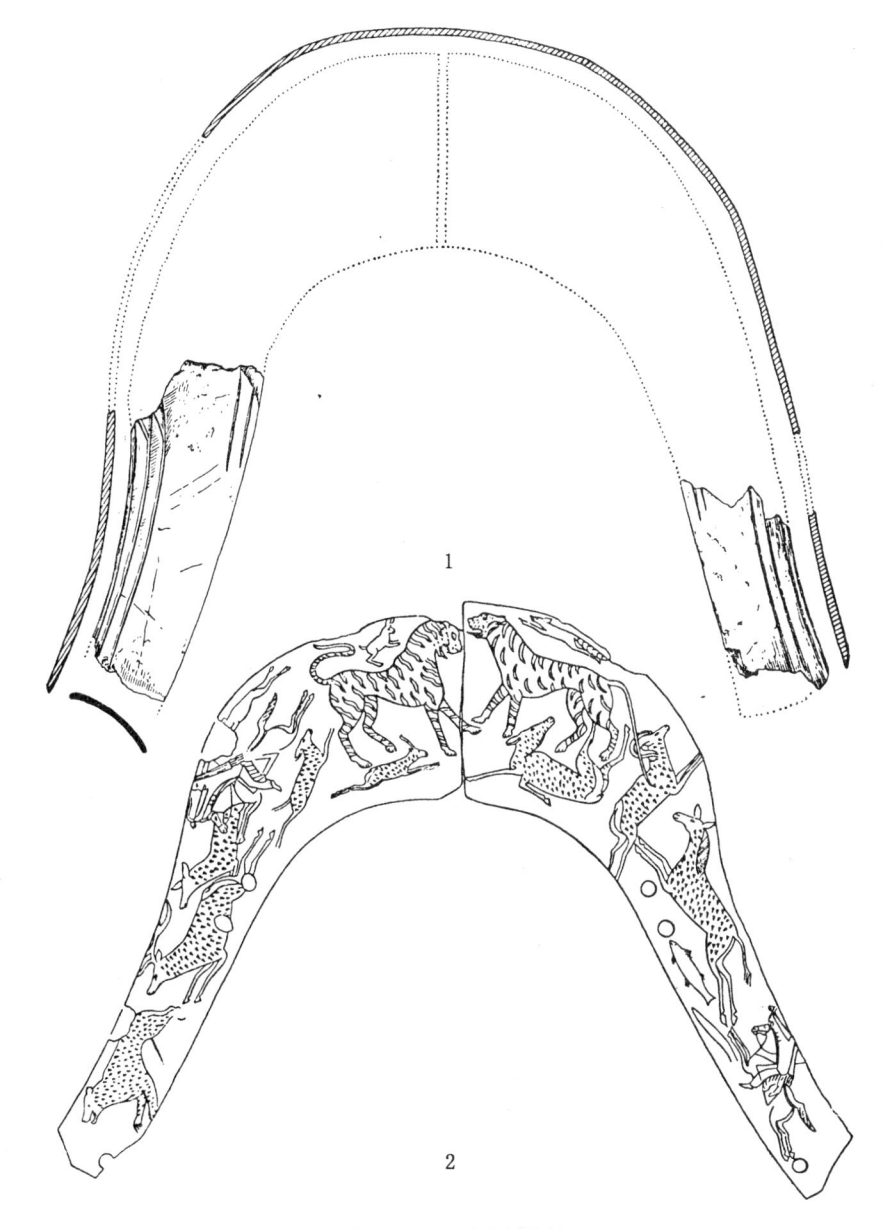

图 8-19　突厥鞍桥

1. 库德尔格 15 号墓出土（伴出物中有"五行大布"）　2. 库德尔格 9 号墓出土

出土的青瓷俑上见过一例（图 8-21:6）。与寄生相近之云珠，在唐代亦不甚普遍（图 8-20:2）。有些出土的唐代马俑上的云珠已脱落，惟尻部尚余装云珠用的孔，著名的懿德太子墓及鲜于庭诲墓所出的马俑上都能看到这种痕迹。

马尻之后，唐代对马尾常加缚结。缚尾之马在汉画像石中已颇常见。扬雄《太玄·玄文》："车軨马骀。"范注："骀，尾结也。"《说文》亦谓："骀，系马尾也。"则缚尾

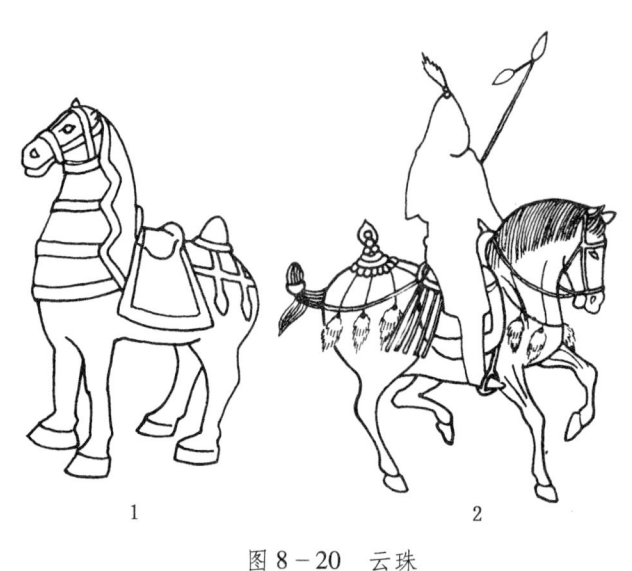

图 8-20 云珠
1. 武汉隋墓出土马俑　2. 莫高窟 130 窟东壁南侧唐代壁画

本来应当叫作𩨷尾。唐时西方如萨珊等国也采用这种饰马法,这是当时东西方通行的习惯。

最后,还应当谈一谈蹄铁。有些著作认为我国唐或唐以前已有蹄铁,但并无确证。按公元前1世纪时蹄铁的应用在罗马已较普遍,然而唐代马具中还未发现此物,有人举杜甫《高都护骢马行》"腕促蹄高如踏铁"之句,来推测唐马已有蹄铁,则属误解;因为这不过是诗歌中用的比喻。我国古代兽医著作中,常强调马匹的护蹄,而不曾言及钉蹄铁。汉·王褒《僮约》:"调治马驴,兼落三重。"宋·章樵在《古文苑》中为此文作注解说:"落当作烙,谓烧铁烙蹄,令坚而耐踏。"是说烙蹄。徐悱《白马》:"研蹄饰镂鞍,飞鞚度河干。"[57]是说研蹄。杜甫《送长孙九侍御赴武威判官》:"骢马新凿蹄,银鞍被来好。"[58]是说凿蹄。至南宋时,陆游《老学庵笔记》卷一说:"使虏,旧唯使、副得乘车,三节人皆骑马。马恶则蹄啮不可羁,钝则不能行,良以为苦。"反映出的也是不钉蹄铁的情况。又赵汝适《诸蕃志》卷上记大食国的马,当提到"其马高七尺,用铁为鞋"时,似仍颇觉新奇,反映出这时我国对装蹄铁的作法还比较生疏。我国普遍采用此物的时间,大约不早于元代[59]。

虽然蹄铁在我国的使用较晚,而且系传自西方,但我国的马具也曾对西方产生巨大影响。比如马镫,4世纪以前,西方只发现过作为马镫前身的革制脚扣。第聂伯河下游契尔托姆雷克巨冢出土的斯基泰大银瓶和印度桑奇大塔的浮雕中都可以看到这类脚扣(图 8-22),它们都还处在与长沙永宁脚扣约略相当的阶段,还不能算是真正的马镫[60]。而且在西方,即便是这类脚扣也并不多见,因为在古波斯、希腊、罗马以至高卢人那里,流行着一种跳跃跨马法,讲究纵身一跃上马。在希罗多德、色诺芬、恺撒等人的著作中都有这方面的记载[61]。镫虽然是极有用的马具,但在这种跨马法流行的地区中,却失掉了其存在的必要性。大卫·比瓦尔说:"像马镫这样一种普通的器具,不但对于全部罗马古代民族来说,一直是闻所未闻,甚至像萨珊波斯那样习于骑射的养马人,竟然也不知马镫为何物,这一事实确实令人惊诧不已,然而看来实情确是如此。"[62]在今伊朗地区,萨曼王朝时代(10世纪)才传入马镫,"被波斯人先称为'中国鞋',然后又称为'脚套'"[63]。这种情况有点像高坐具中的椅子,虽然此物远在汉代已传入今新疆地区,可是

图 8-21 寄生（1、5、6. 装直立式支架　2~4. 装蛇行状支架）

1. 莫高窟 285 窟西魏壁画　2. 邓县南朝墓彩色画像砖　3. 朝鲜龙岗郡高句丽双楹冢壁画
4. 集安长川 1 号高句丽墓壁画　5. 六安东三十铺隋墓画像砖　6. 万县唐墓青瓷俑

因为当时中原尚流行跪坐，所以它迟迟进不了玉门关。在并未形成跳跃跨马法传统的我国，当 4 世纪前期出现了如南京象山 7 号墓所出的装双马镫之马后，不但改善了骑乘条件，而且也适应了新兴的着长铁铠、骑具装马的重装甲骑的需要，所以就迅速推广，并

图 8-22 斯基泰人所用脚扣

1. 契尔托姆雷克巨冢出土银瓶 2. 银瓶纹饰中所见系有脚扣的马

进一步促成了骑马之风在唐代的盛行。西方接受马镫的时间先后不一，欧洲的马镫最早发现于6世纪的匈牙利。匈牙利地处东欧，与自黑海向东延伸的欧亚大草原接壤。我国发明的马镫，就是随着活跃在这片大草原上的各族骑手的蹄迹，逐步西传到欧洲的。比如 1939 年 Л. A. 叶芙丘霍娃在叶尼塞河畔科品内突厥巨冢发掘出土的 8~9 世纪之青铜骑士像，马上骑的虽然是突厥人，但马具、马饰却纯然唐风，正可作为中国马具通过草原各族向外传播的一个侧面的写照[64]（图 8-23）。关于这一点，一些西方的科技史著作中也持类似的看法[65]。至于中国马具自西方获得的启迪和借鉴，如本文所简单地提到的，那就是从这种交流中受益的另一方了。

图 8-23 8~9 世纪的突厥骑士

（科品内巨冢出土）

注 释

① 六经无"骑"字（明·杨慎《丹铅总录》卷一一），惟《左传·昭公二十五年》云："左师展将以公乘马而归。"自南宋·吴曾《能改斋漫录》以来，皆认为这是乘马之始。参看蓝永蔚：《春秋时期的步兵》页13，中

华书局，1979年。

② 《汉书·韦贤传》。

③ 《资治通鉴》卷一九二："梁武帝君臣唯谈苦空，侯景之乱，百官不能乘马。"当时的社会风气于此可见一斑。但统治者猜忌防范，臣僚不敢轻易练习骑马，也是原因之一。《梁书·南郡王大连传》记梁武帝大连与其兄大临："汝等习骑不？"回答是："臣等未奉诏，不敢辄习。"皇孙犹如此，他人更可想而知。参看周一良：《魏晋南北朝史札记·〈宋书〉札记》"刘义庆传'世路艰难'与'不复跨马'"条，中华书局，1985年。

④ 汉代人称坐马鞍为"踞鞍"，如《史记·留侯世家》："汉王下马踞鞍而问。"但踞是不礼貌的。陆贾奉使见南越王尉陀，陀箕踞。后自谢曰："居蛮夷中，殊欠礼仪。"《史记·游侠列传》："（郭解）出入，人皆避之。有一人独箕踞视之。解……客欲杀之。"可见这种姿势会引起人的反感。

⑤ 见 A. B. Арциховский, *Основы археологии*, стр.196. 莫斯科，1955年。参看 A. D. H. Bivar, "The Stirrup and its Origins", *Oriental Art*, NS., Vol.1, No.2, 1955. 增田精一：《镫考》，《史学研究》81号，1971年。

⑥ 《初学记》卷二二引。

⑦ 武威地区博物馆：《甘肃武威南滩魏晋墓》，《文物》1987年第9期。

⑧ 湖南省博物馆：《长沙两晋南朝隋墓发掘报告》，《考古学报》1959年第3期。

⑨ 中国社会科学院考古研究所安阳工作队：《安阳孝民屯晋墓发掘报告》；中国社会科学院考古研究所技术室：《安阳晋墓马具复原》，均载《考古》1983年第6期。

⑩ 见《文物》1972年第11期，页40。但《武威雷台汉墓》（《考古学报》1972年第2期）曾谓该墓出土的铜马俑上有彩画的镫。然而根据实物观察，未发现镫的痕迹。从雷台铜骑俑上骑者腿部的姿势看，他们并未蹑镫。

⑪ 《梁书·曹景宗传》中记这位将军的话说："今来扬州作贵人，动转不得，……闭置车中，如三日新妇。遭此邑邑，使人无气。"

⑫ 《唐会要》卷三一载太和六年敕："妇人本合乘车，近来率用檐子，事已成俗。"

⑬ 《新唐书·车服志》。

⑭ 杜诗见《杜工部集》卷九。白诗见《白香山诗集·长庆集》卷一五。

⑮ 此据慧琳《一切经音义》卷一一引。今本《说文》作："衔，马勒口中也。"应予乙正。

⑯ 椭圆形板状镳在安阳孝民屯154号前燕墓，朝阳袁台子后燕墓，及本溪小市，集安七星山96号、万宝汀78号高句丽墓中均出。

⑰㊶ A. A. Гаврилова, *Могильник Кудыргэ*, 莫斯科，1965年。

⑱ 富平县文化馆等：《唐李凤墓发掘简报》，《考古》1977年第5期。中国社会科学院考古研究所：《唐长安城郊隋唐墓》页39，图版60：2，文物出版社，1980年。王炳华：《盐湖古墓》，《文物》1973年第10期。张柏忠：《科左后旗呼斯淖契丹墓》，《文物》1983年第9期。

⑲ 于省吾：《读金文札记五则》，《考古》1966年第2期。

⑳ 辽宁省博物馆文物队等：《朝阳袁台子东晋壁画墓》，《文物》1984年第6期。黎瑶勃：《辽宁北票县西官营子北燕冯素弗墓》，《文物》1973年第3期。

㉑ 吉林省博物馆文物工作队：《吉林集安的两座高句丽墓》，《考古》1977年第2期。集安县文物保管所：《集安两座高句丽积石墓的清理》，《考古》1979年第1期。

㉒ 新罗鞍桥，见梅原末治：《庆州金铃塚饰履塚发掘报告》（大正十三年度古迹调查报告），1932年。金载元、金元龙：《壶杆塚と银铃塚》（国立博物馆古迹调查报告1），1948年。文化财管理局庆州古坟发掘调查团：《天马塚发掘报告书》1，1975年。栃木县助户古坟的鞍桥见《日本原始美术大系·武器、装身具》（图版223），讲谈社，1978年。奈良县藤之木古坟的鞍桥见《藤ノ木古坟の谜》，朝日新闻社，1989年。

㉓ 见注⑱所揭王炳华文。

㉔ 独孤思敬墓出土的斑釉陶马俑见《唐长安城郊隋唐墓》图版67：2。阿斯塔那出土的彩绘泥马俑见《新疆出土文物》图版101，文物出版社，1975年。

㉕ 李诗见《全唐诗》三函四册，刘诗见同书五函六册。

㉖㉗ 夏鼐：《西安唐墓中出土的几件三彩陶俑》，《文物精华》第1册，1959年。

㉗ 《宋史·仪卫志·六》。

㉘㉜ A. U. Pope, *A Survey of Persian Art*. Vol. 7, Pl. 208~218, 伦敦—纽约, 1938 年。

㉙ 《白香山诗集·后集》卷一五。

㉚ 《全唐诗》十函五册。浦江清:《花蕊夫人宫词考证〔附录 1〕·花蕊夫人宫词校定本》,《开明书店二十周年纪念文集》, 中华书局, 1985 年。

㉛ 《宋史·舆服志》二。

㉝ 周世荣《长沙赤峰山 3、4 号墓》,《文物》1960 年第 2 期。

㉞ И. А. Орбели, К. В. Тревер, *Сасанидский металл*, табл. 20. 莫斯科—列宁格勒, 1935 年。

㉟ 宋·叶隆礼:《契丹国志》卷一四《辽史·义宗传》。田村实造:《中国征服王朝の研究·下·文化、文物篇》页 194~199, 京都, 1985 年。

㊱ 因此饰带（跋尘）出现于晚唐, 所以凡在鞍马上出现此带的画则不能早于此时。如《中国美术全集·绘画编·2》所举 (传) 阎立本《职贡图》、(传) 韦偃《双骑图》等画中的马, 均饰有此带, 故时代应晚得多。又故宫博物院藏《百马图》, 在《中国历代绘画》1 (页 71~73)、《中国美术全集·绘画编》2 (图 29) 等处均定为唐画, 但图中之马所悬跋尘上已缀有缨拂, 且图中人物所戴幞头亦具有五代时的特点, 故此画不能早于五代。又故宫博物院藏 (传) 胡瓌《番骑图》,《中国美术全集·绘画编》2 (图 56) 定为五代时的作品。但画中的马系上下两条鞦带, 下面那条鞦带悬跋尘。画中男子的帽下露出发环, 应剃婆焦。画中妇女戴姑姑冠 (其姑姑冠在徐邦达《古书画伪讹考辨〔上〕·文字部分》页 146 已言及)。故此画显然出于元人之手。

㊳ O. Maenchen-Helfen, "Crenelated Mane and Scabbard Slide", *Central Asiatic Journal*, Vol. 3. 1957~1958. E. Esin, The Horse in Turkic Art, 同上《志》, Vol. 10, 1965. 又注⑰所揭 A. А, Гаврилова 书。

㊴ 关于这个问题, 原田淑人先生在 1912 年写的《昭陵の六骏石像に就いて》(载《东亚古文化研究》) 一文中, 对于唐代是否有剪鬃成五花的马尚持疑似态度。但在 1961 年定稿的《三花马·五花马》(载《东亚古文化论考》) 一文中, 却肯定了唐代有这种马饰。本文所引杜诗见《杜工部集》卷一, 岑诗见《岑嘉州诗》卷二。再如李白诗"五花马, 千金裘, 呼儿将出换美酒"、杜甫诗"萧萧千里马, 个个五花文"、岑参诗"骢马五花毛"、毛文锡词"香鞯镂襜五花骢"（此据《花间集》,《全唐诗》作"五色骢"）等处之五花马, 都意味着良马。五花指其体质特征, 不应仅指其装饰。《杜阳杂编》卷上说代宗时范阳贡马,"以身被九花文, 故号九花虬", 亦是此义。

㊵ 杨泓:《中国古兵器论丛·骑兵和甲骑具装》页 95, 文物出版社, 1985 年。

㊶ T. N. 杜普伊:《武器和战争的演变》(李志兴等译本) 页 48, 军事科学出版社, 1985 年。

㊷ 见《宋书·武帝纪》。所称"鲜卑具装"应指鲜卑式具装, 并非鲜卑人在南朝充突骑。西晋季世, 华夷之辨, 徙戎之议, 已甚嚣尘上。永嘉乱后, 南北对峙, 民族感情一时难以调和。南朝君臣不仅敌视胡族, 就连北方汉族边民避乱南迁者, 对之也并不放心。《宋书·刘勔传》中甚至说:"从来信纳, 皆贻后悔。"南朝武力中, 伧楚壮士, 江东吴兵, 素称骁勇, 未闻有鲜卑甲骑组成精锐军团者。果尔, 一旦有事, 变起肘腋, 局面将不可收拾。被俘北兵除个别人外, 在南朝多沦为奴隶, 见《南史·侯景传》。这些人虽未必尽是鲜卑, 但无疑应包括一部分鲜卑人。

㊸ 磁县文化馆:《河北磁县东魏茹茹公主墓发掘简报》,《文物》1984 年第 4 期。

㊹ 洛阳博物馆:《洛阳北魏元邵墓》,《考古》1973 年第 4 期。

㊺ 咸阳市文管会、咸阳博物馆:《咸阳市胡家沟西魏侯义墓清理简报》,《文物》1987 年第 12 期。山西省考古研究所、太原市文物管理委员会:《太原市北齐娄睿墓发掘简报》,《文物》1983 年第 10 期。

㊻㊽ 唐·温大雅:《大唐创业起居注》卷一。

㊼㊿ 唐长孺等编:《汪篯隋唐史论稿·唐初之骑兵》, 中国社会科学出版社, 1981 年。

㊾ 《旧唐书·突厥传》。《新唐书·史大奈传》。

㊼ 见十卷本《和名抄》卷五。

㊼ 郭佳:《湖北地区古墓葬的主要特点》,《考古》1959 年第 11 期。

㊼ 杨泓:《中国古兵器论丛·中国古代的甲胄》页 42~43; 同作者《海东文物话寄生》,《文物天地》1988 年第

4 期。

(55) 东潮:《蛇行状铁器考》,《橿原考古学研究所论集》7,东京,1984 年。

(56) 安徽省文物工作队:《安徽六安东三十铺隋画像砖墓》,《考古》1977 年第 5 期。

(57) 《文苑英华》卷二〇九。

(58) 《杜工部集》卷二。“凿蹄”一本作“斲蹄”。

(59) 蹄铁问题参看谢成侠《中国养马史》页 46~47,及张仲葛《中国古代畜牧兽医方面的成就》(载《中国古代科技成就》)页 413。

(60) 相马隆在《轮镫源流考》(载《流沙海西古文化论考—シルクロードの东西交流—》,东京,1977 年)一文中曾举出阿尔泰地区伯莱利河流域一座积石墓中出土的铁马镫。按阿尔泰地区卡童河、伯莱利河、乌尔苏耳河和乌拉干河一带的积石墓多属前 3 世纪,但上述那座墓的时代不明确,可能要晚得多。阿尔泰地区的这批古墓葬凡是时代能确定在公元 4 世纪以前的,均不出马镫。

(61) Xenophon, Cyropaedia, I, iv, 8; Ⅳ, ii, 28. C. I. Caesar, Bellum Gallicum, Ⅳ, 2.

(62) 加文·汉布里主编:《中亚史纲要》(吴玉贵译本)页 84,商务印书馆,1994 年。

(63) 阿里·玛扎海里:《丝绸之路,中国—波斯文化交流史》(耿昇译本)页 296,中华书局,1993 年。

(64) Л. А. Евтюхова, *Археологические памятники енисейскнх кыргызов* (*хакасов*), 阿巴干,1948 年。

(65) E. M. Jope, Vehicles and Harness, *A History of Technology*. Vol. 2, p. 557, 牛津,1956 年。

(原载《文物》1981 年第 10 期)

周代的组玉佩

在大量使用磨制石器的新石器时代中，质地最精的"美石"——玉的被利用，既合乎情理又异乎寻常。说它异乎寻常是因为这种莹润坚致的矿物不仅产量稀少，而且其高硬度和由于结晶状态不同而表现出的各种特性，如顶性、卧性、韧性、拧性、斜性以及脆性、燥性、冻性等，使许多玉料无法通过凿击取形，碾琢工艺则极为繁难。只是在先民以惊人的热忱投入巨大的创造性努力的情况下，玉器才在古代中国崭露头角，放射出夺目的光彩。它所包含的劳动量极大，从而其价值也被推上极峰，成语所称"价值连城"即源于对玉器的估价[1]。因此到了历史时期，玉器——特别是琢制精美的玉器，一般很少有人拿它当工具来使用。就劳作的实际需要而言，更廉价，更易制作，且便于修理加工和回炉重铸的金属制品比玉器更占优势。所以玉器基本上可以归入礼器和礼器以外的工艺品等两大类。夏鼐先生曾把商代玉器分作礼玉、武器和工具、装饰品三类。但先生的论文中又指出：这些"武器有许多只是作仪仗之用，不是实用物"[2]。其实几乎所有的玉制刃器均不耐冲击，不适宜在战场上用于格斗。它们既被视为仪仗，则仍然属于礼器。所以像《越绝书·外传·记宝剑》所称"至黄帝之时，以玉为兵，以伐树木为宫室，凿地"的说法，则与实际情况不符，因为不可能普遍用玉器作为伐木和挖土的工具，更难以据此推导出一个"玉兵时代"或"玉器时代"来。由于质脆价昂等特点，玉器的使用范围受到限制，使它成为在精神领域中影响大，在生产实践中作用小的一个特殊器类。所以像C.J.汤姆森提出的以生产工具之材质为依据，将史前时期分成石器、青铜器、铁器等时代的体系里，也安排不上玉器的位置。

玉礼器中最被古人看重的是瑞玉，但这里面有些器物的含义既神秘，造型又比较奇特，如琮、璋之类，性质不容易一下子说清楚。可是瑞玉中的璜和璧，特别是与璧形相近的瑗和环，早在原始社会中就同玉管、玉珠等玉件组合在一起，形成了组玉佩的雏形。组玉佩既有礼玉的性质，又有引人注目的装饰功能，随着其结构的复杂化和制度化，乃逐渐成为权贵之身分的象征或标志。它的起源悠古，历代传承，其胤裔一直绵延到明代尚未绝迹。尤其是两周时期，组玉佩在服制和礼制中都有举足轻重的地位，然而其演变过程却长期未曾得到较明晰的解释。清·俞樾《玉佩考》说："夫古人佩玉，咏于

《诗》，载于《礼》；而其制则经无明文，虽大儒如郑康成，然其言佩玉之制略矣。"[3]所幸近年新资料的不断发现，始为此问题的解决提供了一条约略可辨的线索。

璜和璧类均出现于新石器时代，从北方的红山文化、山东的大汶口文化、中原的河南龙山文化到江南的良渚文化中都有它的踪迹，并发展出多种式样。"弧形璜较常见（仰韶、马家窑、大溪、马家浜、崧泽、宁镇地区等），折角璜应属弧形璜的变例（马家浜、良渚、大溪），半璧璜常见于长江流域（崧泽、良渚、薛家岗、大溪等），扇形璜则多在黄河流域（仰韶、中原龙山、马家窑等）。其他的特例有薛家岗文化的花式璜、良渚文化的龙首纹璜、红山文化的双龙首璜等。"[4]在这时的遗物中已经发现用璜充当一串佩饰之主体的作法，它被串连在玉佩中部的显著位置上。如江苏南京北阴阳营出土的玉佩饰，由二十四件玉管和三件玉璜组成[5]（图9-1）。当时的人们将它套在颈部，垂于胸前，所以考古学文献中或称之为项链；周代的组玉佩很可能正是在这类项链的基础上发展出来的。不过周代的和原始时代的玉佩之间的承袭关系目前还说不清楚，因为在商代尚未发现可以作为其中间环节的标本。如安阳妇好墓出土各种玉饰达二百六十六件，却看不出有哪些是串连成上述组玉佩形的。所以本文仅以周代的组玉佩作为主要的考察对象。

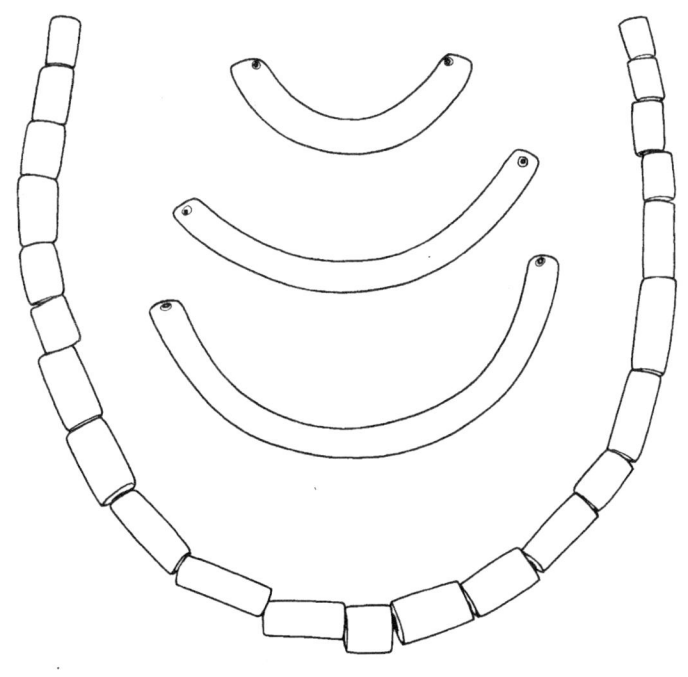

图9-1 新石器时代的玉佩饰
（南京北阴阳营出土）

在西周，以璜为主体的组玉佩很早就出现了。山西曲沃曲村6214号西周早期墓中出土的两套组玉佩，下部正中皆悬垂二璜，上部有玉或石质的蝉、鸟、鱼形，并以玛瑙、绿松石、滑石制作的小管串连起来。这两套组玉佩各有二璜，可称为二璜佩⑥（图9-2：1）。陕西长安张家坡58号西周中期墓出土的组玉佩，以三璜四管和玛瑙珠串成，可称为三璜佩⑦（图9-2：2）。也属于西周中期的陕西宝鸡茹家庄2号墓棺内出的则是一串五璜佩，不过这串玉佩和其他各种玉饰件混杂在一起，发掘报告中没有把它明确地单独列出来⑧。同类五璜佩在山西曲沃北赵村91号西周晚期墓中出过一串，五件璜自上而下弧度递增，安排得很有规律⑨（图9-2：3）。在西周晚期的大墓中，以多件玉璜和玛瑙珠、绿松石珠、料珠等串连成的组玉佩已发现不少例。北赵村31号墓出土的六璜佩，上端套在墓主颈部，下端垂到腹部以下⑩（图9-2：4）。河南三门峡市上村岭2001号墓出土七璜佩，七件璜自上而下，从小到大依次排列，其下端亦垂于腹下（图9-2：5）。此墓墓主虢季是虢国的国君。同一墓地之2012号墓墓主为虢季的夫人梁姬，则以五璜佩随葬⑪。多璜组玉佩中已知之璜数最多的一例见于北赵村92号墓，为八璜佩，这串玉佩中还系有四件玉圭，恰与金文的记述相符⑫（图9-2：6）。由于它们皆以多件玉璜与玉管、玉珠等组合而成，故可名为"多璜组玉佩"。

上述组玉佩虽均出自墓葬，但它和覆面上的那些玉饰件的性质完全不同，大多数应是墓主人生前佩带之物，即《礼记·玉藻》所说，"古之君子必佩玉"，"君子无故玉不去身"。有人把它们笼统地归入葬玉的范畴，不确。虽然，本文上面的叙述给人以西周晚期组玉佩用璜较多的印象，但璜数的变化并不是按照时代先后直线增加的。因为除了时代的因素外，它还受到地区差别的影响和墓主社会地位的制约。在当时的社会生活中，组玉佩是贵族身分在服饰上的体现之一，身分愈高，组玉佩愈复杂愈长；身分较低者，佩饰就变得简单而短小了。这种现象的背后则与当时贵族间所标榜的步态有关，身分愈高，步子愈小，走得愈慢，愈显得气派出众，风度俨然。《礼记·玉藻》："君与尸行接武，大夫继武，士中武。"孔颖达疏："武，迹也。接武者，二足相蹑，每蹈于半，半得各自成迹。继武者，谓两足迹相接继也。中，犹间也。每徙，足间容一足之地，乃蹑之也。"也就是说，天子、诸侯和代祖先受祭的尸行走时，迈出的脚应踏在另一只脚所留足印的一半之处，可见行动得很慢。大夫的足印则一个挨着前一个，士行走时步子间就可以留下一个足印的距离了。不过这是指"庙中齐齐"的祭祀场合，平时走得要快些，特别当见到长者或尊者时，还要趋。《释名·释姿容》："疾行曰趋。"这种步态有时是致敬的表示。《礼记·曲礼》："遭先生于道，趋而进。"《论语·子罕》："子见齐衰者、冕衣裳者与瞽者，见之虽少必作，过之必趋。"从而可知步履之徐缓正可表现出身分之矜庄，而带上长长的组玉佩则不便疾行，又正和这一要求相适应。故当时有"改步改玉"或"改玉改行"的说法。《左传·定公五年》说季平子死后"阳虎将以玙璠敛。仲梁怀弗与，曰：'改步改玉'"。杨伯峻注："据《玉藻》郑注及孔疏，越是尊贵之人步行越慢越短。……因其步履不同，故佩玉亦不同；改其步履之疾徐长短，则改其佩玉之贵贱，

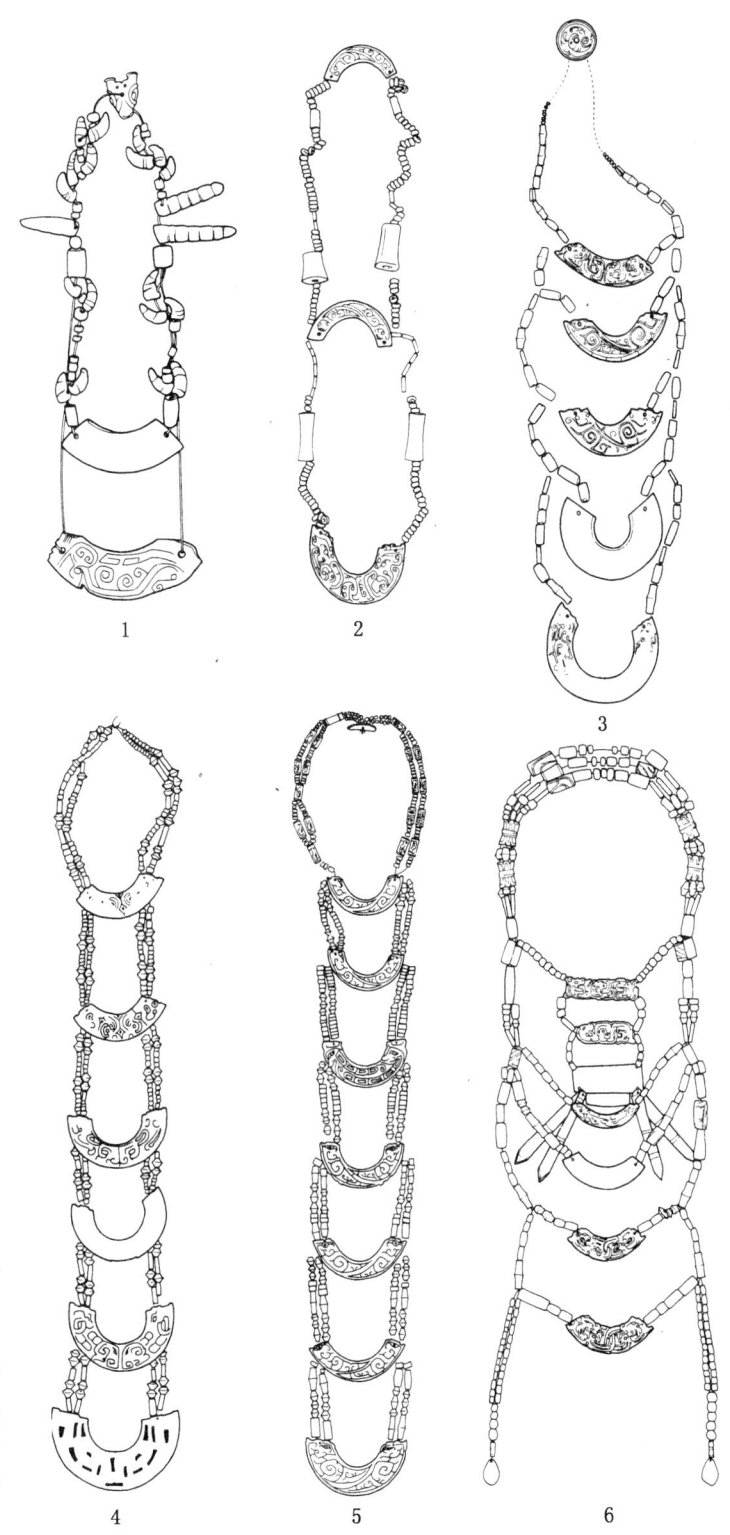

图 9-2 西周的多璜组玉佩

1. 二璜佩（山西曲沃曲村 6214 号墓出土）　2. 三璜佩（陕西长安张家坡 58 号墓出土）　3. 五璜佩（山西曲沃北赵村 91 号墓出土）
4. 六璜佩（山西曲沃北赵村 31 号墓出土）　5. 七璜佩（河南三门峡市上村岭 2001 号墓出土）　6. 八璜佩（山西曲沃北赵村 92 号墓出土）

此改步改玉之义。"又《国语·周语中》："晋文公既定襄王于郑，王劳之以地。辞，请隧焉。王不许，曰：'……先民有言曰：改玉改行。'"韦昭注："玉，佩玉，所以节行步也。君臣尊卑，迟速有节，言服其服则行其礼。以言晋侯尚在臣位，不宜有隧也。"此制不仅适用于王侯，大夫等人着朝服时亦须遵循。《礼记·玉藻》："将适公所，……既服，习容，观玉声，乃出。"正义："既服，着朝服已竟也。服竟而私习仪容，又观容，听己佩鸣，使玉声与行步相中适。玉，佩玉也。"等而下之，一般贵族也视以佩玉节步为礼仪之所需。《诗·卫风·竹竿》："巧笑之瑳，佩玉之傩。"毛传："傩，行有节度。"郑笺："美其容貌与礼仪也。"虽然目前出土的资料不足，还无法将组玉佩的规格和贵族的等级准确对应起来，但它的功能性的作用是节步，礼仪性的意义是表示身分。对此，似已无可置疑。

同时也应注意到，《礼记·玉藻》在提到君子玉不去身时，还说："君子于玉比德焉。"《礼记·聘义》中认为玉有"十一德"。《管子·水地》则认为玉有"九德"。《荀子·法行》认为玉有"七德"。到了汉代，许慎在《说文解字》中将玉德归纳为五项："润泽以温，仁之方也；勰理自外，可以知中，义之方也；其声舒扬，专以远闻，智之方也；不挠而折，勇之方也；锐廉而不忮，洁之方也。"卢兆荫先生对这段话的解释是："'五德'概括了玉的质感、质地、透明度、敲击时发出的声音以及坚韧不挠的物理性能。五德中最主要的德是'仁'，是'润泽以温'的玉质感。'仁'是儒家思想道德的基础，所以儒家学派用'仁'来代表玉的质感和本质。"⑬然而并非所有玉器都是玉德之恰当的载体，在一枚玉韘或玉玦上，似乎难以全面地反映出这许多道理来。而代表君子身分的组玉佩，对此却可以有较完整的体现。本来古人就看重佩饰的象征意义，如佩弦、佩韦之类。而带上组玉佩，"进则揖之，退则扬之，然后玉锵鸣也"。经常听到佩玉之声，则"非辟之心无自入也"，岂不正显示出玉德的教化作用吗？郑玄在《玉藻》的注中又说，当国君在场时，世子则"去德佩而设事佩，辟德而示即事也"。这里出现了两个名称：德佩、事佩。据孔颖达疏："事佩：木燧、大觿之属。"则事佩乃如《内则》中所记"子事父母"时所佩带的那些小用具。而德佩显然指的就是组玉佩了。

不过周代的玉佩也不能都包括在德佩和事佩两类中，有些佩饰虽不知其当时的名称，却似乎应划在这两类之外，它们在出土物中也一再见到。比如一种玉牌联珠串饰，早在陕西岐山凤雏村西周早期的甲组建筑遗址内已出土，玉牌呈梯形，雕双凤纹，其所系之珠串虽不存，但在玉牌底边上有系珠串用的十个穿孔⑭。曲沃曲村6214号西周墓早期出土的这种佩饰比较完整，其梯形牌为石质，雕对鸟纹，牌下端系有十串以玛瑙、绿松石管和滑石贝、珠等组成的串饰⑮。至西周晚期，实例增多，河南平顶山应国墓地及山西曲沃北赵村31、92号墓均出⑯。其中北赵村31号墓的玉牌联珠串饰与六璜佩伴出，一同挂在墓主胸前。玉牌亦呈梯形，雕龙纹，其上端有六个穿孔，系六串玛瑙珠，下端有九个穿孔，系九串珠饰，整套佩饰长67厘米，亦可垂至腹间。而92号墓出土的两组玉牌联珠串饰，一组出在墓主右股骨右侧；另一组中杂缀玉蚕、玉戈、玉圭等饰件，出于墓主左肩胛骨下，原应佩于肩后（图9-3）。其佩带方式互不一致，显得颇不规范，它们的地位应比多璜组玉佩为低。另外还有各种小型玉佩，有的只以几件玉管、玉珠或玉环、玉蚕等物组成，结构不固定。还有一种以一环一璜组成，在洛阳中州路西工区、信阳2号楚墓和广州南越王墓出土的人像身上，都刻划出这种佩饰[17]（图9-4）。这些人物为小臣、舞姬之流，身分不高，他们的玉佩中只有一璜，可名"单璜佩"。《韩诗外传》卷一称"孔子南游适楚，至于阿谷之隧，有处子佩璜而浣者"；她佩带的大约也是单璜佩。此类佩饰的地位是不能和多璜组玉佩相提并论的。

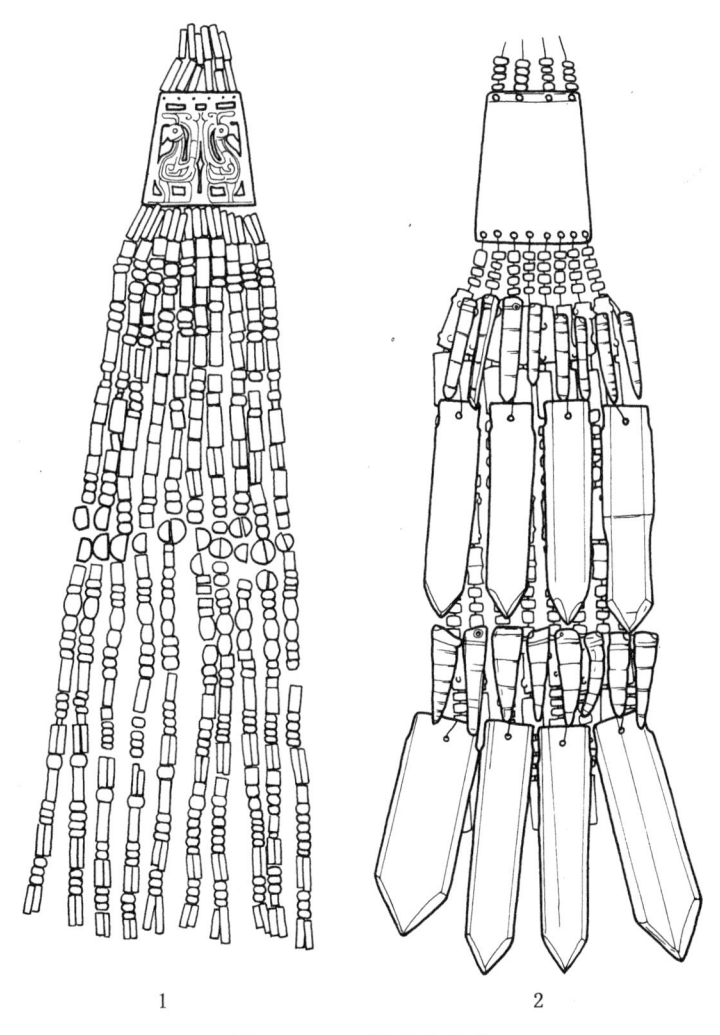

1　　　　2

图9-3　玉牌联珠串饰

（均为山西曲沃北赵村92号墓出土）

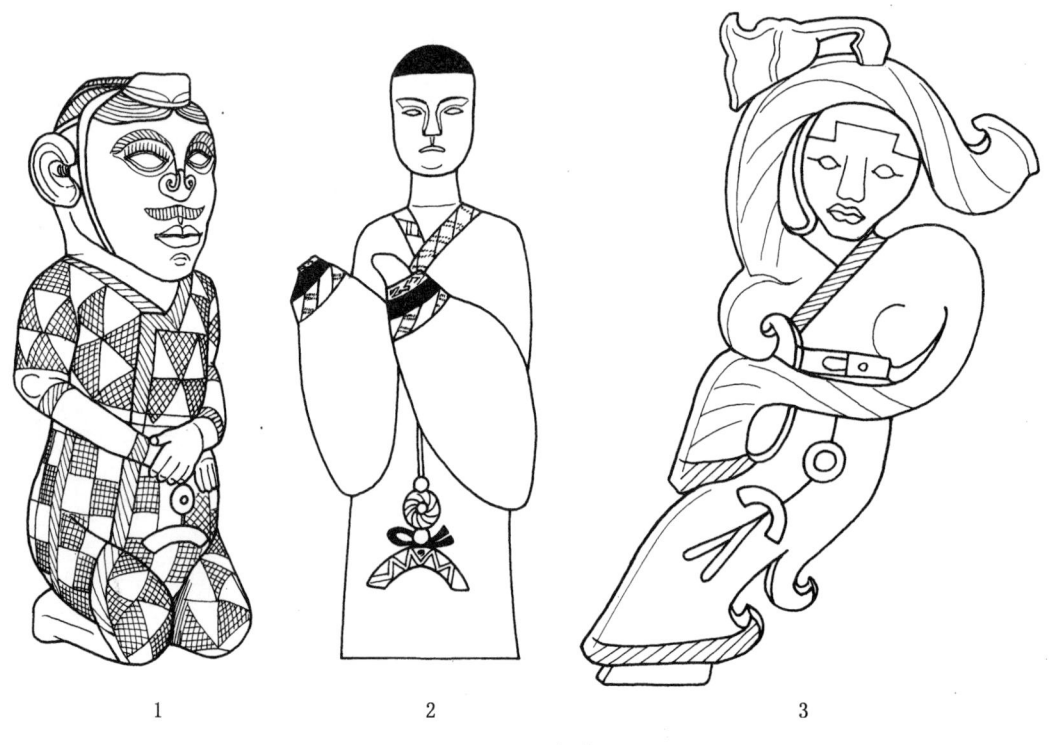

图 9-4 单璜佩

1. 洛阳中州路西工区东周墓出土 2. 信阳 2 号楚墓出土 3. 广州象岗西汉南越王墓出土

多璜组玉佩既然是代表大贵族身分的仪饰，那么如此重要的玉器在周代青铜器铭文之册命辞所记锡物的名目中应有所反映。陕西扶风白家庄 1 号窖藏所出的西周懿孝时的八件"瘋簋"和四件"瘋钟"，铭文中都说是因王"锡佩"而作器[18]。锡佩作器之记事他处虽罕见，可是命服中的"赤市幽黄"、"赤市恩黄"、"赤市冋黄"、"朱市五黄"[19]等，其所谓"黄"就是佩饰中的璜；《五年琱生簋》中正作"璜"，《县妃簋》中还提到"玉璜"，更足以为证。"赤市幽黄"、"赤市恩黄"无疑就是《玉藻》中的"再命赤韨幽衡，三命赤韨葱衡"。而《诗·曹风·候人》毛传作"再命赤芾黝珩，三命赤芾葱珩"。则黄即璜，即衡，即珩。《小雅·采芑》说："服其命服，朱芾斯皇，有玱葱珩。"还为葱珩加上反映其质地的形容词。毛传："玱，珩声也。"充分说明珩是玉制品。以上各点本来极清楚，但唐兰先生于 1961 年发表的《毛公鼎"朱韨、葱衡、玉环、玉瑹"新解》一文中却提出了不同的看法，他认为黄、衡不是珩，而是系市的带子。他说："两千多年来，'韨'与'衡'的制度久已失传，今天，如非掌握大量两周金文资料，对汉代学者所造成的错误是很难纠正的。至于玉佩的制度，由于'葱衡'不是佩玉，过去学者的许多说法，都已失去根据。"[20]唐说得到了陈梦家先生和林巳奈夫先生的支持。陈先生说：

"金文名物之'黄'不是玉器而是衣服的一种。""金文的朱黄、素黄、金黄、幽黄、葱黄即《玉藻》的朱带、素带、锦带、幽衡、葱衡；而幽衡和缁带可能是同类的。"[21]林先生说："秦以后有表明身分差别的垂带'绶'，以黄赤、赤、绿、紫、青、黑、黄等色的绢丝组织成带。关于绶的起源，据传是在韨、佩废止后，由其纽一部分残存而成的。另方面《礼记·玉藻》也有关于'衡'因身分高下而颜色不同的记载，西周金文上连着市的各种颜色的黄（衡），当然应该是与身分的高下区别有关了。黄相当于衡，也有横的意思，是在市上面与市本身成直角的带子，……这条带子被称为衡即黄是很有可能的。"[22]

以下试对三位先生的说法略事分析；匪敢逞其私臆，唐突鸿彦，只是因为受到近年之出土文物的启发，感到已有条件对这个问题重新加以考虑。首先，唐先生认为金文中"葱黄"、"幽黄"、"朱黄"、"金黄"之葱、幽、朱、金"是颜色，但决非玉色"[23]。林先生补充说："金文中'朱黄'之例数见，朱色的'黄'被当作佩玉是不合理的，因为在殷及西周时代，不仅佩玉，一切工艺品中都没有使用赤玉的例子，上村岭虢国墓发现的鸡血石之类红色小玉算是很早的例子，春秋后期有若干红色玛瑙环等，《说文》有'璊，赬色玉也。瑕，玉小赤也'等记载，可见红色玉的语汇不是没有，但红色系统的半宝石类在古代中国向来不为人所尊重。此项事实与唐兰所谓金文中'黄'上面的形容词是有关染色的名称一并探讨，可知'黄'非佩玉是无庸置疑的。"[24]但事实上古人很重视玉色，称之为玉符[25]。汉·王逸《正部论》说："或问玉符。曰：赤如鸡冠，黄如蒸栗，白如脂肪，黑如淳漆，此玉之符也。"曹丕《与钟大理书》中也有相同的说法[26]。至于认为中国不用赤色玉，亦不尽然。不少古玉表面涂有一层均匀的朱色，有的较厚，应是当时有意识地涂上去的，称此类涂朱之玉璜为"朱黄"应是合理的。葱（素）、幽（黝）色的玉更为常见。至于"金黄"，亦不无可能乃指铜珩而言。

再对"五黄"试作探讨。《师兑簋》说："市五黄。"《元年师兑簋》说："乃且市，五黄。"《师克盨》："赤市五黄。"将"五黄"释为五璜佩，本来顺理成章。但唐先生和陈先生都没有见过后者的实例。唐先生认为"五黄"是市上的五条带子。但市的形状有如蔽膝，系市用一条带子足够，一件市何以要缝上五条带子，既无根据也不合理。陈先生说："五黄犹婕黄，疑指交织之形。"林先生说："假设古时候'吾'读为'梧'，梧即青桐，'五黄'就是以这种树皮的纤维来作'黄'；可是此纤维相当粗这点又说不过去。"此二说连提出者也缺乏充分的自信。

陈先生又说："金文赐市多随以黄，亦有单锡'黄'者（如《康鼎》），可证带是独立的服饰。《玉藻》谓韠的'肩革带博二寸'，就是附属于韠的革带，和大带不同。"他认为"黄"是大带，而不是韠（即市）上的带子，这一点与唐说略有区别。但他又认为黄不是整条大带，说："带分别为横束绕腰与下垂于前的两部分，下垂者为绅，横束者即金文之'黄'，《玉藻》之衡，衡、横古通用而横从黄。"然而既认为"黄"可以单锡，是"独立的服饰"，那么又怎能只赏赐一条大带上之横束的部分，而不及其下垂的部分呢？《诗·小雅·都人士》："彼都人士，垂带而厉。"毛传："厉，大带之垂者。"则大带横向束腰以后，下垂的剩余部分名"厉"，而不叫"绅"；"绅"是指整条大带。陈先生之所以断大带为两截以证成其说，或缘牵合衡、横相通之义而发。

再如唐先生所说，金文中"'黄'次在'市'与'舄'之间，可见'衡'（按指黄）是属于'韨'的服饰。……决不是佩玉"。又说："古书中所见的衡（葱衡、幽衡等）也写作珩，毛苌说是佩玉，金文作黄，或作亢。我曾根据金文中黄的质料和颜色，认为佩玉说是错的。……现在《师𩵦簋》的'赤市朱横'，横字正从市旁，证明它从属于市而非佩玉。这虽然是很小的问题但可以说明毛苌尽管是西汉初人，对古代事物已经有很多不了解了。"[27]陈先生也说："西周金文中的赏赐，命服与玉器是分开叙述的，'黄'随于'市'之后而多与'玄衣黹屯''玄衮衣''中䌄''赤舄'等联类并举；尤其是《师酉簋》的'朱黄'介于'赤市'与'中䌄'之间，《曶壶》的'赤市幽黄'介于'玄衮衣'与'赤舄'之间，《师毁簋》的'金黄'介于'叔市'与'赤舄'之间，可证'黄'是整套命服的一部分。"认为黄属于整套命服的提法并不错，组玉佩本来就是服饰的组成部分，历代史书中的《舆服志》讲祭服、朝服的构成时，也大都把玉佩包括在内。周代的大型组玉佩拖垂到腰下腹前，这里正系着市，从外表看，组玉佩和市是重叠在一起的。何况根据金文的描述，市和黄的颜色须互相配合，更使二者间形成紧密的联系，所以说黄从属于市也是合理的。但唐先生却强调："如果'衡'（按：指黄）确是玉佩，就不应该插入'韨、舄'之间。"实则金文言锡物时，既有种类多少之别，也有叙述详略之分，比如《毛公鼎》说："易女……朱市、悤黄、玉环、玉瑹。"黄不是正和玉环、玉瑹等玉制品相次吗[28]？环在佩饰中常见，瑹则是玉圭之类。《玉藻》说"天子搢珽"，"诸侯荼"。《荀子·大略篇》："天子御珽，诸侯御荼，大夫服笏。"荼（即瑹）虽然下天子之珽一等，式样亦应有小殊，但无疑仍属圭类。而北赵村92号西周晚期墓出土的八璜佩中正将玉圭组合在内，堪称确证。黄为命服中的玉佩，至此已无可置疑。唐先生如能亲见这些新出的实例，想必也会对其旧说作出修正的。

古书中常以璜代表玉佩，如《山海经·海外西经》说："夏后启佩玉璜。"汉·张衡《大司农鲍德诔》说："命亲如公，弁冕鸣璜。"然而析言之，有时也只用它指玉佩中的一个部件。《国语·晋语二》韦昭注："珩，佩上饰也，珩形似磬而小。《诗传》（按：系转引《周礼·玉府》郑注所引《韩诗》的传）曰：'上有葱珩，下有双璜。'"似乎只有一串玉饰上部的磬形提梁才是珩，璜则是玉佩下部悬挂的弧形垂饰。珩和璜古音皆属阳部匣母，本可通假。而且先秦时，珩和璜的区别并不严格，西周并无磬形之珩，尽管是一组玉佩最顶上那一件，亦作圆弧形。但是为什么后来会产生珩在上、璜在下的说法呢？其原因应和这类佩饰的形制在东周时的剧烈分化有关。当然并不是说多璜组玉佩至东周已然绝迹,太原春秋晚期晋赵卿墓主棺内出玉璜十八件、龙形佩十件,还有大量水晶珠[29]。虽然由于棺椁坍塌,随葬器物受震移位,但从出土时的分布状况看,其中的若干件可能原本是一副多璜组玉佩。战国早期的曾侯乙墓,墓主内棺出土玉璜三十六件。放置的情况是:"墓主腰部以上有九对和四个单件;腰部以下有四对和六个单件。"[30]其中有的原也可能组成一副多璜组玉佩。可是上述两例佩饰之部件间的联系痕迹不明,已无法复原。值得注意的是,两座墓中都出土了一类玉"龙形佩"。根据中山王𰯼墓出土之此类佩上的墨书铭文,它被称为"玉珩"[31](图9-5:1),而与成组的东周玉佩相对照,此物都作为垂饰,是安排在组玉佩最下部的璜。目前虽难以确知西周时是否已有"珩"字[32],但纵然这时已出现珩、璜二名,它们的界限也必然是模糊的。

图9-5 龙形佩
1. 河北平山中山王墓出土 2. 山西长子7号墓出土 3. 湖北随县曾侯乙墓出土
4. 山东曲阜鲁故城58号墓出土 5. 安徽长丰杨公8号墓出土

东周以降,组玉佩的形制产生了较大的变化。自春秋晚期起,组玉佩不再套于颈部,而是系在腰间的革带上。望山2号墓50号竹简称:"一革绲(带),备(佩)。"佩与革带连言,表明佩玉附于革带。形象材料也证实了这一点,信阳2号墓与江陵武昌义地楚墓出土的彩绘木俑身上所绘玉佩,都从腰带上垂下来[33](图18-1)。同时,构成组玉佩的部件也多有创新。以组玉佩下部所垂龙形璜而论,山西长子7号春秋晚期墓所出者,龙身较短肥,蜷曲的程度不甚剧烈,代表角、鳍、足、爪等部位的突出物尚未充分发育[34](图9-5:2)。同时期的山西太原赵卿墓所出者,尾部虽稍稍加强,但整体变化不大[35]。战国早期的龙形佩,如湖北随县曾侯乙墓所出者,体型变瘦,蜷曲度增大[36]

(图9-5:3)。战国中期的河南信阳长台关1号墓、山东曲阜鲁故城58号墓等地所出者，龙身更加瘦长，更加蜷曲，而且头尾两端的曲线趋于对称[37]（图9-5:4）。至战国晚期，如安徽长丰杨公8号墓所出者，身姿蜿蜒，鳍爪纷拏，有飞舞腾踔之势[38]（图9-5:5）。虽然中山王䝮墓出土的此类玉件名"珩"[39]，但它们却从来不出现在一组玉佩顶端起提梁作用的位置上。相反，䝮墓所出另一种亦自名为"珩"的部件[40]（图9-6:1），与出土实例相对照，却常被安排在组玉佩顶端或当中的关键部位，以牵引提掣其他佩玉。起初，它们还保持着弧形璜的基本构图，只不过附加上不少透雕纹饰。以后越来越复杂，越来越不适于放到组玉佩底端充当垂饰了（图9-6:2~5）。东周玉佩饰中的其他部件如各类璧、瑷，或出廓，或遍施透雕，构图往往新颖奇巧。再如从韘形演变出来的"鸡心佩"、活泼生动的玉舞人等，碾琢工艺也都得到长足进展，其中不乏极具匠心的精美之作。这时的组玉佩已经突破了西周之叠加玉璜的作法，出现了不拘一格、斗奇争妍的盛况。可惜出土时原组合关系未被扰动的东周玉佩为数很少，而且由于其结构无定制，复原起来很困难。洛阳金村周墓出土之著名的金链玉佩，由于部分玉件已从金链上脱落，就出现了两种复原方案[41]。图9-7所举诸例，如洛阳中州路和曲阜鲁故城所出者，形制

图9-6 "珩"形佩

1. 河北平山中山王墓出土 2. 山东曲阜鲁故城乙组52号墓出土 3. 北京故宫博物院藏
4. 安徽长丰杨公2号墓出土 5. 美国华盛顿弗利尔美术馆藏

周代的组玉佩　　　131

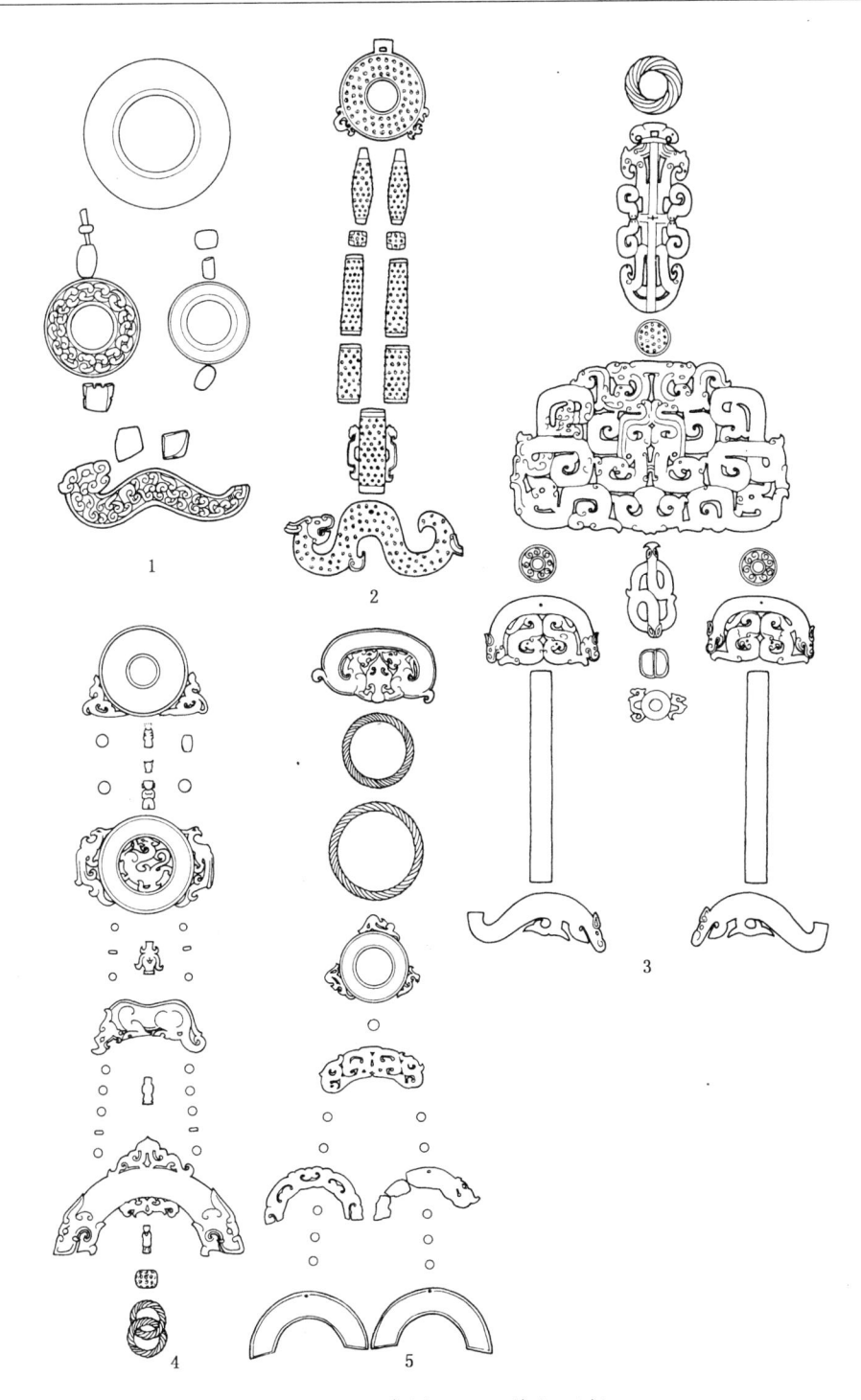

图 9-7　东周至西汉的组玉佩

1. 洛阳中州路 1316 号战国墓出土　2. 曲阜鲁故城乙组 58 号战国墓出土
3. 台北故宫博物院藏战国组玉佩　4、5. 广州象岗西汉南越王墓出土

比较简单。台北故宫博物院所藏者，其组合亦带有某些复原的成分[42]。广州南越王墓所出者，时代则晚到西汉初，不过它们无疑还保留着东周遗风[43]。这类成组的实例尽管不够多，亦足以证明大量存世的单件佩玉本是从组玉佩中游离出来的。而且若干东周时期之精致的玉佩件，已娴熟自如地运用了透雕技法，花纹虽繁缛密集，图案仍洒脱流利，有不少例堪称我国古文物中的瑰宝。但对个别部件的极力加工和整套玉佩之组合的不断创新，却使自西周以来组玉佩为反映贵族身分而建立起来的序列规范受到削弱；这和东周时旧制度逐步瓦解、"礼崩乐坏"的历史潮流也是合拍的。以前郭宝钧先生曾拟出一幅战国组玉佩的模式图（图9-8），但近五十年来的出土物罕有与之相合者。现在看来这时的组玉佩正处在更迭变化的过程中，要为它确立一种模式是很困难的。并且由于郭先生不赞同以实物与文献相结合的方法进行研究，主张"玉器自玉器，文献自文献，分之两真，合之两舛"，就更使他的探讨难以得出令人信服的结论[44]。

至西汉中晚期，组玉佩已不多见，朝服普遍用绶，这是服饰史上的一次重大变化。绶虽与系玉之组在渊源方面有所关联，但它是用于佩印的。从这个意义上说，绶和组玉佩具有完全不同的作用。就形式而言，也不宜直接比附了。

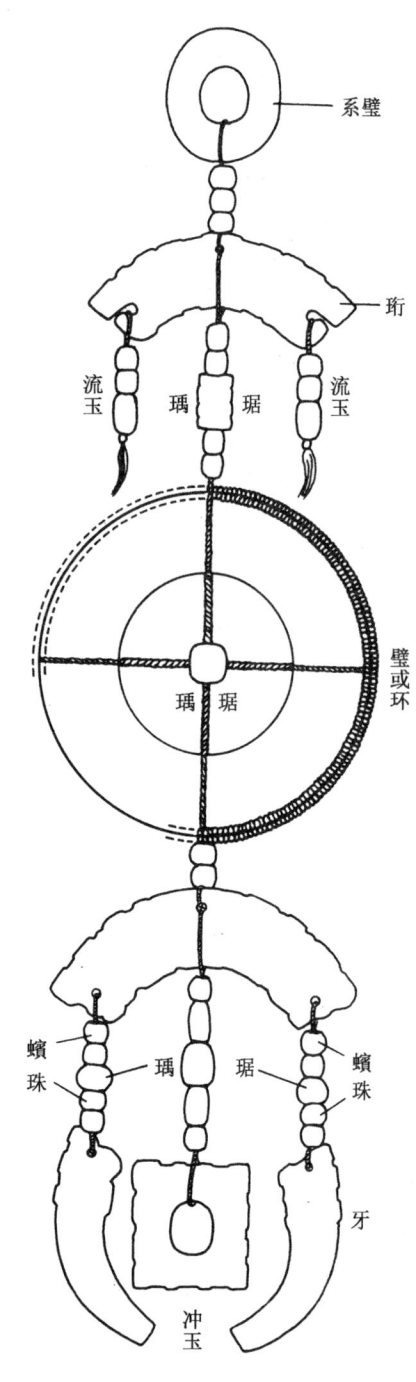

图9-8 郭宝钧所拟
"战国组玉佩模式图"

注 释

① 《艺文类聚》卷八三引《尹文子》："魏田父有耕于野者，得玉径尺。……王问其价，玉工曰：'此无价以当之，五城之都，仅可一观。'"《史记·廉颇蔺相如列传》："赵惠文王时，得楚和氏璧。秦昭王闻之，使人遗赵王书，愿以十五城请易璧。"

② 夏鼐：《商代玉器的分类、定名和用途》，《考古》1983年第5期。

③ 俞樾：《春在堂全书·俞楼杂纂之十·玉佩考》。

④ 邓淑苹：《新石器时代玉器图录·试论中国新石器时代的玉器文化》页24，台北，1992年。

⑤⑦ 中国玉器全集编委会编：《中国玉器全集》卷1，图57；卷2，图273，河北教育出版社，1993年。

⑥⑮ 北京大学考古学系编：《燕园聚珍》图85～87，文物出版社，1992年。

⑧ 卢连成、胡智生：《宝鸡強国墓地》上册，页363，文物出版社，1988年。

⑨⑫ 北京大学考古学系等：《天马—曲村遗址北赵晋侯墓地第五次发掘》，《文物》1995年第7期。至于北赵村63号墓出土的四十五璜玉佩，总长度已超过人的体高，难以佩带。参加发掘的先生有的认为，这本来不是一组佩玉，初步整理时误连为一。玉佩中系玉圭之记载，见下文所引《毛公鼎铭》。

⑩ 山西省考古研究所等：《天马—曲村遗址北赵晋侯墓地第三次发掘》，《文物》1994年第8期。

⑪ 河南省考古研究所等：《三门峡虢国墓》第一卷上册，页154、275～277、531，文物出版社，1999年。

⑬㉕ 卢兆荫：《玉德·玉符·汉玉风格》，《文物》1996年第4期。

⑭ 陕西周原考古队：《陕西岐山凤雏村西周建筑基址发掘简报》，《文物》1979年第10期。

⑯ 平顶山应国墓地出土者，见《中国文物精华》（1990年）图56。北赵村31号墓出土者，见《文物》1994年第8期。北赵村92号墓出土者，见《文物》1995年第7期。

⑰ 洛阳中州路西工区出土玉人，见 Mysteries of Ancient China. fig. 73. 信阳楚墓出土木俑，见沈从文《中国古代服饰研究》页18～19。广州南越王墓出土玉舞人，见《西汉南越王墓》下册，图版148。

⑱ 陕西省考古研究所等：《陕西出土商周青铜器》卷2，文物出版社，1980年。

⑲⑳㉓ 《唐兰先生金文论集·毛公鼎"朱韨、葱衡、玉环、玉瑹"新解——驳汉人"葱珩佩玉"说》，紫禁城出版社，1995年。

㉑ 陈梦家：《西周铜器断代》，《燕京学报》新1期，1995年。

㉒㉔ 林巳奈夫：《西周时代玉人像之衣服及头饰》，《史林》55卷2号，叶思芬译文载《故宫季刊》10卷3期。

㉖ 王逸：《正部论》，玉函山房辑本。曹丕：《与钟大理书》，载《文选》卷四二。

㉗ 《唐兰先生金文论集·用青铜器铭文来研究西周史》。

㉘ 《番生簋》说："易朱市、悤黄、鞞鞈、玉睘、玉瑹。"所叙锡物名目与《毛公鼎》类似。鞈为璲字之假，亦是玉器。至于《番生簋》和《毛公鼎》铭所称玉瑹，虽属圭类，但并非分封土地、颁赐策命时所之"命圭"。《考工记·玉人》郑注："命圭者，王所命之圭也，朝觐执焉，居则守之。"命圭又称介圭，《诗·大雅·崧高》："王遣申伯，路车乘马。我图尔居，美如南土。锡尔介圭，以作尔室。往近王舅，南土是保。"鼎铭中之玉瑹如果是这么重要的、可视为诸侯镇国之宝的命圭，则在锡物的名单中不会排列到玉环之后，所以它只能被认为是组玉佩中的部件。

㉙ 据山西省考古研究所等：《太原晋国赵卿墓》页175～179所载出土遗物登记表统计，文物出版社，1996年。

㉚ 湖北省博物馆：《曾侯乙墓》页409，文物出版社，1989年。

㉛㊴㊵ 河北省文物研究所：《𰻞墓——战国中山国王之墓》页440，文物出版社，1995年。

㉜ 唐兰先生在注⑲所揭文中说："'璜'是古字，'珩'是春秋以后的新字。"

㉝ 湖北省文物考古研究所：《江陵望山沙冢楚墓·望山1、2号墓竹简释文与考释》，文物出版社，1996年。武昌义地楚墓出土木俑见《中国玉器全集》卷2，页40，河北美术出版社，1993年。

㉞ 山西省考古研究所：《山西长子县东周墓》，《考古学报》1984年第4期。

㉟ 见注㉙所揭书，页148。

㊱ 见注㉚所揭书，页416。
㊲ 杨建芳：《战国玉龙佩分期研究》，《江汉考古》1985年第2期。
㊳ 安徽省文物工作队：《安徽长丰杨公发掘九座战国墓》，《考古学集刊》第2集，1982年。
㊶ 第一种复原方案见梅原末治《洛阳金村古墓聚英》（东京，1937年）。第二种复原方案见 T. Lawton, *Chinese Art of the Warring States Period.* （华盛顿，1982年）。
㊷ 邓淑苹：《蓝田山房藏玉百选》图62，台北，1995年。
㊸ 广州市文物管理委员会等：《西汉南越王墓》下册，彩版4、10，文物出版社，1991年。
㊹ 郭宝钧：《古玉新诠》，《历史语言研究所集刊》第20本下册，1949年。

（原载《文物》1998年第4期）

深衣与楚服

由于形象材料极其缺乏，在研究我国古代服装发展演变的历史时，西周这一段难以说得具体。此时在这方面留下的史料，主要是《尚书》、《诗经》等书中的描写以及金文中有关锡衣的记述。这些文字材料告诉我们，西周贵族的服装不外乎冠冕衣裳。所谓"衣裳"，指上衣下裳，是一种上下身不相连属的服制。到了春秋、战国之交，出现了一种新式的、将上衣下裳连在一起的服装，称为"深衣"。《礼记·深衣篇》郑注："深衣，连衣裳而纯之以采者。"正义："以余服上衣下裳不相连，此深衣衣裳相连，被体深邃，故谓之深衣。"《深衣篇》把这种服装的制度与用途说得很详细："深衣盖有制度，以应规、矩、绳、权、衡。短毋见肤，长毋被土，续衽钩边，要缝半下。"并说这种衣服"可以为文，可以为武，可以摈相，可以治军旅，完且弗费，善衣之次也。"给了它以很高的评价。实际上深衣是战国至西汉时广泛流行的服装式样。只是到了魏晋以后，由于它已被别的服式所取代，才逐渐湮没不彰，从而所谓"续衽钩边"等裁制法也使后人感到难以理解了。清·江永《深衣考误》一书中复原的深衣图样（图10-1），二百年来影响颇大，现代治服装史者，仍有人持以为据。然而江氏所理解的"续衽钩边"，只不过是在衣内掩一小襟而已，它和清代长衫中的小襟差不多，而与战国深衣的钩边却相去很远。

案《深衣篇》"续衽钩边"，郑注："续犹属也，衽在裳旁者也。属连之，不殊裳前后也，钩读如鸟喙必钩之钩，钩边若今曲裾也。"正义："今深衣，裳一旁则连之相着，一旁则有曲裾掩之，与相连无异，故云属连之不殊裳前后也。郑以后汉时裳有曲裾，故以续衽钩边似汉时曲裾，是今朝服之曲裾也。"汉时的曲裾是什么样子呢？这在《汉书·江充传》中曾描述过："充衣纱縠禅衣，曲裾，后垂交输。"颜注："如淳曰'交输割正幅，使一头狭若燕尾，垂之两旁，见于后。是《礼记·深衣》：续衽钩边。贾逵谓之衣圭。'苏林曰：'交输如今新妇袍上衱，全幅角割，名曰交输裁也。'"《释名·释衣服》也说："妇人上服曰袿，其下垂者，上广下狭，如刀圭也。"而在江永的图上却看不出这些特点来。

到了清代中叶，任大椿于《深衣释例》中始提出新说："案在旁曰衽。在旁之衽，

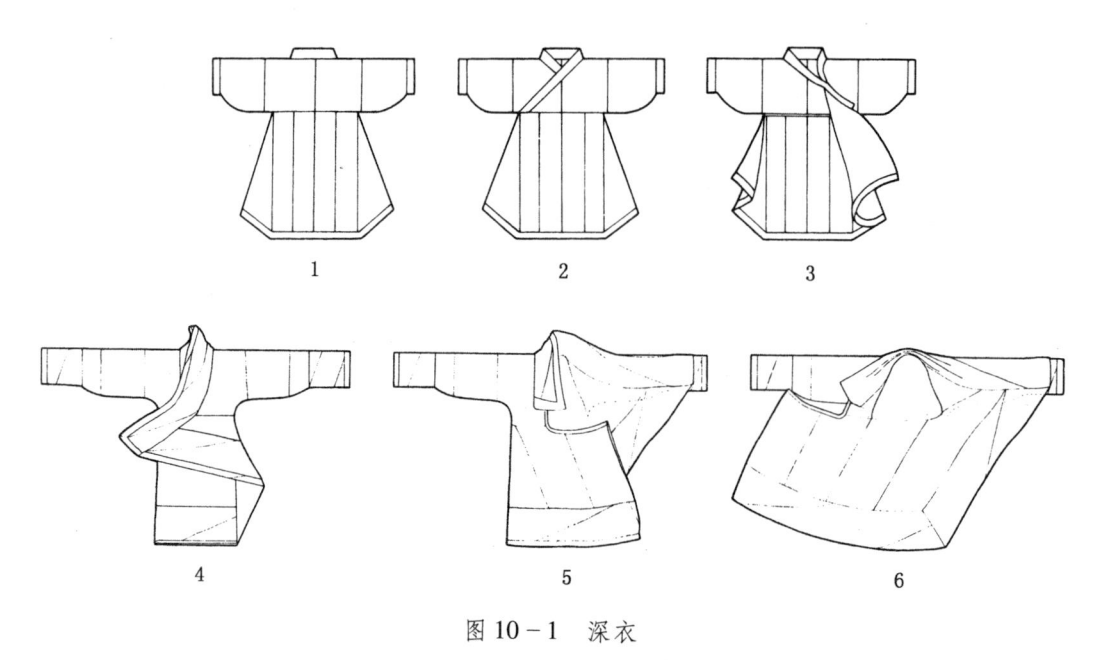

图 10-1 深衣
上. 江永所拟深衣图样〔经原田淑人修订〕（1. 背面　2. 正面　3. 打开前襟后，可见内部的小襟）
下. 马王堆 1 号汉墓出土信期绣深衣（4、5. 打开左襟　6. 打开右襟）

前后属连曰续衽。右旁之衽不能属连，前后两开，必露里衣，恐近于亵。故别以一幅布裁为曲裾，而属于右后衽，反屈之向前，如鸟喙之句曲，以掩其里衣。而右前衽即交乎其上，于覆体更为完密。"任氏的说法很有见地，他指出深衣用曲裾拥掩，这同实际情况是相当接近的。惟任氏说曲裾反屈向前，却不无疏失。因为着衣服时裾当在背后。《方言》卷四郭注："裾，衣后裾也。"《释名·释衣服》："裾，倨也。……亦言在后，常见踞也。"考古材料中见到的情况也证明了这一点。

由于深衣在战国时广泛流行，所以从这时周、秦、齐、魏以及中山等国的遗物中，都能发现深衣的踪迹[①]（图 10-2）。着深衣者有男子，也有妇女，但不论国别如何，性别如何，这种服式的共同特点是：都有一幅向后拥掩的曲裾。长沙马王堆 1 号西汉墓出土的九件深衣，虽时代略晚，却提供了最明确的实证（图 10-1:4～6）。

深衣为什么要裁制出此类曲裾呢？这是为了解决上下衣相连属后出现的新问题而产生的新作法。因为汉以前，华夏族固有之服装中的内衣，特别是裤，还相当不完备。《说文》："绔，胫衣也。"王念孙《广雅疏证》卷六："膝以上为股，膝以下为胫。"则胫衣即两条裤管并不缝合的套裤[②]，人们还要在股间缠裈。而上层人士，特别是妇女，为了使这样一套不完善的内衣不致外露，所以下襟不开衩口。既不开衩口，又要便于举步，于是就出现了这种用曲裾拥掩的服式。

上面所说的情况都是就中原地区华夏族的服式而言的。立国于江汉地区的楚，他们

图 10-2　北方各国的深衣
1. 周玉佩（洛阳金村出土）　2. 赵国陶器残片（山西侯马出土）　3. 中山国银首人形灯座（河北平山出土）
4. 秦国壁画（人物只存下半身，咸阳 3 号宫殿遗址出土）　5. 齐国漆盘纹饰（临淄郎家庄出土）

的服装式样又是怎样的呢？史称，西周初"封熊绎于楚蛮"（《史记·楚世家》），楚被认为是蛮夷之地。《国语·晋语》："昔成王盟诸侯于岐阳，楚为荆蛮，置茅蕝，设望表，与鲜卑守燎，故不与盟。"其地位还和当时不太开化的鲜卑相当。西周末年，楚子熊渠说："我蛮夷也，不与中国之号谥。"直到春秋初年，楚武王熊通仍然自称："我蛮夷也，""我有敝甲，欲以观中国之政。"还把自己划在当时所说的中国之外。既然作为蛮夷之邦，楚服理应与中原诸夏有所不同。但检寻先秦文献，却没有哪一处提到过楚有什么独特的服制。《淮南子·齐俗》总括各族服装的特点时说："三苗髽首，羌人括领，中国冠笄，越人劗鬋。"三苗和羌人的服制虽不知其详[③]，但越人的装束文献中一再说他们是"髡发文身"（《逸周书·王会篇》），"错臂左衽"（《战国策·赵策》），"越人跣足"

（《吕氏春秋·本味篇》），"首不加冠"（《新论》）；而楚服却不曾被这样描写过。不仅如此，相反，春秋时楚国君臣戴冠弁的记事屡见不鲜。《墨子·公孟篇》："楚庄王鲜冠组缨，绛衣博袍，以治其国。"《左传·昭公十三年》说，楚灵王"皮冠，秦复陶，翠被，豹舄"。同书《僖公二十八年》说楚子玉"自为琼弁玉缨"。《韩诗外传》卷七说，楚庄王赐其群臣酒，日暮酒酣，有牵王后衣者，"后忔冠缨而绝之"。王曰："与寡人饮，不绝缨者，不为乐也。"于是"不知王后所绝冠缨者谁"。可见楚国君臣的装束都可以归入"中国冠笄"一类。到了战国时，从各地楚墓出土木俑的服饰来看，楚人已普遍着深衣。由于楚俑数量多，保存状况良好者不乏其例，因此在论及深衣制度时，楚俑比北方各国的遗物提供了更为充分的材料。木俑中所见深衣的下摆，因为拥掩得比较紧凑，还不算太肥大；在楚墓帛画中所见者，其下摆却极为褒博，有一大片拖曳在背后，更显得雍容华贵④（图10-3）。而战国时代男、女两式深衣的区别也只能借楚俑分辨清楚。长沙406号楚墓出土的男俑身上的深衣，其曲裾只向身后斜掩一层，长沙仰天湖25号楚墓出土的女俑，其曲裾却向后缠绕数层，而且前襟下还垂出一枚尖角形物。男、女两式深衣的这种区别，西汉时依然沿袭了下来，湖北云梦大坟头1号墓与江苏徐州北洞山崖墓所出着深衣俑，女俑之曲裾都缠绕得更繁复些⑤（图10-4）。至于女式深衣下垂的尖角形物，在西汉俑上也可以见到，徐州米山出土者，后裾之下垂尖角两枚，其状很像"燕尾"，每一枚也正是上广下狭如刀圭（图10-5）；这和男式深衣的式样是不同的。江充谒见汉武帝时所着之深衣，后垂两枚燕尾，被苏林讥为好像是新妇的袍袿，大约就是因为他故弄风姿，穿了接近

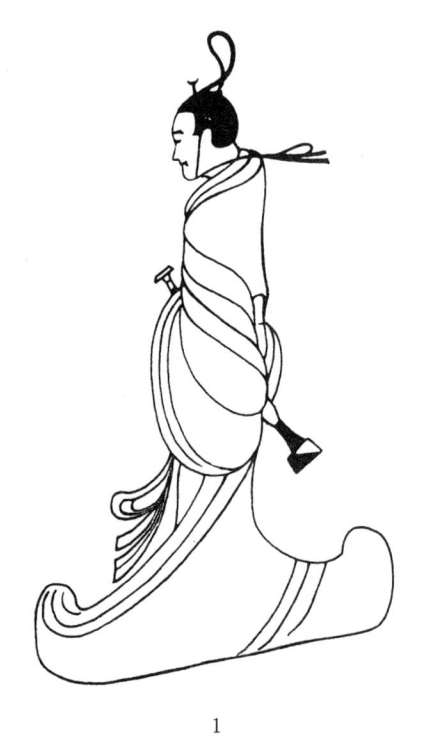

图 10-3　楚帛画上所见深衣

1. 长沙子弹库楚墓出土
2. 长沙陈家大山楚墓出土

图 10-4 男、女深衣俑（1、3、5. 男子 2、4、6. 妇女）
1. 长沙 406 号楚墓出土 2. 长沙仰天湖 25 号楚墓出土
3、4. 湖北云梦大坟头 1 号西汉墓出土 5、6. 江苏徐州北洞山西汉墓出土

女式的深衣之故。

春秋时楚服用冠笄，战国时楚服着深衣，反映出楚俗与中原实无大异。楚虽地处江汉，但楚人自称是颛顼、祝融之后，早在殷商时代，三楚地区就建起了像湖北黄陂盘龙

城、湖南宁乡炭河里这类出土物与中原商器无多大差异的邑聚。西周初年的周原甲骨中又出现了"楚子来告"的刻辞。其后，楚人与中原的交往更为频繁，楚人华化的进程更为迅速。至春秋、战国时，楚人华化已深。虽然楚、夏语音有别，书体微殊，但语言文字是相同的。虽然楚俗尚鬼，但楚国思想家与中原人士的思想感情是相通的，这只要看屈原《天问》中提出的"古贤圣怪物行事"等问题中，历数夏、商、周史实，而其主旨不外乎"以有道而兴，无道则丧。……颂三王五伯之美武，违桀纣幽厉之覆辙"⑥，便可得知。所以楚材可以晋用。楚文化是当时中国文化统一体中之重要的、生气勃勃的、然而又是有机的组成部分。曲裾深衣的楚士完全可以比肩于六国冠冕。问鼎周室，逐鹿中原的楚，是当时的文明大国。

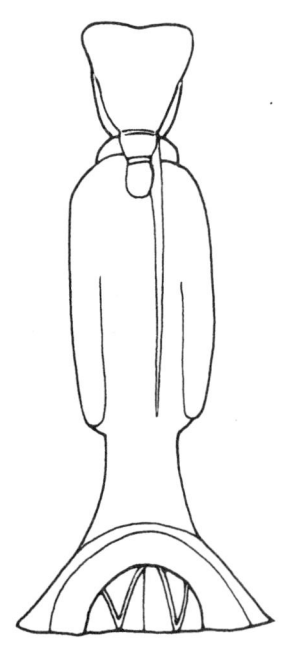

图 10-5 西汉女式深衣上所见"燕尾"
（徐州米山西汉墓出土陶女俑）

那么，是不是楚的服装完全混同于北方各国，没有自己的地方特点呢？不是的。《战国策·秦策·五》说："（吕）不韦使（秦公子异人）楚服而见（华阳夫人）。王后悦其状，高其知，曰'吾楚人也。'而自子之。"姚宏注："楚服，盛服。"鲍彪注："以王后楚人，故服楚制以悦之。"《史记·叔孙通列传》："叔孙通儒服，汉王憎之。乃变其服，服短衣楚制，汉王喜。"索隐引孔文祥曰："高祖楚人，故从其俗裁制。"这两件事例相近，都是在干谒权贵之关键时刻用着楚服的方法引起对方的乡情而博得好感，因知楚服也有不同于北方各国的服饰之处。根据《叔孙通列传》的叙述，楚服是一种短衣。楚国的劳动者或穿短衣。如河南信阳长台关楚墓所出漆瑟之彩绘中的猎人，上身着短衣，下身光着腿⑦（图10-6）。但同一彩绘中的乐工则穿长衣，贵族更是褒衣博袖。故公子异人与叔孙通在上述场合，大约不会打扮得如同彩绘中的猎人，因为那样就不成其为"盛服"了。所谓短衣应作别的解释。按《楚辞·九辩》云："被荷裯之晏晏兮。"裯无疑是一种楚服。王注："裯，袛裯也。"《说文·衣部》："袛裯，短衣。"则裯既是楚服又是短衣，它也叫汗襦。《方言》卷四："汗襦，或谓之袛裯。"清·钱绎《方言笺疏》说："凡字之从需、从臾、从而者，声皆相近。短衣谓之襦，犹小兔谓之䨲，小鹿谓之麚，小栗谓之栭也。小与短同义。"他又认为通行本《方言》中"褕谓之

图 10-6 漆瑟彩绘中的猎人
（信阳长台关楚墓出土）

袖"一语当校正作"褕谓之半袖"。可见襦本身短小，有的还是短袖。再看《释名·释衣服》所说："汗衣，近身受汗垢之衣也。《诗》谓之'泽'，受汗泽也。或曰'鄙袒'，或曰'羞袒'。作之用六尺，裁足覆胸背，言羞鄙于袒而衣此尔。"则这种上衣（裯、衹裯、汗襦、汗衣）"裁足覆胸背"，它的袖子一定相当短。裯字有直由切、都牢切两读。《说文》说裯字"从衣，周声"，则古音当依前读。从而可知江陵马山1号楚墓出土的系有墨书竹楬"繋以一緅衣见于君"之笥中所盛短袖的緅衣就是裯⑧（图10-7）。緅、裯皆为幽部字，当可通假。马山1号墓出的

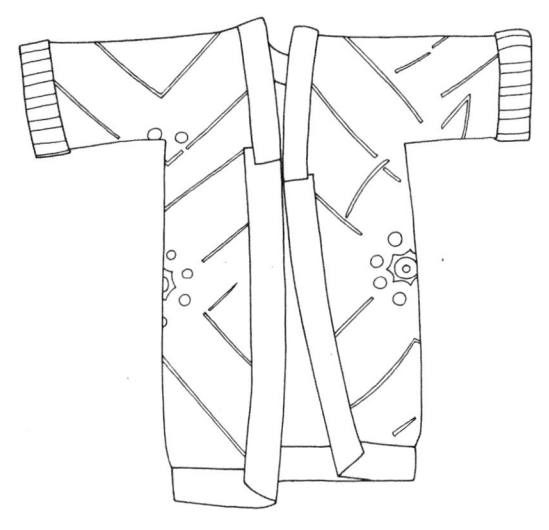

图10-7 短袖的"緅衣"

（湖北江陵马山1号楚墓出土）

这件緅衣用红棕色绢地凤纹绣裁制，是用于助丧之缩小了的衣服模型，通长45.5、袖长13、袖宽10.7厘米。如折合成实用的尺寸，以衣长为80厘米，则袖长也只合23厘米许。南方湿热，穿短袖的衣服符合实际需要。《淮南子·原道》说，"九疑之南"，"短袂攘卷"。其实此风大约通行于江南。浙江湖州埭溪出土的人形铜镦，就穿着短袖的上衣⑨（图10-8:2）。但是穿这种衣服能不能登大雅之堂呢？看来并不成问题。因为湖北随县曾侯乙墓所出编钟之钟虡上的铜人，穿的也是短袖上衣⑩（图10-8:1）。编钟是宫廷雅乐，又是重器，钟虡铜人自应着盛服。曾侯乙墓虽然不是楚墓，但出土物带有浓重的楚风，研究者认为此墓当与楚墓并论，列入广义的楚文化范畴之内⑪。故可据此铜人以言楚服。公子异人与叔孙通穿这样的衣服谒见华阳夫人或汉王刘邦，应不失体统。此外《方言》还说："裯谓之褴。"郭注："衹裯，弊衣，亦谓之褴褛。"在《左传》中，宣公十二年和昭公十二年两次提到楚之先王"筚路蓝缕"以开发林莽。路即辂，筚路是用荆竹制的带有楚之特色的车。蓝缕即衹裯，是带有楚之特色的衣服。楚之先王乘筚路而着蓝缕，正表示他们与本地居民打成一片。训衹裯为弊衣，当是后起之义。如果认为楚之先王穿的就是"敝衣"甚至"破衣"⑫，其尊贵的地位则将难以体现。从而可知，短袖的裯衣是有代表性的楚服，《秦策》与《叔孙通列传》所说的楚服当与之相近。

当然，楚人的服装在深衣、裯衣之外，还有各种直裾长衣，马山1号墓的出土物中就有不少实例。但由于这种长衣在北方也常见，马山出土者未见新的特点，这里就不作讨论了。

楚服中的冠则比较特殊。《左传·成公九年》记楚·锺仪被俘的故事说："晋侯观于

军府,见锺仪。问之曰:'南冠而絷者谁也?'有司对曰:'郑人所献楚囚也。'"杜注:"南冠,楚冠。"可见晋侯看到锺仪戴的南冠,就知道他不是晋人,证明楚的冠制不同于北方。但锺仪戴的南冠到底是什么式样,目前尚无法作出准确的判断。在古文献中,另一种常被提到的楚冠是高冠。《离骚》:"高余冠之岌岌兮。"《九章·涉江》:"冠切云之崔嵬。"王注:"戴崔嵬之冠,其高切青云也。"《说苑·善说篇》也说:"昔者荆为长剑危冠。"长沙所出的人物御龙帛画中的男子所戴的冠很高,上部呈"8"字形,或与所谓高冠即切云冠相近。但它和汉代的通天、远游、进贤一系冠式不同,在汉代很少见,只有洛阳老城西汉墓壁画中的武士戴此类冠⑬。然而前者在楚国文物与后者在汉代文物中均为孤例,其定名与二者之间的关系尚无法作进一步的说明。第三种著名的楚冠是獬冠。《淮南子·主术》说:"楚文王好服獬冠,楚国效之。"高诱注:"獬豸之冠,如今御史冠。"《太平御览》卷六八四引《淮南子》作"楚庄王好觟冠,楚效之也。"许慎注:"今力士冠。"其文虽异,但獬冠和觟冠实为同物,它们都得名于獬豸或觟𮫚,这个名称应来自楚的方言,所以记音时用字或不尽一致。《魏书·崔辩传》:"(崔)楷性严烈,能摧挫豪强。故时人语曰:'莫㹴獬,付崔楷。'"其所谓㹴獬,大约也来自同一语源,它含有刚直倔犟之意,楚人用它作为一种神兽之名。汉·杨孚《异物志》说:"北荒之中有兽,名獬豸,一角,性别曲直。见人斗,触不直者;闻人争,咋不正者。楚王尝获此兽,因象其形以制冠"(《晋书·舆服志》引)⑭。汉·王充《论衡·是应篇》说:"觟𮫚者,一角之羊也。性知有罪。皋陶治狱,其罪疑者,令羊触之,有罪则触,无罪则不触。"可见獬豸即觟𮫚,这种神话应源于古代的动物神判观念。而獬冠则应取象于獬豸的独角。汉·应劭《汉官仪》说:"秦灭楚,以其冠赐近臣,御史服之,即今解豸冠也。古有解豸兽,触不直者,故执宪以其角形为冠,令触人也。"则秦汉的法冠都是从獬冠演变而来。但在汉代的大量形象资料中,

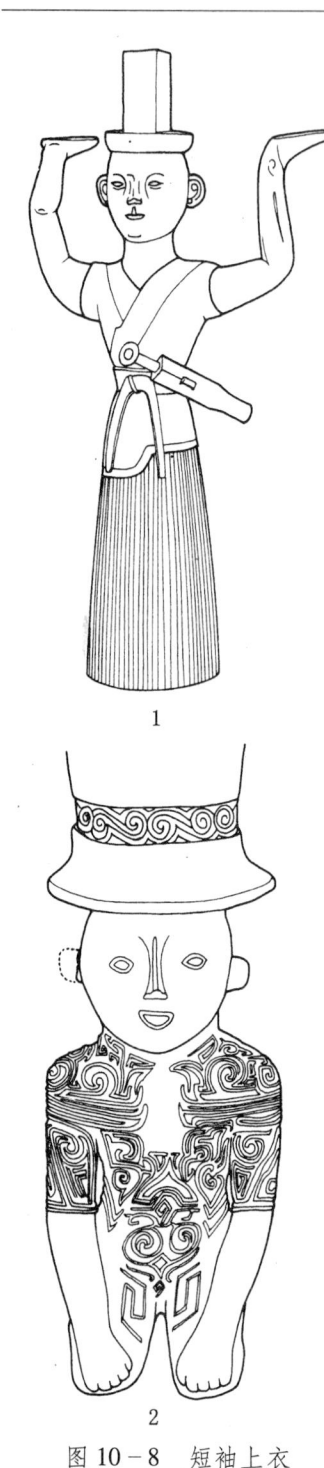

图 10-8 短袖上衣

1. 钟虡铜人(湖北随州曾侯乙墓出土) 2. 人形铜镈(浙江湖州埭溪战国墓出土)

却始终未能找到戴这种冠的人像。目前所掌握的较清楚之一例，为敦煌莫高窟285窟南壁西魏壁画《五百强盗成佛因缘图》中的法官所戴者，虽然时代去东周已远，但其冠前确有一角状物[15]（图21-4）。根据这一线索和《淮南子》许慎注认为鲑冠即力士冠的说法再进行考察，又可知江苏铜山洪楼汉画像石中的力士所戴竖一角之冠当即源自獬冠的力士冠[16]。《淮南子》说楚王作獬冠后，"楚国效之"，可见它曾在楚国广泛流行。西汉时，长沙马王堆1、3号墓亦曾大量出土头顶立直棒的木俑，它们显然不够戴獬冠的资格，此直棒或代表力士冠。当然，这些问题一时难以论定，尚有待继续探讨。至于楚俑中常戴的扁平形帽状物，因为不是"幘持发"之具，所以不属于"冠"的范畴，按照当时的标准，此物只能称为帽。而古代华夏族重视冠、冕，帽是被人看不起的。《说文·冃部》就说："冃，小儿及蛮夷头衣也。"楚俑中戴帽的这么多，倒从一个侧面反映出这里的社会风尚毕竟有别于中夏。

从渊源上说，楚人着深衣系效法北方各国。但及至西汉，由于开国君臣多为楚人，故楚风流布全国；北方原有的着深衣之习为楚风所扇而益盛。出土的战国文物中还能看到一些着直裾半长衣与袴，接近于当时所称胡服的人像[17]（图10-9），这时却看不到了。包括士兵、厮役在内的各种人物无不着深衣，虽然这些人的深衣较短，掩在身后的衣衽也较窄，但终归和直裾之衣不同。而在式样上更加翻新的是女式深衣，这时不仅将以前垂于衣下的一枚尖角增为两枚一组的"燕尾"，并添加飘带，形成了一套称为"襳"与"髾"的装饰。《文选·子虚赋》："蜚襳垂髾。"六臣注："司马彪曰：'襳，袿饰也。髾，燕尾也。襳与燕尾，皆妇人袿衣之饰也。'铣曰：'髾，带也。'"《汉书·司马相如传》颜注："襳，袿衣之长带也。髾谓燕尾之属。皆衣上假饰。"[18]又枚乘《七发》："杂裾垂髾。"傅毅《舞赋》："华带飞髾而杂襳罗。"均对襳和髾着意描写。这种服装不仅在东汉画像砖上能够看到，而且在东晋时的朝鲜安岳冬寿墓壁画，顾恺之的《洛神赋图》、《列女传图》及北魏·司马金龙墓漆屏风彩绘、西安草场坡十六国墓出土陶俑，甚至到6世纪中叶莫高窟285窟西魏大统五年（539年）的壁画中还能见到[19]（图10-10:1~5），流行的时间极长。隋唐时，虽然因为服式发生大的变化，曲裾深衣在现实生活中已经消失，但在若干拟古的场合，唐代画师笔下的古装人物仍有穿缀襳髾的深衣者，如莫高窟334窟初唐壁画维摩诘经变中帐前之天女、莫高窟45窟盛唐壁画观音经变中现大自在天身之观音均作此种装束[20]（图10-10:6）。而当时若干盛装女俑所着蔽膝在两侧缀以尖角，亦可视为襳髾之余绪[21]（图10-10:7）。

图10-9 铜人
（山西长治分水岭韩墓出土）

图 10-10 襳、髾及其演变

1. 河南新野出土东汉画像砖 2. 朝鲜安岳东晋·冬寿墓壁画 3. 东晋·顾恺之《列女传图》
4. 西安草场坡十六国墓出土陶俑 5. 莫高窟 285 窟西魏壁画
6. 莫高窟 45 窟唐代壁画中的着古装者 7. 唐彩绘陶俑（传世品）

男式深衣的历史则没有这样长，东汉时，男子着深衣的已很罕见。画像石中的人物多着宽大的直裾长衣，应即襜褕。《说文》："直裾谓之襜褕。"它虽然是直裾，但由于很宽大，所以与战国时的直裾半长衣之外观大不相同。《方言》卷四："襜褕，江淮南楚谓之襌裕。"襌裕为宽松下垂状㉒。《释名·释衣服》："襜褕，言其襜襜宏裕也。"亦着眼于其宽大。襜褕在西汉时已经出现，但当时还不认为是正式的礼服。《史记·武安侯列传》说田蚡"衣襜褕入宫，不敬"。索隐："谓非正朝衣。"东汉时却不然，《东观汉记》说："耿纯，字伯山，率宗族宾客二千余人，皆衣缣襜褕、绛巾，奉迎上于费。上目之，大悦。"㉓则到了东汉初年，襜褕在社会上一般人士心目中的地位已非昔比。襜褕是从深衣发展出来的，所以它有时也被认为是深衣的一种。不过据《急就篇》颜注说："襜褕，直裾襌衣也。"而襌衣又因"似深衣而褒大，亦以其无里，故呼为襌衣"。所谓似深衣，只是说它们之间存在着渊源关系。从具体式样上看，二者已没有多少共同之点了。

注　释

① 周玉佩，见梅原末治《洛阳金村古墓聚英》（东京，1973 年）。赵国陶器残片为山西侯马出土，标本藏山西省考古所侯马工作站。中山国银首人形灯，见《中国美术全集·青铜器下》。秦国壁画，见咸阳市文管会等：《秦都咸阳第三号宫殿建筑遗址发掘简报》，《考古与文物》1980 年第 2 期。齐国漆盘，见山东省博物馆：《临淄郎家庄 1 号东周殉人墓》，《考古学报》1977 年第 1 期。
② 直到汉代，两条裤管尚多不缝合。有裆的被特称为"穷裤"，见《汉书·上官皇后传》颜注。又《礼记·曲礼》"暑毋褰裳"，"不涉不撅"等礼法要求，也是由于裤不完备，不得不有所防范而提出的。《墨子·公孟篇》甚至说："是犹裸者谓撅者为不恭也。"则简直把揭开外衣和裸体等量齐观了。
③ 《左传·襄公十四年》记戎子驹支云："我诸戎饮食衣服不与华同，贽币不通，言语不达。"羌人亦属西戎，其衣服亦当不与华同。
④ 长沙陈家大山楚墓出土的人物龙凤帛画，经科学处理后显示，画中妇女的深衣之下摆的两衽角在身后相交叉，底下的衽角上还画有楚俑衣上常见的曲折菱纹。或将底下的衽角视为"大地"（《江汉论坛》1981 年第 1 期，页 93）、"魂舟"（《湖南考古辑刊》2，页 167）、"龙舟之尾"（《楚史与楚文化研究》页 314）等，恐均有可商。
⑤ 长沙 406 号楚墓出土俑，见《长沙发掘报告》图版 28。长沙仰天湖 25 号墓出土俑，见《考古学报》1957 年第 2 期，页 91。云梦大坟头出土俑，见《文物》1973 年第 9 期，页 31。徐州北洞山出土俑，见《文物》1988 年第 2 期，页 10。
⑥ 清·王夫之：《楚辞通释》。
⑦⑬⑰㉑ 沈从文：《中国古代服饰研究》页 20、59、15、226，商务印书馆香港分馆，1981 年。
⑧ 湖北省荆州地区博物馆：《江陵马山一号楚墓》页 24，彩版 7，文物出版社，1985 年。
⑨⑩ 《中国美术全集·青铜器下》图版 80、89、90，文物出版社，1986 年。
⑪ 李学勤：《东周与秦代文明》页 146，文物出版社，1984 年。
⑫ "敝衣"见《左传·宣公十二年》，杜预注。"破衣"见杨伯峻：《春秋左传注》页 731，中华书局，1981 年。
⑭ 原作"因象其形以制衣冠"，衣字衍，兹删去。
⑮⑲ 敦煌文物研究所：《中国石窟·敦煌莫高窟·一》图版 101，文物出版社／平凡社，1982 年。
⑯ 江苏省文物管理委员会：《江苏徐州汉画像石》图 56，科学出版社，1959 年。

⑲ 对妇女袿衣上的襳、髾，注家的解释有互相抵牾之处。《史记·司马相如传·大人赋》集解引《汉书音义》"髾，燕尾也"，则仍以训髾为尖角形的燕尾为是。
⑳ 敦煌文物研究所：《中国石窟·敦煌莫高窟》卷 3，图 78、132，文物出版社/平凡社，1987 年。
㉒ "襢裕"在《小尔雅》中作"童容"。《诗·氓》郑笺："帷裳，童容也。"襜褕也被称为襢裕，意味着其宽松之状犹如帷裳。
㉓ 《北堂书钞》卷一二七引。

（原载《考古与文物》1982 年第 1 期）

洛阳金村出土银着衣人像族属考辨

20世纪20年代末,著名的洛阳金村古墓群被盗掘。从地望上看,这群墓葬不应属于列国,而应属于周。李学勤先生说:"金村墓葬群不是秦墓、韩墓,也不是东周君墓,而是周朝的墓葬,可能包括周王及其附葬臣属。"[①]此说是正确的。由于墓群中可能埋葬着当时虽渐趋式微,但仍拥有天子名号的周王,所以出土物异常精美,在考古学以至文化史上具有非常重要的意义。不过由于不是科学发掘,没有留下准确的记录,加上出土物大都已流散国外,从而给研究工作带来了不少困难。经过半个多世纪的研讨,情况不断廓清,认识逐渐深入;可是也还存在着不少疑窦。比如,出土的一件银着衣人像的族属,仍然是一个值得讨论的问题。

据说,金村出土的银人像共有两件。一件是裸体男像,已流入美国,兹不涉及。另一件着衣男像,已流入日本,且被定为"重要美术品"。这件银像高约9厘米,两臂下垂,两手半握,从握姿观察,其中原未持物。银像科头露髻,身着仅抵膝部的半长衣,窄裤,跣足(图11-1)。梅原末治在《洛阳金村古墓聚英》一书中,认为此像表现的是

图 11-1 洛阳金村出土银着衣人像(前、侧、背面)

一个"胡人"。容庚先生在《海外吉金图录》一书中,也认为它"令人想象为胡人之小像"。由于这两位著名的学者影响很大,所以这种虽未经充分论证的见解,被不少著作视为成说援引。但循名责实,这一说法却难以成立。

东汉以前,所谓胡,主要指匈奴。《考工记》:"胡无弓车。"郑注:"今匈奴。"匈奴人亦自称为胡,狐鹿姑单于遗汉书云:"南有大汉,北有强胡。胡者,天之骄子也。"② 战国时,它已是华夏各国的近邻。《史记·匈奴列传》说:"冠带战国七,而三国边于匈奴。"③如果在东周王室的墓葬中出现了匈奴人的银像,当然是具有特殊意义的史料。但根据此像的发式、面型、服装,以及从其跣足所反映出的礼俗等方面考察,它代表的不是胡人,而是华夏人。

先看发式。银像在脑后绾髻。髻的位置和形状,与甘肃宁县西周墓出土的铜人头、始皇陵侧马厩坑中出土的圉人俑及满城1号西汉墓出土的石俑基本相同④(图11-2),证明银像的发式属于华夏族类型。匈奴族的发式不是这样的。《汉书·李陵传》说:"卫律持牛酒劳汉使,博饮,两人皆胡服椎结。……(陵)熟视而自循其发曰:'吾已胡服矣。'"可见匈奴族的发式是椎髻。椎髻一词曾被长期使用,在不同的时代所指各异⑤。汉代的椎髻应如《汉书·西南夷传》颜注所说:"为髻如椎之形也。"同书《陆贾传》颜注:"椎髻者,一撮之髻,其形如椎。"又《后汉书·度尚传》李注:"椎,独髻也。"椎、锤字通。汉代纬书《尚书帝命验》注:"椎,读曰锤。"可见这是一种单个的、像一把锤子一样拖在脑后的小髻。汉代妇女也绾这种髻。《后汉书·梁鸿传》:"梁鸿妻为椎髻,着布衣,操作而前。"汉墓所出女俑绾这种髻的例子极多(图11-3:1),而匈奴发式如西安沣西客省庄104号墓所出角抵纹铜带镡上的人物所绾者⑥(图11-3:2),亦与之相近,和文献记载也正相符合。但《淮南子·齐俗》说:"胡貊匈奴之国,纵体拖发,箕踞反言。"似乎与椎髻的记载相矛盾。其实,这是由于观察的角度不同之故。就髻形而言,是为椎髻;就在脑后拖垂而言,是为拖发,说的本是一回事。

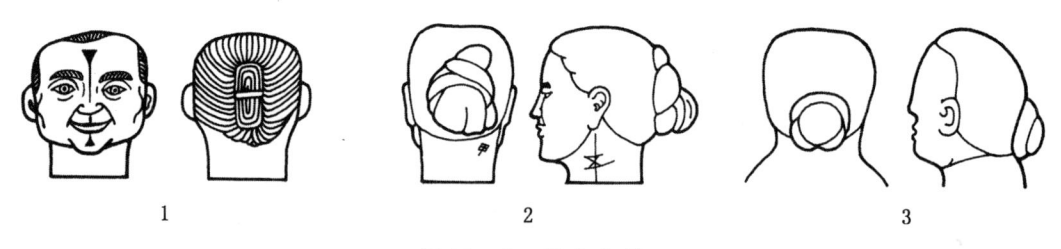

图11-2 男式发髻

1. 甘肃宁县西周墓出土铜人头 2. 秦始皇陵马厩坑出土陶圉人俑 3. 满城1号西汉墓出土石俑

银像除脑后之髻外,额前、两鬓及耳后皆有成绺的头发下垂。额前那一绺恰与眉齐,应即所谓髳。《说文·髟部》:"髳,发至眉也。"髳旁的两绺,该是两髦。《诗·鄘风·柏舟》："髧彼两髦。"玄应《一切经音义》卷五引《说文》："髦，发也，发中豪者也。"《释名·释形体》："髦，冒也，覆冒头颈也。"左右有两绺豪发披拂，古人以为可以使相貌显得英俊，所以《尔雅·释言》、《诗·小雅·甫田》及《大雅·棫朴》毛传、《仪礼·士冠礼》郑注皆谓："髦，俊也。"这种发式在东周时已经流行。河南光山春秋早期黄君孟墓2号椁中所出玉雕人头⑦（图11-4：1），在脑后相当秦俑人俑绾髻的位置上亦有一髻，表明他属华夏族。他的额顶又有突起物，左右两角下垂，但不像金村银像垂得那样低。同墓1号椁中所出人首玉饰

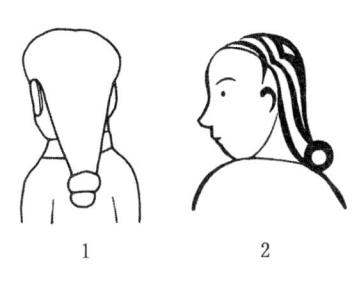

图11-3 椎髻

1. 山东菏泽豆堌堆出土西汉陶女俑
2. 陕西西安客省庄104号墓出土铜带镳上的匈奴人像

（图11-4：2）额上亦有突起物，此突起物也代表两绺豪发，所以也是两髦。至西汉，如咸阳安陵11号陪葬墓之从葬坑中出土的彩绘陶俑⑧，将额上的头发左右分开，梳掠向后，掩于弁下，还可以看出从两髦演变过来的痕迹。至东汉，这种发式乃全然过时了。所以郑玄注《礼记·内则》时，只说髦"象幼时髻，其制未闻也"。在注《仪礼·既夕礼》时，他也说："儿生三月，鬋以为髦。……长大犹为饰存之，谓之髦。……髦之形象未闻。"根据金村此像，可以约略窥知它的形状。但这与匈奴的发式，并没有共同点。

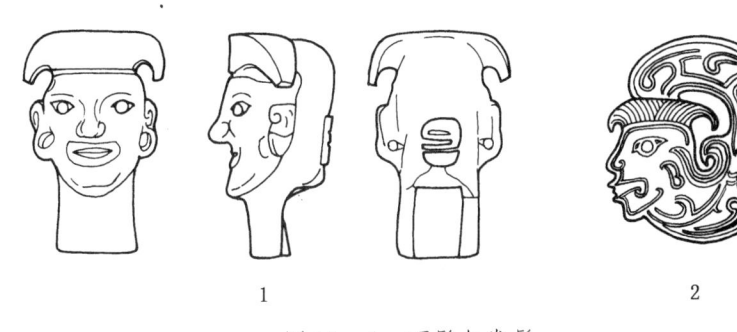

图11-4 两髦与发髻

1. 河南光山春秋墓出土玉人首　2. 河南光山春秋墓出土人首蛇身玉饰

再看面型。银像的面型属于黄种人，更具体地说，它和秦陵兵马俑中一些人物的相貌颇为相似。因此，至少根据面型得不出此像并不属于华夏族的结论来。相反，匈奴族的人种归属却是一个有争议的问题，主突厥族说与主蒙古族说的两派意见聚讼纷纭，莫衷一是。在我国古文献中，匈奴族的面貌有时被描写得很像是白种人。如，羯胡是南匈奴的后裔，《魏书·羯胡传》说："匈奴别部分散居于上党武乡羯室，因号羯胡。"而据《晋书·石季龙载记》："冉闵躬率赵人诛诸胡羯，……高鼻多须至有滥死者。"可见他们鼻高须多，具有白种人的特征。久居塞内已与本地各族部分混血的南匈奴之后尚且如此，秦汉以前游牧于塞外的匈奴人自不应例外。可是仅据散见于古文献之只鳞片羽的记载，

问题仍不易论定。因为如冉闵时之事，早在20世纪初已为夏曾佑、王国维等人作为例证举出[9]，然而却不能持之说服主张匈奴为蒙古族的学者。这主要是由于缺乏实物资料相印证，致使这些记载的准确性受到怀疑之故[10]。

当然，解决这个问题的最理想的途径，是根据出土的匈奴遗骨进行体质人类学的分析，从中得出应有的结论。但在国内对先秦时的匈奴遗骨进行鉴定，且已公布结果的，迄今只有内蒙古伊克昭盟杭锦旗桃红巴拉1号墓出土的一具男性头骨。鉴定结果认为该遗骨接近北亚蒙古人种类型[11]。但桃红巴拉墓群的年代早到春秋晚期，所以可能属于白狄[12]。在部族众多、流动频繁的蒙古草原上，如果一处墓葬的族属尚未明确，则对其骨殖的鉴定将完全无助于解决上述问题。何况匈牙利人类学家托思研究了蒙古呼尼河沿岸乃门托勒盖匈奴时期的墓葬的人骨后认为，"有蒙古人种和欧洲人种两个大人种共存的现象"[13]。亦邻真也说："目前，对匈奴人的人类学特征还不能作出最后的定论，尤其不好说同蒙古族一定有什么必然的联系。"[14]所以尽管对匈奴遗骨的人类学研究尚不充分，还有很大的开拓余地，但就已有的成果而论，这方面的工作仍未能打破过去主要以比较语言学的资料为基础而形成的两派意见之相持不下的胶着状态。

退而求其次，雕塑绘画等形象材料遂为研究者所注意。但这要有两个前提：一、所表现的对象必须能证明是匈奴人。这一点本无须指出，可是事实上被当作匈奴人像的材料，有的只在疑似之间，并不肯定。比如有人曾据本文所讨论的这件银像来研究匈奴人的族属[15]，则南辕北辙，其难中鹄，自不待言。二、人种的特点必须表现得很鲜明。因为古代的雕塑绘画囿于技巧，对人物面部的刻画常失之简略。比如陕西兴平霍去病墓所立"马踏匈奴"像，虽然马腹下的人物可能与匈奴有关，但由于面目过于粗犷，也就难以为判定其族属提供明确的根据了。

山东地区出土的汉画像石，情况却有所不同。这里屡次出现"胡汉交战"的题材。画面上常在一侧刻出宫室，另一侧刻出山峦。自宫室一侧出击的战士多戴武弁大冠，应代表汉族；自山峦一侧出击的战士多戴尖顶帽，应代表胡族。因为这些画像石出自汉族大墓，所以总是汉族战士得胜，且出现过上功首虏、献俘纳降的场景。但是，又怎么知道戴尖顶帽的战士是胡人呢？这是可以从榜题中得到解答的。山东肥城孝堂山画像石在他们这一侧的首领身边刻出"胡王"二字，山东微山两城山画像石则刻出"胡将军"三字[16]。因而其族属可以被确认。值得注意的是，这些匈奴战士的鼻子有时被刻画得极其高耸，和同他们对阵的汉人的面型绝不相同（图11-5）。不但正在作战的胡族战士的鼻子如此，被斫下的首级的鼻子也是如此（图11-6:3）。联系到上引《晋书》的记载，他们很可能就是那些高鼻多须的羯胡的先人，即东汉时的匈奴人。如果这一判断能够成立，那么，再上溯到战国，匈奴人与外族当更少混血，白种人的特点会更为充分。圣彼得堡爱米塔契博物馆所藏彼得一世自西伯利亚搜集的古物中，有一件黄金饰牌，其年代相当

图 11-5 山东滕县西户口东汉画像石上的胡汉交战图
上.胡人一侧   下中与右.汉人一侧

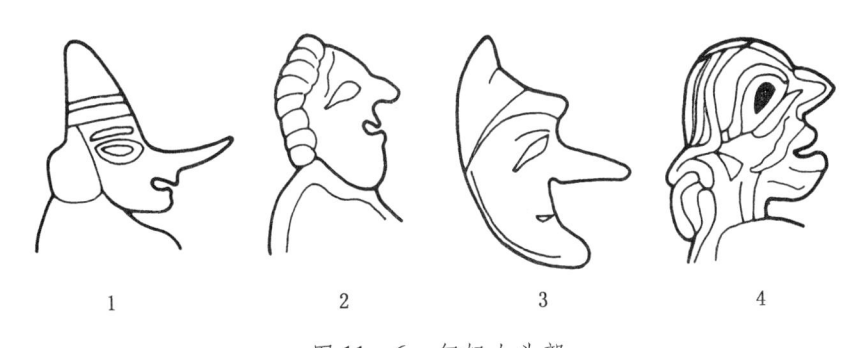

图 11-6 匈奴人头部
1. 山东滕县西户口画像石 2. 山东滕县万庄画像石 3. 山东济宁南张画像石（此例为斫下的首级）
4. 西伯利亚出土匈奴金饰（圣彼得堡爱米塔契博物馆藏）

于战国时期。牌上两个人物的发式、服装与马身上的杏仁状串饰，均与我国东北、内蒙古及西安客省庄等地出土的匈奴遗物的作风相同。因知这件饰牌上的人物是匈奴人，他们的面型也具有白种人的某些特征（图 11-6:4）。再考虑到托思的鉴定结果，遂有理由相信，战国时的匈奴人的面型与金村银像差得很远。纵使退一步说，这一点目前不作定论，那么，至少也不能以银像的面型作为断定他属于匈奴族的根据。

再看服装。银像穿的是深衣，即将上衣下裳连属在一起的长衣。如《礼记·深衣篇》所说，深衣在裁制上的特点是"续衽钩边"，即将下衽接以曲裾而掩于腰后。关于深衣的基本形制，本书《深衣与楚服》一文已试加说明，此处不再赘述。不过应当指出的是，深衣是一种通乎上下的服制。《礼记·玉藻》谓诸侯"朝玄端，夕深衣"。但《内则》郑注又说："玄端，士服也，庶人深衣。"庶人须要劳作，衣服不能太长、太肥大。并且深衣"可以为文，可以为武"，武士也穿。同样，他们的深衣也应与庶人所穿的相近。《深衣篇》说这种衣服"短毋见肤，长毋被土"，可见它本来就有长、短两种。贵族穿的深衣，不仅长，而且接出的曲裾也很宽阔；有些女装，甚至可用曲裾在腰下缠绕好几层。短的深衣则不然，长度止于膝部。宁戚《饭牛歌》"短布单衣适至骭"[17]，说的就是这种情况。它的曲裾也比较窄小，掩到背后，遂所剩无几。金村银像与始皇陵兵马俑穿的都是这种短深衣。匈奴族的上衣虽然也较短，但不带曲裾，是直襟的，无论诺颜乌拉匈奴墓出土的衣服（图11-7:1），或满城1号墓所出"当户灯"座上的匈奴当户像都是如此[18]（图11-7:2）。赵武灵王所用胡服，其形制大约与此式服装类似，而与深衣有明显的区别。关于这一点，《盐铁论·论功篇》已指出：匈奴"无文采裙袆曲襟之制"。可见匈奴人根本不穿深衣。银像上衣的袖子较窄，且下臂有臂褠，则与金村所出错金银狩猎纹镜

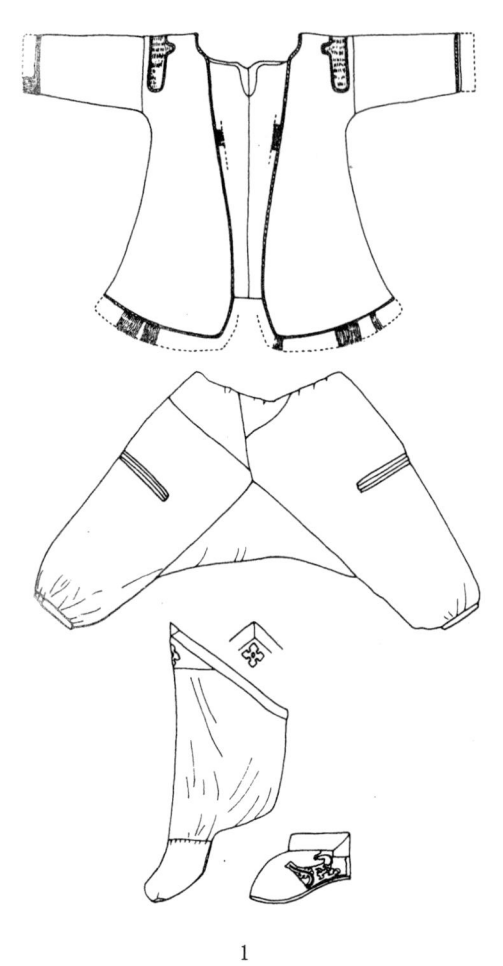

图11-7 匈奴服式

1. 匈奴的衣、袴、袜、靴（蒙古诺颜乌拉出土）
2. "当户灯"（满城1号汉墓出土）

上的武士相同（图11-8）。镜上的武士头戴插两根羽毛的鹖冠，是华夏族武士的典型装束。所以银像的袖子狭窄，并不与华夏族服制相悖。虽然深衣比起上衣下裳式的玄端来，与胡服有一定程度的接近，但它却具有自己的民族特点，是华夏族通用的服装。

最后，再讨论一下银像跣足的问题。我国先秦时代，在室内不穿鞋子。《左传·宣公十四年》说楚庄王听到宋国杀了他的使臣，于室中"投袂而起，屦及于窒皇（路寝之前庭），剑及于寝门之外，车及于蒲胥之市"。又《庄子·列御寇篇》说伯昏瞀人到列御寇

图 11-8 错金银狩猎纹镜上的武士
（洛阳金村出土）

的寓所，见"户外之屦满矣"，他不言而出，"宾者以告列子，列子提屦，跣而走，暨乎门"。可见当时在室内皆不履而坐。如果不解履就升堂践席，会被认为是极不礼貌的举动。《吕氏春秋·至忠篇》说齐王有病，请来医士文挚。"文挚至，不解履登床，履王衣。"齐王最后大怒，"将生烹文挚"。特别是对于臣下事奉君主来说，这一礼节更须认真遵守。《左传·哀公二十五年》："卫侯为灵台于藉圃，与诸大夫饮酒焉。褚师声子袜而登席。公怒。辞曰：'臣有疾，异于人，若见之，君将殻（呕吐）之，是以不敢。'公愈怒，大夫辞之，不可。褚师出，公戟其手曰：'必断而足！'"杜注："古者见君解袜。"则这时不惟不穿鞋，而且不穿袜，只能跣足，也就是《隋书·礼仪志》所说："极敬之所，莫不皆跣。"直到汉代，虽然平时臣僚可以穿袜登殿，但在待罪谢罪之时，仍要免冠跣足。《汉书》有不少这方面的记载，如："免冠徒跣待罪"（《萧何传》、《匡衡传》），"诣阙免冠徒跣谢"（《董贤传》）等。而对于身分低微的小史、宫女等人说来，大约平日在宫廷的建筑物内活动时，都要跣足。满城2号汉墓出土的长信宫灯，执灯的宫女就是跣足的。《淮南子·泰族》说："子妇跣而上堂，跪而斟羹。"事亲犹如此，事君则更不待言。这种礼俗行使的范围，战国时会比汉代更广泛些。如，山西长治战国韩墓所出及瑞典斯德哥尔摩远东古物馆、美国纳尔逊美术馆所藏之充当器座的铜人，也是跣足的[19]（图11-9），其性质当与长信宫灯相近。从而可知金村银像所以跣足，可能也是因为陈设于君前，故徒跣以示敬之意。匈奴人的情况则不同。北方游牧民族，逐水草迁徙，

图 11-9 战国跣足铜人
1. 山西长治韩墓出土　2. 美国纳尔逊美术馆藏　3. 瑞典斯德哥尔摩远东古物馆藏

习惯骑行，日常多着靴。麦高文《中亚古国史》认为斯基泰人和萨尔马泰人首先着靴[20]。虽然，靴的起源从世界范围说可能是多元的，但古代乌拉尔——阿尔泰诸族和匈奴人皆着靴，这有图像材料和诺颜乌拉匈奴墓出土的遗物为证（图 11-7:1；11-10；17-5:1）。靴不便穿脱，亦不闻匈奴人有入室脱靴的礼俗[21]。所以，金村银像如果代表匈奴人，就不应作成跣足的样子了。

综上所述，金村着衣银像所代表的不应是胡人即匈奴人，而当是华夏族人。从它的制作看，亦不应是明器。金村出土的器物中有不少刻有"甘游宰"铭文，"甘游"即"甘"地之离宫。故银像可能是此离宫中原有的陈设品；银像后裾上刻记衡量之铭文"十四两二分□二分卅二㐁"[22]，制明器时一般不如此精审。它是在秦兵马俑之前，我国雕塑中最富于写实风格的人

图 11-10　着靴的骑马者
（帕泽雷克巨冢出土挂毯）

像之一。在先秦时，具有这种水平的作品不多见。它以真实细致的表现手法，向我们展示出当时宫廷小臣的装束与风貌。特别是银器在当时很珍罕，作为银人像，它是我国已发现的最早的两例之一，所以就更可宝贵了。

注　释

① 李学勤：《东周与秦代文明》页29，文物出版社，1984年。
② 《汉书·匈奴传·上》。
③ 《史记》此语含有追叙的意味，或与汉代习惯的说法相混。"三国"指秦、赵、燕。秦拒匈奴，有《秦本纪》惠文君更元七年"韩、赵、魏、燕、齐帅匈奴共攻秦"之记事可证。但赵自武灵王时，"北破林胡、楼烦，筑长城，自代并阴山下，至高阙为塞"。惠文王二十六年，又取东胡欧代地，可知赵所拒为三胡。燕将秦开"袭破走东胡，却千余里。……筑长城，自造阳至襄平"。燕所拒者则为东胡。因战国时匈奴的势力尚未坐大，所以内蒙古发掘的战国墓，不易明确判断哪些是匈奴墓。如，杭锦旗的阿鲁柴登、准格尔旗的玉隆太与速机沟等地的战国墓或属林胡；乌兰察布盟凉城毛庆沟战国墓则可能属于楼烦。
④ 西周铜人头，见庆阳地区博物馆：《甘肃宁县焦村西沟出土的一座西周墓》，《考古与文物》1989年第6期。秦圉人俑，见秦俑坑考古队：《秦始皇陵东侧马厩坑钻探清理简报》，《考古与文物》1980年第4期；赵康民：《秦始皇陵东侧发现五座马厩坑》，《考古与文物》1983年第5·期；程学华：《始皇陵东侧又发现马厩坑》，《考古与文物》1985年第2期。西汉石俑见《满城汉墓发掘报告》下册，图版184。
⑤ 如《续通考·礼考六》论元代服制时说："其发或打辫，或打纱练，唯庶民椎髻。"但此处所说的椎髻与汉代的式样全然不同。
⑥ 中国科学院考古研究所：《沣西发掘报告》页138～140，文物出版社，1963年。
⑦ 河南信阳地区文管会、光山县文管会：《春秋早期黄君孟夫妇墓发掘报告》，《考古》1984年第4期。
⑧ 此从葬坑的发掘情况，见咸阳市博物馆：《汉安陵的勘查及其陪葬墓中的彩绘陶俑》，《考古》1981年第5期。
⑨ 夏曾佑：《中国古代史》页427，三联书店，1955年（此书约写成于1920年前后）。王国维：《观堂集林》卷一三《西胡续考》，1923年。
⑩ 黄文弼：《论匈奴族之起源》（《边政公论》卷2，第3～5合期，1943年）谓："《晋书·载记》又称胡羯为高鼻多须者何耶？余疑高鼻多须，非必专指匈奴人。《晋书·石季龙载记》称'闵宣示内外六夷，敢称兵仗者斩之。胡人或斩关或逾城而出者，不可胜数。'则所谓'胡'，乃泛指'六夷'之人也。"纵如其说，亦不能将胡羯排除在高鼻多须者之外。
⑪⑬ 潘其风、韩康信：《内蒙古桃红巴拉古墓和青海大通匈奴墓人骨的研究》，《考古》1984年第4期。
⑫ 田广金、郭素新：《鄂尔多斯式青铜器》，文物出版社，1986年。
⑭ 亦邻真：《中国北方民族与蒙古族族源》，《元史论集》，人民出版社，1984年。
⑮ 见注⑩所揭文。
⑯ 孝堂山者，见罗哲文：《孝堂山郭氏墓石祠》，《文物》1961年第4、5期合刊。两城山者，见山东省博物馆、山东省文物考古研究所：《山东汉画像石选集》图版7，图13，齐鲁书社，1982年。
⑰ 《史记·邹阳列传》裴骃集解引。
⑱ 前者见梅原末治：《蒙古ノイン·ウラ发见の遗物》页50～60，东京，1960年；后者见《满城汉墓发掘报告》上册，页69～72，文物出版社，1980年。
⑲ 长治铜人，见《新中国的考古发现与研究》图版86：2，文物出版社，1984年。斯德哥尔摩与纳尔逊美术馆所藏铜人，见林巳奈夫：《春秋战国时代の金人と玉人》插图9、17，载《战国时代出土文物の研究》，京都，1985年。
⑳ 麦高文：《中亚古国史》章巽译本，页57，中华书局，1958年。

㉑ 《后汉书·南匈奴传》说:"单于脱帽徒跣,对庞雄等陈道死罪,于是赦之。"这是因为他久居塞内,袭用汉礼之故,并非匈奴本俗。
㉒ 李学勤:《新出青铜器研究·考古发现与东周王都》,文物出版社,1990年。

(原载《考古》1987年第6期)

进贤冠与武弁大冠

古代华夏族"束发",以有别于少数民族的"披发"、"断发"、"编发"、"髡发"等发式。冠起初只是加在束起的发髻上的一枚发罩,所以《白虎通·衣裳篇》称之为"幓持发"之具,《释名·释首饰》称之为"贯韬发"之具。早期的冠"寒不能暖,风不能鄣,暴不能蔽"[1],它的意义首先是礼仪性的。《晏子春秋》谓"冠足以修敬",就说明了这一点。我国古代士以上阶层的男子二十岁行冠礼而为成人。举行冠礼是他们一生中的头一件大事,所以《仪礼》的第一篇就是《士冠礼》。《说苑·修文篇》说:"冠者所以别成人也。""君子成人必冠带以行事,弃幼少嬉戏惰慢之心,而衎衎于进德修业之志。"《礼记·冠义》也说:"凡人之所以为人者,礼义也。礼义之始在于正容体、齐颜色、顺辞令。……冠而后服备,服备而后容体正、颜色齐、辞令顺。故曰:冠者礼之始也。"可见对冠的重视。但先秦冠制颇繁,如《周礼·司服》孙诒让正义所说:"冠则尊卑所用互异。"而可持之以相印证的形象资料又极缺乏,还难作出具体说明。所以下面的考察集中在自汉到唐这一阶段的两种主要的冠式:即文职人员所戴进贤冠类型之冠,和武职人员所戴武弁大冠类型之冠。

汉、唐的进贤冠

进贤冠是我国服装史上影响极为深远的一种冠式。在汉代,上自"公侯",下至"小史",都戴这种冠。而且这时皇帝戴的通天冠,诸侯王戴的远游冠,也都是在进贤冠的基础上演变出来的。汉以后,自南北朝迄唐、宋,进贤冠在法服中始终居重要地位。明代虽不用进贤之名而改称梁冠,实际上仍然属于进贤冠的系统。在我国服装史上,进贤冠被沿用了一千八百多年,其形制几度变易,导致早、晚期式样差别很大,因而有必要予以清理。

《续汉书·舆服志》(以下简称《续汉志》)对进贤冠的描述是探讨这种冠式的主要依据:"进贤冠……文儒者之服也。前高七寸,后高三寸,长八寸。公侯三梁,中二千石以上至博士两梁,自博士以下至小史、私学弟子皆一梁。宗室刘氏亦两梁冠,示加服也。"现代考古学者中首先据此而对进贤冠的形制作出推断的是李文信先生[②]。他说："其形前高七寸,梁长八寸,后高三寸。若前后以竖立拟之,冠底亦应长八寸,汉尺虽短,其长已超人顶纵长直径。……其上长八寸,下无文者,盖以发髻为大小,略之也。故知其前七寸,后三寸必斜立无疑。若前七寸直竖,上八寸向后低斜,以三寸之高为内斜,不特短不能及髻,而全冠重量位于脑后,既不美观,亦欠安牢。以其尺寸揣之,必以前高七寸、上长八寸之二线作锐角而前突于顶上,始与人首部位、冠之重心均称也。"[③]李说甚核。在汉画像石上,常常可以看到有些人头戴前端突出一个锐角的斜俎状之冠。与附有榜题的例子中所表明的人物身分相推勘,可知这种冠正是进贤冠。不过汉画像石大多数成于东汉,那上面的进贤冠也大都是东汉式的。而东汉和西汉的进贤冠,在形制方面却存在着相当大的差别,倘若用上述西汉及其前的文献对冠的描述来衡量它们,会觉得有点不太相符。这主要是西汉之进贤冠单着,而东汉却在冠下加帻,以致其构造和作用都有所改变的缘故。

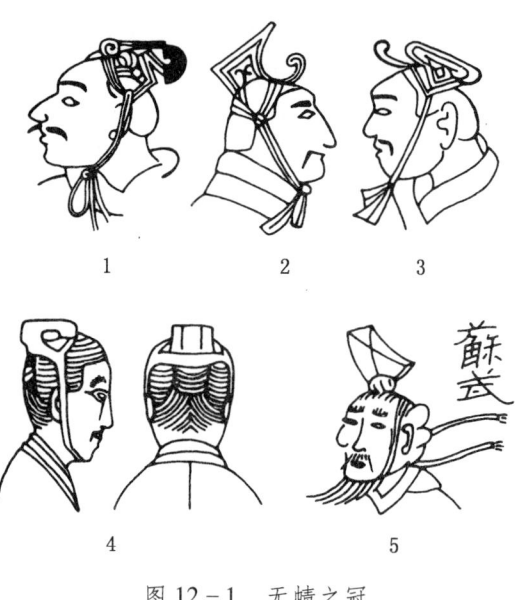

图 12-1 无帻之冠

1~3. 洛阳出土西汉空心砖上的戴冠者（1、2. 据《河南汉代画像砖》 3. 据 W. C. White, *Tomb tile pictures of ancient China.*） 4. 满城西汉墓出土玉人 5. 沂南东汉画像石墓所刻历史故事中的"苏武"

《续汉志》说："古者有冠无帻。"这句话里所说的"古",其实可以包括西汉。在西汉的玉雕、空心砖上和壁画中出现的戴冠者都没有帻,他们的冠正是一种"帻持发"的用具（图 12-1:1~4）。这类冠的侧面是透空的,确乎不能障风取暖。它们当中有的呈斜俎形,应该就是进贤冠。有些虽然形式稍异,但其基本结构仍与进贤冠相一致。这类冠远在战国时已经出现,河南三门峡与河北平山出土的铜人物灯座及秦始皇陵兵马俑坑出土的若干陶俑所戴之冠都可以看作是这类西汉冠的先型。特别值得提出的是,西汉时冠不加帻的作法,东汉人是认识得很清楚的。试看东汉晚期的沂南画像石上所刻的历史故事中的人物都戴无帻之冠[④]（图 12-1:5）,与当时的祭祀、饮宴等场面中的人物所戴的有帻之冠判然有别,便可知画像石的作者是把无帻冠当成前一历史阶段的服饰来处理的。

帻是什么呢?《急就篇》颜师古注："帻者,韬发之巾,所以整乱发也。当在冠下,或单着之。"它起初大约类似包头布,后来发展得有点像现代的便帽。身分低微的人不能戴冠，只能戴巾、帻。《释名·释首饰》："二十成人，士冠，庶人巾。"蔡邕《独断》卷下也说："帻，古者卑贱执事不冠者之所服。"不过从记载中看来，西汉时已有将帻纳于冠下，使它成为冠的衬垫物的趋势。《续汉志》说："秦雄诸侯，乃加其武将首饰，为绛帕以表贵贱。其后，稍稍作颜题。汉兴，续其颜却摞之，施巾连题却覆之；今丧帻是其制也。名之曰帻；帻者，赜也，头首严赜也。至孝文乃高颜题续为之耳，崇其巾为屋，合后施收，上下群臣皆服之。文者长耳，武者短耳。称其冠也。"这里叙述的是帻由包头布状向便帽状演变的过程。所谓"作颜题"、"高颜题"，是指在帻下部接额环脑处增设一圈介壁⑤，这是帻脱离其原始的"韬发之巾"状之关键性的步骤。至于所谓文、武官要使帻耳与冠相称之说，似乎意味着西汉时已有加帻之冠，但没有发现过相应的形象材料，大约这种形制当时还不普遍。

在汉代，与进贤冠配合使用的帻叫介帻。《独断》卷下说："元帝额有壮发，不欲使人见，始进帻服之，群臣皆随焉；尚无巾，如今半帻而已。王莽无发乃施巾。故语曰：'王莽秃，帻施屋。'"施屋之帻即介帻，这是一顶上部呈屋顶形的便帽。因为要保持屋顶形的轮廓，所以必须作得硬挺些。"介"就是指这种状态而言（图12-10:1）。当时的文职人员都可戴这种帻，即如《晋书·舆服志》所说："介帻服文吏。"并由于自汉元帝时开始，戴帻渐成风气，进而进贤冠遂被安装在介帻上，二者结合成为整体。在沂南画像石中可以看到这种进贤冠的较典型的形象（图12-2:2）。

有帻的进贤冠的形制是：下部为位于额上的"颜题"，这一部分延伸至脑后，并突

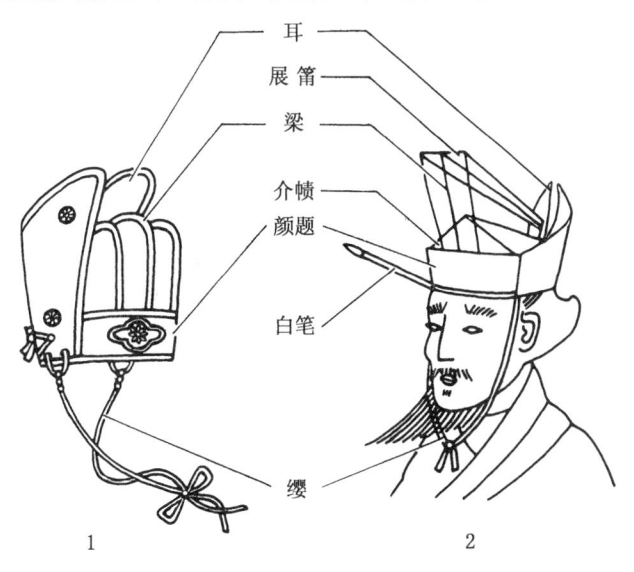

图12-2 明代的梁冠（1）与东汉的进贤冠（2）

1.《三才图会·衣服图会》所载"三梁冠"
2. 沂南画像石中的戴冠者

起两个三角形的"耳";罩在头上的是屋顶形的介帻;而跨于介帻之上的,则是斜俎形的"展筩",它其实就是原来的冠体。这些部位的名称都比较明确,成问题的是进贤冠上的"梁"。冠梁代表戴冠者身分的高低,理应安装在显著的位置上,然而在汉代冠服人物的图像中,却不容易把它辨别出来。《汉大官令注》只说:"梁,冠上横脊也。"⑥语意不甚明晰。可是由于进贤冠沿用的时间长,所以可以从晚期的、虽然形状略有改变但部位较易确定的冠梁中求得旁证。宋·孟元老《东京梦华录》卷一〇说:"冬至前三日,车驾宿大庆殿。正宰执百官皆法服,其头冠各有品从:宰执、亲王加貂、蝉,笼巾,九梁;从官七梁;余六梁至三梁有差。台谏增獬角。所谓'梁'者,谓冠前额梁上排金铜叶也。"在宋代的进贤冠上,展筩和介帻已合而为一,冠梁,即冠前的金铜叶,遂直接排在冠顶上。汉代冠前最显著的部位是展筩,所以这时的冠梁大概就是穿在展筩当中的铁骨。宋代进贤冠的式样大体为明代所沿袭,惟明代称之为"梁冠",冠梁更容易识别。今以《三才图会·衣服图会》中所载"三梁冠"的图样(图12-2:1)与沂南画像石中的进贤冠相对照,其上之各部位的名称乃不难通过比较而确定。汉代进贤冠之展筩的宽度有限,所以梁数最多不过五枚⑦。宋、明的冠梁不受展筩宽度的限制,所以可有七梁、九梁乃至二十四梁之多。由于进贤冠和介帻相结合,使原先仅仅是发罩的冠得到了帻的补充和衬垫,就成为一顶把头顶完全遮盖起来的帽子了。

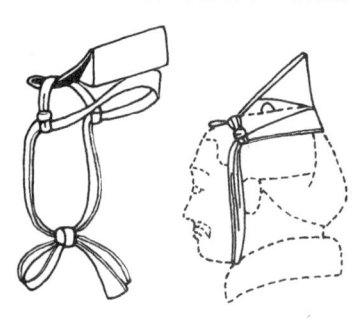

图12-3 陶武士俑冠下之頍
(据秦始皇陵兵马俑坑出土俑)

为什么宋、明的进贤冠将冠梁直接装在冠顶上呢?这还需从进贤冠之形制的演变谈起。上文说过,冠体本来只是一枚斜俎形的发罩,只相当于后来的展筩,它要借助于頍才能固定在头上。《续汉志》说:"古者有冠无帻,其戴也,加首有頍。所以安物。"证以《仪礼·士冠礼》:"缁布冠,缺项青组缨,属于缺。"郑注:"缺读如'有頍者弁'之頍。缁布冠无笄者,着頍围发际,结项中,隅为四缀,以固冠也。"可知《续汉书》的解释是很正确的。頍是固冠的带子,它的形象在始皇陵兵马俑坑出土的陶俑上看得很清楚(图12-3)。可是当帻与冠相结合以后,一方面由帻代替了頍的功能,成为承冠和固冠的基座;另一方面又由于帻蒙覆整个头顶,反而把冠架空了,使起初作为发罩的冠这时却与发髻相脱离。于是原始的冠体之转化物——展筩遂逐渐萎缩。汉代的进贤冠之展筩是有三个边的斜俎形,但是到了晋代,许多展筩却成为只有两个边的"人"字形了(图12-4:1、2)。与此同时,晋代进贤冠的冠耳急剧升高,冠耳的高度几乎可与展筩之最高点取齐。到了唐代,如洛阳关林59号唐代前期墓出土的陶俑所戴的进贤冠之冠耳升得更高,且由尖变圆;其展筩则由人字形演变成卷棚形⑧(图12-4:3)。陕西礼泉咸亨元年(670年)李勣墓所出之进贤冠尚与之相近⑨。可是一到开元、天宝年间，情况就起了变化。礼泉开元六年（718年）李贞墓所出陶俑的进贤冠上已无展筩⑩。特别值得注意的是咸阳底张湾天宝三载（744年）豆卢建墓出土的俑，它所戴的进贤冠在颜题和后壁上都可以看到由于展筩已折断而余下的断痕（图12-4:4；12-17:5），但此断痕在该俑随葬前曾用白粉涂饰过，似乎这时展筩已可有可无⑪。再晚一些时候，如，西安高楼村天宝七载吴守忠墓之俑和传唐·梁令瓒笔《五星二十八宿神形图》中的"亢星"所戴的进贤冠，都把展筩和相当于介帻的冠顶合为一体了⑫（图12-4:5、6）。此后，展筩遂不再单独出现。于是，梁也就只能装在冠顶上了。

进贤冠与通天冠的异同

在汉代的各类冠中，规格最高的是通天冠。《后汉书·明帝纪》李注引《汉官仪》："天子冠通天，诸侯王冠远游，三公、诸侯冠进贤三梁。"关于通天冠的形制，《续汉志》说："通天冠高九寸，正竖，顶少邪却，乃直下为铁卷梁。前有山、展筩为述，乘舆所常服。"《太平御览》卷六八五引晋·徐广《舆服杂注》说："通天冠高九寸，黑介帻，金博山。"同卷又引刘宋·徐爰《释问》："通天冠，金博山；蝉为之，谓之金颜。"则通天冠以前部高起的金博山即金颜为其显著的特点，因此也被称为"高山冠"。《隋书·礼仪志》引魏·董巴《舆服志》："通天冠……前有高山，故《礼图》或谓之高山冠也。"汉代通天冠的形状，也可以从当时的画像石中寻求，而武氏祠画像石由于人物旁边常附有榜题，身分明确，更易识别。图12-5上列分别是武氏祠中刻出的"王庆忌"、"吴王"、"韩王"与"夏桀"，他们的冠前面都有高高的突起物，应即金博山。而此图下列的"县功曹"、"孔子"、"公孙杵臼"与"魏汤"等人所戴的进贤冠上则无此物，因知前者即通天冠。再看一下其他画像石的例子，如山东嘉祥焦城村画像石中之"齐王"，及山东汶上孙家村画像石中接受朝拜的人物⑬，都戴着这种通天冠，也正和他们的身分相合。

通天冠除了它的金博山以外，式样同进贤冠颇相类似。作为诸王之朝服的远游冠，

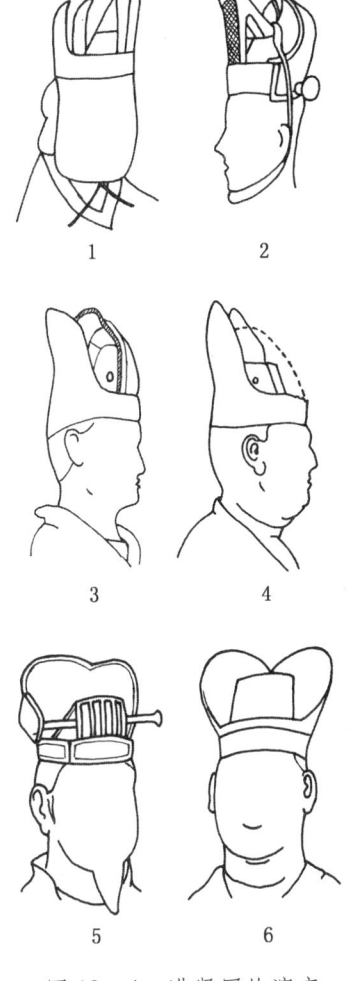

图 12-4 进贤冠的演变

1. 晋当利里社碑 2. 长沙晋永宁二年墓出土陶俑 3. 洛阳出土唐代陶俑 4. 咸阳唐天宝三载豆卢建墓出土陶俑 5. 唐·梁令瓒《五星二十八宿神形图》中之"亢星" 6. 西安唐天宝七载吴守忠墓出土陶俑

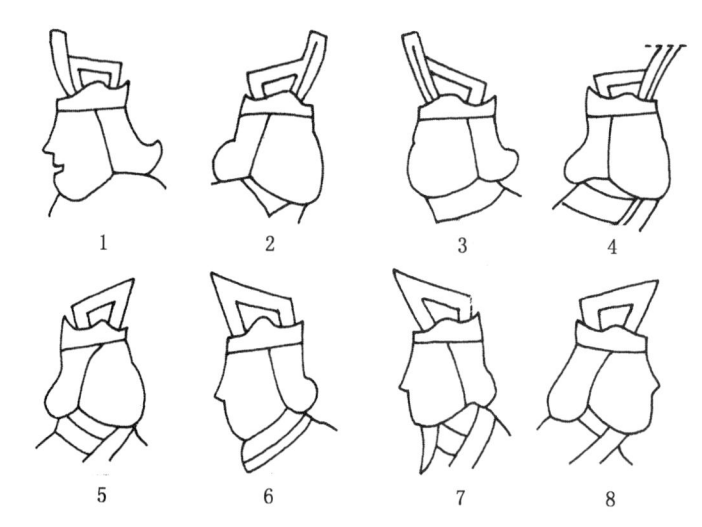

图 12-5 武氏祠画像石中的通天冠（上列）与进贤冠（下列）
1. 王庆忌　2. 吴王　3. 韩王　4. 夏桀　5. 县功曹　6. 孔子　7. 公孙杵臼　8. 魏汤

据傅玄说它的式样"似通天"[14]，可见也属于同一类型。但汉代远游冠的图像尚难确认，现在所知道的最早的例子是宋摹顾恺之《洛神赋》图中曹植所戴的那一顶。由于摹本的细部很难完全准确，从这里仅能大体得知远游冠的式样约介乎通天和进贤之间。只是通天冠前的金博山上饰有蝉纹，远游冠上没有这种装饰。进贤冠上虽然也不附蝉，但侍中、中常侍等所戴笼冠底下的平上帻的金珰上却有附蝉。不过当这类蝉纹饰件有实物遗存可资探讨时，其平上帻已演变为"小冠"，而和那时的进贤冠的式样相接近了。这一点到下面讨论笼冠时再谈。

汉代和唐代的进贤冠虽然形制有别，但相互一致的地方还比较多。汉代和唐代的通天冠可就差得很远，而且它们是沿着不同的途径演变的，所以汉代进贤和通天之间的类似之处，在唐代的进贤和通天之间却找不到了。

汉代通天冠的形制上文已初步推定。下面再就谱录中所载晚期的通天冠举出二例，即宋代的《三礼图》与明代的《三才图会》中的两幅图像（图12-6:5、8）。而永乐宫三清殿西壁元代壁画中之十太乙，由于宋政和年间规定他们要戴通天冠[15]，所以也能辨认出来（图12-6:7）。用这四项实例作为基点，就可以排列出通天冠自汉至明的发展系列。

三清殿所画通天冠，其冠顶向后旋卷，但这一部分并不透空，而北宋·武宗元《朝元仙仗图》中之东华天帝君所戴通天冠的这一部分却是透空的，正和《三礼图》中的画法相合。唐代通天冠的旋卷部分也透空（图12-6:3、4），显示出是从汉通天之展筩演变而成。可是以图12-6:6与图12-6:1相比较，两者还是差得多；图12-6:2所举龙门

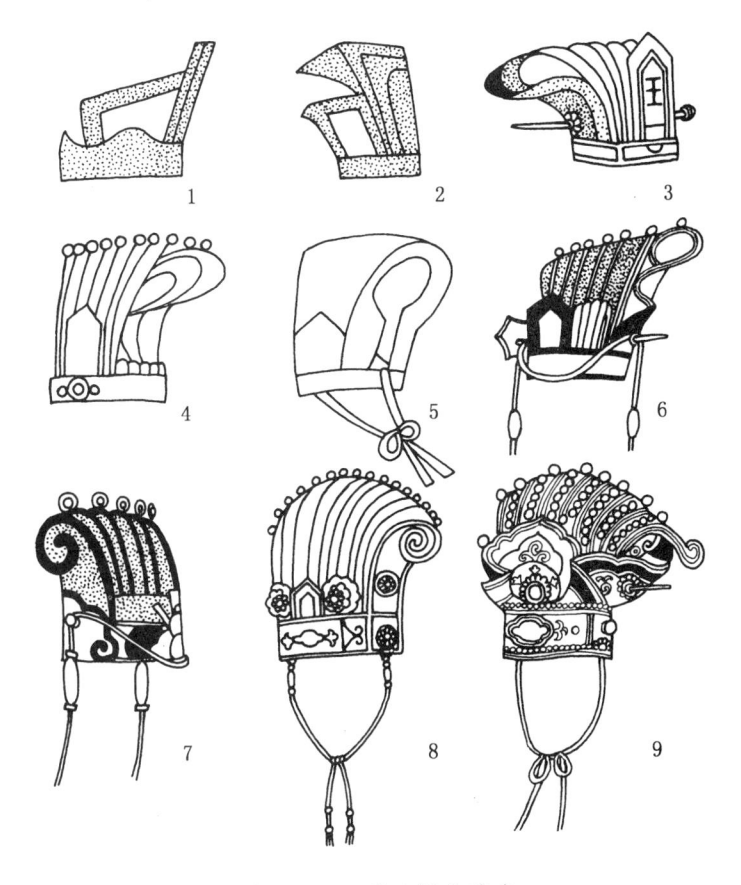

图 12-6 通天冠的演变

1. 武氏祠画像石　2. 龙门宾阳洞北魏《皇帝礼佛图》（未破坏前），据 É. Chavannes, *Mission Archéologique dons La Chine Septentrionale*. pl. 171.　3. 新疆伯兹克里克石窟盛唐壁画，据 Le Cop, *Die Buddhistische spätantike in Mittelasien*. V.4, Tafel 17.　4. 莫高窟藏经洞发现的唐咸通九年刊本《金刚般若波罗蜜多经》卷首画　5. 北宋·聂崇义《三礼图集注》中之通天冠　6. 北宋·武宗元《朝元仙仗图》中东华天帝君之通天冠　7. 元永乐宫三清殿西壁壁画　8.《三才图会·衣服图会》中之通天冠　9. 北京法海寺大殿后壁明代壁画中天帝之通天冠

宾阳洞北魏浮雕《皇帝礼佛图》中的一例，恰可填补起当中的缺环，使这个发展过程前后能衔接得上。

汉代的通天冠前部有高起的金博山，上面装有附蝉。这个山后来变成"圭"形，而且逐渐缩小。唐代有时在其中饰以"王"字，明代更在其旁饰以云朵。但总的说来，唐代的通天冠已经变得更加富丽堂皇了。《旧唐书·舆服志》说："通天冠，加金博山，附蝉，十二首，施珠翠，黑介帻，发缨，翠緌，玉若犀簪、导。"其十二首疑指冠顶所饰十二珠。图12-6:4所举之例，正顶上饰八珠，左侧面饰二珠，如再加上图中看不到的右侧之二珠，恰为十二珠。唐·王泾《大唐郊祀录》卷三说："十二首者，天大数也。"原田淑人以为十二首即十二个蝉⑯。但唐人《历代帝王图卷》上的衮冕只附有一个蝉，故其说恐不确。而且唐代的通天冠加施珠翠，则为汉代所未见。从唐代起，通天冠的图像上常画出许多小圆球，即代表这类珠翠。明代的通天冠在这方面愈益踵事增华，北京石景山法海寺明代壁画中的通天冠（图12-6:9），上下缀满了大小珠翠，更极尽其灿烂辉煌之能事。

弁与汉代的武弁大冠

何谓弁？《释名·释首饰》说："弁，如两手合抃时也。"《续汉志》说弁"制如覆杯，前高广，后卑锐。"可见弁的外形犹如两手相扣合，或者像一只翻转过来的耳杯，即是一下丰上锐的椭圆形帽子。《仪礼·士冠礼》郑注："皮弁者，以白鹿皮为冠，象上古也。"正义："上古也者，谓三皇时，冒覆头句颔绕项。"按《荀子·哀公篇》："鲁哀公问冠于孔子，……孔子对曰：'古之王有务（鍪）而拘领者矣。'"又《淮南子·氾论》："古者有鍪而绻领以王天下者矣。"高注："古者，盖三皇以前也。鍪，头着兜鍪帽，言未知制冠也。"则弁的形状又有些像兜鍪即胄。《隋书·礼仪志》："弁之制。案《五经通义》：'高五寸，前后玉饰。'《诗》云：'琇弁如星。'董巴曰：'以鹿皮为之。'《尚书·顾命》：'四人綦弁执戈。'故知自天子至于执戈，通贵贱矣。……通用乌漆纱而为之。天子十二琪。……案《礼图》有结缨而无笄导。少府少监何稠请施象牙簪导，诏许之。弁加簪导，自兹始也。"这里说明从士兵到皇帝都可以戴弁，但皇帝的弁上有十二琪珠。在历代皇帝当中，特别喜欢戴弁的是隋炀帝，《隋书·炀帝纪》："上常服皮弁十有二琪。"《通典》卷五七"皮弁"条记隋炀帝时的弁制为："大业中所造，通用乌漆纱，前后二傍如莲叶，四闲空处又安拳花，顶上当缝安金梁，梁上加璂，天子十二珠为之。"再看《历代帝王图卷》中的隋炀帝，所戴正是皮弁（图12-7:2），而且是何稠改制后施簪导的皮弁，弁梁上的琪珠也历历可见，所以这一皮弁可以确认无疑。它的形状也正与上引之似两手合抃、似覆杯、似兜鍪诸说相合。再看《历代帝王图卷》中的陈后主，所戴也是皮弁（图12-7:1），不过是何稠改制前未施簪导的皮弁。又宋·聂崇义《三礼图集注》卷一所绘之皮弁与陈后主戴的

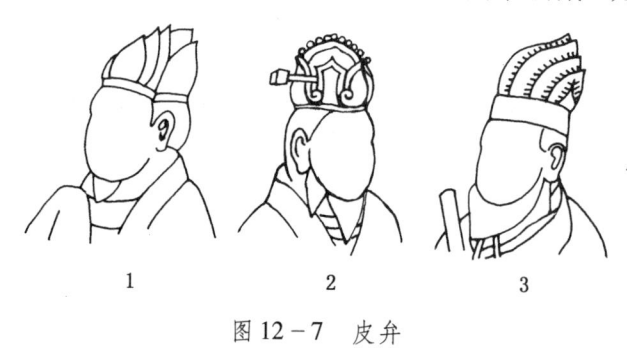

图12-7 皮弁
1.《历代帝王图》中的陈后主 2.《历代帝王图》中的隋炀帝
3.《三礼图集注》中的皮弁

那种样子很相近（图 12-7:3）。因知聂图修纂时当有古《礼图》为据，虽不无舛误，但绝非尽出臆构。不过从这三例中都看不到《隋书·礼仪志》根据《礼图》指出的弁上应有的"结缨"。如果把这一层也考虑进去，那么始皇陵兵马俑坑出土之骑兵俑所戴者就可以被认为是弁（图12-8:1）。不过始皇陵骑俑之弁下露发，没有其他衬垫物；而咸阳杨家湾西汉墓从葬坑中出土的甲士俑所戴的弁，虽与上述骑兵俑所戴者完全一致，但有的底下衬着帻，这就是汉代的武弁了（图 12-8:2）。

前面说过，汉代文职官吏戴进贤冠，武职戴的就是这种武弁。武弁又叫武冠或武弁大冠。《续汉志》："武冠一曰武弁大冠，诸武官冠之。"《晋书·舆服志》："武冠一名武弁，一名大冠，一名繁冠，一名建冠，一名笼冠，即古之惠文冠。或曰赵惠文王所造，因以为名；亦云惠者，蟪也，其冠文轻细如蝉翼，故名惠文。"案将惠文说成是赵惠文王所造，或是细如蝉

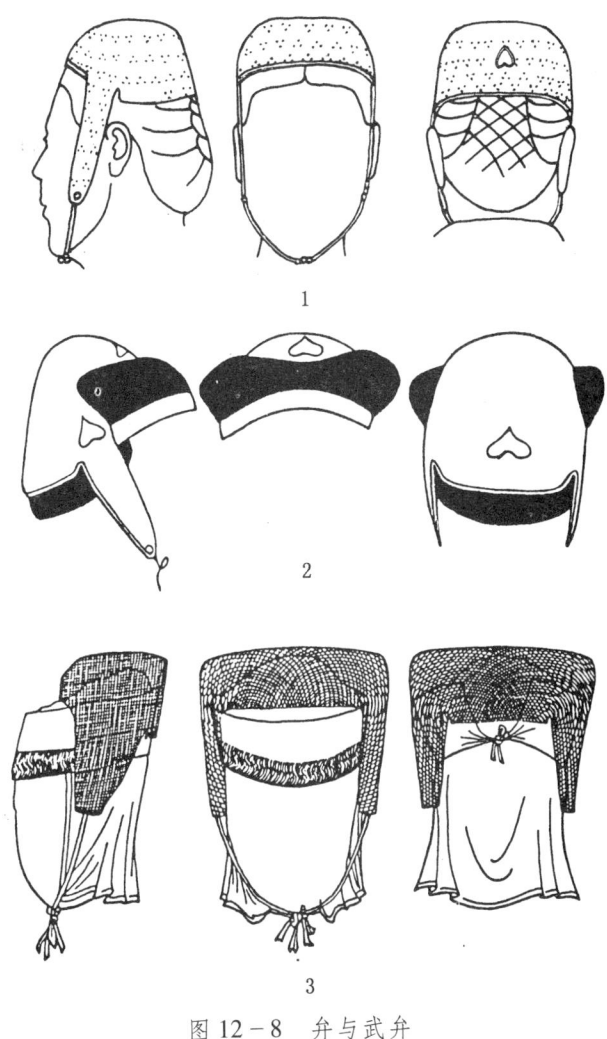

图 12-8 弁与武弁
1. 秦始皇陵兵马俑坑出土之戴弁陶俑　2. 咸阳杨家湾西汉墓陪葬坑出土之戴弁陶俑，弁下已衬有帻　3. 武威磨嘴子 62 号新莽墓墓主所戴武弁大冠

翼，均嫌迂阔费解。《释名·释采帛》："缌，惠也。齐人谓凉为惠，言服之轻细凉惠也。"《仪礼·丧服》郑注："凡布细而疏者谓之缌。"武弁除用鹿皮做的之外，也有用稀疏的缌布制作的，在汉代更是如此，所以得名为惠（缌）文冠。也有的在上面再涂漆，湖南长沙马王堆 3 号西汉墓与甘肃武威磨嘴子 62 号新莽墓均曾出漆缅纱弁。前者把弁单独放在一个漆笥里，保存得很完整（图 12-9）；后者还戴在男尸头上，周围裹细竹筋，头顶用竹圈架支撑，内衬赤帻，是武弁大冠的完整实例（图 12-8:3）。这些弁的缅纱均孔眼分明。不仅实物如此，即使在画像石中表现武弁时，也往往特地刻出网纹来，表示

它的质地确与缣布相近。

但是，汉代的武弁大冠本是弁加帻而构成，与以冠加帻的进贤冠的构成不同，也就是说，它和冠的定义并不符合，所以它的叫法比较混乱，有上面的引文中所列举的那么多名称。根本原因就在于它本来并不是冠，其后却又被视为冠之一种的缘故。

从平上帻到平巾帻

《续汉志》刘注引《晋公卿礼秩》："大司马、将军、骠骑、车骑、卫军、诸大将军开府从公者：着武冠，平上帻。"《晋书·舆服志》也说："平上服武官也。"则衬在武弁底下的帻名平上帻。河北望都1号汉墓壁画中之"门下游徼"，在所戴武弁之下可以看到涂成红色的平上帻，与《御览》卷六八七引《东观汉纪》"诏赐段颎赤帻大冠一具"的记载及上述武威磨嘴子62号墓中所见的情况均相合。汉、晋时的军官与士兵都穿缇（黄赤色）衣或绯（暗赤色）衣，戴赤帻。《汉书·尹赏传》："群盗探赤丸，斫武吏；探黑丸，斫文吏。"即以其衣、帻的颜色为据。《论衡·商虫篇》："虫食谷。……夫头赤则谓武吏，头黑则谓文吏所致也。"也是这种用意。《古今注》卷上"五伯"条更直接地说："今伍伯服赤帻，缁衣，素韠。"可见与赤帻配套的确系武弁。只有水军服黄帻[17]，而文官的衣冠则都是黑色的[18]。

平上帻的形状如在武威磨嘴子所见者，周围是一圈由四层平纹方孔纱粘合而成的颜题，额前部分模压成人字纹，顶上覆软巾[19]。单独戴平上帻者，如山东汶上孙家村出土的画像石中之执戟的士兵（图12-10:2）、甘肃武威雷台汉墓出土之铜武士俑。它们的帻顶虽然都比较低平，但轮廓齐整，好像已经把以前的软巾缝固定了[20]。也有的平上帻顶部中央稍稍隆起，如广州汉墓所出陶俑[21]及美国纳尔逊美术馆所藏汉玉俑[22]。这种帻的顶部或已制成硬壳。至东汉晚期，平上帻的后部逐渐加高。《续汉书·五行志》说："延熹中（158～166年），梁冀诛后，京师帻颜短耳长。"颜短耳长即前低后高。一件传世的东汉中期灰陶执盾俑[23]（图12-10:3），帻的后部已略高。光和五年（182年）的望都2号墓所出石雕骑俑之帻[24]（图12-10:4），前低后高的造型愈加明显。西晋时，帻的后部更高，长沙永宁二年（302年）墓出土陶俑之帻，其后部的高度几乎相当于此人面部之半[25]。再往后，在帻顶向后升起的斜面上，出现两纵裂，贯一扁簪（箪簪），横穿

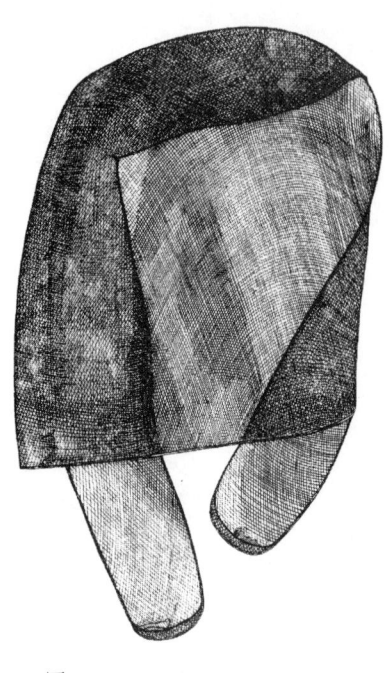

图12-9 马王堆3号汉墓出土的漆缅纱弁

图 12-10 介帻、平上帻与平巾帻
1. 沂南东汉画像石中的介帻 2. 山东汶上孙家村东汉画像石中的平上帻 3. 东汉灰陶执盾俑
4. 望都2号东汉墓出土石雕骑俑（以上二例代表从平上帻向平巾帻的过渡）
5. 南京石子岗东晋南朝墓出土戴平巾帻的陶俑

于发髻之中（图12-10:5）。晋式平上帻可以单着，有时它还被称为"小冠"。如《宋书·五行志》所说："晋末皆小冠，而衣裳博大，风流相仿，舆台成俗。"舆台所戴的应是平上帻，而《志》中称之为小冠，可见这时的小冠即指平上帻。平上帻既然也被称为小冠，它的式样也就逐渐向冠，特别是向进贤冠靠拢。湖北武昌周家大湾隋墓[26]和陕西礼泉唐·郑仁泰墓出土的陶裲裆俑所戴的帻，除了没有两个冠耳以外，几乎和进贤冠没有多大的区别[27]。并且在名称上，隋以后只用平巾帻之名。《隋书·礼仪志》："承武弁者，施以笄导，谓之平巾。"同书《炀帝纪》载大业二年制定舆服，"文官弁服，佩玉，……武官平巾帻，袴褶"。安阳隋·张盛墓出土的瓷俑[28]，正是一个手按仪刀的戴平巾帻着裲裆甲的武官。

也就在平上帻向平巾帻演变的过程中，帻的地位逐渐提高。原先只是"卑贱执事"戴的帻，贵胄显要在其平居之时也常着用。《后汉书·马援传》李注引《东观记》："援初到，敕令中黄门引入，上在宣德殿南庑下但帻坐。"《三国志·吴志·孙坚传》："坚常着赤罽帻。乃脱帻，令亲近将祖茂着之。卓骑争逐茂，故坚从间道得免。"两晋以降，由于更为简易的帢帽流行,反以帻为礼服。《世说新语·任诞篇》:"谢镇西往尚书墓还,葬后三日反哭。诸人欲要之,初遣一信,犹未许,然已停车;重要,便回驾。诸人门外迎之,把臂便下,裁得脱帻着帽。酣宴半坐,乃觉未脱衰。"《晋书·谢安传》:"温后诣安,值其理发,……使取帻。温见留之曰:'令司马着帽进。'其见重如此。"《北堂书钞》卷九八引《俗说》:"谢万与太傅共诣简文,万来无衣帻可前。简文曰:'但前,不须衣帻。'万着白纶巾、鹤氅、裘、履,板而前。"都可以证明当时把帻看成礼服,而把巾、帽看成燕服。

这时不仅把帻看成礼服,而且更把它当成正式的官服,即所谓"江左……县令止单衣帻"[29]。在其他传记材料中也反映出这种情况。《晋书·易雄传》:"少为县吏,自念卑浅无由自达,乃脱帻,挂县门而去。"《南史·卞彬传》:"延之弱冠为上虞令,有刚气。会稽太守孟觊以令长裁之,积不能容,脱帻投地。曰:'我所以屈卿者,政为此帻耳,今已投之卿矣。卿以一世勋门,而傲天下国士。'拂衣而去。"可见这时已经用"挂帻"代替"挂冠"。又《太平广记》卷三一六引《搜神记》:"陈留外黄范丹字史云,少为尉从佐,使檄谒督邮。丹有志节,自惠为厮役小吏。及于陈留大泽中,杀所乘马,捐弃官帻。"《搜神记》汪绍楹校注本改"官帻"为"冠帻",误。因"官帻"一语正符合六朝人的说法。

笼冠与貂、蝉

当武弁大冠形成以后,终两汉之世,它一直被武官戴用(图12-11:1)。虽然我国远在殷、周时已有金属胄,但并不普遍,其实物在考古发掘中也很少见到。汉代的将军们常常戴着武弁大冠上阵。咸阳杨家湾出土的军官俑虽身穿鱼鳞甲,但头上只戴武冠[30]。沂南画像石墓墓门横额上表现墓主人与异族作战的场面中,该墓主人头上也只戴着武冠[31]。然而东汉晚期的和林格尔大墓与辽阳北园大墓的壁画中,均有全副甲胄的武士像。此后着甲胄的甲士俑更屡见不鲜。武弁大冠逐渐退出了实战领域。也就在这个时候,本来结扎得很紧的网巾状的弁,遂变成了一个笼状硬壳嵌在帻上(图12-11:2),这就是《晋书·舆服志》所称之"笼冠"。南北朝时,南北双方都用笼冠,在《女史箴图》、《洛神赋图》以及北朝各石窟之礼佛图、供养人像与陶俑中均不乏其例。其下垂的两耳比西晋时长,但顶部略收敛(图12-11:3)。隋代的笼冠顶平,正视近长方形,仅两侧微向外扩展(图12-11:4)。至唐代,笼冠的垂耳有长有短(图12-11:5、6)。唐末以后,在冠体之下复缀以软巾(图12-11:7、8)。到了明代,软巾又变成直下而微侈的硬壁(图12-12:6)。这种冠式还影响到日本。日本的"武礼冠"即仿宋、明笼冠又稍加变化而成(图12-12:7)。

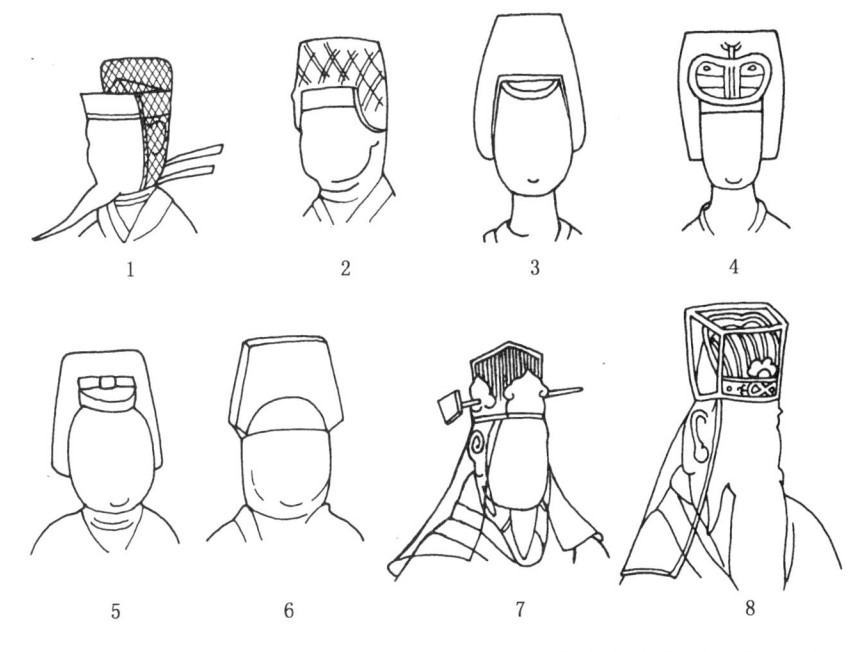

图 12-11　笼冠的渊源和演变（自图 3 以下均未表现笼冠上的孔眼）
1. 沂南东汉画像石中的戴武弁大冠者　2. 长沙晋永宁二年墓出土陶笼冠俑　3. 北魏陶笼冠俑
4. 武汉周家大湾 241 号隋墓出土陶笼冠俑　5. 咸阳唐贞观十六年独孤开远墓出土陶笼冠俑
6. 咸阳唐景云元年薛氏墓出土陶乐俑　7.《送子天王图》
8. 永乐宫三清殿北壁元代壁画中的戴笼冠者

最高级的武冠与笼冠是皇帝的近臣如侍中等人戴的。他们在这类冠上加饰貂、蝉。《汉书·谷永传》："戴金、貂之饰，执常伯之职者。"颜注："常伯、侍中。""金"则指附蝉的金珰。《后汉书·朱穆传》："假貂、珰之饰，处常伯之任。"李注："珰以金为之，当冠前，附以金蝉也。""貂"则指紫貂的尾巴。《艺文类聚》卷六七引应劭《汉官仪》："侍中左蝉右貂，金取坚刚，百陶不耗。蝉居高食洁，目在腋下。貂内劲悍而外温润。"貂尾不太小，与狗尾相近。《晋书·赵王伦传》："（赵王伦篡位）同谋者咸超阶越次，不可胜记。至奴卒厮役，亦加以爵位。每朝会，貂、蝉盈坐。时人为之谚曰：'貂不足，狗尾续。'"汉代簪貂的形象，只能在武氏祠画像石中找到约略近似的例子。其中一块画像石上表现出《二桃杀三士》的故事[32]。图中右起第一人系侍郎，第二人戴通天冠，应是齐景公，第三人身材短小，应是晏子，第四至第六人则应是公孙接、田开疆、古冶子等三士。这三个人的冠上都有一枚尾状物，或前拂、或后偃，可能就是貂尾（图 12-12:1）。可以识别得比较准确的簪貂尾的形象，最早见于北魏宁懋石室[33]（图 12-12:2），这里将笼冠、貂尾、平巾帻等都刻得很清楚。唐人簪貂的图像在莫高窟 235 窟垂拱二年壁画及湖北郧县李欣墓壁画中均曾发现（图 12-12:3、4），只是不知道为什么他们都未戴笼冠，而将貂尾直接插在平巾帻上。这些都是 20 世纪 70 年代前后发现的材料。

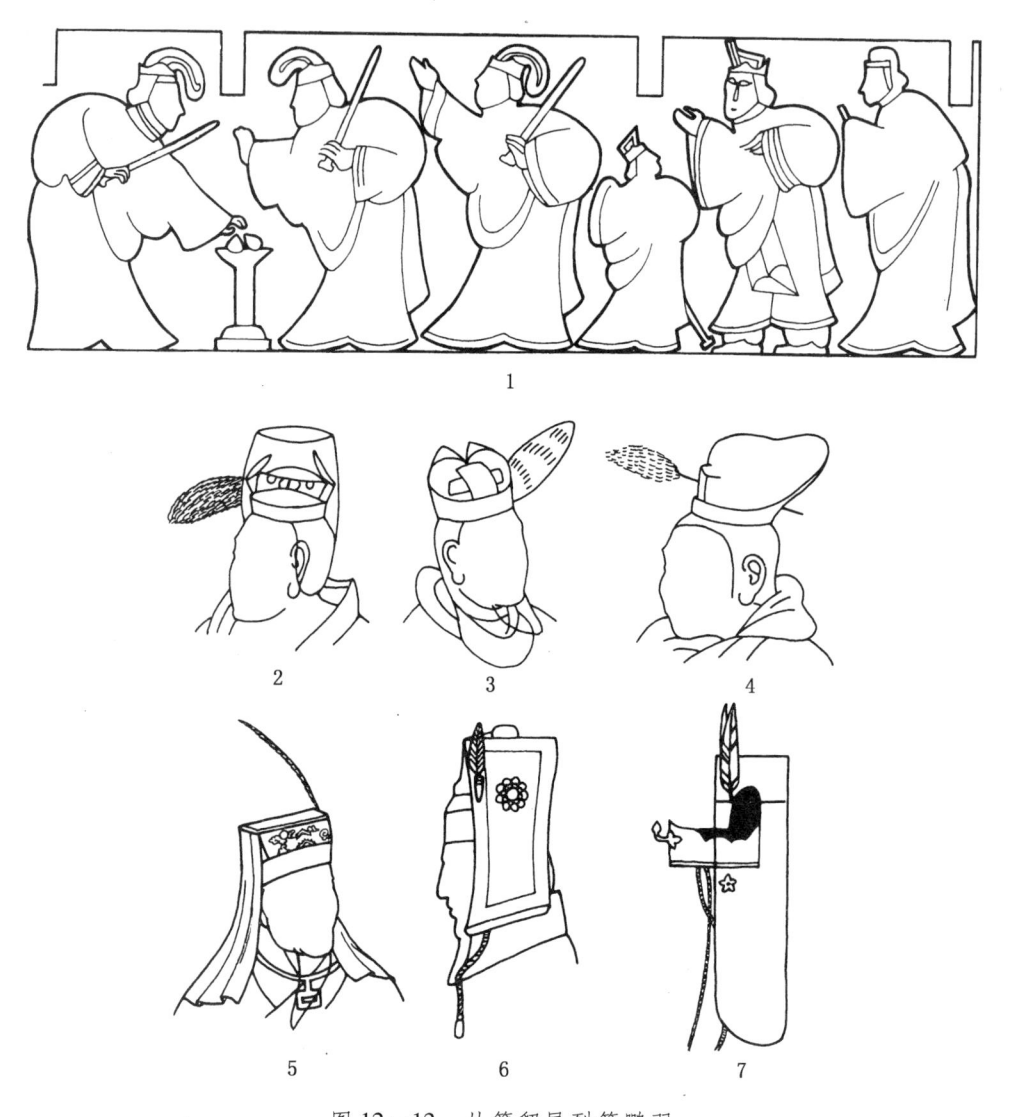

图 12-12 从簪貂尾到簪鹏羽

1. 武氏祠画像石中之"二桃杀三士"图,三士戴貂尾冠 2. 北魏孝昌三年宁氏石室线雕人物中之簪貂尾者
3. 敦煌莫高窟 335 窟唐垂拱二年壁画中之侍臣 4. 湖北郧县唐·李欣墓壁画中之簪貂者
5. 北宋绘本《丞相周益公像》在笼冠上簪雉尾,据 É. Chavannes, *La Peinture chinoise au Musée Cernuschi en 1912.*
6. 明十三陵文石,在笼冠上簪鹏羽 7. 日本的武礼冠

至于蝉,在我国古代被认为是"居高食洁"[34]、"清虚识变"[35]的昆虫。晋·陆云《寒蝉赋》说"蝉有五德。……加以冠冕,取其容也。君子则其操,可以事君,可以立身。岂非至德之虫哉!"推崇备至。汉冠上的金蝉虽尚未发现,但晋与十六国时的蝉纹金牌饰却有实物出土。最先发表的一例是辽宁北票北燕·冯素弗墓出土的[36]。这是一块高约 7 厘米的金牌,上部稍宽,下部稍窄,顶部的弧线在当中合尖处突起,轮廓略近圭

形。牌之正面镂出花纹,并焊有细金丝和小粒金珠,还在上部对称的位置上镶有两颗半球形灰色石片(图12-13:1)。它的图案乍看时颇难辨认,然而当时撰写发掘简报的李文信先生却正确指出应是蝉形,并认为它:"可能就是秦汉以来侍中戴用的'金珰'。"因为此金牌在镂孔饰片背后还垫着一块大小相同的金片,现在看来,所谓金珰,疑指此物。《隋书·礼仪志》引董巴《舆服志》说:"内常侍右貂,金珰,银附蝉。"则其垫片(珰)用金,镂孔饰片(附蝉)用银,与冯素弗墓所出者的规格不同。不过这时可资比较的材料太少,所以李先生又说:"这里只是结合冯素弗的身分,提出这种饰片用途的一种可能;也有把它作为漆器上的装饰复原的。"不过仅仅过了一年,又发表了敦煌新店台60M1号前凉墓出土的金牌㊲。此牌残高5厘米,所饰蝉纹比较清楚(图12-13:2)。发掘者马世长等先生肯定地指出,它"中间镂出一蝉,双睛突起"。然而此墓中只有一具骨架,墓主为"张弘妻汜心容"。据《晋书·张轨传》,张弘为张重华部将,在与前秦的战争中殁于战地。他的尸骨或未归葬,汜心容墓中遂瘗以亡夫的衣冠。如果此牌确系冠上之蝉珰,那么它出于汜心容墓不难理解。可是这一点尚属推测,对其用途并未掌握直接证据,故简报中仍称之为"金饰"。1998年在南京仙鹤观东晋名臣高悝墓中又出土了一块金牌,高6.8厘米,保存状况良好,极为完整,其上之蝉纹与张弘金牌上的图像几乎完全一致㊳(图12-13:3)。但后者已残去一部分,以致蝉纹头侧的线条用意不明。对比高悝的金牌,就看得出它原来代表蝉的六足,其安排颇具巧思,且形象完整,构图饱满。可是要认定这些金牌就是冠上附蝉的金珰,最有说服力的证据是举出戴此冠饰之人像。因为其行使的时间长达八九百年;更如左思《魏都赋》所称:"禁台省中,连闼对廊……蔼蔼列侍,金蜩齐光。"服之者不在少数。然而宁懋石室、莫高窟235窟及李欣墓中的图像,虽出现貂尾,却并无金珰。

图12-13 冠珰上的金附蝉

1. 辽宁北票北燕·冯素弗墓出土
2. 甘肃敦煌前凉·汜心容墓出土
3. 江苏南京东晋·高悝墓出土

后来在山西太原发掘了北齐太傅东安王娄睿墓,其墓门外甬道西壁所绘侍臣戴笼冠、簪貂尾,而且冠前饰圭形珰[39];惜珰上一无纹饰(图12-14:2)。同墓所出笼冠俑,冠前也刻出圭形珰。但不知伊谁作俑,竟认为它们都代表"女官";实属误解。洛阳北魏永宁寺遗址出土之影塑,其中戴笼冠的头像与娄睿墓所出者肖似,却有不少件塑出修剪得颇整齐的髭须,应当是一些很讲究仪表的男性[40]。其中出土的:T1:1104号头像,冠前也贴有一片圭形珰,可惜的是,其上亦无纹饰(图12-14:1)。直到1998年发表了陕西蒲城坡头乡唐·惠庄太子李㧑墓壁画,墓道内所绘执笏进谒的文臣像中,有一人在冠前饰圭形珰,珰上绘出蝉纹[41](图12-14:3)。于是上述金牌即珰上之金附蝉或曰蝉珰,始了无疑义。不过在皇帝之近臣的冠上加一个"目在腋下"而又"清虚识变"的蝉形徽识,要他们既善于韬晦,又通达封建政治的权变之术,真是一个莫大的嘲讽。

图12-14 饰蝉珰之冠

1. 河南洛阳北魏永宁寺遗址出土陶影塑 2. 山西太原北齐·娄睿墓壁画(以上两例珰上之蝉原被略去)
3. 陕西蒲城唐惠庄太子墓壁画

南北朝后期,此物的使用受到限制。《周书·宣帝纪》:"(宣帝)尝自……冠通天冠,加金附蝉,顾见侍臣武弁上有金蝉……者,并令去之。"隋代虽然恢复了服制中的貂、蝉,但使用范围较前为小。《隋书·礼仪志》说:"开皇时,加散骑常侍在门下者皆有貂、蝉,至是(大业元年)罢之。惟加常侍聘外国者特给貂、蝉,还则纳于内省。"至唐代,簪貂之官仍以左右散骑常侍为主[42],文藻上也没有用貂蝉称侍中或中书令的,而都用它称散骑常侍了。

唐以后,不再簪貂尾。宋代用雉尾充替(图12-12:5)。元以后更易以鹏羽。永乐宫三清殿元代壁画中太乙的侍臣(王逊编号248、249)所簪已是鹏羽[43]。明代仍如此[44]

（图12-12:6）。

鹖冠与翼冠

汉代的武冠除武弁大冠以外，还有另一种叫作"鹖冠"。《续汉志》所记武冠就已区分成这样两种。那里说鹖冠的形制是："环缨无蕤，以青系为绲，加双鹖尾竖左右。"又说："鹖者，勇雉也。其斗对，一死乃止，故赵武灵以表武士。秦施之焉。"刘注："徐广曰：'鹖似黑雉，出于上党。'荀绰《晋百官表注》曰：'冠插两鹖，鸷鸟之暴疏者也。每所攫撮，应扑摧衄。天子武骑，故以冠焉。'傅玄《赋》注曰：'羽骑骑者戴鹖。'"这种鹖冠在洛阳金村出土的错金银狩猎纹镜的图像中已经出现，其鹖尾其实是插在弁上的（图11-8）。西汉空心砖上也有这种鹖冠，不过这里的弁上加刻出许多网眼，说明其质地已是缌布、缅纱之类。以上两例在插鹖尾的弁下都未衬帻，而河南邓县出土的东汉画像砖上的人物，却在正规的衬平上帻的武弁大冠上插双鹖尾，这就是《续汉志》所说的鹖冠了[45]（图12-15）。

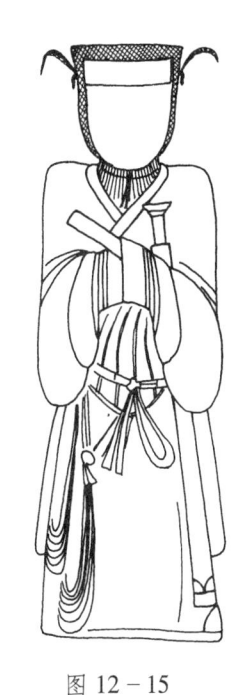

图12-15 东汉的鹖冠
（河南邓县出土画像砖）

邓县鹖冠所插羽毛中有清晰的横向纹理，故此时之所谓鹖似是一种雉。鹖又作鶡。《后汉书·西南夷传》李注引《山海经》郭璞注："鶡鸡似雉而大，青色，有毛角，斗敌死乃止。"按此处说的鶡鸡很可能指褐马鸡，它有两簇高耸的白色颊毛，颇类"毛角"。鶡亦训白。《仪礼·士丧礼》："鶡豆两。"郑注："鶡，白也。"但褐马鸡却不善斗。《史记·佞幸列传》说："故孝惠时，郎、侍中皆冠鵔鸃。"鵔鸃冠即武冠之别名，见《续汉志》刘注。鵔鸃也是雉属。《说文·鸟部》："鵔，鵔鸃，鷩也。"《尔雅》郭注：鷩"似山鸡而小，冠、背毛黄，腹下赤，项绿，色鲜明"。雉尾颜色美丽，以后遂被沿用。《南齐书·舆服志》说："武骑虎贲服文衣，插雉尾于武冠上。"可见这时已将插雉尾的作法制度化了。

鹖冠除竖插一对鹖尾的类型以外，还有将鹖鸟的全形装饰在冠上的。《史记·仲尼弟子列传》："子路性鄙，好勇力，志伉直，冠雄鸡，佩豭豚。"武氏祠画像石中的子路像，冠上饰有鸡形[46]（图12-16:1）。这类在冠上饰以整体鸟形的实例虽不多见，但直到唐代却仍在文献中被提到。《旧唐书·张说传》："说因获嶲州斗羊，上表献之，以申讽喻。其表：'臣闻勇士冠鸡，武夫戴鹖。……'"则冠鸡与戴鹖为类。唐代最流行的武官之冠，正是在冠上饰以鹖鸟全形的那一种。虽然这种作法与佛教艺术中的鸟形冠，如在莫高窟257窟北魏壁画中所见者不无关系（图12-16:3），但仍可将汉代的鸡冠视为

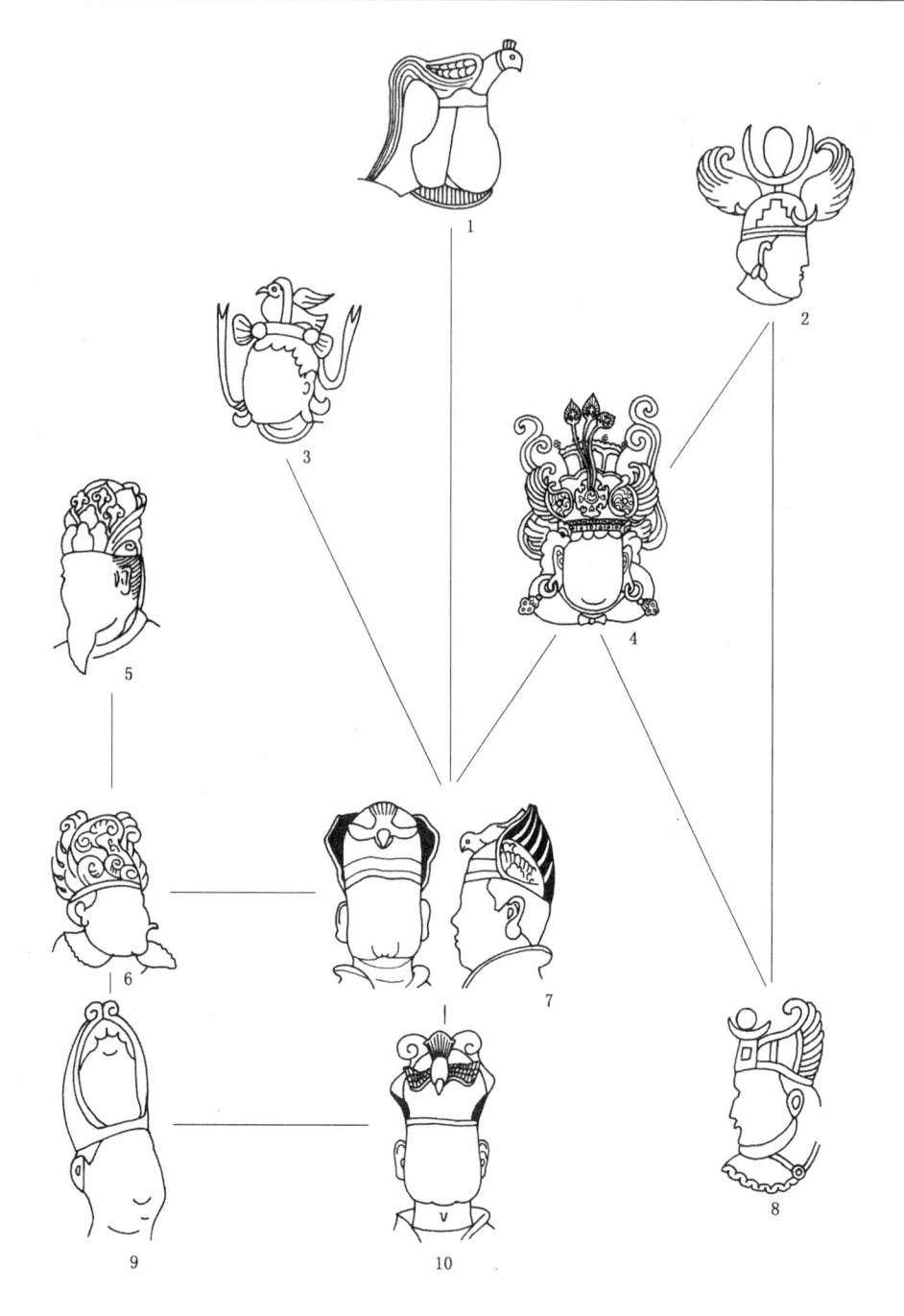

图 12-16　唐代鹖冠造型之渊源

1. 东汉武氏祠画像石孔子弟子图中子路之鸡冠　2. 萨珊银盘（圣彼得堡爱米塔契博物馆藏）之王者像
3. 莫高窟 257 窟北魏壁画之力士　4. 莫高窟 338 窟初唐壁画之北方天王
5.《凌烟阁功臣图》中侯君集所戴的进德冠　6. 西安唐天宝四年苏思勖墓石门线雕武士
7. 唐代陶鹖冠俑（荷兰阿姆斯特丹 H. K. Westendrop 氏旧藏）　8. 日本奈良法隆寺藏唐四天王锦
9. 西安唐天宝七载吴守忠墓出土陶俑　10. 唐开元十六年鹖冠俑（英 G. Eumorfopoulos 氏旧藏）

其固有的渊源。

唐代鹖冠上所饰的鹖鸟并非似雉或似鸡的大型鸟类，而是一种小雀。"鹖"到底是哪种鸟，诸书之说本不一致。上引《续汉志》说它是"勇雉"，曹操则称它为"鹖鸡"[47]《晋书·舆服志》又说鹖"形类鹖而微黑"，可是也有人认为鹖形似雀。《汉书·黄霸传》："时京兆尹张敞舍鹖雀飞集丞相府，霸以为神雀，议欲以闻。"颜注引苏林说："今虎贲所着鹖也。"西安出土的汉代鹖鸟陶范，表现的也是一种小雀，其形与唐代鹖冠所饰者颇相近[48]。

唐代的鹖冠不但饰以鹖鸟全形，而且冠的造型相当高大，冠后还有包叶。这种造型是前所未见的。它的形成，大约一方面是为了和日趋高大的进贤冠相协调，另一方面又受到唐代新创的"进德冠"式样的影响。《新唐书·车服志》说："（太宗）又制进德冠以赐贵臣，玉琪制如弁服，以金饰梁，花趺。三品以上加金络，五品以上附山、云。"这种冠皇太子、贵臣以及舞人都可以戴，流行的时间也比较长。宋元祐五年（1090年）游师雄摹刻的《凌烟阁功臣图》残石拓本上的魏征、侯君集二像所戴之冠后部有软脚，类幞头，与《新唐书·车服志》所称"进德冠制如幞头"之说合[49]。其冠之前部饰以五山、三云朵，又与"附山、云"之说合。加以人物的身分正属贵臣，所以此冠应为进德冠（图12-16:5）。以进德冠与唐式鹖冠相较，则发现后者的造型在很大程度上以前者为模式。

此外，唐式鹖冠从外面看去，在两侧的包叶上还画出鸟翼（图12-16:7）。冠饰双翼，并非我国固有的作风。萨珊诸王的冠上多饰双翼，如卑路斯（457～483年）、库思老二世（590～627年）的王冠上都有这样的装饰（图12-16:2），夏鼐先生以为这是太阳或祆教中屠龙之神未累什拉加那（Verethraghra）的象征[50]。但在波斯阿契美尼王朝时，琐罗亚斯特教的主神阿胡拉·马兹达就用带翼的日轮为其象征，即古代波斯地区本有崇拜双翼的传统。唐代的翼冠确曾受过萨珊的影响。因为萨珊王冠上除翼外，还有成组的日、月或星、月纹，而日本奈良法隆寺旧藏之唐代四天王锦上天王所戴宝冠亦饰有双翼与日、月[51]（图12-16:8），是其证。但从萨珊式翼冠到唐代鹖冠之间，在意匠的传播过程中或者还以佛教艺术为中介。因为佛教中的兜跋毗沙门天（即北方多闻天王）在西域各国特受尊崇，此种信仰亦流衍于中土，而毗沙门天王像上就戴着有翼的宝冠（图12-16:4）。唐式鹖冠上的翼取法于此或更为直接。它们之间的渊源关系与传播途径，试表示如图12-16。

这种饰鹖雀辅双翼的鹖冠，实即唐代文献中所称之"武弁"。在唐墓所出成组的文、武俑或唐陵的文、武石中所见唐代武官着礼服时所戴之冠，大都是这类鹖冠或是其再经演进的式样[52]（图12-16:7、10；12-17:2、4）。唐中叶以后，鹖冠上的雀形渐次消匿。但武官着礼服时所戴之冠仍是鹖冠之流裔，其冠身加高，上无鸟形，而代以卷草、云朵、

图 12-17　唐代着礼服的文武俑

1、2. 陕西乾县唐·李贤墓出土　3、4. 陕西礼泉唐·李贞墓出土
5、6. 陕西咸阳唐·豆卢建墓出土　7、8. 上海博物馆藏

连珠等纹样。如上海博物馆所藏一唐代着裲裆甲的武官俑[53]，冠前部只装饰着三叶纹和连珠纹，包叶上的翼纹也不见了，仅在冠顶上探出二纽状物（图12-17:8）。咸阳底张湾豆卢建墓出土的武官俑之冠甚至连这样的纽状物也没有了，造型更趋简化[54]（图12-17:6）。不过它们从进德冠那里接受的影响还是看得出来的。

注 释

① 《淮南子·人间》。
② 李文信：《辽阳北园壁画古墓记略》，《国立沈阳博物院筹备委员会彙刊》第1期，1947年。
③ "前高七寸"之"七"字，李文均误记为"八"，兹据《续汉书·舆服志》校正。
④ 沂南画像石墓历史故事部分的人物造型逼肖安徽亳县董园村2号墓所出画像石，而后者为东汉桓帝前后之墓葬，故沂南墓的时代亦应相去不远。
⑤ 颜、题本来均指额部。《广雅·释亲》："颜、题，额也。"又《战国策·宋策》："宋康王……欲霸之速成，故射天笞地，斩社稷而焚之，曰威服天下鬼神。骂国老谏臣。为无颜之冠以示勇。"宋·鲍彪注："冠不覆额。"则冠额应位于额上。至于题，如《山海经·北山经》所说："石者之山有兽焉，其状如豹而文题。"郭璞注："题、额也。"可知二者本无分别。故《隋书·礼仪志七》转述《续汉志》的话时，只说："至孝文时，乃加以高颜。"《后汉书集解》卷三〇，黄山注："本单言颜，或连言颜题，后始捏之。《器物总论》：'华盖有颜题。'则凡事物亦连言颜题矣。"因知所谓"高颜题"，即加高覆额环脑的一圈介壁。
⑥ 《后汉书集解》卷三〇，黄山注引。
⑦ 因为展筩的宽度有限，容不下许多枚冠梁，故《续汉志》所记进贤冠最多仅有三梁。但《后汉书·法雄传》说："海贼"张伯路起兵，自"冠五梁冠"。李注："《汉仪仪》曰：'诸侯冠进贤三梁，卿大夫、尚书、二千石冠两梁，千石以下至小吏冠一梁。'无五梁制者也。"但《晋书·舆服志》说："人主元服，始加缁布，则冠五梁进贤。"则此时之皇帝已效法"海贼"，也戴起五梁进贤冠来了。
⑧ 洛阳博物馆：《洛阳关林59号唐墓》，《考古》1972年第3期。
⑨ 李勣墓所出进贤冠，见《人文杂志》1980年第4期。
⑩ 昭陵文物管理所：《唐越王李贞墓发掘简报》，《文物》1977年第10期。
⑪ 陕西省文物管理委员会：《陕西省出土唐俑选集》图54、55，文物出版社，1958年。
⑫ 吴守忠墓出土俑，见注⑪所揭书，图102。《五星二十八宿神形图》，见阿部孝次郎续辑：《爽籁馆欣赏》第二辑。
⑬ 嘉祥焦城村画像石，见傅惜华编：《汉代画像全集》初编，图162。汶上孙家村画像石，见同书二编，图87。
⑭ 《晋书·舆服志》引。
⑮ 宋·宋敏求：《春明退朝录》卷中。
⑯ 原田淑人：《东亚古文化论考·冠位の形态から见だ飞鸟文化の性格》，东京，1962年。
⑰ 杨泓：《中国古兵器论丛·水军和战船》，文物出版社，1980年。
⑱ 汉代文官常朝皆着黑衣。详本书《两唐书舆（车）服志校释稿》卷三【旧81】注①。
⑲ 甘肃省博物馆：《武威磨嘴子三座汉墓发掘简报》，《文物》1972年第12期。
⑳ 甘肃省博物馆：《武威雷台汉墓》，《考古学报》1974年第2期。
㉑ 黎金：《广州的两汉墓葬》插图10，《文物》1961年第2期。
㉒ 《服装大百科事典》卷上，页656，文化出版局，1976年。
㉓ 《世界考古学大系》卷17，页72，平凡社，1963年。
㉔ 河北省文化局文化工作队：《望都二号汉墓》图24、25，文物出版社，1959年。
㉕ 湖南省博物馆：《长沙两晋南朝隋墓发掘报告》，《考古学报》1959年第3期。

㉖ 湖北省文物管理委员会：《武汉市郊周家大湾241号隋墓清理简报》，《考古通讯》1957年第6期。本文所举之俑在简报中列为武士俑之第二种。
㉗ 陕西省博物馆、礼泉县文教局唐墓发掘组：《唐郑仁泰墓发掘简报》，《文物》1972年第7期。
㉘ 考古研究所安阳发掘队：《安阳隋张盛墓发掘记》，《考古》1959年第10期。
㉙ 《宋书·礼志》。
㉚ 《中华人民共和国シルクロード文物展》，第一部，图1，1979年。
㉛ 曾昭燏等：《沂南古画像石墓发掘报告》图版24，文化部文物管理局，1956年。
㉜ 关野贞：《支那山东省に於ける汉代坟墓の表饰》附图93。簪貂尾本是战国时山东诸国的习俗，《晋书·舆服志·序》："及秦皇并国，揽其余轨，丰貂东至，獬豸南来。""二桃杀三士"正是东方齐国的故事，所以三士簪貂尾的可能性很大。
㉝ 赵万里：《汉魏南北朝墓志集释》图版262：10，科学出版社，1956年。
㉞ 《太平御览》卷六八八引应劭《汉官仪》。
㉟ 《古今注》卷上。
㊱ 黎瑶渤：《辽宁北票县西官营子北燕冯素弗墓》，《文物》1973年第3期。
㊲ 马世长等：《敦煌晋墓》，《考古》1974年第3期。
㊳ 《六朝家族墓地考古有重大收获》，《中国文物报》1999年1月17日。
㊴ 山西省考古研究所等：《太原市北齐娄睿墓发掘简报》，《文物》1983年第10期。
㊵ 中国社会科学院考古研究所：《北魏洛阳永宁寺》彩版15，中国大百科全书出版社，1996年。
㊶ 陕西省考古研究所：《陕西新出土文物选粹》图版121，重庆出版社，1998年。
㊷ 《新唐书·百官志》："显庆二年，分散骑常侍为左右，金蝉珥貂。"关于唐代以貂蝉称散骑常侍事，参看岑仲勉《唐史余瀋》"貂蝉字用法"条，中华书局，1960年。
㊸ 王逊：《永乐宫三清殿壁画题材试探》，《文物》1963年第8期。
㊹ 明·周祈：《名义考》卷一一，"冠帻"条。
㊺ 邓县出土鹖冠画像砖，见周到等编：《河南汉代画像砖》图244，上海人民美术出版社，1985年。
㊻ 据注㉜之一所揭书附图92。
㊼ 曹操：《鹖鸡赋·序》，《大观本草》卷一九引。
㊽ 见《文物》1985年第4期，页94。
㊾ 金维诺：《〈步辇图〉与〈凌烟阁功臣图〉》，《文物》1962年第10期。
㊿ 夏鼐：《中国最近发现的波斯萨珊朝银币》，《考古学报》1957年第2期。
Ⓢ1 平凡社战后版《世界美术全集》第8卷，彩版15。
Ⓢ2 这类文、武俑在发掘中常与一对镇墓兽和一对甲士俑同出，如在西安唐·独孤思贞墓甬道中所见者（《唐长安城郊隋唐墓》页32）。依王去非、徐苹芳的考证，前两者即祖明、地轴，后两者即当圹、当野。而依《大汉原陵秘葬经》所记，在"亲王坟堂"的明器神煞中尚应有"大夫"和"太尉"；"公侯卿相墓堂"中尚应有"大夫"和"太保"。这类文、武俑或即"大夫"、"太保"之类。它们虽然可以和其他镇墓俑相组合，但亦可自成一组。如西安洪庆村305号唐·李仁墓（景云元年，710年）石墓门的门扉上便刻有一对这样的人物（《西安郊区隋唐墓》页12~13）。其冠服应为现实生活中文、武官员之礼服的写照。
Ⓢ3 上海博物馆：《陈列品图片》第3辑。
Ⓢ4 据注⑪所揭书，图57。

（原载《中国历史博物馆馆刊》总13/14期，1989年）

汉代军服上的徽识

在军服上标出徽识，本是先秦时代沿用已久的制度，不过因为没有见到当时的具体形象，情况尚说不清楚。汉代留下的实物资料虽仍不完备，若干细节仍无从查考，但毕竟出现了一些实例，从而有可能与文献记载相印证，对汉代军服的徽识问题进行研究。这篇小文就此作一点初步的探索。

《说文·衣部》："裮，卒也。卒，衣有题识者。"则卒是由于衣上带有徽识而得名。《诗·小雅·六月》："织文鸟章。"郑笺："织，徽织也。……将帅以下衣皆着焉。"徽的正字当作微。《说文·巾部》："微，徽识也，以绛微帛着于背。……《春秋传》曰：'扬徽者公徒'；若今救火衣然也。"《战国策·齐策》记齐、秦交战，齐将章子命齐军"变其徽章以杂秦军"，可见这种作法通行于列国。但是这时的军服上为什么要缀以徽识呢？其中大约包含两重意义：首先是标明该人的身分、姓名；如若在战场上阵亡，便于辨认其遗体。《尉缭子·兵教篇》说："将异其旗，卒异其章。""书其章曰某甲某士。"《周礼·春官·司常》郑注："徽识之书则云：某某之事，某某之名，某某之号。……兵，凶事，若有死事者，亦当以相别也。"同书《夏官·大司马》贾疏更明确地说，徽识"皆缀之于膊上，以别死者也"。其次，则可通过徽识之不同的颜色、形状及佩带的位置，以区别部伍；在分兵布阵时，便于将领指挥调遣。因为在古代战争中，号令主要由金鼓的疾徐轻重、旗旐的麾动舒卷来传达。而士卒在进退周旋、奇正变化的战阵之中，要保持队形整齐、行动一致，也大有赖于对徽识的注意跟踪。所以金鼓-旗旐-徽识，构成了指挥作战的一套信号系统，具有重要的作用。在一支部队中，旗旐与徽识的颜色大抵相同。青海大通上孙家寨汉简说："左骑都尉翼青"，"［左］部司马旐胡青"，"左什肩章青"，可证。而什伍的肩章还有进一步的区分，亦即上孙家寨汉简所说："什以肩章别，伍以肩左右别，士以肩章□色别。"[①]这和《尉缭子·兵教篇》中的"左军章左肩，右军章右肩，中军章胸前"等规定显然有相通之处。由于士卒的徽识关系到指挥意图能否顺利贯彻，所以《尉缭子·经卒令》中又强调："亡章者有诛。"可见当时对于不佩带徽章的士卒的处理是很森严的。

从广义上说，徽识不仅士卒的军服上要有，"将帅以下衣皆着"；而且据《逸周书·

《世俘篇》说："谒戎殷于牧野，王佩赤白旂。"则于作战之时，最高统帅也要佩带代表自己的身分的徽识。所以它的种类较繁。就目前的认识来说，大致可分为章、幡和负羽三种。

章是士卒以及其他参战的平民皆应佩带的徽识。《墨子·旗帜篇》说："吏卒民男女，皆辨异衣章微职（徽识）。"又说："城上吏卒置之背，卒于头上。城下吏卒置之肩，左军于左肩，中军置之胸。"其说与上引《尉缭子·兵教篇》及上孙家寨汉简的记述大致相类，指的都是佩章的方式。陕西咸阳杨家湾西汉大墓陪葬坑出土的陶士卒俑背后佩带的长方形徽识或即章②（图13-1:1）。此物的体积不大。孙诒让《墨子闲诂》卷一五说章是"小微识"，与实际情况正合。章上本应书写名号，这里仅以交叉线代之。

幡的等级或许比章高一些，在汉代，大约是军官佩带的。它有时也被径称为徽。《文选·东京赋》"戎士介而扬挥"，薛综注："挥为肩上绛帜，如燕尾者也。"挥是徽的借字，唐写本《文选》挥字作徽，可证。杨家湾陶俑中有的在肩部披有带许多尖角的长巾，与所谓"肩上绛帜"极相近③（图13-1:2）。这上面的尖角就是文献中所说的燕尾。《释名·释兵》"杂帛为物，以杂色缀其边为燕尾"，指的也是一种在边缘上饰以尖角的旗帜。不过杨家湾陶俑所披之长巾的正式名称应为幡。在《说文·巾部》中，"帗"字与"徽"字相次，表示它们是相近之物，而许释帗为"幡帜也"。这和《续汉书·舆服志》所称"宫殿门吏、仆射……负赤幡，青翅燕尾；诸仆射幡皆如之"的提法恰相一致。郑注《周礼·司常》时也认为"今城门仆射所被"之物，是"旌旗之细者也"，是

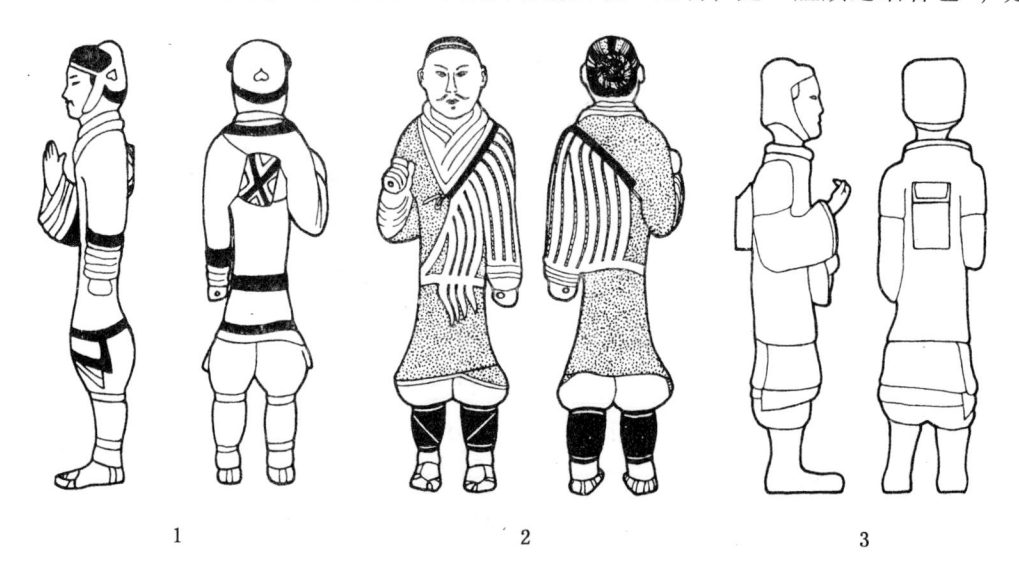

图13-1 汉代军服上的三种徽识

1、2. 咸阳杨家湾西汉墓出土陶俑 3. 徐州狮子山西汉墓出土陶俑
［1. 佩章 2. 被幡 3. 负羽（此俑只余插羽之扁盒）］

先秦时"有属（徽识）"之旗的"旧象"。诸说相互补充发明，则军官所负之幡的形状可以被确认。其下部尖角参差，也正与鸟翅燕尾相仿佛。虽然它的颜色不一定都是赤色的。

至于负羽，大约军官和士卒均可用。《国语·晋语》"被羽先登"，韦注："羽，鸟羽，系于背，若今军将负眊矣。"眊为"毛饰"（《玄应音义》卷二引《通俗文》），亦即羽饰。《尉缭子·经卒令》："左军苍旗，卒戴苍羽；右军白旗，卒戴白羽；中军黄旗，卒戴黄羽。"《韩诗外传》卷九之一五："孔子喟然叹曰：'二三子各言尔志，予将览焉。由，尔何如？'对曰：'得白羽如月，赤羽如日，……使将而攻之，惟由为能。'"子路说的白羽、赤羽，即指负此二色羽毛的部伍。负羽之制亦行于汉代。扬雄《羽猎赋》："贲育之伦，蒙盾负羽……者以万计。"《汉书·王莽传》："五威将乘乾文车，驾坤六马，背负鸷鸟之毛，服饰甚伟。"《后汉书·贾复传》："于是被羽先登，所向皆靡。"延及三国、六朝，此风犹存。《三国志·吴志·甘宁传》说他"负眊带铃"，则与上引《国语》韦注正合。《文选·江文通杂体诗》："羽卫蔼流景。"李注："羽卫，负羽侍卫也。"又张协《七命》："屯羽队于外林。"李善注："羽队，士负羽而为队也。"说的都是这种情况。军人负羽的作法在我国古代曾长期流行，河南汲县山彪镇出土的水陆攻战图鉴与山西潞城战国墓出土的铜匜的刻纹中均有负羽者（图13-2），惟其所负之羽的装置方法图中未表现清楚[④]。始皇陵兵马俑坑中的陶俑有的在背后装两个环，出土时其上空无一物，不知道当时供系何物之用，似乎不排除它用于负羽的可能性。又江苏徐州狮子山兵马俑坑与北洞山西汉墓所出陶俑，均有背负长方形盒状物者（图13-1:3），发掘简报称之为箭箙[⑤]。虽外观约略近似，但也令人产生若干疑问。比如在盒状物中未曾发现箭镞（即

图13-2 负羽者

1. 河南汲县战国墓出土水陆攻战图鉴　2. 山西潞城战国墓出土铜匜

便是它的模型)。而且在这两批陶俑中亦无持弓或佩弓韇者。箭不与弓配套,则将失掉其存在的意义。如果认为当时将弓和箭一并装在此盒中,它就是《释名·释兵》所说"弓矢并建,立于其中"的鞬,也仍然难以成立。因为在孝堂山画像石中看到的鞬呈长筒形,式样和它大不相同(图13-3:1)。何况此盒位于俑体上部,将弓箭背得这么高,取用时似亦有所不便。无论在淮阴高庄战国铜器刻纹中或在北朝陶俑中看到的背箭箙者,其箭箙的位置都要低得多⑥(图13-3:2)。另外在北洞山陶俑上,还发现其佩盒状物所用的带子通过俑的双腋与肩之一侧,这种方式与杨家湾陶俑佩章的方式正同。而且后者所佩之章,有的虽仅仅是一薄片,但也有呈盒状的。不过比徐州这两批俑所负之盒更扁些,其顶部有的开一狭缝,有的则是封闭的,只留下四个小圆孔。这种扁盒显然不宜盛箭,看来它似乎是插羽用的底座。只不过由于所插之物无存,故此说尚有待用日后新出的材料加以验证。

图13-3 佩鞬与负箭箙的武士
1. 孝堂山画像石中的佩鞬者
2. 河北磁县东陈村东魏墓出土背箭箙俑

注 释

① 国家文物局古文献研究室大通上孙家寨汉简整理小组:《大通上孙家寨汉简释文》,《文物》1981年第2期。陈公柔、徐元邦、曹延尊、格桑本:《青海大通马良墓出土汉简的整理与研究》,《考古学集刊》第5集,1987年。
②③ 陕西省文物管理委员会、咸阳市博物馆:《陕西省咸阳市杨家湾出土大批西汉彩绘陶俑》,《文物》1966年第3期。陕西省文管会等:《咸阳杨家湾汉墓发掘简报》,《文物》1977年第10期。
④ 郭宝钧:《山彪镇与琉璃阁》,科学出版社,1959年。山西省考古研究所等:《山西省潞城县潞河战国墓》,《文物》1986年第6期。
⑤ 徐州博物馆:《徐州狮子山兵马俑坑第一次发掘简报》,《文物》1986年第12期。徐州博物馆、南京大学历史系考古专业:《徐州北洞山西汉墓发掘简报》,《文物》1988年第2期。
⑥ 如东魏·赵胡仁墓出土俑,见《考古》1977年第6期,页393。

(原载《文物》1988年第8期)

说"金紫"

《后汉书·冯衍传》记冯衍感慨生平时曾说自己："经历显位，怀金垂紫。"而唐·白居易《早春雪后诗》中也有"有何功德纡金紫，若比同年是幸人"之句①。两处都用"金紫"代表高官显宦的服章。但汉之"金紫"与唐之"金紫"，却是毫不相干的两回事。

高官之用金紫，本不始于汉，战国时的蔡泽曾说："怀黄金之印，结紫绶于腰……足矣。"②其所谓金紫是指金印紫绶。汉代仍然如此。在汉代的官服上，用以区别官阶高低的标志，一是文官进贤冠的梁数，二是绶的稀密、长度和色彩。但进贤冠装梁的展筩较窄，公侯不过装三梁，中二千石以下至博士两梁，自博士以下至小史都是一梁。每一阶的跨度太大，等级分得不细，因而"以采之粗缛异尊卑"的绶就成为权贵们最重要的标识了。秦末农民大起义时，项氏叔侄入会稽郡治，"籍遂拔剑斩守头，项梁持守头，佩其印绶。门下大惊，扰乱，籍所击杀数十百人。一府中皆慴伏，莫敢起"③。可见他们是把印绶当作权力的象征看待的。新莽末年，商人杜吴攻上渐台杀死王莽后，首先解去王莽的绶，而未割去王莽的头。随后赶到的校尉、军人等，才"斩莽首"、"分裂莽身"，"争相杀者数十人"④。而从杜吴看来，似乎王莽的绶比他的头还重要，这也正反映出当日市井居民的社会心理之一般。东汉末年，曹操要拉拢吕布，与布书云："国家无好金，孤自取家好金更相为作印。国家无紫绶，自取所带紫绶以藉心。"⑤则直到这时，金印紫绶还有它的吸引力，有些军阀也还吃这一套。

绶原自佩玉的系组转化而来。《尔雅·释器》："璲，绶也。"郭注："即佩玉之组，所以连系瑞者，因通谓之璲。"《续汉书·舆服志》："五伯迭兴，战兵不息。于是解去绂佩，留其系璲，以为章表。……绂佩既废，秦乃以采组连结于璲，光明章表，转相结受，故谓之绶。"绶的形制据《汉官仪》说："长一丈二尺，法十二月；阔三尺，法天、地、人。旧用赤韦，示不忘古也，秦汉易之为丝，今绶如此。"所谓长一丈二尺是指百石官员的绶。实际上地位愈尊贵绶也愈长：皇帝之绶长二丈九尺九寸，诸侯王绶长二丈一尺，公、侯、将军绶长一丈七尺，以下各有等差。汉代用绶系印，平时把印纳入腰侧的鞶囊，而将绶垂于腹前；有时也连绶一并放进囊中。《隋书·礼仪志》："古佩印皆贮悬之，故有囊称，或带于旁。"《晋书·舆服志》："汉世着鞶囊者，侧在腰间，或谓之旁囊，或谓之绶囊。然则以紫囊盛绶也。或盛或散，各有其时。"在班固的书信中曾提到若干种高级鞶囊，如"虎头金鞶囊"、"虎头绣鞶囊"等⑥。东汉末年的沂南画像石中刻出了它们的形象（图14-1）。但如果把印和绶都塞在囊里，那就难以识别佩带者的身分了。《汉书·朱买臣传》说他拜为会稽太守后，"衣故衣，怀其印绶，步归郡邸。直上计时，会稽吏方相与群饮，不视买臣。买臣入室中，守邸与共食，食且饱，少见其绶，守邸怪之，前引其绶，视其印，'会稽太守章'也。"群吏于是大惊，挤在中庭拜谒。将印绶显露出来之后，原先被认为免职赋闲、等于一介平民的朱买臣，一下子就变成了威风凛凛的大官。

图14-1　沂南画像石中佩带虎头鞶囊的武士（囊旁露出一段绶）

汉代一官必有一印，一印则随一绶。《汉书·酷吏传》记汉武帝敕责杨仆说："将军请乘传行塞，因用归家，怀银、黄，垂三组，夸乡里。"颜注："银，银印也；黄，金印也。仆为主爵都尉，又为楼船将军，并将梁侯；三印故三组也。组，印绶也。"《后汉书·张奂传》说："吾前后仕进，十要银艾。"银指银印，艾指绿绶，十要谓其历十官。张奂只有银印艾绶，那是因为他的官还不够大。汉代的丞相、列侯、太尉、大司马、御史大夫、太傅、太师、太保、前后左右将军均佩金印紫绶，那就更加煊赫了。汉代的官印并不太大，即《汉书·严助传》所谓"方寸之印，丈二之组"。自实物观察，一般不超过2.5厘米见方。

汉绶的织法，依《续汉书·舆服志》说："凡先合单纺为一系，四系为一扶，五扶为一首，五首成一文，文采淳为一圭。首多者系细，少者系粗。皆广尺六寸。"首指经缕而言。《说文》绲字下引《汉律》："绮丝数谓之绲，布谓之总（即緵、升），绶谓之首。"一首合20系；皇帝的绶为500首，得10 000系。绶的幅宽为1.6汉尺，合36.8厘米，则每厘米有经系271.7根。这个数字很大，因为现代普通棉布每厘米仅有经纱25.2根，所以绶的织法应为多重组织，即是包含若干层里经的提花织物。

汉代佩绶的情况在山东济宁武氏祠画像石中表现得很清楚。这里的历史故事部分中出现的帝王或官僚，腰下各有一段垂下复摺起的大带子。黄帝、颛顼、帝喾、尧、舜、桀、齐桓公、管仲、吴王、秦王、韩王、蔺相如、范且等都有，禹因为戴笠执锸作农民打扮，所以没有这种带子。公孙杵臼、何馈等无官职者，虽着衣冠，却也无此带。因知这种带子就是绶。尤其是齐王与锺离春那一节，故事的结局是齐王册锺为后。画面上的齐王正将王后的印绶授给锺，她则端立恭受（图14-2）。方寸之印固然不容易表现，但绶却刻画得极清楚，其织纹和王身上佩带的绶完全一致。过去曾有人认为这幅画上的齐王"右袖披物如帨巾"，那是因为当时没有把绶认出来的缘故⑦。《隋书·礼仪志》说还有一种小双绶，"间施三玉环"。施环之绶在江苏睢宁双沟汉画像石和晋·顾恺之《列女传图》中都能见到（图14-3），则此类绶的出现亦不晚于东汉。

图14-2 齐王向锺离春授绶

（武氏祠画像石）

但是这一套怀金纡紫的堂堂"汉官威仪"，却受到了初看起来与之风马牛不相及的另一种事物的冲击而退下了历史舞台，这就是纸的应用。自东汉以来，纸在书写领域中的地位日益重要。东汉末年，东莱一带已能生产质地优良的左伯纸。东晋·范宁说："土纸不可作文书，皆令用藤、角（即榖）纸。"⑧可见纸在这时已取简牍的地位而代之。而汉代的官印原本是用于简牍缄封时押印封泥的。纸流行开来以后，印藉朱色盖在纸上。这样就摆脱了填泥之检槽的面积的限制，于是印愈来愈大。南齐"永兴郡印"，5厘米见方；隋"广纳府印"，5.6厘米见方。这么大的印已不便佩带，所以《隋书·礼仪志》说："玺，今文曰印。又并归官府，身不自佩。"既然不佩印，绶也就无所附丽，失掉了存在的意义。

与此同时，我国服装史上又有一种新制度兴起，这就是品官服色的制定。原先在汉代，文官都穿黑色的衣服，它的传统已很

图14-3 施玉环的绶

（江苏睢宁汉画像石）

久远。《荀子·富国篇》说战国时"诸侯玄裷衣冕。"秦自以为得水德，衣服尚黑。汉因秦制，仍尚"袀玄之色"。《汉书·文帝纪》说文帝"身衣弋绨"，可见皇帝平常穿黑色衣服；而《汉书·张安世传》说"安世身衣弋绨"，则大臣也穿黑色衣服，其他文官亦不例外。如《汉书·萧望之传》说："敞备皂衣二十余年。"颜注引如淳曰："虽有五时服，至朝皆着皂衣。"《论衡·衡材篇》："吏衣黑衣。"《独断》："公卿、尚书衣皂而朝者曰朝臣。"河北望都1号汉墓壁画中官员的服色正是如此。黑衣既然通乎上下，所以从颜色上无法分辨大官小官。北周时，才有所谓"品色衣"出现。《隋书·礼仪志》说："大象二年下诏，天台近侍及宿卫之官，皆着五色衣，以锦、绮、缋、绣为缘，名曰'品色衣'。"但北周品色衣的使用范围小，其制度亦莫能详征。隋大业六年，"诏从驾涉远者，文武官皆戎衣，贵贱异等，杂用五色。五品以上通着紫袍，六品以下兼用绯、绿"⑨。从这时起，历唐、宋、元、明各代，原则上就都采用这一制度了。

唐代品官的服色，据《隋唐嘉话》说："旧官人所服，唯黄、紫二色而已。贞观中，始令三品以上服紫。"其后虽然三品以下官员的服色屡有变动，但唐代三品以上之官始终服紫。其所谓紫，指青紫色。龙朔三年，司礼少常伯孙茂道奏称："深青乱紫，非卑品所服。"⑩就是因为深青与青紫容易相混的缘故。敦煌莫高窟130窟壁画中，榜题"朝议大夫、使持节都督晋昌郡诸军事、守晋昌郡太守、兼墨离军使、赐紫、金鱼袋、上柱国乐庭瓌供养"一像，所着自当是紫袍。但壁画年久，袍泛青色，所以潘洁兹先生乃说他"穿蓝袍"⑪；也正是由于"深青乱紫"之故。紫袍上并应织出花纹。《唐会要》卷三二载，节度使袍上的花纹为鹘衔绶带，观察使的为雁衔仪委（即瑞草）。不过当时的袍料皆为生织（先织后染）的本色花绫，所以在壁画上就难以表现这些细节了。

唐代的高官还要佩鱼符。原来隋开皇十五年时，京官五品以上已有佩铜鱼符之制，唐代沿袭了这一制度而又与瑞应说相附会。唐·张鷟《耳目记》说，唐"以鲤为符瑞，为铜鱼符以佩之"。视玄宗时两度禁捕鲤鱼⑫，则此说不为无因。随身鱼符之用，本为出入宫廷时防止发生诈伪等事故而设（图23-20）。《新唐书·车服志》："高宗给五品以上随身鱼、银袋，以防召命之诈，出内必合之。三品以上金饰袋。"盛鱼符之袋名鱼袋，饰以金者名金鱼袋，本有其实际用途。高宗颁发的鱼符只给五品以上官员，本人去职或亡殁，鱼符便须收缴。但永徽五年（654年）时又规定："恩荣所加，本缘品命，带鱼之法，事彰要重。岂可生平在官，用为褒饰，才正亡殁，便即追收？寻其终始，情不可忍。自今以后，五品以上有薨亡者，其随身鱼不须追收。"⑬于是鱼符遂失其本义。武则天垂拱二年（686年）以后，地方上的都督、刺史亦准京官带鱼。外官远离禁阙，本无须佩带出入宫廷的随身鱼，让他们也佩鱼袋，反映出此物已成为高官的一种褒饰了。天授二年以后，品卑不足以服紫者还可以借紫，同时一并借鱼袋。开元时，"百官赏绯、紫，必兼鱼袋，谓之章服。当时服朱紫佩鱼者众矣"⑭。这时鱼袋还成为褒赏军功之物。《册府元龟》卷六〇：灵武、和戎各军"各封赏金鱼袋五十枚，并委军将临时行赏"。日本藤井有邻馆藏新疆出土的北庭都护府第32号文书："〔首缺〕斩贼首一，获马一匹……右使注殊功第壹等，赏绯、鱼袋。"这是一份叙勋文书，此人即因战功获绯袍、银鱼袋。滥赏之余，鱼袋已成徒具形式之物。宋以后，鱼袋之制渐湮。宋·程大昌《演繁露》卷六说："本朝……所给鱼袋，特存遗制，以为品服之别耳。其饰鱼者，因以为文；而革韦之中，不复有契，但以木楦满充其中，人亦不复能明其何用何象也。"又说："黑韦方直附身者，始是唐世所用以贮鱼符者。"其所状与日本奈良正仓院所藏实物及日本正德二年（1712年）成书的《倭汉三才图会》卷二六中所绘鱼袋图像均相符合（图14-4:3）。从而可知乾县唐章怀太子李贤墓、莫高窟108、156窟等处壁画中男像腰间佩带的长方形、顶面有连续拱形突起物的小囊匣就是鱼袋（图14-4:1、2）。同时也发现传世的《凌烟阁功臣像》拓片及《文苑图》等绘画中，也有佩鱼袋者。在宋代，虽然文献仍提及此物，但图像中未见其例。出入宫禁时，北宋是验门符、铜契；南渡以后，改用绢号。降至明、清，则已经很少有人认识鱼袋了。

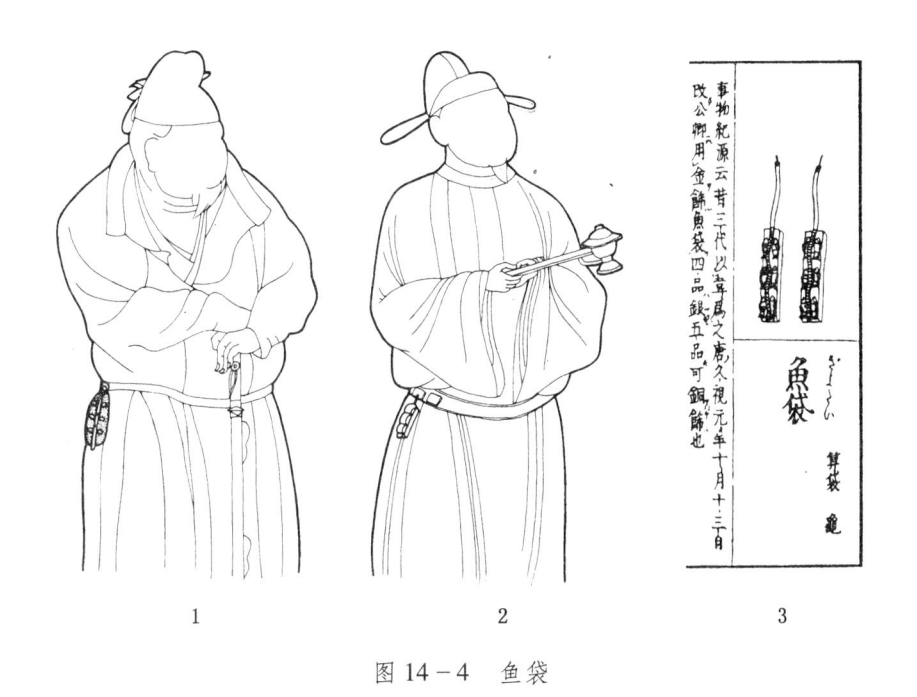

图 14-4 鱼袋

1. 乾县唐·李贤墓壁画中的佩鱼袋者　2. 莫高窟156窟晚唐壁画中的佩鱼袋者
3. 鱼袋（据《倭汉三才图会》）

由于在我国历史上，唐代以前与以后的"金紫"的区别如此之大，所以读史者不可不察。如《魏书·袁翻传》载翻上表请"以安南（安南将军）、尚书（度支尚书）换一金紫"。而《新唐书·李泌传》说泌"入议国事，出陪舆辇。众指曰：'著黄者圣人，著白者山人。'帝闻,因赐金紫"。前一事发生在品官服色之制尚未成立之前,所指当是金印紫绶;后一事发生在此制久行之后,所指自然是紫袍和金鱼袋了。

注　释

① 《全唐诗》七函六册。
② 《史记·蔡泽列传》。
③ 《史记·项羽本纪》。
④ 《汉书·王莽传下》。
⑤ 《三国志·魏志·吕布传》裴注引《英雄记》。
⑥ 《太平御览》卷四七八、六八八。
⑦ 容庚:《武梁祠画像录》,哈佛燕京学社,1946年。
⑧ 《北堂书钞》卷一〇四。
⑨⑩ 《旧唐书·舆服志》。
⑪ 潘洁兹:《敦煌的故事》页47,中国青年出版社,1961年。
⑫ 《旧唐书·玄宗纪》开元三年、十九年。
⑬ 《唐会要》卷三二。
⑭ 《新唐书·车服志》。

(原载《文史知识》1984年第1期)

南北朝时期我国服制的变化

民族融合是南北朝时期突出的历史现象。十六国初，汹涌南下的草原民族，经过这一时期的大融合，到了隋唐，已经"齐于编民"。由于北朝的统治者为鲜卑族，或已鲜卑化的少数族，所以鲜卑族和汉族成为这时民族融合的两大主角。以服制而论，尽管这时出现过或汉化或胡化之错综复杂的过程，但最后还是根据社会生活的实际要求，在历史的发展中，重新对各类民族服装加以改革和组合，终于形成了与汉魏时大不相同的隋唐服制。

建立北魏王朝的拓跋鲜卑，本是从大兴安岭的大鲜卑山迁移出来的一支狩猎民族。他们与"风土寒烈"之地的居民一样，其服装也属于衣裤式的"短制褊衣"[①]。其发型则同于我国古代大多数北方民族的辫发；《南齐书·魏虏传》说他们："被发左衽，故呼为'索头'。"起初，他们对中原上层人士的褒衣博带颇抱反感。《魏书·序记》说始祖神元帝力微之子沙漠汗曾长期留在洛阳[②]，归国后，为诸部大人所害，理由之一就是说他的"风采被服，同于南夏"。所以后来从内蒙古赤峰托克托县出土的太和八年铜佛像基座上的供养人、宁夏固原雷祖庙北魏漆棺上的人物画及敦煌莫高窟出土的太和十一年刺绣佛像上的供养人等处看到的鲜卑装[③]，除了独具特色的鲜卑帽以外，与新疆吐鲁番阿斯塔那出土的西凉纸本绘画中若干平民的服装相当近似；但不同的是，后一例中所绘贵人着褒博的汉装，而固原漆棺画的贵人却和平民一样，均着鲜卑装（图15-1）。可见拓跋鲜卑曾注意保持其固有的传统；至少在孝文帝改制前，并未在本民族的衣着中大力推广汉族服式。

而从另一方面考察，拓跋鲜卑建立的北魏王朝又有易于接受汉化的条件和倾向。首先，早在北魏建国之初，已改变其旧有的依血族划分部落、设部落大人进行统治的政治体制。《魏书·官氏志》说：道武帝拓跋珪时"散诸部落，始同为编民"。以贺讷为例，他是道武帝之舅，"其先世为君长"，"讷从道武平中原，拜安远将军。其后离散诸部，分土定居，不听迁徙。其君长大人，皆同编户。讷以元舅，甚见尊重，然无统领"[④]。足可证明这一点。皇始元年（396年）道武帝进尊号，建天子旌旗，并"初建台省，封拜公侯、将军、刺史、太守；尚书郎以下悉用文人"[⑤]。表明较完备的国家机器开始建立，

图 15-1　北魏迁洛前的服装（1、2）与十六国服装（3）的比较
1、2. 宁夏固原北魏漆棺画　3. 新疆吐鲁番出土的西凉纸本绘画

旧有的氏族军事组织已然解体，在其统治下错杂而居的胡汉各族都成了编户齐民。天兴元年（398年）道武帝"给内徙新民耕牛，计口授田"[⑥]。明元帝拓跋嗣时也实行这一政策。至孝文帝太和年间乃于全国范围内推行均田制。对"天下男女，计口授田，……勤相劝课，严加赏赐"[⑦]，使致力农桑成为占主导地位的生产方式；而各族人民在生产方式上的一致性遂更加促进其生活方式上的趋同性。这就为拓跋鲜卑的汉化打下了经济基础。

其次，拓跋鲜卑统治者一向抱有入主中原、"混一戎华"的政治目标。早在道武帝议定国号时已表示：当时"天下分裂，诸华乏主。民俗虽殊，抚之在德。"他制定："从土德，服色尚黄。""敬授民时，行夏之正。""令《五经》群书各置博士，增国子太学生员三千人。"⑧太武帝拓跋焘时，又"起太学于城东，祀孔子，以颜渊配"。⑨都摆出了弘扬文治的中华帝王的派头。所以拓跋氏后来附会为黄帝之后，如《魏书·序纪》所称："昔黄帝有子二十五人，或内列诸华，或外分荒服。昌意少子，受封北土，国有大鲜卑山，因以为号。……黄帝以土德王，北俗谓土为托，谓后为跋，故以为氏。"此说虽非信史，但在对待汉文化的态度上，和十六国以来若干少数族帝王如匈奴族的刘渊之不忘情于"复呼韩邪之业"⑩，羯族的石勒之自称"吾自夷，难为效"⑪，石虎之自称"朕出自边戎，忝君诸夏。至于飨祀，应从本俗"是有所不同的⑫。这些，都为孝文帝元宏的汉化铺设了道路。

孝文帝汉化是我国历史上极其特殊的大事件。一位统治者全盘否定本民族的语言、礼俗、服装、籍贯乃至姓氏，可谓空前绝后之举。因为这时拓跋鲜卑与汉族之间仍存在着巨大的文化落差，要名正言顺地作正统的中国皇帝，为雄据各方的强宗豪族所承认，为自命不凡的文化高门所拥戴，非汉化不可。而到了5世纪，汉族的封建文化已形成一个由于完全成熟而显得繁琐，由于十分精致而透出迂腐气息的庞大体系，仅自其中采撷几片枝叶装点一下不足以显示君临诸夏。魏孝文帝如若不想回到依靠鲜卑甲骑作军事征服者的老路上去，就要在汉化上下功夫。而他的政策是全盘汉化。虽然在服制改革方面，道武帝于天兴元年已"命朝野皆束发加帽"⑬。束发的命令看来已被执行，因为在固原雷祖庙北魏墓中曾出横插长笄的发髻⑭。但做到这一步并不意味着对鲜卑装有多大触动，因为戴的仍是鲜卑帽。天兴六年（403年）道武帝又"诏有司制冠服，随品秩各有差。时事未暇，多失古礼"⑮。可见这次改制也没有多少实际效果。至孝文帝时才真正着手进行服制改革。担任设计的是冯诞（贵戚，文明太后兄冯熙之子）、游明根、高闾（两人是著名的大儒）、蒋少游（多才多艺的工程师）、刘昶（宋文帝刘义隆第九子，寄身北魏）等人。刘昶来自南朝，"条上旧式，略不遗忘"⑯。蒋少游和他讨论时，或"二意相乖，时致诤竞"⑰。他们反复研究达六年之久，服制的改革始定型。龙门宾阳中洞前壁浮雕《礼佛图》中的皇帝，即孝文帝本人的形象，以之与顾恺之《洛神赋图》中陈思王曹植像相较，其雍雅襜裕之致，实有过之而无不及（图15-2）。《礼佛图》中的人物皆着高头大履，完全改变了草原民族着靴的旧俗。在江苏常州戚家村南朝晚期墓出土的画像砖上，有些人像的履头高得出奇，而洛阳所出北魏宁懋石室之线刻人像的履头，却可以与之媲美（图15-3）。这说明北魏的服装汉化得十分彻底，连细节也不忽略。相反，南朝自帝王至平民却经常着屐。《宋书·高祖纪》说他："性尤简易，常着连齿木屐。"臣僚谒见君上时亦可着屐。《南齐书·虞玩之传》："太祖镇东府，朝野致敬，玩之犹蹑屐

1

2

图 15-2 褒衣博带

1. 东晋·顾恺之《洛神赋图》 2. 龙门宾阳中洞北魏浮雕《皇帝礼佛图》

造席。"又《蔡约传》:"高宗为录尚书辅政,百僚脱屐到席,约蹑屐不改。"贵游子弟更不例外。《颜氏家训·勉学篇》说:他们"无不熏衣剃面,傅粉施朱,驾长檐车,跟高齿屐"。即当时所称"裙屐少年"(《魏书·邢峦传》)。安徽马鞍山吴·朱然墓曾出漆屐,已残,复原后如图15-4[18]。这种木屐后来东传至日本,成为和服中的下驮。然而在北朝却很少见。屐有类拖鞋,不如履正规。《世说新语·简傲篇》说:"王子敬兄弟见郗公(郗愔),蹑履问讯,甚修外生礼。及嘉宾(郗超)死,皆着高屐,仪容轻慢。"这段记载将王献之等人的前恭后倨之态,通过履与屐的更换,描画得非常形象。

图15-3 南北朝的高头履

1. 北魏·宁懋石室线刻画　2. 常州戚家村南朝墓出土画像砖

南朝人士喜着屐,所以其装束往往带有轻慢之风。特别是玄学末流,所谓名士大都空疏狂放,衣装举止皆恣纵不羁,与《抱朴子·外篇·刺骄篇》所称"或乱项科头,或裸袒蹲夷,或濯脚于稠众,或溲便于人前"者有相通处。南京西善桥、江苏丹阳建山金家村及胡桥吴家村等地南朝大墓出土的拼镶砖画《竹林七贤图》中那些赤脚袒胸、裸肩翘足、露髻披衣的人物,正是他们的写照[19](图15-5)。而这种风气在北魏却并不流行,遗物中很少见到这类形象。

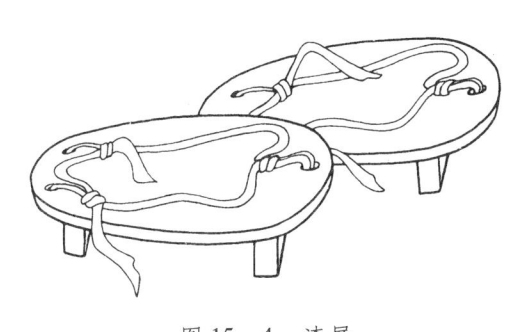

图15-4 漆屐

(据安徽马鞍山吴·朱然墓出土物复原)

至于平日的便服,这时无论南北皆着袴褶。袴褶的特点不在于其褶(短上衣)而在于其袴。这种袴即《晋书·五行志》所说"为袴者直幅,为口无杀"的那一种。杀通褽,《集韵》:"褽,衣削幅也。"无杀即袴口不缝之使窄,故又称大口袴。为行动便利起见,遂在膝部将袴管向上提,并以带子缚结。洛阳出土的北魏孝子画像石棺与河南邓县、湖北襄阳等地南朝墓出土的画像砖上之劳动者皆着袴褶[20](图15-6)。这时军人也着袴褶,这种装束被称作"急装"[21]。《南齐书·吕安国传》中提到的"袴褶驱使",即指一般军人。但北魏在朝会时还以袴褶为礼服。

图 15-5 《竹林七贤图》中的部分人物
（南京西善桥南朝墓出土拼镶砖画）

《太平御览》卷六九五引《北疆记》"虏主南郊，着皇斑褶、绣袴"可证。这种作法和南朝不同，故南朝人或不以为然。《梁书·陈伯之传》说："褚缉在魏，魏人欲擢用之。魏元会，缉戏为诗曰：'帽上着笼冠，袴上着朱衣，不知是今是，不知非昔非。'魏人怒，出为始平太守。"褚诗实质上是认为朝会时不应服袴褶。因为袴上着朱衣并不成为问题。《南史·刘怀慎传》说："（刘）德愿岸着笼冠，短朱衣，执笏进止，甚有容状。"此人执笏时自当着袴褶。何况南北朝武官着袴褶者，上衣亦多为绛色。如《南史·王融传》就说："融戎服绛衫。"而朱衣与绛衫本不易区别。至于笼冠，则当与平巾帻通着，不应承以帽。但这是太和十八年以前的情况。此后，经孝文帝的彻底改革，北魏服制确已具备华夏之仪型。当北魏·崔僧渊给在齐的族兄崔惠景回信，拒绝叛魏投齐时，称赞孝文帝说：他使"礼俗之叙，粲然复兴；河洛之间，重隆周道"㉒。《洛阳伽蓝记》卷二说得更具体："（陈庆之）曰：'自晋、宋以来，号洛阳为荒土。此中谓长江以北，尽是夷狄。昨至洛阳，始知衣冠士族，并在中原。礼仪富盛，人物殷阜。目所不识，口不能传。所谓帝京翼翼，四方之则。如登泰山者卑培塿，涉江海者小湘、沅。北人安可不重？'庆之因此羽仪服式，悉如魏法，江表士庶，竞相模楷，褒衣博带，被及秣陵。"惟陈庆之南归后，恐怕不会称洛阳为"帝京"；此记述中当有杨衒之润色的成分。尽管如此，却也不能说这些话纯属向壁虚构。可以认为，这时南、北方的服装在汉化的式样的基础上大体趋于一致。

孝文帝的汉化政策虽有其成功的一面，他使迁洛的鲜卑贵族与中原的汉族大姓间的矛盾得到缓和，取得了新旧士族的拥戴。即使从表面现象上看，朝堂上的褒衣博带，也

图 15-6 袴褶装

1. 河南邓县南朝墓出土画像砖 2. 河南洛阳出土北魏孝子画像石棺

暂时掩盖了民族间的畛域。但伴随着全盘汉化，不得不进一步强化士族制，"以贵袭贵，以贱袭贱"，从而使清浊士庶之间的门阀等级更为森严，这就伏下了潜在的危机。因为拓跋鲜卑的聚居之地本在代北，更北则是柔然的势力范围。北魏为巩固边防计，沿边境设立军镇，镇将大都为鲜卑族或当地少数族豪酋。杂居其地的汉族久经濡染，也大都已鲜卑化。起初边镇很受重视。"昔皇始以移防为重,盛简亲贤,拥麾作镇,配以高门子弟,以死防遏。不但不废仕宦,乃至偏得复除。当时人物,忻慕为之。"㉓可是孝文帝迁洛实行汉化以后,按照门品高下任官。六镇的职业军人无法汉化,只能通过军功任武职浊官,而迁洛之门阀化的鲜卑贵族和汉族高门却可以通过吏部诠选任文职清官,从而前者的社会地位不断下降。"中年以来,有司乖实,号曰府户,役同厮养。官婚班齿,致失清流"㉔。他们被"征镇驱使为虞侯、白直,一生推迁,不过军主。然其往世房分,留居京者,得上品通官;在镇者,便为清途所隔。或投彼有北,以御魑魅;多复逃胡乡,……独为匪人。言者流涕"㉕。塞上豪酋对胡汉新旧门阀士族的深刻矛盾与被压迫的下层胡汉人民反抗统治者的阶级矛盾交织在一起,终于激发了北魏末年的六镇起义。

六镇起义以后,代北豪酋中以高欢为首的怀朔集团控制东魏,后来高氏建立起北齐王朝;以宇文泰为首的武川集团控制西魏,后来宇文氏建立起北周王朝。

无论北齐或北周,当政者都是鲜卑或鲜卑化的武人。在北齐,当政者在反对曾使他们受到压抑的士族制时,常同时反对汉化,即《北齐书·高昂传》所说:"于时鲜卑共轻中华朝士。"文宣帝高洋尝问杜弼:"治国当用何人?"弼答:"鲜卑车马客,会须用中国人。"高洋以为"此言讥我",后斩之㉖。与高洋"旧相昵爱,言无不尽"的高德政,也被杀。高洋说:"高德政常言宜用汉,除鲜卑,此即合死。"㉗倖臣韩凤甚至说:"狗汉大不可耐,唯须杀却!"㉘同时,鲜卑语复盛,高欢"申令三军,常鲜卑语"㉙。一些通鲜卑语能翻译传达号令的人,"尤见赏重"㉚。在这种风气下,鲜卑装重新流行起来。可是这时的鲜卑装如在山西寿阳河清元年(562年)库狄迴洛墓、山西太原武平元年(570年)娄睿墓、河北磁县武平七年高润墓等处的壁画上所见者,已与固原北魏漆棺画上的式样不同㉛。画中的人物戴圆形或山字形鲜卑帽,身着圆领或交领缺骻长袍,腰束䩞鞢带,足登长靿吉莫靴(图15-7)。与墓中所出模制的陶俑相比,这些画更富于写实性。山东济南马家庄的一座北齐墓虽与太原娄睿墓相距遥远,但两墓壁画中的人物不仅服式相同,而且连广额丰颐的长圆脸型也绝肖似,可见画中真实地刻画了当时鲜卑人的形貌㉜。《旧唐书·舆服志》说:"北朝则杂以戎狄之制。爰至北齐,有长帽短靴、合袴袄子,朱紫玄黄,各任所好。高氏诸帝,常服绯袍。"高氏诸帝所服之袍,其式样应即上述圆领缺骻袍,它是在旧式鲜卑外衣的基础上参照西域胡服改制而成的。《北齐书·文宣帝纪》说高洋有时"散发胡服";其"胡服"是泛称,实际上指的大约也是缺骻袍。这种长袍不仅出现于墓室壁画,在北齐时开凿的河北邯郸响堂山、水浴寺,河南安阳灵泉寺等石窟的供养人像上也经常可以见到㉝。

缺骻袍的流行不是偶然的,因为就服装在生产和生活中的实用功能而言,它比汉魏式褒博巍峨的衣冠要方便得多。早在汉代,匈奴就用"得汉絮缯,以驰草棘中,衣袴皆裂弊"的方式,证明它"不如旃裘坚善"㉞。齐·王融也指出鲜卑人着汉装之不便:"若

图 15-7　娄睿墓壁画中着鲜卑装的人物

衣以朱裳，载之玄辂，节其揖让，教以翔趋，必同艰桎梏，等惧冰渊，婆娑蹒跚，困而不能前已。"㉟后来沈括在《梦溪笔谈》中也说："窄袖利于驰射，短衣、长靿皆便于涉草。……予至胡庭日，新雨过，涉草衣袴皆湿，唯胡人都无霑。"诸说的道理如一，都很切中要害。既然如此，冠冕衣裳何以尚能长期流传呢？看来这主要是传统的礼法观念在起作用。扬雄《法言·先知篇》说："圣人，文质者也。车服以彰之，藻色以明之，声音以扬之，《诗》、《书》以光之。笾豆不陈，玉帛不分，琴瑟不铿，钟鼓不耾，则吾无以见圣人矣。"因此，对于一个中国中世纪的政权来说，缺少它们，就不成其为正统的封建王朝了。魏孝文帝懂得这个道理，从他开始，北魏采用汉式衣冠已近七十年。北齐对此当然没有骤然停废的必要，何况当时南方的梁朝还有一定吸引力。高欢说："江东复有一吴儿老翁萧衍者，专事衣冠礼乐，中原士大夫望之以为正朔所在。"㊱故北齐在这方面不能不因循敷衍。但他们的基本倾向是反对汉化，所以对旧式衣冠尊而不亲，平日不穿，只在需要时用它摆一摆排场。

北周则与北齐有别，它的政策一方面是士庶兼容，一方面是胡汉并举。宇文氏既维护鲜卑旧俗，如恢复鲜卑复姓、说鲜卑语等，同时又摹仿《周礼》，用六官制度来改组政府，标榜自己是西周传统文化的继承者。在服装上，一方面在大朝会时正式采用汉魏衣冠。《周书·宣帝纪》说："大象元年（579 年）春正月癸巳，受朝于路门。帝服通天冠、绛纱袍，群臣皆服汉魏衣冠。"仿佛恢复了魏孝文帝时的制度。另一方面，平时北周君臣着袍。《周书·李迁哲传》说："太祖以所服紫袍玉带及所乘马赐之。"在《周书·熊安生传》、《王思政传》、《李贤传》及《隋书·周法尚传》等处，还多次提到受赐"九环金带"或"金带"之事，以上各类金、玉带皆属蹀躞带，和它相配套的袍只能是缺胯袍。《续高僧传·感通篇·释慧瑱传》说："周建德六年（577 年）忽见一人着纱帽，衣青袍，九环金带，吉莫皮靴。"这套装束正与北齐无别。

北周称此种服式为常服。"后令文武俱着常服"㊲，军人都可以穿。而北周实行府兵制,募百姓当兵,除其县籍,租、庸、调均予蠲免,汉族农民应募的很多。《隋书·食货志》说:"是后夏人(汉人)半为兵矣。"在众多府兵的影响下,他们的服式在汉族平民中也日益普及,再加上自鲜卑帽转化改进而成的幞头,遂在北周形成一套所谓常服。它所体现的既非纯然胡风,更非复古,而是在融合中创造出的新形式。

隋唐时代南北一统,而服装却分成两类:一类继承了北魏改革后的汉式服装,包括式样已与汉代有些区别的冠冕衣裳等,用作冕服、朝服等礼服和较朝服简化的公服。另一类则继承了北齐、北周改革后的圆领缺胯袍和幞头,用作平日的常服。这样,我国的服制就从汉魏时之单一系统,变成隋唐时之包括两个来源的复合系统;从单轨制变成双轨制。但这两套服装并行不悖,互相补充,仍组合成一个浑然的整体。这是南北朝时期民族大融合的产物,也是中世纪时我国服制之最重大的变化。

注 释

① 玄奘译、辩机撰:《大唐西域记》卷二《印度总述·衣饰》。
② 《晋书·武帝纪》:咸宁元年(275年)"鲜卑力微遣子来献"。此力微之子或即沙漠汗。
③ 太和八年铜佛像为内蒙古自治区博物馆藏品。固原出土漆棺,见宁夏固原博物馆:《固原北魏墓漆棺画》,宁夏人民出版社,1988年。莫高窟出土的刺绣,见敦煌文物研究所:《新发现的北魏刺绣》,《文物》1972年第2期。
④ 《北史·贺讷传》。
⑤⑥⑧ 《魏书·太祖纪》。
⑦ 《魏书·韩麒麟传》。
⑨ 《魏书·世宗纪》。
⑩ 《晋书·刘元海载记》。
⑪ 《晋书·石勒载记》。
⑫ 《晋书·佛图澄传》。
⑬ 《资治通鉴·晋纪》"安帝隆安二年"条。
⑭ 见注③之二。
⑮ 《魏书·礼志》。
⑯ 《魏书·刘昶传》。
⑰ 《北史·蒋少游传》。
⑱ 史石:《三国时代漆塗の下駄》,《人民中国》1986年第12期。
⑲ 南京博物院等:《南京西善桥南朝墓及其砖刻壁画》,《文物》1960年第8、9期合刊。南京博物院:《江苏丹阳县胡桥、建山两座南朝墓葬》,《文物》1980年第2期。
⑳ 黄明兰:《北魏孝子石棺线刻画》,人民美术出版社,1985年。河南省文物局文物工作队:《邓县彩色画像砖墓》,文物出版社,1958年。崔新社:《襄阳贾家冲画像砖墓》,《江汉考古》1986年第1期。
㉑ 周一良:《魏晋南北朝史札记·〈南齐书〉札记》"缓服、急装、具装、寄生、装束、结束"条,中华书局,1985年。
㉒ 《魏书·崔玄伯传》。
㉓㉕ 《北史·广阳王深传》。
㉔ 《北齐书·魏兰根传》。

㉖㊱ 《北齐书·杜弼传》。
㉗ 《北齐书·高德政传》。
㉘ 《北齐书·韩凤传》。
㉙ 《北齐书·高昂传》。
㉚ 《北齐书·孙搴传》。
㉛ 王克林：《北齐库狄迴洛墓》，《考古学报》1979年第3期。山西省考古研究所等：《太原市北齐娄睿墓发掘简报》，《文物》1983年第10期。磁县文化馆：《河北磁县北齐高润墓》，《考古》1979年第3期。
㉜ 济南市博物馆：《济南市马家庄北齐墓》，《文物》1985年第10期。
㉝ 温廷宽：《我国北部的几处石窟艺术》，《文物参考资料》1955年第1期。邯郸市文物保管所：《邯郸鼓山水浴寺石窟调查报告》，《文物》1987年第4期。河南省古代建筑保护研究所：《河南安阳灵泉寺石窟及小南海石窟》，《文物》1988年第4期。
㉞ 《汉书·匈奴传》。
㉟ 《南齐书·王融传》。
㊲ 《隋书·礼仪志》。

从幞头到头巾

在我国中古时代的男装中，幞头很引人注目。它是我国的民族服装，除了我国的一些邻国中有仿效者外，此物绝不见于世界其他地区。所以它可以被认为是这一时期中，我国男装之独特的标志。幞头于南北朝晚期出现以后，历唐、宋、金、元、明，直至清初，其最后的变体才为满式冠帽所取代。通行的时间前后长达一千余年。在中国服装史上，幞头的产生是意义重大的。明·丘濬《大学衍义补》胡寅注："古者，宾、祭、丧、燕、戎事，冠各有宜。纱幞既行，诸冠尽废。稽之法象，果何所则？求之意义，果何所据？"[①]的确，起初作为一种轻便的裹头之物而流行开来的幞头，本不烦从"法象"上多加附会，但比起以"修敬"为目的的冠来，却要方便实用得多了。

幞头产生之前，汉代通行戴冠、帻。男子二十成人，士冠；"卑贱执事不冠者"，则戴帻[②]。但是在劳动人民中间，还有用布包头的习惯。《方言》卷四："络头，帞头也。……自关以西，秦、晋之郊曰络头，南楚、江、湘之间曰帞头，自河以北，赵、魏之间曰幧头。"《乐府诗集·日出东南隅行》："少年见罗敷，脱帽着帩头。"可见在年轻人心目中，认为包头比戴帽美观些。从图像中看，汉代的帽子多为圆顶小帽，的确相当朴素。但帩头、帞头等又是什么样子呢？《释名·释首饰》："绡头：绡，钞也，钞发使上从也。或谓之陌头，言其从后横陌而前也。"郑玄在《仪礼·丧服》的注中也说："鬠……自项而前交于额上，却绕（髻），如着幓头焉。"以这些描写与形象材料相印证，则邓县长冢店汉墓所出画像石中之牵犬人及成都天迴山汉墓所出说唱俑头上系结之物，或即绡头之类[③]（图16-1:1、2）。东汉以降，从这类包头布中又演化出一种幅巾来。《后汉书·韩康传》："亭长……及见康柴车幅巾，以为田叟也。"可见裹幅巾的以劳动人民为多。但若干在野的士人也有喜欢裹幅巾的。《后汉书·鲍永传》说他"既知更始已亡，乃发丧。……悉罢兵，但幅巾与诸将及同心客百余人诣河内"。李注："幅巾，谓不着冠，但幅巾束首也。"又同书《符融传》："融幅巾奋袖，谈辞如云。"《法真传》："（真）性恬静寡欲，不交人间事。太守请见之，真乃幅巾诣太守。"《郑玄传》："玄不受朝服，而以幅巾见。"均是其例。及至东汉末年，像袁绍这样的高官，在官渡战败以后，也简率地系着幅巾逃走。《后汉书·袁绍传》说，袁军当时"惊扰大溃，绍与谭等幅巾乘马，与八百骑度河"。当时的袁绍确已来不及冠服乘车，传中的幅巾乘马云云，实际上是状其仓皇的点睛之笔。所以《宋书·礼志》引《傅玄子》"汉末王公名士，多委王服，以幅巾为雅"的说法，就未免失之片面。因为裹幅巾者，并非尽是为了体现名士的风雅，像上文所说袁绍所处的场合，裹幅巾只不过求其便捷而已。及至魏晋，在当时的社会风气下，不拘礼法的幅巾，反而更为流行。陶渊明"取头上葛巾漉酒"④，史书中传为美谈。这时的平民出任官吏，还可以称之为"解巾"或"释巾"⑤。清·王鸣盛《十七史商榷》卷六八"解巾"条说："解巾者，解去幅巾，将袭章服，犹云释褐也。"晋代之幅巾的形象，在南京西善桥东晋墓拼镶砖画《竹林七贤与荣启期图》中的山涛、阮咸像上可以见到（图16-1:3、4）。汉代幅巾的形制，大约也相去不远。

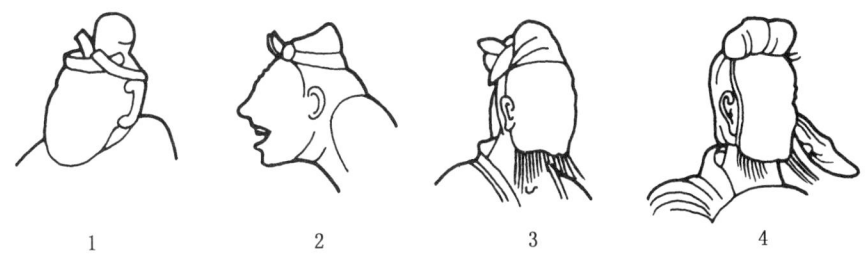

图16-1　绡头和幅巾（3、4）

1. 河南邓县长冢店汉墓画像石　2. 四川成都天迴山汉墓陶俑　3、4. 南京西善桥南朝墓拼镶砖画

然而应当指出的是：幞头并不是直接继承幅巾而来⑥。对于幞头说来，幅巾仅仅起着先驱的作用，并不是它的原型。这是由于：首先，裹幅巾的东晋、南朝人士，"皆……衣裳博大，风流相放"⑦，仍保持着汉以来的传统服装式样。幞头却是和圆领缺骻袍配套的。褒博的衣裳与缺骻袍分属不同的服装系统；所以与后者配套的幞头的前身，不能与前者配套的幅巾那里去寻找。其次，在形象材料中，也看不到自幅巾向幞头演变的发展序列。因此，虽然不能说幞头和幅巾毫无关连，但它们中间的断层却是不容忽视的。

圆领缺骻袍属于胡服系统。自十六国以来，北方各族大批进入中原。在近三个世纪中，形势不断动荡，各族政权，风起云扰，虎踞鲸吞，但同时也促进了以汉族为主体的我国各民族间的融合。这时，不仅在政治、经济等方面巨变迭起，而且在人民日常生活（如饮食、器用、服饰等）方面，也发生了很大变化。在此期间，由于胡服，特别是鲜卑装的强烈影响，我国常服的式样几乎被全盘改造。这时形成的幞头，虽然远远地衬托着汉晋幅巾的背景，却是直接从鲜卑帽那里发展出来的。

这里所以强调鲜卑装的影响，是由于进入南北朝时期以后，鲜卑贵族成为整个北中国的统治者⑧。上面所说的民族融合，在服饰习俗方面，主要是汉与鲜卑融合。在北魏迁洛以前的遗物中，可以看到着鲜卑装的人像，如云冈早期洞窟中的供养人、呼和浩特北魏墓与大同太和八年（484年）司马金龙墓出土的陶俑、敦煌莫高窟出土的太和十一年刺绣品上的供养人像与日本根津美术馆藏太和十三年鎏金佛像基座上的供养人等⑨（图16-2）。这些人像无论男女，都有戴后垂披幅的鲜卑帽的。《魏书·任城王澄传》说："高祖还洛，引见公卿曰：'朕昨入城，见车上妇人冠帽而着小襦袄者，若为如此，尚书如何不察？'"孝文帝所指摘的帽，无疑即属此类。太和十三年造像基座上的供养人所戴之帽顶呈方形，或即《南齐书·王融传》所说"匈奴（在这里指鲜卑人）……冠方帽则犯沙陵雪"之方帽。但多数鲜卑帽的顶部呈圆形。祖莹在北魏后期曾用这样的话来描述当时的服饰："长衫戆帽，阔带小靴，自号惊紧，争入时代。"⑩其所谓戆帽，或即指圆顶的鲜卑帽。

　　鲜卑装中男女都戴后垂披幅之帽，是一个值得注意的现象。因为不仅平民戴这类帽子，鲜卑武士也戴；不仅迁洛以前如此，迁洛以后这类帽子仍继续流行。特别在东魏、北齐时期，由于鲜卑当政者掀起的反汉化浪潮一浪接一浪，所以鲜卑装和鲜卑帽更为风行⑪。这时不仅鲜卑人戴这种帽，汉人也有戴的。隋·颜之推《颜氏家训·教子篇》说："齐朝有一士大夫尝谓吾曰：'吾有一儿，年已十七，颇晓书疏。教其鲜卑语及弹琵琶，稍欲通解。以此伏事公卿，无不宠爱，亦要事也。'"这种人家的子弟自然也要穿鲜卑装、戴鲜卑帽了。至于鲜卑贵族门下，更是一色的鲜卑装束。试看太原北齐·娄睿墓壁画，其中除了几个戴平巾帻、着袴褶裲裆的人物，被安排在墓门侧摆摆门面以外，大批鲜卑武士尽着鲜卑装。鲜卑武士戴的帽子与上述方帽、戆帽虽大体相同，但亦略有差别。其顶较小，前部呈山形，脑后披拂长幅⑫（图16-3:1、2）。这种帽子大约就是《旧唐书·舆服志》所说"北齐有长帽短靴，合袴袄子"之长帽。《隋书·礼仪志》所说"后周之时，咸着突骑帽，如今胡帽，垂裙覆带"之突骑，或是记其对音⑬。此外，北朝流行的顶部圆大的鲜卑帽，考古报告中或称之为"风帽"，后部也垂有披幅。不仅用布帛制作的帽子如此，着甲时所戴之胄，北朝的式样也和汉、西晋不同，后部也缀有披幅状的拖叶。

　　鲜卑帽为什么要在脑后垂披幅呢？估计其起因：一来由于北地苦寒，垂披幅有助于

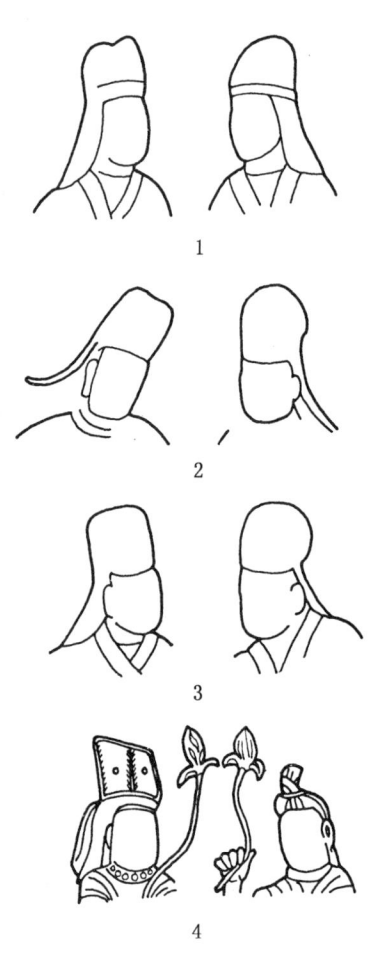

图16-2　戴鲜卑帽的男子（右）与妇女（左）

1. 云冈第18窟　2. 莫高窟出土太和十一年刺绣　3. 固原出土北魏漆棺画　4. 太和十三年鎏金佛像基座（男供养人露髻，未戴帽；日本根津美术馆藏）

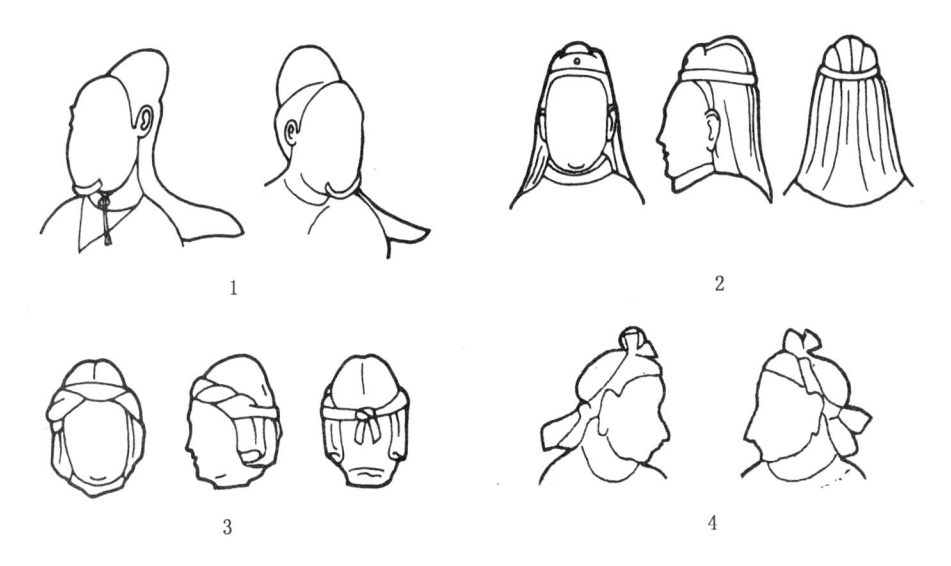

图 16-3 鲜卑帽向幞头的演变
（上. 长帽　下. 长帽的披幅被扎起，已向幞头过渡）
1. 太原北齐·娄睿墓壁画　2、3. 河北吴桥北齐墓出土陶俑　4. 太原隋·虞弘墓石椁浮雕

保温；二来也可能与蔽护编发有关。鲜卑族起自塞外，其俗编发左衽。南朝人出于敌忾之情而称之为"索虏"。但早在道武帝时，北魏已进行过服装改革。《魏书·礼志》："太祖天兴六年（403年），诏有司制冠服，随品秩各有差。"大约此后魏人已渐改其编发之俗，所以当魏孝文帝再度改制冠服时，就没有提解编发的问题。自考古材料中所见，这时鲜卑男子已束髻。太和十三年鎏金佛像基座上的男供养人束髻，宁夏固原北魏前期墓中还曾出土贯铜笄的发髻⑭（图16-4）。既然发型已经改变，居住地区又已南迁，帽后的披幅遂逐渐失去了其存在的必要。因此北齐墓中出土的俑，就有将披幅用带子扎起来的⑮（图16-3:3）。太原隋·虞弘墓石椁雕刻中有人头上裹着用四条带子前后结扎的头巾（图16-3:4）。虞弘是中亚契胡，历仕柔然、北齐、北周、隋。在北周时一度"检校萨宝府"，管理胡商及其祆教事务⑯。其石

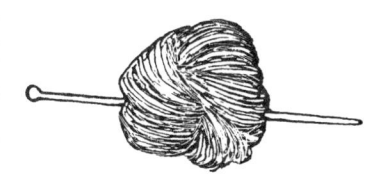

图 16-4　贯铜笄的发髻
（宁夏固原北魏墓出土）

椁雕刻有浓厚的胡风，几乎未出现汉人。因此上述用四带扎起的头巾，大约仍属鲜卑帽的范畴，但和幞头已经十分接近了。按照传统的说法，幞头出现于北周时。《北周书·武帝纪》说，宣政元年（578年）三月，"初服常冠，以皂纱为之，加簪而不施缨导，其制若今之折角巾也"。所以文献中常将北周武帝推为幞头的创制者。现在看来，他所创的巾式不过是在图16-3:3之类鲜卑帽的基础上略加改进而已。宣政元年距隋朝开国的581年仅仅三年。北周的幞头虽然缺少形象资料，但隋代的幞头俑却不乏实例。其中

如武汉周家大湾241号隋墓出土的陶俑的幞头仅有二脚[16]（图16-5:1），与宋·俞琰《席上腐谈》卷上"周武帝所制不过如今之结巾，就垂两角，初无带"的描述相近。陕西三原隋·李和墓、湖南湘阴隋墓与河南安阳马家坟201号隋墓出土俑，所裹之幞头已有四脚，两脚系于额前，两脚垂于脑后，较前一例已有改进，但头顶上还是平的，没有攀住发髻而使之隆起的带结（图16-5:2、4）；特别是敦煌莫高窟281窟隋代壁画中供养人所裹此式幞头，其向前系结的两枚巾脚竟垂在前额上，更显出裹法的不成熟[17]（图16-5:3）。但是在安徽亳县开皇二十年（600年）王干墓、武汉东湖岳家嘴隋墓等处出土陶俑上所见的幞头，向前系结的巾脚已将发髻拥起[18]（图16-5:5）。其裹法已与宋·沈括《梦溪笔谈》卷一"幞头一谓之四脚，乃四带也。二带系脑后垂之，二带反系头上，令曲折附顶"之说相合（图16-6）。到了这时，幞头就可以被认为是正式形成了。这件通过南北朝时期的服装大变革而产生、并在隋代初步定型的幞头，顶上相当发髻处的隆起部分，是这时汉族与鲜卑族通用的发型的代表，所以成为民族融合的象征，成为我国中古服饰中各民族共同创造的、新的民族形式。至唐代，幞头是男子常服（幞头、缺骻袍、鞢韄带、长靿靴）中不可缺少的组成部分。从皇帝到平民，日常生活中都要裹幞头。甚至进行相扑表演的力士，除一裈之外，全身赤裸，却也忘不了裹上幞头（图16-7）。

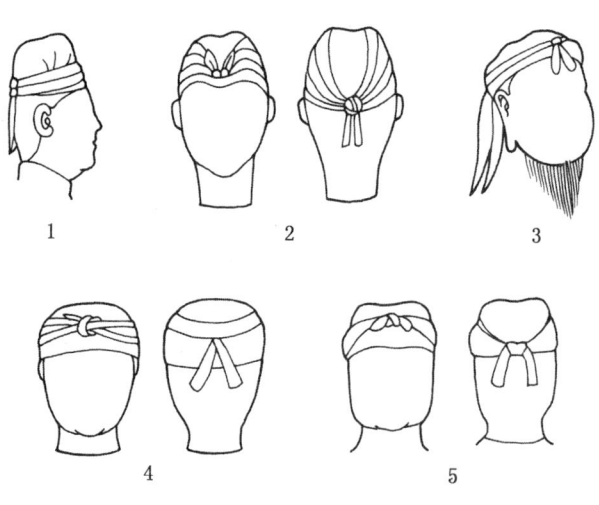

图16-5 隋代的幞头

1. 武汉周家大湾隋墓出土陶俑　2. 陕西三原隋·李和墓出土陶俑
3. 莫高窟281窟隋代壁画　4. 湖南湘阴隋墓出土陶俑
5. 武汉东湖隋墓出土陶俑

不过在唐代，幞头的顶部一般较隋代为高。《旧唐书·令狐德棻传》说："高祖问德棻曰：'比者，丈夫冠、妇人髻竟为高大何也？'"反映的就是这一现象。这首先是因为此时在幞头内衬以巾子的缘故。唐·封演《封氏闻见记》卷五："幞头之下别施巾，象

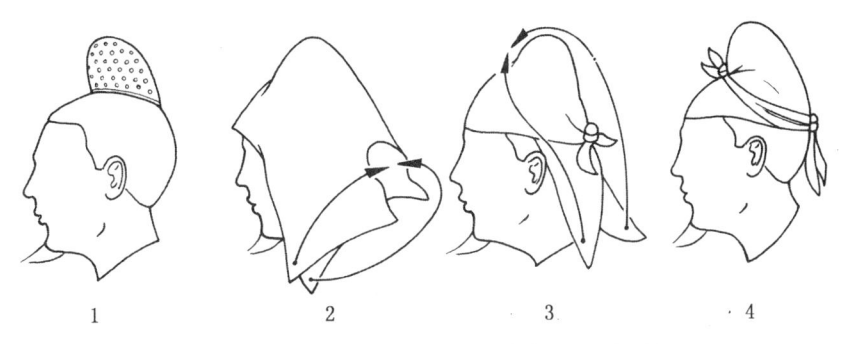

图 16-6 唐代软脚幞头的系裹（示意图）
1. 在髻上加巾子　2. 系二后脚于脑后　3. 反系二前脚于髻前　4. 完成

古冠下之帻也。"宋·郭若虚《图画见闻志》卷一："巾子裹于幞头之内。"清·王鸣盛《十七史商榷》卷八二也说："盖于裹头帛下着巾子耳。"巾子的形状影响着幞头的外观。关于这一点，四十年前王去非先生已加以阐述，其说殆不可易[19]。只是由于巾子掩盖在幞头之内，从外面看不到，而当时在田野考古工作中尚未发现此物，所以仅能据文献立论。1964年，新疆吐鲁番阿斯塔那墓地出土了唐代巾子的实物（图16-8），进一步证实了记载中的说法。此物或以为是隋大业中牛洪所制[20]；或以为唐初始有[21]；或指为武德间所加[22]；总之，它的出现不晚于初唐，是可以肯定的。

图 16-7　莫高窟藏经洞所出绢本佛画上的相扑者

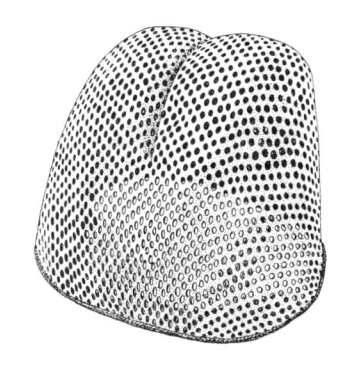

图 16-8　吐鲁番阿斯塔那出土唐代巾子

在唐代，幞头的形制仍处于不断地变化之中。先说巾子，起初采用的是平头小样巾，以后渐变高、变圆、变尖。《旧唐书·舆服志》说："武德以来，始有巾子，文官名流，尚平头小样者。则天朝贵臣内赐高头巾子，呼为武家诸王样。中宗景龙四年（710年）三月，因内宴赐宰臣以下内样巾子（此种巾子即《新唐书·车服志》所称：'中宗又赐百官英王踣样巾，其制高而踣，帝在藩时冠也'）。开元以来，文官士伍多以紫皂官绁为头巾[23]、平头巾子，相效为雅制。玄宗开元十九年（731年）十月，赐供奉官及诸司长官罗头巾及官样巾子（《唐会要》卷三一作：'官样圆头巾子'），迄今服之也。"这段记载中提到的各类巾子，在出土实物中都能得到印证。如西安贞观四年（630年）李寿墓壁画与咸阳底张湾贞观十六年（642年）独孤开远墓出土陶俑的幞头，顶部均较低矮，似即由于其中衬的是"平头小样"巾子的缘故[24]（图16-9:1）。礼泉马寨村麟德元年（664年）郑仁泰墓与西安羊头镇总章元年（668年）李爽墓出土俑，幞头顶部增高，似已衬"高头巾子"[25]。至于圆而前踣的"踣样巾"，虽然《唐会要》卷三一、《通典》卷五七和《旧唐书·舆服志》、《新唐书·车服志》都把它和中宗联系起来，但唐·张鷟《朝野佥载》说："魏王为巾子向前踣，天下欣欣慕之，名'魏王踣'。"魏王泰，太宗之第四子，于中宗为伯父，所以此式巾子创制的时间或早于中宗朝。但在形象材料中，它要到开元年间才较为常见[26]（图16-9:3）。至天宝年间，幞头顶部变得像两个圆球（图16-9:4），大约里面衬的就是"圆头巾子"。中、晚唐时，巾子渐变直变尖。《封氏闻见记》卷五说："御史陆长源性滑稽，在邺中忽裹蝉翼罗幞、尖巾子。"建中三年（782年）曹景林墓出土俑可以为例[27]（图16-9:6）。但这时它还显得很新奇。至五代时，如《新五代史·前蜀世家》说："（王衍）又好裹尖巾，其状如锥。"这种作法反而愈演愈烈了。

其次，唐代幞头的质料改用薄罗纱。《中华古今注》卷中"幞头"条谓："唐侍中马周更与罗代绢。"《宋史·舆服志》说："幞头……唐始以罗代缯。"当北周与隋时，幞头初出，一般人用以裹头的材料，大抵为较粗厚的缯、绌、绢之类，因而系裹后出现的皱褶较多。为了追求紧凑平整，唐代改用罗纱。有人尚嫌不足，甚至创造了一种"水裹法"。《封氏闻见记》卷五："兵部尚书严武裹头至紧，将裹，先以幞头曳于盘水之上，然后裹之，名为水裹。撅两翅皆有褫数，流俗多效焉。"水裹、紧裹和用薄罗纱，所代表的趋向是一致的。唐代遂专门生产了一种供裹头用的细薄织物。《太平广记》卷四八五引唐·陈鸿祖《东城老父传》说："有人禳病，法用皂布一匹，持重价不克致，竟以'幞头罗'代之。"宋·钱易《南部新书》丙说："元和、太和以来，左右中尉或以'幞头纱'赠清望者。"可见"幞头罗（纱）"已经成为一个专门名称了。开元十九年六月的一道勒书说："六品已下……除幞头外，不得服罗、縠。"[28]则幞头须用罗、縠制作，这时似已成为定制。晚唐·皮日休、陆龟蒙因赠送幞头而互相酬唱的诗，都着意吟咏幞头罗的细薄轻明。皮诗有云："周家新样替三梁，裹发偏宜白面郎。掩敛乍疑裁黑雾，轻明混似戴玄霜。"陆诗有云："薄如蝉翅背斜阳，不称春前赠囷郎。初觉顶寒生远吹，预忧头白透新霜。"[29]这种极薄的幞头罗在绘画中也有所反映，太原新董茹村万岁登封元年（696年）赵澄墓壁画与徽宗摹张萱《虢国夫人游春图》等处均有所表现，掩在幞头罗底下的前额与发际的界线，在这些画中都清楚地透露了出来[30]。

再次是唐代幞头脚的变化。幞头脚开始不过是系在脑后的两根带子的剩余部分，此

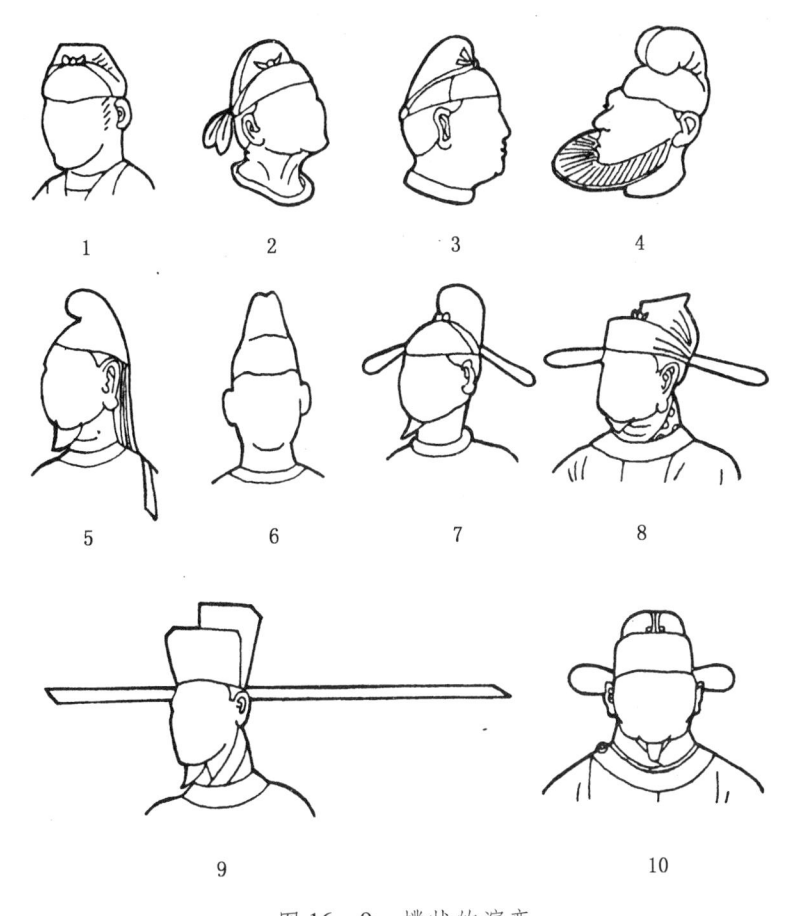

图 16-9 幞状的演变

1. 平头幞头（唐贞观十六年独孤开远墓出土俑） 2. 硬脚幞头（唐神龙二年李贤墓石椁线雕）
3. 前踣式幞头（唐开元二年戴令言墓出土俑） 4. 圆头幞头（唐天宝三年豆卢建墓出土俑）
5. 长脚罗幞头（莫高窟130窟盛唐壁画） 6. 衬尖巾子的幞头（唐建中三年曹景林墓出土俑）
7. 翘脚幞头（敦煌藏经洞所出唐咸通五年绢本佛画） 8. 直脚幞头（莫高窟144窟五代壁画）
9. 宋式展脚幞头（宋哲宗像） 10. 明式乌纱帽（于谦像）

物软而下垂，故名"垂脚"或"软脚"。后来将这部分加长，而有所谓"长脚罗幞头"[31]（图16-9:5），但仍然是软的。可是后来又产生了硬脚幞头，这种类型的幞头初见于神龙二年（702年）章怀太子李贤墓石椁线雕人物（图16-9:2）。宋·毕仲询《幕府燕闲录》说："自唐中叶以后，谓诸帝改制，其垂二脚，或圆或阔，周丝弦为骨稍翘矣。臣庶多效之。"脚中除用丝弦骨外，也可用铜丝或铁丝为骨。即宋·赵彦卫《云麓漫钞》卷三所谓："以纸绢为衬，用铜铁为骨。"宋·朱熹《朱子语类》卷九一则谓："唐宦官要常似新幞头，以铁线插带中。"由于装了铁丝的骨架，所以硬脚常翘起，故又名"翘脚"（图16-9:7）。思想保守的人士看不惯这种幞头脚。五代·孙光宪《北梦琐言》卷一二"柳氏子幞头脚条"说："柳玭……至东川通泉县求医，幕中有昆弟之子省之。亚台回面，且云不识。家人曰：'是某院郎君。'坚云不识，莫喻尊旨。良久，老仆忖之，'得非郎君幞头脚乎？固宜见怪。但垂之而入，必不见阻。'此郎君垂下翘翘之尾，果接抚之。"纰晚唐时人，则神龙年间出现的硬脚，至此时仍有持非议者。但幞头脚的这种发展趋势，却难以阻止。宋·程大昌《演繁露》卷一二说："至昭宗乾符初，教坊内教头张口笑者，以银撚幞头脚上簪花钗，与内人裹之。上悦，乃曰：'与朕依此样进一枚来。'上亲栉之，复揽镜大悦。由是京师贵近效之。"五代时翘脚更上升成直脚（图16-9:8）。《云麓漫钞》又说："五代帝王多裹朝天幞头，二脚上翘。四方僭位之主，各创新样，或翘上而反折于下，或如团扇、蕉叶之状，合抱于前。伪孟蜀始以漆纱为之。湖南马希范二角左右长尺余，谓之龙角，人或误触之，则终日头痛。至刘汉祖始仕晋为并州衙校，裹幞头左右长尺余，横直之，不复上翘，迄今不改。"直脚加长的幞头，即《麈史》卷一所谓"浸为展脚"之展脚幞头，是两宋官服中通用的式样（图16-9:9）。但展脚并不固定在幞头上，它可以临时装卸。《水浒全传》第七四回就说李逵"取出幞头，插上展角，将来戴了"，可证。

除了展脚以外，宋代还有其他各种式样的幞头脚。《梦溪笔谈》卷一说："本朝幞头有直脚、局脚、交脚、朝天、顺风，凡五等，唯直脚贵贱通服之。"直脚又名平脚，即上述之展脚。局脚是弯曲的幞头脚，即宋·孟元老《东京梦华录》卷九所称卷脚，见于白沙宋墓壁画（图16-10:1）。交脚是两脚相交，见于宣化辽墓壁画（图16-10:2）。朝天是两脚直上，见于山西高平开化寺宋代壁画（图16-10:3）。顺风如《宋史·乐志》所说"打毬乐队"的服饰："衣四色窄绣罗襦，系银带，裹顺风脚、簇花幞头。"顺风脚是指幞头脚的形状。沈从文先生认为将两脚提掖，使之偏于一侧者，即顺风幞头[32]（图16-10:4）。此外，在图像中还可以看到脚作卷云状的卷脚幞头（图16-10:5），大抵皆是教坊乐工、杂剧艺人诨裹时所戴。但《续通志》所记"式如唐巾，两角上曲作云头，两旁覆以两金凤翅"的"凤翅幞头"，在日常生活中也可以戴，其形象见于山西高平开化寺宋代壁画。元代更为常见，河南焦作老万庄、内蒙古赤峰元宝山元墓壁画[33]及元人绘本《货郎图》中均有其例（图16-10:6）。至于使役之人，在宋元两代常戴无脚幞头（图16-10:7），它可以说是幞头中之最低的一等了。

下面再看一下幞头内衬木山子和外施漆纱的情况，这两种作法亦出现于唐代。木山子起于晚唐。《北梦琐言》卷五说："乾符后，宫娥皆以木团头，自是四方效之。唯内官各自出样。匠人曰：砍'军容头'、'特进头。'"《朱子语类》说："唐人幞头初止以纱为之，后以软，遂斫木作一山子，在前衬起，名曰'军容头'，其说以为起于鱼朝恩。一时人争效之。"所谓"军容头"，是因为鱼朝恩曾任观军容使之故。幞头加衬了木山子，可常高起如新，而且便于脱戴。至于用漆纱，上引《云麓漫钞》说始自后蜀，但唐末似已出现。《图画见闻志》卷一说："唐末方用漆纱裹之，乃今幞头。"可以为证。至

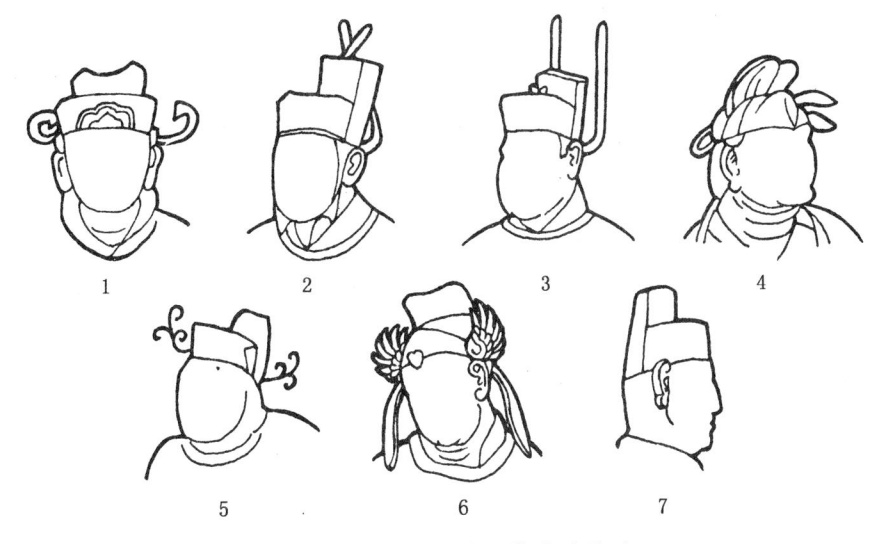

图 16-10　几种形制特殊的幞头

1. 局脚幞头（白沙宋墓壁画）　2. 交脚幞头（宣化辽墓壁画）　3. 朝天幞头（高平开化寺宋代壁画）
4. 顺风幞头（西安唐·韦洞墓壁画）　5. 卷脚幞头（焦作金·邹瑸墓画像石）
6. 凤翅幞头（焦作老万庄元墓壁画）　7. 无脚幞头（巩县宋永熙陵石雕）

宋代，这些加工方法就被普遍采用了。《宋史·舆服志》说："国朝之制，君臣通服平脚，乘舆或服折上焉。其初以藤织草巾子为里，纱为表，而涂以漆。后唯以漆为坚，去其藤里。前为一折。平施两脚，以铁为之。"本来只是一幅包头布的幞头[34]，经过以上种种加工之后，已经变成一顶硬壳的帽子，不必"逐日就头裹之"。由于是硬壳，所以宋代人在幞头底下或可不衬巾子。宋·佚名《道山清话》说："周穜言：垂帘时，一日早朝，执政因理会事，太皇太后命一黄门于内中取案上文字来。黄门仓卒取，至误触上幞头坠地。时上未着巾也，但见新髽头，撮数小角儿。黄门者震惧几不能立，旁有黄门取幞头以进。"视其一触即坠的情况，已与起初的软脚幞头迥乎不同了。所以宋代人又称幞头为"幞头帽子"。《东京梦华录》卷三"相国寺内万姓交易"条说："两廊皆诸寺师姑卖绣作领抹、花朵珠翠头面、生色销金花样、幞头帽子、特髻冠子、绦线之类。"又同书卷八："中元节"条说："七月十五日中元节，先数日，市井卖冥器靴鞋、幞头帽子、金犀假带、五彩衣服。"宋·吴自牧《梦粱录》卷一三"诸货杂色"条也说："箍桶、修鞋、修幞头帽子、补修鱿冠、接梳儿……时时有盘街者，便可唤之。"可见在宋代人心目中，已把幞头当作帽子看待了。这时的幞头既已不用软巾系裹，且其内有胎，为了调整它的大小，遂在后部装环。宋画《杂剧图》、《中兴四将图》以及山西芮城永乐宫纯阳殿元代壁画中出现的幞头，都把它表现得很清楚（图 16-11：1、2）。黑龙江阿城金代齐国王墓中，夫人所戴类似幞头的塌鸱巾后部装有两枚竹节形八角金环，并用带子将两个环互相系结起来，可松可紧，以适应戴时的要求[35]（图 16-11：3）。幞头环的作

图 16-11 幞头环

1. 宋画《杂剧图》　2. 山西芮城永乐宫元代壁画
3. 黑龙江阿城金·齐国王墓出土装巾环的塌鸱巾（背面）

用也正在此。

到了明代，官员的幞头脚比宋代减短变阔（图 16-9:10）。因为它外施漆纱，所以也叫纱帽，但不可与南北朝和隋唐的纱帽相混淆[36]。明·黄一正《事物绀珠》说："国朝堂帽象唐巾，制用硬盔，铁线为硬展脚。列职朝堂之上乃敢用，俗直曰纱帽。"明·郎瑛《七修类藁》卷二三说："今之纱帽……谓之堂帽，对私小而言，非唐帽也。"明代的纱帽虽与唐之纱帽全然不同，但却是唐代的幞头的后裔。由于它外表涂的是黑漆，在口语中遂称为"乌纱帽"；由于其两脚左右平伸，在杂剧的"穿关"中则称为"一字巾"。

那么，当幞头变成乌纱帽以后，在不穿公服的场合，士人又戴什么呢？一首明代曲子《折桂令·冠帽铺》中说："乌纱帽平添光色，皂头巾宜用轻胎。"将乌纱帽与皂头巾相提并论，可见燕居之时他们还有头巾可戴；实际上制度也是这么规定的[37]。弘正间的大学士王鏊,既有戴乌纱帽着圆领的画像,又有戴头巾着直裰的画像,正可作为上述情况的例证(图16-12)。这种头巾本沿袭宋之桶顶帽,但此类帽亦称头巾;南宋南戏《张协状元》中说:"秀才家须读书,识之乎者也,裹高桶头巾。"不过明代头巾的使用范围更加广泛。试看明代肖像画中的男子,凡不穿官服的,几乎一律戴头巾。打开《儒林外史》,那些读书人也是个个戴头巾。"头巾气"甚至用来嘲讽酸秀才的迂腐之风。

图 16-12 明·王鏊的两幅画像
1. 戴头巾　2. 戴乌纱帽

不过,"头巾"这个名称容易引起误解,因为按照现代的概念,头巾应是包头的大手巾;而在明代,指的乃是一顶高帽子。它和所谓"幞头帽子"的外形虽然差得多,结构上却仍有共同点。比如幞头装环,头巾也装。宋画《大傩图》中,许多表演者戴的高头巾上都装巾环(图16-13),有圆的,也有扁方形的;后者似即"扑匾金环"。《醒世恒言·郑节使立功神臂弓》中夏德的打扮是:"裹一头蓝青头巾,带一对扑匾金环。"此物且在《金瓶梅》第六五、八八、九〇回中多次出现。当然巾环的式样并不止这两种,如《水浒全传》第二回就说鲁达:"头裹芝麻罗万字顶头巾,脑后两个太原府纽丝金环。"以上诸例皆为金环。也有嵌银的,元曲《勘头巾》中描写一件谋杀案,其主要物

图 16-13 装巾环的头巾
（据故宫博物院藏《大傩图》）

证即"芝麻罗头巾，减银环子"。这里的"减"字本作"錽"。明·李实《蜀语》："铁上镂金银曰錽。"由于是在铁上嵌银，故减银又称减铁。元曲《黑旋风》写白衙内："那厮绿罗衫，绦是玉结；皂头巾，环是减铁。"元·孔齐在《至正直记·减铁为佩条》中认为减铁"既重且易生锈"，对它的评价不高。可是《黑旋风》剧中却以玉绦环与减铁巾环为对文；在这里减铁何以受到重视，原因尚不明了。若干明代墓葬，如河北阜城廖纪墓、辽宁鞍山崔源墓、江苏南京徐俌墓等处，均曾出土金质巾环[38]。但尚未发现减铁巾环之实例。

宋代的高头巾上多有檐，檐也叫墙，是从帽口外部向上折起的边缘，如王得臣《麈史》卷上所记，有尖檐、短檐、方檐等多种形制[39]。到了元代，高头巾上不仅设檐，而且后垂披幅，王绎所绘《杨竹西像》提供了这样的例子（图16-14）。但明初颁行的四方平定巾即方巾，却既无巾檐亦无披幅，通体光素（图16-15:1）。后来巾式渐繁，名称不一。研究者面对明代的绘画、雕塑作品，常苦于不能断定上面的头巾该叫什么；有人甚至杜撰巾名，徒增纷扰。其实崇祯间朱术埥编印的《汝水巾谱》，就是一本图文对照的明代头巾手册，这类问题大部分都能在此书中找到答案。兹根据昔年临摹的图样试作分类，则明代的头巾可区别为：
1. 无披幅的，如方巾以及折角巾、东坡巾、唐巾等（图16-15:1～4）。书中谓方巾"唯北京金箔胡同款样最妙，其他地方高矮宽窄由人所好"。晚明的这类头巾有的"直方高大"，被人讥为"头上一顶书厨"[40]。东坡巾在宋代原是有檐的，此书却认为："外加一层（指檐），非其本制也。"朱说虽不符合史实，但所给出的却是明代后期这种头巾的标准式样。2. 只

图 16-14 元·王绎《杨竹西像》

有前披幅的，如纯阳巾（图 16-16）。
3. 只有后披幅的，如周子巾（图 16-17:1）。这种头巾比较流行，曾鲸画的赵赓像、胡尔慥像、徐明伯像、葛一龙像等，都戴此式头巾（图 16-17:2）。4. 前后都有披幅的，如羲之巾、华阳巾、岌岌冠等（图 16-18:1）。这是明代后期创出的新式样，晚明人物喜服，在夏完淳的画像上可以见到（图 16-18:2）。此外，还有若干较常见的巾式为《汝水巾谱》所未收，如老人巾。《三才图会·衣服图会》说："尝见稗官云：国初始进巾样，高皇以手按之使后，曰：'如此却好。'遂依样为之。今其制方顶，前仰后俯，唯耆老服之，故名老人巾。"老人巾的式样承袭了宋代的敛巾（图 23-16）。其实物曾在上海宝山月浦明·黄氏墓出土[41]。山西平遥双林寺千佛殿功德主牛普林的塑像戴的也是这种头巾，由于此像塑得极好，其老人巾也给人留下了鲜明而具体的印象（图 16-19）。

虽说洪武年间先规定"庶人初戴四带巾"，后来又"改四方平定巾"[42]。但戴头巾却不是下层民众日常的装束，他们戴的是小帽，又称瓜皮帽。谈迁《枣林杂俎》说："嘉善丁清惠宾，隆庆时令句容。父戒之曰：'汝此行纱帽人说好我不信，吏中说好我益不信，即青衿说好亦不信，唯瓜皮帽说好我乃信耳。'"纱帽指官场，青衿指一般士人，只有瓜皮帽指老百姓；其父是要他儿子关心民间疾苦。中国国家博物馆所藏明代绘画《皇都积胜图》中，在正阳门一带的闹市上，熙来攘往的人们大都戴小帽。戴头巾的寥寥无几，而且他们手里多半拿一柄摺扇，以示有闲。这就是明代社会生活的写照（图 16-20）。

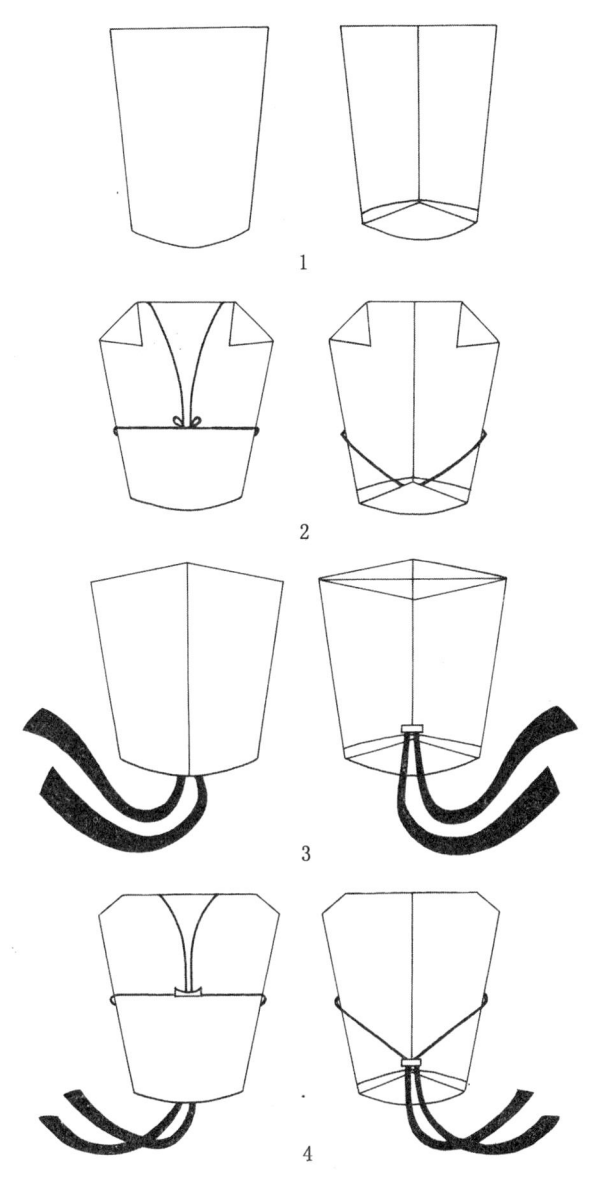

图 16-15　无披幅的头巾（左. 正面　右. 背面）
1. 方巾　2. 折角巾　3. 东坡巾　4. 唐巾（均据《汝水巾谱》）

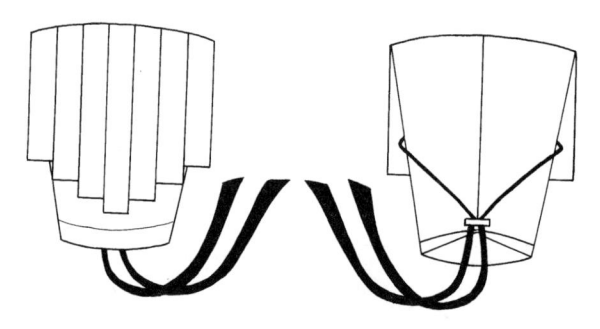

图 16-16　只有前披幅的头巾（纯阳巾）

（左．正面　右．背面）（据《汝水巾谱》）

1　　　　　　　　　　2

图 16-17　只有后披幅的头巾

1. 周子巾（上．正面　下．背面）（据《汝水巾谱》）　2. 明·葛一龙像

从幞头到头巾 215

图 16-18 有前后披幅的头巾

1. 华阳巾（上.正面 下.背面）（据《汝水巾谱》） 2. 明·夏完淳像

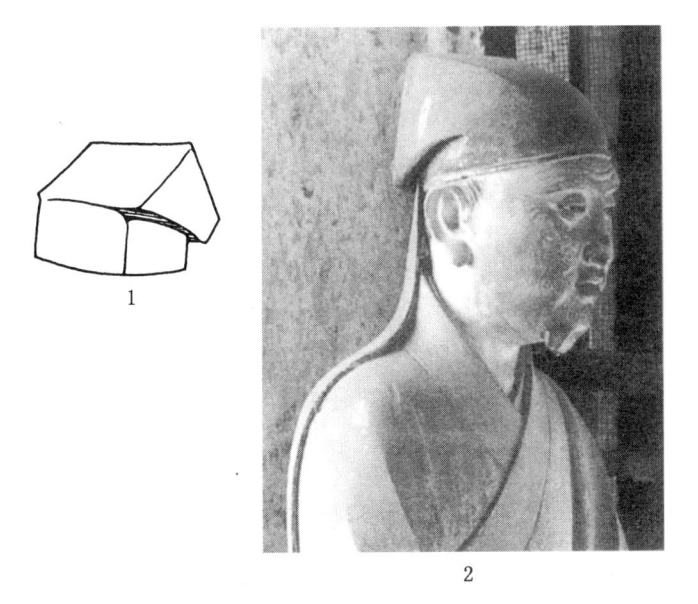

图 16-19 老人巾

1. 上海宝山月浦明·黄氏墓出土 2. 山西平遥双林寺千佛殿明代塑像

图 16-20　明《皇都积胜图》（部分）

注　释

① 《晏子春秋·内篇·谏下》："夫冠足以修敬，不务其饰。"
② 汉·蔡邕《独断》卷下："帻，古者卑贱执事不冠者之所服。"
③ 长冢店所出者，见南阳汉画像石编委会：《邓县长冢店汉画像石墓》图版6，《中原文物》1982年第1期。天迥山所出者，见《中国历史博物馆》图版91。
④ 《宋书·陶潜传》。
⑤ 《后汉书·韦著传》："著字休明，少以经行知名，不应州郡之命。……灵帝即位，中常侍曹节以陈蕃、窦氏既诛，海内多怨，欲借宠时贤以为名，白帝就家拜著东海相。诏书逼切，不得已，解巾之郡。"李注："巾，幅巾也。既服冠冕，故解幅巾。"解巾或释巾的记载又见《魏书·刁柔传》、《裴侠传》及《邢峦传附族孙劭传》等处。
⑥ 《隋书·礼仪志》云："巾……制有二等，今高人道士所着林宗折角，庶人农夫常服是袁绍幅巾。"已误将幞头与幅巾联系起来。今人或谓："帕头后代音转为幞头"（《古代的衣食住行》，中央电大语文类专业教材）。按帕（明陌开二）、幞（奉烛合三）之字音不能通转，此说不确。
⑦ 《晋书·五行志》。
⑧ 北魏为拓跋鲜卑所建之国。北齐高氏虽托名系出渤海望族，实为鲜卑。北周宇文氏为南匈奴之鲜卑化者。故北朝的统治者多为鲜卑贵族。
⑨ 呼和浩特所出者，见郭素新：《内蒙古呼和浩特北魏墓》，《文物》1977年第5期。司马金龙墓所出者，见山西省大同市博物馆、山西省文物工作委员会：《山西大同石家寨北魏司马金龙墓》，《文物》1972年第3期。莫高窟所出绣像，见敦煌文物研究所：《新发现的北魏刺绣》，《文物》1972年第2期。太和十三年鎏金佛像，见

⑨ 《中国の美术》（淡交社），卷1，图15。
⑩ 《通典》卷一四二引。
⑪ 参看缪钺：《读史存稿·东魏北齐政治上汉人与鲜卑之冲突》，三联书店，1963年。
⑫ 山西省考古研究所、太原市文物管理委员会：《太原市北齐娄睿墓发掘简报》，《文物》1983年第10期。
⑬ 《南史·西戎·武兴国传》云："其国……著乌皂突骑帽，长身小袖袍，小口袴，皮靴。"又同书《西戎·邓至国传》云："其俗呼帽曰突何。"突骑帽与突何帽或为一物。
⑭ 固原县文物工作站：《宁夏固原北魏墓清理简报》，《文物》1984年第6期。
⑮ 河北省沧州地区文化馆：《河北省吴桥四座北朝墓葬》，《文物》1984年第9期。
⑯ 张庆捷：《隋代虞弘墓石椁浮雕的初步考察》，"汉唐之间文化艺术的互动与交融国际学术讨论会"论文，北京，2000年。
⑰ 湖北省文管会：《武汉市郊周家大湾241号隋墓清理简报》，《考古通讯》1957年第6期。陕西省文物管理委员会：《陕西省三原县双盛村隋李和墓清理简报》，《文物》1966年第1期。熊传新：《湖南湘阴县隋大业六年墓》，《文物》1981年第4期。中国社会科学院考古研究所安阳工作队：《安阳隋墓发掘报告》，《考古学报》1981年第3期。《中国石窟·敦煌莫高窟》二，文物出版社/平凡社，1984年。
⑱ 亳县博物馆：《安徽亳县隋墓》，《考古》1977年第1期。武汉市文物管理处：《武汉市东湖岳家嘴隋墓发掘简报》，《考古》1983年第9期。
⑲ 王去非：《四神·巾子·高髻》，《考古通讯》1956年第5期。
⑳ 宋·王得臣：《麈史》卷上。
㉑ 唐·刘餗：《隋唐嘉话》卷下。
㉒ 《通典》卷五七。唐·刘肃：《大唐新语》卷一〇。《旧唐书·舆服志》。
㉓ 此处之"头巾"与下文"赐供奉官及诸司长官"之"罗头巾"，皆指幞头。
㉔ 李寿墓壁画，见陕西省博物馆等：《唐李寿墓发掘简报》，《文物》1974年第9期。独孤开远墓出土俑，见《陕西省出土唐俑选集》图版3，文物出版社，1958年。
㉕ 陕西省博物馆、礼泉县文教局唐墓发掘组：《唐郑仁泰墓发掘简报》，《文物》1972年第7期。陕西省文管会：《西安羊头镇唐李爽墓的发掘》，《文物》1959年第3期。
㉖ 陕西省博物馆、陕西省文物管理委员会：《唐李贤墓壁画》，文物出版社，1974年。
㉗ 转引自傅熹年：《关于"展子虔〈游春图〉"年代的探讨》，《文物》1978年第11期。
㉘ 《唐会要》卷三一。
㉙ 皮诗，见《全唐诗》九函九册；陆诗，见同书九函十册。
㉚ 赵澄墓壁画，见《山西文物介绍》第2部分，第15节，图版3:5。《虢国夫人游春图》，见《辽宁省博物馆》图版93~94。
㉛ 《唐语林》卷二。
㉜ 沈从文：《中国古代服饰研究》页189，商务印书馆香港分馆，1981年。
㉝ 河南省博物馆、焦作市博物馆：《河南焦作金墓发掘简报》，《文物》1979年第8期。《简报》将老万庄之墓定为金墓，后证实为元墓。项春松：《内蒙古赤峰市元宝山元代壁画墓》，《文物》1983年第4期。
㉞ 宋·俞琰：《席上腐谈》卷上："以幅巾裹首，故曰幞头。幞字音伏，与幞被之幞同，今讹为仆。"幞字本义即今日所称包袱之袱。宋·曾慥：《类说》："后周武帝裁为四脚，名服头。"亦标服音。清·俞正燮：《癸巳存稿》卷一〇："幞头即帊首，即今包头。"
㉟ 赵评春等：《金代服饰》页26；文物出版社，1998年。
㊱ 南北朝时士大夫多戴乌纱帽，皇帝燕私之时戴白纱帽。乌纱帽又名乌纱高屋帽，唐代称黑纱方帽，其形制与宋代的桶顶纱帽相近。
㊲ 《明史·舆服志》："洪武三年令士人戴四方平定巾。"
㊳ 天津市文化局考古发掘队：《河北阜城明代廖纪墓清理简报》，《考古》1965年第2期。辽宁省博物馆文物队等：《鞍山倪家台明崔源族墓的发掘》，《文物》1978年第11期。南京市文物保管委员会等：《明徐达五世孙徐

㊴ 俌夫妇墓》,《文物》1982 年第 2 期。
㊵ 见本书《两唐书舆(车)服志校释稿》【旧 81】注⑪。
㊶ 清·胡介祉:《咏史新乐府〔一九〕·复社行·小序》:"时复社主盟首推二张(张溥、张采),皆锐意矫俗,结纳声气。间有依附窃名者,未免舆论稍滋异同。或为之语曰:'头上一顶书厨,手中一串数珠,口内一声天如;足称名士。'天如,溥字;书厨,以状巾之直方高大。而时尚可知矣。"
㊶ 上海市文物保管委员会:《上海古代历史文物图录》页 96,上海教育出版社,1981 年。
㊷ 《明史·舆服志》。

唐代妇女的服装与化妆

唐代三百年，是我国封建文化繁荣发达的时代。唐人气魄大，对外来事物能广泛包容，择其精华而吸取。表现在服饰方面，当时也出现了崭新的风貌。如果一个只熟悉汉魏时冠冕衣裳的观察者，忽然置身于着幞头、缺骻袍、鞢韀带、长勒靴的唐代人物面前，一定会觉得眼前大为改观，不胜新奇。这是由于唐代男装常服吸收了胡服褊衣的若干成分，将汉魏以来的旧式服装全盘改造了的缘故。唐代女装也摆脱了汉代袍服的影响，融入了一些外来因素，形成了一整套新的式样。

唐代女装的基本构成是裙、衫、帔。唐·牛僧孺《玄怪录》："小童捧箱，内有故青裙、白衫子、绿帔子。"①这里说的是一位平民妇女的衣着。又前蜀·杜光庭《仙传拾遗·许老翁》说：唐时益州士曹柳某之妻李氏"着黄罗银泥裙、五晕罗银泥衫子、单丝红地银泥帔子，盖益都之盛服也。"②可见唐代女装无论丰俭，这三件都是不可缺少的。东汉时，我国妇女的外衣多为袍类长衣，图像中罕见着裙者。甘肃嘉峪关曹魏—西晋墓画砖中的女装，大体上仍沿袭这一传统。十六国时，在甘肃酒泉丁家闸5号墓的壁画中出现了上身着衫、下身着三色条纹裙的妇女（图17-1:1）。此后，条纹裙流行了相当长的时间：敦煌莫高窟288窟北魏壁画及285窟西魏壁画、62窟隋代壁画，山东嘉祥隋·徐敏行墓壁画、陕西三原唐·李寿墓壁画以及西安白鹿原43号初唐墓与新疆吐鲁番唐·张雄墓出土的女俑中均有着此式裙者（图17-1:2~5）。其条纹早期较宽，晚期变窄。日本奈良高松冢壁画中的条纹女裙，显然接受了这一传统的影响。到了开元时期，吐鲁番阿斯塔那北区105号墓所出之晕绷彩条提花锦裙以黄、白、绿、粉红、茶褐五色丝线为经，织成晕绷条纹，其上又以金黄色纬线织出蒂形小花，图案意匠已明显有所创新。随即兴起的宝相花纹绵、花鸟纹锦等，则在鲜明的单一地色上织出花纹，突破了以条纹为地的格式。故自盛唐以降，条纹裙在我国渐少见，妇女多喜着色彩更为浓艳之裙。如《开元天宝遗事》说长安仕女游春时，用"红裙递相插挂，以为宴幄"。又如万楚诗之"裙红妒杀石榴花"，元稹诗之"窣破罗裙红似火"，白居易诗之"山石榴花染舞裙"，所咏亦为红裙。这时各式女裙色彩纷繁。如杜甫诗之"蔓草见罗裙"，王昌龄诗之"荷叶罗裙一色裁"，所咏为绿裙。而如张籍诗之"银泥裙映锦障泥"，孙棨诗之"东邻起样

图 17-1　条纹裙

1. 甘肃酒泉丁家闸十六国墓壁画　2. 莫高窟 288 窟北魏壁画　3. 莫高窟 285 窟西魏壁画
4. 莫高窟 62 窟隋代壁画　5. 吐鲁番张雄夫妇墓（688 年）出土着衣木俑

裙腰阔，剩蹙黄金线几条"等句，所咏则为银泥裙、金缕裙之类③。唐代最华贵之裙为织成毛裙。《朝野佥载》卷三说："安乐公主造百鸟毛裙，以后百官百姓家效之。山林奇禽异兽，搜山满谷，扫地无遗。"安乐公主为中宗与韦后之季女，骄奢倾一时。她的这条裙子在《旧唐书》及《新唐书》的《五行志》、《资治通鉴》卷二〇九等处均有记载。此裙"正看为一色，旁看为一色，日中为一色，影中为一色，百鸟之状，并见裙中"。拿它和唐代劳动妇女所穿的裙，如刘禹锡诗所称"农妇白纻裙"相比，其悬隔不啻天壤。

我国古代的布帛幅面较窄，缝制裙子要用好几幅布帛接在一起，故《释名·释衣服》说："裙、群也，连接群幅也。"唐代之裙一般是用六幅布帛制成，即如李群玉诗所称"裙拖六幅潇湘水"④。《新唐书·车服志》记唐文宗在提倡节俭的前提下，曾要求"妇人裙不过五幅"，可见五幅之裙应是比较狭窄的一种。更华贵的则用到七幅至八幅，如《旧唐书·高宗纪》提到的"七破间（裥）裙"⑤，曹唐《小游仙诗》所说的"书破明霞八幅裙"⑥，可以为例。按《旧唐书·食货志》说布帛每匹"阔一尺八寸，长四丈，同文同轨，其事久行"。此处的尺指唐大尺，约合0.295米，因而每幅约合0.53米。六幅的裙子周长约3.18米，七幅约3.71米。文宗所提倡的五幅之裙约合2.65米，比现代带褶的女裙还略肥一些。

裙、衫之外，唐代女装皆施帔。唐人小说《补江总白猿传》说："妇人数十，帔服鲜泽"（《顾氏文房小说》本），就以"帔服"作为女装的代称。唐代的帔像一条长围巾，又名帔帛或帔子，与汉、晋时指裙或披肩而言的帔不同⑦。不过当旧称之帔未绝迹前，帔帛已经出现，目前所知最早的一例见于青海平安魏晋墓出土的仙人画像砖（图17-2:2）。此像耳高于额，戴的帽子则与嘉峪关画砖中所见者相同，因知并非佛教造像⑧。但稍晚一些，在莫高窟272窟北凉壁画的菩萨像上也见到帔帛（图17-2:3）。其渊源均应来自中亚。1970年山西大同出土的鎏金铜高足杯上的人物有施帔者（图17-2:1），此器的国别不易遽定，但很可能是波斯一带的制品⑨。所以帔帛大约产生于西亚，后被中亚佛教艺术所接受，又东传至我国。可是当东晋时，汉族世俗女装中尚不用此物。顾恺之的《女史箴图》、《列女传图》、《洛神赋图》等绘画中，女装虽襳髾飞举、带袂飘扬，却并无帔帛。至隋、唐时，帔帛在女装中就广泛使用了。

图17-2 帔帛

1. 山西大同出土鎏金铜杯　2. 青海平安魏晋墓出土画像砖　3. 敦煌莫高窟272窟北凉壁画

裙、衫、帔之外，唐代女装中又常加半臂。宋·高承《事物纪原·背子条》说："《实录》又曰：'隋大业中，内官多服半臂，除却长袖也。'唐高祖减其袖，谓之半臂，今背子也。"则半臂乃是短袖的上衣。此物又名半袖，出现于三国时。《宋书·五行志》："魏明帝着绣帽，披缥纨半袖，尝以见直臣杨阜。阜谏曰：'此礼何法服邪？'"可见这时半臂初出，看起来还很新奇刺眼。不过至隋代它已逐渐流行，到了唐代，男女都有穿的，而以妇女穿半臂者为多。《新唐书·车服志》："半袖、裙、襦者，女史常供奉之服也。"证以图像，如永泰公主墓壁画中所绘侍女，其身分应与女史为近，正是上身在衫襦之外又加半臂。而且这种装束不仅宫闱中为然，中等以上唐墓出土的女俑也常有着半臂的。至盛唐时，不着半臂已显得是很不随俗的举动。唐·张泌《妆楼记》："房太尉家法，不着半臂。"房太尉即房琯，就是在咸阳陈涛斜以春秋车战之法对付安史叛军羯骑而大吃败仗的那位极其保守的指挥官，他家不着半臂，或自以为是遵循古制，但在社会上不免被目为特异的人物了。

半臂常用质量较好的织物制作。《旧唐书·韦坚传》、《新唐书·来子珣传》、唐·姚汝能《安禄山事迹》卷上、五代·王定保《摭言》卷一二等处都提到"锦半臂"[⑩]。与之相应，《新唐书·地理志》记载的扬州土贡物产中有"半臂锦"。玄宗时曾命皇甫恂在益州织造"半臂子"[⑪]，估计这也是一种特殊的供制半臂用的优等织物。新疆吐鲁番阿斯塔那206号唐墓出土的绢衣女木俑着团窠对禽纹锦半臂。李贺《唐儿歌》则有"银鸾睒光踏半臂"之句[⑫]，描写一袭用银泥鸾鸟纹织物制作的半臂；上述206号墓所出者或与之相类。

虽然在古文献中发现过三国时着半袖的记事，但当时的具体形制尚不明了。从图像材料考察，唐代女装中的半臂，应受到龟兹服式的影响。在新疆拜城克孜尔石窟中所见龟兹供养人常着两种半臂：一种袖口平齐，另一种袖口加带褶的边缘（图17-3:1、4）。这两种半臂都在中原地区流行。特别值得注意的是后一种，它常加在褒博的礼服上。但由于这类衣服太肥大，实不便再套上一件半臂，所以有时就把半臂袖口上的那圈带褶的边缘单缝在礼服袖子的中部。有的还给以艺术加工，使之成为袖子上很惹人注目的装饰品（图17-3:5、6）。另外，半臂有时还可以穿在外衣之下、衬衣即中单之上。后唐·马缟《中华古今注》卷中："尚书上仆射马周上疏云：'士庶服章有所未通者，臣请中单上加半臂，以为得礼。'"采用这种着法，在衣服之外不能直接看到半臂，但唐画中确也发现过衣下隐约呈现出半臂轮廓的例子（图17-8:1~3），证明当时确有这样着半臂的。

不过，总的说来，半臂在唐代前期的女装中较流行，唐代中晚期则显著减少。这是因为唐代前期女装上衣狭窄，适合套上半臂；中唐以后，随着女装的日趋肥大，再套半臂会感到不便，所以使用范围就逐渐缩小了。

唐初女装衣裙窄小，"尚危侧"，"笑宽缓"[⑬]，仍与北周、北齐时相近，如莫高窟205、375等窟初唐壁画中的供养人便是其例。这种服式大体上沿用到开元、天宝时期，

图 17-3 半臂

（上列.袖口平齐　下列.袖口带褶）

1、4. 新疆克孜尔石窟龟兹壁画　2. 唐永泰公主墓壁画　3. 西安唐·韦顼墓石椁线雕
5. 龙门宾阳洞北魏皇后礼佛图　6. 武昌何家垅 188 号唐墓出土俑

西安鲜于庭诲墓出土的陶俑，是开元时期最典型的作品，其服式仍然带有初唐作风。所以《安禄山事迹》卷下说天宝初年"妇女则簪步摇。衣服之制，襟袖狭小"。白居易《新乐府·上阳人》所说"小头鞋履窄衣裳，……天宝末年时世妆"，更可以代表中唐人

对盛唐服式的看法。但盛唐时一种较肥大的式样也开始兴起,莫高窟 130 窟盛唐壁画中榜题"都督夫人太原王氏一心供养"的女像便可为例。总之,至盛唐时,妇女的风姿渐以健美丰硕为尚。《历代名画记》卷九称盛唐·谈皎所画女像作"大髻宽衣",正是这种新趋势的反映。中唐以后,女装愈来愈肥(图 17-4)。元稹《寄乐天书》谓:"近世妇人……衣服修广之度及匹配色泽,尤剧怪艳。"白居易《和梦游春诗一百韵》也说:"风流薄梳洗,时世宽妆束。"⑭女装加肥的势头在唐文宗朝急剧高涨。文宗即位之初,于太

图 17-4 唐代女装加肥的趋势

(1~2. 初唐; 3~4. 盛唐; 5. 中唐; 6~7. 晚唐)
1. 莫高窟 375 窟壁画 2. 永泰公主墓壁画 3. 莫高窟 205 窟壁画
4. 莫高窟 130 窟壁画 5. 莫高窟 107 窟壁画
6. 莫高窟 9 窟壁画 7. 莫高窟 192 窟壁画

和二年（828年）还曾向诸公主传旨："今后每遇对日，不得广插钗梳，不须着短窄衣服。"可是由于其后此风日炽，不过十年，至开成四年（839年）正月，在咸泰殿观灯之会中，却因为延安公主衣裾宽大，而将她即时斥退，并下诏说："公主入参，衣服逾制；从夫之义，过有所归。（驸马窦）澣宜夺两月俸钱。"⑮可见这时贵族妇女追求宽大服式的狂热，已经使封建朝廷觉得有加以限制的必要了⑯。

但是在唐代前期，对服式审美的角度不仅并不倾向于褒博，反而比较欣赏胡服。《大唐西域记》卷二说："其北印度，风土寒烈，短制褊（宋藏音义：窄也）衣，颇同胡服。"则胡服以褊狭为特点。再如翻领、左衽之类，也是胡服不同于汉以来的传统服制之处。唐代着胡服的妇女，在石刻画和陶俑中都曾发现。而更特殊的还是胡服的帽子。《新唐书·五行志》说："天宝初，贵族及士民好为胡服胡帽。"可见着胡服时，胡帽是相当惹眼的。最典型的胡帽即所谓"卷檐虚帽"⑰。这种帽子与欧亚大陆北方草原民族——从斯基泰人到匈奴人都喜欢戴的尖顶帽

图17-5　尖顶帽
1. Kul Oba 银瓶上的斯基泰武士
2. 沂南画像石中的匈奴武士

很接近（图17-5）。唐墓所出胡俑（图17-6:1）、莫高窟45窟盛唐壁画中的胡商都戴它。若干看来是汉族面像的陶俑也有戴这种帽子的（图17-6:2）。唐·刘肃《大唐新语》卷九说长安市上"汉着胡帽"，或指这种情况而言。咸阳边防村唐墓出土男俑所戴之帽，折上去的帽沿裁出凸尖和凹曲，形成很大的波折（17-6:3），其形制和斯坦因在新疆和田丹丹乌力克发现的木板画上所绘者很相似。礼泉李贞墓出土女俑所戴花帽亦属此型，不过它的下垂之帽耳更引人注目（图17-6:6）。西安韦顼墓石椁线雕中的女胡帽另有两种式样：一种装上翻的帽耳，耳上饰鸟羽；另一种在口沿部分饰以皮毛（图17-6:4、9）。这两种女胡帽与莫高窟159窟中唐壁画《维摩经变》中的吐蕃赞普的侍从及莫高窟158窟壁画中的外国王子所戴的帽子很接近（图17-6:5、7、8）。只不过赞普侍从的帽子与吐鲁番阿斯塔那出土绢画中的女胡帽的戴法一样，将帽耳放了下来而已。唐代的这类女胡帽或即刘言史《夜观胡腾舞》一诗中提到的"蕃帽"⑱。蕃应指西蕃、吐蕃，正与上述莫高窟159窟所表现的情况相合。

从广义上说，唐代的羃䍦也是胡帽的一种。《大唐新语》卷一〇："武德、贞观之

图 17-6 胡帽与蕃帽

1. 唐嗣圣十年杨氏墓出土胡俑 2. 西安韩森寨唐·高氏墓出土男俑 3. 咸阳边防村唐墓出土男俑
4、9. 开元六年韦顼墓石椁线刻中的女像 5、8. 莫高窟159窟东壁壁画吐蕃赞普的侍从
6. 礼泉唐·李贞墓出土女骑俑 7. 莫高窟158窟北壁壁画中的外国王子

代，宫人骑马者，依周（指北周）礼旧仪，多着幂䍦。虽发自戎夷，而全身障蔽。"所谓"发自戎夷"，证以《隋书·附国传》称其俗"或戴幂䍦"，《旧唐书·吐谷浑传》称其人"或戴幂䍦"，可知其所自来，幂䍦在隋代已流行。《北史·隋文帝四王·秦王俊传》谓"俊有巧思，每亲运斤斧，工巧之器，饰以珠玉。为妃作七宝幂䍦，重不可载，

以马负之而行。"则幂䍦周围所垂的网子上还可以加施珠翠。由于它障蔽全身，所以隋代的杨谅和唐初的李密都曾让士兵戴上幂䍦，伪装成妇女，以发动突袭[19]。但《大唐新语》又说："永徽之后，皆用帷帽，施裙到颈，为浅露。……神龙之后，幂䍦始绝。"则到了唐高宗时，妇女已用帷帽代替幂䍦。帷帽与幂䍦的不同点是前者所垂的网子短，只到颈部，并不像后者那样遮住全身。从幂䍦这方面说，它的垂网减短即成为帷帽。但帷帽的本体是席帽，从席帽这方面说，在它的帽沿上装一圈短网子，也就成为帷帽。唐·王叡《炙毂子录》："席帽本羌服，以羊毛为之，秦汉鞿以故席。女人服之，四缘垂网子，饰以珠翠，谓之韦（帷）帽。"席帽的形状是怎样的呢？唐·李匡乂《资暇集》卷下说："永贞之前，组藤为盖，曰席帽。"《中华古今注》卷中说："藤席为之骨，鞔以缯，乃名席帽。至马周以席帽油御雨从事。"宋·龚养正《释常谈》卷上说："戴席帽谓之张盖。"则席帽的形状和盖笠相似（图17-7:1）。席帽上蒙覆油缯的，叫作油帽（图17-7:2）。宋代的帷帽多以油帽为本体。《事物纪原》卷三说，帷帽是"用皂纱全幅缀于油帽或毡笠之前，以障风尘，为远行之服"。这类帷帽的形象在宋代的《清明上河图》和元代的永乐宫壁画中都可以看到。明人犹知其形制，《三才图会·衣服图会》清楚地画出了它的形象，榜题二字："帷帽"（图17-7:3）。因此我们知道，它和软胎风帽、渔婆勒子等全然不同。

幂䍦的形象在唐代的绘画雕塑中尚未发现，但帷帽却常见。传世唐画《关山行旅图》中的妇女在黑色的席帽下缀以两旁向后掠的绛纱网子，面部外露[20]（图17-7:4）。南京博物院所藏明摹《胡笳十八拍图》中文姬所戴的帷帽，其下垂的纱网却将面部遮住（图17-7:6），看来帷帽在实际使用时应作此状。而在陶俑上因为用泥土表现遮面之纱网颇困难，所以大都作掩颈露面的样子。不过证以《关山行旅图》和莫高窟61窟《五台山图》中的戴帷帽人，可知当时确也存在这样的戴法。这些帷帽皆拖裙到颈；只有《清明上河图》中的一例垂至胸际，它如果再长一些，那就和幂䍦相仿佛了（图17-7:5）。

上引《大唐新语》介绍了幂䍦和帷帽的使用情况后，接下去又说："开元初，宫人马上始着胡帽，靓妆露面，士庶咸效之。天宝中，士流之妻或衣丈夫服，靴、衫、鞭、帽，内外一贯矣。"本来戴障蔽全身的幂䍦，原有不欲使人窥视的用意，这和《礼记·内则》所说"女子出门必拥蔽其面"等古老的礼俗亦相合。但唐代的社会风气既颇豪纵，妇女的装饰又不甚拘束，所以这种要求很难贯彻。唐高宗于咸亨二年（671年）颁发的诏书上指责说："百官家口，咸预士流，至于衢路之间，岂可全无障蔽？比来多着帷帽，遂弃幂䍦；曾不乘车，别坐檐子。递相仿效，浸成风俗。过为轻率，甚失礼容！"[21]尽管如此，到了玄宗时，开元十九年（731年）的诏书上却要求"妇人服饰……帽子皆大露面，不得有掩蔽"了[22]。至于妇女穿男装，如《新唐书·五行志》称："高宗尝内宴，太平公主紫衫、玉带、皂罗折上巾，具纷、砺、七事，歌舞于帝前。帝与武后笑曰'女子不可为武官，何为此装束？'"在唐代，给使内廷的宫人或着男装，称"裹

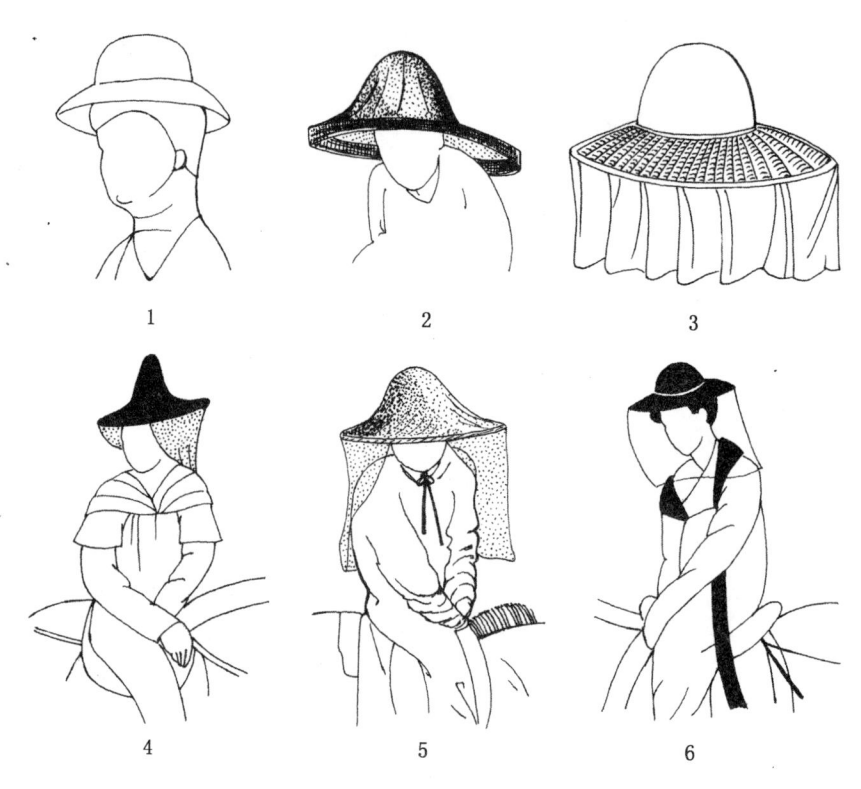

图 17-7 席帽、油帽与帷帽
1. 戴席帽的唐女俑　2.《清明上河图》中戴油帽的男子　3.《三才图会》中的帷帽
4. 唐画《关山行旅图》中戴帷帽露面的妇女　5.《清明上河图》中帷帽施裙至胸的妇女
6.《胡笳十八拍》中的蔡文姬

头内人"。《通鉴》唐德宗兴元元年条胡三省注:"裹头内人,在宫中给使令者也。内人给使令者皆冠巾,故谓之裹头内人。"其所谓裹头,即裹幞头。永泰公主墓前室壁画每侧有盛装妇女一人,持物者六或八人,最后一人为裹幞头的男装女子,其身分应与裹头内人即粗使官女为近㉓。所以当太平公主之时,像她这种地位的妇女不宜着男装。唐代女艺人则或着男装。唐·范摅《云谿友议》载元稹《赠探春诗》有云:"新妆巧样画双蛾,慢裹恒州透额罗。正面偷轮光滑笏,缓行轻踏皱文靴。"探春裹幞头,执笏,着靴,正是男装。我国有的戏剧史研究者以为唐代软舞的舞女着女装,健舞的舞女着男装㉔;也有学者以为着男装的女俑是扮生的女艺人,以与旦角演出"合生"㉕。恐不尽如此。唐代贵妇也偶或穿男装。《永乐大典》卷二九七二引《唐语林》:"武宗王才人有宠。帝身长大,才人亦类帝。每从(纵)禽作乐,才人必从。常令才人与帝同装束,苑中射猎,帝与才人南北走马,左右有奏事者,往往误奏于才人前,帝以为乐。"㉖王才人穿男装,犹如《金瓶梅》第四〇回潘金莲摘了髽髻装丫头一样,乃是故意取乐。奏事者前来"误奏",更属成心凑趣了。故不能以着装的常规视之。在图像材料中,有的妇女虽着男式袍，但头上露出发髻（图17-8:1）；有的虽着袍且裹幞头，但袍下露出花袴和女式线鞋（图17-8:2、3）；也有的服装全同于男子，但自身姿、面型与带女性特征的动作上看，仍可知其为妇女（图17-8:4）。

图 17-8 唐代着男装的妇女

1. 永泰公主墓石椁线刻画 2. 韦洞墓石椁线刻画 3. 薛儆墓石椁线刻画 4. 洛阳出土唐代女子打毬陶骑俑

唐代妇女常着线鞋。《旧唐书·舆服志》说："武德来，妇人着履，规制亦重；又有线靴。开元来，妇人例着线鞋，取轻妙便于事。"在永泰公主墓与韦洞墓的石椁线刻画中出现的侍女几乎都穿线鞋，只是没有把线纹刻出来。莫高窟147窟晚唐壁画中一个女孩的线鞋，则将线纹画得很清楚（图17-9:1）。这类线鞋的实物在新疆吐鲁番阿斯塔那古墓群中屡有出土，往往以麻绳编底、丝绳为帮，做工很细致。图像中也有式样与线鞋相仿，但鞋帮不用线编而用锦绣等材料制做的，如韦顼墓石椁线雕中所见者（图17-9:2）。这种鞋在鞋面正中还装有两枚圆形饰物，估计是玛瑙扣、琉璃扣之类，因而显得更加华丽。

妇女所着的履，最常见的应即唐文宗时允许一般妇女通着的高头履和平头小花草履[27]。本来从先秦时起，履头已有高起且略向后卷的絇。絇本不分歧，这种履即通常所称笏头履。汉代才常见歧头履。湖南长沙马王堆1号墓和湖北江陵凤凰山168号墓均出土了这种履的实物。唐代妇女的履头或尖，或方，

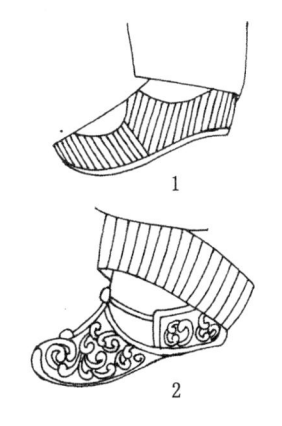

图 17-9 线鞋与锦鞋

1. 莫高窟147窟唐代壁画中的线鞋 2. 唐·韦顼墓石椁线刻画中接近线鞋式样的锦鞋

或圆，或分为数瓣，或增至数层，式样很多（图17-10）。王涯诗所谓"云头踏殿鞋"，元稹诗所谓"金蹙重台履"，和凝词所谓"丛头鞋子红编细"，当即其类[28]。履以丝织物制作，吐鲁番出土的一双高头锦履，帮用变体宝相花锦，前端用红地花鸟纹锦，衬里用六色条纹花鸟流云纹锦缝制，极为绚丽[29]。此外，敦煌壁画中也见过一类前头不高起，有些像现代布鞋式样的履[30]，大概就是所谓的平头履了。

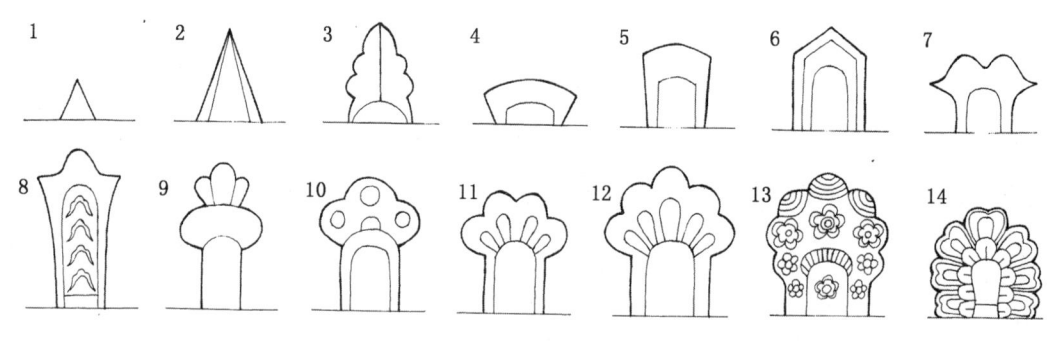

图17-10 唐代女装之履的头部

1. 莫高窟375窟壁画 2. 莫高窟171窟壁画 3.《捣练图》 4. 莫高窟202窟壁画 5. 莫高窟156窟壁画 6. 莫高窟205窟壁画 7.《历代帝王图卷》 8. 阿斯塔那230号唐墓出土屏风画 9. 莫高窟藏经洞所出绢画（据《燉煌画の研究》附图125） 10、13. 莫高窟130窟壁画 11、12. 莫高窟144窟壁画 14.《宫乐图》

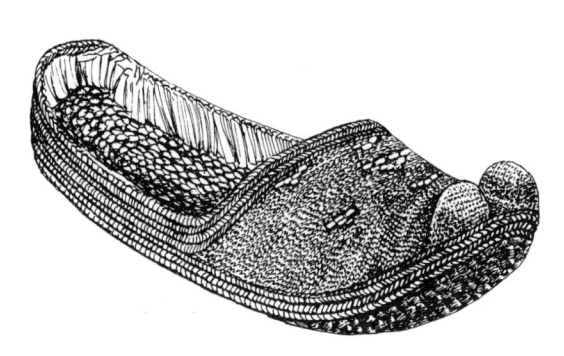

图17-11 蒲履
（新疆吐鲁番阿斯塔那唐墓出土）

丝履之外，唐代妇女还喜欢穿蒲履。《册府元龟》卷六一载太和六年（832年）王涯奏议中说："吴越之间织高头草履，纤如绫縠，前代所无。费日害功，颇为奢巧。"唐文宗曾禁止妇女穿这种蒲履，但不曾认真执行。它一直流行到五代时。明·胡应麟《少室山房笔丛》卷一二说："至五代蒲履盛行。《九国志》云'江南李昇常鞁蒲履'是也。然当时妇人履亦用蒲，刘克明尝赋诗云：'吴江江上白蒲春，越女初挑一样新。才自绣窗离玉指，便随罗袜步香尘。'"唐代蒲履的实物曾在新疆吐鲁番县阿斯塔那出土（图17-11）。

线鞋和蒲履都由于其轻便的特点而受到一般妇女的欢迎，但"规制亦重"的履，在贵妇盛装之际却也不可缺少。而履尽管笨重，裙尽管肥大，上衣却竟有半袒的。女装上衣露胸，汉魏时绝不经见，南北朝时才忽然出现，山西大同北魏·司马金龙墓和河南安阳北齐·范粹墓均出袒胸女俑。唐代女装露胸，即沿袭北朝这一颓俗。唐代前期，往往愈是贵妇人愈穿露胸的上衣。至中唐时，此风稍敛；这时在诗句中描写的，如施肩吾诗

"长留白雪照胸前",李群玉诗"胸前瑞雪灯斜照",方干诗"粉胸半掩疑暗雪"等,则大都为歌伎舞女等人而发㉛。沈亚之在《柘枝舞赋》中说女伎在表演中"俟终歌而薄袒"㉜。反映出唐代统治阶级沉溺声色的靡靡之风。

唐代贵妇不仅服装华奢,面部化妆也很特殊。除了施用一般的粉、泽、口脂等之外,其为后代所不常见的有以下几种。

一、翠眉与晕眉。眉本黑色,妇女或描之使其色加深,所以先秦文字中多称"粉白黛黑"。如《楚辞·大招》:"粉白黛黑施芳泽。"《战国策·楚策》:"周郑之女,粉白黛黑。"汉代仍以黑色描眉,如《淮南子·修务》:"虽粉白黛黑,弗能为美者,嫫母、仳催也。"贾谊《新书·劝学篇》:"傅白臘黑(《说文》:臘,画眉墨也)。"《后汉书·梁鸿传》:"鸿谓孟光曰:'今乃衣绮罗、傅粉墨,岂鸿所愿哉?'"但先秦作家偶或也提到翠眉。《文选》卷一九宋玉《登徒子好色赋》:"眉如翠羽。"吕向注:"眉色如翡翠之羽"。南北朝时,此风转盛。晋·陆机《日出东南隅行》:"蛾眉象翠翰。"梁·费昶《采菱》:"双眉本翠色。"《南史·梁简文帝纪》还说:"帝……双眉翠色。"虽是依当时的好尚作出的附会,但反过来却可以证明这时确有将眉毛染成翠色的化妆法。唐诗中也经常提到妇女的翠眉。如万楚诗"眉黛夺将萱草色"、卢纶诗"深遏朱弦低翠眉"等句均可为例㉝。翠眉即绿眉,即韩愈《送李愿归盘谷序》所说的"粉白黛绿",韩偓《缭绫手帛子》所说的"黛眉印在微微绿"。由于翠眉流行,所以用黑色描眉在唐代前期反而成为新异的事情。《中华古今注》卷中说:"太真……作白妆黑眉。"徐凝诗:"一旦新妆抛旧样,六宫争画黑烟眉。"㉞新妆为黑眉,可知其旧样应是并非黑色的翠眉了。及至晚唐,翠眉已经绝迹。宋·陶谷《清异录》卷下说:"自昭、哀来,不用青黛扫拂,皆以善墨火煨染指,号薰墨变相。"五代时,著名墨工张遇所制之墨,常被贵族妇女用于画眉,称"画眉墨"。金·元好问诗所说"画眉张遇可怜生",即指此而言㉟。宋代更是如此,所以宋·赵彦卫在《云麓漫钞》卷三中说:"前代妇人以黛画眉,故见于诗词,皆云'眉黛远山'。今人不用黛,而用墨。"

涂翠眉的色料,劳费尔与志田不动麿都以为是靛青㊱。考虑到文献中曾称黛眉为"青黛"或"青蛾",则其说不无可能,惟尚无确证。吉田光邦以为是 Tyrian purple㊲。但这是从紫贝中提取的红紫色染料,用它绝对画不出翠眉来。《御览》卷七一九引服虔《通俗文》:"染青石谓之点黛。"陈·徐陵《〈玉台新咏集〉序》:"南都石黛,最发双蛾。"则用于涂翠眉的还有一种矿物性颜料。但究竟是哪种矿物,目前亦未能确定。

唐代很重视眉的化妆。唐·张泌《妆楼记》:"明皇幸蜀,令画工作十眉图,横云、斜月皆其名。"此十眉之全部名称,见于宋·叶廷珪《海录碎事》及明·王世贞《弇州山人稿》卷一五七,但其史料来源可疑,兹不具论。概括地说,唐代眉式主要有细眉和阔眉两种。前者如卢照邻《长安古意》中"纤纤初月上鸦黄"、白居易《上阳白发人》中"青黛点眉眉细长"、温庭筠《南歌子》中"连娟细扫眉"等句所描写的。不过早在初唐，陕西礼泉郑仁泰墓中女俑之眉已颇浓阔㊳。沈佺期诗"拂黛随时广"或即指此种眉式而言㊴。盛唐时阔眉开始缩短，玄宗梅妃诗称"桂叶双眉久不描"，以后李贺诗中也一再说"新桂如蛾眉"，"添眉桂叶浓"；晚唐·李群玉《醉后赠冯姬》中仍有"桂形浅拂梁家黛"之句。眉如桂叶，自应作短阔之形。所以元稹诗云："莫画长眉画短眉"，即着眼于此㊵。短阔之眉所涂黛色或向眼睑晕散，即元稹《寄乐天书》所说的"妇人晕淡眉目"。它的形象在五代时的《簪花仕女图》中画得很清楚。

二、额黄。唐代妇女额涂黄粉。此法起于南北朝。梁·江洪诗"薄鬓约微黄"，北周·庾信诗"额角细黄轻安"，可以为证㊶。唐诗中，如吴融"眉边全失翠，额畔半留黄"，袁郊"半额微黄金缕衣"，温庭筠"黄印额山轻为尘"等句，都是对它的描写㊷。此风至五代、北宋时犹流行，如前蜀·牛峤词"额黄侵腻发"、宋·周邦彦词"侵晨浅约宫黄"所咏㊸；但已经不像唐代那么流行了。

额上所涂的黄粉究竟是何物，文献中没有明确的答案。唐·王建《宫词》："收得山丹红蕊粉，镜前洗却麝香黄。"此"麝香黄"应指涂额之黄粉，但其成分不详。又唐·王涯《宫词》："内里松香满殿开，四行阶下暖氤氲；春深欲取黄金粉，绕树宫女着绛裙。"她们采集松树的花粉是否有可能系供涂额之用，亦疑莫能明。额部涂黄的风习传到边地，所用的材料又自不同。宋·叶隆礼《契丹国志》卷二五引张舜民《使北记》："北妇以黄物涂面如金，谓之佛妆。"此黄物宋·佚名《蒙鞑备录》谓是黄粉，宋·徐霆《黑鞑事略》谓是狼粪。但狼粪之说，王国维已言其非㊹。清初北方妇女冬天仍以黄物涂面，她们所用的材料是栝蒌汁㊺。由于时地各异，难以用这些记载解释唐之额黄。

三、花钿。又名花子、媚子，施于眉心，即刘禹锡诗所说的"安钿当妩眉"㊻。它的起源，据《事物纪原》卷三引《杂五行书》说：南北朝时"宋武帝女寿阳公主人日卧于含章殿檐下，梅花落额上，成五出花，拂之不去，经三日洗之乃落。宫女奇其异，竞效之。"唐·段公路《北户录》卷三另记一说："天后每对宰臣，令昭容卧于床裙下记所奏事。一日宰臣李对事，昭容窃窥。上觉，退朝怒甚，取甲刀札于面上，不许拔。昭容遽为乞拔刀子诗。后为花子以掩痕也。"则以为起于初唐。但这两种说法的传奇色彩都太浓厚，不可尽信。按武昌莲溪寺吴

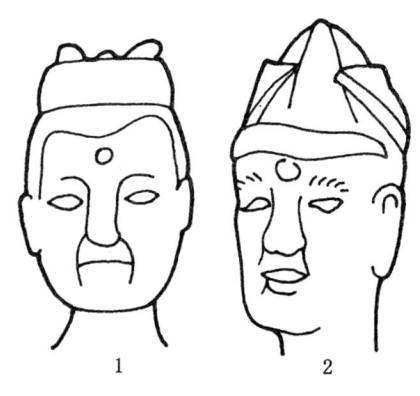

图17-12 "白毫"形额饰

1. 武昌吴墓出土陶俑
2. 长沙西晋墓出土陶俑

永安五年墓与长沙西晋永宁二年墓出土俑都在额前贴一圆点（图17-12:1、2）。当时佛教已传入这些地区，此类圆点或以为是模拟佛像的白毫（ûrṇâ）。但《女史箴图》中的女像有在额前饰以V字形妆饰者（图17-13），则很难认为和佛教有什么关系。又阿斯塔那出土之十六国时纸本绘画中的妇女，有在两颊各饰一簇圆点者（图17-14:2），这种妆饰亦见于唐俑（图17-14:3）；其式样与犍陀罗地区出土的贵霜石雕像上的同类妆饰很接近，惟后者在额前与双颊各有一簇[47]（图17-14:1）。其饰于额前者则与寿阳公主的所谓梅花妆相似。则花钿在我国的出现或曾兼受印度与中亚两方面的影响，但其中也包含着某些我国独创的因素。唐代花钿的形状很多[48]（图17-15）。它并非用颜料画出，而是将剪成的花样贴在额前。唐·李复言《续玄怪录·定婚店》说韦固妻"眉间常贴一钿花，虽沐浴、闲处，未尝暂去"，可证。用以剪花钿的材料，记载中有金箔、纸、鱼腮骨、鲥鳞、茶油花饼等多种[49]。剪成后可贮于妆奁内。石渚长沙窑出土的唐代瓷合盖上书"花合"二字，应即妆奁中盛花钿之合子的盖（图17-16）。元稹《莺莺传》："兼惠花胜一合。"即指此而言。化妆时用呵胶将它贴在眉心处[50]。图像中所见花钿有红、绿、黄三种颜色。红色的最多，吐鲁番阿斯塔那出土的各种绢画，莫高窟唐代壁画中女供养人的花钿，大都为红色。绿色的也叫翠钿，即杜牧诗"春阴扑翠钿"、温庭筠词"眉间翠钿深"所咏。宋徽宗摹张萱《捣练图》中妇女的花钿就有绿色的。还有所谓"金缕翠钿"。如李珣词

图17-13 V字形额饰
（据《女史箴图》）

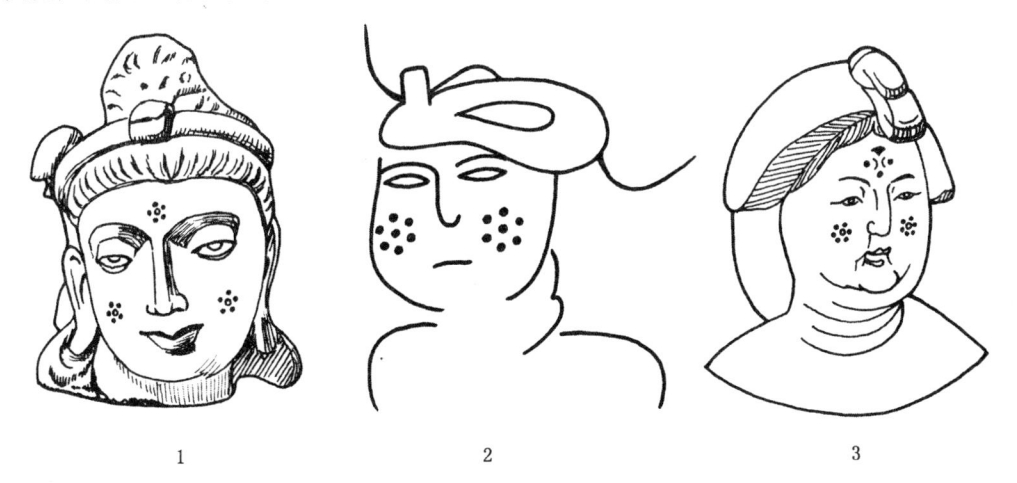

图17-14 "梅花妆"式的面饰

1. 犍陀罗石雕女供养人像（据田边胜美） 2. 阿斯塔那出土十六国时纸本绘画
3. 盛唐陶女俑（据《世界文化史大系》卷16）

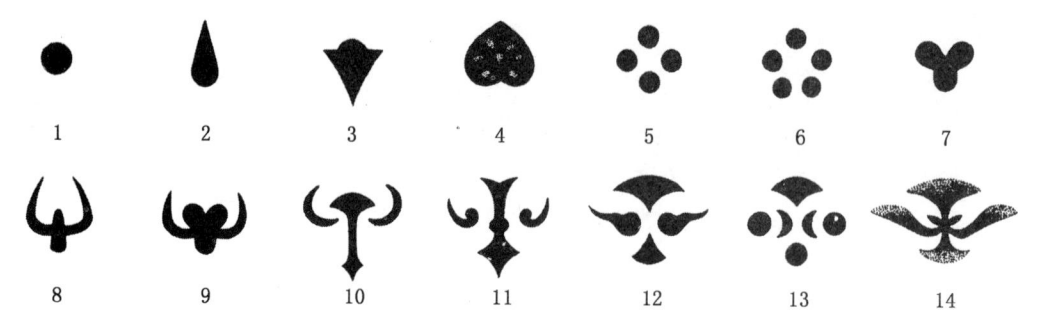

图 17-15　花钿的式样

1.《宫乐图》　2. 莫高窟 129 窟壁画　3、7、8、10. 阿斯塔那出土《桃花仕女图》
4. 阿斯塔那出土《弈棋仕女图》　5. 唐女俑（据《陕西省出土唐俑选集》彩版 2）　6. 莫高窟 9 窟壁画
9. 阿斯塔那出土《棕榈仕女图》　11. 阿斯塔那出土唐女俑　12. 西安中堡村出土唐女俑
13. 唐女俑（据《世界文化史大系》卷 16，图版 16）　14. 阿斯塔那 230 号唐墓出土屏风画

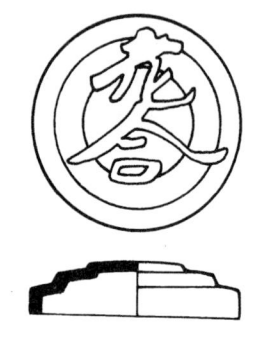

图 17-16　石渚长沙窑出土盛花钿的盒子（仅存盒盖）

"金缕翠钿浮动"，张泌词"翠钿金缕镇眉心"所咏者。这是在绿色的花钿上再饰以缕金图案。阿斯塔那所出《弈棋仕女图》中的人物，在其蓝绿色的心形花钿中有六瓣形图案，惟其图案是红色的，否则就正是金缕翠钿了（图 17-15：4）。黄色的在温庭筠词"扑蕊添黄子"，成彦雄词"鹅黄翦出小花钿"等句中有所描述[51]。《簪花仕女图》中的花钿即作黄色。

四、妆靥。点于双颊，即元稹诗"醉圆双媚靥"，吴融诗"杏小双圆靥"之所咏者[52]。旧说以为这种化妆法起自东吴。唐·段成式《酉阳杂俎》前集卷八："近代妆尚靥，……盖自吴·孙和邓夫人也。和宠夫人，尝醉舞如意，误伤邓颊，血流，娇婉弥苦，命太医合药，医言得白獭髓杂玉与琥珀屑，当灭痕。和以百金购得白獭，乃合膏。琥珀太多，及差，痕不灭，左颊有赤点如痣。视之更益其妍也。诸嬖欲要宠者，皆以丹点颊。"但证以上述贵霜石雕，则妆靥之起，或亦与贵霜化妆法有关。不过汉魏以来原有在颊上点赤点的作法，当时将这种赤点叫"旳"。《释名·释首饰》："以丹注面曰旳；旳，灼也。"旳字后来讹作"的"[53]。汉·繁钦《弭愁赋》："点圜的之荧荧，映双辅而相望。"晋·傅咸《镜赋》："点双的以发姿。"晋·左思《娇女诗》："临镜忘纺绩，……立的成复易；玩弄眉颊间，剧兼机杼役？"则点妆靥之传统实由来已久。

五、斜红。《玉台新咏》卷七，皇太子《艳歌十八韵》中有句云："绕脸傅斜红。"唐·罗虬《比红儿诗》第一七也写到："一抹浓红傍脸斜。"傍脸的斜红在西安郭杜镇执失奉节墓壁画舞女像及阿斯塔那出土的《桃花仕女图》、《棕榈仕女图》等绘画中均曾出现。

除了翠眉和额黄在图像中看不清楚外，花钿、妆靥和斜红在阿斯塔那出土的唐代女俑头上都有（图17-17）。而且经五代至北宋，这类化妆法的繁缛程度几乎有增无已。花钿与妆靥或合称为花靥，后蜀·欧阳炯词所云"满面纵横花靥"，与莫高窟壁画中五代、北宋女供养人面部此类装饰成排出现的情况正相一致。

唐代妇女的发髻形式亦多。唐·段成式《髻鬟品》："高祖宫中有半翻髻、反绾髻、乐游髻。明皇帝宫中：双环望仙髻、回鹘髻。贵妃作愁来髻。贞元中有归顺髻，又有闹扫妆髻。长安城中有盘桓髻、惊鹄髻，又抛家髻及倭堕髻。"这里列举了不少发髻名称，但未说明其形制。其中有些名称本身具有形象性，可与绘画雕塑相比定。如西安乾封二年段伯阳墓陶女俑的髻，既颇高，顶部又向下半翻，似即半翻髻（图17-18:1）；这种髻在永泰公主墓石椁线雕中亦可见。永泰公主石椁上雕出的髻式还有如鸟振双翼状的，似即惊鹄髻（图17-8:2）。石椁上还出现一种髻，从两侧各引一绺头发向脑后反绾，似即反绾髻（图17-18:4、5）；它在这时的陶俑上也常见，是初唐比较流行的一种髻式。西安羊头镇总章元年李爽墓壁画中有一种绕出双环的髻式，似即双环望仙髻（图17-18:6）。此外，初唐还流行高髻。不过，高髻这一名称最易含混。姑不论《后汉书·马援传》中已有"城中好高髻，四方高一尺"的谚语；即以唐事而论，《旧唐书·令狐德棻传》记唐高祖问令狐德棻"比者，丈夫冠、妇人髻竞为高大，何也"中的高髻，与《新唐书·车服志》所载文宗诏中"禁高髻险妆、去眉开额"的高髻，式样也绝不相同。所以，谈及高髻，似宜联系实例作出具体说明，否则，唐、宋诗词中高髻的字面经常出现，援引时倘不加辨析，就会议论纷纭而莫衷一是了。初唐式高髻缠得较紧，矗立在头顶上，其状如图17-18:3。盛唐时，出现了所谓蝉鬓，即将鬓角处的头发向外梳掠得极其扩张，因而变成薄薄的一层，仿佛蝉翼。白居易词"蝉鬓鬅鬙云满衣"之句，描述很得要领[54]。与蝉鬓相配合，有一种将头发自两鬓梳向脑后，掠至头顶挽成一或二髻，再向额前俯偃下垂的髻式，似即倭堕髻（图17-18:8、9）。开元时许景先所撰《折柳篇》有"宝钗新梳倭堕髻"之句，可证当时使用此名[55]。西安开元十一年鲜于庭诲墓出土女俑，莫高窟205、217等窟盛唐壁画中的女供养人，大都梳这种髻。特别是经常被研究者提到的莫高窟藏经洞所出绢本佛画《引路菩萨图》中的妇女，梳的也是倭堕髻（图17-19:4）。惟其俯向额前的髻垂得较低，和正仓院藏《鸟毛立女屏风》及近年发掘的陕西长安南里王村唐墓之壁画中的妇女髻式颇相近。南里王村唐墓的年代《简报》定在盛唐与中唐之交[56]，《引路菩萨图》的年代不会和它差得太远。研究者或以《簪花仕女图》（以下简称《簪花》）与《引路菩萨图》比较，认为两幅图中的妇女髻式

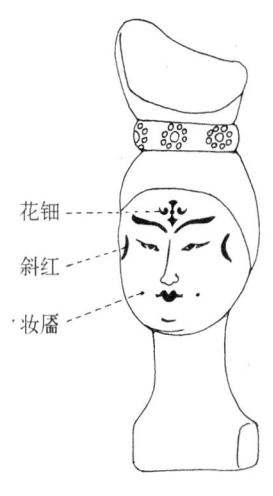

图17-17 木女俑头
（吐鲁番阿斯塔那出土）

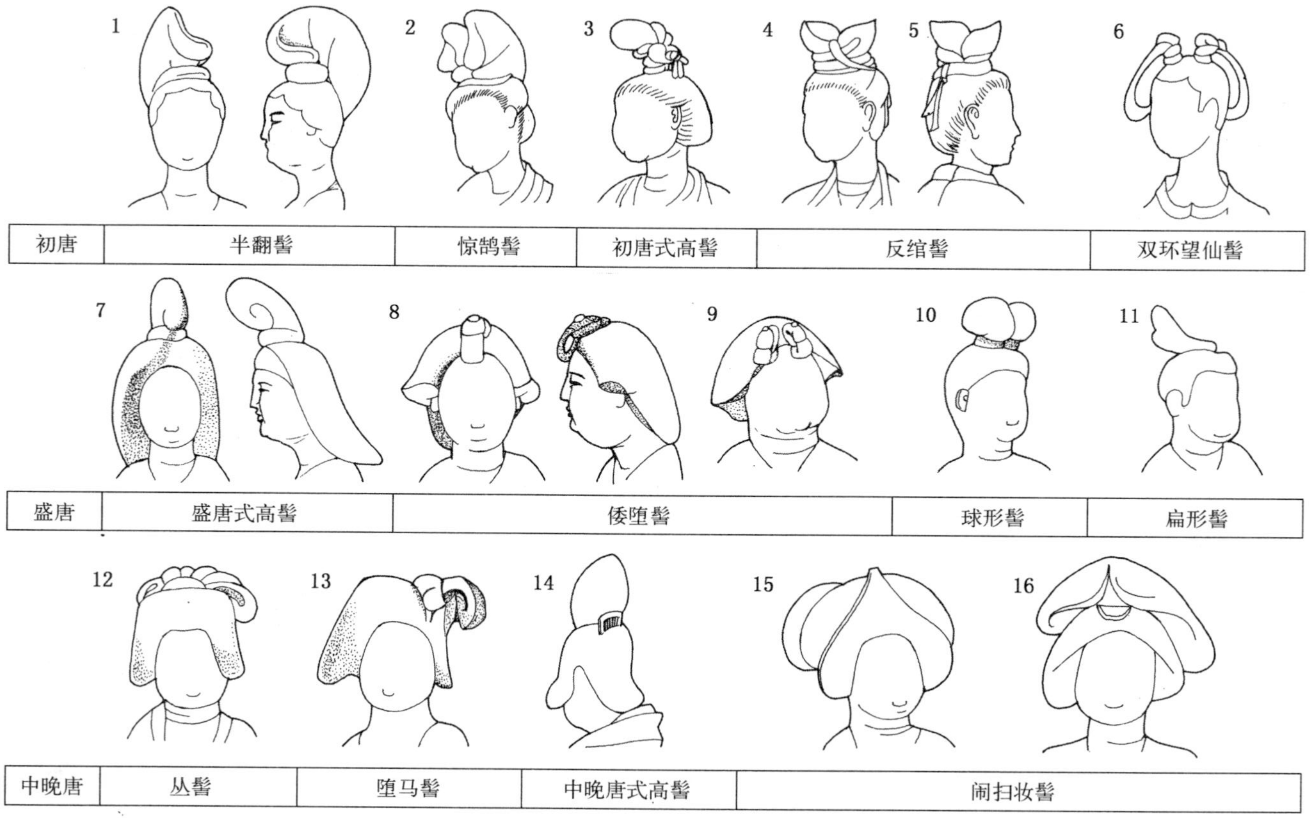
1
2
3
4
5
6
初唐
半翻髻
惊鹄髻
初唐式高髻
反绾髻
双环望仙髻
7
8
9
10
11
盛唐
盛唐式高髻
倭堕髻
球形髻
扁形髻
12
13
14
15
16
中晚唐
丛髻
堕马髻
中晚唐式高髻
闹扫妆髻

图 17－18　唐代妇女髻式

1、9. 北京大学考古教研室藏女俑　2、4、5. 永泰公主墓石椁线刻画　3. 西安出土开元四年石墓门线刻画　6. 西安羊头镇李爽墓壁画　7、10. 西安长郭 50 号史思礼墓出土俑　8. 西安中堡村唐墓出土俑　11. 莫高窟 217 窟壁画　12. 西安郭家滩张堪贡墓出土俑　13. 西安王家坟唐墓出土俑　14.《捣练图》　15. 西安路家湾柳昱墓出土俑　16. 唐女俑（据 A. Salmony, *Chincsischc Plastik*. Abb. 74.）

图 17-19　五代的高髻（1~3）与唐代的倭堕髻（4）
1. 南京牛首山南唐墓出土陶女俑　2.《簪花仕女图》中的仕女（略去所簪之花与首饰）
3. 河北曲阳后梁·王处直墓出土石雕中的伎乐人　4. 莫高窟藏经洞所出唐代绢画《引路菩萨图》中的妇女

相仿[57]。其实二者全然不同。《簪花》图中妇女的发型虽很高大，但没有俯偃向前的髻，与《引路菩萨图》中的髻式迥异。相反，它和南京牛首山南唐·李昪墓出土的女俑不仅髻式全同，而且脸型的丰腴程度也相近。特别是近年在河北曲阳西燕川后梁·王处直墓中出土的浮雕侍女图，其髻式与面相更和它有着不容忽视的一致性，反映出共同的时代风格[58]（图17-19:1~3）。《簪花》图中的金钗上有多层穗状垂饰，这种式样的钗在唐代出土物中未见，而1956年安徽合肥西郊南唐墓中出土的"金镶玉步摇"却与之类似，尤其是二者均缀以接近菱形的饰片，手法更如出一辙[59]（图17-20）。所以《簪花》图当依谢稚柳先生的鉴定，断为南唐时的作品[60]。它虽然保存了不少唐代余风，但毕竟是五代时的画，和唐代有一段距离。其中的发型虽然也可以称为高髻，但这是南唐式的高髻，盛唐、中唐之交时的高髻并不如此。如先梳掠出蝉鬓，却不使自脑后向上挽起的髻俯偃而下，而让它直立于头顶，那才是唐代中期的高髻（图17-18:7）。这种高髻在长安南里王村唐墓的壁画中与倭堕髻并见。不过盛唐时也有不梳蝉鬓的，其髻式略如图17-18:10、11。

中唐后期至晚唐，倭堕髻偏于一侧，似即堕马髻（图17-18:13）。白居易《代书诗一百韵寄微之》中有"风流夸堕髻"句，原注："贞元末城中复为堕马髻。"但堕马髻这一名称汉代已有。《后汉书·梁冀传》说梁妻孙寿作堕马髻，李注引《风俗通》："堕马

图 17-20　《簪花仕女图》中之钗与南唐金钗

1.《簪花仕女图》　2. 安徽合肥西郊南唐墓出土的"金镶玉步摇"

髻者,侧在一边。"汉代堕马髻的式样虽不能确知,但唐代再度使用这个名称,或者就是因为此时这种髻也是"侧在一边"的缘故。堕马髻中晚唐常见,徽宗摹张萱《虢国夫人游春图》中右起第四、五人,就梳着这种髻。中晚唐也有高髻,如白居易诗所称"时世高梳髻",其状略如图 17-18:14。

此外,结合段成式的叙述,中晚唐髻式可识的还有闹扫妆髻。传会昌初长安西市张氏女《梦王尚书口授吟》中有句:"鬟梳闹扫学宫妆。"[61] 又《潜确居类书》卷八八"闹扫妆"条引《三梦记》:"唐末宫中髻号闹扫妆,形如焱风散鬟,盖盘鸦、堕马之类。"按唐代所谓闹装,本有纷繁炫杂的含义[62],而中晚唐时正流行一种重叠繁复的髻式,似即闹扫妆髻(图 17-18:15、16)。至于王建诗"翠髻高丛绿鬓虚",元稹诗"丛梳百叶髻"中之所谓丛髻[63],大体或与图 17-18:12 的髻式相当。

唐代妇女不仅髻式复杂,约发用具的种类也很多。其中单股的为簪,双股的为钗。簪源于先秦之笄,用以固髻。后于顶端雕镂纹饰,所以簪体加长。其质地有竹、角、金、银、牙、玉等多种。玉簪又名搔头，据《西京杂记》卷二说，是因为汉武帝在李夫人处曾取玉簪搔头之故。白居易诗"碧玉搔头落水中"，即沿用此名称[64]。陕西乾县唐·李贤墓壁画中有以长簪搔头的女子。江苏宜兴安坝唐墓出土的刻花银簪，长26.8厘米，或与画中人所用者相类[65]（图17-21：1、3）。有些簪的头部近扇形，与弹琵琶用的拨子相似。唐·冯贽《南部烟花记》说隋炀帝的宫人朱贵儿插"昆山润毛之玉拨"，应即指此型簪（图17-21：2、4）。但也有些簪顶的形式过于繁缛，如湖北安陆王子山唐吴王妃杨氏墓出土的金簪，顶端用细金丝扭结盘屈成多层图案，边缘再缀以金箔剪成的小花[66]。这样的簪看来就是以装饰为主，而不是以固髻为主了。但由于簪铤为单股，顶端增重后容易自发上滑脱，所以唐代的簪大体上还保持着约发的功能，而钗却踵事增华，以致主要成为一种发饰了。

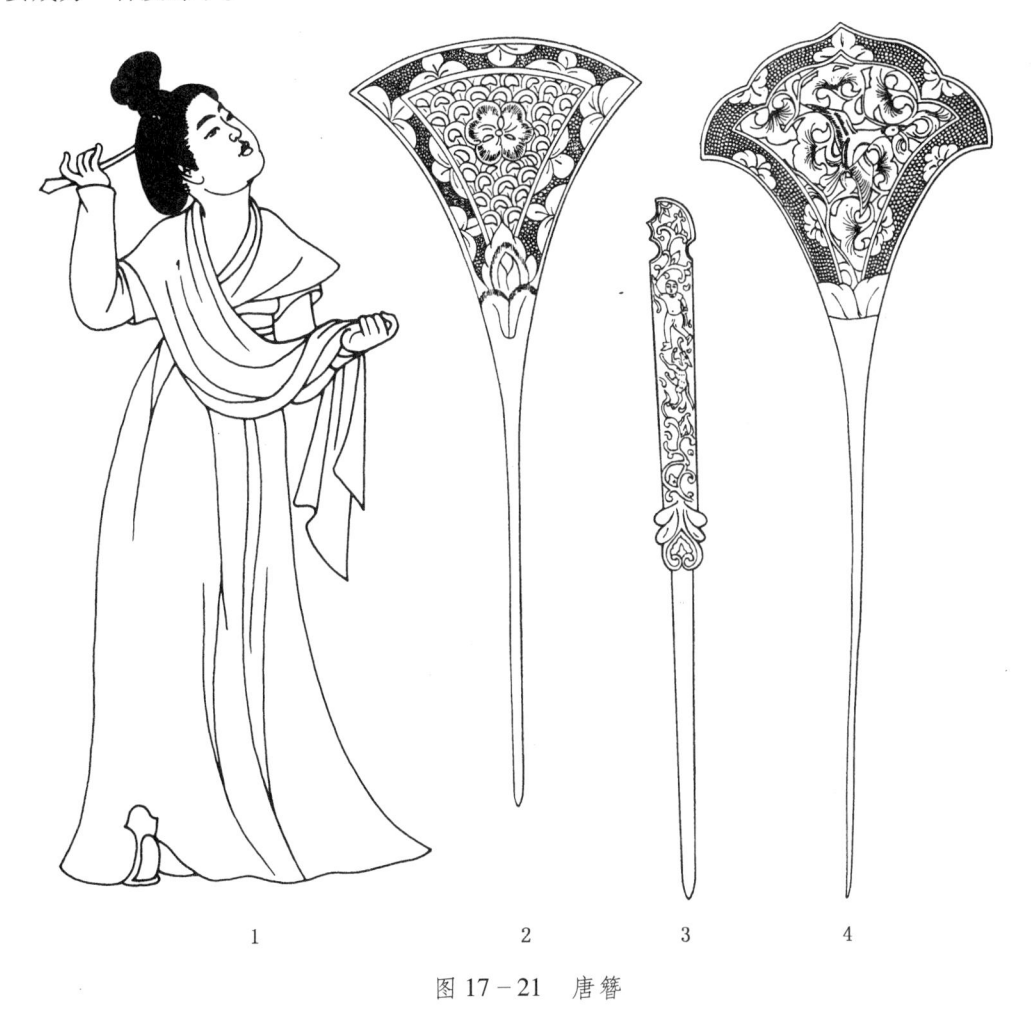

图 17-21 唐簪

1. 唐·李贤墓壁画 2、4. "拨"型簪（西安郊区唐墓出土） 3. "搔头"型簪（江苏宜兴安坝唐墓出土）

早在唐代前期，钗的形式已多种多样，永泰公主与懿德太子墓石椁线刻画中女侍之钗，有海榴花形的和凤形的，但每人只插一件或两件（图17-22）。钗头常悬有垂饰。韩偓《中庭》诗："中庭自摘青梅子，先向钗头戴一双。"又《荔枝》诗："想得佳人微启齿，翠钗先取一双悬。"⁶⁷可见有些钗头的垂饰作果实形。如图17-23:1，其钗头即悬有菱角形垂饰。有些钗头并制出栖在其上的小鸟，如广州皇帝岗唐墓出过这种钗（图17-23:3）。段成式诗"金为钿鸟簇钗梁"，韩偓诗"水精鹦鹉钗头颤"，正与之相合⁶⁸。也有虽未另作出栖在钗上的小鸟，却将鸟形组织在钗头图案当中（图17-23:2）。以装饰为主的钗又名花钗。唐代后妃、命妇所簪"花树"，实际上就是较大的花钗。它们往往是一式二件，图案相同，方向相反，多枚左右对称插戴。还有的钗头上接或焊以宝相花形饰片，如安陆唐·吴王妃墓所出者，分十二瓣，嵌以宝石；其背部有小钮，钗股插入钮中，故容易脱落。西安韩森寨唐·雷氏妻宋氏墓出土的八瓣宝相花形饰片，以细小的金珠联缀成花叶，嵌以松石，花心还有一只小鸟⁶⁹；装此饰片的钗股已不存，所以它曾被称为金钿或珠花。证以吴王妃墓出土之例，可知原来也是钗头的饰件。

图17-22 唐代石刻线画中的钗
1. 永泰公主墓　2. 懿德太子墓

至于这时的梳子，虽已较汉代之作马蹄形者为阔，但还没有作成宋代那种扁长的半月形。梳本为理发具，盛唐时插梳为饰之风才广泛流行。起初只在髻前单插一梳，梳背的纹饰也比较简单。后来有在两鬓上部或髻后增插几把的，如《宫乐图》中所见者。晚唐则以两把梳子为一组，上下相对而插，有在髻前及其两侧共插三组的。王建《宫词》："玉蝉金雀三层插，翠髻高丛绿鬓虚。舞处春风吹落地，归来别赐一头梳。"描写的就是

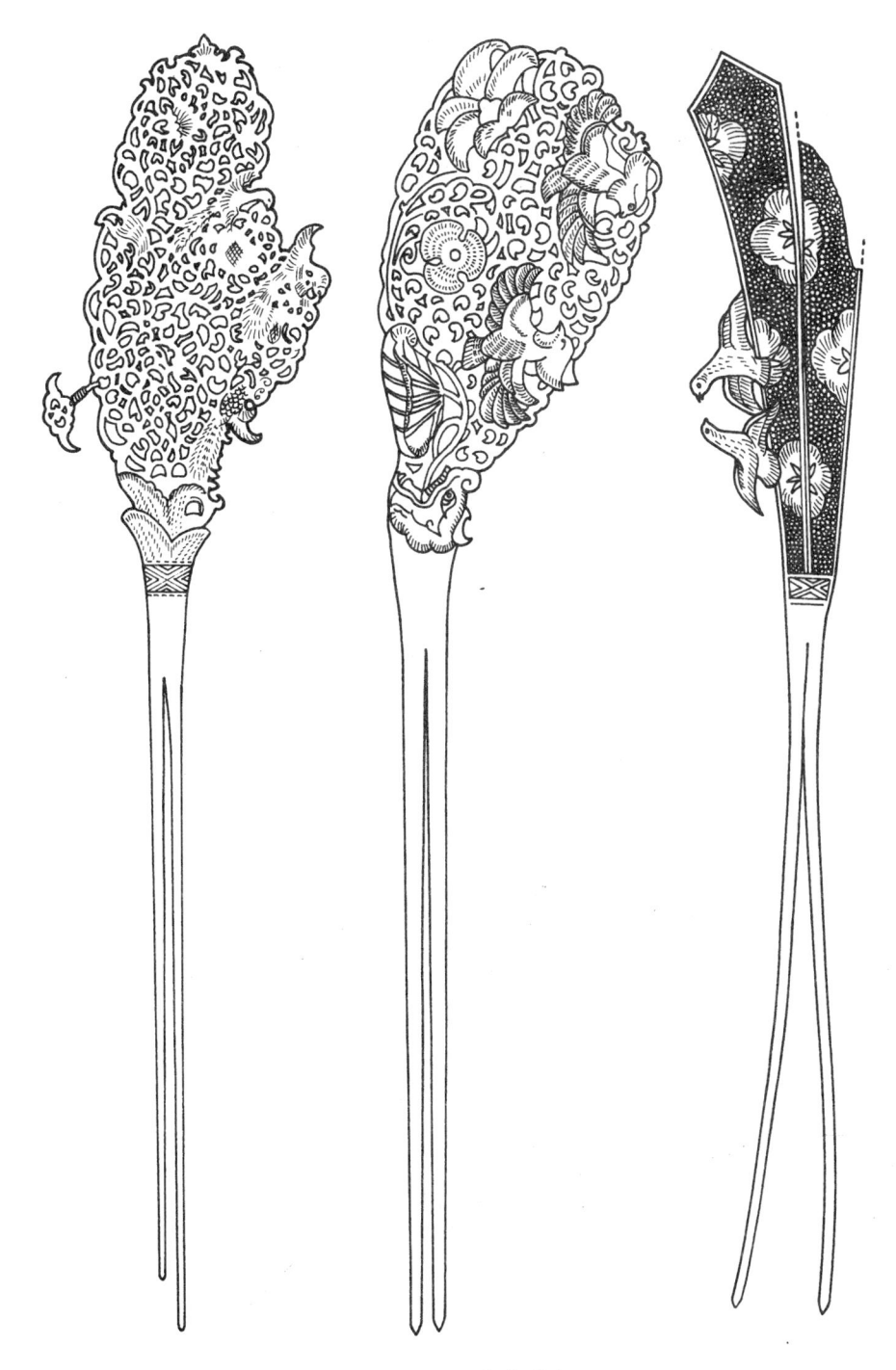

图 17-23　唐代花钗

1. 浙江长兴下莘桥出土　2. 瑞典斯德哥尔摩 C. Kempe 氏旧藏　3. 广州皇帝岗出土

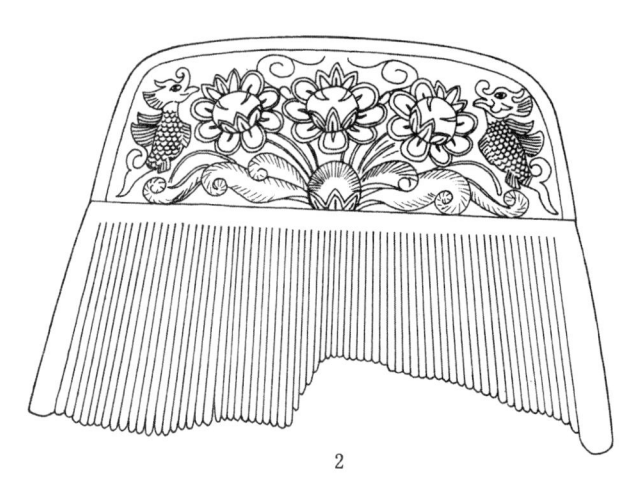

头上插着许多钗梳的宫女。梳子既然被看重,梳背的装饰亦日趋富丽,有包金叶镂花的(图17-24:1),还有用金丝和金粒掐焊出花纹的。值得注意的是,在俞博《唐代金银器》一书中著录的一件掐花金梳背的图案是倒置的⑦(图17-24:3),说明它应是一组梳子中自下向上倒插的那一把。而西安何家村唐代窖藏中出土之同类型的金梳背,图案是正置的,当是自上而下正插的那把。又浙江临安唐天复元年(901年)水邱氏墓还出土了一把玉背角梳⑦(图17-24:2)。李珣词"镂玉梳斜云鬓腻"句中所描写的应即这类梳子⑦。

钗、梳之外,唐代妇女也戴耳环,但出土的实物极少,只在绘画中见过(图17-25)。项饰多戴珠链,如本书图10-10:7所举唐女俑之例,不过她的项链仅为单行珠串;敦煌唐代壁画中还有将两行或多行珠串重叠穿连起来的。另一种用金银扁片制作的项圈在唐代遗物中也见过,陕西耀县柳林背阴村唐代窖藏中曾出土(图17-26:1)。《簪花仕女图》中左起第二人也戴着这种项圈(图17-26:3)。式样基本相同的项圈不仅曾在浙江宁波天封塔宋代地宫出土,唐墓和宋、金墓中所出陶俑、瓷俑亦有

图 17-24 唐梳
1. 镂花包金梳(江苏扬州三元路出土)
2. 玉背角梳(浙江临安唐墓出土)
3. 金梳背(美国明尼阿波里斯艺术馆藏)

戴此式项圈之例[73]（图17-26：2、4~6）。钏在绘画中少见，却有实物出土。西安何家村唐代窖藏中出土的一对金镶玉钏，每只以三节玉件用三枚兽头形金合页衔接而成，极为精巧（图17-27：1）。宋·沈括《梦溪笔谈》卷一九说："予曾见一玉臂钗（钏），两头施转关，可以屈伸，合之令圆，仅于无缝，为九龙绕之，功侔鬼神。"他记述的也应是这类金镶玉钏，或亦为唐物，可是在北宋人眼中，已诧为功侔鬼神。这类玉钏只出过少量几副。一般唐钏则多用柳叶形金银片弯成，两端尖细的部分缠金银丝，并绕出环眼。内蒙古和林格尔土城子出土的此式唐代银钏，还用小银圈穿过环眼将两端联结起来（图17-27：2）。但江苏丹徒丁卯桥所出与俞博书中所著录者，都只弯成椭圆形，未再联结。山西平鲁屯军沟唐代窖藏中一次就出土了此式金钏十五只，可称洋洋大观了[74]。

图17-25 新疆吐鲁番出土唐代绢画中所见之耳环

图17-26 项圈

1. 银项圈（陕西耀县柳林唐代窖藏出土）　2. 金涂项圈（浙江宁波天封塔宋代地宫出土）
3.《簪花仕女图》左起第二人（略去所簪花饰）　4. 女侍俑（河南焦作新李村宋墓出土）
5. 襁褓俑（陕西西安韩森寨唐墓出土）　6. 襁褓俑（河北邯郸峰峰矿区金墓出土）

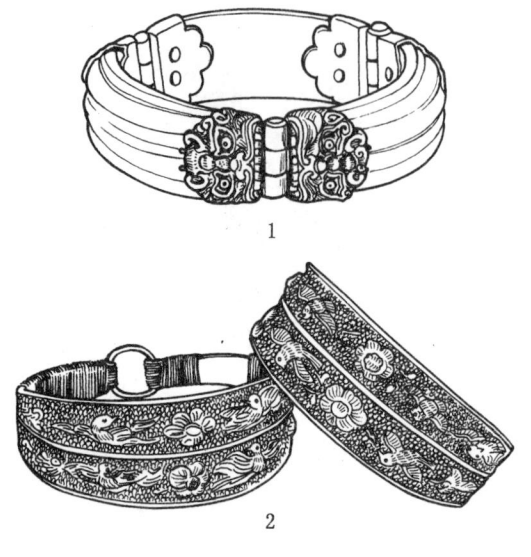

图 17-27　唐钏
1. 西安何家村出土金镶玉钏
2. 内蒙古和林格尔土城子出土晚唐银钏

总的说来，初唐女装比较褊狭，常着胡服、胡帽，钗梳等首饰用得较少。盛唐时衣裙渐趋肥大，出现了颇具特点的蝉鬓和倭堕髻。安史之乱后，进入中唐时期，短阔的晕眉较流行，而胡服渐不多见，研究者或据元稹《新乐府·法曲篇》"自从胡骑起烟尘，毛毳腥膻满咸洛。女为胡妇学胡妆，伎进胡音务胡乐"之句，以为这时胡服大流行；并举《新唐书·五行志》中之椎髻、赭面、啼眉、乌唇等以为佐证。其实从考古材料中看，胡服的流行时期是在安史乱前。由于这场战争的影响，社会心理中的华夷界限较乱前显著，胡服亦急剧减少。晚唐服式愈加褒博，首饰也愈加繁缛。五代大体沿袭着这种风气[35]。北宋时才又有新的变化。

注　释

① ②　《太平广记》卷三一。《玄怪录》的作者从汪辟疆《唐人小说》之说。

③　万诗见《全唐诗》二函一○册；元诗见同书六函一○册；白诗见同书七函四册；杜诗见同书四函三册；王诗见同书二函一○册；孙诗见同书一一函三册。

④　《李群玉诗集·后集》卷三。

⑤　郭沫若：《武则天》附录二："破殆谓襞，七破间裙殆即七襞罗裙。"但《格致镜原》卷三六六引《辨音集》："李龟年至岐王宅，二妓女赠三破红绡。"可见破不宜解作襞。《新唐书·车服志》记唐代妇女服制时，"破"、"幅"二字互见。

⑥　《全唐诗》一○函二册。

⑦　《方言》卷四："裙，陈、魏之间谓之帔。"《释名·释衣服》："帔，披也；披之肩背，不及下也。"

⑧　耳朵向上耸，是汉魏六朝时仙人面型的特征之一。《抱朴子·论仙篇》说："邛疏之双耳，出乎头巅。"洛阳出土北魏画像石棺上仙人之耳亦作此状，见《考古》1980 年第 3 期。

⑨　大同铜杯，见《文化大革命期间出土文物》第 1 辑，页 149。爱米塔契博物馆之八曲银杯见奈良国立博物馆"シルクロード大文明展"的图录，《シルクロード·オアシスと草原の道》图 202。在塔吉克斯坦片治肯特粟特古城址发现的《商人饮宴图》壁画中，一商人所持金杯上亦有类似的施帔帛之女像。

⑩　《旧唐书·韦坚传》："（崔）成甫……自衣缺胯绿衫，锦半臂。"《新唐书·来子珣传》："珣衣锦半臂自异。"《安禄山事迹》："玄宗赐……锦袄子并半臂。"《摭言》卷一二："（郑）愚着锦袄子、半臂。"

⑪　李德裕：《李文饶集·别集》卷五《奏缭绫状》。

⑫　《李长吉歌诗》卷一。

⑬　祖莹语，《文献通考》卷一二九引。

⑭　《元氏长庆集》卷三○。《白香山诗集·长庆集》卷一二。

⑮ 《旧唐书·文宗纪》。
⑯ 开成四年二月，淮南节度使李德裕奏："比以妇人裙长大袖，朝廷制度尚未颁行，微臣之分合副天心。比间阎之间，（袖）阔四尺，今令阔一尺五寸；裙曳四尺，今令曳五寸。"（《册府元龟》卷六八九）据此可知其肥大的程度。
⑰ 《全唐诗》八函五册，张祜《观杨瑗柘枝》。
⑱ 《全唐诗》七函九册。
⑲ 《旧唐书·丘和传》："汉王谅之反也，以和为蒲州刺史。谅使兵士服妇人服，戴幂䍦，奄至城中。和脱身而免，由是除名。"同书《李密传》："密入唐后，复起事。简骁勇数十人，着妇人衣，戴幂䍦，藏刀裙下，诈为妻妾，自率之入桃林县舍。须臾，变服突出，因据县城。"至帷帽兴起后。这种伪装法遂不再见到。
⑳ 此图著录于《梦得避暑录》、《画史清裁》与《石渠宝笈》三编。《故宫名画三百种》标作《明皇幸蜀图》。
㉑ 《旧唐书·舆服志》。
㉒ 《唐会要》卷三一。
㉓ 金代犹存这种风习。《金史·后妃传》："凡诸妃位皆以侍女服男子衣冠，号假厮儿。"
㉔ 任半塘：《教坊记笺订·制度与人事篇》，中华书局，1962年。
㉕ 金维诺等：《张雄夫妇墓俑与初唐傀儡戏》，《文物》1976年第12期。
㉖ 内聚珍本《唐语林》未收此条，周勋初《唐语林校证·辑佚》说此条原出蔡京《王贵妃传》。
㉗ 《唐会要》卷三一载唐文宗时关于妇女服制的规定，谓"高头履及平头小花草履即听依旧"。
㉘ 王诗见《全唐诗》六函一册。元诗见《才调集》卷五。和词见《花间集》卷六。
㉙ 《文物》1972年第3期，页17～19，图版11。
㉚ 潘洁兹：《敦煌壁画服饰资料》图33所收莫高窟330窟初唐女供养人像之履，前端不高起，应是平头履。
㉛ 施诗见《全唐诗》八函二册。李诗见《李群玉诗集·后集》卷三。方诗见《全唐诗》一〇函三册。
㉜ 《沈下贤文集》卷一。
㉝ 万诗出处同注③。卢诗见《全唐诗》五函二册。
㉞ 徐诗见《全唐诗》七函一〇册。
㉟ 《元遗山集》卷九。又《中州集》所收《刘从益觅墨诗》注："宫中取张遇墨，烧去胶，以之画眉，谓之画眉墨。"
㊱ 劳费尔：《中国伊朗编》（林筠因译本）页195～197。志田不动麿：《支那に於ける化妆の源流》，《史学杂志》40卷9期，1929年。
㊲ 吉田光邦：《Tyrian purpleと中国》，《科学史研究》43期，1957年。他根据唐·冯贽《南部烟花记》中之"螺子黛"一语立论，以为螺指紫贝，误。盖螺子黛即螺黛，指作成圆锥状的黛块。凡接近圆锥状的硬块均可以螺为单位，如晋·陆云《与兄机书》"送石墨二螺"，即是其例。所以螺子黛与紫贝全无关系。
㊳ 陕西省博物馆、礼泉县文教局唐墓发掘组：《唐郑仁泰墓发掘简报》，《文物》1972年第7期。
㊴ 《全唐诗》二函五册。
㊵ 《才调集》卷五。
㊶ 江诗见《玉台新咏》卷五。庾诗见《庾子山集》卷五。
㊷ 吴诗见《全唐诗》一〇函七册；袁诗见同书九函七册。温诗见《温庭筠诗集》卷一。
㊸ 牛词见《花间集》卷四。周词见《清真词》。
㊹ 王国维：《黑鞑事略笺证》。
㊺ 清·吴长元：《宸垣识略》卷一六。
㊻ 《酉阳杂俎》卷八。《朝野佥载》卷三。《刘宾客文集》卷二五。
㊼ 田辺胜美：《正仓院鸟毛立女图考（1）·花钿·靥钿与白毫相的起源に关する试论》，《冈山市立オリエント美术馆研究纪要》4，1985年。
㊽ 注㊱所揭志田不动麿文以为唐代形状较复杂的花钿系模仿印度数 Vaishnavas 派教徒画在额前象征 Vishnu 与其妻 Lakshmī 的符号，但唐土并不流行婆罗门教，故其说不确。

㊾ 张正见诗:"裁金作小靥。"陶谷《清异录》:"江南晚季,建阳进茶油花子,大小形制各别,极可爱。宫嫔镂金于面背以淡妆,以此花饼施于额上,时号'北苑妆'。"袁达《禽虫述》:"鲥胃网不动,护其鳞也。鳞用石灰水浸之,暴干,可作女人花靥。"北宋淳化时,"京师妇女竞剪黑光纸团靥,又装镂鱼腮骨号'鱼媚子'以饰面,皆花子之类也"(见《妆台记》)。以上记事虽有晚于唐者,但亦可参稽。

㊿ 孔平仲《孔氏谈苑》:"契丹鸭渌水牛鱼鳔,制为鱼形,妇人以缀面花。"《词林海错》:"呵胶出庙中,可以羽箭,又宜妇人贴花钿。口嘘随液,故谓之'呵胶'。"毛熙震词"晓花微微轻呵展",说的就是以呵胶贴花钿的情况。

㈤ 杜诗见《全唐诗》八函七册。温词见《花间集》卷一。李词见《花间集》卷一〇。张词见《全唐诗》十二函一〇册。成词见《尊前集》。

㈤ 元诗见《元氏长庆集》卷一三。吴诗见《全唐诗》一〇函七册。

㈤ 《御览》卷七四六引《吕氏春秋》:"射妁者,欲其中小也。"妁亦作招。同书《本生篇》:"万人操弓,共射一招。"高注:"招,埻也。"《韩非子·外储说右上》:"人主者,利之招靱(招靱)也。"同书《问辩篇》则曰:"听言观行,不以功用为之的彀。"亦可证招、的二字通假。《说文·日部》旳字段注:"俗字作的。"

㈤ 《唐宋诸贤绝妙词选》卷一。

㈤ 《全唐诗》二函六册。

㈤ 赵力光、王九刚:《长安县南里王村唐壁画墓》,《文博》1989年第4期。

㈤ 杨树云:《从敦煌绢画〈引路菩萨〉看唐代的时世妆》,《敦煌学辑刊》总4期,1983年。

㈤ 河北省文物研究所等:《五代王处直墓》,文物出版社,1998年。

㈤ 石谷风、马人权:《合肥西郊南唐墓清理简报》,《文物参考资料》1958年第3期。又《簪花》图中妇女戴在臂上缠绕多圈的套钏,也叫金缠臂,五代时可见于记载。《新五代史·慕容彦超传》:"弘鲁乳母于泥中得金缠臂献彦超。"其实例在唐代遗物中未获,但宋代却不罕见。上海宝山、湖南临湘陆城、安徽望江九成坂等地的宋墓中均出。也说明《簪花》图中的饰物接近较晚的形制。

㈥ 谢稚柳:《鉴余杂稿·唐周昉〈簪花仕女图〉的时代特性》,上海人民美术出版社,1979年。

㈥ 《全唐诗》一二函七册。

㈥ 按此为后人附记之语,非白行简《三梦记》原文。明·胡应麟《少室山房笔丛》卷二一谓闹装系"合众宝杂缀而成";因此闹扫妆髻亦应是一种形状繁杂的髻。

㈥ 王诗见《全唐诗》五函五册。元诗见《才调集》卷五。

㈥ 《全唐诗》七函四册。

㈥ 陆九皋、韩伟:《唐代金银器》图126、127,文物出版社,1985年。

㈥ 孝感地区博物馆、安陆县博物馆:《安陆王子山唐吴王妃杨氏墓》,《文物》1985年第2期。

㈥ 均见《全唐诗》一〇函七册。

㈥ 段诗见《全唐诗》九函五册。韩诗出处同注㈥。

㈥ 张正龄:《西安韩森寨唐墓清理记》,《考古通讯》1957年第5期。

㈦ B. Gyllensvärd, T'ang Gold and Silver, pl. 7. BMFEA, 29, 1957.

㈦ 明堂山考古队:《临安县唐水邱氏墓发掘报告》,《浙江省文物考古研究所学刊》,1981年。

㈦ 《全唐诗》一二函一〇册。

㈦ 陕西省博物馆:《陕西省耀县柳林背阴村出土的一批唐代银器》,《文物》1966年第1期。林士民:《浙江宁波天封塔地宫发掘报告》,《文物》1991年第6期。戴项圈的陶、瓷俑,见丁晓愉《中国古俑白描》页136,北京工艺美术出版社,1991年;《中国古俑》图258,湖北美术出版社,2001年;秦大树等:《邯郸市峰峰矿区出土的两批红绿彩瓷器》,《文物》1997年第10期。

㈦ 陶正刚:《山西平鲁出土一批唐代金铤》,《文物》1981年第4期。

㈦ 如《册府元龟》卷六五所载后唐同光二年制书中说:"近年以来,妇女服饰异常宽博,倍费缣绫。"可证此风于五代时仍在继续。

(原载《文物》1984年第4期)

中国古代的带具

先秦法服上的革带

先秦时代，在华夏族固有的上衣下裳式服装，即后世所谓法服上[①]，于腰间束有大带和革带。大带又名绅带，用丝织物制作，它虽然比较华美，却不适于悬荷重物；韨韐[②]和玉佩都要系在革带上。所以郑玄在《礼记·玉藻》和《杂记》的注中一再说："凡佩系于革带"，"革带以佩韨"。孔疏："总束其身，唯有革带、大带"，"大带用组约，其物细小，不堪悬韨、佩"。更明确指出革带在这类服装上所起的作用是大带所不能代替的。

古法服所用革带的实物虽未见，但战国楚俑身上有的却绘出玉佩，其系玉佩之带应即革带。湖北江陵武昌义地6号墓出土俑，腰间绘出红色革带，带鞓上有环形和贝形物及短绦带，下垂两条很长的玉佩（图18-1）。此俑穿左右异色的偏衣[③]，亦应归入法服之例。至于画得清楚的法服革带的图像，则只能在较晚的材料中看到。宋摹唐画《历代帝王图卷》中的隋文帝，身着冕服。这种饰十二章的冕服虽是东汉明帝改制后的式样[④]，但与先秦法服应相去不远。此像在腰间束有大带，大带外再束革带。韨和玉佩的系结情况虽然被袖子遮住，不能看到，但估计仍应上悬于革带（图22-9）。不过此时的革带已装带扣，先秦的革带上尚无此物。而且先秦时"申加大带于上"[⑤]，即将大带束在革带外面。隋文帝像却是革带居外，大带居内，与前有所不同。先秦之所以起初将革带束在大带底下，大概是因为当时的革带朴素无华的缘故，只束革带，给人的观感不免有些寒俭。《说苑·奉使篇》："唐且曰：'大王亦尝见夫布衣韦带之士怒乎？'"《汉书·贾山传》"布衣革带之士"，颜注："言贫贱之人

图18-1 偏衣佩玉木俑

（江陵武昌义地6号楚墓出土）

也。"可见早期之布衣所束的革带不会有多少饰件。在带钩和带扣出现以前，革带的两端大约多用窄绦带系结。江陵马山1号楚墓出土的彩绘着衣木俑与秦始皇陵侧出土的2号铜马车的御者的革带均未装带钩，仅以绦带系结。贵族使用的，例如长沙仰天湖楚墓出土的第21号简所记"〔革〕绋（带）又（有）玉镮（环）红缠（组）"。[6]其所谓环、组，亦应供系结革带之用。如果认为这里的环、组是比革带更贵重的玉佩和佩玉之组，则简文的记述就不应以〔革〕带为主体了。从而使我们知道，早期的革带上也可以用绦带和环系结其两端。

施 钩 之 带

带钩的发明使革带的面貌大为改观。就目前所知，带钩在华夏族地区最早见于山东蓬莱村里集7号西周晚期至春秋早期墓。此钩铜质，长方形，素面，长4.3厘米[7]。春秋时期，带钩已相当流行，河南洛阳中州路西工段2205号与209号、淅川下寺10号，湖南湘乡韶山灌区65SX10号与65SX17号，陕西宝鸡茹家庄5号与7号，及北京怀柔师范西12号等春秋墓均出铜带钩[8]。山东临淄郎家庄1号及陕西凤翔高庄10号墓且出金带钩[9]。河南固始侯古堆大墓墓主腹膝间有玉带钩、铜环，与玉瑗、玉璜和回形玉饰组成的佩饰同出。玉带钩和铜环应是装在革带上供勾括之用的，玉佩饰则应系垂于革带之下。这些反映出此带的作用仍与上述早期革带相同[10]。因而带钩也可以被看作是由早期革带上与环相系结的绦带演化而来的。到了战国时期，仍经常发现带钩与环伴出的实例。如，河南安阳大司空村131号战国墓中，于人架腹部发现铜带钩与玉髓环套合在一起[11]；河南汲县5号战国墓中铁带钩与骨环同出；同地6号战国墓中镶嵌绿松石的铜带钩与羊脂玉环同出[12]。此外，原田淑人《汉六朝の服饰》一书中也著录了一件铜带钩与玉环相锈合的例子[13]。尽管其中有些钩、环出土时已分离，但它们无疑是配套使用的。《淮南子·说林》说"满堂之坐，视钩各异，于环、带一也。"表明当时曾采用以钩与环相勾括的方法来束结革带。《隋书·礼仪志》说那时帝王法服上的革带是："博三寸半，加金镂，䚢、螳螂钩以相拘带。自大裘至于小朝服皆用之。"螳螂钩即带钩，䚢是承钩之具。《广雅·释器》："䚢谓之叙。"叙字从叉，叉有括约之意。《广雅·释言》："叉，括也。"《方言》卷一二："括、关，闭也。"承钩之具应与钩相勾牵且括闭之使不脱出，正和环的用途相当。当然，也有将钩直接勾住革带另一端的穿孔的，但那只能被看作是一种省便的形式了。

既然远在西周晚期至春秋早期华夏族地区已知用带钩，这就动摇了过去认为带钩是从北方草原民族地区传入中原之说，因为在后一地区发现的带钩不早于春秋末，不仅比华夏族地区晚，而且数量也少[14]。更不用说认为中原用钩始于赵武灵王"胡服骑射"时者，将用钩的时间推迟到战国中期，与实际情况愈益差得远了。《左传·僖公二十四年》、《国语·齐语》、《管子·大匡篇》、《吕氏春秋·贵卒篇》、《史记·齐太公世家》、《新序·杂事》、《论衡·吉验篇》诸书所记春秋时齐国的管仲射公子小白中钩的著名故事，就发生在赵武灵王之前三百多年。不过这里有一个问题，即前人或谓《楚辞·大招》之"鲜卑"、《战国策·赵策》之"师比"、《史记·匈奴列传》之"胥纰"、《汉书·匈奴传》之"犀毗"、《淮南子·主术》高注之"私纰头"，均是带钩。如《汉书·匈奴传》颜注："犀毗，胡带之钩也；亦曰鲜卑，亦谓师比，总一物也，语有轻重耳。"又引张晏说："鲜卑，郭落带瑞兽名也，东胡好服之。"不过试加推敲，则张晏和颜师古都说犀毗或鲜卑是郭落带或胡带上的瑞兽或钩，可是这些词汇并不是中原地区习用于带钩和革带的名称。什么是鲜卑呢？包尔汉、冯家昇在《"西伯利亚"名称的由来》一文中解释为："鲜卑，它的意思是一种兽，相当于蒙古语 sobar（貂＝五爪虎）。因为鲜卑人崇拜它，把它用作本部落的名称，同时把它的形象用在金属带钩上。"关于郭落的语源此文中亦有考释："至于'郭落'，伯希和在 1928—1929 年曾在《通报》论王国维的《胡服考》已指出是 *quraq 的对音，突厥的革带。又在 1930 年伯希和指出《南齐书》的'胡洛真'（带仗人）为 *uraqčën，案 11 世纪的突厥语词典有 qur，注为腰带。又北京图书馆藏明代《高昌馆译书》有 qurr（库儿）也作腰带讲。"[15]江上波夫亦持类似的见解[16]。果依其说，则汉语中以对音形式存在的鲜卑和郭落等词以及它们所代表的带钩和革带等物，就都应该是从外部传入的了。然而根据本文以上所述革带和带钩的历史，此说却不容易讲得通。因为革带一词在文献中早已出现，无须引入。何况《战国策·赵策》说："遂赐周绍胡服衣冠、具带、黄金师比。"可见师比是在胡服上使用的。所以，它和郭落带有可能并非指中原通用的那类带钩和革带。至于欧亚大陆北方流行的斯基泰—西伯利亚式带钩，则是属于另一个系统的器物，与我国带钩的形制并不相同。前一种的钩首向下弯，而我国的钩首向上弯，二者更有明显区别。

带钩在中原地区广泛流行以后，革带已逐渐摆脱了从属于大带的地位。特别在战国时代，由于胡服的影响，武士们多着齐膝的上衣和长袴，腰间只束一条装钩的革带。秦始皇陵兵马俑坑所出大批陶武士的装束就都是这样的。又由于革带这时已无须隐蔽在大带底下，所以露在外面的带钩的造型就受到重视，制作也日趋精巧。制钩的材料包括金、银、铜、铁、玉、玛瑙各类，即以铜、铁带钩而言，也还有再用包金、错金、鎏金、嵌琉璃、嵌玉或松石等方法加工的，从而产生了不少工艺珍品。有些高级带钩的体积很大，江陵望山 1 号墓所出错金铁带钩弧长达 46.2、宽达 6.5 厘米[17]，反映出制钩手工业的兴盛。一般带钩的长度，则约在 10 厘米以内。

匈奴·东胡的带头、带镣和郭落带

我国北方匈奴·东胡各族用的革带与中原地区不同，这种革带的带鞓上起初只有装饰物。我国古文献中曾称胡服之带为"贝带"，如《淮南子·主术》说："赵武灵王贝带、鹖鵔而朝。"高诱注："赵武灵王出春秋后，以大贝饰带，胡服。"《史记·佞幸列传》集解引《汉书音义》也说贝带是"以贝饰带"；实例见于西周晚期至春秋早期的河南陕县上村岭虢国墓。其1706号墓墓主腰间出土六件圆形贝壳饰、一件三角形石饰，排成一横列。1715号与1810号墓也出形状相似的带饰，只不过是石质的和铜质的[18]（图18-2）。上村岭这批墓葬的出土物中含有某些草原文化的成分，如1612号墓所出多钮镜，

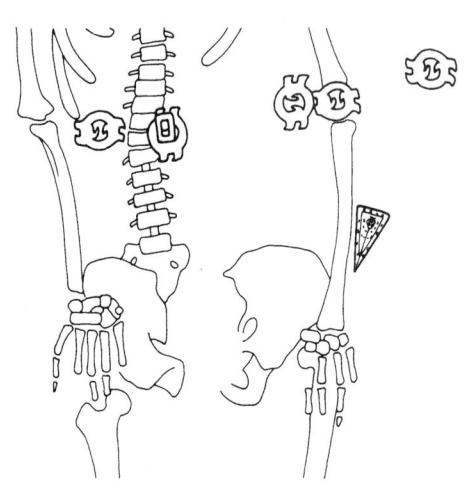

图18-2　陕县上村岭1715号墓带具出土位置

久已为研究者所注意，所以这里的饰贝壳之带应即早期的贝带。内蒙古乌兰察布盟凉城毛庆沟5号春秋晚期至战国早期北狄墓中的带饰，形制又有所不同。此墓墓主腹前出土两枚左右对称的铜饰牌，原应装于腰带会合处两侧。饰牌呈不规则的长方形，正面以阴线刻划出简略的虎纹[19]（图18-3:1、2）。时代与之相近的哈萨克斯坦伊塞克（Issik）塞种王墓中，墓主的腰带上饰有鹰喙鹿身、头生多枝长盘角的怪兽纹金饰牌及十三件小饰牌，饰牌的钮均穿过带鞓在其背面透出；再用两条细带贯穿各钮孔。这样，既起固定作用，细带之超出带鞓的部分又可用于系结；饰牌本身并不具有括结的功能[20]（图18-3:3、4、7）。其小饰牌的缀结方式与内蒙古敖汉旗周家地45号夏家店上层文化墓葬出土的窄革带上所见之例相同（图18-3:6）。在内蒙古伊克昭盟杭锦旗阿鲁柴登发现的匈奴金银器中，有十二件铸成头生多枝长盘角之虎状怪兽纹的金饰牌，原来也是装在一条腰带上的，和伊塞克塞种王墓的出土物亦颇相似[21]（图18-3:5）。这种饰牌在塞种人及迤西的斯基泰人那里都能见到。乌克兰切尔卡萨州Berestnyagi村之公元前5世纪的斯基泰古墓中所出腰带上的青铜饰牌，以八件为一副，腰前两件呈侧视的狮头纹，体型较大，显得更为突出；两边则装有较小的兽面纹饰牌[22]。表明北狄、匈奴以及塞种、斯基泰等族之装饰腰带的作法相通，他们的腰带之形制在许多方面亦应互相接近。

西汉遗物中，这种无括结功能的腰带饰牌出土的数量虽不多，但分布广袤，北起匈奴，南抵南越，均有它的踪迹。1716年，俄国的西伯利亚总督加加林公爵献给沙皇彼得

中国古代的带具　251

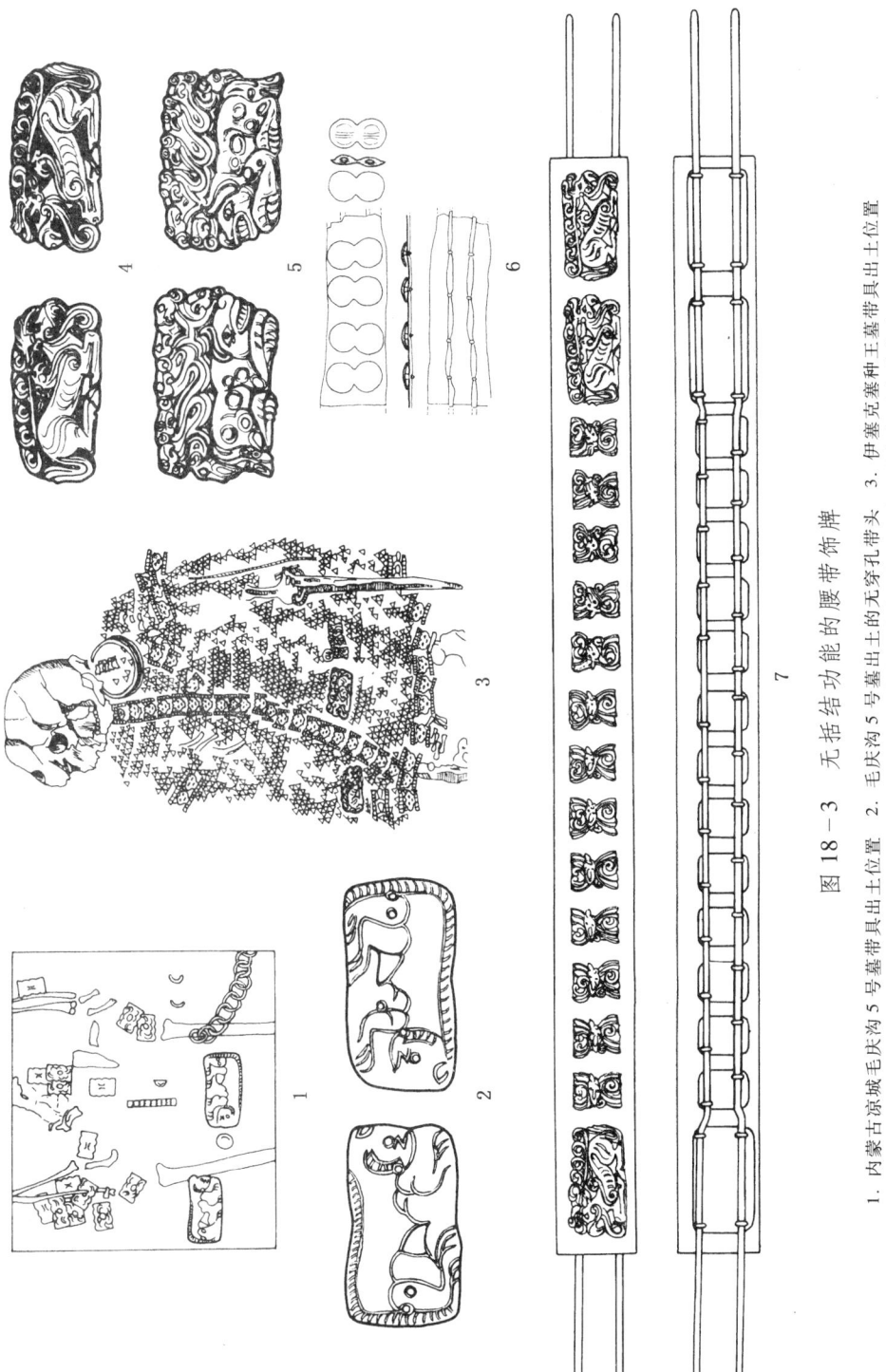

图 18-3　无扣结功能的腰带饰牌
1. 内蒙古凉城毛庆沟 5 号墓带具出土位置　2. 毛庆沟 5 号墓出土的无穿孔带头　3. 伊塞克塞种王墓带具出土位置
4. 伊塞克塞种王墓出土的无穿孔带头　5. 内蒙古杭锦旗阿鲁柴登发现的匈奴无穿孔带头　7. 伊塞克塞种王墓出土腰带带具的缀结方式
6. 内蒙古敖汉旗周家地 45 号墓出土腰带带具的缀结方式

一世一对本地出土的金饰牌，长方形，透雕双龙纹，边框饰柳叶形花纹[23]（图18-4:1）。此器现藏圣彼得堡爱米塔契博物馆，过去曾被鉴定为公元前4～公元前3世纪的塞种制品。但其龙纹不类塞种艺术风格；而宁夏同心倒墩子1号西汉匈奴墓出土的铜饰牌的图案却与之全同，说明它其实是西汉时物[24]。成对的此种鎏金铜饰牌在广州登峰路福建山1120号西汉墓及象岗南越王墓中均曾出土[25]（图18-4:2、3）。在西安三店村西汉墓及江苏扬州西汉"姜莫书"墓中，也发现过同类之物[26]。

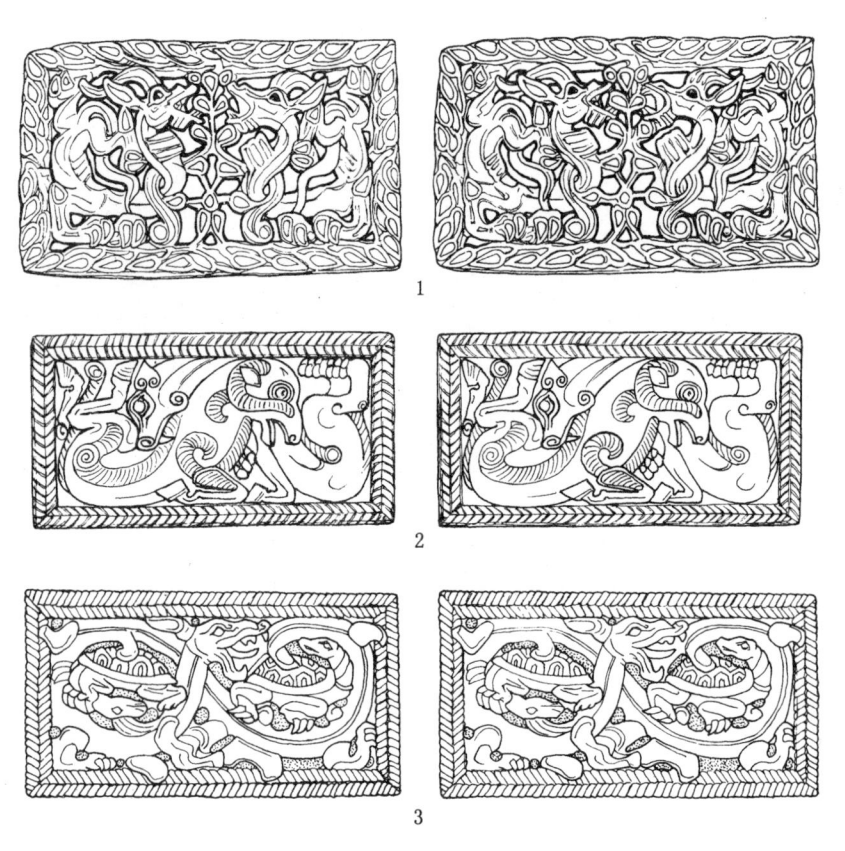

图18-4 汉代的腰带饰牌，即无穿孔带头
1. 南西伯利亚出土的双龙纹金带头 2. 广州登峰路西汉墓出土的虎噬羊纹鎏金铜带头
3. 广州象岗南越王墓出土的蟠龙双龟纹鎏金铜带头

而略早于此时，战国晚期已开始对上述两件一组的饰牌加以改进，即在其中一件的内侧开一个孔，以便从另一侧用一条窄带子穿过此孔，再绕回来拴紧；这样它就初步具有了括结的功能。阿鲁柴登发现的战国匈奴遗物中有此式金牌，铸出四狼噬牛纹，有穿孔的那一件在牛鼻上硬开一个洞，致使图案的完整性受损[27]（图18-5:1）；说明它初铸出时原本是不开穿孔的。又如同心倒墩子19号西汉匈奴墓出土的双马纹铜饰牌，穿孔也正开在马嘴上[28]（图18-5:5）。而在北京征集到的同型之品，图案几乎全同，却无穿

中国古代的带具

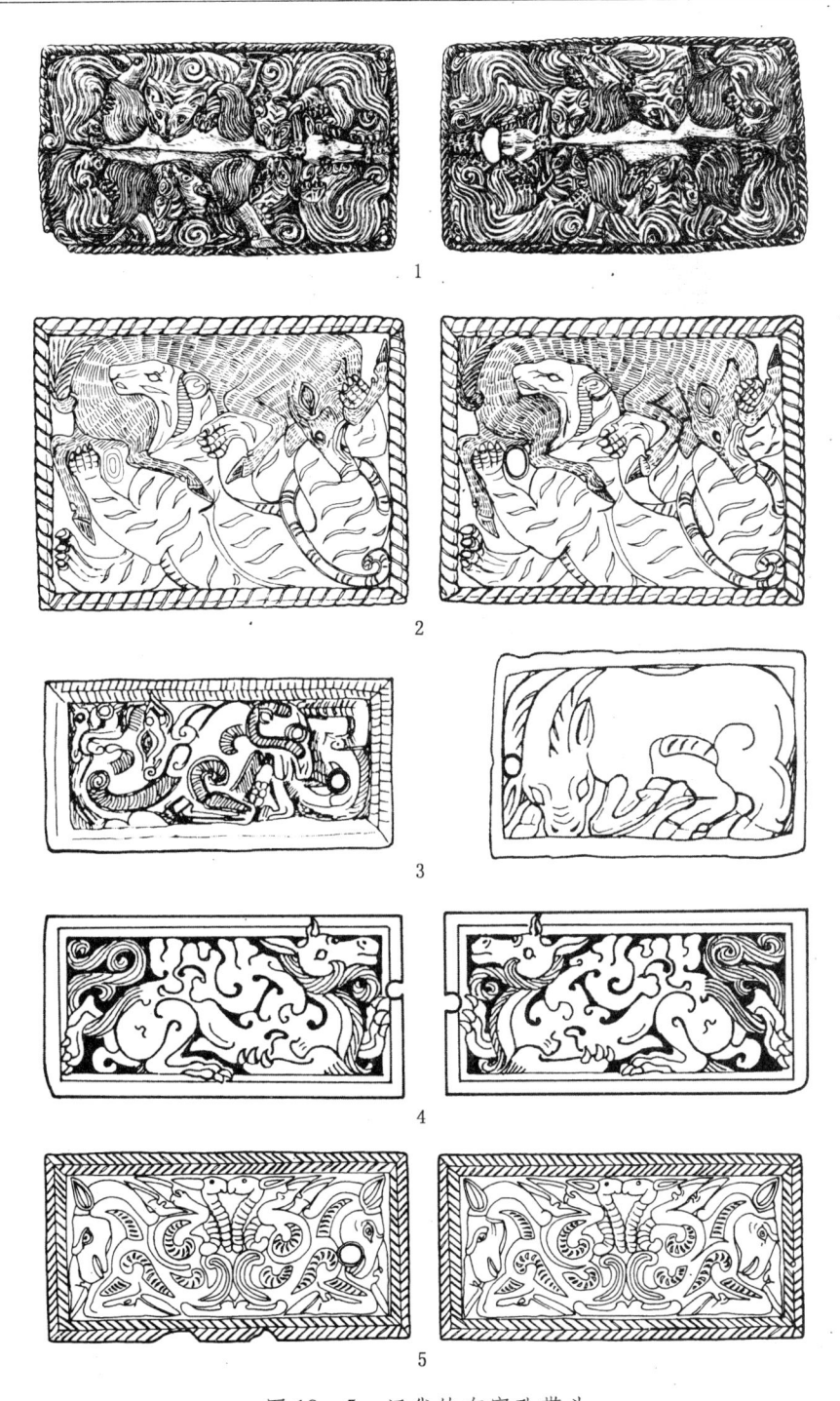

图 18-5 汉代的有穿孔带头

1. 阿鲁柴登发现的四狼噬牛纹金带头　2. 西沟畔2号墓出土的虎豕搏噬纹金带头
3. 广州象岗南越王墓出土的鎏金铜框镶玻璃带头　4. 长沙曹㜗墓出土云驼纹玉带头
5. 同心倒墩子19号墓出土的双马纹鎏金铜带头

孔[29]，清楚地表明开穿孔者正是无穿孔之饰牌的改进型。

因这类饰牌的改进工作本是匈奴人完成的，故遗物多出于匈奴墓。除了上面举出的例子外，在伊盟西沟畔2号墓（图18-5:2）及同心倒墩子5号墓中也曾发现[30]。有意思的是西沟畔的金饰牌上刻有铭文，同出的银节约上还刻有"少府"等制作机构的名称，书体与三晋铜器铭文相同，研究者认为它们或为赵国制作[31]。所以内地对此物也是熟悉的。在广州象岗南越王墓、河北满城中山王墓、安徽阜阳汝阴侯墓、湖南长沙曹𤩍墓、江苏扬州"妾莫书"墓及徐州石桥、陕西西安三店村、四川成都石羊、山东五莲张家仲崮、广西平乐银山岭等地的西汉墓中均曾出土[32]（图18-5:3、4）。最完整的实例则是江苏徐州狮子山西汉楚王陵外墓道耳室中所出两端装金饰牌的贝带。此带之带鞓的痕迹尚存，其上缀贝壳三排，中间夹金花四朵。两端的两块金牌各长13.3、高6厘米，铸出浮雕式的双熊噬马纹。其中一块无穿孔，另一块在偏前居中的位置上开穿孔，正处于马颔下，恰为图案所包容，是经过设计有意安排的。特别值得注意的是，金牌的穿孔附近发现金穿针，长约3.3厘米[33]（图18-6）。穿针应拴在固定于另一侧之窄带的末端，以便将它引入金牌的上述穿孔。这就充分证明了前文所推测的系结方式。

图18-6 附穿针的有穿孔金带头

（徐州狮子山西汉墓出土）

此类金牌无论开穿孔或不开穿孔，由于它们分别装在腰带两端，所以很可能就是班固《与窦将军笺》所称"犀毗金头带"之"金头"[34]。又由于除金质者外，也有用其他材料制作的，则又不妨通称之为"带头"。而在车马具中，中原和长江流域于春秋战国时期还制作了另一种系结带子的扣具，考古报告中称之为方策。安徽舒城九里墩与湖南长沙浏城桥等地的春秋墓中均曾出土[35]。九里墩所出者装在车軎上，是一个铸出昂起的鸟头的长方环，鸟喙与鸟颈略成直角。战国时常用它作为骖马之靳带的扣具，见于汲县山彪镇1号墓和洛阳中州路战国车马坑[36]（图18-7:1）。始皇陵2号铜车之靳带上所装方策出土时还在原来的位置上，将其扣结方式反映得清清楚楚（图18-7:3）。不过"方策"这个名称并不准确，它应该叫镳。《说文·角部》："镳，觼或从金、矞。""觼，环之有舌者。"段玉裁注："环中有横者以固系。"则也被称为觼的镳是一种外端有舌（或称喙状突起），当中有孔，可用以括结带子的扣具。依据外轮廓的形状，将带镳分成四型。Ⅰ型：圆形（图18-7:2；18-9）；Ⅱ型：长方形（图18-10）；Ⅲ型：刀把形（图18-8:3；18-11:1）；Ⅳ型：前椭后方形（图18-11:2）。Ⅰ型圆带镳是单独使用的；Ⅱ型长方带镳有单独使用的，也有成对使用的；Ⅲ型和Ⅳ型带镳则以成对使用者为多。

从年代上说，Ⅰ型圆带镳出现得最早，在春秋晚期至战国早期的内蒙古伊克昭盟杭锦旗桃红巴拉1、2号墓中就已经发现。它和毛庆沟5号墓出土的饰牌即无穿孔之带头的外形相去较远，出现的时间却相距很近，所以不会由那种带头演变而来。其直接的借鉴实应得自内地马具中的方策及圆策。由于采用了装喙状固定扣舌的作法，括结功能大为改进。这是我国古代北方民族在带具工艺上的一项创造。进而，圆带镳与无穿孔带头相结合，突破了原先单调的圆形构图。比如一种虎纹带头，早期的标本不仅没有固定扣舌，而且也没有穿孔（图18-8:1）。可是后来它在前端拼接上半个圆形带镳，功能是改进了，但造型上给人以生硬的感觉，如宁夏彭阳姚河、甘肃镇原吴家沟圈等地所出之例㊲（图18-8:2）。这种意匠初出时尽管不够成熟，却为日后各类造型精美之带镳的设计奠定了基础。

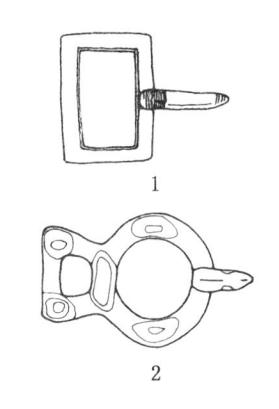

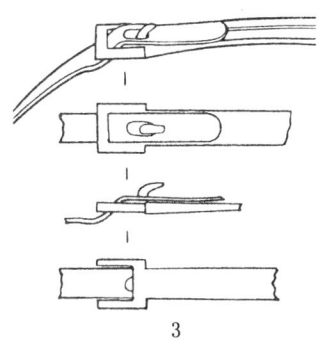

图18-7 "方策"（1、3）与带镳（2）

1. 洛阳中州路战国车马坑出土的铜方策 2. 内蒙古博物馆藏铜带镳 3. 始皇陵2号铜车骖马靳带上所装方策

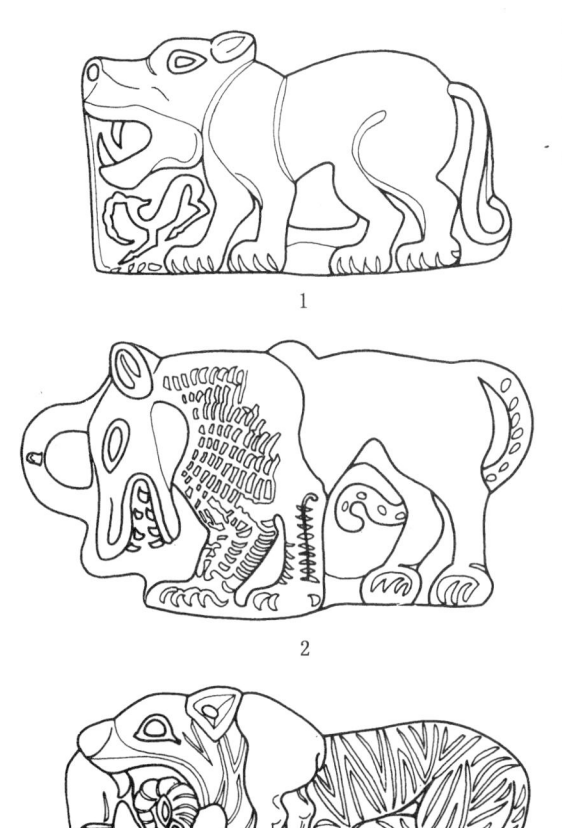

图18-8 从带头到带镳

1. 南西伯利亚出土 2. 宁夏彭阳出土 3. 内蒙古乌兰察布盟征集品

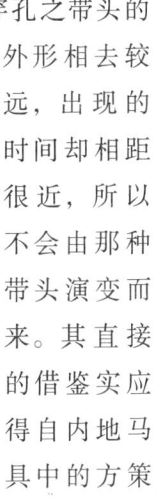

带镳的使用方法没有在形象材料中充分显示出来，但根据其构造并参考带头的系结方式可作以下推测：Ⅰ型镳的穿孔较大，革带可将其末端自下而上透过穿孔，再折回来用喙状突起勾住，而将剩余部分压到前一段带子底下（图18-9:4）。内蒙古陈巴尔虎旗完工古墓所出带镳上残存之皮带，即由穿孔中穿出后，再勾在带镳前端的喙状固定扣舌上[38]。内蒙古敖汉旗周家地之夏家店上层文化墓葬中出土的一条革带，未装带镳，其右端插在左端的切口中。发掘简报认为：使用时"尚需将两端折回压于带下"[39]。这些情况均可作为上述推测的佐证。Ⅱ型以下各种带镳的穿孔都比较小，估计也应在带鞓末端缝上供系结用的窄带，将窄带穿入另一端之带镳的穿孔中。这些带镳常两两成对出土，所以窄带勾住突喙后的剩余部分似乎还可以压在前一块饰牌底下。

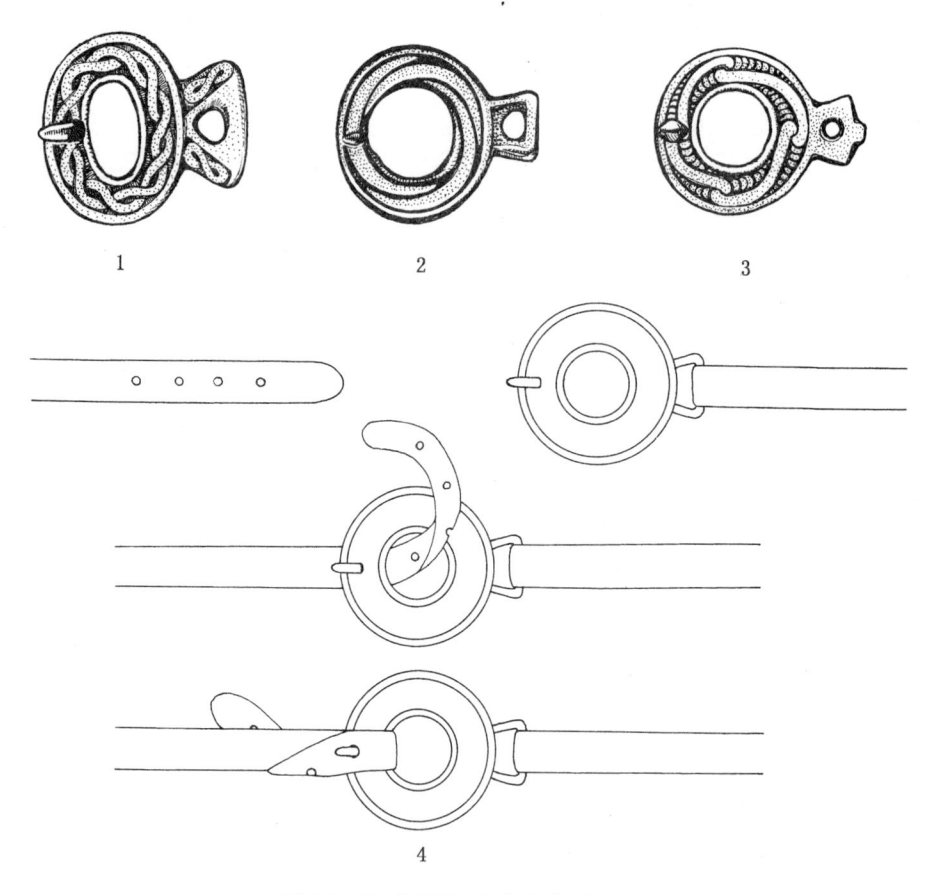

图18-9 Ⅰ型带镳及其使用方法
1. 内蒙古伊克昭盟杭锦旗桃红巴拉出土　2. 内蒙古伊克昭盟准格尔旗西沟畔出土
3. 陕西神木出土　4. 使用方法示意图

Ⅱ、Ⅲ、Ⅳ型带镳中均不乏佳作（图18-10）。爱米塔契博物馆所藏南西伯利亚出土的怪兽噬马纹Ⅲ型金带镳，更是著名的古代工艺品[40]（图18-11:1），时代约属战国。其上之后躯极度扭曲的马,既在斯基泰和塞种金饰上出现,也在宁夏固原三营红庄出土的战国匈奴金带具上见过[41]。如进一步考虑到Ⅲ型带镣的分布地域,则不能排除其作者为匈奴人的可能性。此外,值得注意的是,内蒙古满洲里市扎赉诺尔与吉林榆树老河深两地之东胡鲜卑墓出土的Ⅳ型带镣,它们皆为铜质鎏金,并饰以鲜卑神话中的神马纹[42](图18-11:2)。老河深所出者不仅是两个一对,而且其中未装固定扣舌那一件的中部凸起,在带镣与带鞓间形成空隙,正可以容纳系结时通过穿孔再绕回来的窄带之末端。这处墓葬的年代相当两汉之际。而比它的时代更早,准格尔旗西沟畔战国匈奴墓与呼伦贝尔盟陈巴尔虎旗完工西汉鲜卑墓中出土的带镣,却都是单独使用的。那么为什么时代较晚的老河深出土物仍然是成对使用的呢?这就不仅应注意到在使用带头的历史阶段中所形成的习尚,还应联系其特殊的系结方法,才能说明个中原委。这一点在下文中还要谈到。匈奴·东胡革带除了在镣扣结和在鞓上装饰牌等方面与中原革带不同外,而且革带下缘还装有垂饰。为了适应草原上的游牧生活,这种垂饰

图 18-10 Ⅱ型带镣
1. 陕西西安客省庄出土 2、3. 辽宁西丰西岔沟出土

不像华夏族的玉佩那么拖累。虽然北方各族的革带在形制上不尽一致,但仍可以归纳出若干共同的特点来。如:1. 用镣括结;2. 大多数在鞓上装饰牌;3. 少数在鞓下装垂饰。根据这些特点,匈奴·东胡革带和中原用钩的革带就可以明显地互相区别。颜师古所说的胡带,张晏所说的郭落带,很可能均指此类革带而言。此类革带的带镣之装饰图案以动物纹为主,所谓鲜卑、瑞兽等或指其中的某些形像。带镣上有固定扣舌即钩状突喙,故亦无妨称之为胡带之钩。至于郭落,虽然伯希和认为是突厥语的对音,但匈奴语究竟是属于阿尔泰语系中的突厥语族还是蒙古语族,研究者迄无定论,至少不排

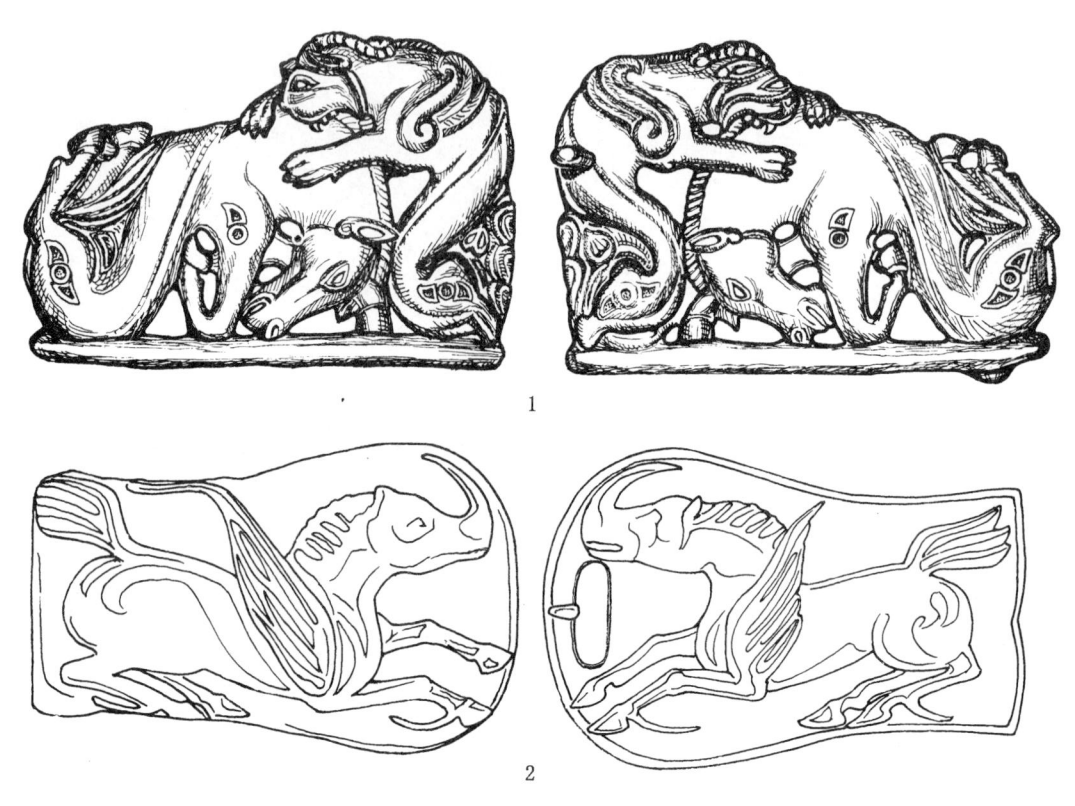

图 18-11　成对的Ⅲ型和Ⅳ型带镳

1. 南西伯利亚出土的怪兽噬马纹金带镳　2. 榆树老河深出土的神马纹鎏金铜带镳

除匈奴语中有一些与突厥语相通的词汇。所以，如果匈奴人称其革带为郭落，也正是合理的。

带扣与鞢鞢带

带扣与上述方策的区别在于它有活动扣舌，其结构已与现代通用的式样基本相同。始皇陵 2 号铜马车的靳带上所装之带镳，安装的方向与匈奴·东胡式带镳相反，突喙的指向和靳带末端的走向一致，扣结时更加便利（图 18-7:3）。将这类反向使用的带镳再改进一步，将扣舌后端套在轴上，变成活动的，便是真正的带扣了。始皇陵 2 号兵马俑坑 T12 出土的陶鞍马腹带上的带扣是我国目前已发现之最早的有明确年代的实例[43]（图 18-12），可知它也是先在马具中使用的。河北满城 1 号西汉墓所出车马器中的铜带扣与广西西林西汉墓所出小带扣已装有活动扣舌[44]。它们一般较小，长度不超过 4 厘米许，且朴素无华[45]（图 18-13）。富丽的金银腰带扣之结构与之相仿，但比它们大得多，是豪华的服饰用具，也是汉晋时代特有的贵重工艺品。它们也可分成单独使用的和成对使

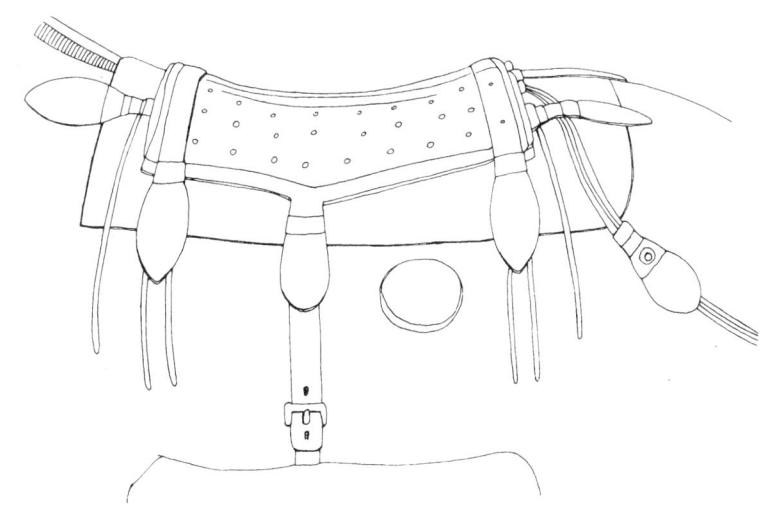

图 18-12 始皇陵 2 号俑坑所出陶马腹带上的带扣

用的两种。

单独使用的大带扣出现于西汉时，以前尚未见过。云南晋宁石寨山 7 号西汉墓出土的银带扣，长 10.1 厘米，扣面饰虎纹，虎目嵌橙黄色玻璃珠，虎体错金并镶有绿松石，一前肢握持"三珠树"之类卉木，背后则衬以缭绕的云气[46]（图 18-14:2）。其形制与平壤贞柏洞 37 号乐浪墓所出虎纹银带扣极为肖似[47]（图 18-14:3），均纯属汉代工艺作风。过去曾把晋宁带扣上的虎纹视为"古希腊的所谓'亚述式翼兽'"，并认为它是"经波斯、大夏而输入西南夷"的外来之物；失实殊甚。以上两件带扣的穿孔呈弧形，位于扣体前部，扣舌较短；其他汉代金、玉带扣亦无不如此。新疆焉耆博格达沁古城黑圪垯与平壤石岩里 9 号乐浪墓所出形制相近的龙纹金带扣，均长约 10 厘米，穿孔的位置也很靠前，主要的纹饰布置在扣面后部，锤鍱成型，作群龙戏水图案[48]（图 18-15:1、2）。焉耆带扣上有一条大龙和七条小龙。石岩里 9 号墓的带扣上则只有一条大龙和六条小龙。它们都出没于激流漩涡间，扬爪掉尾，擎波擘浪，身姿蜿蜒，头角峥嵘，充溢着动感。而且龙体上满缀大小金珠，在玲珑纷华之中，烘托出一派炽烈奔放的艺术气息。其上之大量细如芥子的小金珠，不能用"炸珠法"、即将金液滴在冷水中凝成；而是先将细金丝断为等长的小段，再熔融聚结成粒，然后夹在两块平板间碾研，加工成滚圆的小珠。但这里的金珠虽小，却排列得均匀整齐、清晰光洁，肉眼几

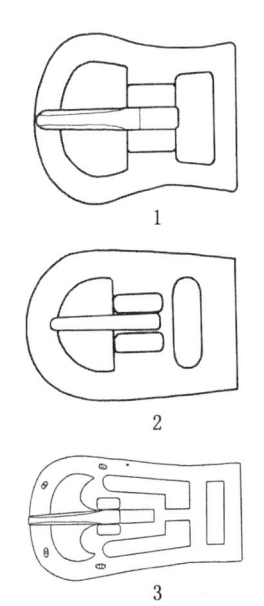

图 18-13 汉代车马具中的小带扣

1. 满城 2 号墓出土
2. 广西西林普驮铜鼓墓出土
3. 满城 1 号墓出土

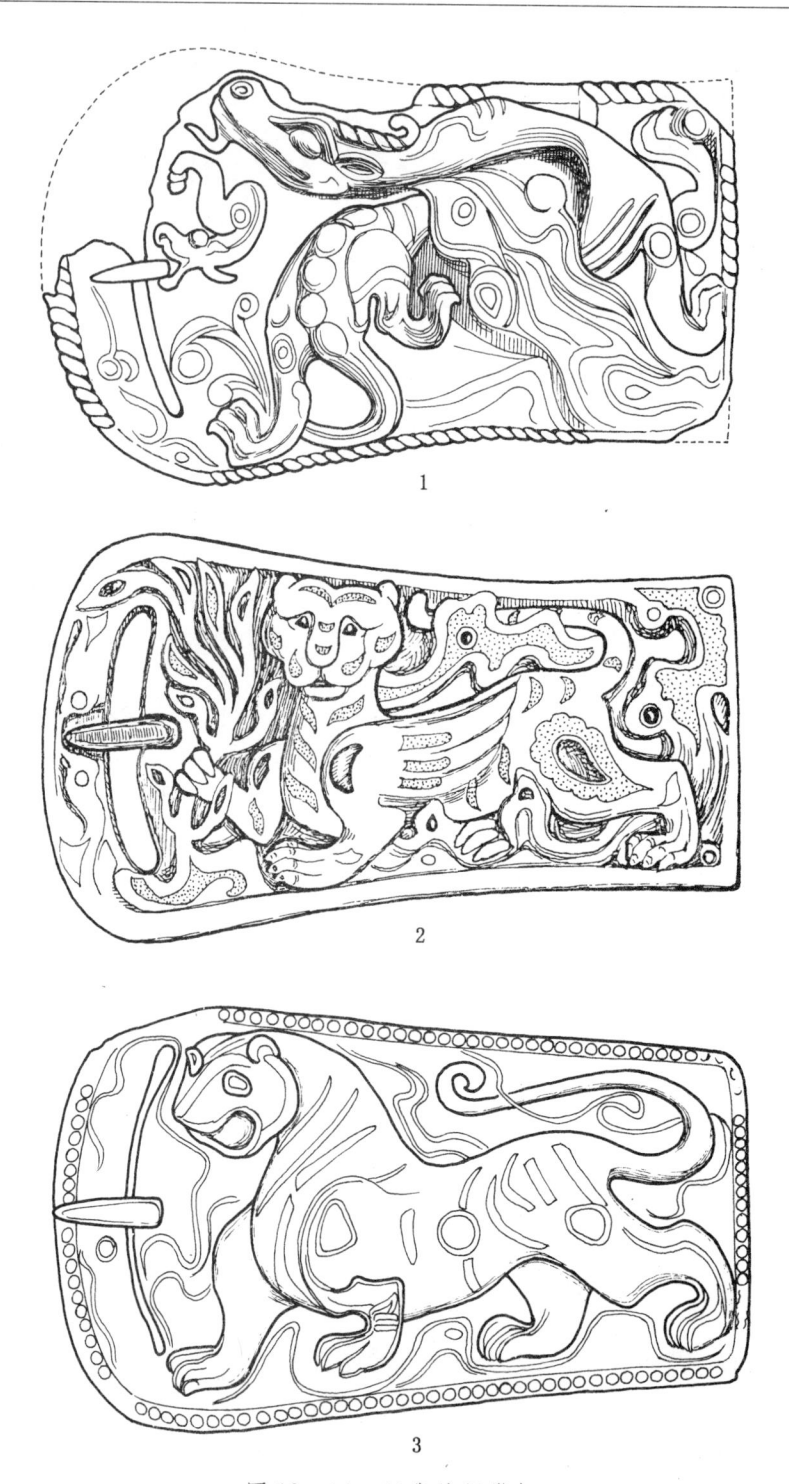

图 18-14　汉代的银带扣
1. 平壤石岩里 219 号王根墓出土　2. 晋宁石寨山 7 号墓出土　3. 平壤贞柏洞 37 号墓出土

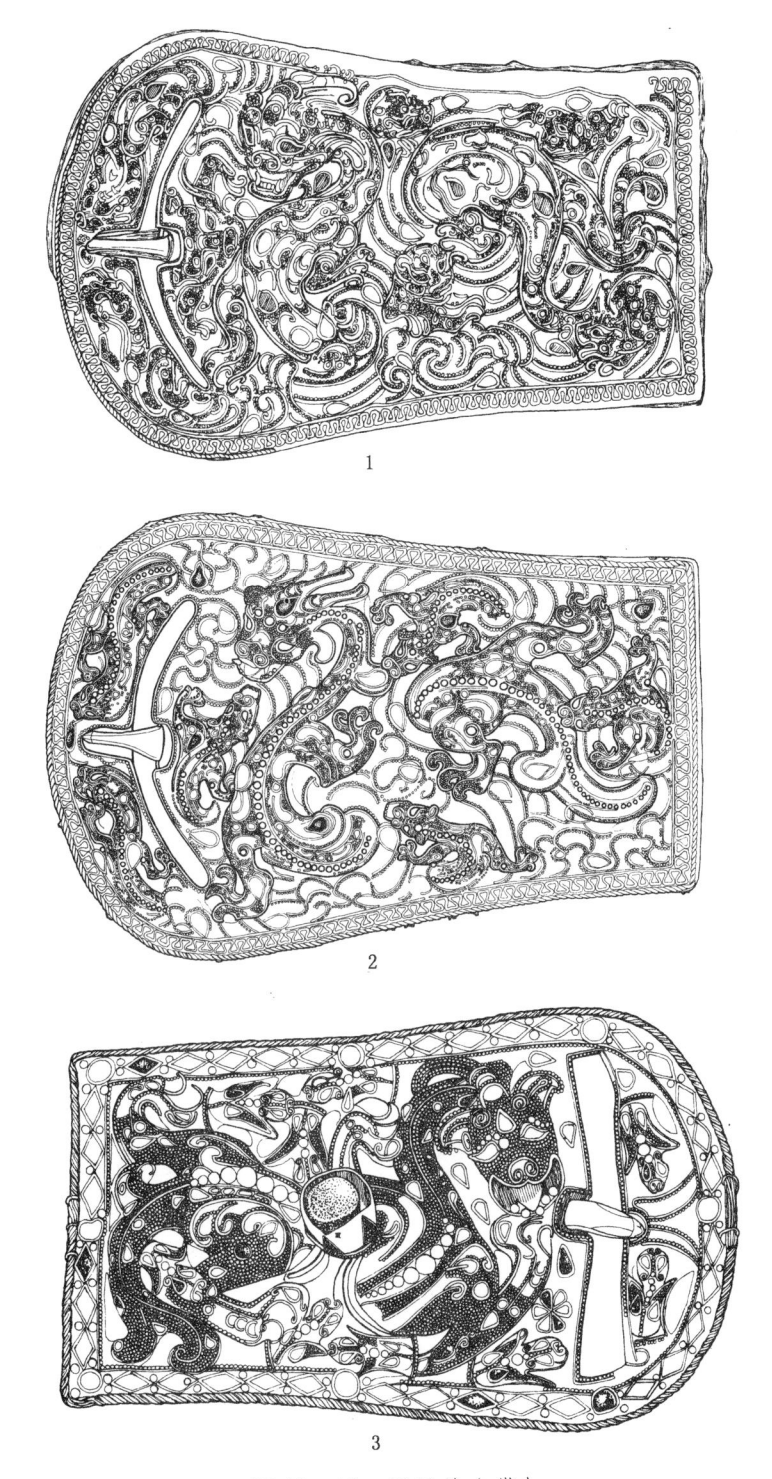

图 18-15 汉晋的金带扣

1. 焉耆出土的八龙带扣 2. 平壤出土的七龙带扣 3. 安乡刘弘墓出土的龙纹带扣

乎观察不到焊茬，工艺极其精湛，用通常的焊接方法是不能完成的。据研究，这是以金汞齐泥膏将金珠粘合固定，然后加热使汞蒸发，金珠就牢牢地附着在器物表面上了。其原理与我国的火法鎏金技术是相通的。但也有一些标本上检查不出汞的痕迹来，似是用在炭粉中加热的方法，借助金珠表面形成的炭化物薄膜的还原作用，以所谓"扩散接合法"（diffusion bonding）将金珠固定在金器表面上的。此法很早就出现在西亚地区。在我国，这类制品已知之最早的例子是广州象岗南越王墓出土的小金花泡。以后在河北定县八角廊40号西汉墓出土的马蹄金和麟趾金上，也焊有用小金珠组成的连珠纹带饰[49]。至东汉时，这种工艺已臻成熟之境，江苏邗江甘泉2号、河北定县北陵头43号等东汉墓所出金胜、金龙头、金辟邪等物，可视为代表作[50]。这些器物上还镶以水滴形红、绿石珠，上述两件金带扣上也有。此类红绿石珠即故宫博物院藏东汉建武二十一年鎏金铜尊的铭文中所称"青碧、闵瑰饰"。青碧指上面镶嵌的绿色石珠，多为绿松石。闵瑰即玫瑰。《急就篇》颜师古注说："玫瑰，美玉名也。"它可能指含钛的粉红色蔷薇水晶或其他红色宝石如红玛瑙之类，但有时也在白色或无色的石珠或玻璃珠的粘合料中调入朱砂，镶成后亦透出红色。在金器上镶嵌"青碧、闵瑰"，为汉代所习见；而西方当时在金器的水滴形框格中或填以珐琅釉，汉代尚无此种作法。焉耆带扣上的红、绿二色石珠均有存者；石岩里9号墓之带扣上只剩下七颗绿色的了，据统计，其上原共镶嵌石珠四十一颗。

汉代工艺品上的龙纹常穿游于山峦、云气间，尽管修长的身躯被景物遮去一段，但首尾的呼应指顾，四爪的屈伸低昂，不仅仍保持整体感，而且使构图更加紧凑饱满。上述金带扣虽以水波纹衬地，但上面的大龙也是这样安排的。其他银或玉制的汉代龙纹带

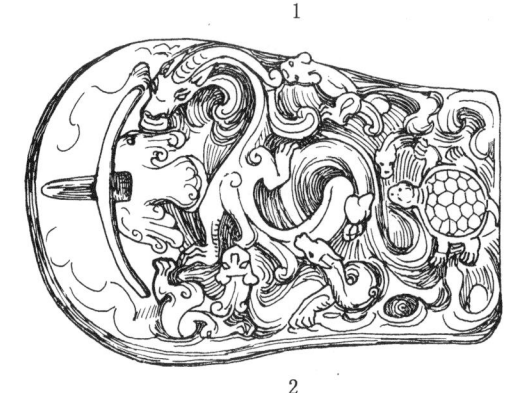

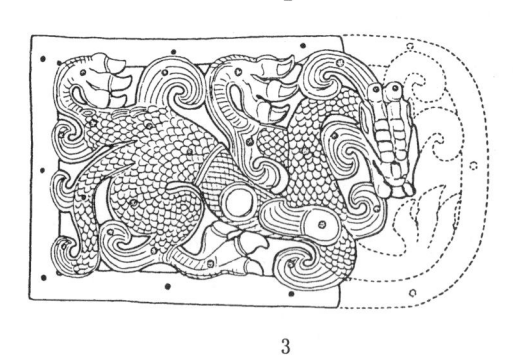

图18-16 汉晋的玉带扣和玉带具
1. 洛阳夹马营路东汉墓出土　2. 台北故宫博物院藏
3. 上海博物馆藏

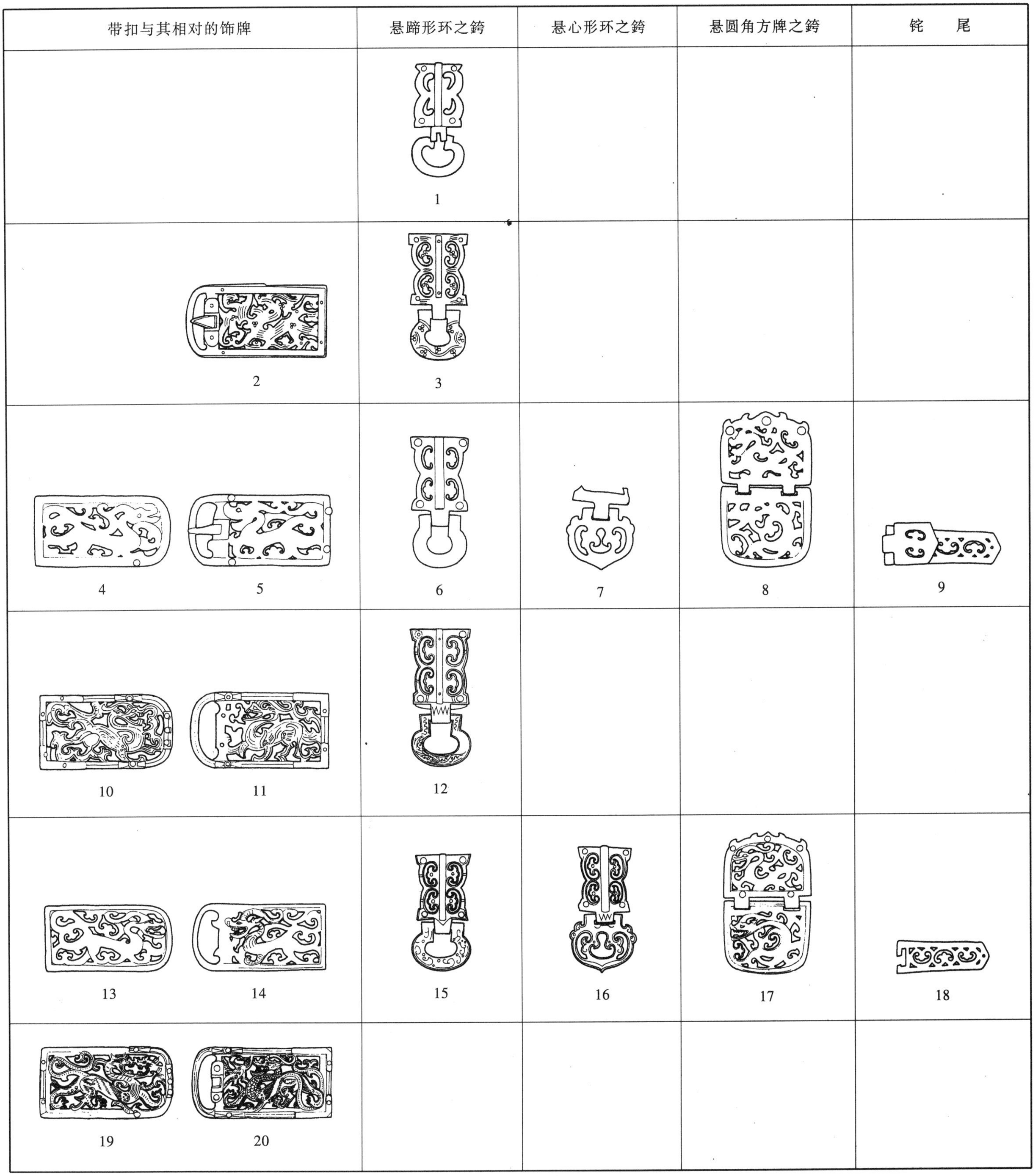

带扣与其相对的饰牌	悬蹄形环之銙	悬心形环之銙	悬圆角方牌之銙	铊尾
	1			
2	3			
4　5	6	7	8	9
10　11	12			
13　14	15	16	17	18
19　20				

图 18-17　晋式带具

1. 定县 43 号汉墓出土　2、3. 洛阳 24 号西晋墓出土　4~9. 宜兴西晋·周处墓出土
10~12. 日本新山古坟出土　13~18. 日本京都私家收藏　19、20. 日本山光美术馆藏

扣亦然，平壤石岩里219号西汉王根墓出土的银带扣（图18-14:1）、洛阳东关夹马营路15号东汉墓出土的玉带扣均可为例[51]（图18-16:1）。过去只注意云南、新疆和乐浪出土的带扣，会使人产生此物仅通行于边地的错觉；当时价格更昂贵的玉带扣在洛阳出土，则可消除这一疑窦。台北故宫博物院所藏汉代玉带扣，扣面浮雕四灵，朱雀的头部延伸成扣舌，已脱失。其大龙和小龙也自涡纹中露出半身，但此涡纹究竟是代表水波还是云气，就难以确指了[52]（图18-16:2）。

根据焉耆所出之例，此类金带扣之创制可上溯到西汉晚期，而降至西晋，其工艺技巧犹有新的进展；这是自湖南安乡黄山头西晋·刘弘墓出土的实例上看到的[53]（图18-15:3）。一、安乡金带扣上的龙纹改进了穿游掩映的构图，在龙躯中部镶嵌了一枚较大的圆形宝石；和上海博物馆所藏"庚午"玉带具（图18-16:3）的作法一致。这样就对汉代龙纹带扣之传统格式有所突破，使扣面图案上出现了明确的重心。二、所焊金珠的颗粒更小，安排得更密集，排列得更整齐，工艺更加繁难。三、镶嵌物增多。不算龙身上的大圆珠和水滴形小珠粒，仅边框里的菱形格与圆形格中所嵌者，补足时已应有四十四枚之多。所以其整体效果既辉煌夺目又稳重安详。不过这时装钩的革带还在广泛使用；西晋以降，才逐渐过渡到以装带扣和带銙的鞢韘带为主的阶段。

鞢韘是带鞓上垂下来的系物之带，垂鞢韘的革带则称为鞢韘带。但系鞢韘时须先在鞓上装銙，銙附环，鞢韘系在环上。宋·沈括《梦溪笔谈》卷一："带衣所垂蹀躞，盖欲佩带弓剑、帉帨、算囊、刀砺之类。自后虽去蹀躞，而犹存其环，环所以衔蹀躞，如马之鞦根，即今之带銙也。"装环之銙最早见于河北定县43号东汉墓，为银质长方形小牌，两侧各有两弧相连，有四个对称的镂孔。所悬之环为马蹄形，环孔呈弧底的凸字形[54]（图18-17:1）。这种銙的造型虽然特殊，但从2世纪末直到4世纪，它却几乎没有多大变化。在洛阳24号西晋墓（图18-17:2、3）、江苏宜兴元康七年（297年）周处墓（图18-17:4~9）、吉林集安洞沟152号墓、日本奈良新山古坟等处均曾出土[55]。因为它主要流行于晋代，故可称之为"晋式带具"。此式带具中除上述悬马蹄形环的带銙以外，还有悬心形环和悬圆角方牌的带銙，这几种銙均见于周处墓。不过周处墓出土的带具已残缺，日本收藏的同类器物却有较完整者，可与出土物相印证（图18-17:10~20）。和这几种带銙同出的带扣比东汉时更加规范化，都是一端为圆头的长方牌，在弧形穿孔上装短扣舌，透雕龙纹或龙凤纹。如未经盗扰或散失，每枚带扣还要配一枚同样规格的透雕饰牌，其图案常为虎纹，也有少数作龙纹的，然而都不装扣舌（图18-17:4、10、13、19）。这种组合和Ⅱ型以下的各类匈奴·东胡带镳相似。过去常有人把后一种饰牌称为铊尾。但铊尾是革带末端的包头，系结时应自带扣中穿过去；可是这种饰牌的尺寸却和它对面的带扣一样大，难以通过扣孔，所以它不应是铊尾。在周处墓出土的带具中，一种尾端呈尖角的长条形镂孔银片才是其铊尾（图18-17:9）。很明显，此物就是由狮子山楚王陵出土的那类穿针演变而成的。当系结时，晋式带具大约仍与匈奴·东胡带镰相仿，饰牌与带扣两两相对；它们的花纹互相对称，正适合作这样的安排。上述上海博物馆所藏"庚午"透雕龙纹玉带具，其龙纹只有一角三足，且其匚形边框上下不对称，似是将残品加工修琢而成。试予复原，则此物当是晋式带具中带扣对面的饰牌。这块饰牌背面的铭文称自己是"白玉衮带鲜卑头"，与《大招》王注"鲜卑，衮带头也"的说法正合。从而证明此类带具确系承袭匈奴·东胡带镰之制。但一套完整的晋式带具，除带扣与上述饰牌外，其他几种带銙各应有多少件，迄今仍不太清楚。

同时晋式带具的系结方式问题过去亦未解决。斯基泰人之遍装饰牌的腰带，其长度大致与腰围相等，两端在腰前会合对齐，再用窄带系结[56]。我国装无穿孔的带头之腰带的系结法也只能如此。而装有穿孔的带头时，腰带一端的窄带可以通过另一枚带扣之穿孔，绕回来再系结。使用带镰时，起括结作用的是铸出固定扣舌的那一件；其对称的另一件则只起装饰作用。本来一件已敷用，所以要在对面增加一件，则是沿袭用带头时的格局。带镰的括结法是将其一端的窄带自下而上通过对面的带扣之穿孔，再折返回来用扣舌勾住[57]。但剩余的窄带如何处理，发掘中未观察到明确的现象，没有现成的答案，目前只能用国外的材料作为旁证。伊拉克哈德尔（Hatra）古城址发现的安息石雕像，年代为1~3世纪，其腰带的系结之状如图18-18:1[58]。此石像上的窄带将腰带两端的"带头"括结起来以后，多余部分则在当中垂下。韩国忠清南道扶余郡窥岩面废寺出土的5世纪画像砖上之神怪所束腰带，多余部分也垂于腰腹中部[59]（图18-18:2）。因此，以老河深105号鲜卑墓之带镰及同出之带环为例，其系结状况当如图18-19:1。而以宜兴周处墓所出带扣及同出之带具为例，其系结状况则当如图18-19:2。虽然这里的窄带贯穿的是装活动扣舌的带扣，却依然要折返回来将多余的部分于腰腹中部打结下垂。这不仅由于此前腰带上的窄带一直被这样处理，而

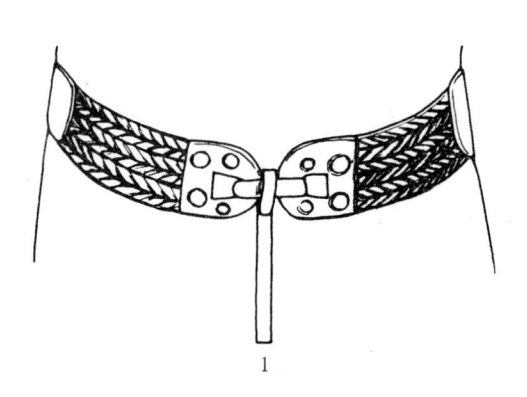

图18-18 括结后余下的窄带垂于腹前
1. 据哈德尔出土安息石雕像
2. 据扶余窥岩面废寺出土画像砖

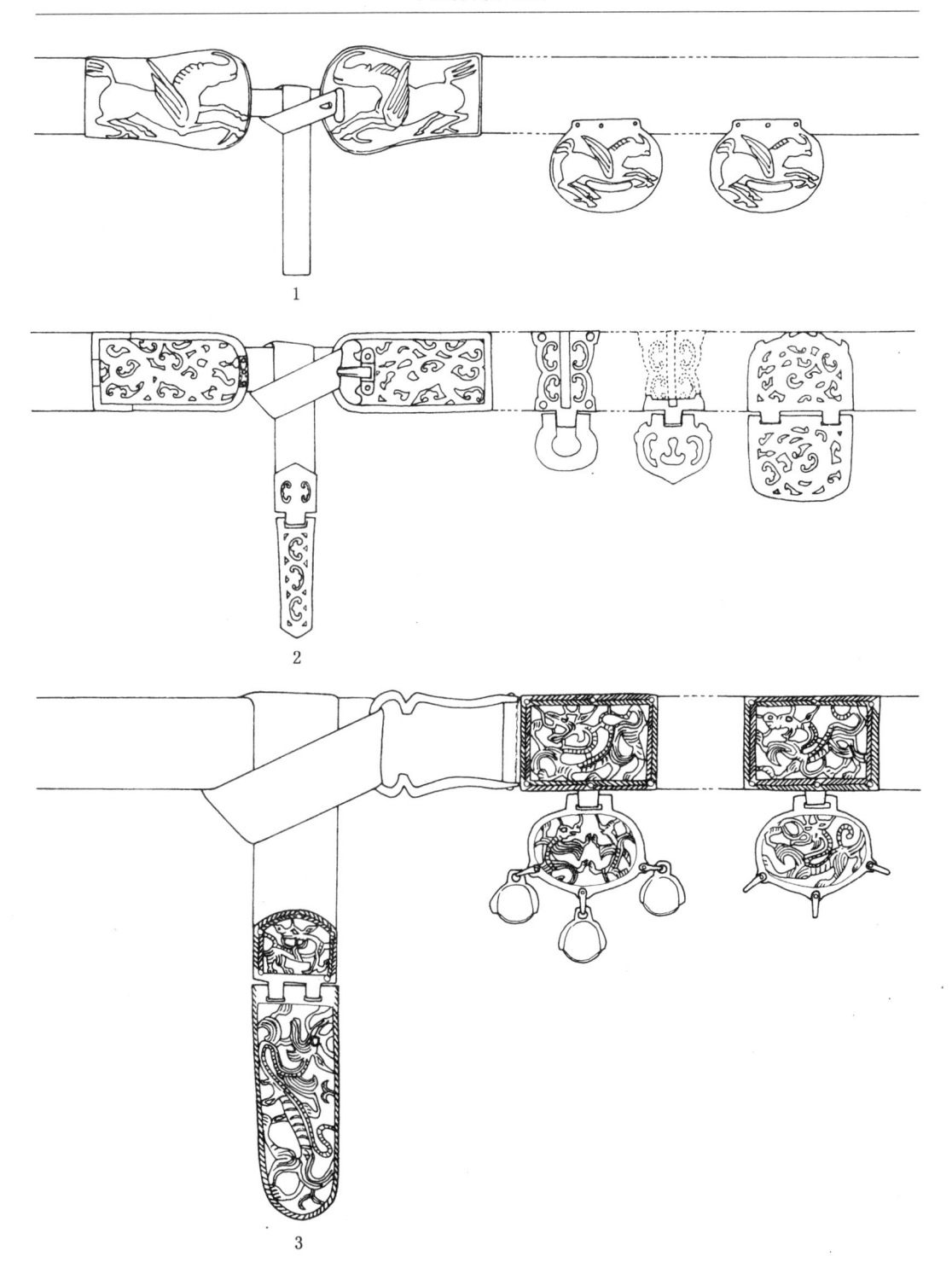

图 18-19 几种带扣的使用方式示意图

1. 榆树老河深 105 号墓出土 2. 宜兴周处墓出土 3. 日本京都谷冢古坟出土

且周处墓所出带具如何配置施用,长期不明,采用图中的系结法,则使它们各得其所。又如日本京都谷冢古坟出土的带具[60],其铊尾顶端的饰片上镂有龙纹。若将铊尾横置,不仅使带銙遮起,也使铊尾顶部之饰片上的龙成为侧置形,与其他部分不相协调。如采用图18-19:3所示之系结法,就显得合理了。回过来再看那些单独使用的大带扣,便可知其括结法应与图18-19:2基本一致,只不过仅用一枚带扣而已。

此外,还应当对内蒙古乌兰察布盟和林格尔县另皮窑与呼和浩特市土默特左旗讨合气出土的铁芯包金之猪纹与神兽纹带具略作讨论。两地出土的带具中各有二件成对的马蹄形带扣,但既无穿孔也无明确的扣舌,仍应看作带头。此外,两地各有二件接近椭圆形的带环,可以确认其形制与老河深所出者相同。讨合气还出了四件长条形带銙[61]。过去由于不熟悉带扣之成对使用的沿革,所以在报导和展出时,均将一件带扣和一件侧置之带环组成一套。其实,它们的配置方式当如图18-20,束腰时用两带扣之间的窄带相系结。再者,过去将另皮窑与讨合气所出带具的年代定为北魏,亦嫌太晚。另皮窑的猪纹带扣与西沟畔4号西汉墓所出包金卧羊纹带扣属于同一类型[62];而与另皮窑带环形制相同的老河深带环,则是西汉末东汉初之物。故另皮窑带具也是汉代制品。讨合气带具上的神兽纹之风格要晚一些,但也不能迟于晋代。因为进入南北朝以后,我国带具的形制发生了重大变化。这时装活动扣舌的小带扣已在腰带上广泛采用,其扣身只以简单的横轴支撑扣舌。腰带也变成前后等宽的一整条,并迅速向鞢韘带过渡。延续了近千年之久的纹饰繁缛的大带扣、带扣与饰牌成双、在带端加窄带以系结的作法等,从此成为历史的陈迹。河北定县北魏太和五年(481年)石函中所出银带扣、悬环的银方銙和长条形的银铊尾[63](图18-21:1),是已知之最早的南北朝式带具中各类部件较齐备的实例,以后它在长时期中成为带具之主要的形式。4世纪以降,中国革带带具并为朝鲜和日本人民所熟悉,进而对当地的带具制作产生了很大影响(图18-21:2、3)。

至唐代,如李肇《国史补》卷下所说:"革皮为带……天下无贵贱通用之。"其所谓革带即鞢韘带,这时已成为男子常服中必备的组成部分。不过隋与初唐时革带上所系的鞢韘较多,盛唐以后渐少。少数民族和东、西邻国之革带上的鞢韘较多,汉族地区较少。中晚唐时,许多革带上已不系鞢韘,只剩下带銙了。在南北朝后期与隋代,最高级的鞢韘带装十三环。《周书·李贤传》:"高祖……降玺书劳贤,赐衣一袭及被褥,并御所服十三环金带一要。"同书《李穆传》:"穆遣使谒隋文帝,并上十三环金带,盖天子之服也。"唐初的开国功臣李靖曾受赐十三环玉带。《新唐书·李靖传》:"靖破萧铣时所赐于阗玉带,十三胯,七方六圆,胯各附环,以金固之,所以佩物者。"唐·韦端符《卫公故物记》对这条带作了较详细的描述:"玉带一,首末为玉十有三:方者七、挫者两,隅者六,每缀环焉为附,而固着以金。丞曰:'传云:环者利佩用也。'……佩笔一,奇木为管,韬刻,饰以金,别为金环以限其间韬者;火镜二;大觿一;小觿一;竿囊二;椰

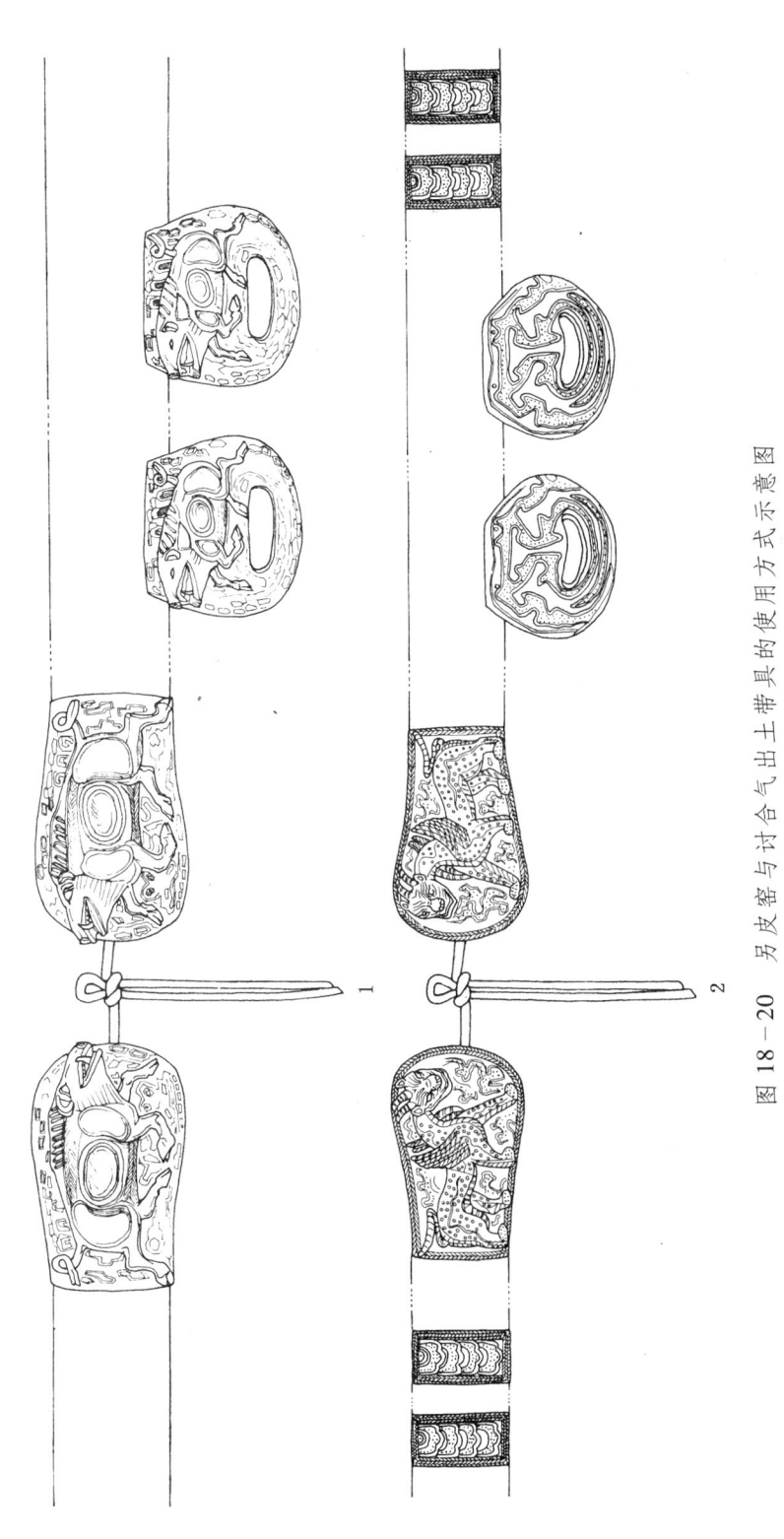

图 18-20 号皮鞶与讨合气出土带具的使用方式示意图
1. 号皮鞶带具 2. 讨合气带具

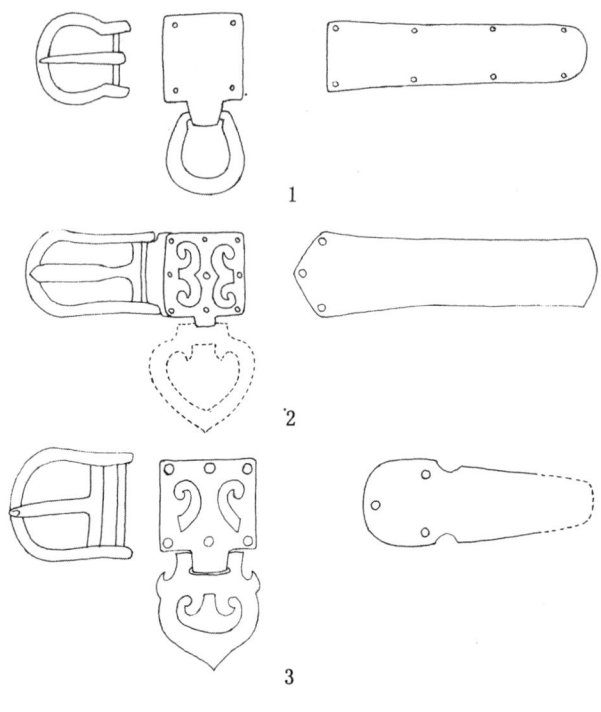

图 18-21　南北朝带具与朝鲜、日本带具的比较
1. 河北定县北魏石函中所出带具
2. 朝鲜庆州皇南里第 82 号坟东冢出土带具
3. 日本宫山古坟第 2 主体出土带具

孟一。盖常佩于玉带环者十三物，亡其五，有存者八。"⑥但唐代制度规定，带环一般不超过九枚。后唐·马缟《中华古今注》卷上："唐革隋政，天子用九环带，百官士庶皆同。"目前在出土物中尚未发现过装十三环之带。陕西西安郭家滩隋·姬威墓所出与日本白鹤美术馆所藏的玉带具均非整副，各仅有七环（图 18-22:3）。只在西安何家村出土的十副玉带中有一副完整的白玉九环带；在吉林和龙八家子渤海遗址出过一副九环金带⑥（图 18-22:5~16）。可是在唐代绘画中未见过装环之腰带。北齐和隋代的石刻线画与壁画中之人物虽然腰带下或有环，但也只能看到寥寥几枚（图 18-23）。唐代一般都将蹀躞直接系在腰带之镂有扁穿孔的拱形銙上（图 18-24）。何家村之九环带已附有三枚拱形銙。唐代五品以上武官有佩钻鞢七事的制度，可是在图像中也很少见到⑥。初唐的《凌烟阁功臣像》和《步辇图》中的官员只佩香囊和鱼袋，韦洞墓石椁线雕人物还有在革带上佩刀子的（图 18-25:1）。像韦端符所记李靖带上所佩的其他物品，图像中尚未发现过。

刀子是唐人在革带上经常佩带之物。《隋唐嘉话》载："太宗……召（薛万彻）对握槊，赌所佩刀子。帝佯为不胜，解刀以佩之。"唐代的刀子即宋元所称"篦刀"（《武林旧事》卷七；《草木子》卷三下），日本正仓院尚藏有唐代刀子之精品多种（图 18-25:2）。唐人佩香囊者更为常见，革带上系挂的蚕豆形小袋即是香囊。正仓院所藏香囊亦是此形（图 18-26）。内蒙古哲里木盟奈曼旗青龙山辽·陈国公主墓中，公主的腰带上佩有镂花金香囊，虽非实用之品，却极其精致。此墓中驸马的腰带上除香囊外，还佩有玉柄银刀子和春季捺钵时用的玉柄刺鹅锥⑥。

至于带銙本身，它的质地有玉、金、犀、银、铜、铁诸种，但唐代最重视玉銙。玉銙以素面的居多，也有雕琢出各种图案的。其中有走兽，如西安何家村出土的白玉銙雕狮子纹。也有飞禽，如李廓诗所谓："玉雁排方带。"⑥浮雕人物的更为多见，辽宁辽阳曾

图 18-23 系环带的人物

1. 莫高窟 281 室西壁隋代壁画　2. 山东益都北齐石刻线画

图 18-24 革带上的拱形銙

（唐懿德太子墓石椁线刻）

出土雕有抱瓶童子纹的带銙，日本奈良大和文华馆藏有雕出伎乐童子纹的带銙与铊尾（图 18-22:30、31）。腰带束结完毕，方銙皆位于背后，即张祜诗所谓："红罨画衫缠腕出，碧排方胯背腰来。"⑥这样，带銙遂不会被腰带穿过扣孔后的末端所覆盖。方銙如排列得稀疏，则称为"稀方"；如排列得紧密，则称为"排方"⑦。也有将带銙琢成方、团二式的，上述何家村出土物中有其实例。

腰带末端所装铊尾，又名挞尾、獭尾、插尾或鱼尾⑦。《新唐书·车服志》说："腰带者，揥垂头于下，名曰铊尾，取顺下之义。"似乎这一部分曾向上反插，即《谈苑》所说："古有革带，反插垂头，……唐高祖诏令向下插垂头。"向上反插和向下顺插的例子在唐画中都能见到（图 18-27）；但初唐以后均向下插，所以铊尾的图案多呈竖垂之形。铊尾由于受到注意，逐渐成为带具中的重要部件。宋·王洙《王氏谈录》记一唐代金带，铭文就刻在铊尾上："龙朔某年，紫宸殿宣赐郑

图 18-25 佩在革带上的刀子

1. 西安唐·韦泂墓石椁线刻画中佩刀子的人物　2. 日本正仓院藏唐沉香把鞘金银绘饰嵌珠玉刀子

畋。"前蜀·王建墓所出玉带具，也在铊尾上刻铭[72]。

自出土实物所见，隋唐时装单带扣·单铊尾的带具可以分成两大类型。Ⅰ型带具在銙下附环，如上述姬威墓、何家村窖藏中所出者，主要流行于隋代和唐代前期。姬威墓玉銙所附之环，环孔略呈弧底凸字形，尚与晋式带具接近。日本白鹤美术馆所藏带具之銙环与永泰公主墓出土的一件相同，后者之制作年代的下限不能晚于神龙年间。何家村所出銙环的形制介于上述二者之间，应为唐代初年的制品。Ⅱ型带具不附环，却在方銙上穿孔。这种孔眼似即宋·王得臣《麈史》卷上所说："胯且留一眼，号曰古眼，古环象也。"此型带具不仅方銙上有古眼，拱形銙上也有。其流行时间约应自初唐至辽代前期。辽宁朝阳与山西平鲁出土的此型带銙，均应为唐代前期之物。解放营子辽墓出土物则为辽代前期者（图18-22:17、18）。

除单带扣·单铊尾带以外，唐代还有双带扣·双铊尾带。它最早出现在穿甲的武士身上。敦煌莫高窟154窟南壁中唐壁画毗沙门天王像，已在襟部用很短的双铊尾带连接。再晚一些，遂出现了系于腰部的双铊尾带。日本京都教王护国寺所藏唐代木雕毗沙门天像与敦煌石室所出绢本唐画毗沙门天及眷属像中的药叉均系此式带。穿常服者，如四川彭山后蜀广政十八年（955年）宋琳墓所出俑[73]，其带有双带扣，腹前那段革带的两端互相对称，但好像未装铊尾。在传顾闳中笔之《韩熙载夜宴图》中，就把双铊尾带画得很清楚了（图18-28）。在单带扣·单铊尾带上，因为带鞓有一部分要从带扣中穿过，所以不便在这段鞓上装銙，而只能将銙装在无须穿过带扣的腰后之鞓上。而双带扣·双铊尾带由于腹前与腰后的带鞓都是固定的，不存在穿扣孔的困难，也没有

图18-26 苏方罗香囊
（日本正仓院藏）

图18-27 倒插与顺插的铊尾
1. 莫高窟194窟唐代壁画中皇帝的侍从
2.《历代帝王图卷》中陈宣帝之侍从

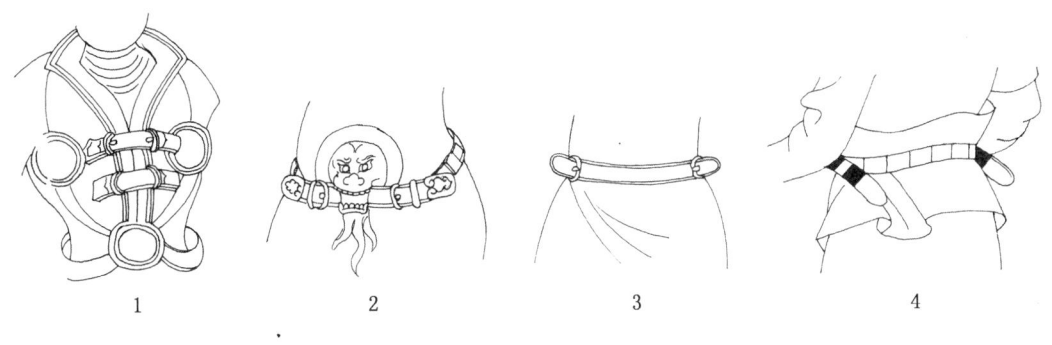

图 18-28　双铊尾带
1. 莫高窟 154 窟中唐壁画毗沙门天王　2. 日本教王护国寺藏唐木造毗沙门天王像
3. 四川彭山后蜀·宋琳墓出土陶俑　4.《韩熙载夜宴图》中之执扇者（1~3 为身前，4 为背后）

带銙被带子末端覆盖的问题，所以腹前也可以装銙。周鞓装銙的作法是伴随着双铊尾带出现的。起初双铊尾带为武职人员所使用。北宋以后，此式革带渐多。《金史·舆服志》谓革带"左右有双铊尾"，可见此式革带在金代已较通行了。

此外，还有一种双带扣·单铊尾带，如王建墓及江西遂川北宋·郭知章墓所出者[73]。此类带具只有一枚大铊尾，却有两枚带扣，复原后两侧不能对称。而且由于铊尾较宽，难以从其带扣中穿过，需用无铊尾的那一端先后穿过两个带扣以系结，并不方便。它出现在双带扣·双铊尾带之后，所以不能把它看作是自单带扣·单铊尾带向双带扣·双铊尾带过渡的中间环节，而只能被认为是一种不常见的变体罢了。

宋、明的金、玉带

宋尚金带，这一点与唐有所不同。宋·王巩《甲申杂记·补阙》："太宗皇帝尝欲自宰臣至侍从官，等第赐带。且批旨曰：'犀近角，玉近石，惟金百炼不变，真宝也。'遂作笏头带以赐辅臣。"宋·欧阳修《归田录》卷二也说："初，太宗尝曰：'玉不离石，犀不离角，可贵者金也。'乃创为金銙之制，以赐群臣。"金銙上有各种花纹。宋·岳珂《愧郯录》卷一二说："金带有六种：毬路、御仙花、荔枝、师蛮、海捷、宝藏。"其中御仙花的图案大约与荔枝相近，所以欧阳修说："今俗谓……御仙花为荔枝。"[75]太平兴国七年（982 年）李昉奏："荔枝带本是内出，以赐将相。在于庶僚，岂合僭服？望非恩赐者，官至三品乃得服之。"[76]束荔枝金带"世谓之'横金'"[77]，可见它在当时备受重视。这类带具在出土物和博物馆藏品中都有实例。江西遂川郭知章墓曾出整套的荔枝纹金带具，包括带扣二件、方銙九件、有穿孔的桃形銙一件、铊尾一件。江苏吴县元·吕师孟墓也出一套，包括方銙七件、有穿孔的桃形銙一件、铊尾一件[78]。此墓虽葬于元大德八年（1304年），但吕师孟仕宋至枢密副都承旨，所以他的带具纵非宋物，也仍应保存着宋制的规模。此外，宁夏银川西夏8号陵出土荔枝纹金铊尾一件[79]，美国波士顿美术馆藏有荔枝纹金銙一件（图18-29）。至于毬路纹，据《营造法式》所载图样，则相当于近代所称套钱纹[80]（图18-30）。

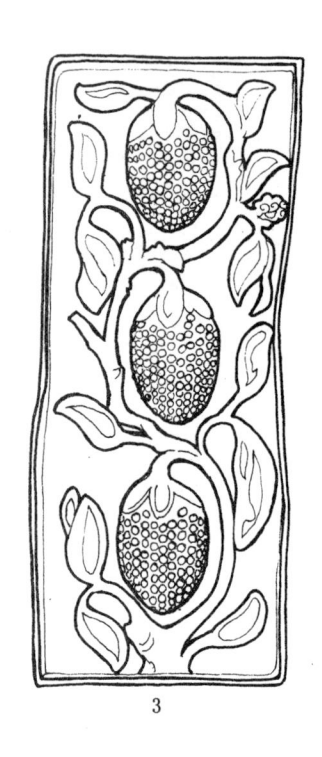

图18-29 荔枝纹带具
1. 波士顿美术馆藏鎏金铜荔枝纹带銙 2. 江苏吴县元·吕师孟墓出土金荔枝纹带銙
3. 西夏8号陵出土金荔枝纹铊尾

人物纹带銙这时仍然受到重视。宋代皇室珍藏的紫云楼带，其带銙饰以醉拂林纹："拂林人皆突起，长不及寸，眉目宛若生动，虽吴道子画所弗及。若其华纹，则有六、七级，层层为之。镂篆之精，其细微之象，殆入鬼神，而不可名。"[81]但唐代已有"紫拂林带"[82]，所以宋代带具上的某些人物纹或系沿袭唐制。其海捷纹不知所指。狮蛮纹则在孟元老《东京梦华录》卷八"重阳"条中提起过:"又以粉作狮子、蛮王之状,置于糕上,谓之'狮蛮'。"饰有这种图案的带銙未见宋代之例,可是在元明时的戏曲和小说里,狮蛮带却成为武将披挂中的常见之物。如,《水浒传》第五四回说宋江"头顶茜红巾,腰系狮蛮带"。《三国演义》第五回说吕布"腰系勒甲玲珑狮蛮带"。《西游记》第六〇回说混世魔王"腰间束一条攒丝三股狮蛮带"。例子很多,不胜枚举。但实物直到1987年才在南京太平门外板仓村87BCCM1号明墓中出土,为二十块琥珀带具,皆呈紫红色。方形带板饰人物牵狮子,地子上散缀金锭、珊瑚、彩球、宝珠等。其人物或跣足魋髻,或戴虚顶尖帽,多袒露一肩,似表明他们来自远方。狮子与人物互相顾盼,构图饱满匀称[83](图18-31)。这套带具虽为明代物,但应与宋之狮蛮相去不远。

图18-30 宋代的毯路纹

(据《营造法式》)

至于铊尾,虽在唐代已受重视,但其长度反而比南北朝时缩短。至宋代,它又开始加长。《麈史》卷上说:"挞尾始甚短,后稍长,浸有垂至膝者。今(政和时)则参用,出于人之所好而已。"不过应该说明的是,在宋代,单铊尾带还有相当数量,双铊尾带尚未居绝对优势。

图18-31 狮蛮带

(铊尾部分,南京太平门外板仓村明墓出土)

宋代推重金带,所以玉带不常见,但等级却很高。这时皇帝用排方玉带,亲贵勋旧如受赐玉带,则将銙琢成方、团两形。宋·叶梦得《石林燕语》卷七:"国朝亲王皆服金带。元丰中官制行,上欲宠嘉、岐二王,乃诏赐方团玉带,着为朝仪。先是,乘舆玉带皆排方,故以方团别之。"神宗赐二王玉带事,又见宋·王明清《挥麈录·前录》卷一、《宋史》卷一五三及河南巩县孝义镇宋·赵頵(即嘉王)墓志[84],可见此项赏赉之非同寻常。但这时的歌舞伎乐人却也有在便服上系排方玉带的[85];封建时代中,若干物质文化现象常常并不像制度规定的那么整齐划一。因此宋墓偶或也出玉带具。江西上饶南宋建炎四年（1130年）墓所出人物纹玉带具共九件，包括方銙七件、有孔的桃形銙一件、铊尾一件[86]（图18-22:20~22）；除未见带扣外，和吕师孟墓所出荔枝纹金带具中的种类相同。安徽安庆棋盘山元大德五年（1301年）墓所出玉带具，包括方銙八件和有孔的桃形銙一件。在博物馆藏品中也见过多件方銙和一件有孔的桃形銙相组合的，应是当时的通例。这时的方銙上不穿孔（即古眼），可见这时已不在方銙下系物。《麈史》说："至和、皇祐间为方銙无古眼。"则其消失的时间在北宋前期。另外，当时还将有孔的桃形銙横装在带鞓上，和唐代将尖拱形銙作竖向装置的方式有别。辽开泰七年（1018年）陈国公主墓中的带具，正处在古眼消失的前夕，故式样繁多。而且因为是特制的随葬品，用银片作带鞓，所以给桃形銙的装置方式保留下了清楚的例证[88]。大致说来，当革带下垂多条鞢韏、杂佩诸物之制盛行的时候，銙的装法并不统一。如内蒙古赤峰大营子辽驸马赠卫国王墓出土的革带，带鞓还保存着一部分，其上之桃形、有古眼和无古眼的方形金銙错综相间，似无固定的序列[89]。而当古眼消失以后，则多枚方銙与一枚横装的桃形銙之组合逐渐固定。因此可将这种组合作为单带扣·单铊尾带具之第Ⅲ型（图18-22:23~29）。至于只装无孔方銙之带具则可列为其第Ⅳ型（图18-22:30、31）。但它的出现并不一定晚于Ⅱ型和Ⅲ型，因为早在唐代已有Ⅳ型带具的标本，它应是自唐代中期以来一直存在的一种简化的形式。

宋代在金、玉带之外，还特别重视通犀带。犀角本为棕褐或黑褐色，其中有一缕浅色斑纹贯通上下的名通犀，用它制作的带具在唐代已经很名贵[90]。但宋代的通犀带銙尤其注意这种浅斑所形成的自然花纹。宋·何薳《春渚纪闻》记一通犀銙中有形如"翔龙"；宋·袁褧《枫窗小牍》所记有"龙擎一盖"；宋·岳珂《桯史》所记有"寿星扶杖"；金·元好问《续夷坚志》所记则有"鹿衔花"。这样的带銙计价钜万，十分罕见，当时我国南北方的统治者均着意搜求。《挥麈前录》记韩似夫使金，"见金主所系犀带倒透，中正透如圆镜状，光彩绚目"。使得宋使也认为是稀有之珍物了。

革带一般只在腰间束一条，是为常制。但宋、元时有在身前束腰之带上再加一带者，上面之带名看带或义带，下面的仍称束带。宋·孟元老《东京梦华录》卷六记皇帝亲从官的装束有"看带、束带"；同书卷七记百戏演员也"系锦绣围肚看带"。宋·陈长方《步里客谈》卷下说："承平时，茶酒班殿侍系四五重颜色裹肚。……今不复系如许裹肚，但有义带数条耳。"成都宋·张确墓出土的陶俑就有在束带上再加看带者[91]（图18-32）。

图18-32　宋代的看带
（成都宋·张确墓出土陶俑）

又唐、宋品官公服所系单铊尾带，皆将方銙施于背后，胸前裸露带鞓。《宋史·王旦传》说："有货玉带者，弟以为佳，呈旦。旦命系之，曰：'还见佳否？'弟曰：'系之安得自见？'旦曰：'自负重而使观者称好，无乃劳乎！'"可证。但这时的双铊尾带却在腰前遍装带銙。北宗仁宗皇后像中的宫女、河北宣化辽墓壁画中的乐工所系之带均如此[92]。至金代，这种装銙方式已形成制度。《金史·舆服志》说："銙，周鞓，小者置于前，大者施于后。"金人重视玉带，记载中明确说他们的带"玉为上"。金代女真贵族继承辽代四时捺钵的习俗，春蒐秋狝，所以在其玉带具上曾有"春水、秋山之饰"[93]。春水的图案内容是春蒐时纵鹘攫天鹅，秋山的内容是秋狝时在山林中射熊及鹿。近年已经识别出传世文物中的鹘攫天鹅纹玉铊尾有金代之物，为鉴定金代的带具找到了一项标准。

明代也重视玉带，"蟒袍玉带"是这时显赫的装束。玉带具成为当时的宝货，在大官僚聚敛的财物中，玉带是重要的一宗，籍没朱宁时，清点出的玉带竟达二千五百条[94]。建国后，经科学发掘的明墓为数不少，墓主的身分从平民、高官、亲王直到皇帝，因而出土了一大批玉带具，式样繁多。南京洪武四年（1371年）汪兴祖墓出土的金镶玉高浮雕云龙纹带具，琢制精巧，与《水浒全传》第八〇回所描写的"衬金叶、玉玲珑、双獭尾"玉带颇接近。江西南城崇祯七年（1634年）朱由木墓出土的镂空透雕玉銙，应属于玲珑玉带一类。明·刘若愚《明宫史》水集说宫内所用玉带："冬则光素，夏则玲珑。"其所以如此，或即从玲珑带透空通气这一点上着眼。再者，玉带还有宽窄的区别。宋代的玉带以"稻"作为宽度的单位，如陆游《老学庵笔记》卷七说："王荆公所赐玉带，阔十四稻，号玉抱肚。"但其具体度量方法不详。辽宁鞍山倪家台明代崔氏墓地出土的带銙，宽6.3、5.3、3.1厘米不等，最宽的一种与江西南城明·朱翊钶墓所出宽6厘米的玉銙相近[95]。明代称玉带之阔者为"四指"带[96]，四指正合6厘米许。江苏泰州明·徐蕃夫妇墓出土的腰带，男带宽6厘米，女带宽5厘米[97]。一般说来，女带较窄。《天水冰山录》中并将"女带"特地标出，有"阔女带"、"中阔女带"、"窄女带"和"极窄女带"。不过出土的带銙中，哪些属女带，还当结合花纹等情况作具体分析。这时双铊尾带已成为通用的服制，往往在铊尾的正背两面铸出同式花纹。上述鞍山崔氏墓出土的铜铊尾且有和带扣铸成一体的，表明这时的铊尾已与腰后那段革带相脱离，变成全无实用意义的附属品了。定陵出土的玉带也不在两铊尾处系结。其腰前之带鞓分成两截，于三台之居中的大带銙背面装插销座，而于此銙右侧之较窄的带銙背面、即另一截带鞓之前端装舌形簧；系带时将簧插入座内卡住便可[98]（图18–33）。

南北朝时革带带鞓的颜色似尚无定制，北齐·娄睿墓壁画中的人物杂用红、黑鞓。唐代冕服上的带鞓为白色，常服上的带鞓多为黑色。宋·庞元英《文昌杂录》卷五说："唐朝帝王带虽犀、玉，然皆黑鞓，五代始有红鞓。潞州明皇画像，黑鞓也，其大臣亦然。……不知红鞓起于何时也。"莫高窟130窟盛唐壁画中晋昌郡太守乐廷瓌的带为黑

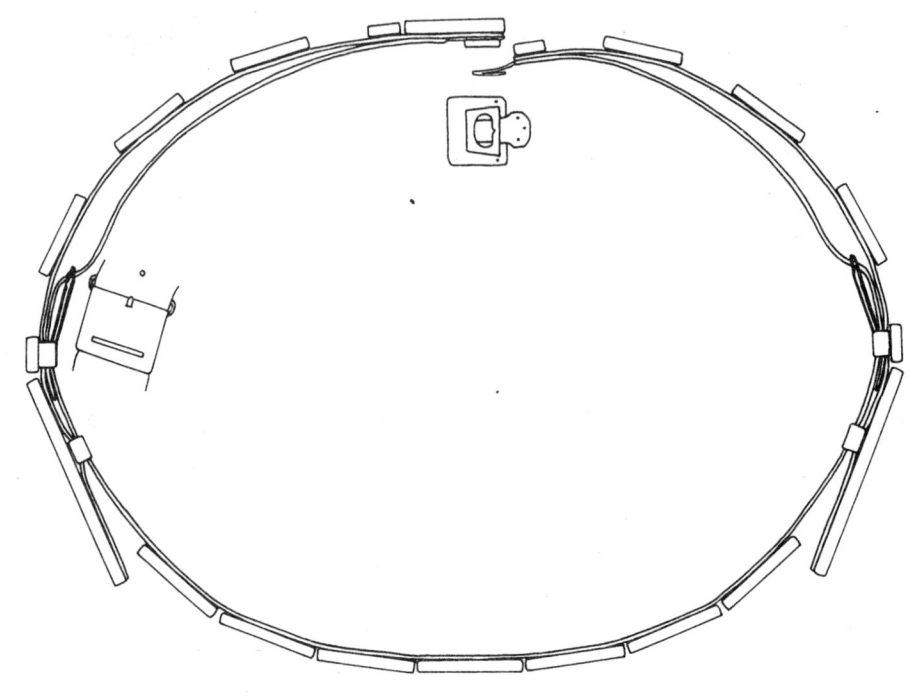

图 18-33　明式玉带扣结法

（明定陵出土玉带，在"三合"处用卡具括结，两铊尾前的带扣只用于调节腰带的长度）

鞓，可证庞说。但李贺诗已有"玉刻麒麟腰带红"之句[99]，莫高窟 20、156 窟晚唐壁画中的供养人亦用红鞓，可见唐代中、晚期常服用红鞓的渐多。宋代则规定四品以上和四品以下但已赐紫、绯的官员可用红鞓[100]。至明代，臣僚之带又不许用红鞓。《明史·耿炳文传》："燕王称帝之明年，刑部尚书郑赐……劾炳文衣服器皿有龙凤饰，玉带用红鞓，僭妄不道。炳文惧，自杀。"是其例。所以明人画像中的带鞓多为黑色或深蓝色。不过，自宋代以降，带鞓也有全以布帛制作、未垫革胎的，但其规格和革带一脉相承，所以本文也就一并加以叙述了。

明代皇帝的玉带除双铊尾外，有装銙二十二枚的。臣僚的玉带装銙十八枚，连同铊尾共二十枚。明·方以智《通雅》卷三七"鞶带"条说："今时革带，前合口曰三台，左右各排三圆桃。排方左右曰鱼尾，有辅弼二小方。后七枚，前大小十三枚。"据朝鲜学者于元代撰写、明初增补的汉语会话读本《朴通事》所记，三台又称"三台板儿"；左右三圆桃合称"南斗六星板儿"；辅弼二小方称"左辅、右弼板儿"；腰后的七枚排方称"北斗七星板儿"[101]。清初叶梦珠《阅世篇》也说，明代"腰带用革为质，外裹青绫，上缀犀玉花青金银不等。正面方片一，两傍有小辅二条，左右又各列三圆片，此带之前面也。向后各有插尾，见于袖后。后面连缀七方片以足之。带宽而圆，束不着腰；圆领两胁各有细钮贯带于巾而悬之，取其严正整饬而已"。出土的明代整套带具亦多为此制。但装上十八枚銙以后，带子已相当长，官员们的腰腹往往不称此带围，所以不仅不严整，反而松垮地拖在腰间（图18-34）。原本为束腰之用的革带，这时已然变成累赘的装饰品。清代将革带紧系在补褂之内，虽然带上也有方圆四枚带板，但入朝时一般不外露，所以此物在人们心目中的重要性也就有所降低了。

元、明的绦带和绦环

在金、玉带日益制度化的过程中，它逐渐退出日常生活，成为官服的一部分。明人所绘《南都繁会图》里的店招上乃径称之为"官带"。从而在官员燕居时，或者在根本不穿官服的人们那里，遂系绦带。明代《脉望馆古今杂剧》的"穿关"中，官员多为"补子圆领，带"，平民则是"茶褐直身，绦儿"。

图18-34　明·沈度像

这种情况在南宋时已不罕见，吴自牧《梦粱录》卷一三记叙杭州市肆名家，在沙皮巷就有陈家绦结铺，即绦带的专卖店。系绦带时固然可以将两端直接缚结，但也可以装上带钩勾括起来。绦带上的带钩称绦钩，其环称绦环。南宋的绦环已出现精美之品，《西湖老人繁胜录》"七宝社"条所记有"玉绦环"。《元史·伯颜传》说："伯颜之取宋而还也，诏百官郊迎以劳之。平章阿合马先百官半舍道谒，伯颜解所服玉钩绦遗之。且曰：'宋宝玉固多，吾实无所取，勿以此为薄也。'"伯颜从南宋获取之玉钩绦应即一套玉绦钩和绦环，惟南宋的实例未见，此物到元代才多起来。《元史·舆服志》中虽有皇帝戴衮冕、高官戴貂蝉笼冠等记载，仿佛这时宫廷中仍袭用前朝旧制，实际上并非如此。试看元代所绘皇帝御容，完全是一派蒙古风貌，如果让一位剃"婆焦"、垂"不狼儿"的皇帝戴上冕旒，则未免滑稽。故上述《舆服志》的记载，大概与现实尚有一定距离。对民间而言，元代虽不禁汉人、南人穿汉装，但包括中原地区在内的城市居民之衣着实受到蒙古服式的强烈影响。这时男子多"顶笠穿靴"，外衣一般由贴里、比甲、搭护等组成；于是绦带更大行其时。元曲《包待制陈州粜米》中妓女王粉莲不认得包拯，要请他看大门，对他说："好老儿，你跟我家去，我打扮你起来，与你做一领硬挣挣的上盖，再与你做一顶新帽儿，一条茶褐绦儿。"正是当时老年人的打扮。其中提到的茶褐绦儿，在朝鲜的另一种汉语读本《老乞大》中也曾出现，那里所列朝鲜商人买进的货物中就有"茶褐栾带一百条"，可见它是一宗日常用品。山西大同元·冯道真墓出土了一条丝绦带，其上装铜钩和玉环，铜钩长5厘米，而玉环长11.2厘米，环比钩要大，也比钩更眩眼[102]。绦带之钩有做得很讲究的。甘肃漳县元·汪世显家族墓中所出丝绦带上装玉绦钩[103]。江苏无锡元·钱裕墓也出玉绦钩，长7.4厘米，且在琵琶形的钩体上镂出高浮雕的荷叶莲花纹。其环呈椭圆形，长8.3厘米，比钩稍大，环上镂空透雕海东青擭天鹅纹[104]。出土时二者已经分离，经无锡市博物馆徐琳组合复原[105]（图18-35）。北京故宫博物院也藏有此式元代玉绦环，也在绦钩上饰以高浮雕的花纹[106]。后来，匠师遂打破常规，不再拘泥于一钩一环的格式，而将钩、环改成对称的部件，当中互相套接之处也设计成适合的图形，括结装置隐于背后，正面的造型浑然一体，使之从环和钩的模式中解脱出来，却统称为绦环。这是元代工艺美术的新创造，北京故宫亦藏有其实例（图18-36）。

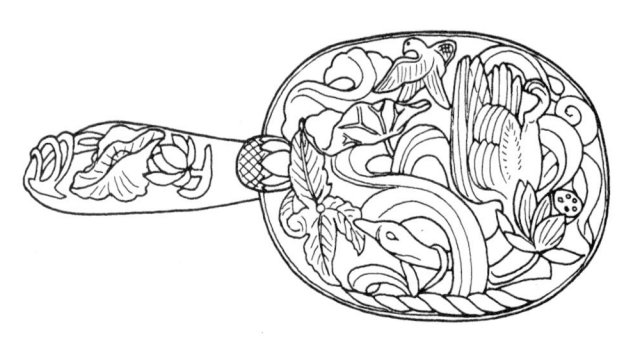

图18-35 元·钱裕墓出土玉绦环

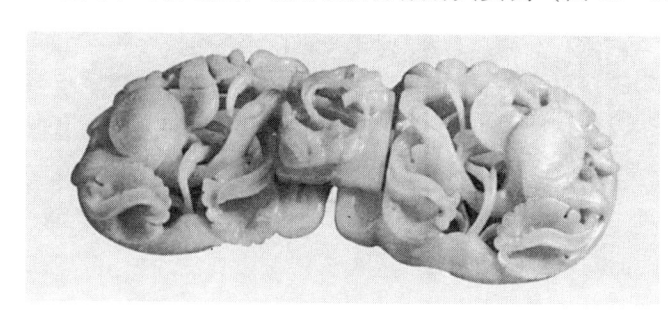

图18-36 元代的玉绦环

元代绦环除以玉琢制者外，还有其他各类珍品，表明系服者已不尽是平民。《老乞大》中说一富家子弟注重穿着："系腰也按四季：春里系金绦环；夏里系玉钩子，最低的是菜玉，最高的是羊脂玉；秋里系减金钩子，寻常的不用，都是玲珑花样的；冬里系金厢宝石闹装，又系有棕眼的乌犀系腰。"玉制的且不说，金的和鎏金的绦环当时也不在少数；《元史·舆服志》说宫廷之仪卫等员都用鎏金绦环。而在这里面，特别值得注意的是"金厢宝石闹装"的绦环。《老乞大》的"集览"中说闹装是"用金石杂宝装成为带者"。元以前，我国所产宝石的品种不多。元代自域外输入多种宝石。元·陶宗仪《南村辍耕录》卷七"回回石头"条记载颇详，他举出的外来宝石，有红色的剌子（红宝石），绿色的助木剌（祖母绿），各色鸦鹘（电气石）及含活光的猫睛等。在我国使用宝石的历史上，可以毫不夸张地说，元代进入了一个空前繁荣的新阶段。这时在举行只孙宴的场合，如元·柯九思《宫词》中说："千官一色真珠袄，宝带攒装稳称腰。"元·周伯琦《近光集》卷一也说，与会者"服所赐只孙珠翠金宝衣冠腰带"。马可·波罗则说，参加只孙宴的官员，穿的"衣服皆出汗赐，上缀珍珠宝石甚多"。这些衣饰中很可能包括闹装绦环,可惜至今尚未发现元代的实物。

直到明代,在定陵出土的文物中才见到真正的闹装绦环。这里共出此类绦环十四件,其中编号 W76 的那一件还连接在绦带上。带为丝编,棕色,双层,一端有穗,另一端已残,它和《陈州粜米》中提到的"茶褐绦儿"或有近似之处。发掘报告将这里的绦环皆称为"镶珠宝金带饰",其实与《天水冰山录》所载绦环之名称相较,有的几乎若合符契。比如定陵之 W182 号"云头形金带饰",正面中心嵌白玉团龙,两端嵌红、蓝宝石和珍珠,背面累花丝(图 18-37);审其形制,岂不正和《天水冰山录》所记之"金厢玉云龙累丝绦环"极近吗?再如 W181 号"三菱形金带饰"(图 18-38);其所称三菱形按传统的叫法应为"叠方胜",则又和《天水冰山录》之"金厢玉叠方胜宝石绦环"极近。W185 号呈心字形,正面嵌猫睛石与红、蓝、绿、白色的宝石及珍珠(图 18-39);又和所记"金厢猫睛心字祖母绿珠绦环"极近。就连造型并不奇特的 W37 号"长条形金带饰",在《天水冰山录》中也能找到一个更适合它的"金厢摺丝珠宝长样绦环"的名字。有了《天水冰山录》的记载,它们的名称和用途遂均得以确认⑩。不

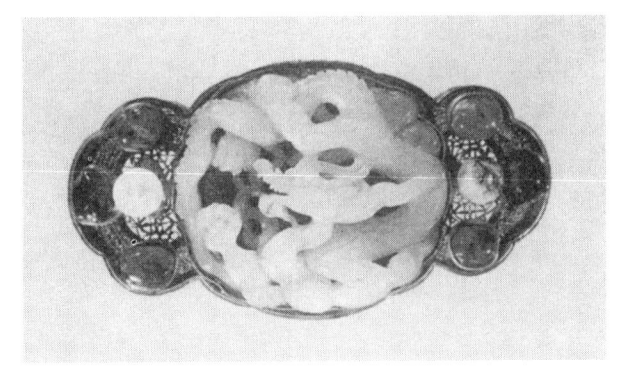

图 18-37 定陵出土龙纹闹装绦环

图 18-38 定陵出土叠方胜纹闹装绦环

图 18-39 定陵出土心字纹闹装绦环

过这些绦环已不再由几部分组成,它们都是一个整体,只在背面设两个钮或两个穿,用

来和套在绦带的卡子相括结，以控制腰带的长短。它们的工艺水平诚如发掘报告所作评价："全为花丝镶嵌，做工极细，造型多样，构图新颖；同一类型之中，又富于变化。底托多做成双层，更显凝重；其上镶嵌珍珠宝石，五光十色，富丽多彩，璀璨闪光，实为瑰宝。"在明代宫廷绘画《宣宗行乐图》和《宪宗元宵行乐图》中，大批太监均系装绦环的绦带，其中有的还可能就是闹装绦环。在一幅《宪宗调禽图》中，成化皇帝和一名小太监的绦带上系闹装绦环，另一名太监腰间为白玉绦环（图18-40）。

图18-40　明《宪宗调禽图》　　　　图18-41　清《情殷鉴古图》

绦环在清代依然行世，可是由于服制的变化，它的使用范围较前缩小，闹装绦环已不多见。故宫所藏《情殷鉴古图》中的道光皇帝，身穿蓝色便服，腰系黄色绦带，装白玉绦环，形制上未见创新之处，只不过更长、花纹更复杂而已（图18-41）。南宋时出现的绦环至此乃接近尾声，更晚的实例颇罕；既便有，也多为仿品，仅供玩赏，意义就又自不同了。

注　释

① 《旧唐书·舆服志》："东京帝王，尔雅好古，明帝始命儒者考曲台之说，依《周官》五辂六冕之文，山龙藻火

② 之数，创为法服。"《后汉书·明帝纪》："二年春正月辛未，宗祠光武皇帝于明堂，帝及公卿列侯始服冠冕、衣裳、玉佩、绚屦以行事。"则法服即上衣下裳之礼服。

② 《礼记·玉藻》："韠，君朱，大夫素，士爵韦。"郑玄注："朝服用韠，祭服用韨。"《释名·释衣服》对韠韨则不加区分，谓："韨，韠也；韠，蔽膝也，所以蔽膝前也。"

③ 《左传·闵公二年》："大子（晋太子申生）帅师，公衣之偏衣，佩之金玦。"杨伯峻注："偏衣，《晋语》一亦作'偏裻之衣'。裻，背缝也，在背之中，当脊梁所在。自此中分，左右异色，故云偏裻之衣，省云偏衣。"武昌义地出土俑正着左右异色之偏衣。

④ 《后汉书·舆服志》刘注引《东观书》："永平二年正月，公卿议春南北郊。东平王苍议曰：'……光武受命中兴，建明堂，立辟雍。陛下以圣明奉遵，以礼服龙衮祭五帝，礼缺乐崩，久无祭天地冕服之制。按尊事神祇，絜斋盛服，敬之至也。日月星辰，山龙华藻，天王衮冕十有二旒，以则天数。……天地之礼，冕冠裳衣，宜如明堂之制。'"

⑤ 《礼记·杂记》："公袭卷衣一，……朱绿带，申加大带于上。"郑注："朱绿带者，袭衣之带，饰之杂以朱绿，异于生也。此带亦以素为之。申，重也，重于革带也。革带以佩韨。必言重加大带者，明有变必备此二带也。"

⑥ 引自朱德熙、裘锡圭：《信阳楚简考释》，《考古学报》1973年第1期。

⑦ 山东烟台地区文管组：《山东蓬莱县西周墓发掘简报》，《文物资料丛刊》3，1980年。

⑧ 洛阳出土者，见《洛阳中州路（西工段）》页103，科学出版社，1959年。淅川出土者，见河南省丹江库区文物发掘队：《河南省淅川县下寺春秋楚墓》，《文物》1980年第10期。湘乡出土者，见湖南省博物馆：《湖南韶山灌区湘乡东周墓清理简报》，《文物》1977年第3期。宝鸡出土者，见宝鸡市博物馆、宝鸡市渭滨区文化馆：《陕西宝鸡市茹家庄东周墓葬》，《考古》1979年第5期。怀柔出土者，见北京市文物工作队：《北京怀柔城北东周两汉墓葬》，《考古》1962年第5期。

⑨ 临淄出土者，见山东省博物馆：《临淄郎家庄一号殉人墓》，《考古学报》1977年第1期。凤翔出土者，见吴镇烽、尚志儒：《陕西凤翔高庄秦墓地发掘简报》，《考古与文物》1981年第1期。

⑩ 湖北江陵望山2号墓出土的遣策上也提到革带、玉璜、玉钩和环（《文物》1966年第5期，图版24），其钩、环亦应附属于革带，而不是系佩饰用的。

⑪ 马得志、周永珍、张云鹏：《一九五三年安阳大司空村发掘报告》，《考古学报》第9册，1955年。

⑫ 郭宝钧：《山彪镇与琉璃阁》页49，科学出版社，1956年。

⑬ 原田淑人：《汉六朝的服饰》页135，插图35，东京，1937年。

⑭ 北方草原民族地区已发现之最早的带钩，见辽宁喀左南洞沟石椁墓（《考古》1977年第6期）。参看王仁湘：《古代带钩用途考实》，《文物》1982年第10期。

⑮ 包尔汉、冯家昇：《"西伯利亚"名称的由来》，《历史研究》1956年第10期。

⑯ 江上波夫：《师比並びに郭落带に就きて》，《东方学报》（东京）2，1932年。

⑰ 湖北省文化局文物工作队：《湖北江陵三座楚墓出土大批重要文物》，《文物》1966年第5期。

⑱ 中国科学院考古研究所：《上村岭虢国墓地》页22～23，图版23、52、57，科学出版社，1959年。此类带具还有黄金制品。上村岭2001号虢国墓出土一套共十二件，其中一件三角形饰、一件方环、三件兽面、七件圆环（《华夏考古》1992年第3期）。山西曲沃曲村I11M8号晋侯墓出土一套共十五件，其中也有一件三角形饰，但方环为二件，兽面为一件，式样不同的圆环则有十一件（《文物》1994年第1期）。由于三角形饰的存在，可知以上两处的带具与上村岭1706号墓所出者属于同类，然而其安装方式与功能尚不明。

⑲ 内蒙古文物工作队：《毛庆沟墓地》，载《鄂尔多斯式青铜器》，文物出版社，1986年。

⑳ К. Акишев, А. Акишев, *Древнее золото Казахстана*. с.39 – 41, 64 – 126. Алма-Ата, 1983.

㉑㉗ 中国社会科学院考古所内蒙古工作队：《内蒙古敖汉旗周家地墓地发掘简报》，《考古》1984年第5期。田广金、郭素新：《内蒙古阿鲁柴登发现的匈奴遗物》，《考古》1980年第4期。

㉒ 《スキタイ黄金美术展》图37，日本放送协会，1992年。

㉓㊵ С. И. Руденко, *Сибирская коллекиия Петра*. I табл. 8, 9. Москва-Ленинград, 1962.

㉔㉘ 宁夏文物考古研究所等：《宁夏同心倒墩子匈奴墓地》，《考古学报》1988年第3期。

㉕ 广州市文物管理委员会、广州市博物馆:《广州汉墓》下册，图版35，文物出版社，1981年。广州市文物管理委员会、中国社会科学院考古研究所、广东省博物馆:《西汉南越王墓》上册，页165~166，文物出版社，1991年。

㉖ 朱捷元、李域铮:《西安东郊三店村西汉墓》，《考古与文物》1983年第2期。扬州市博物馆:《扬州西汉"妾莫书"木椁墓》，《文物》1980年第12期。

㉙ 程长新、张先得:《历尽沧桑重放光华》，《文物》1982年第9期。

㉚ 伊克昭盟文物工作站、内蒙古文物工作队:《西沟畔匈奴墓》，《文物》1980年第7期。

㉛ 见注㉑所揭文。又李学勤:《东周与秦代文明》页274~276，文物出版社，1984年。

㉜ 广州所出者，见《考古》1984年第3期，页228（未发图像)。满城所出者，见《满城汉墓发掘报告》上册，页142。阜阳所出者，见《文物》1978年第8期。长沙所出者，见《文物》1979年第3期。扬州所出者，见《文物》1980年第12期。徐州所出者，见《文物》1984年第11期。西安所出者，见《考古与文物》1983年第2期。成都所出者，见《考古与文物》1983年第2期。平乐所出者，见《考古学报》1978年第4期。

㉝ 狮子山楚王陵考古发掘队:《徐州狮子山西汉楚王陵发掘简报》；邹厚本、韦正:《徐州狮子山西汉墓的金扣腰带》，均见《文物》1998年第8期。

㉞ 《太平御览》卷六九六。

㉟ 安徽省文物工作队:《安徽舒城九里墩春秋墓》，《考古学报》1982年第2期。湖南省博物馆:《长沙浏城桥一号墓》，《考古学报》1972年第1期。

㊱ 山彪镇出土者，见《山彪镇与琉璃阁》页35，该书称之为卡环。中州路出土者，见洛阳博物馆:《洛阳中州路战国车马坑》，《考古》1974年第3期，此方策出土时还在束靳带的原位置上。

㊲ 无扣舌和穿孔的虎纹带头见E.C. Bunker, C.B. Chatwin, A.R. Farkas, "*Animal Style*" *Art From East to West*. pl. 49. New York, 1970. 接上半个圆形带镝者，见韩孔乐等:《宁夏固原近年发现的北方系青铜器》，《考古》1990年第5期；刘得祯、许俊臣:《甘肃庆阳春秋战国墓葬的清理》，《考古》1988年第5期。

㊳(57) 内蒙古文物工作队:《内蒙古陈巴尔虎旗完工古墓群清理简报》，《考古》1965年第6期。

㊴ 《考古》1984年第5期，页424。

㊶ 钟侃、韩孔乐:《宁夏南部春秋战国时期的青铜文化》，载《中国考古学会第四次年会论文集》，文物出版社，1983年。

㊷ 郑隆:《内蒙古札赉诺尔古墓群调查记》，《文物》1961年第9期。吉林省文物考古研究所:《榆树老河深》页64~66，文物出版社，1987年。

㊸ 秦俑考古队:《秦始皇陵二号铜车马清理简报》，《文物》1983年第7期。始皇陵秦俑坑考古发掘队:《秦始皇陵东侧第二号兵马俑坑钻探试掘简报》，《文物》1998年第5期。

㊹ 中国社会科学院考古研究所、河北省文物管理处:《满城汉墓发掘报告》上册，页119，文物出版社，1980年。广林壮族自治区文物工作队:《广西西林县普驮铜鼓墓葬》，《文物》1978年第9期。

㊺ 汉代车马具中的小带扣，扣虽小，前部的穿孔却较大，表明系结时无须再另加一条窄带。

㊻ 云南省博物馆:《云南晋宁石寨山古墓群发掘报告》图版107，文物出版社，1959年。

㊼ 朝鲜民主主义人民共和国社会科学院考古研究所田野工作队:《考古学资料集》5，平壤，1978年。

㊽ 韩翔:《焉耆国都、焉耆都督府治所与焉耆镇城》，《文物》1982年第4期。町田章:《古代东アジアの装饰墓》口绘2，京都，1987年。

㊾ 河北省文物研究所:《河北定县40号汉墓发掘简报》，《文物》1981年第8期。

㊿ 南京博物院:《江苏邗江甘泉二号汉墓》，《文物》1981年第11期。定县博物馆:《河北定县43号汉墓发掘简报》，《文物》1973年第11期。

(51) 藤田亮策、梅原末治:《朝鲜古文化综鉴》卷3，图版76，天理，1959年。洛阳市文物工作队:《洛阳东关夹马营路东汉墓》，《中原文物》1982年第5期。

(52) 见注㊽之二，口绘4。

(53) 《安乡清理西晋刘弘墓》，《中国文物报》1991年8月18日。

(54) 定县博物馆:《河北定县43号汉墓发掘简报》,《文物》1973年第11期。

(55) 洛阳出土者，见河南省文化局文物工作队第二队:《洛阳晋墓的发掘》,《考古学报》1957年第1期。宜兴出土者，见罗宗真:《江苏宜兴晋墓发掘报告》,《考古学报》1957年第4期。集安出土者，见集安县文物保管所:《集安高句丽墓葬发掘简报》,《考古》1983年第4期。新山古坟出土者，见梅原末治:《金铜透彫竜纹带具に就いて》,《考古学杂志》50卷4号，1965年。

(56) 见注㉒所载 L. S. Klochko《スキタイの衣装》。

(58) 奈良县立美术馆:《シルクロード大文明展・オアシスと草原の道》图7，奈良，1988年。

(59) 见注㊽之二，页70。

(60) 梅原末治:《松尾村谷冢》，载《京都府史迹名胜天然记念物调查报告》册2，京都，1920年。

(61) 内蒙古自治区博物馆等:《和林格尔县另皮窑村北魏墓出土的金器》；伊克坚、陆思贤:《土默特左旗出土北魏时期文物》，均载《内蒙古文物考古》第3期，1984年。

(62) 伊克昭盟文物工作站、内蒙古文物工作队:《西沟畔汉代匈奴墓地调查记》,《内蒙古文物考古》创刊号，1980年。

(63) 河北省文化局文物工作队:《河北定县出土北魏石函》,《考古》1966年第5期。

(64) 《唐文粹》卷七七。

(65) 韩伟:《唐代革带考》,《西北大学学报》(哲社版) 1982年第3期。郭文魁:《和龙渤海古墓出土的几件金饰》,《文物》1973年第8期。

(66) 参看本书《两唐书舆（车）服志校释稿》【旧96】注④。

(67)(88) 内蒙古文物考古研究所:《辽陈国公主驸马合葬墓发掘简报》；孙机:《一枚辽代刺鹅锥》，均载《文物》1987年第11期。

(68) 《全唐诗》七函一〇册。

(69) 《全唐诗》八函五册。

(70) 《麈史》卷上:“方銙……其稀者目曰稀方，密者目曰排方。”

(71) 挞尾见《中华古今注》卷上“文武品阶腰带”条，獭尾见成都抚琴台前蜀王建墓出土玉带铭，插尾见《阅世编》，鱼尾见《宋史・舆服志》，皆铊尾的别名。

(72) 冯汉骥:《王建墓内出土“大带”考》,《考古》1959年第8期。

(73) 四川省博物馆文物工作队:《四川彭山后蜀宋琳墓清理简报》,《考古通讯》1958年第5期。

(74) 唐昌朴、梁德光:《江西遂川发现北宋郭知章墓》,《文物资料丛刊》6，1982年。

(75) 宋・欧阳修:《归田录》卷二。

(76) 《宋史・舆服志》。

(77) 宋・徐度:《却埽编》卷上。

(78) 江苏省文物管理委员会:《江苏吴县元墓清理简报》,《文物》1959年第11期。

(79) 宁夏回族自治区博物馆:《西夏八号陵发掘简报》,《文物》1978年第8期。

(80) 毬路带亦名毬文带。《麈史》卷上:“国朝祖宗创造金毬文带。”《宋史・吴居厚传》:“以老避位……恩许仍服方团金毬文带。”毬路、毬文，名异实同。宋・李诫《营造法式》中多用毬文之名，该书卷二一“格子门”条载“四斜毬文格子门”。宋元时，有些格子门被称为“亮槅”。《古今小说・张古老种瓜娶文女》:“韦义方把舌头舔开朱红毬路亭〔亮〕槅。”元曲《谢金吾》:“夫役每，把那金钉朱户、虬镂亮槅，拆不动的都打烂了罢!”乃以同音字“虬镂”代表毬路。可见“毬文格子门”与“毬路亮槅”所指亦同。《扬州梦》:“近雕闲，穿玉户，龟背毬楼。”则是说格子门上的棂眼有六边形的龟背与套环形的毬路。对照《法式》所载毬文图样，知其为互相络合之圆球组成的图案。许政扬《宋元小说戏曲语释》引《燕青博鱼・醉夫归》“他把我这个竹眼笼的毬楼磴折了四五根”，认为毬楼〔路〕即竹笼上的“圆孔篾纹”(《许政杨文存》页48～53)，其说至确。《法式》中的图样正与圆孔篾纹相似。虽然由于组合上的变化，毬路纹有“四斜”、“簇四”、“簇六”等多种式样，但其基本结构相同。旧说以为毬路纹指萨珊式的联珠纹，不确。

(81) 宋・蔡绦:《铁围山丛谈》卷六。

㉜ 《唐语林》卷二:"张燕公文逸而学奥,……上亲解紫拂林带以赐焉。"唐兰《〈刘宾客嘉话录〉的校辑与辨伪》(《文史》第4辑)谓此条应出自《嘉话录》。

㉝ 南京市博物馆:《江苏省南京市板仓村明墓的发掘》,《考古》1999年第10期。在革带上装带銙、铊尾等带具,虽自其悠远的渊源上说,与中亚、西亚带具有着文化上的联系,但宋以后的带具,却纯然是中国作风,西方绝无与之相近之例。方龄贵《元明戏曲中的蒙古语》(汉语大词典出版社,1991年)一书中说:狮蛮"乃'闵狮蛮'之省","为dānishmandī的对音,本义为伊斯兰教教士"。从而认为狮蛮带与回回人的装束有关。实误。狮蛮带和闵狮蛮不过用字偶同而已。

㉞ 周到:《宋魏王赵頵夫妻合葬墓》,《考古》1964年第7期。按治平四年宋神宗封弟颢为岐王,熙宁四年封弟頵为嘉王。元丰三年分别进封为雍、曹王。元丰八年哲宗即位后进封为扬、荆王。元祐三年追封頵为魏王。

㉟ 王国维:《庚辛之间读书记·片玉词条》。

㊱ 陈柏泉:《上饶发现雕刻人物的玉带牌》,《文物》1964年第2期。

㊲ 白冠西:《安庆市棋盘山发现的元墓介绍》,《文物参考资料》1957年第5期。

㊴ 热河省博物馆筹备组:《赤峰县大营子辽墓发掘报告》,《考古学报》1956年第3期。

㊵ 唐·李德裕《李文饶集·别集》卷一《通犀带赋·序》说:"客有以通犀带示余者,嘉其珍物,古人未有词赋,因抒此作。"可见通犀带并非李德裕日常服御之物。赋中谓此带銙上"芝草绕葩而猎叶,烟霞异状而轮囷",则似已注意到其自然花纹。9世纪中一位佚名的阿拉伯旅行家所著《中国印度见闻录》说:"印度各地都有犀牛……有时其角纹似人形、孔雀形、鱼形或其他花纹。中国人用来制造腰带。根据花纹的美观程度,在中国,一条的价格可达两千、三千或者更多的迪纳尔"(据穆根来等译本,中华书局,1983年)。

㊶ 翁善良、罗伟先:《成都东郊北宋张确夫妇墓》,《文物》1990年第3期。

㊷ 宋仁宗皇后像,见沈从文《中国古代服饰研究》(香港,1981年)页332。宣化辽墓壁画,见河北省文物管理处、河北省博物馆:《河北宣化辽壁画墓发掘简报》,《文物》1975年第8期。

㊸ 《金史·舆服志》。

㊹ 《丛书集成初编》本《天水冰山录》附录"籍没朱宁数"。

㊺ 南京市博物馆:《南京明汪兴祖墓清理简报》,《考古》1972年第4期。江西省文物工作队:《江西南城明益定王朱由木墓发掘简报》,《文物》1983年第2期。辽宁省博物馆文物队:《鞍山倪家台明崔源族墓的发掘》,《文物》1978年第11期。江西省文物工作队:《江西南城明益宣王朱翊鈏夫妇合葬墓》,《文物》1982年第8期。

㊻ 如《金瓶梅》中提到过"四指大宽萌(蒙)金茄南香带"(三一回)、"四指荆山白玉玲珑带"(七〇回)等。

㊼ 泰州市博物馆:《江苏泰州市明代徐蕃夫妇墓清理简报》,《文物》1986年第9期。

㊽ 中国社会科学院考古研究所等:《定陵》上册,页207,文物出版社,1990年。

㊾ 唐·李贺:《李长吉歌诗》卷三。

㊿ 《宋史·舆服志》:"四品以上服金带。以下升朝官,虽未升朝已赐紫、绯,内职诸军将校;并服红鞓金涂银排方。"

(101) 据《朴通事谚解》本,朝鲜李朝肃宗三年(1677年)边暹、朴世华刊,京城帝国大学法文学部影印,奎章阁丛书第八,汉城,1943年。

(102) 大同市文物陈列馆等:《山西省大同市元代冯道真、王青墓清理简报》,《文物》1962年第10期。

(103) 甘肃省博物馆等:《甘肃漳县元代汪世显家族墓葬简报之一》,《文物》1982年第2期。

(104) 无锡市博物馆:《江苏无锡市元墓中出土一批文物》,《文物》1964年第12期。

(105) 徐琳:《对钱裕墓出土的"春水"玉和白玉带钩的再认识》,《无锡文博》2000年第2期。

(106) 故宫博物院编:《古玉精萃》图89,上海人民美术出版社,1987年。

(107) 以上所举闹装绦环之实例,见《定陵》下册,图版123~126。

(原载《文物与考古论集》,1986年)

霞帔坠子

唐代妇女在裙衫之外着帔，帔也叫帔帛或帔子，它好像是一条很长的大围巾，但质地轻薄柔曼，从颈肩上搭下，萦绕披拂，颇富美感，故成为唐代女装重要的组成部分。及至宋代，妇女日常已不着帔。但正像若干前一时代的常服在后一时代变作礼服一样，帔帛在宋代妇女的礼服中却以霞帔的名称出现，成为一宗隆重的装饰品。这时它平展地垂于胸腹之前，与唐代帔帛之随意裹曳的着法大不相同。这和绶的演变过程有点类似。本来在汉代，绶是系印的组带，累累若若，系法并无定制，有时甚至将它塞在腰间盛绶的鞶囊里。然而到了宋代，绶却变得像一幅蔽膝，也平平展展地垂在腹前了。

霞帔一词初见于唐。白居易《长庆集·霓裳羽衣歌和微之》中有"虹裳霞帔步摇冠"之句，但这只是说舞女的帔子色艳若霞，和作为专门名称的宋代霞帔不同。服装史中有些名字世代因袭，容易混淆。比如帔帛或简称为"帔"，但这要和隋唐以前的"帔"区别开。《方言》卷四说："裙，陈魏之间谓之帔。"所以颜师古在《急就篇》的注中也说："裙即裳也，一名帔。"它与帔帛显然毫无关系。《释名·释衣服》则说："帔，披也；披之肩背，不及下也。"此处之"帔"却又不是裙裳，而指一种较短的上装了。《南史·任昉传》说其子任西华是一位不怕冷的怪人，"冬月着葛帔练裙"，传中将"帔"与"裙"对举，可见他的"帔"也是《释名》里说的那一种。本文所讨论的霞帔，上限不超过北宋，故与唐代之前的帔以及唐代的帔子等物均不相涉。

为了使霞帔平展地下垂，遂于其底部系以帔坠。宋墓中出土者为数不少。就已知的实例而言，以南京幕府山北宋墓所出金帔坠为最早。这件帔坠高8.5、宽5.7厘米，外轮廓呈心形，透雕凤凰牡丹纹（图19-1）。晚出的帔坠在外形和尺寸上与之大体相仿。如，上海宝山月浦南宋宝庆二年（1226年）谭氏墓出土的银鎏金鸳鸯纹帔坠；福建福州浮仓山南宋淳祐三年（1243年）黄昇墓出土的银卷草纹帔坠（图19-2:1）；浙江湖州龙溪三天门南宋墓出土的金卷草纹帔坠（图19-2:2）；江苏武进蒋塘5号南宋墓（此墓的年代不早于1237年，不晚于1260年）出土的三件鎏金银帔坠；江西德安桃源山南宋咸淳十年（1274年）周氏墓出土的两件鎏金银帔坠，一件透雕绣球朵带纹，上方有"转官"二字，另一件透雕竹叶纹，上方有一"寿"字；它们的轮廓均呈心形，高约6~8

厘米。此外，1993年在上海举办的中国文物精华展中，展出了安徽宣城西郊窑场宋墓出土的一件双龙纹金帔坠，高7.8厘米；其龙纹的造型甚为别致，每条龙各有三翼，尾部上扬，变成图案化的卷草纹，为前所未见①（图19-2:3）。审其形制，亦应为南宋时物。南宋的金帔坠不多，除此例之外，只在福州黄昇墓还出过一件圆形的凤纹金坠。

虽然北宋时已有帔坠的实例，但至南宋时此物才比较常见。《宋史·舆服志》也是在写"中兴"以后的南宋"后妃之服"时才提到坠子。不过，南宋后妃用的不是金帔坠而是玉帔坠。《宋史·舆服志》说："后妃大袖，生色领，长裙，霞帔，玉坠子。"过去在玉器中从未鉴定出此类玉帔坠来，今以上述金银坠子为据，通过比较，可以初步判定故宫旧藏的一件双凤纹玉饰应即南宋后妃所用玉坠子（图19-3:1）。此器著录于《中国美术全集·玉器卷》，书中定为唐物，似有可商。应当注意的是，在南宋时，霞帔坠子还没有形成严格的制度，其纹饰式样纷繁，民

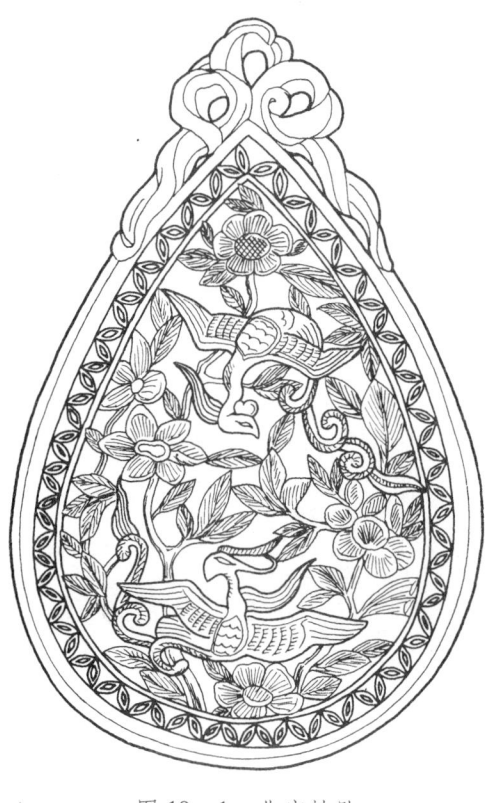

图19-1　北宋帔坠
（南京幕府山出土）

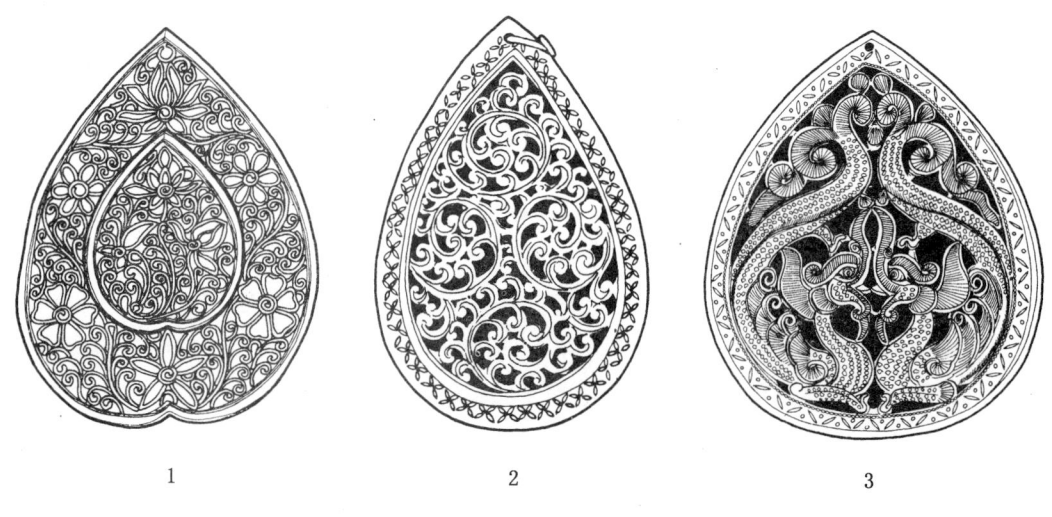

1　2　3

图19-2　南宋帔坠

1. 福建福州黄昇墓出土　2. 浙江湖州三天门南宋墓出土　3. 安徽宣城西效窑场南宋墓出土

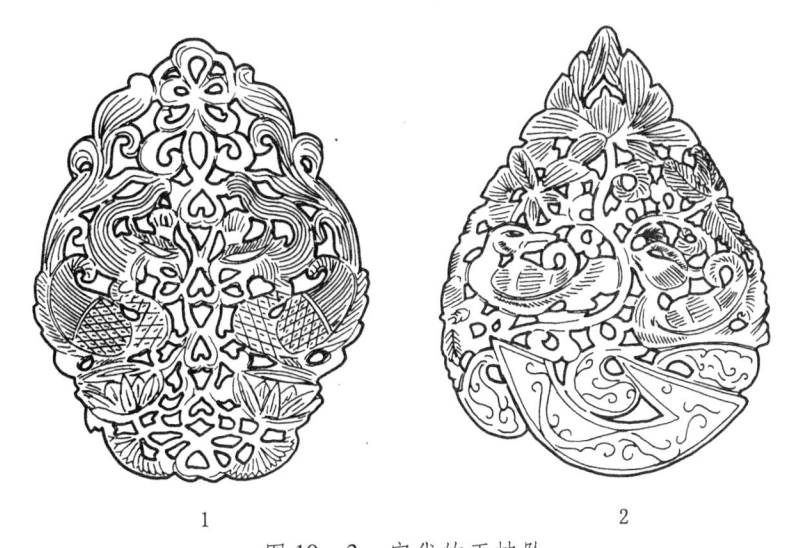

图 19-3 宋代的玉帔坠

1. 北京故宫博物院藏　2. 浙江新昌南宋墓出土

间也广泛使用。吴自牧《梦梁录》卷二○说，这时杭州嫁娶时所送聘礼，"富贵之家当备三金送之，则金钏、金鋌、金帔坠者是也。若铺席宅舍或无金器，以银镀代之。否则贫富不同，亦从其便"。

元代的帔坠在苏州虎丘吕师孟墓、安徽六安花石嘴元墓及长沙延祐五年（1318年）墓中均曾出土。前两例饰一对鸳鸯，后一例饰双龙戏珠图案，都是成对的禽兽图案，式样大体沿袭宋代之旧，而与明式帔坠的纹饰有别[②]（图19-4）。

明代的帔坠又称"坠头"，在南京板仓村明初墓、北京南苑苇子坑夏儒墓、江西南城嘉靖十八年（1539年）朱祐槟墓、上海浦东嘉靖二十三年（1544年）陆氏墓、甘肃兰州上西园正德五年（1510年）彭泽墓及安徽歙县黄山仪表厂明墓中均曾出土[③]。一般高9厘米左右。这时的帔坠有的附有挂钩，佩带时更为方便。根据黄山仪表厂明墓出土帔

图 19-4 元代帔坠

（苏州虎丘吕师孟墓出土）

图 19-5　明代服制中规定的帔坠

1. 翟纹帔坠（江苏南京板仓村明墓出土）　2. 练鹊纹帔坠（安徽歙县黄山仪表厂明墓出土）

坠上的刻文，当时将这种挂钩称作"钓圈"。《明史·舆服志》说，明代一品至五品命妇的霞帔上缀金帔坠，六品、七品缀镀金帔坠，八品、九品缀银帔坠。洪武二十四年规定：公侯及一品二品命妇的霞帔绣翟纹，三品四品绣孔雀纹，五品绣鸳鸯纹，六品七品绣练鹊纹。"坠子中钑花禽一,四面云霞文,禽如霞帔,随品级用。"则明代帔坠的纹饰中只有一只禽鸟;凡雕出对禽纹或非禽鸟纹的帔坠,倘非皇室所用,则时代均应早于明。而且还可以根据明代帔坠所饰禽鸟的品种,推测其主人的身分。如南京板仓村明墓出土的翟纹帔坠(图19-5:1),佩带者应为公侯夫人或一、二品命妇;而黄山仪表厂明墓出土的练鹊纹帔坠(图19-5:2),则是作为六、七品官员母、妻之安人、孺人等所佩带的了。

在若干考古报告中,常将帔坠称为香囊、银熏或佩饰,有时发表的图片或将心形帔坠的尖端向下倒置,可见对帔坠还存在着不少误解。此物为系在霞帔上的帔坠是有确切证据的,福州黄昇墓的金帔坠出土时尚缝在褐色绣花霞帔底端,德安周氏墓的银帔坠出土时也缝在素罗霞帔底端(图19-6)。再如《历代帝后像》中的宋宣祖后像、《岐阳王世家文物图集》中的明·朱佛女画像,也都在所佩霞帔底端系有坠子(图19-7)。但它们多是正面像,看来仿佛霞帔从颈后绕过双肩便下垂于身前。而根据明《中东宫冠服》所绘施凤纹霞帔之大衫的正、背面图,可知霞帔乃是两截,分别从大衫背后下摆底部开始向上延伸(图19-8),与唐代帔子的形制已大不相同。

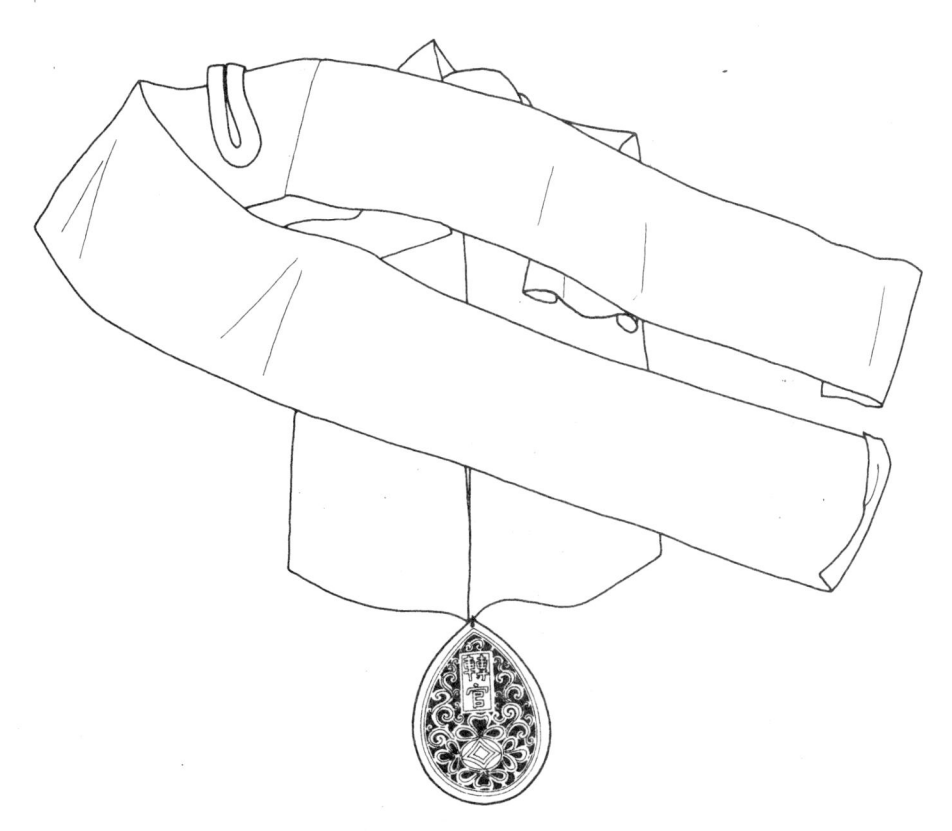

图19-6 出土时仍系在霞帔上的帔坠

(江西德安南宋·周氏墓出土)

图 19-7　明·朱佛女像

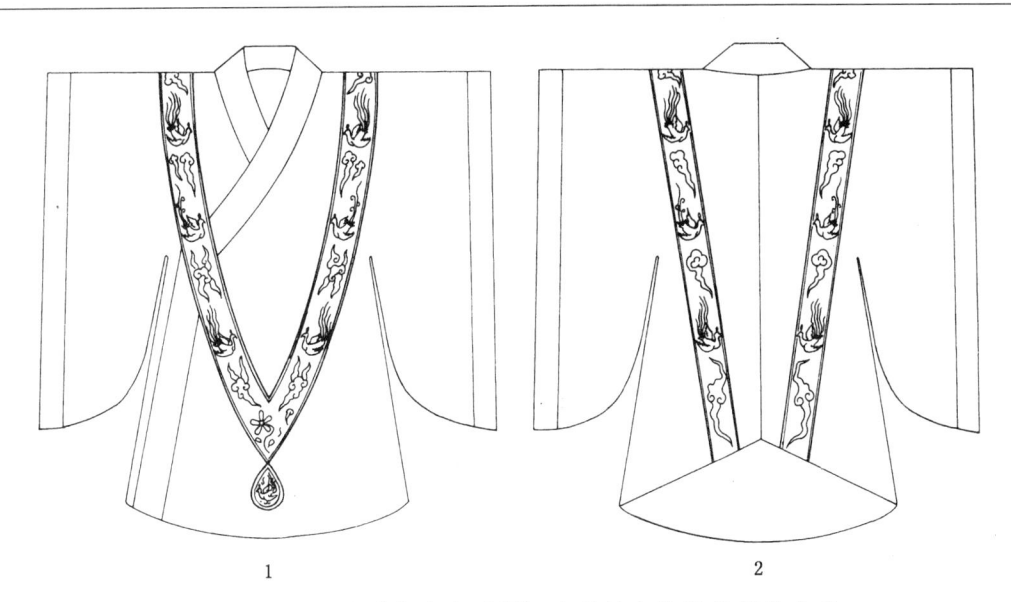

图 19-8　明刊《中东宫冠服》中霞帔与帔坠的佩带方式

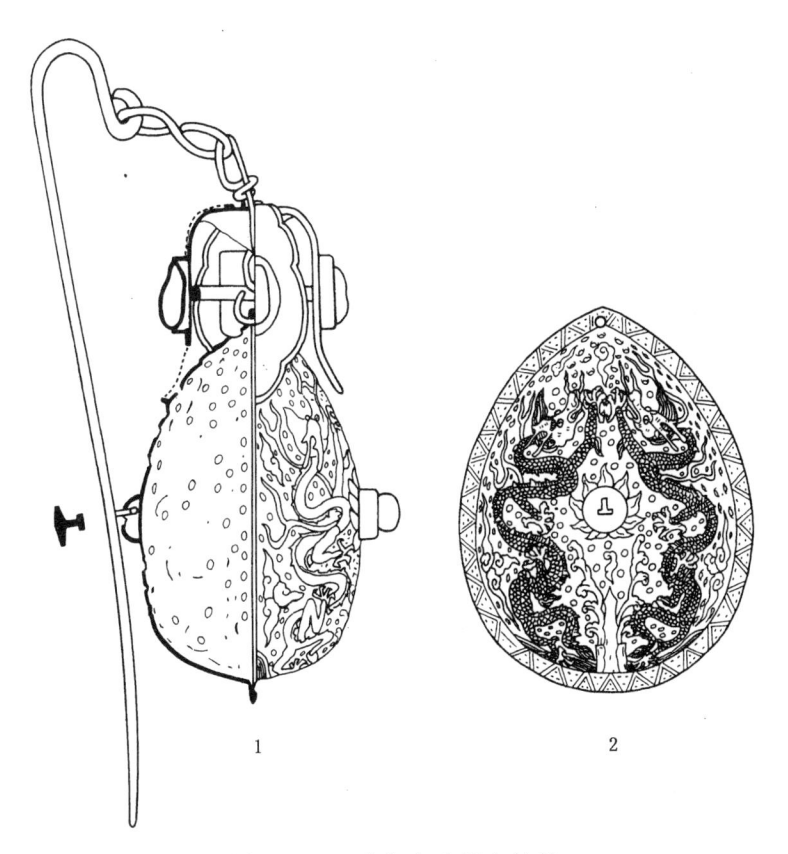

图 19-9　明代皇后用金帔坠

（北京昌平定陵出土）

已发现之等级最高的霞帔坠子出土于定陵,在其第2号和第14号器物箱内,各出分成两截的霞帔一副、金帔坠一件。坠体的轮廓亦呈心形,高9.4厘米。其与各地出土的明代帔坠相近,惟两面膨起较高,且不饰禽鸟,而是二龙戏珠纹。此坠之顶部还有四片托叶,拢合成蒂形,其上装金钩。与朱祐槟墓及黄山仪表厂明墓之帔坠上的金钩不同的是,此钩的钩首特别长,有如一根扦子,当中还装凸榫;此扦穿过霞帔底部的扣环后,可以将榫卡在坠子背面的凹槽中,如此则不易脱下(图19-9)。该帔坠不仅设计周密,而且镶嵌宝石和珍珠,堪称精美的宫廷文物。但发掘报告称之为"镶珠宝桃形香薰",还将挂钩视为"手柄",说它:"既可以拿在手中,

图19-10 明代民间自制的帔坠
(上海打浦桥明墓出土)

又可以插在腰带上随身携带。"④与实际情况就大相径庭了。

以上列举之明代帔坠,大多数是合乎制度的。定陵所出者不必说;彭泽墓出土的坠子上刻有"银造局,正德五年八月,内造"字样,亦足为证。不过官僚富户也可以自造帔坠。这在南宋已有先例,《梦粱录》言之凿凿;德安周氏墓所出带"转官"字样的帔坠,肯定不是官方规定的式样。浙江新昌南宋墓出土的一件玉帔坠,镂出鸳鸯穿花和一个"心"字⑤(图19-3:2),不禁令人忆起《小山词》"记得小蘋初见,两重心字罗衣"之句,"心字"宁有深意耶?纱罗上饰心字纹而已。但穿起两袭饰心字纹之罗衣,用心亦良苦。虽然定陵出土的绦环和耳坠都有饰以"心"字的,可是这种情思缱绻的纹样,应不会被纳入正规舆服序列之中。再如上海打浦桥明代御医顾定芳夫妇墓女棺中所出帔坠,有心形的,还有正六边形与长六边形组合而成的,均在鎏金镂花嵌宝石的银边框中镶透雕玉饰⑥(图19-10)。松江富庶,手工业发达,其制作之精巧自不待言,然而却难以将它视为明代帔坠之常制。

清代因服制的变化,出土物中已不见帔坠。这时虽尚存霞帔之名,但所谓霞帔已变成一件带方补子、下沿缝满穗子的绣花坎肩(图19-11);它的底部自然无须再系挂帔坠了。

霞帔坠子

图 19-11　清代霞帔

注 释

① 南京市博物馆：《南京幕府山宋墓清理简报》，《文物》1982年第3期。上海市文物保管委员会等：《上海古代历史文物图录》页63。福建省博物馆：《福州北郊南宋墓清理简报》，《文物》1977年第7期。湖州市博物馆：《浙江湖州三天门宋墓》，《东南文化》2000年第9期。陈晶、陈丽华：《江苏武进村前南宋墓清理记要》，《考古》1986年第3期。江西省文物考古研究所等：《江西德安南宋周氏墓清理简报》，《文物》1990年第9期。《中国文物精华》编辑委员会编：《中国文物精华·1993》图版123，1993年。

② 江苏省文物管理委员会：《江苏吴县元墓清理简报》，《文物》1959年第11期。安徽六安县文物工作组：《安徽六安花石嘴古墓清理简报》，《考古》1986年第10期。长沙市文物工作队：《长沙元墓清理简报》，《湖南文物》第3辑，1988年。

③ 南京博物院：《江苏省出土文物选集》图216。北京市文物工作队：《北京南苑苇子坑明代墓葬清理简报》，《文物》1964年第11期。江西省博物馆：《江西南城明益王朱祐槟墓发掘报告》，《文物》1973年第3期。上海博物馆：《上海浦东陆氏墓记述》，《考古》1985年第6期。甘肃省文物管理委员会：《兰州上西园明彭泽墓清理简报》，《考古通讯》1957年第1期。《中国文物精华》编辑委员会编：《中国文物精华.1997》图版105，文物出版社，1997年。

④ 中国社会科学院考古研究所、北京市文物研究所：《定陵》上册，页160、162，文物出版社，1990年。

⑤ 新昌市文管会：《浙江新昌南宋墓发掘简报》，《南方文物》1994年第4期。

⑥ 王正书：《上海打浦桥明墓出土玉器》，《文物》2000年第4期。

（原载《文物天地》1994年第1期）

明代的束发冠、䯼髻与头面

冠在先秦、西汉时本为"帣持发"之具,它是一件礼仪性的、固定在髻上的发罩,形体不大,侧面透空,与后世戴的帽子在尺寸和功能上均异其趣。及至东汉,由于衬在冠下的帻和冠结合成一整体,冠遂变大,将头顶完全遮住;尽管式样有别,但在许多方面已与帽渐次趋同。不过南北朝时,士人往往单独戴平上帻。这种帻亦名平巾,即隋唐时所谓平巾帻,它的形体也比较小,《宋书·五行志》遂称之为"小冠"(图12-10:5)。虽就渊源而言,平巾帻与冠分属不同的系统;但它也是固定在髻上的发罩,并不具有帽子的功能,笼统地叫作小冠未尝不可。然而由于唐代在常服中戴幞头,平巾帻只用于着法服的场合,一般情况下不戴。所以到了晚唐五代,日常生活中戴平巾帻的人已经很少了。但从另一个角度讲,上述过程又说明我国男子戴小冠历时悠久,长期沿袭成风。因此后世的束发冠,可以认为就是在这一传统的影响下产生的。

束发冠出现于五代,它也是束在髻上的发罩,曾被称为矮冠或小冠。宋·陶谷《清异录》卷三说:"士人暑天不欲露髻,则顶矮冠。清泰间(后唐年号,934-936年),都下星货铺卖一冠子,银为之,五朵平云作三层安置,计止是梁朝物。匠者遂仿造小样求售。"后梁时出现的这类小冠,至宋代更为流行。宋·赵彦卫《云麓漫钞》卷四:"高宗即位,隆裕送小冠,曰:'此祖宗闲居之服也。'盖国朝冠而不巾,燕居虽披袄亦帽,否则小冠。"陆游诗:"室无长物惟空榻,头不加巾但小冠。"所咏正是此物。但陆游诗又曾说:"久抛朝帻懒重弹,华发萧然二寸冠。"[①]其所谓"二寸冠"也指小冠,却用了汉代杜钦的典故。《汉书·杜钦传》:"钦字子夏,少好经书,……为小冠,高广才二寸。由是京师更谓钦为小冠杜子夏。"杜钦之冠固应为西汉式样,不过有意做得特别小而已,应与宋代小冠的形制不同。为避免和杜钦之小冠以及作为平巾帻之别名的小冠相混淆,本文将宋以后的小冠统称"束发冠"。苏辙《椰冠》诗云:"垂空旋取海棕子,束发装成老法师。"[②]可见此名称在宋代已呼之欲出。到了明代,"束发冠"在文献中就比较常见了。

宋代的束发冠可以单独戴,如宋画《折槛图》中的汉成帝、《听琴图》中的抚琴者,均只戴束发冠(图20-1)。它也可以戴在巾帽之内。一幅宋代人物画,于坐在榻上的文士巾下,清楚地透露出里面戴的莲花形束发冠(图20-2);而形制基本相同的宋代白玉

图 20-1 宋画中戴束发冠的人物
1.《折槛图》 2.《听琴图》

莲花冠曾在江苏吴县金山天平出土③（图20-3），说明图中人物的形象是写实的。可是到了明代，束发冠的地位变得很特殊。按照制度：明代入流的官员朝服戴梁冠，公服戴展角幞头，常服戴乌纱帽；士子、庶人戴四方平定巾；农夫戴斗笠、蒲笠④。虽然后来头巾的式样繁多，但束发冠仍是逸出礼数之外的。明·刘若愚《明宫史〔水集〕·束发冠条》说："其制如戏子所戴者。"径谓此冠如戏装；无论如何不能算是恭维的话。实际上除了道士、庙里塑的神像、戏台上的若干角色外，明代极少有人会在公众场合中把自己打扮成这般模样。上文所述吴县金山出土的那类冠，这时已成为神仙仪饰的特征。如明·赵琦美《脉望馆抄校本古今杂剧·马丹阳三度任风子》中之"东华仙"，戴的就是"如意莲花冠"。所以像《红楼梦》第三回，贾宝玉一出场就"戴着束发嵌宝紫金冠"，一副吉祥画中"麒麟送子"的派头，正是作者"将真事隐去"，把人物和清代的现实拉开距离的笔法。诚如邓云乡先生所说，这是"戏台上最漂亮的戏装，不很像《凤仪亭》中戏貂蝉的吕布吗"？其见解十分深刻，殆不可易⑤。因为莫说曹雪芹之时，就是明代的男子也只能把束发冠掩在巾帽之下，所沿袭的仍是宋代在巾下戴小冠的那种作风，不这样戴就显得很不随俗。在图像资料中，虽然巾下的束发冠不易表现，但如四川平武报恩

图 20−2　在头巾下戴莲花冠的宋代人物

寺万佛阁明代壁画、山西右玉宝宁寺明代水陆画,乃至万历刻本《御世仁风》的版画中,都能看到这样的例子,其中有些还画得十分具体⑥(图 20−4)。故当时戴束发冠要达到的效果是:半彰半隐,似隐犹彰。它是男子首服中虽不宜公开抛露又不愿完全遮起的一份雍雅与高傲。

既然如此,所以明代束发冠的数量不是很多,《天水冰山录》中清点出来的金厢束

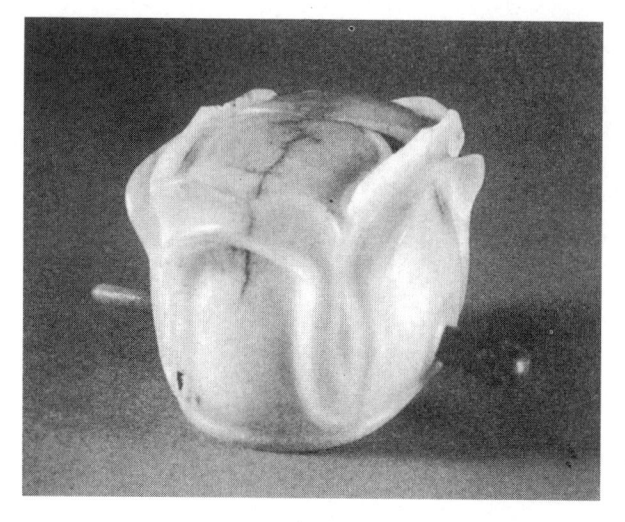

图 20-3 宋代的白玉莲花冠

发冠、玉冠、水晶冠、玛瑙冠、象牙冠等一共十七件，而玉带、各色金厢带的总数却达三百二十六条，可见束发冠不像玉带之类，是一套隆重的官服中必备之物。不过严嵩府上的金、玉束发冠，当年虽是在炫耀富贵，但此物毕竟还有风雅的一面。明·文震亨《长物志》称："铁冠最古，犀、玉、琥珀次之，沉香、葫芦又次之，竹箨、瘿木者最下。"以上两方面的情况在出土物中都能得到印证。

图 20-4 罩在头巾下的束发冠

1. 山西右玉宝宁寺明代水陆画　2. 四川平武报恩寺明代壁画　3. 明刊本《御世仁风》中的版画

已出土的明代束发冠，有金、银、玉、玛瑙、琥珀、木诸种。金束发冠之最早的一例见于南京中华门外郎家山明初宋晟用墓，阔7.8、高4厘米，两侧有穿孔，可贯簪以使之固定⑦（图20-5:1）。此冠顶部有五道梁状凸线，系作为装饰，并无朝服之梁冠上的梁所具有的代表等级的用意。因为如江西南城株良乡万历二十一年（1593年）某代益王墓中出土的金束发冠，阔7、高6厘米，却只压出四道梁，与郡王的身分无从比附⑧。又南京江宁殷巷天启五年（1625年）沐昌祚墓出土的金束发冠，阔10.9、高4.5厘米，冠顶压出六道梁。沐昌祚袭封黔国公，而"公冠八梁"⑨；可见其束发冠之形制亦与朝服中的梁冠无涉。此冠用两支碧玉簪固定，出土时尚插在冠上⑩（图20-5:2）。银束发冠已发表的只有一例：南京太平门外岗子村明初安庆侯仇成墓出土，阔8.2、高3厘米，

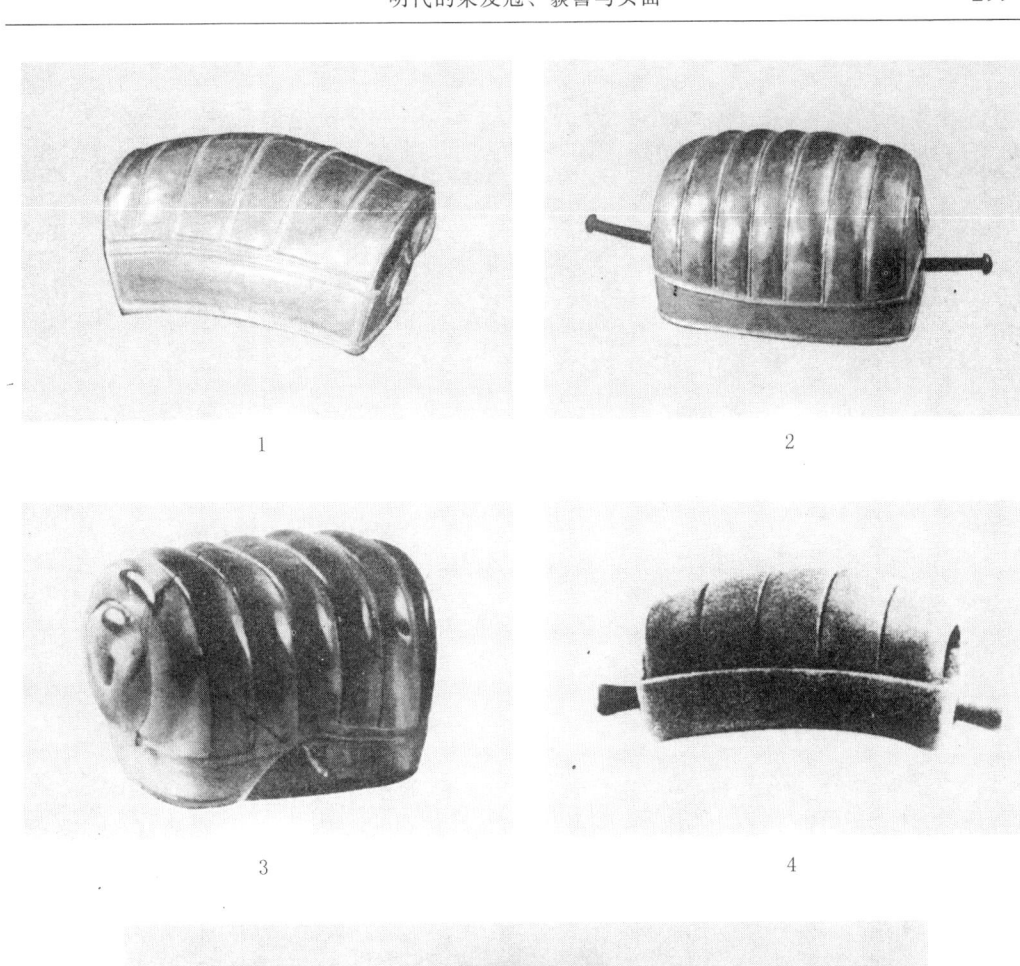

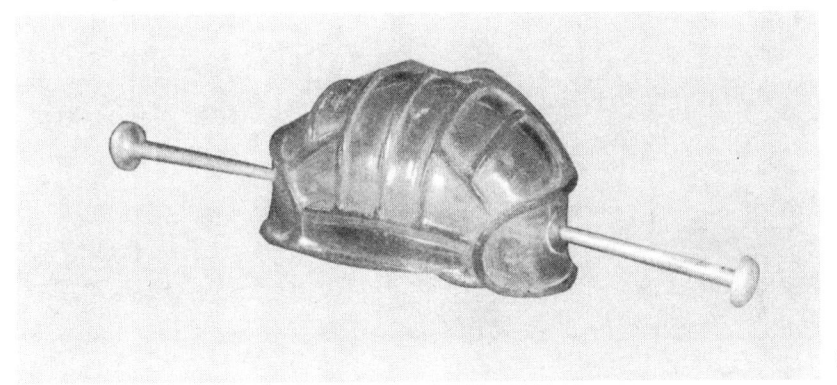

图 20-5　明代的男用束发冠（1、2. 金　3. 玛瑙　4. 木　5. 琥珀）
1. 南京郎家山明·宋朝用墓出土　2. 南京江宁殷巷明·沐昌祚墓出土　3. 江西南城明·朱翊钶墓出土
4. 上海宝山明·李氏墓出土　5. 南京板仓明·徐俌墓出土

压出五道梁[11]。玉发冠在上海浦东明·陆氏墓中发现过，阔5、高3.1厘米[12]。玛瑙冠在江西南城岳口乡万历三十一年（1603年）益宣王朱翊钶墓与江苏苏州虎丘万历四十一年（1613年）王锡爵墓各出一件，均高3.5厘米[13]（图20-5:3）。琥珀束发冠出土于南京太平门外板仓村正德十二年（1517年）徐俌墓，阔6.7、高3.7厘米，冠上雕出长短不等的凸梁，安排得不甚规范，更只能作为工艺品上的图案花纹看待了[14]（图20-5:5）。《天水冰山录》中所记各种质地的束发冠，除水晶、象牙冠以外，在出土物中都已见到。木束发冠在上海宝山冶炼厂明·李氏墓中出过一例，木制品能完整地保存下来，洵属不易[15]（图20-5:4）。它大概就是文震亨提到的竹箨冠、瘿木冠之俦了。

上述诸例皆男子之冠，但戴冠者却不限于男子。江苏苏州盘溪吴·张士诚父母合葬墓中，其父母均戴冠，两顶冠形制略同，但只有女冠保存较好。此冠阔24、高13厘米，以细竹丝编成内壳、外蒙麻布

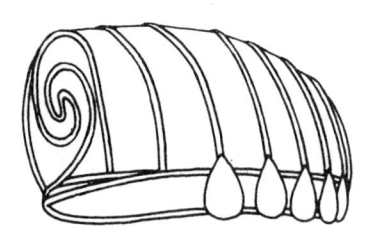

图20-6 明代女用金梁冠
（苏州吴·张士诚母曹氏墓出土）

及薄绢，边棱缘以金丝，再用金丝连结成七道梁。而在冠的前部还装有五块镶金边的小玉片，其上分别刻出虎、鼠、兔、牛、羊五种生肖[16]（图20-6）。山西大同元·冯道真墓中出土之冠，前后各装七块金色小圆片，作法与此女冠相近[17]。冯道真之冠阔19.9、高8.8厘米，正视呈元宝形，应属道冠。张士诚母之冠虽比一般束发冠大，却比真正的梁冠小，后部也没有高起的冠耳，整体造型与梁冠不侔（图12-2:1）；或为殓服中所用之道冠类型的冠。明代妇女在社会生活中戴的当然不是这种冠。从万历三十八年（1610年）刻本《西厢记》插图中崔母所戴之冠看，女冠虽与男子的束发冠接近，但较高耸（图20-7）。这种冠年长的贵妇人平日也可以戴，《醒世姻缘传》第七一回写童奶奶往陈太监处走门路时，就戴着"金线五梁冠子，青遍地锦箍儿"。有些妇女在结婚典礼中也戴冠，《金瓶梅》第九一回写孟玉楼改嫁李衙内，上轿时，"玉楼戴着金梁冠儿，插着满头珠翠"。《儒林外史》第五回写严监生将妾赵氏扶正，"赵氏穿着大红，戴了赤金冠子，两人拜了天地，又拜了祖宗"。忖其冠之形状，或均与《西厢记》插图相似。此式银冠曾在四川平武窖藏中出土

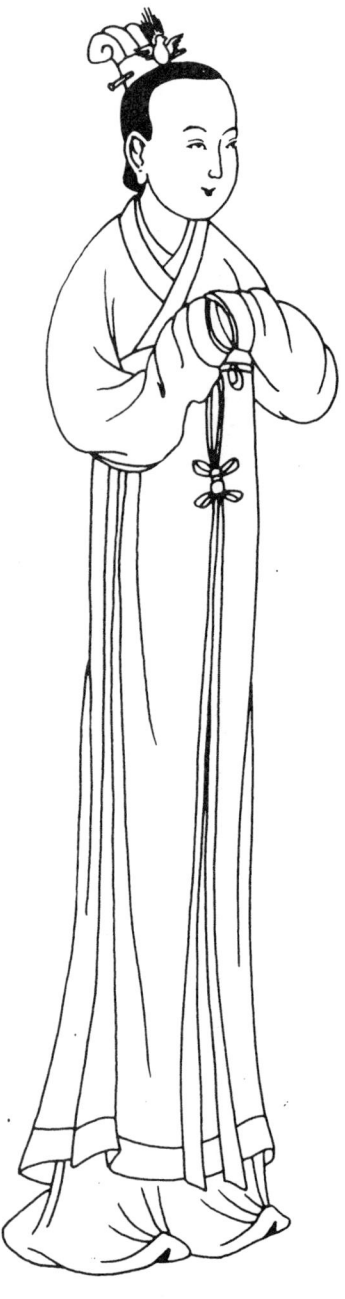

图20-7 戴冠的崔夫人
（明万历刻本《西厢记》版画）

两件，高 5.8~6 厘米，其顶部的弧线膨起（图 20-8:1）；男式束发冠顶部的弧线则相对缓和一些[18]。在流出国外的银器中也发现过此式女冠，高 10.2 厘米[19]（图 20-8:2）。自其冠后所立"山子"的形制看，亦是明代之物。

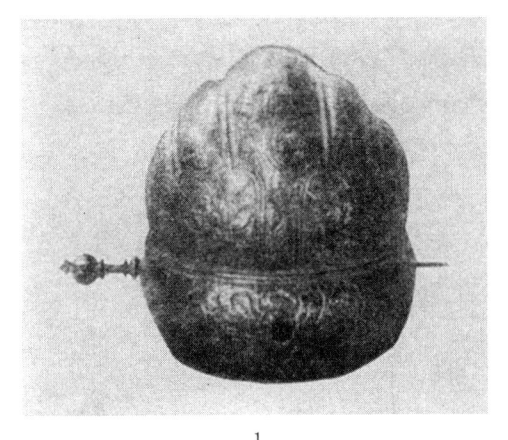

图 20-8 明代女用银冠
1. 四川平武出土 2. 传世品

但四川平武银器窖藏的时代简报断为宋，疑不确。此窖藏共出四种器物：五曲梅花盏、四瓣花形盘、冠与花束。以其银盏与江苏溧阳平桥所出宋代梅花银盏相较，差别很大[20]。平武银盏上的折枝形把手虽在溧阳出土的桃形盏上也见过，但这一意匠那时还不成熟，构图显得不自然。与平武盏上的折枝把手最相近之例见于湖南通道瓜地村出土的南明桃形银盏[21]（图 20-9）。故平武窖藏实属明代。分析这里出土之银冠的形制，更有助于说明此问题。

妇女戴冠是北宋的风气，唐代尚不流行。仁宗时出现了白角冠及与其配套的白角梳[22]。继而白角冠又有"点角为假玳瑁之形者，然犹出四角而长矣。后长至二三尺许，而登车檐皆侧首而入"[23]。河南禹县白沙北宋元符三年（1100 年）赵大翁墓壁画中妇女戴的大冠前后出尖角，惟不是四角而是二角，或为其稍简化的形式[24]（图 20-10）。不过这么大的冠戴起来相当不便，所以"俄又编竹而为团者，涂之以绿。浸变而以角为之，谓之团冠。""又以团冠少裁其二边而高其前后，谓之'山口'"[25]。山西太原晋祠宋塑宫女像有戴团冠者，正涂成绿色，当中且有明显的山口（图 20-11:3）。团冠在宋代很常见，河南偃师出土砖刻中的厨娘、河南新密平陌大观二年（1108 年）墓壁画中对镜之女子，以及宋画《瑶台步月图》中的贵妇都戴团冠[26]（图 20-11:1、2）。元·周密《武林旧事》卷七说，在宋孝宗诞辰的"会庆节"寿筵上，三盏后，"皇后换团冠、背儿"。卷八还说皇后谒家庙时也戴团冠。足证当时此俗通乎上下。以宋代的团冠与平武

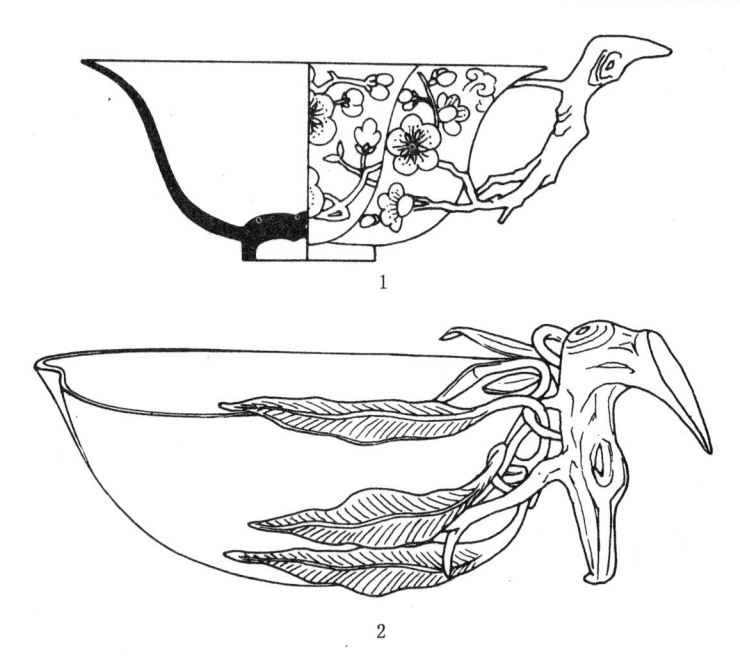

图 20-9　平武出土的梅花形银盏与通道出土的桃形银盏

1. 平武出土　2. 通道出土

图 20-10　宋代妇女所戴出尖角的大冠

（白沙宋墓壁画）

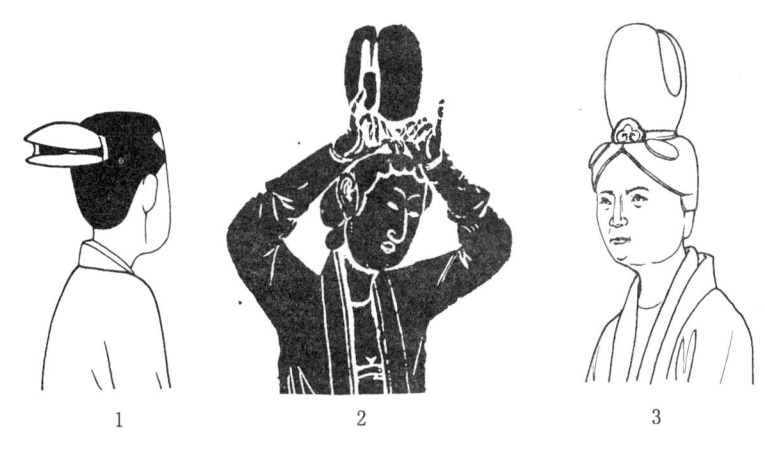

图 20-11 宋代的团冠

1. 宋·刘宗古《瑶台步月图》　2. 河南偃师出土宋代砖刻画　3. 山西太原晋祠塑像

银冠相较，形制上判若二物。而后者却与南京栖霞山、江苏无锡等地出土之明代女用发罩的轮廓基本相同[27]（图 20-12）。不过这两件发罩均以粗金丝为骨架，再络上细金丝绞结而成，和用金银薄片锤鍱出的冠不一样，其名称应为"鬏髻"。

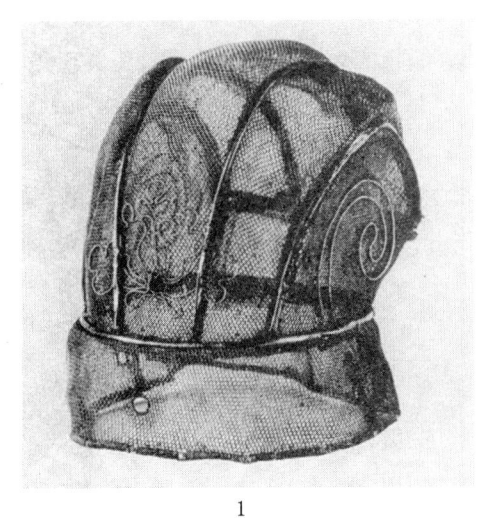

图 20-12 明代的扭心鬏髻

1. 南京栖霞山明墓出土　2. 无锡明墓出土

鬏髻的出现有两方面的渊源。一方面如上文所述，是受了妇女戴冠之风气的影响；另一方面则与"包髻"的流行有关。宋·孟元老《东京梦华录》卷五说，有些媒人"戴冠子，黄包髻"。按戴冠子时无须包髻，所以这里的意思是：或戴冠子，或包髻；可

图 20-13 包髻

1. 明刊《江蕖记》版画 2. 河北宣化辽墓壁画

见二者以类相从。金代进而重视包髻，"包髻团衫"是金代妇女的礼服㉘。包髻之状当如河北宣化辽墓壁画中所见者㉙（图20-13:2）。"包髻团衫"作为妇女的盛装在元曲中仍被提到。如关汉卿《诈妮子调风月》中的唱词说："许下我包髻团衫绸手巾，专等你世袭千户小夫人。"又提到："刚待要蓝包髻。"则包髻有黄、有皂、有蓝，颜色不一；在明代版画中还有花布包髻（图20-13:1）。而鬏髻一词则始见于元曲。贾仲名《荆楚臣重对玉梳记》中妓女顾玉香称自己："都是俺个败人家油鬏髻太岁，送人命粉脸脑凶神。"又《锦云堂暗定连环计》一剧，王允在唱词中说貂蝉是："油掠的鬏髻儿光，粉搽的脸道儿香。"则所谓鬏髻指的是挽成某种式样的发髻。视关汉卿《感天动地窦娥冤》中称老妇人蔡婆婆"梳着个霜雪般白鬏髻"，可知元代说的鬏髻，起初就是发髻本身。但在戴冠和包髻的影响下，鬏髻上又裹以织物。《明史·舆服志》说："洪武三年定制，凡宫中供奉女乐、奉銮等官妻，本色鬏髻。""本色"即本等服色，指鬏髻上所裹织物的颜色。此时明甫开国，所以这种作法大概元代就有。《西游记》第二三回说："时样鬏髻皂纱漫。"当是社会上一般通行的式样。再简便些则用头发编成鬏髻戴在发髻上，如《金瓶梅》第二回说："头上戴着黑油油头发鬏髻。"守丧带孝，则戴"白绉纱鬏髻"，简称"孝鬏髻"或"孝髻"㉚。于是鬏髻就由指发髻本身，变成指罩在发髻之外的包裹物而言了。及至明中叶，随着经济的发展和习俗的侈糜，又兴起以金银丝编结鬏髻之不寻常的风尚，而且当时认为只有这样的制品才算是够规格的鬏髻。《金瓶梅》第二五回中宋惠莲说："你许我编鬏髻，怎的还不替我编？……只教我成日戴这头发壳子儿。"西门庆道："不打紧，到明日将八两银子往银匠家，替你拔丝去。"这里说的"头发壳子儿"指头发编的鬏髻，乃是贬称；而找银匠拔丝，就是准备编银丝鬏髻了。南京栖霞山与无锡出土的就是这类贵重的金丝鬏髻。栖霞山那一顶高9.2厘米，有两道金梁，正面用金丝盘绕出一朵牡丹花，侧面扭出旋卷的曲线。无锡出土的高8.5厘米，也是两道梁，侧面也有旋纹。它们或即所谓"时样扭心鬏髻"㉛。已出之金银丝鬏髻，大部分侧面无此旋卷。如江苏武进横山桥嘉靖十九年（1540年）王洛妻盛氏墓与上海浦东万历间陆氏墓出土的银丝鬏髻、江苏无锡陶店桥万历三年（1575年）华复诚妻曹氏墓出土的鎏金银丝鬏髻，外轮廓都像小尖帽，且于中部偏下拦腰用粗银丝隔成上下两部分。上部接近圆锥形，自底至顶略有收分；下部外侈，像一圈帽檐。它们都是编成的，通体结出匀净的网孔[32]。盛氏那件高13.5厘米，在银丝网子之外尚覆以黑纱；不过也有将色纱衬在䯼髻里面的[33]。而陆氏墓与曹氏墓所出者都在中腰的粗银丝之上留出拱形鬘眼，陆氏那件的拱眼内是空的，曹氏那件还在里面盘出图案化的"福"字；背面则均留出长条形鬘眼，其中结出套钱纹（图20-14∶1、2）。曹氏的䯼髻高9厘米，发掘简报对它的结构和所附饰件之配置描述较详。其上部的尖帽用于容发髻，下部的宽檐用于罩住脑顶的头发。这种䯼髻的式样仍接近包髻，所以与更接近平武银冠之栖霞山等地出土之䯼髻各代表不同的类型。还有一种上半部较圆钝，像小圆帽，如浙江义乌青口乡嘉靖三十七年（1558年）吴鹤山妻金氏墓出土的金丝䯼髻。它的高度为6.5厘米，檐部也向外侈，但正背两面都是长条形的鬘眼[34]（图20-14∶3）。上海李惠利中学明墓出土之银丝䯼髻顶部更圆些，高度为5.7厘米[35]（图20-14∶4）。一般说来，䯼髻不像男子戴在巾下的束发冠那样，它不受头巾的制约，所以比束发冠高；束发冠的平均高度在4厘米左右，而䯼髻的平均高度约为8厘米。

　　䯼髻是明代已婚妇女的正装[36]，家居、外出或会见亲友时都可以戴，而像上灶丫头那种身分的女子，就没有戴䯼髻的资格。《金瓶梅》第九〇回写春梅仗势报复孙雪娥，她令家人："与我把这贱人扯去了䯼髻，剥了上盖衣服，打入厨下，与我烧火做饭！"[37]可见主妇被扯去䯼髻有如官员被褫去冠带，地位一下子就降到低等级里去了。明人说部中有时也将䯼髻通称为冠儿。如《水浒全传》第二八回中，蒋门神的妾要滋事，被武松"一手把冠儿捏作粉碎"。其所谓"冠儿"，在这里似指䯼髻。然而从图像材料中看，有些妇女戴的虽很像䯼髻，却是别一物。如明代绘本《朱夫人像》，头部正中耸起的似是一顶罩着黑纱的䯼髻（图20-15∶1）。但周锡保先生认为：据《明史·舆服志》，三品命妇"特髻上金孔雀六，口衔珠结。正面珠翠孔雀一"，与此像符合；故朱夫人戴的是特髻[38]。其说可从。特髻之名早见于宋代。《东京梦华录》卷三"相国寺内万姓交易条"所举诸寺师姑出售的小商品中，就有"特髻冠子"一目。但宋代的特髻在存世文物中尚难辨识。至明代，由于品官命妇和内命妇均戴特髻，皇后着常服时冠制亦如特髻[39]，所以能认出来。如《明宪宗元宵行乐图》中，皇帝身边的嫔妃贵人戴的都是特髻（图20-16）。甚至定陵中孝端、孝靖二后遗骨上戴的"黑纱尖棕帽"，也是特髻[40]（图20-17）。惟豪家僭滥逾制，有些出土物分外富丽，如湖北蕲春蕲州镇刘娘井嘉靖三十九年（1560年）荆端王次妃刘氏墓所出镶嵌红蓝宝石的鎏金银特髻，就是很突出的一例[41]（图20-18）。不仅特髻踵事增华，束发冠如《明宫史》所说，有的也"用金累丝造之，上嵌睛绿珠石，每一座有值数百金或千余金、二千金者。……凡遇出外游幸，先帝（熹宗）圣驾尚此冠，则自王体乾起，至暖殿牌子上，皆戴之。各穿窄袖，束玉带，佩茄袋、刀、帨，如唱《咬脐郎打围》故事"。群阉挟天启冶游，其轻狂

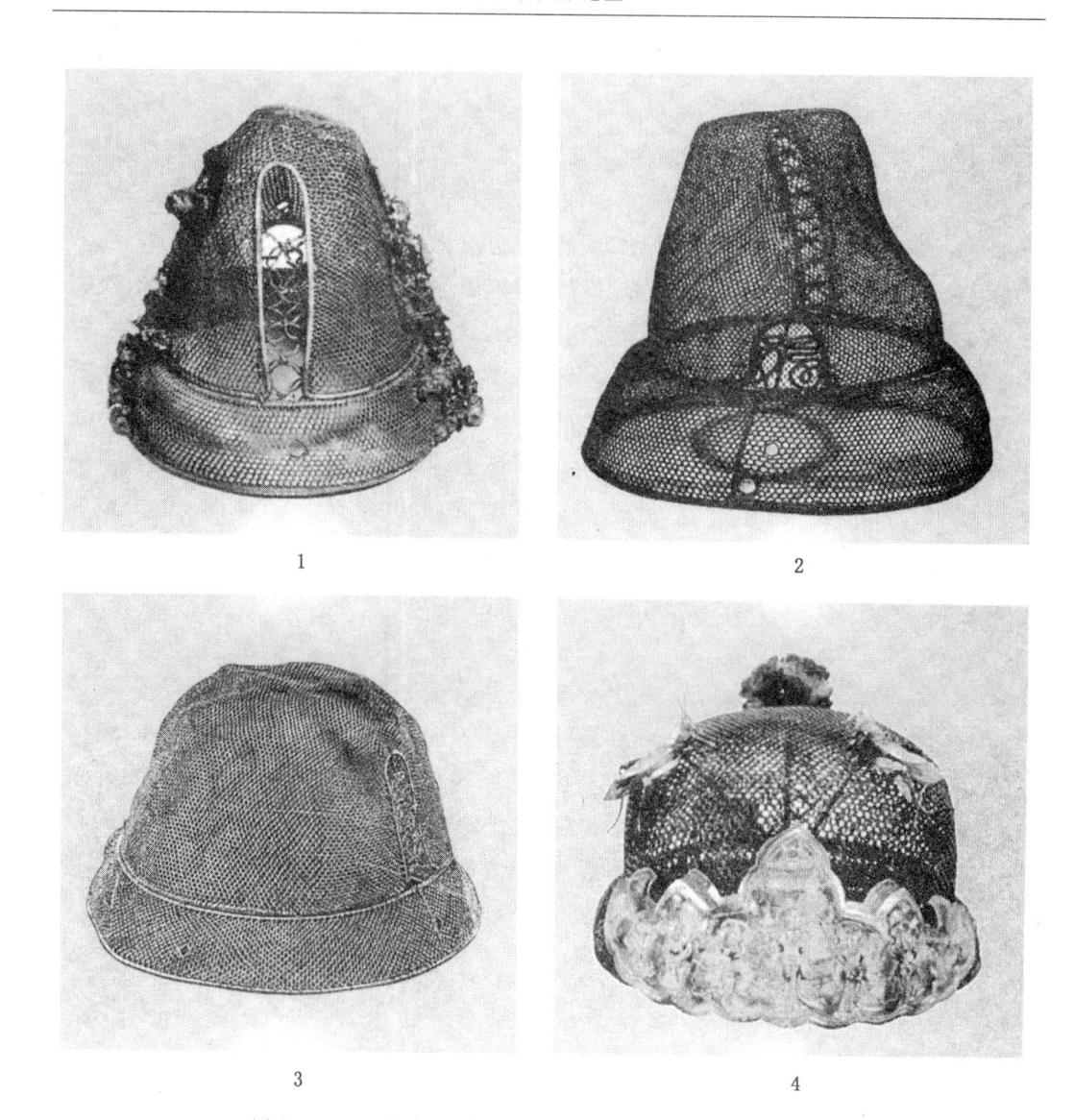

图 20-14 明代鬏髻（1、4. 银　2. 银鎏金　3. 金）
1. 上海浦东明·陆氏墓出土　2. 无锡明·华复诚妻曹氏墓出土
3. 浙江义乌明·吴鹤山妻金氏墓出土　4. 上海李惠利中学明墓出土

浮浪之状，在刘若愚笔下亦不无微词。但风气所扇，女冠中也出现了这类极品。如云南呈贡王家营嘉靖十五年（1536年）沐崧妻徐氏墓出土的金冠，高10.5厘米，以薄金叶锤制，四周焊接多层云朵形饰片，并镶嵌红、蓝、绿、白诸色宝石。冠两侧各有两个小孔，其中插有四支金簪[42]（图20-19:2）。再如江西南城长塘街万历十九年（1591年）益庄王妃万氏墓出土的小金冠，则是以细金丝编的，其上镶嵌宝石四十余块，精致而瑰丽[43]（图20-19:1）。万氏小金冠之冠体有如一件覆扣着的椭圆形钵盂，而覆

图 20-15 明代戴特髻(1)和鬏髻(2)的人像
1. 朱夫人像 2. 金安人像

图20-16　《明宪宗元宵行乐图》中所见戴特髻的嫔妃贵人

盂形女冠在明代自成系列，实应代表一种类型。如南京江宁殷巷正统四年（1439年）沐晟墓出土金冠，阔14.3、高约5.6厘米，冠面锤鍱出如意纹[44]（图20-20:3）。南京邓府山明·佟卜年妻陈氏墓出土的金冠更低矮，阔9.4、高仅2.5厘米，冠身分作七栏，锤鍱杂宝、祥云图案[45]（图20-20:1）。陈氏殁于顺治四年（1647年），已入清季。而清初叶梦珠《阅世编》卷八说，冠髻"其后变势，髻扁而小，高不过寸，大仅如酒杯"。从年代上说，此式矮冠似与叶氏指出的趋势相合；实不尽然。因为明·范濂《云间据目钞》卷二说："妇人头髻，在隆庆初年，皆尚员褊。"而且上海李惠利中学明代中晚期墓葬中所出覆盂形玉冠，高度亦为2.5厘米[46]（图20-20:2），故其开始流行的时间不会太晚。山西平遥双林寺千佛殿中景泰年间塑造的女功德主冯妙喜像，戴的就正是此型女冠（图20-20:4）。它的轮廓趋向于矮椭，与追求耸立效果之高鬏髻相比，审美的眼光有所不同[47]。

明代妇女一般不单独戴鬏髻，围绕着它还要插上各种簪钗，形成以鬏髻为主体的整套头饰，即明杂剧正旦之"穿关"中所称"鬏髻、头面"[48]。头面的内涵略近"首饰"，但后者的定义不太严格。汉代曾将冠冕、镜柝、脂粉等都算作首饰[49]，现代则将发饰、耳饰、颈饰、腕饰、指饰甚至足饰概称首饰；均与明代所谓头面不尽相合。头面中不包括鬏髻。《金瓶梅》第九一回说："一副金丝冠儿，一副金头面。"又第九七回说："一顶鬏髻，全副金银头面，簪、环之类。"都把鬏髻和头面分别举出。记载明代珍宝饰物的文献，本来《天水冰山录》最具参考价值，因为它是查抄严嵩家产的清单，所列名目准确翔实。可惜当时将"首饰"造册时，乃以"副"为单位；一副多的达二十一件，少的也有七件，均未注明细目，今不知其详。从其中接着"首饰"登录的单项饰物清单看，有头箍、围髻、耳环、耳坠、坠领、坠胸、金簪、镯钏等，也很难说它们就代表整副头面的品种。所以本文只能根据出土物的组合、位置及插戴情况，并参照文献与图像，对明代头面的部件及用途试略作探讨。

仍以无锡华复诚妻曹氏墓中所见头饰的情况为例。墓主先用角质簪子绾起发髻，然后戴上银丝鬏髻，用两根长8.2厘米的银簪横插于鬏髻檐部加以固定。再在鬏髻正面的上方插一支大簪，名挑心。《云间据目钞》说：头髻"顶用宝花，谓之挑心"。因为此簪饰于髻心，而且其背面装有斜挑向上的簪脚，是由下而上插入的。曹氏的挑心为佛像簪，当中嵌有骨雕佛坐像，下设仰莲座，背光饰菩提树。这种作法在明代相当普遍，武进王洛家族墓出土的两顶鬏髻，以及明代绘本《汪太孺人像》与清初

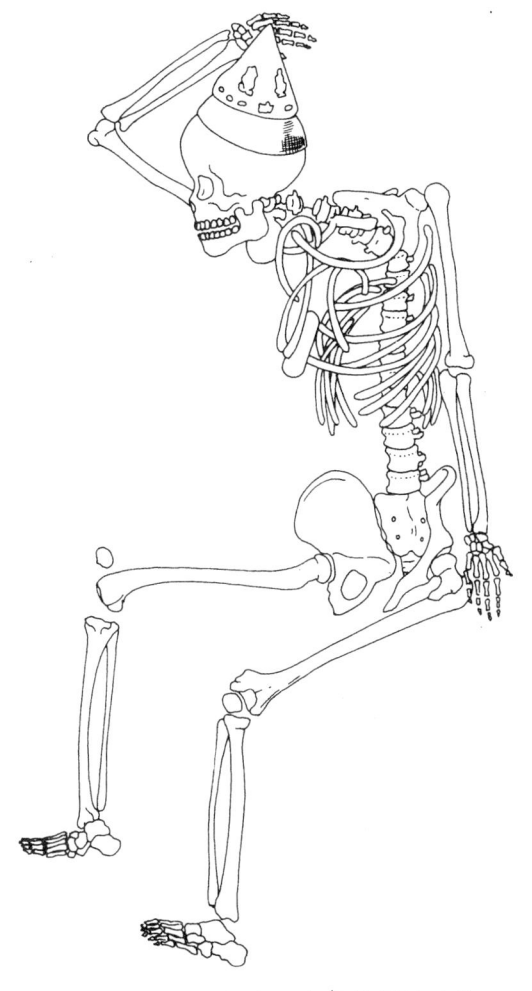

图20-17 明孝靖后头戴特髻的遗骨
（定陵出土）

倪仁吉所绘《金安人像》，都在鬏髻中心插佛像簪[50]（图20-15:2）。定陵中，孝靖后头上的鎏金银簪嵌白玉立佛像，作触地印，其上又有小坐佛；背光与莲座皆累丝而成，底托嵌红、蓝宝石[51]（图20-21:1）。清代皇帝的夏朝冠在冠前中部缀金累丝佛像之制，似亦曾受到佛像簪的影响。此外，有些挑心上还镶嵌仙人，即《金瓶梅》第七五回所说"正面戴的仙子儿"。上海浦东陆氏墓出的挑心上嵌有穿道服的玉仙人，流出国外的金挑心并有作成南极老人星之像的（图20-21:2）。定陵出土的一件挑心，径以"心"字为饰，似隐含其名（图20-21:3）。

曹氏墓中的头饰虽较齐备，但缺了一个重要的部件：顶簪。当扣稳鬏髻、绾往下檐、簪上挑心之后，还应自髻顶向下直插一枚顶簪，也叫关顶簪[52]。因为鬏髻上的饰物掩映

图 20-18 镶宝石的鎏金银特髻
（湖北蕲春刘娘井明墓出土）

重叠，分量不轻。《天水冰山录》中最重的一副首饰计十一件，共 33 两 7 钱，约合 1 225 克。要使鬏髻不致由于负重而畸斜，顶簪所起的支持和固定作用就是必要的了。有时顶簪未与鬏髻伴出，或缘那副头面较轻之故。同样在《天水冰山录》中，一副"金厢珠宝首饰"，计十件，才 6 两 7 钱，约合 243 克；如插戴这副首饰，似可免去顶簪。不过也有为美观而加顶簪的。仕女严妆，其争奇斗妍的心理追求，难以被限制在纯技术层面上。武进王洛家族墓出土的鬏髻，都带顶簪。《金安人像》中鬏髻顶端的花朵，亦应代表顶簪。有些顶簪制作考究。北京海淀八里庄明·武清侯李伟妻王氏墓出土的顶簪长 23.8 厘米，簪顶的大花以白玉作花瓣，红宝石作花心，旁有金蝶[③]（图 20-22:3）。它的结构与定陵孝靖后随葬品中之 J126 号顶簪相近（图 20-22:2）。王氏之女系万历帝生母慈圣李太后，王氏墓中曾出御用监所造带"慈宁宫"铭记的银洗和银盆；故上述顶簪可能也是内府制品。已知之明代最富丽的顶簪为定陵孝端后随葬品中的 D112:1 号簪。其顶部的金托上还叠加一片玉托，托下垂珠网；托上的装饰又分两层，下层密排嵌宝石心的白玉花朵，上层为白玉蹲龙和火珠。这件顶簪共镶宝石八十块、珍珠一百零七颗，璀璨华贵，堪与其高踞皇后首服之巅的位置相称（图 20-22:1）。王氏墓与定陵内均未发现鬏髻，作为皇亲、皇后，她们应戴特髻，但其上之顶簪的用法当无大殊。从实物看，有些顶簪的托片平置，簪脚向下伸出，与簪身垂直连接。也有些顶簪的顶端呈侧立状，以使其花饰在正面展现，上海李惠利中学明墓所出及《金安人像》上所绘的顶簪均是如此。

明代的束发冠、鬏髻与头面　　311

1

2

图 20-19　明代女用金冠
1. 江西南城明益庄王妃万氏棺内出土　2. 云南呈贡王家营明·沐崧妻徐氏墓出土

　　无锡曹氏墓中的头饰在鬏髻正面之底部有头箍。这是一条弧形夹层银带，表面用线结扎上十一枚鎏金的云朵形饰片，两头穿有细带，将它拴在插入鬏髻两侧之银簪顶端的圆帽上（图20-23）。《朱夫人像》上的头箍也饰以云朵，与曹氏墓所出的近似。装在这里的此类饰片名"钿儿"[54]。《金瓶梅》第九五回提到一条"大翠重云子钿儿"，"果然做的好样范，约四指宽，通掩过鬏髻来"。"大翠"指钿儿上铺了翠羽，"重云子"指其形为重叠的云朵；而结合下一句看，更可知它正是掩在鬏髻底部的头箍。浸假"钿儿"就成了头箍的别名。同书第七五回说吴月娘梳妆时，先戴上冠儿，然后孟玉楼替她掠后鬓，

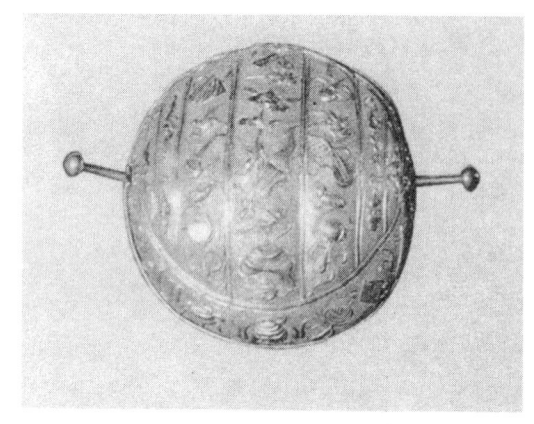

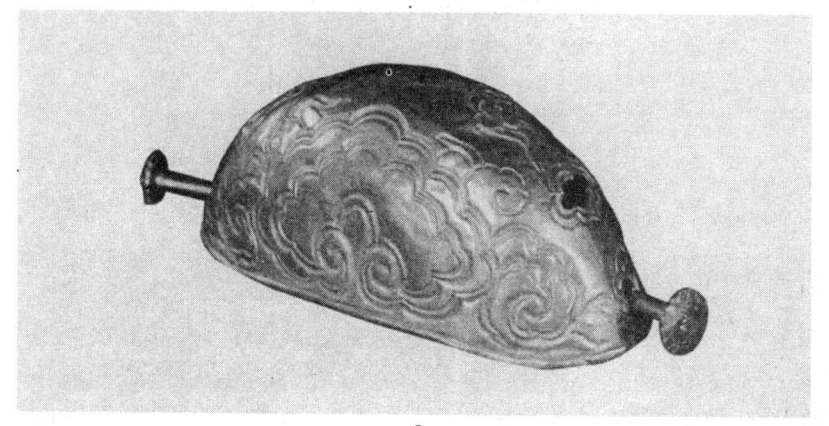

图 20-20　覆盂形女冠

1. 南京邓府山明·佟卜年妻陈氏墓出土　2. 上海李惠利中学明墓出土
3. 南京江宁殷巷明·沐晟墓出土　4. 山西平遥双林寺千佛殿塑像

图 20-21 挑心

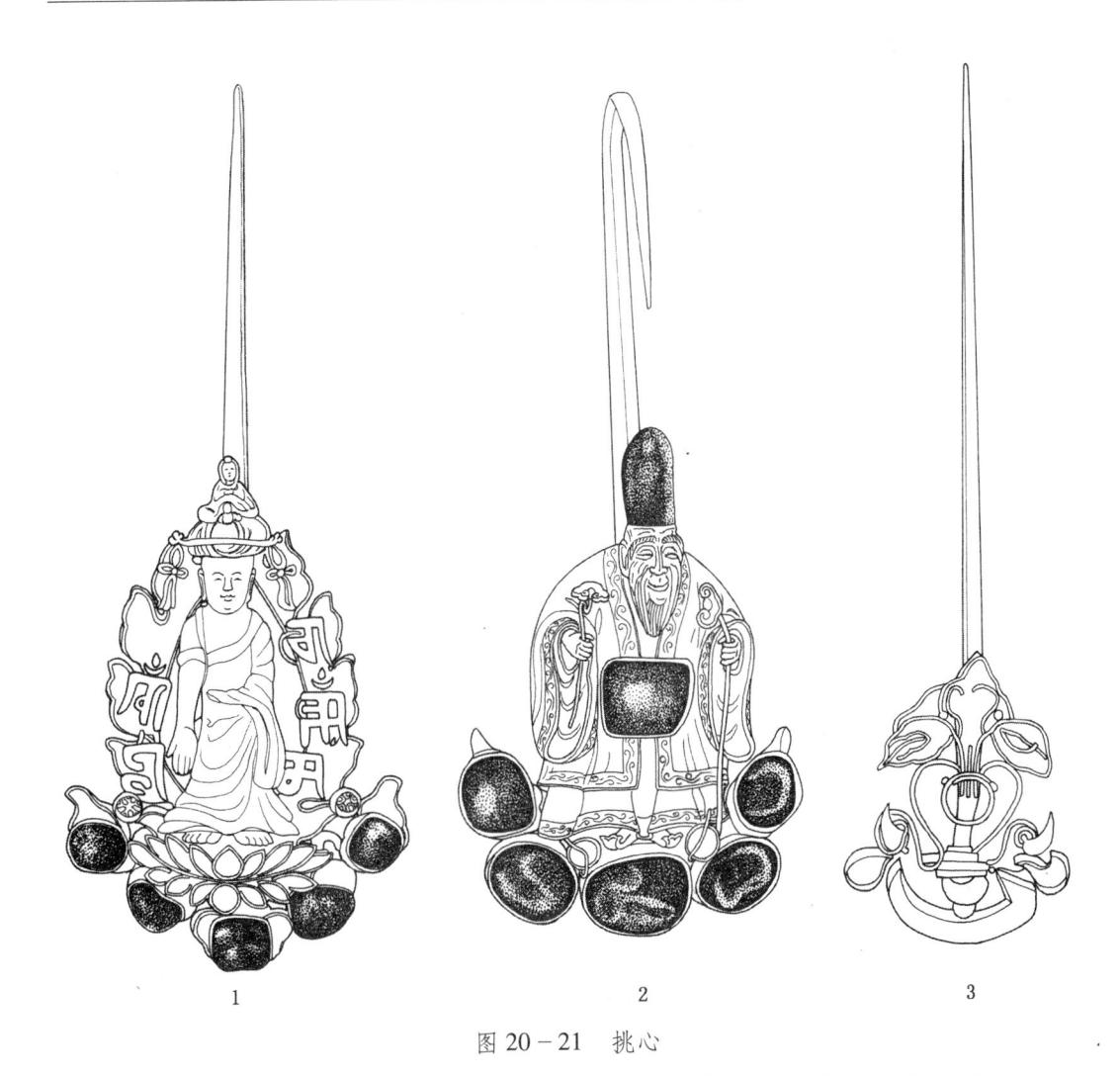

1. 佛像挑心（明定陵出土） 2. 南极老人星像挑心（英国畒氏旧藏） 3. "心"字挑心（明定陵出土）

"李姣儿替他勒钿儿"。"勒"指扎紧，正是缚头箍的动作；很显然，其所称"钿儿"为系在"冠儿"即䯼髻前方的头箍。头箍上虽以装云朵形饰片者居多，但它的花样固不限于这一种。江西南城七宝山明·益宣王妃孙氏墓出土的头箍是在4.5厘米宽的金带上嵌以白玉雕琢的寿星和八仙，每件小玉像周边还镶有宝石。这条金头箍长21厘米，两端也有供系结用的带子[55]。用带子系结的作法反映出头箍的底衬本来是用织物制作的。《云间据目钞》说，妇人"年少者用头箍，缀以团花方块"。上海打浦桥明墓出土的布制头箍上正缀有形状不一的金镶玉饰十七件，适可与文献相印证[56]。所以尽管有些头箍形式变化，装饰繁缛，但仍用纺织品作衬。《天水冰山录》中登录之"金厢珠宝头箍七件"，注明"连绢共重二十七两九钱八分"，就反映出这种情况。大部出土头箍的原状亦应沿袭此制。

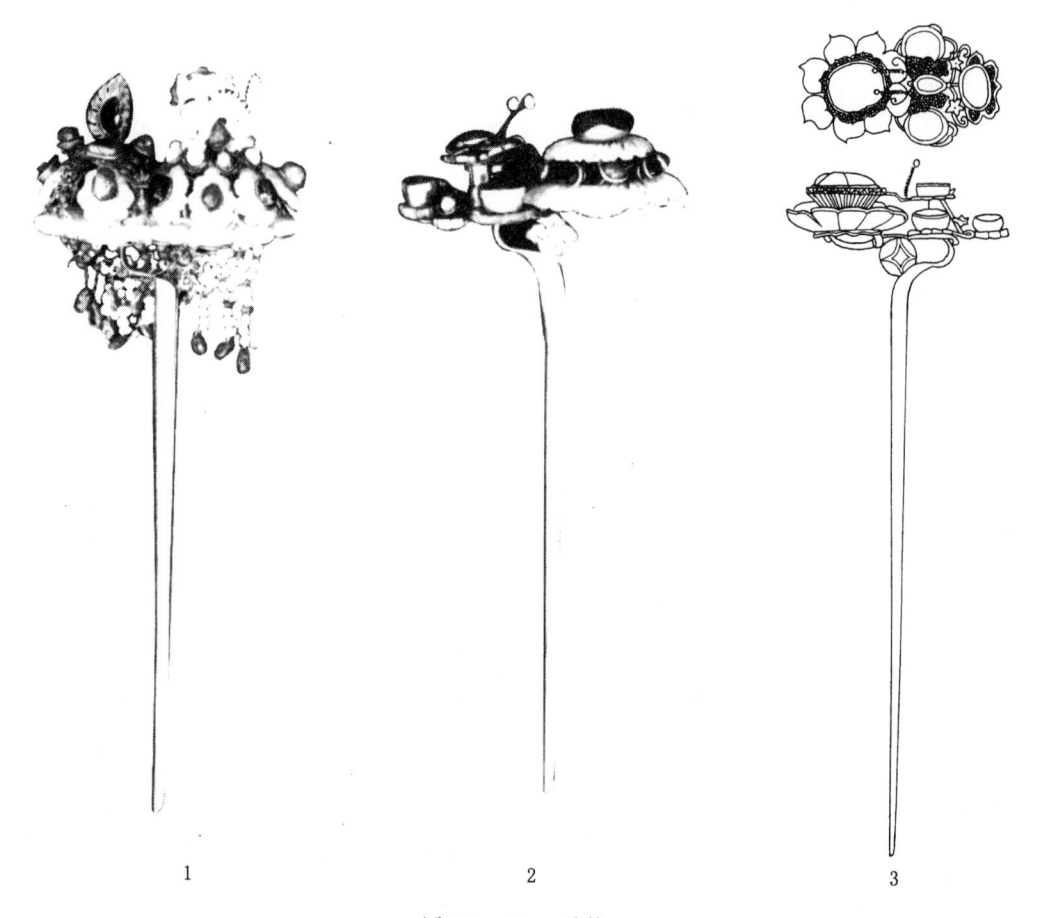

图 20-22　顶簪

1. 镶珠宝玉龙戏珠金顶簪（定陵出土，孝端后首饰）　2. 镶珠宝花蝶鎏金银顶簪（定陵出土，孝靖后首饰）
3. 镶珠宝花蝶金顶簪（北京八里庄明·李伟墓出土）

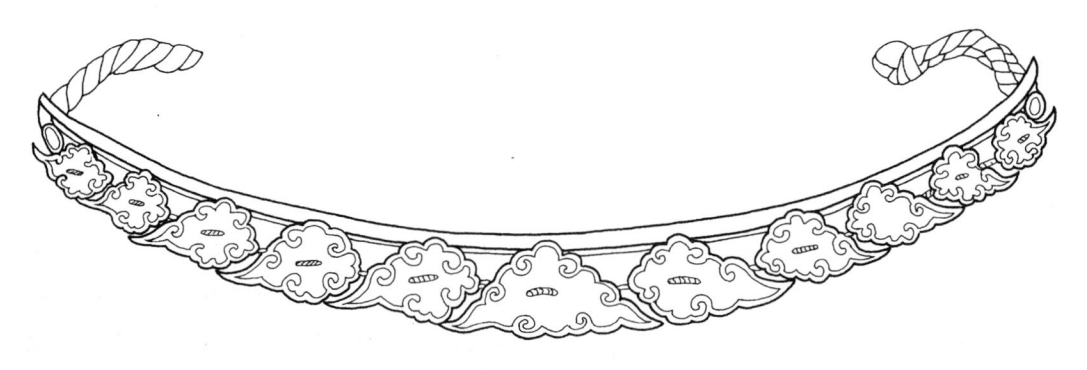

图 20-23　头箍

（无锡明·华复诚妻曹氏墓出土）

曹氏头饰在䯼髻背面中部插分心。分心一词可能与挑心有连带关系，但命名的由来尚不清楚。这件饰物目前在发掘简报中的叫法很不统一，有"钿"、"冠饰"、"如意簪"、"月牙形饰件"、"花瓣形弯弧状饰件"诸种[57]。其造型若群峰并峙之山峦，当中一峰最高，两侧对称，正视之有如笔架。出土时尚保持原位置者多插在䯼髻背面；除曹氏墓之例以外，武进王洛家族墓与上海李惠利中学明墓之分心，出土时的情况也是如此[58]。《金瓶梅》第二回说，戴头发䯼髻者，"排草梳儿后押"。可见插后分心的作法当与妇女在髻后插梳的古老习俗有关。但《云间据目钞》列举头髻周围的饰件时称："后用满冠倒插。"则此物又名满冠。《三才图会》认为：满冠"不过以首饰副满冠上，故有是名耳"。因为背面插分心后，冠上的饰件遂已基本布满之故。又《金瓶梅》第九〇回说："满冠擎出广寒宫，掩鬓凿成桃源境。"此满冠恰与同书第一九回所写"金厢玉蟾宫折桂分心"之构图相当，皆以月宫景色作为装饰的主题，指的应是同一类器物。曹氏的分心上虽未饰此种图案，但它将镂空的玉饰片嵌在鎏金的银分心正中，则与"金厢玉"的作法相合（图 20-24:1）。《金瓶梅》第六七回提到"金赤虎分心"，出土物中则有金双狮分心[59]（图 20-24:3）。《金瓶梅》第二〇回提到"观音满池娇分心"，出土物中则有文殊满池娇分心。后者在四川平武明龙州土司王氏家族墓地正德七年（1512 年）王文渊妻墓中出土[60]。这件分心中部饰一道栏杆，上部为乘狮之文殊，两旁立胁侍；下部为荷塘纹，当即所谓"满池娇"。元·柯九思《宫词》："观莲太液汎兰桡，翡翠鸳鸯戏碧苕。说与小娃牢记取，御衫绣作满池娇。"原注："天历间御衣多为池塘小景，名满池娇。"[61]实物与文献正相符合。此文殊满池娇分心阔 10.6、高 8.5 厘米，估计也是插在䯼髻背面的（图 20-24:2）。但同墓还出土一件阔 18.8、高 6.3 厘米的分心，可能原插于䯼髻正面；《金瓶梅》第二〇、七五、九〇回中都提到插在正面的前分心。前分心的位置往往邻近头箍，有时甚至是用它取代头箍，故二者均呈扁阔之形。江苏无锡青山湾嘉靖四十年（1561 年）黄钺妻顾氏墓出土的一件金质前分心，高 2.4、阔约 20 厘米，呈弧形，表面红、蓝相间，共镶嵌七颗宝石，看起来很像头箍。但它的背面有垂直向后的簪脚，和无簪脚、用带子系结的头箍不同，因知乃是前分心[62]。以顾氏的前分心与王文渊妻墓所出扁阔的分心相较，可初步认定后者也是前分心。其纹饰极精细，中部有两株葡萄，高柯拥接，抱成圆框，一人骑马穿行其间，马前有提灯开路者，马后有举扇侍奉者，且前部有乐队，后部有随从。行列下方为一道栏杆，栏杆下方为朵朵流云，背景为宫殿楼阁，似表示此处系仙境。鉴于马前须提灯，故应是夤夜出游。《天水冰山录》中记有"金厢楼阁群仙首饰"、"金累丝夜游人物掩耳"等名目；试循其例，此件似可称为"金仙宫夜游分心"（图 20-24:4）。其上有人物四十多个，皆是立雕或高浮雕，玲珑剔透，层次分明，给人以纵深的立体感。整个行列中的人物身姿舒展，繁而不乱；焊上去的栏杆和枝梗也安排得当，无疑是明代黄金细工中的上乘之作。江苏武进芳茂山明·王昶妻徐氏墓

图 20-24 分心

1. 鎏金厢玉银分心（无锡明·华复诚妻曹氏墓出土） 2. 文殊满池娇金分心（四川平武明·王文渊妻墓出土）
3. 双狮金分心（上海浦东明·陆氏墓出土） 4. 仙宫夜游金分心（四川平武明·王文渊妻墓出土）

中出土的䯼髻上，分心与头箍、挑心、顶簪等首饰的位置未变，清楚地反映出当时插戴的情况[63]（图20-25）。

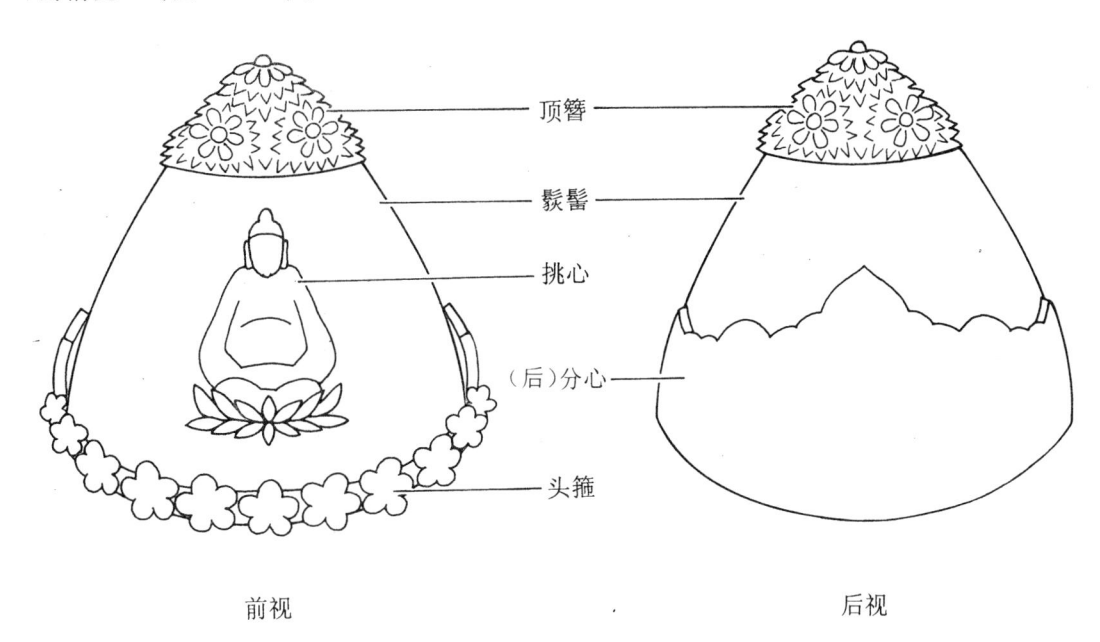

图20-25 髻上之首饰的配置
（示意图，据江苏武进芳茂山明·王昶妻徐氏墓出土实例绘制）

曹氏头饰在䯼髻下部的侧面插"鎏金桃形银簪"一件，此物应名掩鬓。明·顾起元《客座赘语》："掩鬓或作云形，或作团花形，插于两鬓。"《云间据目钞》中则称作"捧鬓"。江西南城明·益端王妃彭氏、益宣王妃孙氏墓中出的掩鬓皆为两件一组，云头的曳脚向外，自下而上相对插戴，故又名倒插簪[64]。曹氏墓所出不足两件，应是佚失了一件。在皇后的凤冠上，此物稍稍改型而称为博鬓，左右各三件，比掩鬓就隆重得多了。但明代的掩鬓亦有制作极精者。如重庆明·简芳墓出土之金掩鬓，图纹的背景为云气中的宫殿，其下三人策马徐行；虽不如王文渊妻之前分心上的场面阔大，但刻画得细致入微，更觉生动。其背面镌七律《三学士诗》，中有"阆苑朝回春满袖，宫壶醉后笔如神"之句，故此件可名"金阆苑朝回掩鬓"[65]（图20-26:1）。又江西南城明·益庄王妃墓出土的掩鬓，金累丝编的底托优美严谨，一丝不苟；而当中的楼阁人物处处交代清楚，仿佛他们正在一座建筑模型里进行活动（图20-26:2）。妙手神工，令人叹为观止[66]。

曹氏头饰在充作挑心的佛像簪左右各插一件玉叶金蝉簪，其簪头在银托上嵌玉叶，叶上栖金蝉（图20-27:3）。江苏吴县五峰山出土的玉叶金蝉饰片，即是脱失了金银底托和簪脚的此型簪首[67]（图20-27:4）。明代的头面喜用虫介等小生物作装饰题材，如北京李伟妻王氏墓出土胡蝶簪、艾蝎簪（图20-27:2），上海李惠利中学明墓出土虾簪、

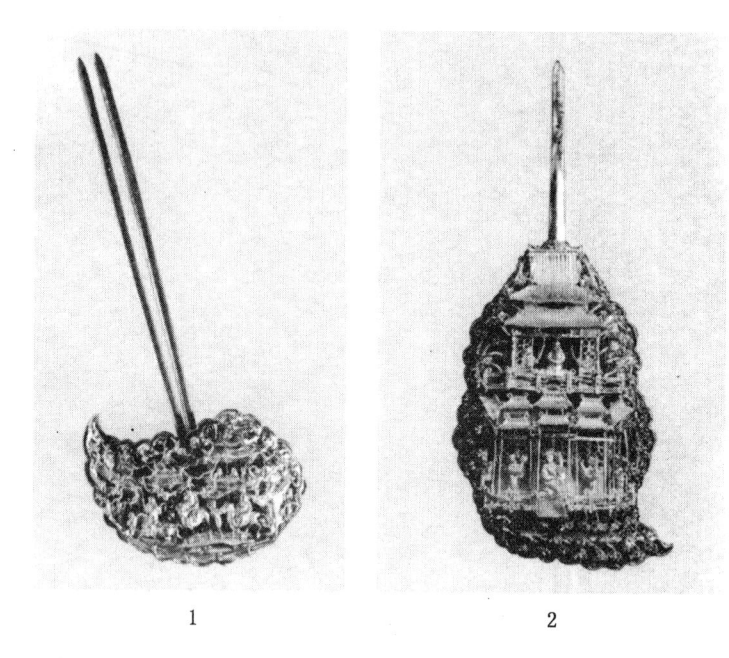

图 20-26 掩鬓
1. 阆苑朝回金掩鬓（重庆明·简芳墓出土）
2. 楼阁人物金掩鬓（江西南城明益庄王妃墓出土）

螽斯簪，南京邓府山佟卜年妻陈氏墓出土蜘蛛簪（图20-27:1）。《天水冰山录》中一再提到的"草虫首饰"，《金瓶梅》第二〇回中说的"金玲珑草虫儿头面"，应是此类饰件的通称。曹氏头饰在玉叶金蝉簪外侧还各插嵌宝石的梅花簪二件（图20-28:2）。造型极肖似的梅花簪各地屡屡出土。上海浦东陆氏墓与北京李伟妻王氏墓出土的，皆为玉花瓣、金花蕊、宝石花心（图20-28:1、3）。簪戴起来，则和《云间据目钞》中，髻"旁插金玉梅花一二对"的说法正合。又曹氏的头饰之最外侧，还插戴顶端饰小花骨朵的鎏金银簪各二件（图20-29）。《金瓶梅》第一二回说的"啄针儿"，同书第五八回说的"撇杖儿"，《明宫史》中说的"桃杖"（桃疑应作挑），大约指的都是此类小簪子。出土物中亦不乏其例。

还有一种虽在《天水冰山录》造册时清点出一件，但明代遗物中罕觏，曹氏墓内亦未发现的头饰：围髻。此物初见于宋代。湖南临湘陆城1号南宋墓中的金围髻，阔10.2厘米，上部为镂花的弧形梁，悬系四五排花朵，互相牵络，成为网状，底部的花朵下且各系一坠[68]（图20-30:2）。其使用情况见于江西德安桃源山南宋·周氏墓。此墓墓主头部的发饰保存完好，用细金丝编成的网状围髻，自髻前一直覆到额际[69]（图20-30:1）。此类围髻尚有较完整之品传世（图20-30:3）。其中还发现过形制更简化的，弧形金梁下的垂饰仅三排（图20-30:4），与江西南城明益宣王妃孙氏随葬者近似。这件围

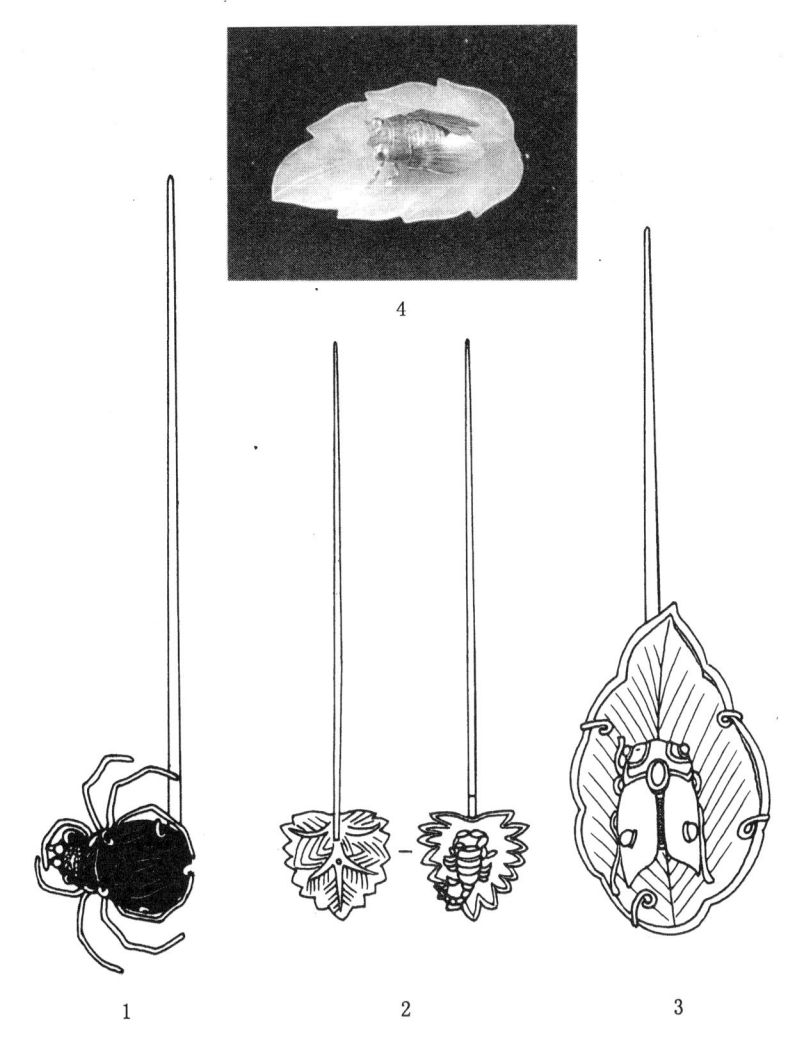

图 20-27 草虫簪

1. 镶玉石蜘蛛簪（南京邓府山明·佟卜年妻陈氏墓出土）　2. 艾蝎簪（北京八里庄明·李伟妻王氏墓出土）
3. 玉叶金蝉簪（无锡明·华复诚妻曹氏墓出土）　4. 玉叶金蝉簪首（江苏吴县五峰山出土）

髻阔 16.2、高 8 厘米，在上缘的弧形金梁下悬挂十串小珠子。故图 20-30:4 所举之例，或为元至明初的作品。明代的围髻在定陵孝端后的随葬品中还有一件，阔 20.5、高 6 厘米，网形，上部结缀石珠，中部为薏米珠，底端系宝石坠（图 20-30:5）。形制比临湘出土的宋代围髻简易得多[70]。

头面中还应包括耳环。《金瓶梅》第九七回将"金银头面"解释为"簪、环之类"，就说明了这一点。《天水冰山录》中立"耳环、耳坠"一目，共登录二百六十七副，其中耳环约占 70%，耳坠约占 30%，则二者肯定有所区别。但从所载名称看，既有"金珠茄子耳环"，又有"金厢玉茄耳坠"；既有"金珠串灯笼耳环"，又有"金灯笼珠耳坠"；

图 20-28 梅花簪

1. 上海浦东明·陆氏墓出土
2. 无锡明·华复诚妻曹氏墓出土
3. 北京明·李伟妻王氏墓出土

图 20-29 啄针

（无锡明·华复诚妻曹氏墓出土）

所以明代当时究竟是根据哪些标准来划分耳环和耳坠的，目前尚难明确地回答。只能依照现代的习惯，将圆环形者，或在圆环形的主体上稍增花饰者称为耳环；将其下部有稍长之垂饰者概称耳坠。不过相对说来，耳环在工艺上的精美程度一般略逊于耳坠。曹氏墓出土的是玉人形耳坠，与之相近者有无锡黄钺妻顾氏墓出土的童子骑鹿耳坠，南京板仓徐达家族墓出土的采药女仙耳坠等[71]（图 20-31）；皆为人物型耳坠中的精品。更多

明代的束发冠、鬏髻与头面 321

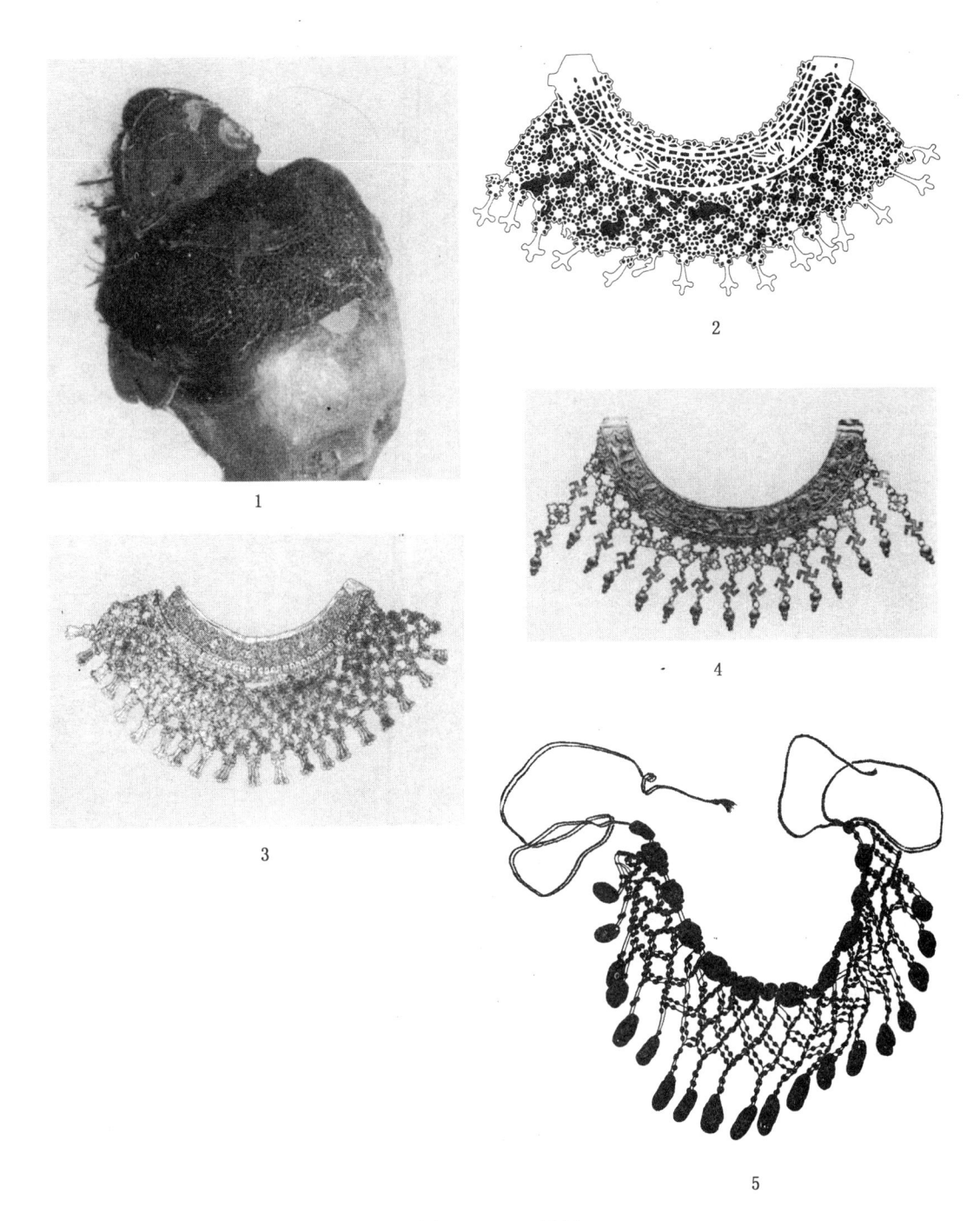

图 20-30 围髻

1. 江西德安南宋·周氏墓中围髻出土时的位置　2. 湖南临湘陆城 1 号南宋墓出土围髻
3. 私家收藏的宋代围髻　4. 私家收藏的元或明初围髻　5. 定陵出土的明孝端后的围髻

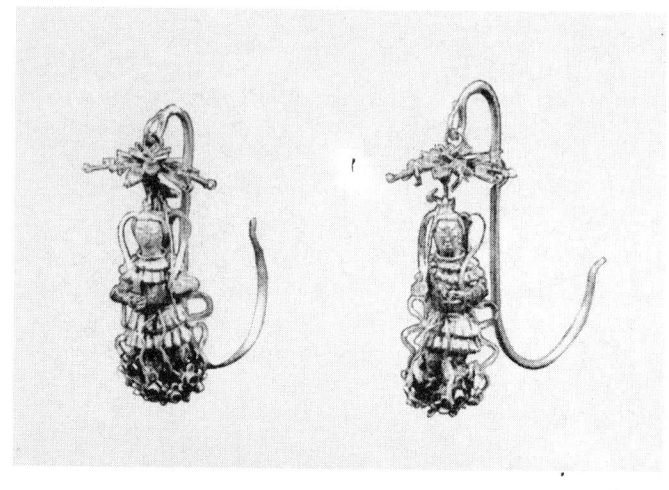

图20-31　采药女仙耳坠
（南京板仓明·徐氏墓出土）

见的是葫芦形耳坠，它大约受到用两颗珠子串成的"二珠耳坠"（《天水冰山录》）或"二珠金环"（《金瓶梅》第七回）的影响。因为如果二珠一小一大，上下相连，正呈葫芦形。明墓中发现的此型耳坠最多：江苏南京徐俌墓、四川剑阁赵炳然墓、四川平武王玺墓、云南昆明潘得墓、甘肃兰州彭泽墓、辽宁鞍山崔鉴墓、广州东山戴缙墓之出土物中皆有其例[②]。而且不仅是素面的，还有饰棱线、饰花丝、饰各式镂空花纹的，不一而足。其他如楼阁形、玉兔形、甜瓜形及嵌宝石构成新异之形的，更难缕述。

总之，挑心、顶簪、头箍、分心、掩鬓、围髻、钗簪、耳坠，大约都应算作头面的内容。至于饰于头部以下的坠领、坠胸、镯钏以及近年出土之总数相当可观的金银领扣等，尽管也和前者相接近，但与头面之"头"、首饰之"首"的距离远了些，故暂不放在一起讨论。

从束发冠到头面，绝大部分都是用贵重材料制作的，是明代出土文物中的珍宝。但过去对其定名和用途均不无隔膜，虽然它们的艺术水平备受推崇。像若干分心，花纹的层次丰富，叠曲萦迴，引人入胜；有的还构成故事情节，更耐寻味。可是陈列和介绍时，却往往只当作单件艺术品看待，使之游离于原有的组合关系之外。这样不仅看不到明代头面之整体的风貌，而且在理解和借鉴上也常难准确把握。在各地收藏明代文物的博物馆里，几乎很少能见到一套恢复成原状的明代头面。有些品种的遗物不多，写实的图像不足，固然也是重要原因。然而却使当代艺术家描绘明代妇女的形象时，感到缺乏充足的依据了。

注　释

① 陆诗前二句引自《初夏》，见《剑南诗稿》卷七六。后二句引自《春日》，见同书卷二。
② 《栾城集·后集》卷二。
③ 此玉冠藏南京博物院，见《中国玉器全集》卷5，图97，河北美术出版社，1993年。戴冠本是道家装束。《金真玉光经》："元景道君曳玄黄之绶，建七色玉冠"（《御览》卷六七五引）。由于男女道士都戴冠，故女道士又

称女冠子，唐时已然。五代前蜀王衍奉道，祀神仙王子晋为远祖，上尊号：圣祖至道玉宸皇帝。《花蕊夫人宫词》："焚修每遇三元节，天子亲簪白玉冠。"此王衍自戴白玉冠之实录。宫人随驾出游，亦"皆衣道服，顶金莲花冠，衣画云雾，望之若神仙"（《旧五代史·王衍传》）。后人咏前蜀事，其莲花冠常被提到。《十国宫词》："脸夹胭脂冠带莲，醉妆相对坐生怜。"可见此冠亦一世之盛饰。宋代的白玉莲花冠乃承其余绪。

④ 见《明史·舆服志》。这里将乌纱帽列为常服，而《明会典》卷六一则以"乌纱帽、团领衫、束带为公服"。因为展角幞头在明代多与蟒服配套，难以代表服制中一个单独的系列。

⑤ 邓云乡：《红楼风俗谭·服装真与假》，中华书局，1987年。关于这个问题于1992年在《北京日报》上曾开展一次讨论，见尤戈《〈红楼梦〉中的服饰》（7月17日），刘心武《〈红楼梦〉中的服饰并非"戏装"》（8月24日），周汝昌《红楼服饰谈屑》（9月21日），尤戈《莫把"唐寅"作"庚黄"》（10月30日）等文。

⑥ 报恩寺壁画，见向远木：《四川平武明报恩寺勘察报告》，《文物》1991年第4期。宝宁寺水陆画，见山西省博物馆编：《宝宁寺明代水陆画》，文物出版社，1988年。《御世仁风》版画摹本，见沈从文：《中国古代服饰研究·明代巾帽》，商务印书馆香港分馆，1981年。

⑦ 南京市文物保管委员会：《南京中华门外明墓清理简报》，《考古》1962年第9期。

⑧ 薛尧：《江西南城明墓出土文物》，《考古》1965年第6期。

⑨ 《明史·舆服志·文武官朝服》："一品至九品以冠上梁数为差。公冠八梁，加笼巾貂蝉。"

⑩ 南京市博物馆：《江苏南京市明黔国公沐昌祚、沐睿墓》，《文物》1999年第10期。

⑪ 南京市博物馆编：《明朝首饰冠服》页51，科学出版社，2000年。

⑫㊾ 上海博物馆：《上海浦东明陆氏墓记述》，《考古》1985年第6期。

⑬ 江西省文物工作队：《江西南城明益宣王朱翊钶夫妇合葬墓》，《文物》1982年第8期。苏州市博物馆：《苏州虎丘王锡爵墓清理纪略》，《文物》1975年第3期。

⑭ 南京市文物保管委员会等：《明徐达五世孙徐俌夫妇墓》，《文物》1982年第2期。

⑮ 上海市文物保管委员会编：《上海古代历史文物图录》页96，上海教育出版社，1981年。

⑯ 苏州市文物保管委员会等：《苏州张士诚母曹氏墓清理简报》，《考古》1965年第6期。

⑰ 大同市文物陈列馆等：《山西省大同市元代冯道真、王青墓清理简报》，《文物》1962年第10期。

⑱ 冯安贵：《四川平武发现两处宋代窖藏》，《文物》1991年第4期。

⑲ Museum Rietberg Zürich, *Chinesisches Gold und Silber*. Switzerland 1994.

⑳ 肖梦龙、汪青青：《江苏溧阳平桥出土宋代银器窖藏》，《文物》1986年第5期。

㉑ 怀化地区文物工作队等：《湖南通道发现南宋窖藏银器》，《文物》1984年第2期。

㉒ 宋·王栐：《燕翼诒谋录》卷四。

㉓㉕ 宋·王得臣：《麈史》卷上。

㉔ 宿白：《白沙宋墓》，文物出版社，1957年。

㉖ 晋祠宋塑，见彭浩：《晋祠文物透视》，山西人民出版社，1997年。偃师砖刻，见石志廉：《北宋妇女画像砖》，《文物》1979年第3期。新密宋墓壁画见郑州市文物考古研究所等：《河南新密市平陌宋墓壁画》，《文物》1998年第12期。《瑶台步月图》，见沈从文：《中国古代服饰研究》第108篇。

㉗ 栖霞山出土的䯼髻，见南京博物院珍藏系列《金银器》图43，上海古籍出版社，1999年。无锡出土的䯼髻，见《无锡文博》1995年第1期。

㉘ 《金史·舆服志》说："妇人服襜裙，多以黑紫，上遍绣全枝花，周身六襞积，谓之团衫。""年老者以皂纱笼髻如巾状。"即指包髻团衫。

㉙ 张家口市宣化区文物保所：《河北宣化下八里辽韩师训墓》，《文物》1992年第6期。

㉚ 妇女服丧期间戴白色䯼髻。《金瓶梅》第六八回说吴银儿："戴着白绉纱䯼髻"，西门庆见了便问："你戴的谁人孝？"同书第一六回说花子虚死后，李瓶儿戴着"孝䯼髻"，即白䯼髻。《警世通言〔卷五〕·吕大郎还金完骨肉》中，吕大郎之弟逼嫂改嫁。王氏说："既要我嫁人，罢了。怎好戴孝髻出门！"此孝髻亦指白䯼髻。

㉛ 见《金瓶梅》第四二回。

㉜ 盛氏的䯼髻，见武进市博物馆：《武进明代王洛家族墓》，《东南文化》1999年第2期。陆氏的䯼髻，见本文注

㉜。曹氏的䯼髻,见无锡市博物馆:《江苏无锡明华复诚夫妇墓发掘简报》,《文物资料丛刊》第 2 集,1978 年。

㉝ 清·叶梦珠《阅世编》卷八说:"银丝䯼髻内衬红绫,光采焕发。"因知䯼髻上的绫纱可蒙可衬,作法不一。

㉞ 吴高彬《浙江义乌明代金冠》,《收藏家》1997 年第 6 期。

㉟㊻ 何民华《上海市李惠利中学明代墓群发掘简报》,《东南文化》1999 年第 6 期。

㊱ 《醒世姻缘传》第四四回说素姐出嫁前,"狄婆子把他脸上十字缴了两线,上了䯼髻,戴了排环首饰"。则妇女婚后应戴䯼髻。

㊲ 参看扬之水《终朝采绿·"洗发膏"及其他》,浙江人民出版社,1997 年。

㊳ 见周锡保:《中国古代服饰史》页 423,女图 8 的说明,中国戏剧出版社,1984 年。

㊴ 《明史·舆服志·皇后常服》:洪武四年更定"冠制如特髻,上加龙凤饰"。同《志》"内命妇冠服"与"品官命妇冠服"部分,说她们也戴"山松特髻"。

㊵ 中国社会科学院考古研究所等:《定陵》上册,页 24～25,文物出版社,1990 年。

㊶ 小屯:《刘娘井明墓的清理》,《文物参考资料》1958 年第 5 期。

㊷ 云南省文物工作队:《云南呈贡王家营明清墓清理报告》,《考古》1965 年第 4 期。

㊸ 江西省文物管理委员会:《江西南城明益庄王墓出土文物》,《文物》1959 年第 1 期。

㊹ 《明朝首饰冠服》页 49。

㊺ 南京市博物馆等:《江苏南京市邓府山明佟卜年妻陈氏墓》,《考古》1999 年第 10 期。

㊼ 《金瓶梅》第二二回说:宋惠莲"把䯼髻垫的高高的,梳的虚笼笼的头发,把水鬓描的长长的"。可见䯼髻以高为尚。

㊽ 如《望江亭》中正旦谭记儿的穿关是:"䯼髻,头面,补子袄儿,裙儿,布袜,鞋。"此类例子很多,不备举。

㊾ 汉·刘熙《释名·释首饰》中列举的物品有冠、笄、弁、帻、簪、导、镜、梳、脂、粉等。《续汉书·舆服志》说:"上古穴居而野处,衣毛而冒皮,未有制度。后世圣人……见鸟兽有冠角頰胡之制,遂作冠冕缨蕤,以为首饰。"

㊿ 《汪太孺人像》见本文注㊳所揭书,页 423,女图 9。《金安人像》见本文注㉞所揭文。

㉛ 中国社会科学院考古研究院考古研究所、北京市文物研究所:《定陵》下册,图版 106,文物出版社,1990 年。

㊷ 如《金瓶梅》第一三回中所称"关顶的金簪儿"。

㊳ 张先得、刘精义、呼子恒《北京市郊明武清侯李伟夫妇墓清理简报》,《文物》1979 年第 4 期。

㊴ 从汉代以来,"钿"一直作为饰品的名称,但不同的时代里所指之物不同。《说文·金部》:"钿,金华也。"这是其原始的、也是使用得最广泛的概念。在唐代,"神女花钿落"(杜甫句)之钿指贴在眉间的花子;着"钿钗礼衣"时所用"九钿、八钿"(《新唐书·车服志》)之钿则指钗钿。而在清代宫廷的衣饰中,所谓"钿子"却插插满珠宝和花朵的一种箕形头饰。因此对"钿"的用意必须作具体分析。这里说的"钿儿",也只是在这一时期中特指头箍。

㉟ 江西省文物考古研究所:《尘封瑰宝》图版 5-5,江西美术出版社,1999 年。

㊱ 王正书:《上海打浦桥明墓出土玉器》,《文物》2000 年第 4 期。

㊲ 如平武王玺墓简报称之为"钿"(见本文注⑥),上海陆氏墓简报称之为"冠饰"(见本文注⑫),无锡曹氏墓简报称之为"如意簪"(见本文注㉜之三),武进王氏简报称之为"月牙形饰件"(见本文注㉜之一),上海李惠利中学明墓简报则称之为"花瓣形弯弧状饰件"(见本文注㉟)。

㊳ 《上海李惠利中学明代墓群发掘简报》称:"其中一件发罩(按:即䯼髻)……前面有一银质鎏金花瓣形弯弧状饰件(按:即分心),……发罩后为银质鎏金条形弯弧状饰件(按:即头箍)。"从所附照片看,插在䯼髻后面的是分心,插在前面的是头箍。

㊵ 四川省文管会等:《四川平武明王玺家族墓》,《文物》1989 年第 7 期。

㊶ 柯九思《宫词》见《草堂雅集》卷一。又元·张昱《宫中词》:"鸳鸯鸂鶒满池娇,彩绣金茸日几条。早晚君王天寿节,要将着御大明朝"(《张光弼诗集》卷二)。又《朴通事》中"鸦青段子满刺娇护膝",注:"以莲花、荷叶、藕、鸳鸯、蜂蝶之形,或用五色绒绣,或用彩画于段帛上,谓之满刺娇。今按'刺',新旧原本

皆作‘池’”，则“池”字不应作“刺”。作为一种广泛流行的图案，满池娇既可用于绘瓷、织绣，也可用作首饰上的纹样。参看尚刚：《鸳鸯鸂鶒满池娇——由元青花莲池图案引出的话题》，《装饰》1995年第2期。

(62) 无锡市博物馆：《江苏无锡青山湾明黄钺家族墓》，《考古学集刊》第3集，1983年。

(63) 见本文注㉜之一。

(64) 彭氏的掩鬓，见江西省博物馆：《江西南城明益王朱祐槟墓发掘报告》，《文物》1973年第3期。孙氏的掩鬓见本文注⑬所揭江西省文物工作队文。

(65) 重庆市文物调查小组：《重庆市发现汉、宋、明代墓葬》，《文物参考资料》1958年第8期。

(66) 中国历史博物馆编：《中国历史博物馆》图版187，文物出版社/讲谈社，1984年。

(67) 见本文注㉗之一，图40。

(68) 湖南省博物馆：《湖南临湘陆城宋元墓清理简报》，《考古》1988年第1期。

(69) 江西省文物考古研究所等：《江西德安南宋周氏墓清理简报》，《文物》1990年第9期。

(70) 孝端后的围髻见《定陵》下册，图版238。孙氏的围髻见《文物》1982年第8期，图版4:5。此物或名“络索”。元·熊进德《西湖竹枝词》：“金丝络索双凤头，小叶尖眉未着愁”（此据《元诗纪事》引。《西湖集览》中杨维桢编《西湖竹枝集》作“络条”）。《碎金》所收“南首饰”中有“落索”，似亦是此物。

(71) 见本文注⑪所揭书，页128。

(72) 徐俌墓出土者，见本文注⑭。赵炳然墓所出者，见四川省博物馆等：《明兵部尚书赵炳然夫妇合葬墓》，《文物》1982年第2期。王玺墓所出者，见本文注(60)。潘得墓所出者，见云南省博物馆文物工作队：《云南昆明虹山明墓发掘简报》，《文物》1983年第2期。彭泽墓所出者，见甘肃省文管会：《兰州上西园明彭泽墓清理简报》，《考古通讯》1957年第1期。崔鉴墓所出者，见辽宁省博物馆文物队等：《鞍山倪家台明崔源族墓的发掘》，《文物》1978年第11期。戴缙墓所出者，见黄文宽：《戴缙夫妇墓清理报告》，《考古学报》1957年第3期。

（原载《文物》2001年第7期）

下 编

两唐书舆（车）服志校释稿

凡　例

1. 本稿将《旧唐书·舆服志》（以下简称《旧志》）和《新唐书·车服志》（以下简称《新志》）合在一起再分为三卷。其内容：卷一为总序及车舆，卷二为冕服、朝服、公服，卷三为常服及其他。依此部划而对两志原文重加次第，以便检读。

2. 本稿以《旧志》为主体，《新志》则析其内容分隶于《旧志》各节之下。凡《旧志》所缺而《新志》独有者，则别立专条。

3. 每节前的数字，系表示该节在原文中的顺序。如【旧1】表示《旧志》第1节，【新1】表示《新志》第1节；余类推。

4. 本稿以百衲本为底本，凡校定本与百衲本不同的文字，皆于其下以圆点标出。百衲本原文与校勘的依据，则在注释中说明。《旧志》原注仍用小字双行夹写，以存原书体例。

5. 引文中原有的注释，录入时括以〔　〕号；校释者所加之补充说明，则括以（　）号。

6. 两志原文及注释所引文献中的繁体、异体字，凡不致引起误解者，皆用简化字予以统一，不另出校。本稿之所以校改原文，是为了给治舆服史者提供使用上的便利，与版本学研究的目的不尽相同。

7. 本稿插图中所举文物之出处，附见该图的说明。不另列插图详目。

8. 注释中征引的文献或仅标其简称：

《续汉书·舆服志》	《续汉志》	《旧唐书·舆服志》	《旧志》
《宋书·礼志》	《宋志》	《新唐书·车服志》	《新志》
《南齐书·舆服志》	《南齐志》	《大唐六典》	《六典》
《晋书·舆服志》	《晋志》	《册府元龟》	《册府》
《隋书·礼仪志》	《隋志》		

9. 本稿所征引之文献多据通行本，间有异字须作考订者则在注释中说明。不另列引书目录。

两唐书舆（车）服志校释稿

卷一　总序、车舆

【旧1】昔黄帝造车①、服，为之屏蔽。上古简俭，未立等威，而三五之君，不相沿袭②；迺改正朔、易服色。车有舆、辂之别，服有裘、冕之差。文之以染缋，饰之以缔绣。华虫象物，龙、火分形，于是典章兴矣③。

① 案《续汉书·舆服志》："上古圣人见蓬转始知为轮。"系本《淮南子·说山》"圣人见飞蓬转而知为车"而立说。此制车之圣人，依《墨子·非儒篇》、《荀子·解蔽篇》、《世本》（《宋书·礼志》五引）、《尸子》、《吕氏春秋·君守篇》、《山海经·大荒北经》、《新语·道基篇》、《淮南子·修务》、《论衡·对作篇》又《感类篇》等处之说，乃是奚仲。但奚仲是何时之人，则说法不一。齐思和先生《黄帝之制器故事》谓："《左氏定公元年传》：'薛之皇祖奚仲居薛，以为夏车正。'此以奚仲为夏时人也。《淮南子·齐俗训》：'故尧之治天下也，……奚仲为工。'此又以奚仲为尧时人也。至《易·系辞·传》始谓：'黄帝、尧、舜，……服牛乘马，以利天下，任重致远，盖取诸随。'夫黄帝之世既已知服牛乘马，安能无车？谯周遂为之解曰：'黄帝作车，引重致远。少昊时驾牛，禹时奚仲驾马。'（案《御览》卷七七三引《古史考》，此下尚言'仲又造车，更广其制度也'。）于是车亦为黄帝所发明矣"（《史学年报》2卷1期，1934年）。又《世本》汉·宋衷注："奚仲……夏禹时人也。黄帝时已有造车驾，此复言作者，为车正也。"《荀子·解蔽篇》唐·杨倞注也说："奚仲，夏禹时车正。黄帝时已有车、服，故谓之轩辕。此云奚仲者，亦改制耳"。本节与谯周、宋衷、杨倞之说合，皆敷衍黄帝造车之传说。但古籍中谓奚仲造车，众口一词，当有其人其事。车非一时一地所能产生，故奚仲大约是我国古车创制阶段之卓有贡献的代表人物。

② "袭"字原作"习"。据明·闻人诠覆宋本改。清·沈炳震《唐书合钞》亦作袭。

③ 日、月、星辰，山、龙、华虫等，乃汉以来皇帝礼服上具有象征性意义的"十二章"中之名目。其记载初见于《书·益稷篇》，谓："帝（舜）曰：'……予欲观古人之象，日、月、星辰，山、龙、华虫，作会、宗彝，藻、火、粉米，黼、黻、絺绣，以五采彰施于五色作服。'"案《益稷篇》虽包括在《皋陶谟》内，是伏生所传二十八篇之一。其中"敷纳以言"诸语且见于《左传·僖公二十七年》。但这段关于十二章的话却是后人窜入的。周金言锡衣，仅及"黹"、"袞"之饰，如颂鼎之"玄衣、黹屯（纯）、赤市、朱黄"，訇壶之"玄袞衣、赤市、幽黄、赤舄"等，没有这样繁复的文章。周金所反映的情况与《书·顾命》"王麻冕黼裳"，《诗·采芑》"服其命服，朱芾斯皇，有玱葱珩"之叙述差近。及至春秋、战国，则服之美者称"黼衣绣裳"（《诗·终南》）或"黼黻文章"（《荀子·礼论篇》）。文章的出现固然是由于生产力提高，统治阶级踵事增华之所致；但当时所说的"文章"，仅仅是衣上的彩饰。《考工记》说："画缋之事，杂五色。东方谓之青，南方谓之赤，西方谓之白，北方谓之黑，天谓之玄，地谓之黄。青与白相次也，赤与黑相次也，玄与黄相次也。青与赤谓之文，赤与白谓之章，白与黑谓之黼，黑与青谓之黻，五采备谓之绣。土以黄，其象方。天时变。火以圜，山以章，水以龙。鸟兽蛇。杂四时五色之位以章之，谓之巧。"《考工记》一书据清·江永（《周礼疑义举要》卷六）与郭沫若（《〈考工记〉的年代与国别》）之说，乃春秋、战国之际的齐国官书。这里说的"文章黼黻"，分明是指色彩的搭配；与《尚书大传》所称："山龙、青也，华虫、黄也，作缋、黑也，宗彝、白也，璪火、赤也"（宋·陈祥道《礼书》卷一引）之说略合。《尔雅·释器》乃谓"斧谓之黼"，适同《益稷》伪孔传，适可证明其成书之晚。至于郑玄读"山以章"之章为獐，又释"鸟兽蛇"为华虫；则戴震《考工记图》卷上已说："未闻其审。"《后汉书集解》志三〇引黄山说："十二章，经无明文。班、马以前，史亦不著。《秋官·大行人》言上公以下冕服有九章、七章、五章三等，其章复无考。郑玄说《虞书》'作服'，乃分日、月至黼黻为十二章，除日、月、星辰为九章。其说与《尚书大传》、《史记·夏本纪》、《伪孔传》皆有不合。郑复援以说《礼》。此《志》（《续汉志》）皆本之。"其说是。

【旧2】周自夷王削弱①，诸侯自恣。穷孔翚之羽毛，无以供其侈；极随和之掌握，不足慊其华。则皮弁、革舄之容，非珠履、鹬冠之玩也。迨秦诛战国，斟酌旧仪，则有卤簿②、金根③，大驾、法驾；备千乘万骑，异《舜典》、《周官》。汉氏因之，号乘舆三驾④。仪卫之盛，无与比隆。东京帝王，博雅好古。明帝始命儒者考曲台之说，依《周官》五辂、六冕之文，山、龙、藻、火之数，创为法服⑤。虽有制作，竟寝不行，舆驾乘金根而已。服则衮冕⑥，冠则通天⑦。其后所御，多从袍服⑧，事具前《志》。而裘冕之服，历代不行⑨。

① 《礼记·郊特牲》："天子无客礼，莫敢为主焉。……觐礼，天子不下堂而见诸侯。下堂而见诸侯，天子之失礼也。由夷王下。"郑注："夷王，周康王之玄孙之子也。时微弱，不敢自尊于诸侯。"

② 汉·蔡邕《独断》卷下："天子出，车驾次第谓之卤簿。"《汉书·文帝纪》颜注引《三辅黄图》说略同。其具体解释，唐人有二说。苏鹗《苏氏演义》卷下："卤者，盾也；簿者，部也。谓盾驾成于部伍者也。"封演《封氏闻见记》卷五"卤簿"条则谓："舆驾行幸，羽仪导从，谓之卤簿。自秦汉以来始有其名。……按字书。卤，大楯也。字亦作橹，又作樐，音义皆同。卤以甲为之，所以扞敌。贾谊《过秦论》云'伏尸百万，流血漂卤'是也。甲楯有先后部伍之次，皆著之簿籍；天子出，则案次导从，故谓之'卤簿'耳。仪卫具五兵，今不言他兵，但以甲楯为名者，行道之时，甲楯居外，余兵在内。但言'卤'簿，是举凡也。"苏鹗之说，宋·吴曾《能改斋漫录》卷七"橹或作樐"条已加反驳。《水经注·渭水》记来歙等所率之二千人，"皆持卤、刀、斧"。其卤即盾。又据《晋志》称："大驾卤簿，……戟、楯在外，刀、楯在内。"及朝鲜安岳永和十三年（357年）冬寿墓壁画出行图中，行列前端外侧为执戟、盾的武士，内侧为执刀、盾的武士的情况看来，则封说是。

③ 《礼记·礼运》说：圣王"用水、火、金、木、饮食必时，合男女、颁爵位必当年德，用民必顺。……故天不爱其道，地不爱其宝，人不爱其情。故天降膏露，地出醴泉，山出器车，河出马图。……则是无故，先王能修礼以达义，体信以达顺，故此顺之实也"。郑注以器车为二物，非是。清·郝懿行《晋宋书故》"引礼"条曾加辨析。案《御览》卷七七三引《孝经援神契》："德至山陵，则山出木根车，应载万物。金车，王者行仁德则出。虞舜德盛于山陵，故山车出。山者（陆明睿说：当是'山车者'。见尚友斋钞本《孝经纬》）、自然之物也，山藏之精，与家车相似。"《宋书·礼志》五："殷有山车之瑞，谓桑根车，殷人以为大路。《礼纬》曰：'山车垂句。'句，曲也，言不揉治而自曲也。古曰桑根车，秦曰金根车。汉因秦旧，亦为乘舆，所谓乘殷之路也。"不揉自曲者，言自然生长出来的弯曲的桑根，与车辀、轮牙等处所需之弧度正合，犹如上天已经为"王者"备妥制车的器材。器车、山车、木根车、桑根车所指并同，这种车是阴阳五行家"符应说"中所称有至德之帝王感召的祥瑞之一。它本应于山陵中自出，但自出不可能成为现实，皇帝的车辂遂袭其意而命名。至于名为金根，是因为桑根色黄如金，而此车又以金为饰之故。《续汉志》：

"殷瑞山车，金根之色。"刘注引《乘马赋·注》："金根以金为饰。"当即此意。

④ 《续汉志》说："乘舆大驾：公卿奉引，太仆御，大将军参乘；属车八十一乘，备千乘万骑。西都行、祠天、郊甘泉备之。……乘舆法驾：公卿不在卤簿中，河南尹执金吾，雒阳令奉引，奉车郎御，侍中参乘；属车四十六乘。……行祠天、郊以法驾；祠地、明堂省什三。祠宗庙尤省，谓之小驾。"大、法、小驾，是为乘舆三驾。

⑤ 《续汉志》说："显宗（东汉明帝）遂就大业，初服旒冕，衣裳文章，赤舄絇屦，以祠天地。"又说："孝明皇帝永平二年，初诏有司采《周官》、《礼记》、《尚书·皋陶篇》，乘舆服从欧阳氏说，公卿以下从大小夏侯氏说。"《后汉书·明帝纪》亦谓："二年春正月辛未，宗祀光武皇帝于明堂，帝及公卿列侯始服冠冕、衣裳、玉佩、絇屦以行事。"

⑥ "服"指祭服。祭服皆戴冕。《续汉志》说："冕皆广七寸，长尺二寸，前圆后方，朱绿里，玄上，前垂四寸，后垂三寸，系白玉为十二旒，以其绶采色为组缨。……旁垂黈纩。郊天地、宗祀明堂则冠之。"汉代皇帝之衮冕，可以在汉画像石中见到，惟所状简略，仅能仿佛其大意。

⑦ "冠"指朝服之冠，与上文祭服之冕相对应。《后汉书·明帝纪》李注引《汉官仪》："天子冠通天，诸侯王冠远游，三公、诸侯冠进贤三梁。"通天、进贤等冠之式样，详本书《进贤冠与武弁大冠》一文。

⑧ 汉制：皇帝之盛服，玄衣纁裳，佩白玉，备章采。而袍乃上下相连之衣，初不宜用。汉·刘熙《释名》说："袍、丈夫着，下至跗者也。袍、苞也。苞、内衣也。妇人以绛作衣裳上下连，四起施缘，亦曰袍，义亦然也。"则袍本为内衣，故《诗·秦风·无衣》以袍、泽、裳并举。《礼记·丧大记》郑注："袍、亵衣。"但作为内衣的袍至汉代乃变为外衣。《续汉志》说："制有袍，随五时色。袍者，或曰周公抱成王宴居，故施袍。……今下至贱更小史，皆通制袍、单衣、皂缘领袖中衣，为朝服云。"则汉代的袍有时甚至可作朝服。清·任大椿《深衣释例》说："袍为古人燕居之服，自汉以后，始以绛纱袍、皂纱袍为朝服。"其说是。

⑨ 《周礼·春官·司服》说："王之吉服：祀昊天上帝则服大裘而冕，祀五帝亦如之；享先王则衮冕；享先公、飨、射则鷩冕；祀四望、山川则毳冕；祭社稷、五祀则希冕；祭群小祀则玄冕。"然而《夏官·弁师》所掌，则仅为王之五冕。郑注对此的解释是："冕服有六，而言五冕者，大裘之冕无旒，不联数也。"贾疏也说："祭天用大裘，取质，其冕亦当无旒为质也。"大裘因为较朴略，往往不为封建统治者所喜，且不问季节炎凉均服大裘致祭，实行起来确有困难。详见下长孙无忌议。但本节所谓"历代不行"者，也不尽然，梁、隋皆

有大裘之冕服（见《隋志》六、七）。此处乃就其大略而言。

【旧3】后魏、北齐，舆服奇诡①。至隋氏一统，始复旧仪②。

① 北朝时，由于众多少数民族入居中原，胡、汉服装急剧融合。《南齐书·魏虏传》说："佛狸（拓跋焘）以来，稍僭华风，胡风国俗，杂相揉乱。"从传统的眼光看来，遂不免发现有"奇诡"之处。详本书《南北朝时期我国服制的变化》一文。

② 《隋志》七说："高祖初即位，将改周制。……太子庶子摄太常少卿裴正奏曰：'后魏以来，制度咸阙。天兴之岁，草创缮修，所造车服，多参胡制。故魏收论之，称为违古是也。周氏因袭，将为故事，大象承统，咸取用之。舆辇衣冠，甚多迂怪。今皇隋革命，宪章前代。其魏、周辇辂不合制者，已敕有司尽令除废。然衣冠礼器，尚且兼行。……既越典章，须革其谬。……'制曰：'可。'"

【旧4】隋制：初制五品以上乘偏幰车①。其后嫌其不美，停不行用，以亘车代之②。三品以上通幰车则青壁③。一品轺车，油幰朱网。唯辂车一等，听敕始得乘之。

① 本节首句原作"隋制：车有四等，有亘幰、通幰、轺车、辂车。"其四等之说，全然与隋制不合，且置辂车于第四等，尤失其序。兹删去。案《隋志》五通卷皆言车制，叙述甚详。本节仅节取其"犊车"条末后数语，而以之概括隋代车制，殊爽原意。据《隋志》，隋代车制可归纳如下表：

名 称	乘 者	用 途	驾车之牲		备 注
			种类	数目	
皇帝五辂	玉辂	祭祀、纳后	马	6	五辂皆有副车，驾4马
	金辂	朝会、飨、射	马	6	太子乘则驾4马
	象辂	行 道	马	6	亲王常朝亦乘，驾4马
	革辂	巡狩、临兵事	马	6	三品以上听敕得乘
	木辂	田 猎	马	6	四品、方伯听敕得乘
皇后五辂	重翟	受册、从祀、郊禖、享庙	马	6	
	厌翟	採 桑	马	6	
	翟车	归 宁	马	6	三妃乘驾2马，皇太子妃乘驾3马
	安车	临幸及吊	马	4	
	辇车	宫苑近行	马	4	

乘者列：皇帝（五辂行）、皇后（五辂行）

名　称		乘　者	用　途	驾车之牲		备　注
				种类	数目	
安车		皇帝	省问临幸	马	4	
四望车			拜陵临吊	牛	1	
耕根车			亲　耕	马	6	
羊车			宫中所用	果下马	1	
属车			大驾、法驾乃置	牛	1	大驾属车36，法驾12，小驾无
轺车		王侯、五品以上	王侯入学 五品朝婚	马	2	
		司隶、刺史、县令等	通　用	马	1	
犊车	通幰	王公以下 五品以上	通　用	牛	1	九嫔、良娣、三公夫人、公主、王妃皆乘
	偏幰	五品以上	一度通用	牛	1	五品以上原乘之，后改乘通幰车
	无幰	六品以下	通　用	牛	1	

② 《隋志》作"亘幰"，则亘车即亘幰车。亘、竟也（《汉书·诸侯王表》颜注）。竟、周遍也（《汉书·王莽传》颜注）。则亘幰亦即通幰。

③ "璧"原作"璧"，据《隋志》改。

【旧5】马珂：一品以下、三品以上①，九子，四品七子，五品五子。

① "三品以上"四字原夺，据《隋志》补。关于马珂，详本稿【新9】注⑫。

【旧6】衣裳有常服、公服、朝服、祭服四等之制。

平巾帻①，牛角簪簪，紫衫，白袍，靴，起梁带——五品以上金玉钿饰，用犀为簪；是为常服，武官尽服之②。六品以下，衫以绯。至于大仗陪立，五品以上及亲侍加两裆③、螣蛇④；其勋侍，去两裆。

① 《急就篇》颜注："帻者、韬发之巾，所以整乱发也。当在冠下，或单着之。"汉代冠下之帻，又分承进贤冠之介帻与承武弁大冠之平上帻等二式。平巾帻即由平上帻演变而来，但多单着。详本书《进贤冠与武弁大冠》一文。

② 本节说平巾帻是"武官尽服之"的"常服"，良有语病。按《旧志》下文明明指出："䙝服、盖古之亵服也，今亦谓之常服。……隋代帝王贵臣，多服黄文绫袍、乌纱帽、九环带、乌皮六合靴。百官常服，同于匹庶，皆着黄袍出入殿

省,……盖取于便事。其乌纱帽渐废,贵贱通服折上巾。"则隋代百僚是以折上巾(幞头)、环带、皮靴为常服。惟《隋书·炀帝纪》称:"(大业二年)制定舆服,……上常服皮弁,十有二琪。文官弁服,佩玉。……武官平巾帻,袴褶。"似是本节立说之所本。但《纪》中的"常服"一语,并非专名词,只不过是说炀帝经常着皮弁而已。《纪》中之"文官弁服",即《隋书·何稠传》所说:"魏、晋以来,皮弁有缨而无笄导。稠曰:'此古田猎之服也。今服以入朝,宜变其制。'故弁施象牙簪导,自稠始也。"可见这里说的弁服实为文官入朝的朝服。《炀帝纪》中以武官之平巾帻与文官之弁服并列,说明平巾帻应是武官的朝服。《隋志》七说:"左右大将军并武弁,绛朝服。……侍从则平巾帻,紫衫,大口袴、褶,金玳瑁装两裆甲。"侍从着此等盛装随大将军入朝,也证明这样的装束是他们的朝服。《旧志》以《炀帝纪》中之"常服"为专名,又连下通读,致生此误。

③ 南北朝以来,以"两裆"为名者有二物。一种是背心,特别指妇女的背心;另一种是武士之前后两合的短甲。前者如长沙东晋升平五年(361年)周芳妻潘氏墓出土衣物券中所记之"故帛罗缩两当一领"(《考古学报》1959年第3期,87页),亦即《玉台新咏集》卷一○《近代吴歌·上声歌》"新衫绣两裆,迮置罗裳里"所咏者。后者则如《北史·阳休之传》所说,"齐文宣受禅郊天,百寮咸从之。休之衣两裆甲,手持白棓"之两裆甲。这种甲有用铁制的,如《乐府诗集·企喻歌辞》之"前行看后行,齐着铁裲裆"。也有革制的,如晋·庾翼《与慕容皝书》中提到的"犀皮两当铠"(《初学记》卷二二引)。《释名·释衣服》列两裆于中衣之后、帕腹之前,谓:"裲裆其一当胸,其一当背也。"指的是前一种。【新58】也用此语解释两裆,指的却是后一种。一当胸一当背之两裆甲,在肩部用皮带连接。自南北朝以迄唐、宋之雕塑与绘画中不乏其例(图12-17:8)。本节所指也是上述后一种。

④ 仅于肩部用皮带牵连之两裆甲,欲使之紧凑附体,还须加以结扎。简便的作法是在腰间系一革带,复杂的则在腰带之外再系以螣蛇。螣蛇或作"縢蛇"(《新志》)、"腾蛇"(殿本《新五代史·崔棁传》。百衲本作"胜蛇",殆误)。按腾蛇原为自汉代以来一习用之词汇。《淮南子·说林》:"腾蛇游雾。"《说苑·谈丛篇》:"腾蛇游雾而升,腾龙乘云而举。"曹操《碣石篇·龟虽寿》:"腾蛇乘雾,终成土灰。"均可以为例。腾蛇又与縢蛇相通假,如《荀子·劝学篇》所称"无足而飞"的"螣蛇",即乘雾之腾蛇。至于作縢蛇,或缘其物本为绳类。《诗·閟宫》毛传:"縢、绳也。"《新志》说:"縢蛇之制以锦为表,长八尺,中实以绵,象蛇形。"此物蟠结于胸前,故可与螣蛇相类比。《后汉书·张衡

传》:"腾蛇蜿而自纠。"李注:"蜿、屈也。纠、缠结也。"即着眼于此状。自北魏以来,武士胸前的腾蛇多缠成"工"字形(图21-1:1),而武昌通相门52号隋墓出土之两裆俑,腾蛇作一字横缠(图21-1:2),早期腾蛇的系结法,或与之相仿佛。

图21-1 武士俑上所见腾蛇
1. 北魏隶卒俑(据陈万里《陶俑》图版20)
2. 湖北武昌通相门52号隋墓出土两裆俑(据实物绘制)

【旧7】弁冠①、朱衣、裳素、革带、乌皮履,是为公服②。其弁通用乌漆纱为之,象牙为簪、导③。五品以上,亦以鹿胎为弁、犀为簪、导者,加玉琪之饰:一品九琪,二品八琪,三品七琪,四品六琪④。三品兼有纷、鞶囊⑤,佩于革带之后,上加玉佩一。鞶囊:二品以上金缕,三品以上银缕,五品以上綵缕⑥。文官寻常入内及在本司常服之。

① 《周礼·春官·司服》说:"王……眡朝则皮弁服。"《夏官·弁师》说:"王之皮弁,会五采,玉璂,象邸,玉笄。"郑注:"会、缝中也。璂、读如薄借綦之綦;綦、结也。皮弁之缝中每贯结五采玉十二以为饰,谓之綦。《诗》:'会弁如星。'又曰:'其弁伊綦。'是也。邸、下柢也,以象骨为之。"皮弁在周代用途颇为广泛。周天子视朝之外,听祭报、巡牲、宾、射、猎时皆着之。其情况可参看清·任大椿《弁服释例》卷四、五。至汉代,皮弁仍为统治阶级所重视。《续汉志》说:"委貌冠、皮弁冠同制,长七寸,高四寸。制如覆杯,前高广,后卑锐;所谓夏之毋追、殷之章甫也。委貌以皂绢为之,皮弁以鹿皮为之。行大射礼于辟雍,公卿、诸侯、大夫行礼者冠委貌,衣玄端,素裳。执事

者冠皮弁，衣缁麻衣，皂领、袖，下素裳；所谓'皮弁素积'者也。"《汉书·孝平王皇后传》："太师孔光、大司徒马官等四十九人，赐皮弁素积。"同书《王莽传》："莽再拜受衮冕、句履、皮弁、素积。"均指上述装饰而言。又《三国志·魏志·文帝纪》裴注引《魏书》说："己亥，公卿朝朔旦，并引故汉太尉杨彪，待以客礼。诏曰：'……公故汉宰臣，……其赐公延年杖及冯几。谒请之日，便使杖入，又可使着鹿皮冠。'彪辞让不听，竟着布单衣、皮弁以见。"可见自两汉以迄三国，皮弁一直被视为隆重的礼服。隋、唐时仍沿袭这种传统。

② 公服亦名"从省服"，较朝服为简易。朝服亦名"具服"，是七品以上官员陪祭、朝、飨、拜表等大事时所服，其余公事均着公服。唐代以冕服为朝服，故以下冠服一等的弁服为公服。

③ 旧说或将簪、导合而为一，如《御览》卷六八八引服虔《通俗文》："帻导曰簪。"或将它们分为二物，如《释名·释首饰》："簪，笄也（毕沅《释名疏证》：'笄、子林反。《御览》引作连，非也'），以笄连发于冠也。又枝也，因形名之也。导，所以导栎鬓发，使入巾帻之里也。或曰栎鬓，以事名之也。"按《仪礼·士丧礼》说："鬠笄用桑，长四寸，缁中。"郑注："长四寸，不冠故也。缁，笄之中央以安发。"贾疏："凡笄有二种：一是安发之笄，男子、妇人俱有，即此笄是也。一是为冠笄、皮弁笄、爵弁笄，唯男子有而妇人无也。此二笄皆长不唯四寸而已。今此笄四寸者，仅取人髻而已。以其男子不冠，冠则笄长矣。"其安发之笄长仅四寸，冠笄的长度当不止此数。唐代的笄也有长短两种。短的即簪，亦长四寸许。唐·章孝标《答友人惠牙簪》诗"截得半环月，磨成四寸霜"（《全唐诗》八函四册）者即是。长的见于《历代帝王图卷》等绘画中，其笄横贯衮冕，两端尚各余一大段，忖其长度当不下尺余。此种长笄应即是导。导亦作籆。《御览》卷八一三"鍮石"条："齐·周捨谓沙门法云曰：'孔子不饮盗泉之水，法师何以捉鍮石香炉？'答曰：'檀越既得戴籆（谐音盗），贫道如何不得执鍮（谐音偷）？'"明·周祈《名义考》卷一一说："籆与导同音，一物也。"其说是。《北户录》"通犀"条唐·崔龟图注引吴均《续齐谐记》："蒋潜得通犀籆，后被豫章王江夫人断以为钗。"导既然可以截断制成钗，足证此物较长。晋·葛洪《抱朴子·登涉篇》说："通天犀……以其角为导。毒药为汤，以此道（与导通。《太平广记》卷一一引葛洪《神仙传·左慈》说：'是时天寒，温酒尚热，慈拔道簪以挠酒。'可以为证）搅之，皆生白沫涌起，则了无复毒势也。"宋·罗愿《尔雅翼》卷一八"犀"条袭用其说，但作"以此角为箸"；则又可证导的形状与箸相近。箸长亦不止四寸，故

导乃是一种长簪。

④ 《隋志》于"四品六琪"之下，尚有"五品五琪，六品以下无琪"之文。

⑤ 先秦时，我国已有鞶囊。朱德熙、裘锡圭《信阳楚简考释》（《考古学报》1973年第1期）认为信阳212号简中的"䋺裹"即鞶囊。其说可从。我国古代并不在衣服上缝出口袋，什物往往内之于襟袖或系之于鞶带。鞶的本义为带。《说文·革部》："鞶、大带也。"《左传·桓公二年》杜注："鞶、绅带也。"又《庄公二十年》记王以后之鞶鉴予郑伯事，杜注："后、王后也。鞶带而以鉴为饰也。"所谓"为饰"，实际上是随身携带零星物件的一种方法。鞶带上所系之囊，就是鞶囊。但鞶囊亦可省称为鞶。《仪礼·士昏礼》郑注："鞶、鞶囊也。男鞶革，女鞶丝，可以盛帨巾之属。"不过在法服上它主要用于盛绶带，所以又称绶囊。《三国志·吴志·薛综传》裴注引《吴书》已有"紫绶囊"一语。《宋书·礼志》说："鞶，古制也。汉代着鞶囊者侧在腰间，或谓傍囊，然则以此囊盛绶也。或盛或散，各有其时乎！"《隋志》说："《东观书》：'诏赐邓遵兽头鞶囊一枚。'班固《与弟书》：'遗仲升兽头旁囊、金错钩也。'古佩印皆贮悬之，故有囊称。或带于旁，故班氏谓为旁囊绶印钮也。今虽不佩印，犹存古制，有佩绶者通得佩之，无佩则不。"班固书中之"兽头旁囊"，《御览》卷六八八引作"虎头金鞶囊"。又《御览》卷四七八引班固《与窦宪笺》也提到"虎头绣鞶囊"。则《隋志》乃是为讳李虎而改虎头为兽头。此种华贵的虎头鞶囊在沂南东汉画像石中可以见到（图21-2），但在隋唐时代的考古材料中尚未获其例。

图21-2 带鞶囊的人物

（据《沂南古画像石墓发掘报告》图版56）

另有一物常与鞶囊相混，即契囊。《汉书·赵充国传》说："卬道车骑将军张安世始尝不快上，上欲诛之。卬家将军以为安世本持橐簪笔事孝武帝数十年，见谓忠谨，宜全度之。"颜注引张晏曰："橐、契囊也。近臣负囊簪笔，从备顾问，或有所纪也。"《南齐志》也说："百官……其肩上紫袷囊，名曰契囊，世呼为'紫荷'。"在这里，紫荷之"荷（匣哿开一）"应是紫袷之"袷（匣合开一）"的音转。此物犹如一枚小型的文件袋。但《晋志》以为："八坐尚书荷紫，以生紫为袷囊，缀之服外，加于左肩。……或云汉世用盛奏事，负之以行。未详也。"说的反而不明确。按《文苑英华》卷五五一载是仪（人名，

《吴志》有传）鬻书衣于市，或人告其不仁。判辞说："书衣创制，编册攸资；厕绿篚以相耀，杂紫荷而交映。"可见此种文件袋正与书衣、书篚为类。至宋代此制已泯，紫荷之"荷"本是以音近而假借之字，这时却被认为是"负荷"之荷（宋·葛立方《韵语阳秋》卷六），甚至被认为是"芰荷"之荷（宋·吴曾《辨误录》）。而后世"荷包"之称，虽源出于紫荷；但两者判然二物。参看清·袁枚《随园随笔》卷下"紫荷非荷包"条。

⑥ 《隋志》记鞶囊之制为："二品以上金缕，三品金银缕，四品及开国男银缕，五品綵缕。"较本节所记为详。按《礼记·内则》郑注说：鞶囊"有饰缘之。"图 21-2 所举虎头鞶囊亦有边饰。所谓"缕"，疑即此物。

【旧8】亲王：远游三梁冠①，金附蝉，犀簪、导，白笔②。三师三公、太子三师三少、尚书秘书二省、九寺四监、太子三寺、诸郡县关市、亲王文学、藩王嗣王、公侯：进贤冠③。三品以上三梁，五品以上两梁，犀簪、导。九品以上一梁，牛角簪、导。门下、内书、殿内三省、诸卫府，长秋监，太子左右庶子、内坊、诸率，宫门内坊，亲王府都尉，府镇防戍九品以上，散官一品以下：武弁④、帻。侍中、中书令加貂蝉、佩紫绶。散官者白笔。御史、司隶二台：法冠⑤。_{一名獬豸冠}谒者、台大夫以下：高山冠⑥。并绛纱单衣，白纱内单，皂领、褾、襈、裾⑦、白练裙、襦⑧，绛蔽膝⑨，革带，金饰钩、䚢⑩，方心、曲领⑪，绅带，玉镖金饰剑〔亦通用金镖〕⑫，山玄玉佩，绶⑬，袜，乌皮舄⑭：是为朝服。诸王⑮：纁朱绶，施二玉环。三品以上绿绶，四品、五品青绶。二品以下去玉环。六品以下去剑、佩、绶。八品以下：冠去白笔，衣省内单及曲领、蔽膝，着乌皮履。五品加纷、鞶囊。其绶：纁朱者用四綵，赤、黄、缥、绀、纯朱质⑯，纁文织之⑰，长一丈八尺，二百四十首，阔九寸。绿绶用四綵，绿、紫、黄、朱，纯绿质⑱，长一丈八尺，二百四十首，阔九寸。紫绶用四綵，紫、绀、黄、赤⑲，纯紫质⑳，长一丈六尺，一百八十首，阔八寸。青绶三綵，白、青、红，纯青质㉑，长一丈四尺，一百四十首，阔七寸。

① 远游冠在汉代已为诸王之朝服。《晋志》说："远游冠：傅玄云：'秦冠也。似通天而前无山、述，有展筩横于冠前。'皇太子及王者后、帝之兄弟、帝之子封郡王者服之。诸王加官者自服其官之冠服，唯太子及王者后常冠焉。太子则以翠羽为緌，缀以白珠，其余但青丝而已。"《隋志》说："（皇太子）远游三梁冠：加金，附蝉，九首，施珠翠，黑介帻，缨，翠緌，犀簪、导。绛纱袍，白纱内单，皂领、褾、襈、裾，白假带，方心、曲领，绛纱蔽膝，袜，舄。其革带、剑、佩、绶与上同。"顾恺之《洛神赋图》中曹植所戴之冠应为晋代的

远游冠（图15-2:1），隋、唐的远游冠当与相近。唯该图仅存摹本，冠式的细部未交代清楚，仅大体知其状似介于通天与进贤之间。

② 《礼记·曲礼》："史载笔。"言史臣载笔从王，以记其言行。汉代称之为"珥笔"。《汉官仪》："尚书郎赐珥赤管大笔一双。"《文选》卷二四《为贾谧作赠陆机》李注引崔骃《奏记窦宪》说："珥笔持牍，拜谒曹下。"亦即《汉书·赵充国传》颜注引张晏说"近臣负囊簪笔，从备顾问，或有所记"之所用者。其后珥笔被仪式化，则成为"白笔"。《史记·滑稽列传》："西门豹簪笔磬折。"正义："簪笔谓以毛装簪头，长五寸，插在冠前，谓之为'笔'，言插笔备礼也。"所以簪笔者并不真用它书写。《汉书·昌邑王传》记张敞奉命对昌邑王贺进行监视，奏报："故王年二十六七，为人青黑色，……佩玉环、簪笔，持牍趋谒。"其簪笔显系出于礼貌；故此类笔多未沾墨，因称白笔。汉代沂南画像石中有簪白笔的形象（图12-2:2）。南北朝时，白笔之杆改为弧形，由冠后经冠顶弯而向前，末端缚毛，如在北魏宁懋石室线刻画中所见者（图15-3:1）。后来又变成在笼巾顶上用短杆挑起一撮缨毛，名"立笔"。《宋史·舆服志·诸臣服·朝服》："宋初之制，进贤五梁冠：涂金银花额，犀、玳瑁簪导，立笔。……中书门下则冠加笼巾、貂蝉。"南京博物院所藏范仲淹像的冠式与之基本相合（图21-3:1）。到了明代，挑立笔的杆又分出等级，依"立笔五折"、"立笔四折"、"立笔二折"为差。一幅王守仁的画像，在笼巾顶上装有杆部弯成四折的立笔（图21-3:2）。唐之白笔处于自南北朝式向宋式过渡的中间阶段，但由于未获其实例，具体形状不明。

③④ 进贤冠为汉代文职官员服用之冠。武弁即武弁大冠，为汉代武职官员服用之冠。唐代的进贤冠和武弁实与之一脉相承，虽然在形制上已较前代有些变化。详本书《进贤冠与武弁大冠》一文。

⑤ 法冠取义于獬豸。《文选·上林赋》"弄獬豸"六臣注张揖曰："獬豸似鹿而一角，人君刑罚得中则生于朝廷，主触不直者。"《论衡·是应篇》说："觟䚦者、一角羊也，性知有罪。皋陶治狱，其罪疑者，令羊触之；有罪则触，无罪则不触。"《说文·廌部》也说："解廌、兽也，似牛一角。古者决讼，令触不直者。"这种认为神兽有决曲直之能力的观念，是从原始社会"动物神判"的习俗中继承下来的。獬豸、觟䚦、解廌音近互通，上古时代已用它代表执法。法字古作灋。《说文·廌部》："灋、刑也。平之如水，从水；廌所以触不直者去之。"此字见于西周金文，孟鼎、克鼎的铭文中均有其例。故许君之说，不为无据。

模拟獬豸的形象为冠，战国时已经出现。《淮南子·主术》说："楚文王好服獬冠，楚国效之。"高诱注："獬廌之冠，如今御史冠也。"汉代的法官皆戴

图 21-3 立笔

1. 范仲淹像　2. 王守仁像（立笔四折）

此冠。《续汉志》说："法冠一曰柱后，高五寸，以缅为展筩，铁为柱卷，执法者服之：侍御史、廷尉、正监平也。或谓之獬豸冠。獬豸、神羊，能别曲直，楚王尝获之，故以为冠。"《晋志》也说："法冠一名柱后，或谓之獬豸冠，高五寸，以縰为展筩，铁为柱卷，取其不曲挠也。侍御史、廷尉、正监平，凡执法官皆服之。或谓獬豸神羊，能触邪佞。《异物志》云：'北荒之中，有兽名獬豸，一角，性别曲直，见人斗触不直者，闻人争咋不正者。'楚王尝获此兽，因其形以制衣冠。胡广曰：'《春秋左氏传》：晋侯观于军府，见钟仪。曰：南冠而絷者，谁也？南冠即楚冠。秦灭楚，以其冠服赐执法臣也。'"獬豸冠取象于獬豸，而重点在其角。《汉官仪》说："古有獬豸兽，主触不直，故执宪者以其角形为冠。"獬豸为独角兽，故此冠上应装独角。准此以求，则莫高窟 285 窟南壁西魏壁画《五百强盗成佛因缘图》中之法官所戴者即獬豸冠（图 21-4）。但后来也有在獬豸冠上装双角的。《续汉志》刘注引《异物志》说，獬豸冠"今冠两角，非象也"。而唐代的法冠也多作双角形，详见本稿卷二【旧55】注①。

图 21-4 南北朝时的獬豸冠
（莫高窟 285 窟西魏壁画）

⑥ 《续汉志》说:"高山冠,一曰侧注,制如通天,〔顶〕不邪却,直竖,无山、述、展筒。中外官、谒者、仆射所服。"《晋志》说:"高山冠一名侧注,高九寸,铁为卷梁,制似通天。顶直竖不斜却,无山、述、展筒。高山者,《诗》云:'高山仰止。'取其矜庄宾远者也。"据此描写于汉代画像中寻求,则图21-5所举之例或较接近。

图21-5

汉代的高山冠

(据孝堂山石祠画像石)

⑦ "皂领、褾、襈、裾"者,是说内单的衣领、袖口、下摆均以皂缘边。《类篇》:"褾、袖端也。""襈、缘也。"《尔雅·释器》:"衱谓之裾。"郭注:"衣后裾也。"襈裾连言,则指衣之前后襟缘即下摆。按我国古代之衣以施缘为常例,无缘之衣则被目为褴褛。《方言》卷四:"以布而无缘,敝而纻之,谓之褴褛。"又说:"无缘之衣,谓之褴。"《说文》:"褛、无缘。"《后汉书·明德马皇后纪》说:"(后)常衣大练,裙不加缘。"因为是很特殊的事例,所以才见载于史册。

⑧ "裙、襦"原作"裾、襦",据《通典》卷一○八改。《隋志》说:远游冠之制,服白纱单衣,承以裙、襦。可知它们当穿在单衣之下。《谷梁传·文公八年》说:"或衣其衣,或衷其襦。"襦在衣内,故谓之衷。《汉书·石建传》颜注也说:"中裙若今言中衣。"则此处的裙、襦也是衬裙、衬衣之类。

⑨ 《说文·韦部》:"韍、韨也,所以蔽前。"韍、韨即韠,即芾,即蔽膝。《左传·桓公二年》正义引《易纬乾凿度》郑玄注:"古者田渔而食,因衣其皮,先知蔽前,后知蔽后。后王易之以布帛,而独存其蔽前者,重古道而不忘本也。"重古道云云虽然牵强,但所说蔽膝的起源则较为合理。

⑩ 《隋志》说:"革带……今博三寸半,加金镂。鲽、螳螂钩,以相拘带。"螳螂钩即通称之带钩,鲽应是承钩之环。

⑪ 《释名·释衣服》说:"曲领在内,所以禁中衣领上横壅颈,其状曲也。"研究者或认为始皇陵所出兵马俑颈间的围巾状物即曲领。但《隋志》说,曲领"七品以上有内单者则服之,从省服及八品以下皆无"。可是在这时的朝服上看不到上述围巾状物,故其形制必已大改观。且此前说曲领者,均未言及方心。方心曲领的出现,或是后世自《礼记·深衣篇》"曲袷如矩以应方"的说法中引申出来的。此袷字郑玄或释为"交领"(《深衣》注),或释为"曲领"(《玉藻》注),其实就是方领,亦即直领。汉代仍然如此。《后汉书·儒林传》:"服方领习矩步者,委蛇乎其中。"李注:"方领,直领也。"其说甚是。然而于《马援传》"(朱)勃衣方领,能矩步"句下,李注引《前书音义》说:"颈下

施衿领正方,学者之服也。"果如此,则颈下当别施正方形的衿领;但在汉代遗物中并未见过此物。司马光《书仪》以为它是袷或裧的遗象。其实袷、裧皆指衣领相交处,并非别是一物。不过所谓方心曲领,或即由此演变而来。《三才图会·衣服图会》中所绘方心曲领如图21-6:3。在考古材料中此物初见于莫高窟石室所出五代绢画《五方五帝图》。此物至宋代较常见(图21-6:1),但在唐代的图像中尚未发现。

《三才图会》式的方心曲领,就已知之材料而论,多施于着冠、冕的法服中。唯宋人所绘司马光像着展脚幞头、圆领袍,却也戴着这样的方心曲领,为一稀见之例(图21-6:2)。

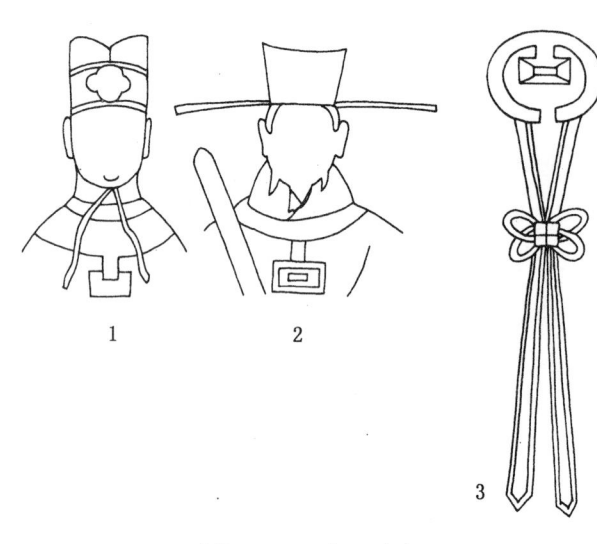

图21-6 方心曲领
1. 河南巩县宋永熙陵文石 2. 宋人绘《司马光像》(据《中国历代名画集》前编,上卷,图版74) 3.《三才图会·衣服图会》之"方心曲领"

⑫ 自战国以来,统治阶级以佩剑为其威仪所系,非常重视。《礼记·少仪》:"观君子之衣服,服剑乘马弗贾。"《史记·孟尝君列传》还说:"冯先生甚贫,犹有一剑耳。"可见不佩剑则有失身分。至汉代,佩剑之风已通乎上下,故《晋志》称:"汉制,自天子至百官无不佩剑。"隋代佩剑的情况如《隋志》所说:"开皇初,因袭旧式,朝服登殿,亦不解焉。十二年,因蔡征上事,始制:'凡朝会应登殿坐者,剑、履均脱。其不坐者,敕召奏事及须升殿,亦就席解剑乃登。纳言、黄门、内史、令、侍郎、舍人,即夹侍之官,皆不脱。'其剑皆真刃非假。既合旧典,弘制依定。又准晋咸康元年定令故事,自天子以下皆衣冠带剑。今天子则玉具,火珠镖、首;余则玉镖、首。唯侍臣带剑上殿。自王公以下,非殊礼引升殿,皆就席解而后升。六品以下无佩、绶者,皆不带。"《广韵》:"镖、刀剑鞘下饰也。"本节仅言镖而不及首,且只说用金而不及玉;不如《隋志》详明。

⑬ 关于佩及绶,见本稿卷二【旧20】注⑧⑨。

⑭ 《隋志》说:"履、舄。按《图》云:'复下曰舄,单下曰履。'夏葛冬皮。近代或以重皮而不加木,失于干腊之义。今取干腊之理,以木重底。冕服者、色赤;冕衣(当作'具服')者、色乌。履同乌色。诸非侍臣,皆脱而升殿。凡

舄，唯冕服及具服着之，履则诸服皆用。唯褶服以靴。靴、胡履也，取便于事，施于戎服。"《方言》卷四也说："中有木者谓之复舄。"武氏祠画像石中有着舄的形象（图21-7:1）。乐浪彩箧冢曾出土东汉时涂漆的革舄（图21-7:2）。舄底颇厚，内装木楦，楦当中有凹槽，其中应填以某种松软之物。虽然如此，但穿起来仍不会太灵便。沂南画像石中一舞剑者，竟把舄脱下放在一旁，就反映出这种情况（图21-8）。隋、唐时的舄，其式样当与履大体相同，仅以其用途为别，详本稿卷二【旧21】注⑨。

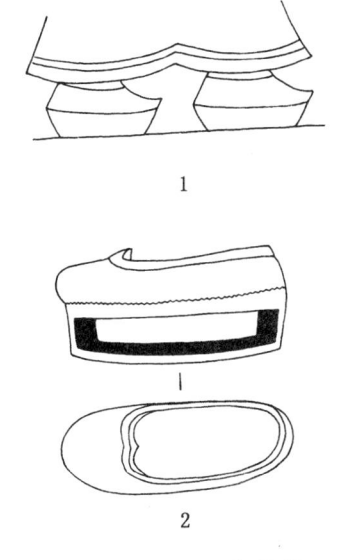

图21-7 汉代的舄

1. 武氏祠画像石中所见者
（据《武梁祠画像录》叶50）
2. 乐浪彩箧冢出土的革舄
（据《乐浪彩箧冢》页56）

图21-8 汉代脱舄舞剑的人物

（据《沂南古画像石墓发掘报告》图版60）

⑮ 原作"王佩缥朱绶"。按《隋志》说："三公……与亲王绶俱施二玉环。诸王：缥朱绶。"则"王佩"当作"诸王"。兹据《隋志》改。殿版《旧志》将"王佩"复讹为"玉佩"，尤误。

⑯⑱⑳ "纯"字原均作"红"。据《隋志》改。

⑰ "之"字原脱。据《隋志》增。

⑲ 原作"紫、黄、赤"，四綵仅得其三。据《隋志》补"绀"字。

㉑ 原脱"纯"字，据《隋志》补。

又《隋志》在"诸王：缥朱绶"句下，尚有"公：玄朱绶。……侯、伯：青朱绶。……子、男：素朱绶。……二品以上：缥紫绶"等记载。且绿绶非如本节所记，乃"三品以上"通用者。《隋志》说："三公：绿綟绶。"视其首数与长度、阔度都与诸王的纁朱绶相同，则其等级之高自明。《隋志》称三品之绶为"绀紫绶"，本节仅记为"紫绶"。而青绶乃四品所佩，五品佩墨绶。本节说："四品、五品：青绶。"亦不确。

【旧9】玄衣，纁裳，冕而旒者，是为祭服①。绶、佩、剑各依朝服之数。其章，自一品以下降二为差②；六品以下无章。

① 《隋志》所载隋代冕服之制，可归纳如下表：

名　称	特　征	服用者	用　　途
大裘冕	阔七寸，长一尺二寸，前圆后方，青表朱里，不施旒纩	皇帝	祀圆丘、感帝、封禅、五郊、明堂、雩、腊皆服之
衮　冕	十二旒	皇帝 三公 诸王	祭宗庙、社稷、藉田，祭方泽、朝日、夕月，及遣将、授律、征还、饮至、加元服、纳后、正冬受朝、临轩拜爵皆服之
鷩　冕	七旒	三品及公、侯	助祭则服之
毳　冕	五旒	四品及伯	
黼　冕	四旒	品及子、男	
玄　冕	三旒	一品以下，五品以上	自制于家，祭其私庙
爵　弁	无旒	六品以下	

据此，则本节所记尚须补正二事。1. 最隆重的大裘冕与最普通的爵弁均无旒，故不宜笼统地说："冕而旒者，是为祭服。"2. 汉代的冕服主要用于祭祀，隋代则不然，冕服的用途远比前代广泛，故不宜仍称之为祭服。

② "一"字原作"七"。案《隋志》说："（服爵弁者）衣青裳纁，并缦无章。"本节说"六品以下无章"，盖本此。既然六品之服已无章，则七品更毋庸言；所以"七品以下降二为差"句中之"七"字显系"一"字之讹。兹校正。

【旧10】文武之官皆执笏①。五品以上用象牙为之，六品以下用竹、木。

① 《荀子·大略篇》说："天子御珽，诸侯御荼，大夫服笏；礼也。"清·王先谦《荀子集解》卷一九说："'荼'、古'舒'字，玉之上圆下方者也。"案《毛公鼎铭》中记有"玉瑹"，瑹即荼，则此类器物的起源盖极悠古。但笏到简牍时代中才较为常见。《释名·释书契》说："笏、忽也；君有教命及所启白，则书

其上,备忘忘也。或曰簿,言可以簿疏物也。"又说:"牍、睦也;手执之以进见,所以为恭睦也。"这里说的笏、簿、牍,指的都是一片较大的简。河北望都1号汉墓壁画中坐在枰上握管作书的"主簿",其左手所执的简与"白事吏"双手捧持之物,形状完全相同。后者亦即《汉书·昌邑王传》所称"持牍趋谒"之牍。《隋志》说:"凡有指画于君前,受命书于笏,笏毕用也。《五经要义》曰:'所以记事,备忘忘。'《礼图》云:'度二尺有六寸,中博二寸,其杀六分去一。'晋、宋以来,谓之手板,此乃不经。今还谓之笏,以法古名。自西魏以降,五品以上通用象牙,六品以下兼用竹、木。"

【旧11】是时,内外群官,文物有序,仆御清道,车服以庸①。于是贵贱士庶,较然殊异。越王侗于东都嗣位,下诏停废,自兹以后,浸以不章,以至于亡②。

① 《书·舜典》:"敷奏以言,明试以功,车服以庸。"为本节用语之所本。《续汉志》刘注:"孔安国曰:'效试其居国为政,以差其功。'又孔安国曰:'锡车服以旌其德,用所任也。'又一通:'诸侯四朝,各使陈治化之言。明试其言,以要其功。功成,锡车服以表显其能用。'"(案今本《尚书》仅有末一通32字,当系王肃伪孔传。前两通不详所出,《后汉书集解》志二九黄山注以为是真孔传。)又《左传·僖公二十七年》杜注也说:"明试以功,考其事也;车服以庸,报其劳也。"

② 越王侗于武德元年在洛阳即位,武德二年四月为王世充所篡。至武德四年唐廷颁车舆、衣服之令,乃建立起唐代的舆服制度。

【旧12】唐制:天子车舆有玉辂、金辂、象辂、革辂、木辂,是为五辂①;耕根车、安车、四望车,以上八等,并供服乘之用。其外,有指南车②、记里鼓车③、白鹭车④、鸾旗车⑤、辟恶车⑥、轩车⑦、豹尾车⑧、羊车⑨、黄钺车⑩,豹尾、黄钺二车,武德中无,自贞观以后加焉。其黄钺,天宝元年制改为金钺。属车十二乘,并为仪仗之用。大驾行幸,则分前后施于卤簿之内;若大陈设,则分左右施于仪卫之内。

【新1】唐初受命,车服皆因隋旧。武德四年,始著车舆、衣服之令。上得兼下,下不得拟上。

【新4】(天子之车)又有属车十乘。一曰指南车,二曰记里鼓车,三曰白鹭车,四曰鸾旗车,五曰辟恶车,六曰皮轩车,七曰羊车,与耕根车、四望车、安车为十乘。行幸陈于卤簿则分前后,大朝会则分左右⑪。

① 五辂之制最先见于《周礼·春官·巾车》。但在《周礼》当中,五辂并无明显

的五行学说色彩。那里说："王之五路。一曰玉路：锡，樊缨十有再就，建大常十有二斿；以祀。金路：钩，樊缨九就，建大旂；以宾，同姓以封。象路：朱，樊缨七就，建大赤；以朝，异姓以封。革路：龙勒，条缨五就，建大白，以即戎，以封四卫。木路：前樊鹄缨，建大麾，以田，以封蕃国。"五者装饰有差，是依据其用途而别其丰俭。《礼记·月令》则规定天子春乘鸾路，驾苍龙，载青旂；夏乘朱路，驾赤骝，载赤旂；中央乘大路，驾黄骝，载黄旂；秋乘戎路，驾白骆，载白旂；冬乘玄路，驾铁骊，载玄旂。但《月令》中这套理想的安排，周代并未实行。秦则用金根。汉代是否用此五辂，记载不甚明确。但汉代有五时安车、立车，西晋因之，为当时泛滥已极的五行学说在车舆卤簿方面的反映。《晋志》说："案《周礼》，惟王后有安车也，王亦无之。自汉以来制，乘舆乃有之。有青立车、青安车，赤立车、赤安车，黄立车、黄安车，白立车、白安车，黑立车、黑安车；合十乘，名为五时车。俗谓之五帝车。"南朝偏安，仪制从简，以五牛车代五时车。隋代始以五辂应五方正色：玉辂以青，金辂以赤，象辂以黄，革辂以白，木辂以黑。其中象辂之色虽尚与《周礼》所称"建大赤"之说不尽一致，但此制既行，五辂与五时车乃互相合并。唐、宋时仍沿用这种作法。

② 《文选·吴都赋》："指南司方。"六臣注吕向曰："指南、车名。上有木人，常指其南方，故曰司方。"《古今注》卷上："大驾指南车起黄帝与蚩尤战于涿鹿之野，蚩尤作大雾，兵士皆迷。于是作指南车以示四方，遂擒蚩尤而即帝位；故后常建焉。"又说："周公致太平，越裳氏重译来献白雉一、黑雉一、象牙一。使者迷其归路，周公锡以文锦二匹，轿车五乘皆为司南之制。使越裳氏载之以南，缘扶南、林邑海际，期年而至其国。使大夫宴将送至国而旋，亦乘司南而背其所指，亦期年而还至。始制车，辖、軎皆以铁，还至，铁亦销尽，以属巾车氏收而载之，常为先导，示服远人而正四方。车法具在《尚方故事》。汉末丧乱，其法中绝，马先生绍而作焉。今指南车马先生之遗法也。马钧、曹魏时人。"左思、崔豹均为晋人，其所记之指南车不见于《续汉志》。《宋书·礼志》说汉代张衡曾作指南车，然而《后汉书·张衡传》不载此事，不知其所据。揆诸史籍，则马钧是制指南车之有明确记载的第一人。《三国志·魏志·杜夔传》裴注："时有扶风马钧，巧思绝世。傅玄序之曰：'马先生天下之名巧也。……先生为给事中，与常侍高堂隆、骁骑将军秦朗争论于朝，言及指南车。二子谓古无指南车，记言之虚也。先生曰：古有之，未之思耳，夫何远之有？二子哂之曰：先生名钧字德衡，钧者、器之模，而衡者、所以定物之轻重，轻重无准，而莫不模哉？先生曰：虚争空言，不如试之易效也。二子遂以白明

帝，诏先生作之，而指南车成。'"马钧试制成功指南车的事实本身，并不足以证明魏以前已有这种车。就已知的材料而论，似乎高堂隆等人的看法更为近实。但由于此车除用于皇帝卤簿外，为世所罕见，故于马钧制作成功后，在历代的战乱中，又多次失传。后人继续研究，使此车绝而复出者凡六次。即1. 石虎使解飞、姚兴使令狐生造（《宋书·礼志》）；2. 南齐·祖冲之复造（《南齐书·祖冲之传》）；3. 北魏太武帝时马岳复造，垂成，岳为妒者鸩死；4. 唐元和中，典作官金公亮复造；5. 五代时唐法失传，北宋工部郎中燕肃复造，后来吴德仁又提出另一种设计方案（以上均见《宋史·舆服志》）；6. 现代复原的指南车，陈列于中国国家博物馆。

唐代所造指南车，《旧唐书·穆宗纪》中只简单地提了一笔："元和十五年冬十月辛巳，金公亮修成指南车、记里鼓车。"唐·张彦振《指南车赋》描写得比较详细，他或曾目睹此车。赋中说："其法制奇诡，神妙无穷，见其指而皆知其向，睹其外而莫测其中。……观夫作也，扃关脉凑，衡枢星设，烟萦电转，鬼聚神灭。离朱目乱，计然思绝，公输服其心工，王尔惭其手拙；虽词给而口敏，亦难得而缕说"（《文苑英华》卷一二一）。则唐代指南车的情况，据此可想见其一斑。

③《古今注》卷上说："大章车、所以识道里也，起于西京，亦曰记里车。车上为二层，皆有木人。行一里，下层击鼓；行十里，上层击镯。《尚书故事》有作车法。"《宋史·舆服志》说："记里鼓车一名大章车，……行一里则上层木人击鼓，十里则次层木人击镯。"却将上下层之镯、鼓互易其位。此车今亦复原，陈列在中国国家博物馆。唯复原时外形设计系根据汉孝堂山画像石出行图中的鼓吹车，该车并不是记里鼓车；故复原后车上作二木人相对击鼓之状，与上下二层分别击镯、鼓之制未尽相合。

④ 白鹭车即鼓吹车，因鼓上立鹭而得名。《隋志》说："鼓吹车上施层楼，四角金龙衔旒苏、羽葆。凡鼓吹：陆则楼车，水则楼船，在殿庭则画笋虡为楼，楼上有翔鹭、栖乌，或为鹄形。"《隋书·音乐志》说："近代相承，植而贯之谓之建鼓，盖殷所作也。又栖翔鹭于其上，不知何代所加。或曰鹄也，取其声扬而远闻。或曰鹭、鼓精也，越王勾践击大鼓于雷门以厌吴。晋时移于建康，有双鹭咣鼓而飞入云。或曰：皆非也；《诗》云：'振振鹭，鹭于飞。鼓咽咽，醉言归。'古之君子悲周道之衰、颂声之辍，饰鼓以鹭，存其风流。未审孰是？"鼓上栖鹭的形象，在沂南画像石、《洛神赋图》、《三礼图》中都能见到（图21-9）。大约白鹭车上装载的就是这类栖鹭的建鼓。《宋史·舆服志》说："白鹭车、隋所制也，一名鼓吹车。"则这种车到隋代才形成定制。

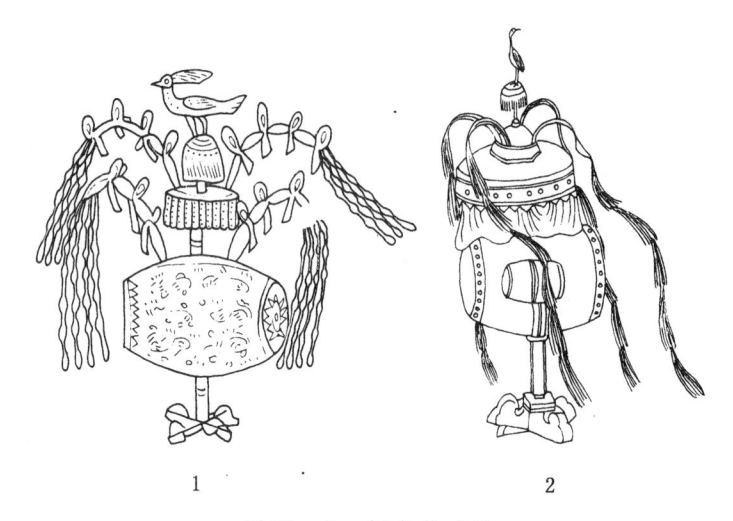

图 21-9 栖鸟的建鼓
1. 据《沂南古画像石墓发掘报告》图版 88　2. 据宋摹《洛神赋图》

⑤　《续汉志》说："（乘舆大驾前驱有鸾旗）鸾旗者、编羽旄列系幢旁；民或谓之鸡翘，非也。"《晋志》说："鸾旗车驾四，先辂所载也。鸾旗者、谓析羽旄而编之，列系幢傍也。"据民间称鸾旗为鸡翘的情况推测，鸾旗应为编羽而成，其状或与雄鸡之尾相近。《急就篇》颜注："鸡翘、鸡尾之曲垂也。"亦是此意。

⑥　《古今注》卷上说："辟恶车、秦制也，桃弓苇矢，所以被除不祥。"其制系来自古代打鬼的风习。《论衡·订鬼篇》引《山海经》："东海中有度朔山，上有大桃树，蟠屈三千里，其卑枝门曰东北鬼门，万鬼出入也。上有二神人，一曰神荼，一曰郁儡，主阅领众鬼之恶害人者，执以苇索，而用食虎。"《左传·昭公四年》："桃弧棘矢，以除其灾。"杜注："桃弓棘箭以禳除凶邪。"《文选·东京赋》李注引《汉旧仪》："常以正岁十二月命时傩，以桃弧苇矢且射之，赤丸五谷播洒之，以除疾殃。"《宋史·舆服志》也说："崇德车、本秦辟恶车也，上有桃弓棘矢，所以禳除不祥。"诸书所记，虽有苇矢与棘矢之别，但总不外是禳除邪厉的象征。《新唐书·仪卫志》说：辟恶车中有太卜令一人居内，服如欤飞，执弓箭。其所执之弓箭应即桃弓苇矢或棘矢。

⑦　轩车，《通典》卷六四作"皮轩车"，《新志》同。今案，应以作皮轩车为正，因为轩车与皮轩车的形制不一样。《左传·闵公二年》正义引服虔注："车有藩曰轩。"藩本指车耳，详本书《略论始皇陵 1 号铜车》一文。直到汉代对车耳仍很重视。但南北朝以后，由于牛车的广泛使用，马车车箱之形制逐渐与牛车靠近，而牛车的车箱上并无车耳，故此后对车耳遂日益生疏。颜师古在《汉书·景帝纪》的注中甚至说："轓……即是有障蔽之车也，言车耳反出，非矣。"

正反映出这种情况。至于皮轩车，则如颜氏在同书《司马相如传》注中所说，是"以赤皮为重盖"之车。不过《续汉志》刘注引胡广曰："皮轩以虎皮为轩"。《宋史·舆服志》也说皮轩车"冒以虎皮为轩"。可见皮轩车的车盖除用赤皮者外，还有用虎皮的。但它不是汉代那类以车耳反出为特点的轩车，却并无疑义。

⑧ 《续汉志》说："大驾属车八十一乘，法驾半之，……最后一车悬豹尾，豹尾以前比省中。"刘注："小学《汉官篇》云：'豹尾过后，罢屯解围。'胡广曰：'施于道路，豹尾之内为省中，故须过后，屯围乃得解；皆所以戒不虞也。'"《古今注》卷上："豹尾车、周制也，所以象君子豹变，尾言谦也。古军正建之，今唯乘舆得建之。"《晋志》说："自豹尾车后，而卤簿尽矣。"豹尾车之前比省中，省中即禁中。《独断》卷上："禁中者、门户有禁，非侍御不得入，故曰禁中。孝元皇后父大司马阳平侯名禁，当时避之，故曰省中。"汉制：王所居称省中，西汉末为避王禁之讳，遂以省中代禁中。据《新唐书·仪卫志》，唐代大驾出行时，五辂以后的车辆为：耕根车—安车—四望车—羊车—属车—黄钺车—豹尾车。豹尾是卤簿中最后面的一辆车；本节未记其顺序。不过唐之大驾卤簿在豹尾车后尚有步从甲队和诸卫马队，与前代卤簿之尽于豹尾者有所不同。

⑨ 羊车这一名称的内涵较复杂，可包括以下诸种：

(a) 犊车 《释名·释车》："羊、祥也，善饰之车，今犊车是也。"

(b) 人挽之车 《隋志》："羊车一名辇，其上如轺。小儿衣青布裤褶，五辫髻，数人引之；时名羊车小史。"

(c) 人舁之辇 《北史·李若传》说："武成以斛律金旧老，每朝，赐羊车上殿。"车岂能登殿？此羊车盖指人舁之辇。

(d) 驾果下马 《隋志》说："（羊车）汉氏或以人牵，或驾果下马。"又说："（羊车）开皇无之，至是（大业元年）始置焉。其制如轺车，金宝饰，紫锦幰，朱丝网。……驾以果下马，其大如羊。"

(e) 驾羊 《释名·释车》："骡车、羊车，各以所驾名之也。"《御览》卷七五五引《晋书》："武帝平吴之后，掖庭殆将万人。常乘羊车，恣其所之。"《南史·文元袁皇后附潘淑妃传》："潘淑妃者、本以貌进，始未见赏。帝好乘羊车，经诸房，淑妃每装饰褰帷以候，并密令左右以咸水洒地。帝每至户，羊辄舐地不去。帝曰：'羊乃为汝徘徊，况于人乎？'"对于奢纵的封建帝王说来，以羊驾车，亦不无可能。清·俞正燮《癸巳类稿》卷三《羊车说》力辩并无驾羊之羊车；但其说证据不足。羊车本不止一种，俞氏未将它们区别开，就不容易说得清楚了。

据《新唐书·仪卫志》所记，唐代的羊车也驾果下马。《汉书·霍光传》颜注引张晏曰："汉厩有果下马，高三尺。"《三国志·魏志·涉国传》裴注也说："果下马高三尺，乘之可于果树下行，故谓之果下。"《旧唐书·百济传》说："武德四年，其王扶余璋遣使来献果下马。"可见唐廷确有果下马，故可用以驾羊车。《宋史·舆服志》则只说羊车驾小马。

⑩ 《逸周书·世俘篇》说："王秉黄钺。"朱右曾注："秉钺，示当断制天下也。"则钺为国君威仪所系。汉代将钺置于车上，名黄钺车。《续汉志》："（乘舆大驾）后有金钲、黄钺。"在皇帝的卤簿中用它作为后从之车。而县令以上、公卿以下出行时则以斧车为前导。斧虽比钺小，但斧车之状当与黄钺车相去不远，在沂南画像石（图21-10:1）及四川成都、德阳等地出土的画像砖上都能看到这种车。李文信《辽阳发现的三座壁画古墓》一文说辽阳棒台子屯汉墓壁画所绘出行图中有黄钺车（图21-10:2）。但该出行图中共有车十辆，以载大斧之车居首，主车为驾三马的黑盖车，居第九；可见其地位仍与上述沂南、成都等地之出行图中的斧车相同，而与汉代大驾卤簿以九旒、云䍐、凤凰、阘戟等车为前导，或晋代大驾以象车为前导的情况不同。故棒台子屯汉墓壁画中画的仍是斧车。惟其斧特大，或与黄钺更为接近。唐代大驾卤簿中仍以黄钺车为后从，排在豹尾车之前，居车队之倒数第二位。

图 21-10 斧车

1. 沂南画像石中所见者（据《沂南古画像石墓发掘报告》图版102）
2. 辽阳棒台子屯汉墓壁画中所见者（据《文物参考资料》1955年第5期）

至于【新4】所记，则为武德中属车的情况，故无豹尾、黄钺二车。黄钺车至贞观后始加；天宝元年以"黄钺古来以金为饰。金者、应五行之数，有肃杀之威；去金称黄，理或未当"为理由，改黄钺为金钺（见《册府》卷六○、《旧唐书·玄宗纪》及《唐会要》卷三二）。

⑪ 大朝会时，殿庭陈车。《史记·叔孙通传》说："汉七年，长乐宫成，诸侯群臣皆朝。十月，仪：先平明，谒者治礼，引以次入殿门。廷中陈车骑，步卒卫宫，设兵，张旗志。"陈车又名充庭车。《后汉书·安帝纪》李注："每大朝会，必陈乘舆法物车辇于庭，故曰充庭车也。"《文选·东京赋》："龙辂充庭，云旗拂霓。"《宋书·礼志》："旧有充庭之制，临轩大会，陈乘舆车辇旌鼓于殿庭。"唐代仍行此制。《新唐书·礼乐志》说："皇帝元正、冬至受群臣朝贺。而会前一日，尚舍设御幄于太极殿，有司设群官客使等次于东西朝堂，展县、置案、陈车舆。"即其事。

【旧13】玉辂①：青质，以玉饰诸末②。重舆③。左青龙，右白虎。金凤翅④。画藻文、鸟、兽⑤。黄屋⑥。左纛⑦。金凤一，在轼前。十二銮，在衡⑧。正辂銮数。其副辂及耕根则皆八⑨。二铃，在轼。龙辀前设障尘⑩。青盖，黄里，绣饰，博山、镜子、树羽⑪。轮皆朱斑重牙⑫。左建旂，十有二旒，皆画升龙，其长曳地⑬。右载阘戟，长四尺，广三尺，黻文⑭。旂首金龙头，衔结绶及铃绥。驾苍龙⑮。金錣⑯，方钑，插翟尾五隼⑰。镂钖⑱。鞶缨十有二就⑲。钖、马当颅，镂金为之⑳。鞶缨、鞍皆以五綵饰之。就、成也，一币为一成也。祭祀、纳后则供之。

金辂：赤质，以金饰诸末，余与玉辂同。驾赤骝㉑。飨㉒、射、祀还、饮至则供之。

象辂：黄质，以象饰诸末，余与玉辂同。驾黄骝。行道则供之。

革辂：白质，鞔之以革，余与玉辂同。驾白骆㉓。巡狩、临兵事则供之。

木辂：黑质，漆之，余与玉辂同。驾黑骝㉔。畋猎则供之。

五辂之盖、旌旗之质及鞶缨皆从辂色㉕，盖之里皆用黄。其镂钖㉖，五辂同。

【新2】凡天子之车：

曰玉路者，祭祀、纳后所乘也。青质，玉饰末。

金路者，飨、射、祀还、饮至所乘也。赤质，金饰末。

象路者，行道所乘也。黄质，象饰末。

革路者，临兵、巡守所乘也。白质，鞔以革。

木路者，蒐田所乘也。黑质，漆之。

五路皆重舆。左青龙，右白虎。金凤翅。画苣文、鸟、兽。黄屋。左纛。金凤一、铃二，在轼前。銮十二，在衡。龙辀。前设障尘。青盖，三层，绣饰，上设博山、方镜，下圆镜，树羽。轮朱斑重牙㉗。左建旂，十有二旒，画升龙，其长曳地，青绣绸杠㉘。右载阘戟，长四尺，广三尺，黻文。旂首金龙衔锦结绶及绥带，垂铃。金錣㉙。方钑插翟尾五隼㉚。镂钖。鞶缨十二就。旌旗、盖、鞶缨皆从路质，唯盖里用黄。五路皆有副。

① "辂"《新志》作"路"。《广雅疏证》卷七下说:"辂,古通作路。"汉代以后,辂指皇帝所乘之车,详见本书《辂》一文。《晋志》说:五辂之中"玉辂最尊。"

② 《续汉志》说:"太皇太后、皇太后法驾皆御金根,……黄金涂五末。"刘注引徐广曰:"未详。疑谓前一辕及衡端、毂头也。"《隋志》则对徐广的说法加以肯定,谓:"初齐武帝造大小辇,……金为龙首,饰其五末:谓辕、毂头及衡端也。"五末之数是以独辀车的辕端及两毂头、两衡端合计得出的。《旧志》用语多因袭前史,这里却改称诸末,乃因此时独辀车早已成为历史陈迹。北魏道武帝时所制之"辇辂"有龙辀十六;"大楼辇",辀十二,驾牛二十。唐代诸辂虽并不如此笨重,但唐代的显庆辂据《宋史·舆服志》所记,也有三辕;将其辕、衡、毂之端合计,数已过五。所以本节遂称之为"诸末"了。

③ 《礼记·曲礼》正义:"舆、车床也,车床以举众物。"车床即车箱。所谓重舆,就是将车箱分成两部分,御者居前,主人居后。始皇陵所出2号铜车已是如此。

④ 金凤翅是在辂箱后部所饰翅状物。详见本书《辂》一文。

⑤ 《续汉志》说:"乘舆金根,……樠文画辀。"樠文亦作虞文。《续汉书·礼仪志》下:"东园匠、考工令奏东园秘器,表里洞赤,虞文画日月、鸟龟、龙虎、连璧、偃月。"《隋志》则称为"画簨文",为本节用语之所本。樠文即云气禽兽纹,详拙文《几种汉代的图案纹饰》(《文物》1982年第3期)。但是到了唐代,这种纹饰的构图又有变化,不仅动物的造型更加生动,而且后衬的云气多代以缠枝卷草。西安碑林所藏唐《石台孝经》碑座上的卷草禽兽纹(图21-11),或可视为唐代簨纹之一例。

图21-11 唐《石台孝经》碑座上所见樠纹

⑥ 《独断》上:"黄屋者、盖以黄为里也。"《史记·项羽本纪》正义:"李斐云:'天子车以黄缯为盖里。'"黄屋是皇帝所乘之车的标志。《史记·秦始皇本纪》:"子婴度次得嗣,冠玉冠,佩华绂,车黄屋,从百司,谒七庙。"同书《淮南衡山列传》:"淮南王长废先帝法,不听天子诏,居处无度,为黄屋盖乘舆,出入

拟于天子。"可证。

本节此处已对黄屋作出记述，但下文又说辂上有"青盖、黄里"，致使"黄屋"、"黄里"前后两见。其所以如此，是因为《旧志》行文多沿袭《隋志》；但《隋志》"玉辂"节此处作"辂左立纛"，所以下面又提到"青盖、黄里"。《旧志》则仿《续汉志》将该句改为"黄屋，左纛"，而至"青盖、黄里"处又复照抄《隋志》，以致前后重复。

⑦ 左纛是一种马饰。其位置在文献记载中诸说不一。《史记·项羽本纪》集解引李斐说："纛、毛羽幢也，在乘舆车衡左上方注之。"《汉书·高帝纪》颜注引应劭说："雉尾为之，在左骖，当镳上。"《续汉志》说："左纛以犛牛尾为之，在左騑马轭上，大如斗。"《文选·东京赋》薛综注："左纛以旄牛尾，大如斗，置騑马头上。"此物只在始皇陵出土的1、2号铜车上见过，装在马头上，与薛说相合。至于是否还有装在衡、轭或镳上的，目前尚无法证实。而且据实物所见，左纛是装在右骖马头上，它在车子"左旋"时可用于催迫其余各马，以利转弯；详本书《始皇陵2号铜车对车制研究的新启示》一文。

左纛常与黄屋并提，如《史记·南越列传》说：赵佗"迺乘黄屋、左纛，称制，与中国侔。"但在黄屋、左纛二者当中，黄屋可以单独作为皇帝所乘之车的标志，左纛却只是它的陪衬。仍以上引赵佗事为例：《南越列传》中虽兼言黄屋与左纛，但在《陆贾列传》中只说："陆生为太中大夫，往使尉他，令尉他去黄屋、称制，令比诸侯。"强调黄屋而不及左纛。再如同书《项羽本纪》记汉将纪信为掩护刘邦出逃，而"乘黄屋车，傅左纛"。关于此事泷川资言在《史记会注考证》卷七中指出：当时"汉王未为天子，何以黄屋左纛？盖纪信用引耳目，楚人遂为其所诳。"说明纪信此举之目的是为了招引楚人，并不反映确定的制度。何况始皇陵所出1、2号傅纛之铜车，也仅是副车，并非皇帝的乘舆。又《文选》卷二○范晔《乐游应诏诗》云："山梁协孔性，黄屋非尧心。"此以黄屋代表天子之位。倘使改成"左纛非尧心"，便不可解。故左纛与黄屋不同，仅在骖马头上施此种马饰，并不意味着该车一定是皇帝所乘。

⑧ 先秦时的銮皆为以方管承扁圆形泡状物的铜铃，装在轭顶或衡上。銮字亦作鸾。《大戴礼记·保傅篇》说："在衡为鸾，在轼为和，马动而鸾鸣，鸾鸣而和应。声曰和，和则敬，此御之节也。"《白虎通义·车骑篇》说："所以有和鸾者何？以正威仪，节行舒疾也。鸾者在衡，和者在轼。"这些书都用鸾字，实际上也确有作鸟形的鸾。《史记·礼书》正义引皇侃曰："鸾以金为鸾，悬铃其中，（立）于衡上，以为迟疾之节。"《古今注》也说："五辂衡上金爵者，朱雀也。口衔铃，铃谓銮，所谓和銮也。《礼记》云：'行前朱鸟。'鸾也。前有

鸾鸟，故谓之鸾；鸾口衔铃，故谓之鸾铃。今或为銮，或为鸾；事一而义异也。"鸟形的鸾在孝堂山石祠画像石之"大王车"上可以见到，即《续汉志》所称"鸾雀立衡"。本节所说位于衡上的十二銮，亦作鸟形。《宋史·舆服志》说唐显庆辂"横木上有银凤十二"，应即此物。至于轼前的金凤，大概就相当于《大戴礼记》所说的轼前之"和"了。

⑨ 原作"正县銮数。皆其副辂及耕根则八。""正县"当作"正辂"。正辂有十二銮，副辂八銮。"皆"字应移至"则"字下。疑为刻双行注文时误乱其行所致。

⑩ 《隋志》说："龙辀之上，前设障尘。"则此物应位于车箱前面的辀上。宋·刘昌诗《芦浦笔记》卷一"泥轼"条说："今考《前汉·黄霸传》：'别为车缇油屏泥于轼前，以彰有德。'其文意盖谓用缇油于车轼之前以屏蔽泥汙耳。"隋、唐之障尘应自汉代的屏泥演变而来。

⑪ 辂盖饰博山和镜子的情况，在敦煌莫高窟296、420等窟的隋代壁画中可以看到。盖顶"树羽"的情况，在《洛神赋图》中的辂上可以看到。详本书《辂》一文。

⑫㉗ "朱斑"原均作"朱班"。斑、班二字在汉代虽或相通假，如《三老赵掾碑》中说："虽杨、贾、班、杜，弗或过也。"班即指班彪、班固等人。但汉以后，此种用法已经少见。且《续汉志》说：诸车"重牙斑轮"。则此处仍以作"斑"字为正。朱斑轮即朱色并画有斑纹之轮。《东宫旧事》说皇太子的车有"画轮"（《北堂书钞》卷一四一引）。晋·张协在《洛禊赋》中也提到"华轮"（《艺文类聚》卷四引）。均即其类。

牙指接地的轮圈。《考工记·轮人》："牙也者，以为固抱也。"孙诒让正义：牙"会合众木，聚成大圜形，互相持引而取固也。"重牙或指轮牙用两层木材叠压嵌合，以使之更加坚固。

⑬ 我国古代有在车后插旗的作法，于金文中已可见之，如 ![字] （中甗，三代5.5）、![字] （作父乙挈尊，三代11.13）。后一字或释"挈"，其实均象车后插旗之形。这种形像在战国铜器刻纹中不乏其例（图21-12）。刘向《新序·义勇篇》说："司马子期猎于云梦。载旗之长拖地，芊（当作'芊'，见《左传·昭公七年》）尹文拔剑齐诸軫而断之。"描写的就很具体。在皇帝的辂车上这种作法被复杂化。

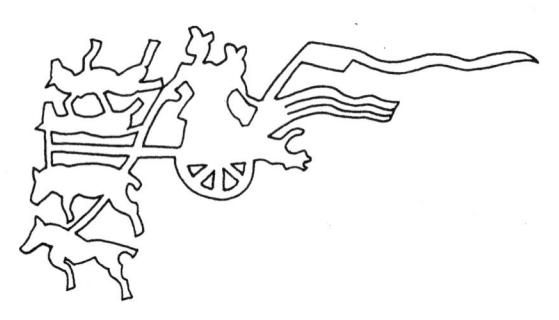

图21-12 战国铜钫纹饰中插旗旆的车
（据《支那古器图考·舟车马具篇》图版7）

《晋志》说："（五路）斜注旂旗于车之左，又加荣戟于车之右，皆橐而施之。荣戟韬以黼绣，上为亚字，系大蛙蟆幡。"此制为唐代所沿袭。陕西乾县唐懿德太子墓壁画中之辂，亦于后部两侧插此二物。

⑭ 原作"蔽文"。据《通典》卷六四改。

⑮ 《礼记·月令》说："孟春之月，乘鸾辂，驾苍龙。"郑注："春、东方，色青也。马八尺为龙。"《尔雅·释畜》郭注谓马高八尺为駥，则这里所称之龙即駥的假字。駥得义于戎。《尔雅·释诂》："戎、大也。"可见駥或龙是指高大的马。唐代仍有沿用此名称者。《唐文粹》卷二二张说《大唐开元十三年陇右监牧颂德之碑》说："别其种类，则有妍蹄繁鬣，小领远志。曰龙、曰駥、曰戎、曰骥。"但这里将龙与戎分为二类，已失其初义。故《宋史·舆服志》已不用龙一名，径说：玉辂"驾青马六。"

⑯㉙ 《旧志》原作"鋄"，《新志》原作"锾"。沈炳震《合钞》作"铰"。均误。殿版《新志》考证曰："锾当作骏。"尤误。这个字很容易写错。向达先生《蛮书校注》卷一〇"金鋄"注："鋄字，内聚珍本、文津本、《新唐书》诸本作鋄，琳琅本、《备征志》作铰，浙西本作鋄，鲍本作铰。卢（文弨）校云：'按鋄当作铰，音范，金华所以饰马首。考董冲《唐书释音》云：亡敢切。则当作铰无疑。今改正。'云云。今案：鋄、铰、铰诸字，音虽不同，而皆训马首饰，或作马冠，其义一也。铰即鋄，仍是一物。故仍旧不改。"赵吕甫《云南志校释》附录一"金鋄"的注也说："鋄、铰二字音异义同。"但"鋄"字《说文》训"敛足也。""夋"字《说文》训"老也。"钱大昕《十驾斋养新录》卷四"夋"条说："予谓夋盖从宵省声。……夋之言宵，谓晦昧无所知也。"杨树达《积微居小学述林》卷五《文字中的加旁字》说："夋从又、从火、从宀，谓手持火于屋下有所求。"同卷又说："夋乃搜（今作搜）之初字。"其义均与马首饰无涉。通行本《文选·东京赋》："金鋄镂钖。"李善注："蔡邕曰：'金鋄者，马冠也。'"高步瀛《文选李注义疏》：引许巽行曰："'鋄'，讹字也，当为'钑'，从'夋'。《说文》：'夋，盔盖也。象皮包覆盔，下有两臂，而夂在下。读若范。'此'鋄'字因'夋'为文，下当从夂，不从又也。"其实《四部丛刊初编》影宋《六臣注文选》此字作"钑"，标"亡犯"切，本不误。《说文·夊部》"夋"下段注也已指出："司马彪《舆服志》：'乘舆金钑。'刘昭引蔡邕《独断》曰：'金钑者，马冠也。高广各五寸，上如五华形，在马髦前。'薛综注《东京赋》同。案在马髦前，则正在马之盔盖。其字本作金夋，或加金旁耳。马融《广成颂》：'扬金夋而拖玉瓖。'字正作'夋'，可证。"则此字当以作"钑"为正。

西周、春秋时的钖即马冠，在出土物中有其实例（图3-22），但到了战国以后就不再出现。两志所记，尚不知其所指。至于《蛮书》所称金钖，则应别是一物，不会和先秦时的马冠相同。

⑰㉚ 古代的马具中被称为方釳者有二物。一种是《东京赋》薛综注所说："方釳，谓辕旁以五寸铁镂钖，中央低，两头高，如山形。而贯中以翟尾，结着之辕两边，恐马相突也。"即在始皇陵1号铜车上所见者。另一种如蔡邕《独断》所说："方釳，铁也，广数寸，在马髦后，有三孔，插翟尾其中。"《说文·金部》也说："釳，乘舆马头上防釳，插以翟尾、铁翮。象角，所以防网罗釳去之。"又《鸟部》说："�、走鸣长尾雉也，乘舆以为防釳，着马头上。"这一种装在马头上，与上述结着在辕两边者绝不相同。《洛神赋图》中为曹植驾辂的四匹马，额鬃均扎起，其中插长羽毛。第二种方釳应即其插羽之基座，不过在该图中未表现出来。本节所言方釳应指后者。

"隼"字两志原均作"焦"。据《隋志》改。

⑱㉖ "钖"字原均作"锡"。兹改正。《诗·大雅·韩奕》："钩膺镂钖。"毛传："镂钖，有金镂其钖也。"郑笺："眉上曰钖，刻金饰之，今当卢也。"字亦作铴。《急就篇》："鞅鞦鞁鞴鞍镳铴。"颜注："铴、马面上饰也，以金铜为之，俗谓之当颅。"自西周至两汉，马钖在出土物中不乏其例（图3-23）。在东晋·顾恺之《列女传图》中犹可见服马着钖之状，是已知此式马钖之最晚的图像（图21-13）。但是这种式样的钖在唐代已不流行，唐马在颅前常饰以杏叶；不过本节所说的钖是否也指此种杏叶而言，尚难肯定。新疆和田出土的7世纪木板彩画上之马，于额前装有类似汉、晋当颅之长条形饰片，惟其顶端饰以星月纹，应是从波斯方面传入的形制（图21-14）。此物在内地尚未见过。

⑲ "鞶缨"亦作"樊缨"或"繁缨"，汉代经学家对它有不同的解释。《周礼·巾车》郑注："樊读如鞶带之鞶，谓今马大带也。……缨，今马鞅。"依其说，则鞶和缨为二物，而且都是马曳车承力之带，不是为了起装饰作用的。但《左传·成公二年》说："（仲叔于奚）请曲县、繁缨以朝。"所说的繁缨当是一种饰物。《巾车》贾疏："贾（逵）、马（融）亦云：'鞶缨、马饰，在膺前，十有二币，以牦牛尾金涂十二重。'"《释名·释车》也说："鞅……其下饰曰樊缨，其形樊樊，而上属缨也。"依此说则繁缨是系在鞶带下面垂于马胸前的饰物。《独断》说："繁缨在马膺前，如索裙者是也。"《左传·桓公二年》孔疏引服虔曰："缨如索裙，今乘舆大驾有之。"《孔子家语·正论篇》王注："马缨当膺，似索裙。"仍主此说。作索裙状的繁缨在长沙西晋永宁二年墓所出骑马俑上可以见到（图8-1）。唐代的鞶缨或与之相近，但实例未见。

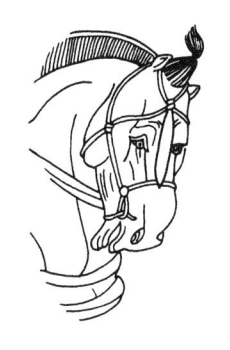

图 21-13 《列女传图》"伯玉车"马额前所见之钖

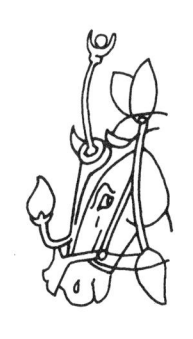

图 21-14 和田出土彩绘木板画上所见之钖

（据 Painting of Central Asia, p.59）

⑳ "钖"字原作"钖"，"颅"字原作"鸱"。均误。兹改正。

㉑ 《诗·小戎》："骐骝是中。"郑笺："赤身黑鬣曰骝。"《尔雅·释畜》："骝马、白腹騵。"郭注："骝、赤色，黑鬣。"案一染谓之縓，即浅赤色。騵亦应为浅赤色的马；骝则是其黑鬣白腹者。本节所说驾金辂的赤骝就是这种马。但《释畜》又说："骝马、黄脊骓。"可见骝还有黄色的，本节所说驾象辂的黄骝即这种马。《集韵·平声十八尤》："䯄亦作骝。"《广雅疏证》卷一○下："今名马骠赤者为枣䯄。䯄、马赤也。"则至后世其黄脊之义已湮。

㉒ "飨"字原作"乡"。据《新志》改。

㉓ 《诗·小雅·四牡》："啴啴骆马。"毛传："白马黑鬣曰骆。"《尔雅·释畜》、《礼记·月令》郑注之说并同，惟《广雅·释畜》说："白马朱鬣、骆。"《埤雅》则以为："今呼黄马尾鬣一道通黑如界者为骆〔盖马无分于黄白皆谓之骆〕，若今衣脊络缝，故曰骆也。《明堂位》曰：'夏后氏骆马黑鬣。'此以别白马朱鬣之骆也。《月令》曰：'孟秋驾白骆。'此以别黄马黑鬣之骆也。俗云骆马善耐劳苦。"

㉔ 案《月令》记五时驾马：春、苍龙，夏、赤骝，中央、黄骝，秋、白骆，冬、铁骊。《隋志》改骊为骓，两《唐志》因之。唯依《说文》"马深黑色、骊马"之说，似当以骊为正。

㉕ 五辂本与五行学说相附会，其色为青、赤、黄、白、黑，即所谓五方正色。辂后左方所建之旗亦应分别与此五色相对应。五辂之旗各有专名：玉辂者名旂，金辂者名旃，象辂者名旌，革辂者名旗，木辂者名旐。五种旗上并各有与其方之"德"相应之纹章。

案以青龙、白虎、朱雀、玄武等四灵代表四方，在古籍中屡见，然而于此说中却无代表中央土的象征物，与五行学说不能圆满配合。根据王莽《大诰》（《汉书·翟方进传》引）、蔡邕《月令章句》（《经解逸书考》引）、许慎《五经异义》、《礼纬·稽命征》（《御览》卷八七三引）等处的说法，汉代已以麒麟代表中央土。旗上的纹章亦用此制。《隋志》："凡旗：太常画三辰，旂（当作'旗'。《释名·释兵》：'交龙为旂'）画青龙，旐画朱雀，旌画黄麟，旗画白兽，旒画玄武。"唐辂之旗上的纹章，两志均无明文。但从【新78】（本稿卷三）所记传信符之制看来，上述作法在唐代仍无变化。兹将唐代各辂之特点列出如下表：

德	木	火	土	金	水
方	东	南	中	西	北
色	青	赤	黄	白	黑
辂	玉辂	金辂	象辂	革辂	木辂
旌旗	旂	旐	旌	旗	旒
纹章	青龙	朱鸟	黄麟	白虎	玄武
驾畜	苍龙	赤骝	黄骝	白骆	黑骊

㉘ 《尔雅·释天·讲武》："素锦绸杠。"郭注："以白地锦韬旗之竿。"《汉书·司马相如传》颜注引张揖曰："绸，韬也。"则"绸杠"即《盐铁论·散不足篇》"结绥韬杠"之韬杠。杠指车盖柄，亦指旗竿。这里是说用青绣将旂竿包裹起来。

【旧14】耕根车：青质，盖三重①，余与玉辂同；耕藉则供之。

安车：金饰，重舆，曲壁②，八銮在衡，紫油幢③，朱里通憁④，朱丝络网，朱鬐缨，朱覆髤发⑤，贝络⑥，驾赤骝；临幸则供之。

四望车：制同犊车，金饰，八銮在衡，青油幢⑦，朱里通憁，朱丝络网⑧；拜陵、临弔则供之。

【新3】耕根车者，耕藉所乘也。青质，三重盖，余如玉路。

安车者，临幸所乘也。金饰，重舆，曲壁，紫油幢⑨，朱里通憁，朱丝络网。朱鬐缨，朱覆发，贝络⑩，驾赤骝。副路、耕根车、安车，皆八鸾。

四望车者，拜陵、临弔所乘也，制如安车。青油幢⑪，朱里通憁，朱丝络网。

① 汉代称耕根车为耕车。《续汉志》说：耕车"有三盖，一曰芝车。置耒、耜之箙，上亲耕所乘也。"《后汉书集解》志二九引黄山曰："吴淑据《卤簿令》：

'耕根车,青质,盖三重。'是三盖乃三重盖也。《张衡传》:'左青琱以揵芝兮。'李注:'芝、盖也。'车多有盖,耕根独得芝名,以三盖所独也。"汉画像石中所见之车,车盖多为一重。河北满城2号汉墓之1号车,在车箱范围内共出盖弓帽六十一枚,分大、中、小三种,分属三个车盖;则该车当为装三重盖之车。车上装多重车盖,显得庄重华贵,所以后来辂车亦装重盖。《南齐志》说:"世祖永明初,加玉辂为重盖。"是其例。隋、唐时,五辂皆加三盖,已与耕根车的盖数相同。

② 原作"重舆、曲壁"。据《隋志》改。

汉代安车的车箱是以木条为框架,内敷席、革等材料制成。车箱之两侧面名輢,但唐代图像中的车,在车輢上看不到上述框架,似已改用木板制作。板上再涂饰油漆,则名"油壁"。温庭筠《春晓曲》"油壁车轻金犊肥",李商隐《木兰》"紫丝何日障,油壁几时车",所咏均即此物。用木板制作的车壁,其前端常呈弧形,如图21-16所见者。曲壁或即指这类车壁而言。

③⑦⑨⑪ 《后汉书集解》志二九校补引柳从辰曰:"'赤油'之油当作绸。《文选·东京赋》注引蔡邕《独断》作'飞軨以缇绸广八尺,长注地。'可证。缇谓帛丹黄色也。"黄山则认为:"车饰之言油,诸史略同,无作绸者。……虽油究何指,前史讫无说明。然观李商隐文云:'建幢油碧,启幕莲红。'则油明即车饰中涂泽之品,为幢、幌、軨、干设色所需,与漆为类。"案柳说固非是,黄说亦不尽然。《古今注》卷上:"罦罳……以赤油韬之,亦谓之油戟。"宋·庄绰《鸡肋篇》卷上:"澧州作五瘟社,旌旗仪物皆王者所用,唯赭伞不敢施,而以油冒焉。"如果油指油漆,则无韬之、冒之之理,所以它应作别解。清·程瑶田《考工创物小记·观古铜辖求知毂空外端轴末围径记》说:"缇油、殆缇而油治之,如今雨具之黄油绢。"余嘉锡《余嘉锡论学杂著·书册制度考》说:"缇油者,乃是用缇帛染之以油,所以免沾濡。"程、余之说甚确。《抱朴子外篇·酒诫》说:年荒谷贵,辄有酒禁,"防之弥峻,犯者至多。至乃穴地而酿,油囊怀酒。"张稷等杀死齐东昏,以黄油裹其首。《通鉴》胡注:"黄绢施油,可以御雨,谓之黄油。"《隋书·炀帝纪》上:"尝观猎遇雨,左右进油衣。上曰:'士卒皆沾湿,我独衣此可乎?'乃令持去。"五代·王定保《摭言》卷三:"李峤及第,……霖雨不止,遣赁油幕以张之。"《旧唐书·颍王璬传》:"请建大槊,蒙之油囊。"这些油字都应解释作油缯、油布之类。车幢、节囊、雨幕等物常暴露在雨露之中,所以用此类材料制作。

两志本节"油幢"之"幢"字,原均作"缥"。据《通典》卷六四改。案《方言》卷二:"幢、翳也。"《说文》:"翳、华盖也。"则幢形若盖。《释名·

释兵》"幢、童也,其貌童童然也。"《三国志·蜀志·先主传》:"舍东南角篱上有桑树生高五丈余,遥望见童童如小车盖。往来者皆怪此树非凡,或谓当出贵人。先主少时与宗中诸小儿于树下戏,言:'吾必当乘此羽葆盖车。'"则本节所称油幢,即用涂油之织物制作的车盖。

④ 《御览》卷七七六引《通俗文》:"张布曰幰。"慧琳《一切经音义》卷二引《古今正字》:"车幰所以御热也,张幔网于车上为幰。"又同书卷三一引顾野王曰:"今谓布幔张车上为幰也。"《古文苑》卷一〇曹操《与杨太尉书论刑杨修》中提到"四望通幰七香车一乘,青𤙚牛二头。"章樵注:"牛、所以驾车者。"则东汉末已有张幰的牛车。十六国、南北朝时牛车盛行,此时的大墓如冬寿墓、草厂坡1号墓、邓县彩色画像砖墓等,其表现出行的壁画或陶俑群都以牛车为主体。若干牛车中且设有凭几,可以自由坐卧;比在车中还要讲究礼容的周、汉时之马车舒适(图21-15)。因此这时马车的构造逐步模仿牛车,甚至也在车顶上装幰。自图像中所见,车幰可分为二式。一种只张在车的前半部,另一种通覆于整个车顶(图21-16)。前者名偏幰。后者即《晋志》"通幔者、……举其幔通覆车上"之通幔,亦即通幰。

图21-15 南京赵士岗南朝墓出土内设凭几的陶牛车

(据《文物参考资料》1955年第11期)

⑤ 《独断》说:金鍐"在马髦前。"《后汉书·马融传》李注引作"在马鬣前"。《说文》:"髦、发也。"鬣字晚出,或作鬉,今作鬃。鬣发指马鬣。"朱覆鬣发"当即《宋史·舆服志》所称"金包鬃"之类。此制流行于南北朝至隋时(图8-6:1)。唐代细马多剪鬃为三花,但皇帝出行之车辂遵循旧传统,或仍用此制。

⑥ 贝络未见唐代的实例。长安张家坡西周车马坑中曾出此物,乃以货贝缀于马络头上而成。《周礼·巾车》:"翟车,贝面。"郑注:"贝面,贝饰勒之当面。"唐代的贝络或与之相近。

⑧ 车幰上的络网在莫高窟420窟隋代壁画中有其例(图21-17)。其下可缀垂饰。旧题颜师古撰《大业拾遗记》卷二说:"车幰垂鲛绡网,杂缀片玉鸣铃,行摇玲珑,以混车中笑语。"即指此类络网。

⑩ 原作"具络"。据《旧志》改。

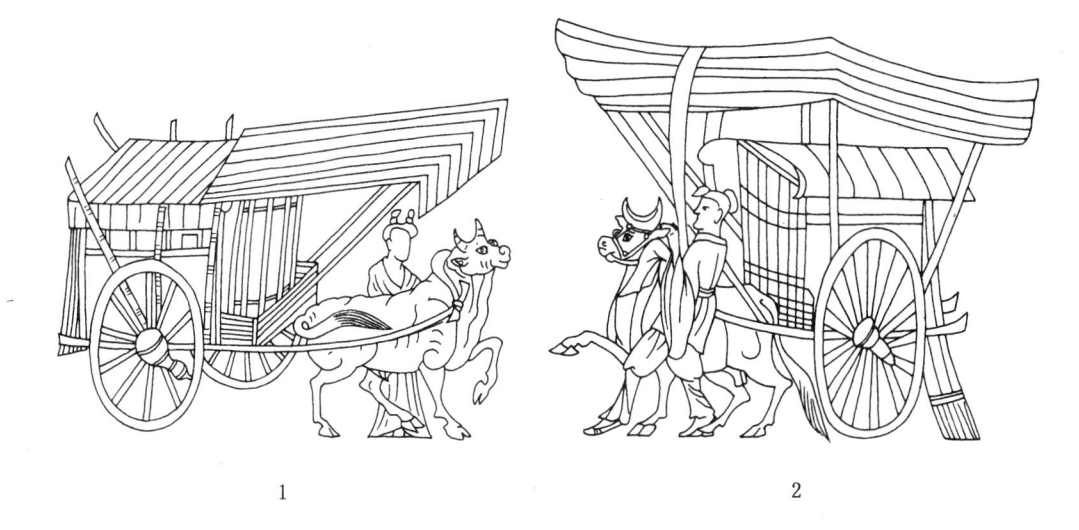

图 21-16 偏幰牛车与通幰牛车

(1. 据《支那美术史雕塑篇》附图 543 所载北魏正光六年曹望憘造像趺石线刻
2. 据《中国古代石刻画选集》图版 5 所载北魏画像石)

【旧15】自高宗不喜乘辂①，每有大礼，则御辇以来往②。爰泊则天以后，遂以为常。玄宗又以辇不中礼，又废而不用。开元十一年冬，将有事于南郊，乘辂而往，礼毕，骑而还③。自此，行幸及郊祀等事，无远近皆骑于仪卫之内。其五辂及腰舆④之属，但陈于卤簿而已。

① 高宗有"风眩头重，目不能视"（《大唐新语》卷九）之病，他不喜乘辂恐与此有关。

② 辇主要有两种：一种以人挽或推，另一种以人舁。前一种出现较早。《诗·小雅·黍苗》郑笺："有栈辇者。"《周礼·乡师》郑注："辇、人輓行。"《荀子·大略篇》杨注："辇谓人輓车。"《吕氏春秋·本生篇》高注："以人引车曰辇。"《说文·车部》："辇、輓车也，从车，㚘在车前引之。"末句慧琳《一切经音义》卷二七引作："在前人引之。"希麟《续一切经音义》卷八说：辇"字前人引之形，从㚘，音伴，二夫也。"可见人挽之辇较常见。但也有以人推的。《史记·货殖列传》："秦破赵，迁卓氏。卓氏见虏略，独夫

图 21-17 莫高窟 420 窟隋代壁画中张络网垂玉饰的牛车

(据《敦煌壁画》图版 97)

妻推辇，行诣迁处。"是其例。

至于人舁之辇，在汉代文献中才见到。《艺文类聚》卷一五引卫宏《汉旧仪》："皇后、婕妤乘辇，余皆以茵，四人舁（原作'舆'，依俞正燮《癸巳类稿·轿释名》校改）以行。"《隋志》引徐爰《释问》："天子御辇，侍中陪乘。今辇制象轺车而不施轮，通幰，朱络，饰以金玉，用人荷之。"同时又说："初，齐武帝造大、小辇，并如轺车，但无轮毂，下横辕轭。"则这时的辇像是无轮的车。《宋书·邓琬传》说："取子勋所乘车，除脚以为辇。"正与此制相合。将车去其脚（即轮）改制成辇，是当时常见的作法，在《宋书·文九王·晋平剌王休祐传》、《南齐书·薛渊传》及《明七王·鄱阳王宝夤传》等处屡被提及。顾恺之《女史箴图》中"婕妤辞辇"节所绘之辇，恰如无轮车，前有辕而后无辕，前舁者六人，后舁者仅二人，任力颇不均衡；正反映出早期人舁之辇的状况（图21-18:2）。其形制和徐爰所说象轺车而不施轮、通幰、人荷等描述完全相合。大同北魏·司马金龙墓出土漆屏上所绘之辇，虽然舁者前后各二人，但其形制仍与《女史箴图》中之辇一脉相承（图21-18:1）。至唐代，以人舁辇已成定制。《六典》卷一一"尚乘局·奉辇"条原注："辇有七：一曰大凤辇，二曰大芳辇，三曰仙游辇，四曰小轻辇，五曰芳亭辇，六曰大玉辇，七曰小玉辇。"《通典》卷六六所记并同。在敦煌石室所出初唐绢画及莫高窟156窟晚唐壁画中都可以看到亭状之辇，以四人或八人分前后两组肩荷（图21-19）。所谓芳亭等辇，大概和它们的形状相近。至于陕西礼泉唐新城长公主墓壁画中所见屋宇状大辇，是否为"大芳"、"仙游"之属，目前尚不能确知（图21-20）。

③ 我国自南北朝普遍使用马镫以后，骑马之风大盛。在唐代，乘车者多为妇女，男子在隆重的场合均骑马而不乘车。《汉书·韦贤传》说韦玄成以列侯侍祀惠帝庙，因天雨泥泞，未驾车而骑马至庙下，竟被有司劾奏以致削爵。唐代则相反。宋·赵彦卫《云麓漫钞》卷四说："自唐至本朝，却以乘马朝服为礼。如入朝及谒庙，先乘车至门外，换马入宫门。若从驾，则宰执、侍从官皆骑从。南郊祀上帝，则宰相骑导。以此言之，古以乘车为礼，骑为不恭；今人以骑为礼，乘车为不恭。古今异宜如此。"玄宗受这一时代风气的影响，故有此举。

④ 原始的舆用板制成，状若今日之担架，名板舆。《文选·闲居赋》："太夫人乃御板舆。"即指此物。北魏孝子画像石棺上有板舆的图像（图21-21:2）。如果舆面不用木板，而以绳绷在木框上，则名篮舆。洛阳出土的北朝画像石上有其图像（图21-21:1）。如果舆面用竹编成，则名篑舆（见《史记·张耳列

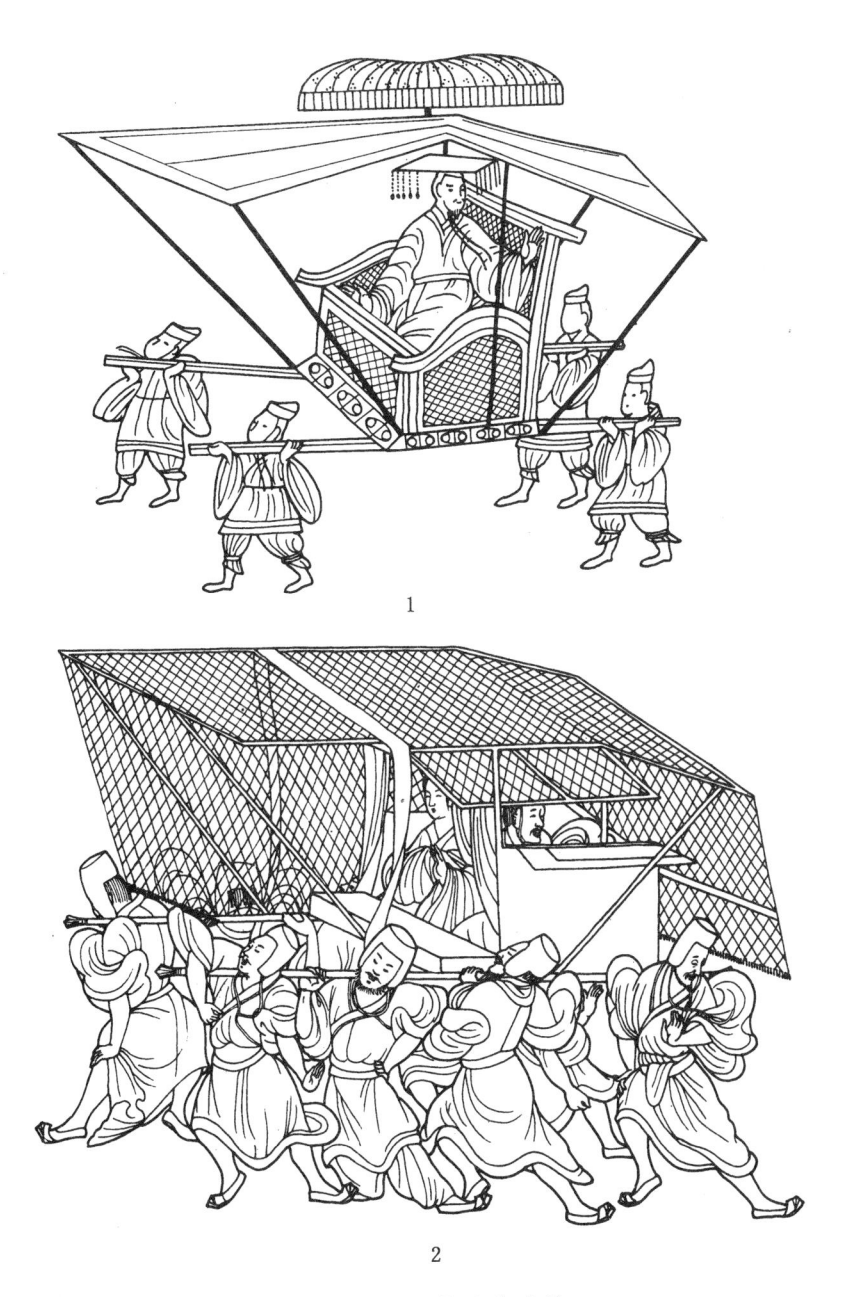

图 21-18　无轮车状的辇

1. 大同北魏·司马金龙墓出土漆屏上所绘之辇（据《文物》1972 年第 3 期）
2. 《女史箴图》中的辇（据《中国古代服饰研究》图 36）

传》），外形大约仍与篮舆相近。这些舆如果只用手抬，则均称为腰舆。晋·挚虞《决疑要录》："腰舆以手挽之，别于肩舆。"肩舆是用肩扛的，又名平肩舆。在邓县彩色画像砖上有肩舆的图像（图 21-22）。如果在舆杠上系襻带以肩承之，则名檐舆。它和腰舆、肩舆又可统称为步舆。

舆和辇都用人抬，因而在名称上有时相混。《隋志》说："今舆制如辇，而但小耳。"所以阎立本《步辇图》中的步辇（图中出现的两舆足形制不同，且左侧的抬扛至后部忽然不见，说明现存之图为一较粗率的摹本），其实也可称为檐舆（图21-23）。《六典》卷一一"尚乘局·奉辇"条说，唐代宫廷所用的舆有三种："一曰五色舆，二曰常平舆，其用如七辇之仪；三曰腰舆，则常御焉。"前两种的形制不详，其腰舆或与《步辇图》中由二人荷挽之舆相近。《旧唐书·王方庆传》说："则天尝幸万安山玉泉寺，以山径危悬，欲御腰舆而上。"狭窄的山径能通腰舆，可见它的体积较小，抬舆者大概也只有二人。

图21-19 亭状的辇
1. 敦煌石室所出唐绢幡上的《佛传图》中所见者（据 A. Stein, *The Thousand Buddhas*, Pl. 37） 2. 莫高窟156窟晚唐壁画中所见者

【旧16】皇后车则有重翟、厌翟、翟车、安车、四望车、金根车六等。

重翟车①：青质，金饰诸末。朱轮金画，朱牙②。其箱饰以重翟羽，青油幢③，朱里通幰，绣紫帷④，朱丝络网，绣紫络带⑤。八銮在衡。镂钖⑥。鞶缨十二就。金钖⑦，方釳插翟尾，朱总⑧。_{总以朱为之，如马缨而小，着马勒，在两耳与两镳也。}驾苍龙。受册、从祀、享庙则供之。

厌翟⑨：赤质，金饰诸末。轮画，朱牙。其箱饰以次翟羽，紫油幢⑩，朱里通幰，红锦帷，朱丝络网，红锦络带。余如重翟车。驾赤骊。采桑则供之。

翟车⑪：黄质，金饰诸末。轮画，朱牙。其车侧饰以翟羽。黄油幢⑫，黄里通幰，白红锦帷⑬，朱丝络网，白红锦络带。余如重翟。驾黄骊。归宁则供之。诸鞶缨之色，皆

图 21-20　屋宇状大辇
唐新城长公主墓壁画（据《考古与文物》1997 年第 3 期）

从车质。

安车：赤质，金饰。紫通幰，朱里。驾四马。临幸及吊则供之。

四望车：朱质。紫油通幰，油画络带，拜陵、临吊则供之。

金根车⑭：朱质。紫油通幰，油画络带，朱丝网。常行则供之。

【新5】皇后之车六。重翟车者，受册、从祀、飨庙所乘也。青质。青油幢⑮，朱里通幰，绣紫络带及帷。八鸾。镂钖。鞶缨十二就。金钑⑯，方釳树翟羽。朱总。

厌翟车者，亲桑所乘也。赤质。紫油幢⑰，朱里通幰，红锦络带及帷。

翟车者，归宁所乘也。黄油幢⑱，黄里通幰，白红锦络带及帷。三车皆金饰末。轮画，朱牙。箱饰翟羽。朱丝络网。鞶缨色皆从车质。

安车者，临幸所乘也。制如金路。紫油幢⑲，朱里通幰。

四望车者，拜陵、吊丧所乘也。青油幢⑳，朱里通幰。

金根车者，常行所乘也。紫油幢㉑，朱里通幰。

① 《周礼·巾车》郑注："重翟、重翟雉之羽

图 21-21　篮舆与板舆

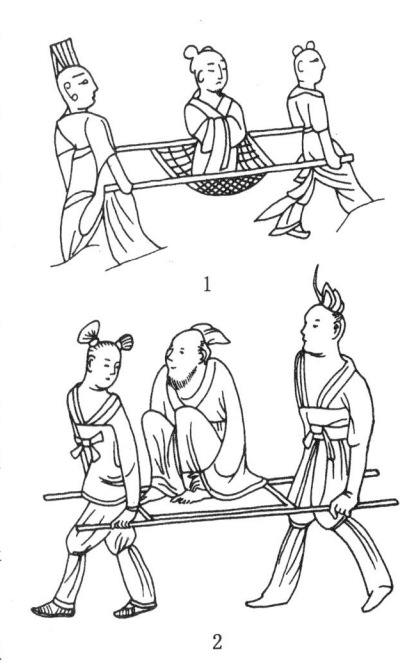

1. 篮舆（据《支那古器图考·舟车马具篇》图版 33 所载北朝画像石）　2. 板舆（据《北魏孝子石棺线刻画》页 4）

图 21-22 肩舆

(据《邓县彩色画像砖墓》图 32)

图 21-23 《步辇图》中所见檋舆

也。"又说，王后车"皆有容、有盖，则重翟、厌翟，谓蔽也"。《续汉志》刘注则说："重翟、羽盖者也。"《隋志》说：北周的重翟车以"重翟羽为车蕃"；隋代的重翟车"其箱饰以重翟羽"。诸说各不相同。其翟羽究竟用来装饰车盖？车蕃？还是车箱？因无图像为据，尚莫能明。宋·聂崇义《三礼图》中所绘重翟车，乃在车帷上饰以翟鸟图案，与用翟羽的作法大不相同；恐系宋以后之制

② 原作"轮画朱，金根车，牙"。金根车三字与上下文的意思不连属，殆不可解。清·沈炳震《合钞》作"轮画朱，金根车，朱牙"，增一"朱"字，但"金根车"三字仍不知所指。案《通典》卷六五作"朱轮金根，朱牙"，《旧志》盖本此，惟将"金根"衍为"金根车"。其实《通典》之"金根"应为"金画"之讹。兹改正。

③⑩⑫⑮⑰⑱⑲⑳㉑ 诸"幨"字原均作"繻"。校例同【旧14】注③。

④ 重翟、厌翟等车皆有帷，即《周礼·巾车》所谓"皆有容（指车帷）、盖"之容。妇女多用有容的车。《诗·卫风·氓》："淇水汤汤，渐车帷裳。"毛传："帷裳、妇人之车也。"《释名·释车》："容车、妇人所载小车也，其盖施帷，所以隐蔽其形容也。"《汉书·张敞传》所谓："君母出门，则乘辎軿。"《续汉志》所谓："太皇太后、皇太后法驾，皆御金根，加交路（当作络）、帐（当作帷）裳。"皆是此意。唐代在重翟等车上施帷裳的作法实与之一脉相承。

⑤ 据《续汉志》所记，惟后、夫人车与大行载车加交络，余车无言交加络者，因为交络用于缚车帷，男子所乘安、立诸车皆不装车帷，所以也没有交络。至于大行载车由于载的是皇帝的灵柩，自当障以帷幕，故亦设交络。或以为汉代安车上的四维即交络（《沂南古画像石墓发掘报告》页33），非是。而本节所称络带，殆即汉之交络。至《宋史·舆服志》始将辂轮（即辂盖）之垂带名为络带，与本节用语相同，但指的却并非相同之物。

⑥ "钖"字原作"锡"。校例同本卷【旧13】注⑱。

⑦ "镂"字原作"雯"。校例同本卷【旧13】注⑯。

⑧ "总"字原作"丝"。据《新志》改；《旧志》原注则不误。《诗·卫风·硕人》："朱幩镳镳。"毛传："人君以朱缠镳扇汗，且以为饰。"《说文·巾部》："幩、马缠镳扇汗也。"《续汉志》："龙画总，洙（当作朱）升龙，赤扇汗。"《后汉书集解》志二九黄山曰："《月令》孔疏：'色浅曰赤，色深曰朱。'扇汗赤地而画以朱，故曰朱升龙、赤扇汗，申说上文之龙画总也。"总即幩，亦即扇汗，是系在马衔镳上绘有花纹的红色短饰带。此物在唐代已不太流行。

⑨ 《周礼·巾车》郑注："厌翟，次其羽使相逼也。"贾疏："谓相次以厌其本。"则所饰之翟羽排列有序，仅后部互相叠压，与重翟车饰以两层翟羽的作法不同。

⑪ 《巾车》郑注："翟车不重不厌，以翟羽饰车之侧耳。"

⑬ 原脱"帷"字。据《通典》卷六五补。《新志》此字不脱。

⑭ 宋·刘昌诗《芦浦笔记》卷六说："唐庄懿公主下嫁田绪，德宗幸望春楼饯之。厌翟敝不可乘，以金根车代之。公主出降乘金根车以此始。岂非去古远而意愈失耶？……国史《舆服志》载耕根车制如五辂之副，驾青马，驾士四十人。而以金根车为皇后之车。或者因唐以代厌翟，不复考古，而分为二尔。"案《续汉志》已说："太皇太后、皇太后法驾皆御金根。"而耕根车与金根车原属两类，《续汉志》、《晋书》均分别叙述。刘说不确。金根车在唐代为皇后常行之车，故公主出嫁时或可乘坐。

⑯ "锾"字原作"钑"。校例同本卷【旧13】注⑯。

【旧17】皇太子车辂：有金辂、轺车、四望车。

金辂：赤质，金饰诸末。重较。箱画簾文、鸟兽。黄屋。伏鹿轼。龙辀。金凤一，在轼。前设障尘。朱盖，黄里。轮画，朱牙。左建旗，九旒；右载闟戟，旗首金龙头，衔结绶及铃、緌。驾赤骠四。八銮在衡，二铃在轼。金锾①。方钑插翟尾五隼②。镂锡③。鞶缨九就。从祀享、正冬大朝、纳妃则供之。

轺车④：金饰诸末。紫通幰，朱里。驾一马。五日常服及朝享宫臣、出入行道则供之。

四望车：金饰诸末。紫油幢⑤，通幰，朱里，朱丝络网。驾一马。吊临则供之。

【新7】皇太子之车三：

金路者，从祀、朝贺、纳妃之所乘也。赤质，金饰末。重较。箱画苣文、鸟兽。黄屋。伏鹿轼。龙辀。金凤一，在轼。前设障尘。朱盖，黄里⑥。轮画，朱牙。左建旗，九旒；右载闟戟，旗首金龙衔结绶及铃、緌。八鸾。二铃。金锾⑦。方钑树翟尾五隼⑧。镂锡。鞶缨九就。

轺车者，五日常服、朝飨宫臣、出入行道所乘也。

四望车者，临吊所乘也。二者皆金饰末，紫油幢⑨，朱里通幰。

①⑦ "锾"字《旧志》原作"鏒"，《新志》原作"钑"。校例同本卷【旧13】注⑯。

②⑧ 两"隼"字原均作"焦"。校例同本卷【旧13】注⑰。

③ "锡"字原作"钖"。校例同本卷【旧13】注⑱。

④ 本节言轺车驾一马，与《史记·季布列传》索隐谓轺车"轻车，一马车也"之说合。但本节所记轺车上张通幰，而通幰多用于牛车，似乎有些矛盾，其实不然。因为驾牛之车有的也可称为轺车。谢承《后汉书》说："许庆字子伯，家贫，为郡督邮，乘牛车，乡里号曰'轺车督邮'"（《御览》卷七七五引）。又《隋志》说萧梁时"二千石四品以上及列侯皆给轺车，驾牛"。本节所说的轺

车虽驾一马，但其车型亦当与牛车相近。莫高窟 156 窟晚唐壁画中就有张通幰、驾一马的长檐车（图 4-6:7）。

⑤⑨　两"幰"字原均作"缣"。校例同【旧 14】注③。

⑥　原作"朱黄盖里"，据《旧志》改。

【旧 18】王公以下车辂：亲王及武职一品，象辂①。自余及二品、三品，革辂。四品，木辂。五品，轺车。

象辂：以象饰诸末。朱斑轮②。八銮在衡。左建旂，^{旐画龙，升一降。}右载阁戟。

革辂：以革饰诸末。左建旜。^{通帛为旜。}余同象辂③。

木辂：以漆饰之，余同革辂。

轺车：曲壁④。青通幰。

诸辂皆朱质，朱盖。朱旂、旜：一品九旒，二品八旒，三品七旒，四品六旒。其鏊缨就数皆准此。

内命妇、夫人乘厌翟车。嫔乘翟车。婕妤以下乘安车。各驾二马。外命妇、公主、王妃乘厌翟车，驾二马。自余一品乘白铜饰犊车，青通幰，朱里，油幰⑤，朱丝络网，驾以牛。二品以下去油幰⑥、络网。四品青偏幰。

有唐以来，三公以下车辂皆太仆官造贮掌，若受制行册命及二时巡陵、婚葬则给之。自此之后，皆骑马而已。

【新 8】亲王及武职：一品有象路，青油幰⑦，朱里；通幰，朱丝络网。二品、三品有革路，朱里，青通幰。四品有木路，五品有轺车，皆碧里，青偏幰⑧。象路象饰末⑨，斑轮⑩，八鸾，左建旂，画升龙；右载阁戟。革路、木路，左建旜。轺车，曲壁，碧里，青通幰。诸路：朱质，朱盖，朱旂，朱斑轮⑪。一品之旜九旒，二品八旒，三品七旒，四品六旒；鏊缨就亦如之。三品以上珂九子，四品七子，五品五子⑫。六品以下去通幰及珂。

【新 6】夫人乘厌翟车，九嫔乘翟车，婕妤以下乘安车。外命妇、公主、王妃乘厌翟车。一品乘白铜饰犊车，青油幰⑬，朱里。通幰，朱丝络网。二品以下去油幰⑭、络网。四品有青偏幰。

【新 9】王公车路藏于太仆，受制行册命、巡陵、婚葬则给之。余皆以骑代车。

①　原作"象饰辂"。据《通典》卷六五删去"饰"字。

②⑩⑪　诸"斑"字原作"班"。校例同本卷【旧 13】注⑫。

③　"象辂"原作"革辂"。据《通典》卷六五改。

④　"壁"字原作"璧"。校例同本卷【旧 4】注③。

⑤⑥⑦⑬⑭ 诸"幢"字原作"缠"。校例同本卷【旧14】注③。

⑧ 《旧志》所载辂制,只说有盖,未言张幰。【新2】记皇帝之五辂,亦不言有幰。且依本稿【旧14】注①所说的情况,辂盖高达数重,其上亦不宜再张幰。《新志》本节盖误增。

⑨ "象路"二字原缺。据《旧志》补。

⑫ 《西京杂记》说:"武帝时盛饰鞍马,竞加雕镂,或一马之饰直百金,皆以南海白蜃为珂,紫金为华,以饰其上也。"陕西咸阳杨家湾西汉墓出土的陶骑俑在马的攀胸和鞦带上均绘有珂,笔道较简率,原物的质地不明。清·桂馥《札朴》卷五说:"隋制,武官马加珂。其字从玉,与蜦玤同,盖蜃贝之属。"则这时以贝类制珂亦不无可能。隋唐时的马珂则多以金属制作,造型华美,很惹人注目。《新唐书·张嘉贞传》说:"嘉祐,嘉贞弟,有干略。方嘉贞为相时,任右金吾卫将军。昆弟每上朝,轩盖驺导盈闾巷,时号其所居坊曰'鸣珂里'。"可见此物受重视的程度。因此,隋唐时遂对用珂之数作出规定。但《宋史·仪卫志》说:"马珂之制:铜面,雕羽,鼻拂,攀胸上缀铜杏叶,红丝拂。又胸前及腹下皆有攀,缀铜铃。后有跋尘,锦包尾。"则宋代已将马珂作为全部马饰的总称了,这样就无法以子数作限制。从而可知唐代的马珂仅指马攀胸和鞦带上所装杏叶而言。

【旧118】奚车①,契丹塞外用之。开元、天宝中,渐至京城。兜笼,巴蜀妇人所用②。今乾元以来,蕃将多著勋于朝;兜笼易于担负,京城奚车、兜笼代于车舆矣。

【新106】(永徽中)坐檐以代车③。命妇朝谒则以驼驾车④。数下诏禁而不止。

【新109】巴蜀妇人出入有兜笼。乾元初,蕃将又以兜笼易负,遂以代车。

① "奚车"之"车"字原脱。据本节"京城奚车"句例增。

② 兜笼或与今四川的"滑竿"相似。云南晋宁石寨山12号滇国墓出土的铜鼓之纹饰中有一乘兜笼的老妇(《云南晋宁石寨山古墓群发掘报告》图版122),但其时代、地区均与本节所说者有别,仅可供参稽。

③ 檐子即肩舆。《新五代史·卢程传》:"程拜命之日,肩舆导从,喧呼道中。庄宗闻传呼声。左右曰:'宰相檐子入门。'"前言肩舆而后称檐子,可见二者本是一物。敦煌石室发现的唐代绢质佛画,有在男女供养人身后画出其所乘之物者:男方为马,女方为人舁的亭状辇(图21-24)。辇与肩舆的区分本不严格,它或者也可以被称为檐子。贵族妇女乘檐子在唐代已形成风气,宋时尤盛。宋·司马光《司马氏书仪》卷三说:"今妇人幸有毡车可乘。而世俗重檐子、轻毡车,借使亲迎时暂乘毡车,庸何伤哉!"则彼时许多妇女在结婚时亦不肯

图 21-24　敦煌石室所出绢本佛画下部两侧所绘男女供养人的乘具

（据 A. Stein, *Serindia*. V.4, pl.58）

暂乘毡车了。

④ 《旧志》说的奚车或即《新志》所说的驼车。驼车在契丹地区很流行，辽墓的壁画中经常可以看到（图 21-25:2）。唐代驼车的形象材料尚未发现。莫高窟 302 窟隋代壁画中有一例驼车（图 21-25:1）。唐之驼车或当介于上举二式之间；但也可能与辽式更接近些，因为《旧志》指出它来自契丹地区。

【新 111】（文宗诏）"一品导从以七骑，二品、三品以五骑，四品以三骑，五品以二骑，六品以一骑①。五品以上及节度使册拜、婚会，则车有幨。外命妇一品、二品、三品乘金铜饰犊车，檐舁以八人，三品舁以六人。四品、五品乘白铜饰犊车，檐舁以四人。胥吏、商贾之妻老者乘苇軬车，兜笼舁以二人。"

① 《唐会要》卷三一载太和六年敕："诸文武官赴朝、诸府道从：职事一品及开府仪同三司，听七骑。二品及特进，听五骑。三品及散官，三骑。四品、五品，二骑。……鞍通用银装。六品一骑，通用鍮石装。……未仕者听乘蜀马，鞍用乌漆装。"据此可见两志虽详述车制，但在实际生活中，唐代男子出行时多跨鞍马。

【新 116】开成末定制：宰相、三公、师保、尚书令、仆射、诸司长官及致仕官，疾病许乘檐，如汉、魏步舆之制①。三品以上官及刺史，有疾暂乘，不得舍驿。

         1   2

图 21-25　驼车

1. 莫高窟 302 窟西顶隋代壁画中所见者（据《敦煌壁画》图版 77）
2. 大同新添堡辽天庆九年墓壁画中所见者（据《考古》1960 年第 10 期）

① 此句原作"如汉、魏载舆、步舆之制"。案开成五年提出此议的黎植奏中只说："其檐子依汉、魏故事，准载步舆"（《唐会要》卷三一）。准载即准许乘坐之意；汉、魏时不曾在步舆之外另有所谓载舆。故将"载舆"二字删去。

卷二 冕服、朝服、公服

【旧19】唐制：天子衣服有大裘之冕①、衮冕、鷩冕、毳冕、绣冕②、玄冕、通天冠、武弁、黑介帻、白纱帽、平巾帻、白帢；凡十二等。

【新10】凡天子之服十四③。

① 《六典》"殿中省·尚衣局"条及《唐会要》卷三一所载武德四年《衣服令》均作"大裘冕"，无"之"字。

② 《六典》、《唐会要》、《新志》均作"絺冕"，《旧唐书·职官志》作"黻冕"。

③ 《旧志》所记天子衣服十二等，系本《唐会要》卷三一所载武德四年《衣服令》。《六典》"尚衣局"条、《旧唐书·职官志》都说："凡天子冕服十有三。"乃增加弁服与翼善冠，减去白帢而得。《新志》则在《旧志》的十二等之外，增加缁布冠与皮弁，故共为十四种。

《六典》与《旧唐书·职官志》将这十三种服装都称为冕服。案《礼记·王制篇》说："周人冕而祭。"《谷梁传·桓公三年》："冕而亲迎。"范注："冕，祭服。"《白虎通义·绋冕篇》说："麻冕者何？周宗庙之冠也。"《释名·释首饰》说："祭服曰冕。"《续汉志》也说："天子、三公、九卿、特进侯、侍祠侯祀天地、明堂，皆冠冕旒。"则冕服本是祭服。通天冠以下之各种冠、帻、弁、帢，既不用于祭祀，其形制又与冕不同，就狭义而言，不应称为冕服。

但另一方面，从晋代以后，冕服又不复专用于祭祀。《晋志》说："（天子）临轩，亦衮冕也。"南北朝时也是如此。《隋志》说："梁制……乘舆临轩，亦服衮冕。"又说："自晋左迁，中原礼仪多缺。后魏天兴六年诏有司始制冠冕，……四时祭庙、圆丘、方泽、明堂、五郊，封禅，大雩，出宫行事，正旦受朝及临轩拜王公，皆服衮冕之服。"至唐代则皇帝践祚、纳后，亦服衮冕。所以这时的冕服只应被看作是一种隆重的礼服。

【旧20】大裘冕：无旒①，广八寸，长一尺六寸。_{玄表纁里②。以下广狭准此。}以金饰，玉簪、导。以组为缨③，色如其绶。裘：以黑羔皮为之，玄领、青褾④、襈缘。朱裳。白纱中单，皂领，青褾、襈、裾。革带，玉钩、䚢。大带。_{素带朱里。纰其外⑤，上以朱，下以绿。纽约用组也⑥。}蔽膝随裳。鹿卢玉具剑，火珠镖、首⑦。白玉双佩，玄组⑧。双大绶⑨，六采：玄、黄、赤、白、缥、绿，纯玄质⑩，长二丈四尺，五百首，广一尺。_{小双绶长二尺二寸，色同大绶而首半之。间施三玉环。}朱袜，赤舄。祀天神⑪、地祇则服之。

【新11】大裘冕者，祀天地之服也。广八寸，长一尺二寸，以板为之。黑表纁里，无旒。金饰。玉簪、导。组带为缨，色如其绶。黈纩充耳⑫。大裘：缯表，黑羔皮为缘⑬，纁里，黑领，青褾⑭、襈缘。朱裳。白纱中单，皂领，青褾、襈、裾。朱袜，赤舄。鹿卢玉具剑，火珠镖、首。白玉双佩，黑组。大双绶，黑质，黑、黄、赤、白、缥、绿为纯，以备天地四方之色，广一尺，长二丈四尺，五百首。纷广二寸四分，长六尺四寸，色如绶⑮。又有小双绶，长二尺六寸，色如大绶而首半之，间施三玉环。革带以白皮为之，以属佩、绶、印章。鞶囊亦曰鞶带⑯，博三寸半，加金镂⑰。玉钩、𰾳。大带以素为之，以朱为里，在腰及垂皆有襈⑱，上以朱锦，贵正色也，下以绿锦，贱间色也，博四寸。纽约贵贱皆用青组，博三寸。韨以缯为之，随裳色，上广一尺，以象天数，下广二尺，以象地数，长三尺，朱质，画龙、火、山三章，以象三才，其颈五寸，两角有肩，广二寸，以属革带。朝服谓之韠，冕服谓之韨⑲。

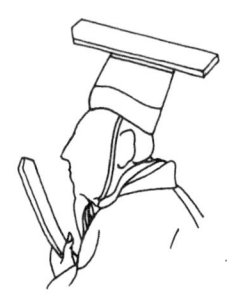

图 22 - 1 大裘冕
（据《三礼图》卷一）

① 《仪礼·觐礼》郑注："天子六服，大裘为上。"聂崇义《三礼图集注》卷一说："大裘者、黑羔裘也。其冕无旒，亦玄表纁里。"该书所绘大裘冕之状如图 22 - 1。

② 原作"玄裘纁里"。《六典》"殿中省·尚衣"条作"玄表缠衰"。近卫家熙注："据《玉海》当作'纁里'。"案《新志》作"黑表纁里"。故"裘"字当依《六典》改作"表"。《通典》卷一〇八纁里作"缠里"，亦误。

③ 唐·王泾《大唐郊祀录》卷三引《礼正义》："组，今之薄绍也。"

④ 原作"玄领褾"。《六典》作"玄领□褾"，近卫注："阙，一本作青。"视下文白纱中单之制为"皂领，青褾"，可知领与褾的颜色常不相同。因依近卫注补出"青"字。

⑤ 原作"绀其外"。【旧104】皇后大带作"纰其外"，《六典》卷一一"殿中省·尚衣局"条亦作"纰"；则当以"纰"字为正。案《礼记·玉藻》："缟冠素纰。"郑注："纰、缘边也。"《通典》卷一〇八引《令》曰："素带朱〔里〕，纯其外。"纯亦训缘。《仪礼·士冠礼》："青绚繶纯。"郑注："纯、缘也。"《汉书·地理志》："织作冰纨绮绣纯丽之物。"颜注引如淳曰："纯、缘也，谓绦组之属也。"则"纯其外"与"纰其外"所指并同。此处乃是说大带之外，上下各有一道缘边，上用朱色，下用绿色。

⑥ 原作"刌用组也"。案《礼记·玉藻》、《六典》卷一一、《通典》卷一〇八均作"纽约用组"。兹据改。

⑦ "鹿卢"指剑柄的形状。《汉书·隽不疑传》颜注引晋灼曰："古长剑首以玉作井鹿卢形。"鹿卢亦作"轆轳"。《广韵》一屋"轆"字注："轆轳、圆转木也。"古剑之柄作圆柱形，且缠以緱，和缠绳的轆轳很相似。因此这种剑遂得名为"鹿卢剑"。其装玉剑具者则名"玉具剑"。玉具共四件。《汉书·匈奴传》颜注引孟康曰：玉具剑"摽、首、镡、卫，尽用玉为之也"。摽指剑鞘底端的包头，首指剑柄顶端的饰片，镡指剑格，卫指剑鞘外供穿带佩剑之用的剑鼻。

但本节所说的剑之镖（即摽、标）与首用"火珠"制作。《旧唐书·林邑国传》说："贞观四年，其王范头黎遣使献火珠，大如鸡卵，圆白皎洁，光照数尺，状如水精。日中以艾承之，即火燃。"又《汉书·司马相如传》颜注："火齐珠，今南方之出火珠。"则火珠即火齐珠。章鸿钊《石雅》卷二"火齐珠"条说：火珠"《唐书》言状如水精，考之亦即水精其物也。水精非似珠者，珠乃人为之"。另外，慧琳《一切经音义》卷九引《说文》、《汉书·司马相如传》颜注引晋灼，皆谓："玫瑰、火齐珠也。"故宫博物院所藏东汉建武二十一年蜀郡西工造鎏金铜尊及承旋的铭文中说："雕蹲熊足，青碧、闵瑰饰。"而该器的熊足上嵌有绿松石与水晶，前者即青碧，后者即玫瑰，亦即琢制火珠所用的材料。因知本节所说的剑装有水晶镖、首。《梁书·侯景传》说："景所带剑，水精标无故堕落。"他带的剑可能与本节所说者属于同类。

⑧ 西周时的陕西扶风强家1号墓已出土成组的玉饰，但由于它们位于墓主头部周围和手中，所以只能称为串饰而不能称为玉佩。河南三门峡市上村岭1820号春秋虢墓在墓主胸腹部出土一串由五百七十七颗鸡血石珠和二十一件石管组成的饰物，虽然从位置上看，这里可以悬玉佩，但它基本上由石珠组成，和玉佩的形制不同，因而仍只能称为串饰。不过这一墓地中出土的串饰有的以玉珩和两行垂珠组成，已与玉佩接近。说明玉佩可能是自串饰发展出来的。和串饰不同的是，玉佩不是单纯的装饰品，而是和礼制相联系的仪饰。

先秦时，玉佩于装饰的作用之外，主要用于节步，详本书《周代的组玉佩》一文。但玉佩中所用玉件的种类仍有一定范围。《诗·郑风·女曰鸡鸣》毛传："杂佩者：珩、璜、琚、瑀、冲牙之类。"《周礼·天官·玉府》郑注引《诗》韩传："佩玉上有葱衡，下有双璜、冲牙，蠙珠以纳其间。"《大戴礼记·保傅篇》说："下车以佩玉为度，上有双衡，下有双璜、冲牙，玭珠以纳其间，琚瑀以杂之。"诸说皆以珩、璜、琚、瑀、冲牙、蠙珠等作为玉佩的构件，而未言及环、瑗；实际上它们也用于系佩。《说苑》说："经侯遇卫太子，左带玉具剑，右带环佩，左光照右，右光照左"（《北堂书钞》卷一二八引）。称玉佩为环佩，正反映出这种情况。所以在出土的实物中，不少例都将环或瑗组织在内。但郭宝钧先生曾认为："一组佩玉必有一璧或一环或一瑗为主体"（《古玉新诠》，《历史语言研究所集刊》20下，1949年），则不确。就目前所知，典型的玉璧，即孔径仅相当于璧径五分之一的小孔璧，极少组织在玉佩之中。

西汉初，由于经过连年战争，经济凋敝。"天子不能具钧驷，将相或乘牛车"（《史记·平准书》）。玉佩之制亦无形废弃。到了东汉永平年间才加以恢复。《续汉志》说："至孝明皇帝，乃为大佩，冲牙、双瑀、璜，皆以白玉，乘舆落以白珠。"鱼豢《魏略》说："有双珩、双璜、琚、瑀、冲牙、琨珠为佩者，乃汉明帝采古文始制也"（《初学记》卷二六引）。这时的玉佩因为是"采古文"重新制定的，而古文献中未明确说要用环、瑗，所以较大型的环、瑗此后遂不再组织在玉佩之中。而且玉佩末端一头呈尖锥形的冲牙，春秋时是横置的，战国时已竖悬，自此以后也都予以竖悬了。

汉末，玉佩之制又废。魏·王粲的祖父龚、父畅皆为汉三公，粲多识旧仪，因复作。《三国志·魏志·王粲传》裴注引晋·挚虞《决疑要录》说："汉末丧乱，绝无玉佩，侍中王粲识旧佩，始复作之。今之玉佩，受法于粲也。"《隋志》也说："汉明帝始复制佩，而汉末又亡绝。魏侍中王粲识其形，乃复造焉。"唐代的玉佩即承袭王粲复作之制而来。

但两志对唐代的玉佩均未作详细的记述，不过唐代经师注疏古佩制时，或将若干唐代玉佩的特点包含在内。如《礼记·玉藻》孔疏说："凡佩玉必上系于衡，下垂三道，穿以蠙珠，下端前后以悬于璜。中央下端，悬以冲牙，动则冲牙前后触璜而为声。"《周礼·玉府》贾疏说："佩玉上有葱衡者，衡、横也，谓葱玉为横梁。下有双璜、冲牙者，谓以组悬于衡之两头，两组之末皆有半璧曰璜，故曰双璜。又以一组悬于衡之中央，于末着冲牙，使前后触璜，故言衡牙。案《毛诗》传：衡、璜之外，别有琚、瑀。其琚、瑀所置，当于悬冲牙组之中央。又以二组穿于琚、瑀之内角，斜系于衡之两头，于组末悬于璜。云蠙珠以纳其间者，蠙、蚌也，珠出于蚌，故言蠙珠。纳其间者，组绳有五，皆穿珠于其间，故云以纳其间。"孔、贾说中所称"下垂三道"、"斜系琚、瑀"、"组绳有五"等都是隋、唐时的情况。在隋代观音石像、唐懿德太子墓线刻宫女像及《送子天王图》中净饭王的玉佩上，才能看到这些特点（图22-2）。以后宋代《三礼图》中的玉佩，也是根据这种形式画的。这时，玉佩的结构已趋固定，先秦时之用于节步的意义也被极大地淡化了。

⑨ 绶本为系官印之带，其长度与彩色依身分高低而不同。在汉代，百石官员的绶长12汉尺（276厘米），皇帝的绶则长达29.9汉尺（687.7厘米）；宽度却都

是 1.6 汉尺（36.8 厘米）。佩带时萦绕于腰间，垂下复摺上，比较拖沓。隋以后，因官印"并归于官府，身不自佩"（《隋志》），为衣装平整计，绶遂被剪断，成为两层相叠的垂饰。《历代帝王图卷》中隋文帝之绶正是如此（图 22-9）。

至宋代，双绶又变成单层，但幅面加宽，像一小型的蔽膝。且规定皇帝、太子的绶用"织成"，臣僚的绶用锦，依晕锦、黄狮子、方胜、练鹊等花纹分为四等。与汉、晋之绶相较，已面目全非。明代将这种绶系于背后，与汉、晋之绶更无任何共同点了。

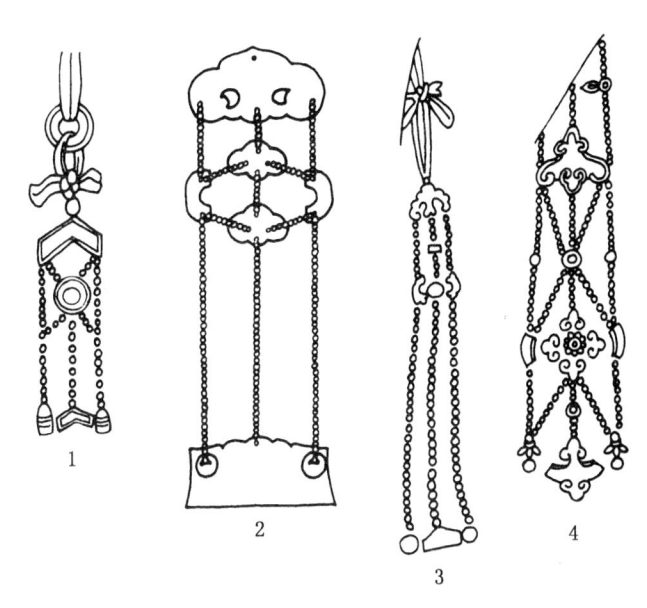

图 22-2　隋唐玉佩

1. 波士顿美术馆藏西安出土石雕观音像上的玉佩　2. 唐·独孤思贞墓出土佩饰复原图（据《北周隋唐京畿玉器》页31）　3. 唐·李重润墓石椁线刻宫女像上的玉佩（据《中国古代服饰研究》插图79）　4. 传吴道子笔《送子天王图》中净饭王之佩（据《爽籁馆欣赏》2辑，图2）

绶本来能起"以采之粗缛异尊卑"的作用。但隋以后一方面官印已不随身佩带，另一方面又出现了依官品定服色之制，官品由服色区别得很清楚。而且隋以后"常服"与"冠服"变成两类服装，冠服平日不着。与冠服相搭配的绶，只在若干隆重的典礼上偶尔佩带一下，使用范围日益狭小，其初义遂逐渐不为世所知。

⑩ 原作"红玄质"。《六典》卷一一作"绳玄质"，近卫注："据《隋志》绳当作纯。"其说是。兹据《隋志》改。在《续汉志》关于绶制的记述中，与此纯字相当之字作"淳"。如所谓："乘舆黄赤绶，四采：黄、赤、绀、縹，淳黄圭。"以刘注引丁孚《汉仪》"乘舆绶：黄地，冒白、羽（？）、青、绛、绿五采"等语例之，则"淳黄圭"应指黄地。本节的"纯玄质"大约也是指绶的地色而言。

⑪ 《大唐郊祀录》卷三说："臣泾案《三礼义宗》云：'祭天所以用大裘者，则黑裘也。黑者、象天色之玄。大者、拟覆帱垂盖。'故服大裘以祀天也。"

⑫ 黇纩即黄纩。《谷梁传·庄公二十三年》范宁集解："黇、黄色。"《文选·东京赋》薛综注："黇纩言以黄绵大如丸，悬冠两边，当耳，不欲妄闻不急之言

也。"《隋志》说："韎韐、黄绵为之，其大如桔。"又引《礼纬含文嘉》："加以韎韐，不听谗也。"

⑬ 原作"黑羔表"。据《旧志》改。

⑭ 依本节【旧20】注④校例，补"青"字。

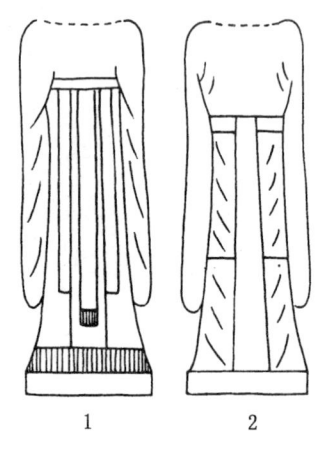

⑮ 《隋志》说：后魏之制"有绶者则有纷，皆长八尺，广三寸，各随绶色。若朝服则佩绶，公服则佩纷。"案《说文》："纷、马尾韬也。"马尾后的饰带名"纷"，则人佩的纷也应系在背后。唐崇陵、端陵石人背后所垂宽带，疑即是纷（图22-3）。

图22-3 纷
1. 唐崇陵石人背部 2. 唐端陵石人背部（据《考古学集刊》5，页233）

⑯ 鞶囊并非鞶带。鞶是大带，带上系囊，称鞶囊；犹如带上系鉴称鞶鉴一样（《左传·庄公二十一年》）。本节所记，或本《礼记》郑注为说。案《内则》："男鞶革，女鞶丝。"郑注："鞶、小囊。"此注本当言"鞶囊、小囊"，鞶下略一"囊"字，遂使人产生鞶既是带、又是囊的误解。《新志》胶泥故训，其说不确。

⑰ "缕"字原作"镂"。据【旧7】改。

⑱ 慧琳《一切经音义》卷五引《说文》："裨、增也，益也，亦补也。"清·王筠《说文解字句读》："裨，接益也。以接说裨者，字从衣，谓作衣遇短材，别以布帛接之也。再以益申之者，既接之，则有益于初也。"《礼记·玉藻》："天子素带朱里终辟，……而素带终辟，大夫素带辟垂。"郑注："而素带终辟，谓诸侯也。诸侯不朱里，合素为之，如今衣带，为之下天子也。大夫亦如之。……辟读如裨冕之裨。裨谓以缯采饰其侧。人君充之，大夫裨其纽及末。"孔疏："天子素带朱里者，以素为带，用朱为里。终辟，辟则裨也，终竟带身在腰及垂皆裨，故云终辟。"宋·陈祥道《礼书》卷一四说："辟犹冠裳之辟，积也，率缝合之也。天子、诸侯大带终辟，则竟带之身辟之，大夫辟其垂，士辟其下而已。"本节说"在腰及垂皆有裨"，指大带围在腰间的部分和下垂的部分均以素帛与朱帛相缝合。

⑲ "韠"字原作"鞞"。鞞是刀室，与本节的内容无涉，故当作"韠"。《礼记·玉藻》："韠、君朱，大夫素，士爵韦。"郑注："朝服用韠，祭服用韨。"韨即韍。《礼记·明堂位》郑注："韨或作黻。"唐兰《毛公鼎"朱韨、葱衡、玉环、玉瑹"新解》一文中以为《玉藻》的"朱韠"即《周易》的"朱绂"；《郊特牲》的"缁韠"即西周金文中习见的"载市"。故可证明"韠"即"韨"。其说是。

韨、黻之初文当作巿。《说文》："巿、韠也。上古衣蔽前而已，巿以象之。天子朱巿，诸侯赤巿，大夫葱衡。从巾，象连带之形。"《释名·释衣服》："韠、韨也。韨、蔽膝也。所以蔽膝前也。"经传中巿字除可作韨、韠、黻外，亦可作芾（《诗·候人》、《采芑》、《采菽》、《斯干》）、作袚（《说文》、《方言》卷四）、作绋（《白虎通·绋冕篇》）、作茀（《易纬乾凿度》、《文选·江文通杂体诗》李善注）等。金文中或作巾，见《舀壶》、《元年师兑簋》等处。

韨的形制，据《礼记·玉藻》说："韨下广二尺，上广一尺，长三尺，其颈五寸，肩革带博二寸。"又《杂记》说："韨、长三尺，下广二尺，上广一尺。会去其上五寸，纰以爵韦六寸，不至下五寸，纯以素，紃以五采。"本节所记，实沿袭此制。

【旧21】衮冕①，金饰，垂白珠十二旒②，以组为缨，色如其绶，黈纩充耳，玉簪、导。玄衣，纁裳③。十二章④，八章在衣：日、月、星、龙、山、华虫、火、宗彝。四章在裳：藻、粉米、黼、黻。衣褾、领为升龙，织成⑤为之也。各为六等⑥，龙、山以下每章一行十二。白纱中单，黼领⑦，青褾、襈、裾。黻。加龙、山、火三章⑧。余同上。革带，大带，剑，佩，绶，与上同。舄加金饰⑨。诸祭祀及庙、遣上将、征还、饮至、践阼、加元服、纳后若元日受朝则服之。

【新12】衮冕者，践阼⑩、飨庙、征还、遣将、饮至、加元服、纳后、元日受朝贺、临轩拜王公之服也。广一尺二寸，长二尺四寸，金饰，玉簪、导，垂白珠十二旒，朱丝组带为缨，色如绶。深青衣，纁裳。十二章：日、月、星辰、山、龙、华虫、火、宗彝八章在衣；藻、粉米、黼、黻四章在裳。衣画、裳绣，以象天地之色也。自山、龙以下，每章一行为等，每行十二。衣褾、领画以升龙。白纱中单，黻领，青褾、襈、裾。韨绣龙、山、火三章。舄加金饰。

① 《周礼·司服》："享先王则衮冕。"郑注："衮、卷龙衣也。"《礼记·玉藻》："龙卷以祭。"郑注："龙卷画龙于衣，字或作衮。"又《礼器》："礼有以文为贵者，天子龙衮。"慧琳《一切经音义》卷九二引《说文》："衮、龙衣也。卷龙绣于下幅，一龙蟠阿上向。"《释名·释首饰》："衮、卷也，画卷龙于衣也。"诸说并以为衮是卷龙，画卷龙之衣则名衮衣，衮冕即着衮衣而戴冕。

据《逸周书·世俘篇》说，武王克殷后举行大祭祀时"服衮衣"。则远在西周初已将衮衣视为最隆重的礼服。但衮衣在西周金文中常作"玄衮衣"。《诗·小雅·采菽》亦称："玄衮及黼。"则衮衣应为玄色即赤黑色之衣。案我国古代以茜草染色时，一染谓之縓，再染谓之赪，三染谓之纁（《尔雅·释器》），四染谓之朱（《士冠礼》郑注），五染谓之緅（《考工记·锺氏》），六染谓之玄（《锺氏》郑注）。陈汉平《册命金文所见西周舆服制度》（《西周史研究》，《人文杂志丛刊》2辑）一文说："所染次数越多，越为高贵。"故玄色为天子衣色。玄衣上的衮除解释为龙者外，《尔雅·释言》说："衮、黻也。"黻之初义指黑与青相次之文（《考工记·画缋》）。《尚书·益稷篇》伪孔传则说"黻为两己相背"的图案。则衮衣有可能是在赤黑色的衣上画两己（或两弓）相背之纹。但《荀子·富国篇》说："天子袾裷。"杨注："袾、古朱字。裷与衮同。画龙于衣谓之衮。朱衮、以朱为质也。"则衮衣又有可能是在朱衣上画龙纹。二说疑莫能定；但看来前一说的可能性较大。

西汉时，皇帝仍用龙作为衣上的纹饰。《说苑·修文篇》说："士服黻，大夫黼，诸侯火，天子山、龙。"虽然此说本诸《礼器》；但于永平年间采用十二章以前的服章，或与之相近。

② 冕前的垂珠名旒。《大戴礼记·入官篇》说："冕而前旒，所以蔽明也。"旒字本作璗。《说文》："冕、大夫以上冠也，邃延、垂璗、纮纩。"璗又名璪。《礼记·玉藻》："天子玉藻十有二旒。"孔疏："藻本又作璪。"《说文》："璪、玉饰。"即指玉珠。清·俞樾《玉佩考》说："古人所谓珠者，实皆以白玉为之。……许君隶珠篆于玉部，而其说以为蚌之阴精。……疑失之矣。"据《尔雅·释地》说："西方之美者，有霍山之多珠玉焉。"珠自山出，应是玉珠。清·于鬯《说文职墨》卷一说："《玉部》：'珠、蚌之阴精。从玉，朱声。'案珠疑本指玉之圜者，故字从玉。玉之圜者曰珠，是其本义。蚌之阴精亦圜如珠，是其借义。自借义行而本义晦，故许氏但以蚌之阴精为训矣。"其说是。汉代皇帝冕上用白玉珠，三公、诸侯用青玉珠，卿、大夫用黑玉珠。《晋志》说魏明帝用珊瑚珠。南朝陈时始用蚌珠。《隋志》说："陈永定元年……侍中顾和奏：'今不能备玉珠，可用白琁。'从之。肖骁子曰：'白琁、蚌珠是也。'"汉代仅将蟓珠（蠙珠）用于玉佩，此时则兼用于冕旒。而本节说的白珠，大约亦是蚌珠。

③ 《周礼·司服》郑注："凡冕服，皆玄衣纁裳。"《续汉志》说："祀天地、明堂，皆冠旒冕，衣玄上纁下。"

④ 关于十二章，本稿卷一【旧1】注③已略加申说，证明先秦时并无此制，故于秦始皇完成统一后制定服制时，未见十二章的痕迹。西汉以后，由于儒家学说受到尊崇，人们对《虞书》中窜入的十二章之说，不敢轻易怀疑，而诸经师又纷纷加以诠释。其情况略如清·雷鐏《古经服纬》卷上雷学淇释所说："自汉以后，儒者说此，与《经》拂戾。伏生《书》传谓：华虫黄、作绘黑、宗彝白、璪火赤、山龙青。天子服五章，诸侯四，子男三，大夫二，士山龙。大小夏侯《书说》以日、月、星辰为三章，山龙以下为九章。刘向《说苑》谓士

黻、大夫黼、诸侯火、天子山、龙。刘熙《释名》以画藻为黼衣，象水草之黼芮。伪孔传用马季长之说，以日月、星辰为二章，华、虫亦为二章，谓诸侯自龙衮以下九章，去三辰及山。郑康成《书》注，以日、月、星辰为三章；以华虫为一章，谓即鷩雉；以宗彝为一章，谓是虎彝蜼彝，又谓蜼是兽属；以粉米为一章，谓是白米。其《礼》注又谓周人不以三辰为衣之章，登龙于山，登火于宗彝。王之冕服九章，鲁人十二章。《考工记》注又谓衣画天地，是天子僭天；鸟兽蛇即鷩雉之文；且谓火在裳，獐在衣；与《书》、《礼》之注自戾。杜氏《左传》'九文'注，亦分华、虫为二，合粉米为一。……凡此者，于诸《经》之文，各有牴牾。"这些解释虽议论纷纭，莫衷一是，但皇帝冕服上应有十二章之观念，却渐已深入人心。所以东汉明帝遂采东平王苍的建议，袭十二章之服。自此以后，形成定制，为唐代所沿袭。

日、月、星辰三章居十二章之首。《隋志》说，大业元年虞世基奏："于左右膊上为日、月各一，当后领而下为星辰。"左右膊上的日、月在《历代帝王图卷》及莫高窟初唐壁画中都能见到。根据吐鲁番出土唐代绢画，日、月在其圆形的轮廓中还应画出三足乌与蟾蜍、玉兔等（图22-4）。但星辰由于画在背

图22-4 日、月图案

1、2. 东汉规矩镜图纹中青龙、白虎所捧举的日、月（据容庚《古镜影》图2）
3. 孝堂山石祠画像石中的日 4. 河南襄城茨沟汉墓画像石中的月（据《考古学报》1964年第1期，页124）
5、6. 江苏铜山小李村苗山汉墓画像石中的日、月（据《江苏徐州汉画像石》图30、31）
7、8. 吐鲁番出土绢画上的日、月（据《吐鲁番考古记》图61）
9. 敦煌石室所出纸本绘画《日前摩利支天图》中的日（据《西域画聚成》11辑，图1）
10. 湖南长沙丝茅冲出土五代"月宫镜"（据1962年6月13日《新湖南报》）

后，不易见到。《尚书·益稷篇》孔疏："《穆天子传》：'画日、月、七星。'盖画北斗也。"清·恽敬《大云山房十二章图说》卷一："斗为星枢，故画之。"则背后画的星辰应是北斗七星。

龙、山二章，在莫高窟石室所出沙州龙兴寺旧藏五代绢画《五方五帝图》中可以看到（图22-5:2）。龙在莫高窟藏经洞所出唐代纸本绘画维摩经变相中帝王之衣上，也表现得很清楚（图22-5:1）。华虫则是雉。《周礼·司服》郑注："雉、谓华虫也。"华虫在《五方五帝图》上也有。至于宗彝，则稍稍费解。《司服》郑注："虎、蜼谓宗彝也。"贾疏："宗彝是宗庙彝尊，非虫兽之号。言宗彝者，以虎、蜼画于宗彝，因号虎蜼为宗彝，其实是虎、蜼也。虎、蜼同在于彝，故此亦并为一章也。虎取其严猛，蜼取其有智。"《尔雅·释兽》："蜼、卬鼻而长尾。"郭注："蜼似猕猴而大，黄黑色。尾长数尺，似獭尾，末有歧。鼻露向上，雨即自悬于树，以尾塞鼻，或以两指。"《隋志》说："今祭服三公衣身画兽（即虎，下同），其腰及袖又有青兽，形与兽同，义应是蜼，即宗彝也。……今画宗彝，即是周礼。但郑玄云：'蜼、蜗属，昂鼻长尾。'是兽之轻少者，谓宜不得同兽。"则隋代的蜼画得像虎，而在《五方五帝图》两

图22-5 帝王的章服

1. 敦煌石室所出唐代纸本佛画中礼佛的帝王（据松本荣一《燉煌画の研究》图版54a）
2. 敦煌石室所出五代绢画《五方五帝图》的一部分（据《大风堂名迹》4集，图3）

袖下端所见之兽，其一似猴，应是蜼；另一只露头部，应是虎。但商周彝器上本无此种图形，这是从《周礼·司尊彝》所说的虎彝、蜼彝等名目中附会出来的。

藻本应作璪。《说文》璪字下引《虞书》："璪、火、黼、米。"《尚书大传》亦作"璪、火"。璪即《山海经·西山经》所说的"藻玉"，郭注："藻玉，玉有符采者。"案《司服》郑注谓：藻、粉米、黼、黻"皆希以为绣"，则璪是一种绣出的花纹。璪的本义是有符采的玉石子，那么这种绣纹起初亦应仿佛其状。但由于璪假为藻，《尚书·益稷篇》伪孔传遂说："藻、水草有文者。"后世乃袭用此说。

粉、米依《说文》当作黺、䊝。《益稷篇》音义："《说文》作黺、䊝。徐（徐仙民本）米作絖。"案《说文》曾说："黺，画粉也。"仿佛这是一种画出的花纹，似不确。因为黺字从黹。《说文》："黹，箴缕所紩衣。"与《司服》郑注认为粉米"皆希以为绣"之说合。䊝字今本《说文》未收。《韵会》八荠："絖、绣文如聚细米。从糸从米，米亦声。《说文》或作䊝。"所以看来它们均应为细点状的绣文。

黼、黻原指色彩的搭配，见本稿卷一【旧1】注③。《尔雅·释言》说："黼、黻，彰也。"也是从色彩方面着眼。《考工记》说："白与黑谓之黼，黑与青谓之黻。"《诗·采菽》又《终南》毛传、《说文》、《荀子·非相篇》杨注、《吕氏春秋·季夏纪》又《淮南子·说林》高注并同。唯《淮南子·时则》作："白与黑为黼，青与赤为黻。"所释略有差异。可是后来却为黼、黻拟出两种具体的形象。《尔雅·释器》说："斧谓之黼。"《释言》郭注："黼文如斧。黻文如两已相背。"而《汉书·韦贤传》颜注又说："黼衣画为斧形，而白与黑为彩也。朱绂为朱裳画为亞文也。亞、古弗字也，故因谓之绂。字又作黻，其音同声。"清·阮元说："画黻作亞形，明两弓相背，非两已相背也"（郝懿行《尔雅义疏》卷上之二引）。本来黼之作斧，是采用类似音训的办法，黻之作亞（弗），也是如此。孙诒让说："经传中'殯'、'佛'、'弗'每相通假，音亦近转。凡钟鼎文作亞者，乃辅庆二弓之象，正是古黻字。"（《周礼正义》卷七九）其说近是。在唐代，斧形之黼已见于石室所出维摩经变相（图22-5:1），亚形之黻亦见于《历代帝王图卷》中司马炎像之衣上，因知此时已用此说。后世的十二章基本上沿用了这些图案（图22-6）。

经过上述种种变化和附会以后，十二章遂被儒家赋予象征性的意义。《礼记·明堂位》郑注："山取其仁可仰也，火取其明也，龙取其变化也。"说的还比较简单。《大唐郊祀录》卷三引梁·崔灵恩《三礼义宗》之说，则更加发挥。

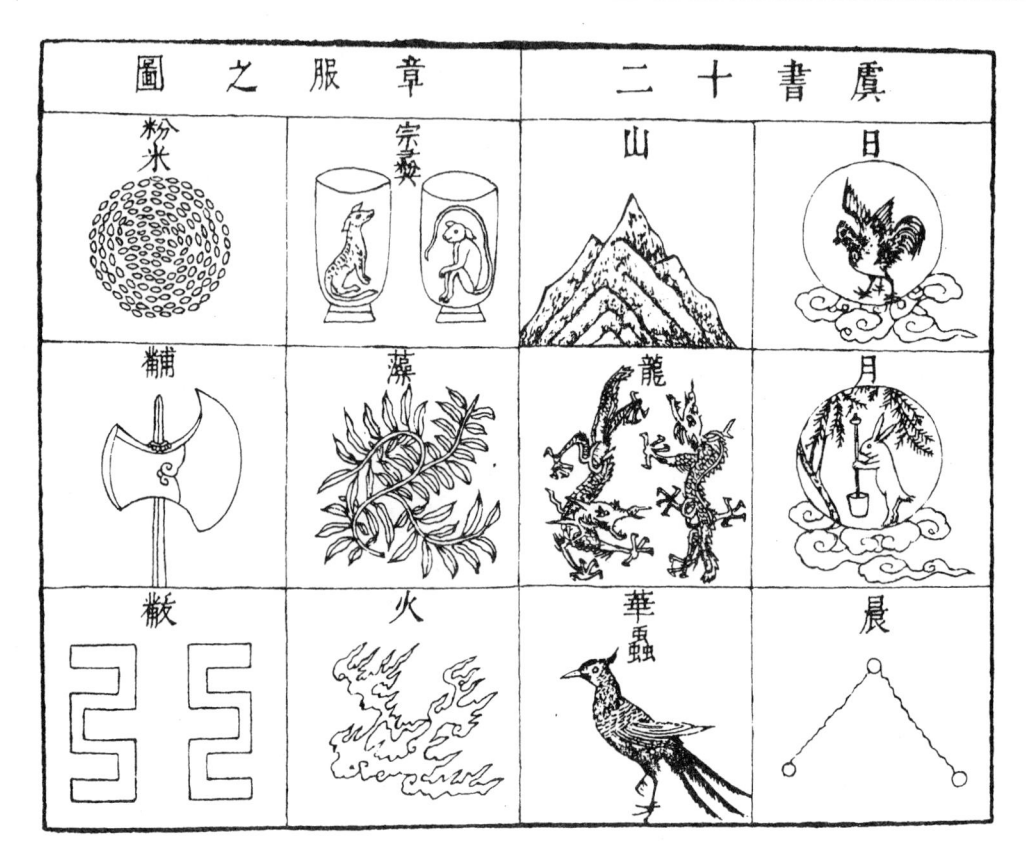

图 22-6 明代的十二章
（据《三才图会·衣服图会》）

谓："日、月、星辰三章，有真画作其形，欲明王者有光照之功，垂于下土。山亦画为山形，取其能兴云雨，膏润万物，象王之泽沾于下也。龙亦真画作龙形，其变物无方，潜见变化，显王者之德，卷舒有时，应机布道。华虫者、画作鹭雉之形，有文饰，故谓之华虫也；象其身被五色，有炳蔚之文，似王者体合五常，又兼文明之性。宗彝者、画虎、蜼于宗庙之器，为饰因之，象虎、蜼以猛刚制物，王者亦以盛武定乱也。藻、水草也，画其形，藻能逐水上下，似王者之德日新也。火曰炎上，象德常升也。粉、米亦画其形，粉洁白，故以名之；米者、人恃之以生者，亦物之所赖以治。黼画斧形，象王者能割断，临事能决也。黻者两己相背，明民见善改恶也。此皆圣人法象之义。"尽管这类解释中不乏矛盾牵强之处，却将十二章涂上了一层神圣的光彩，使之成为中国封建时代帝王法服上相沿不替之纹饰，一直沿用到明、清。

⑤ 汉代已有"织成"这一名称。《汉书·汲黯传》："上尝坐武帐见黯。"颜注引应劭曰："武帐、织成帐为武士象也。"《西京杂记》卷一说：汉宣帝的身毒国

宝镜"常以琥珀笥盛之,缄以戚里织成,一曰斜文锦"。则汉代所谓织成,或即是锦。《续汉志》说:"虎贲武骑皆鹖冠、虎文单衣,襄邑岁献织成虎文云。"而《陈留风俗传》说:"襄邑……有黼黻藻锦,日月华虫,以奉天子宗庙御服焉"(《御览》卷八一六引)。《论衡·程材篇》说:"襄邑俗织锦,钝妇无不巧者。"都只说襄邑产锦,也可以作为这时的织成即锦的旁证。可是到了两晋南北朝时,有些织物花纹的复杂程度似乎用一般织锦的工艺难以胜任。如《晋书·列女传》说窦滔妻苏若兰"织锦为回文旋图诗以赠滔,宛转循环以读之,词甚悽惋"。这种回文旋图大概要用小梭以通经断纬的所谓缀织法才能织成。此后,文献中常常提到织成。《御览》卷八一六引《晋后略》说:"张方兵入洛诸官府,大劫掠,御宝织成流苏皆分割为马帐矣。"同卷引《邺中记》说:"石虎冬月施流苏斗帐,悬金薄织成腕囊。"《陈书·宣帝纪》说:"上织成罗纹锦被、裘各二。"《南史·东昏侯纪》说:"帝着织成袴褶。"这些织成都可能是用缀织法织的,所以史籍中才特别予以说明。到了唐代,有关这类织物的例子更多。唐·段成式《寺塔记》说:"招国坊崇济寺后,有天后织成蛟龙披袄子。"唐·姚汝能《安禄山事迹》卷上说:"天宝九载,禄山献俘入京。玄宗赐物内有夹颉罗顶额织成锦帘二领。"如果说这些织成之花纹的特点还不足以充分说明它们就是缀织物的话。那么唐·李濬《松窗杂录》"物之异闻"条中所记"西蜀织成兰亭",织的是著名法书剧迹,应非一般提花织法所能完成。《杜工部集》卷二〇《太子张舍人遗织成褥段》说:"客从西北来,遗我翠织成。开缄风涛涌,中有掉尾鲸。逶迤罗水族,琐细不足名。"它像是一帧单幅的图画,摹织这种精品,更非缀织莫办。织成今日多称之为刻丝。宋·庄绰《鸡肋编》卷上说:"定州织刻丝,不用大机,以熟色丝经于木棦上,随所欲作花草禽兽状。以小梭织纬时,先留其处,方以杂色线缀于经纬之上,合以成文,若不相连,承空视之,如雕镂之象,故名刻丝。如妇人一衣,终岁可就。虽作百花使不相类亦可,盖纬线非通梭所织也。"唐代刻丝的实物尚有存世者。1973年新疆吐鲁番阿斯塔那唐墓中曾出土一条几何纹刻丝带子。20世纪初在莫高窟藏经洞和新疆等地也曾发现过一些唐代刻丝残片。日本奈良正仓院所藏唐"七条织成树皮色袈裟",刻丝的技术已较成熟。唐代冕服中所用织成,当即此类。

⑥ 恽敬《大云山房十二章图说》卷二《唐十二章图说》谓:"自山、龙以下,每章一行为等。……日、月、星如《隋志》,画于膊及领后,不为行也。每行十二,言横之行也,每章一行为等,言纵之等也。自山、龙以下得九等。盖唐制与后周十二等不同,而同于隋。"

⑦ 我国古代对衣上的绣领很重视。《诗·唐风·扬之水》:"素衣朱襮。"毛传:

"襮、领也，诸侯绣黼。"《尔雅·释器》："黼领谓之襮。"郭注："绣刺黼文以褗领。"这时贵族的衣领上多绣黼文。《仪礼·士昏礼》郑注："卿大夫之妻刺黼以为领。"《汉书·贾谊传》："美者黼绣，……天子之后以缘其领。"又《景十三王·广川王去传》："时爱为去刺方领绣。"颜注引晋灼曰："绣为方领，上刺作黼黻文。"自实物资料中所见，这种风尚的渊源实极为悠古，殷墟出土大理石人像的衣领上就有一道勾连雷纹（图22-7）。所谓黼领，当与之一脉相承。

又，近读唐友波研究春成侯盉与长子盉之文，他认为两器刻铭中所称"黼"，皆指器表装饰的勾连雷纹而言（《上海博物馆集刊》8）。更有助于证成上说。

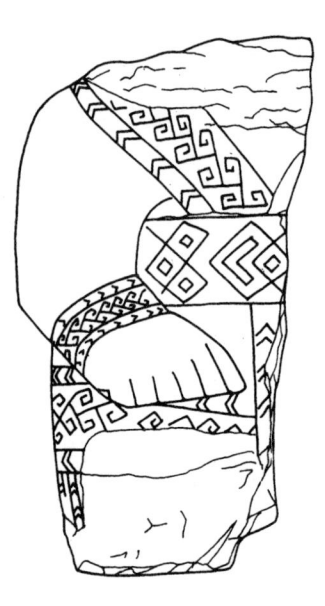

图22-7 殷墟出土大理石人像

（据《中国古代服饰研究》页2）

⑧ "加"字原作"如"。据《通典》卷一〇八改。
⑨ 复底之履名舄，这是舄的本义，本稿【旧8】注⑭已作说明。但《御览》卷六九七引徐乾《古履仪》说："舄者一物之别名，履者足践之通称。"而宋·高承《事物纪原》卷三又说："祭服谓之舄，朝服谓之履，燕服谓之屦也。"则舄、履、屦的区别这时仅依其用途而分。唐代的冕服本已兼起祭服与朝服的双重作用，所以舄、履、屦等名称，有时也就混同了。

《仪礼·士冠礼》说："玄端。黑屦、青絇、繶、纯，纯博寸。"郑注："玄端黑屦，以玄裳为正也。絇之言拘也，以为行戒，状如刀衣鼻，在屦头。繶、缝中䋄也。纯、缘也。"贾疏："云'状如刀衣鼻，在屦头'者，此以汉法言之。今之屦头见有下鼻似刀衣鼻，故以为况也。云'繶、缝中䋄也'者，谓牙、底相接之缝中有绦䋄也。云'纯、缘也，'者，谓绕口缘边也。"这里说的虽然是屦，但移之于履亦可通。《晏子春秋·内篇·谏下》说："景公为履，黄金之綦，饰以银，连以珠；良玉之絇，其长尺。"綦也是缘履口的边饰。《尔雅·释天》郭注："用綦组饰旒之边。"作法正相同。除了缘口的边（纯、綦）和底与帮之间挦的绦子（䋄）之外，头部的絇也是它们的一大特点。对此，郑玄注说得很清楚，贾公彦疏却说得比较含糊。案刀衣即鞘，鞘上之鼻即璏，璏端翻卷如⌒形，和履絇之状颇相似。

魏、晋以后，絇、䋄等名称已不习用，但履制变化不大。《中华古今注》说："宋有重台履，梁有笏头履、分梢履、立凤履，又有五色云霞履。"只不过更加踵事增华而已。唐履的形制仍与之相仿。唐太宗文德皇后履至宋代犹存。明·顾起元《说略》卷二一说："唐文德皇后遗履，为米元章写图，左方有小跋，是元章为画学博士时笔。跋云：'右唐文德皇后遗履，以丹羽织成，前后金叶裁云为饰。长尺，底向上三寸许。中有两系，首缀二珠；首、古之歧头履也。臣米芾图并书。'"米芾之图虽已不存，但依跋语推测，此履的歧首，即古之絇；此履以金叶裁云为饰，即本节"舄加金饰"之金饰。此外，奈良正仓院藏有日本后太上天皇（圣武天皇，724~728年）的"礼履"，也是一双歧头履。此履以赤皮为表，白皮为里，白绫为褥，黄金押缝，饰以嵌珍珠的银花，履头前端并镶有白色皮革六片（图22-8）。它和齐景公履上的"黄金之綦"、"良玉之絇"有类似之处。如用金花取代此履上的银花，用白玉取代此履前端镶的白色皮革，便更接近加金饰的赤舄了。

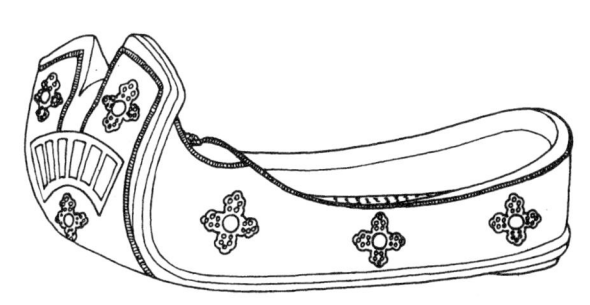

图22-8　日本圣武天皇礼履

（据《东瀛球光》6辑，图323）

　　舄、履之制诠释既竟，则冕服的轮廓大致已见于此。兹更以《历代帝王图卷》中的隋文帝像为例，将冕服各部分的名称标出，以供参稽（图22-9）。

⑩　"阼"字原作"祚"。据《旧志》改。案《仪礼·乡射礼》："主人于阼阶上。"郑注："东阶也。"《礼记·曲礼》："践阼临祭祀。"孔疏："践、履也。阼、主人阶也。天子祭祀升阼阶。……履主阶行事，故云践阼也。"《史记·孝文本纪》："辛亥，皇帝即阼。"正义："主人阶也。古时殿前两阶无中间道，故以阼阶为天子之位。"

【旧22】鷩冕服①，七章。三章在衣：华虫、火、宗彝。四章在裳：藻、粉米、黼、黻。余同衮冕。有事远主则服之。

【新13】鷩冕者，有事远主之服也。八旒。七章：华虫、火、宗彝三章在衣；藻、粉米、黼、黻四章在裳。

①　《周礼·司服》："王飨先公、飨、射则鷩冕。"郑注引先郑曰："鷩画以雉，谓华虫也。"《释名·释首饰》："鷩冕：鷩、雉之憋恶者，山鸡是也。鷩、憋也，性急憋，不可生服，必自杀。故画其形于衣，以象人执耿介之节也。"这是一种性急好斗的雉类。明·李时珍《本草纲目》卷四八说：鷩雉"状如小鸡，其

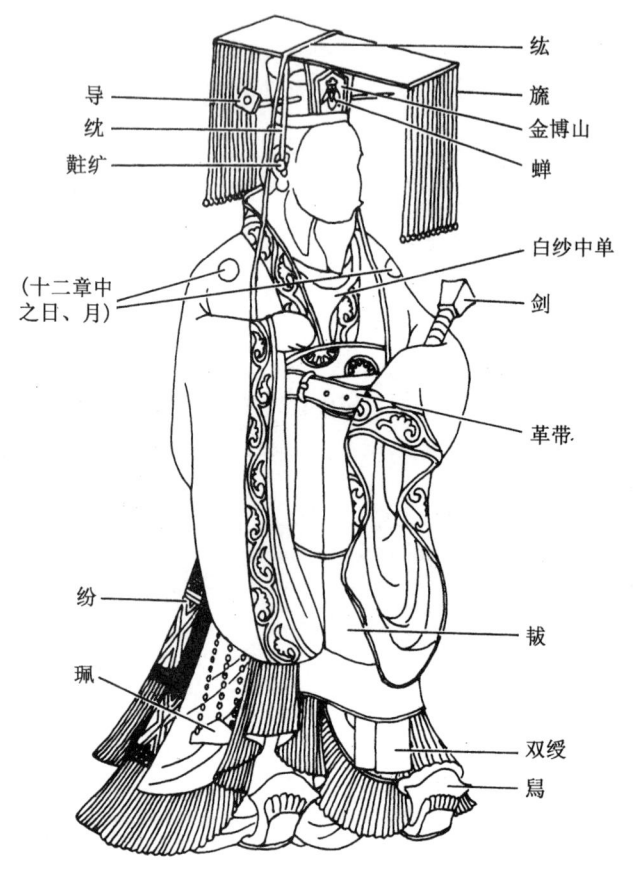

图 22-9 着冕服的隋文帝
（据《历代帝王图卷》）

冠亦小，背有黄赤文，绿顶红腹，红嘴利距，善斗"。鷩又名鶒䲤，并以羽毛的美丽著称。《水经注·浪水》引《南越志》："增城县多鶒䲤。鶒䲤、山鸡也。光采鲜明，五色炫耀。"所以有时甚至被视为神鸟。《楚辞·九叹》王注："鶒䲤、神俊之鸟也。"《史记·司马相如列传》索隐引郭璞曰："鶒䲤似凤，有光彩。"又引李彤曰："鶒䲤、神鸟，飞光竟天也。"故鷩冕之服画鷩，当于其性格与形象兼有所取。

鷩冕等之得名，如《释名·释首饰》所说，系"皆随衣名之也"，惟"所垂前后珠转减耳"。

【旧23】毳冕服[①]，五章，三章在衣：宗彝、藻、粉米。二章在裳：黼、黻也。余同鷩冕。祭海岳则服之。

【新14】毳冕者，祭海岳之服也。七旒。五章：宗彝、藻、粉米在衣；黼、黻在裳。

① 《周礼·司服》："祀四望、山川则毳冕。"郑注引先郑曰："毳、罽衣也。"《说文》："毳、兽细毛也。""毸、以毳为缏。""缏、西胡毳布也。"后两种当为质地相近的毳（细毛）织品。我国古代早就有毳衣。《诗·王风·大车》中已提到"毳衣如菼"、"毳衣如璊"。郑笺："古者天子、大夫服毳冕以巡行邦国，而决男女之讼。"清·马瑞辰《毛诗传笺通释》卷七说："罽衣盖褐衣之类，取其可以御雨。故为大夫巡行邦国之服。"其说可听。《释名·释首饰》说："毳冕：毳、芮也，画藻文于衣，象水草之毳芮温暖而洁也。"就未免太牵强了。此类礼服的起源非常古老，且具有相当强的因袭性，毳衣与大裘之类名称，大约都是从上古时代流传下来的，虽然其质地与式样在后世已有所改易。孙诒让说："五冕之衣同用丝，断无以西胡毛布为衣之理"（《周礼正义》卷四〇）。对于后世来说诚然如此，但追溯到上古时，却不排除此服起初曾用毛褐之可能。

【旧 24】绣冕服①，三章，^{一章在衣：粉米。}_{二章在裳：黼、黻。}余同毳冕。祭社稷、帝社则服之。

【新 15】绣冕者，祭社稷、飨先农之服也。六旒。三章：粉米在衣②，黼、黻在裳。

① 绣冕于《六典》、《通典》、《大唐郊祀录》、《新志》均作绣冕；《周礼·司服》作希冕；《释名·释首饰》、《旧唐书·职官志》作黺冕。

《周礼·司服》说："祭社稷、五祀则希冕。"郑注："希读为绣。或作黹，字之误也。"案《尚书·益稷》孔疏引郑玄曰："缔读为黹。黹、紩也。"《司服》贾疏也说："郑君读希为黹。黹、紩也，谓刺缯为绣次。"故《说文》黹字下段注："今本《周礼》（《司服·希冕》）注疏传写倒乱。"清·桂馥《说文解字义证》谓此注当作："希读为黹。或作缔，字之误也。"

《释名·释首饰》："黺冕：黺、紩也。"毕沅疏证："黺冕当为黹冕。黹、紩也。"其说亦是。则当以黹冕为正，绣冕与黹冕义同，希、缔是假字，黺则是误字。

② "粉米在衣"之前原有"缔"字，应为衍文，删之。

【旧 25】玄冕服①，^{衣无章。裳刺}_{黻一章②。}余同绣冕。蜡祭百神、朝日、夕月则服之。

【新 16】玄冕者，蜡祭百神、朝日、夕月之服也。五旒。裳刺黻一章③。自衮冕以下，其制一也。簪、导、剑、佩、绶皆同④。

① 《周礼·司服》："祭群小祀则玄冕。"郑注："玄者、衣无文，裳刺黻而已，是以为玄焉。

② 原作"裳刺黼、黻一章"。黼与黻已是二章，应有衍文。《通典》卷一〇六作"裳刺黼一章"，《新志》同。《六典》卷一一作"黻一章"，与《司服》郑注合。案《礼记·礼器》："礼有以文为贵者：天子龙衮，诸侯黼，大夫黻。"则"黼下不及大夫"（《周礼正义》卷四〇）。而《诗·唐风·无衣》孔疏说："三公既毳冕。则孤卿服绣冕，大夫服玄冕。"既然大夫可服玄冕，那么玄冕之衣上就不应有黼纹，故当以黻为正。兹据《六典》改。

③ 原作"黼一章"。校例同本节注②。

④ 但《隋书·礼仪志》称："开皇以来，天子唯用衮冕，自鷩之下，不施于尊。"此制应为唐所因循，故鷩、毳、绣、玄诸冕，当时亦不过徒备礼文；在【旧35】、【新92】所载长孙无忌奏议之前恐亦如此。

【旧26】通天冠①，加金博山，附蝉，十二首②，施珠翠，黑介帻，发缨，翠緌③，玉若犀簪、导。绛纱袍④。白纱中单，朱领、襈⑤，饰以织成。朱襈、裾。白裙、襦⑥。亦裙、衫也。绛纱蔽膝。白假带。方心，曲领。其革带、佩、剑、绶、袜、舄与上同。若未加元服，则双童髻⑦，空顶黑介帻⑧，双玉导加宝饰。诸祭还及冬至朔日受朝、临轩拜王公、元会、冬会则服之。

【新17】通天冠者，冬至受朝贺、祭还、燕群臣、养老之服也。二十四梁，附蝉，十二首，施珠翠，金博山，黑介帻，组缨，翠緌，玉、犀簪、导。绛纱袍，朱里。红罗裳。白纱中单，朱领、襈、襈、裾。白裙、襦。绛纱蔽膝。白罗方心、曲领。白袜，黑舄。白假带〔其制垂二绛帛，以变祭服之大带〕。天子未加元服，以空顶黑介帻，双童髻，双玉导加宝饰。三品以上亦加宝饰，五品以上双玉导金饰，六品以下无饰。

① 通天冠的形制与其演变，详本书《进贤冠与武弁大冠》一文。

② 《大唐郊祀录》卷三说："十二首者，天大数也。"原田淑人《东亚古文化论考，冠位の形态から观た飞鸟文化の性格》一文以为首是指附蝉之数，一首即一枚。案宋代的武弁上可装多枚附蝉。如宋·李攸《宋朝事实》卷一一说："（武弁）金饰即金附蝉也。附蝉之数：一品九蝉，二品八蝉，三品七蝉，四品六蝉，五品五蝉。"但此制不见于唐代，本节所称通天冠之十二首恐难以被认为是十二枚蝉。从图像上看，这种冠常在顶上装一横排小圆珠，应代表珠翠之类；所谓首，疑指此而言（图12-6）。其十二首，或即相当皮弁上的十二琪。参看【旧28】、【新20】。

③ "緌"字《六典》卷一一、《通典》卷五七、《新志》皆作"緌"。案《仪礼·士冠礼》郑注："緌、缨饰。"即冠缨末端的穗子。不过在经传中，绥、緌

或相通假。如《礼记·丧大记》："皆戴绥。"郑注："绥当为蕤，读如冠蕤之蕤"。《周礼·夏采》郑注："《士冠礼》及《玉藻》冠緌之字故书亦多作绥者。"故仍两存其字。

"翠绥"之翠，非珠翠之翠，而是指翠羽。《汉书·江充传》："冠飞翩之缨。"颜注引服虔曰："以鸟羽作缨也。"则汉代已用羽毛饰冠缨。这类羽毛中最贵重的是翠鸟之羽。《后汉书·贾琮传》李注："翠鸟，形似燕翡，赤而翠青，其羽可以为饰。"唐·玄应《一切经音义》卷一六"翡翠"条说："雄赤曰翡，雌青曰翠。出郁林。《南方异物志》云：'翡大于燕，小于乌，腰身通黑。唯胸前、背上、翼后有赤翡，因以名焉。'"宋·赵汝适《诸蕃志》卷下"翠毛"条说："翠毛，真腊最多，产于深山泽间，巢于水次。一壑之水，止一雌雄，外有一焉，必出而死斗。人用其机，饲媒擎诸左手以行，巢中者见之，就手格斗，不复知有人也；右手即以罗掩之，无能脱者。邕州古江亦产一种茸翠，其背毛悉是翠茸，穷侈者多以拈织如毛段然。"翠绥所用的翠羽即此类，取其质轻柔，易浮动，而且颜色鲜丽动人。

④ "袍"字原作"里"。据《六典》卷一一改。《新志》亦作"绛纱袍"。

⑤ "领"上原夺"朱"字。据《六典》卷一一增。《新志》亦作"朱领"。

⑥ 原作"白裙，白裾襦"。案《六典》卷一一记通天冠服时于此处只言"白裙、襦"。兹据以删。

⑦ 唐代的双童髻系沿袭古制。杨宽《古史新探·"冠礼"新探》说："周族……男孩的头发，或者两边分梳，长齐眉毛，叫作'两髦'（《鄘风·柏舟》）；或者把'两髦'总束起来，状如两角，叫作'总角'。到成年时，才把头发盘结到头顶上，安上笄，戴上冠。"双童髻即由两总角演变而来。其状据原田淑人说当类日本中世纪的瓢花髻，并举新疆发现的唐代绢画《树下美人图》及传日本阿佐太子笔《圣德太子像》之侍童的发髻为例（《支那唐代の服饰》第三章）。但以上二图中的侍童皆为少女，其双鬟与本节所说的双童髻不是一回事。聂崇义《三礼图》中将冠之童子的髻式如图22-10:2。谓："将冠者、即童子二十者也，以其冠事未至，故言将冠。……以锦为之束发。总，此释紒，谓结发也。《诗》云：'总角之卝'是也。"莫高窟196窟晚唐壁画

图22-10 双童髻

1. 莫高窟196窟唐代壁画中的童子（据《敦煌壁画服饰资料》图版10） 2. 童子服中髻式（据《三礼图》卷三）

供养人中之童子之髻（图 22 - 10：1），与《三礼图》中童子之髻的式样略近，这大概就是唐代的双童髻了。

⑧ 《后汉书·刘盆子传》说："（盆子）还依侠卿，侠卿为制绛单衣，半头赤帻。"李注："半头帻、即空顶帻也，其上无屋，故以为名。……《东宫故事》曰：'太子有空顶帻一枚。'即半头帻之制也。"汉代空顶帻的式样，或如图 22-11，其上露出发髻，故此帻是空顶的。唐代图像中尚未发现过这种帻，其状不详。

图 22 - 11 汉代的空顶帻
（据《武梁祠画像录》页 49.b）

【新 18】缁布冠者，始冠之服也①。天子五梁，三品以上三梁，五品以上二梁，九品以上一梁。

① 据《仪礼·士冠礼》，周代男子的冠礼有先后三次：初次加缁布冠，再次加皮弁，最后加爵弁。故缁布冠是始冠之服。《晋志》说："缁布冠、始冠之冠也。其制有四形：一似武冠；又一似进贤；其一上方，其下加帻、颜；其一刺上而方下。"此说所主不一，令人无所适从。但同《志》又说："进贤冠、古缁布遗象也。斯盖文儒者之服。前高七寸，后高三寸，长八寸。有五梁、三梁、二梁、一梁。人主元服，始加缁布，则冠五梁进贤。"所以晋以后的所谓缁布冠，实际上是指进贤冠而言。

【旧 27】武弁，金附蝉，平巾帻。余同前服①。讲武、出征、四时蒐狩、大射、祃、类、宜社、赏祖、罚社、纂严则服之②。

【新 19】武弁者，讲武、出征、蒐狩、大射、祃、类、宜社、赏祖、罚社、纂严之服也。有金附蝉，平巾帻。

① "前服"原作"其服"。据《通典》卷一〇八改。

② 隋、唐时，武弁已转变成笼冠，为皇帝近侍所冠，在图像材料中未见过皇帝戴笼冠之例。《北史·隋炀帝纪》说：炀帝曾"亲御戎服，祃祭黄帝"。这里的戎服指甲胄，所以他戴的当是兜鍪或搭耳帽之类。礼服多模拟往古，常常成为具文，实际上不见得完全遵行。

【旧 28】弁服，弁以鹿皮为也①。十有二琪，琪以白玉珠为之。玉簪、导。绛纱衣，素裳。革带。白玉双佩。鞶囊②。小绶。白袜，乌皮履。朔日受朝则服之。

【新 20】弁服者，朔日受朝之服也。以鹿皮为之，有攀以持发，十有二琪，玉簪、导。

绛纱衣,素裳。白玉双佩。革带之后,有鞶囊以盛小双绶。白袜,乌皮履。

① "鹿皮"原作"麤皮"。据《六典》卷一一、《通典》卷五七改。《白虎通义》说:弁"以鹿皮者,取其文章也"。

② 原作"鞶龙"。《六典》卷一一、《通典》卷一〇八皆作"鞶囊",《新志》同;殿版《旧志》从之。兹据《六典》改。

【旧29】黑介帻①,白纱单衣,白裙、襦,革带,素袜,乌皮履。拜陵则服之。

【新21】黑介帻者,拜陵之服也,无饰。白纱单衣,白裙、襦,革带,素袜,乌皮履。

① 南北朝以后,介帻与平巾帻的外形渐趋一致,不易区别,只能根据戴帻者的身分来作判断。图22-12中举出的二例,都是和戴鸡冠的武俑配套的唐代文俑所戴之帻,故应为介帻。

【旧30】白纱帽①,亦乌纱也。白裙、襦,亦裙衫也。白袜,乌皮履。视朝、听讼及宴见宾客则服之。

【新22】白纱冒者,视朝、听讼、宴见宾客之服也;亦以乌纱为之②。白裙、襦。白袜,乌皮履。

图 22-12 唐代的介帻

1. 纽约市艺术博物馆藏唐俑(据 C. Heatze, *Chinese tomb figures*. pl. 71) 2. 上海博物馆藏唐俑(据《上海博物馆陈列图片》3辑)

① 《南史·宋本纪》记宋废帝被杀后:"建安王休仁便称臣,奉引(明帝)升西堂登御坐。事出仓卒,上失履,跣,犹着乌纱帽。休仁呼主衣以白纱代之。"又《齐本纪》说:"苍梧死,召袁粲等计议,王敬则乃拔刀在床侧,跃麾众曰:'天下之事,皆应关萧公,敢有开一言者,血染敬则刀。'仍呼虎贲剑戟羽仪,手自取白纱帽加帝首,令帝即位。"《梁书·侯景传》也说:"景自篡立,时着白纱帽。"清·赵翼《二十二史劄记》卷一二"人君即位冠白纱帽"条以为:"古来人君即位,例着白纱帽,盖本太子由丧次即位之制。故事相沿,遂以白纱帽为登极之服也。"其说不确,盖不知古不忌白,又不知皇帝即位时的正式礼服为衮冕服,而白纱帽只不过是皇帝便服中所用之帽。《隋志》说:"案宋、齐之间,天子宴私多着白高帽。"可证。宋明帝、齐高帝之例,只不过说明在政变之际未能依正式典礼举行隆重的仪式而已。周一良先生《魏晋南北朝史札记·〈宋书〉札记》"白纱帽"条说:"南朝时皇帝着白纱帽,盖不仅限于即位之时。……米芾《画史》六朝画章云:'蒋长源字仲永,收宣王姜后免冠谏图。宣王白帽,此六朝冠也。'同章记梁·张僧繇绘梁武帝像诗有句:'峨峨太平老寺主,白纱帽首无冠蕤。'张僧

縣武帝同时人,……所绘武帝像定可信据。"这些图画中所表现的,也都不是皇帝即位时的情况。莫高窟285窟西魏壁画"沙弥守戒自杀品"中的王者即戴白纱帽(图22-13)。唐代之备白纱帽,仍系沿袭这一传统。不过因为唐代皇帝常服多裹纱幞,因而戴白纱帽的实例罕见。

② 原脱"亦"字。据《旧志》补。

图22-13 白纱帽
莫高窟285窟西魏壁画中的王者(据《敦煌壁画集》图20)

【旧31】平巾帻,金、玉饰、导、簪、冠支①皆以玉。紫褶,亦白褶。白袴。玉具装真珠宝钿带。靴②。乘马则服之。

【新23】平巾帻者,乘马之服也。金饰。玉簪、导。冠支以玉。紫褶,白袴。玉具装珠宝钿带。有靴。

① "支"字原作"文",据《六典》卷一一改。冠支当指颇,古冠上此物见本书图12-3。但唐代的冠支尚未能确认。

② "靴"字原脱。据《六典》卷一一补。

【旧32】白帢①,临大臣丧则服之。

【新24】白帢者,临丧之服也。白纱单衣。乌皮履。

① 《三国志·魏志·武帝纪》裴注引《傅子》说:"魏太祖以天下凶荒,资财乏匮,拟古皮弁裁缣帛以为帢,合乎简易随时之义,以色别其贵贱,于今施行。"而《晋志》则说:"魏武以天下凶荒,资财乏匮,拟古皮弁裁缣帛以为帢,合乎简易随时之义。"可见帢就是帢,它的式样仿自皮弁,但质料却用缣帛,不用皮革。《武帝纪》裴注又引《曹瞒传》说:"太祖为人,佻易无威重。……或冠帢帽以见宾客。"可见它是一种便帽。其形制据《晋志》说:"徐爰曰:'俗说帢本未有歧,荀文若巾之行,触树成歧,谓之为善,因而弗改。'今通为庆弔服。"此物自曹魏时创制后,南北朝时南人喜欢戴它。唐·刘肃《大唐新语》卷一〇说:"故事,江南天子则白帢帽。"《历代帝王图卷》中的"江南天子"如陈文帝、陈废帝等人所戴之帽,既似皮弁,又有两歧,复作白色,正是白帢(图22-14:1、2)。但白帢和白帢之间可能还存在着某种微小的差别。《晋志》说:"成帝咸和九年制:听尚书八座丞郎、门下三省侍郎,乘车、白帢、低帷出入掖门。又二宫直官着乌纱帢。往往士人宴居皆着帢矣。"白帢通于庆、弔,白帢到了唐代则专用于临丧举哀,其用途也有所不同。至于白帢与乌纱帢,大概就和白纱帽与乌纱帽一样,后者的规格要低一等。唐·孙位《高逸图》中右

起第一人戴的或与之相近（图22-14:3）。与陈文帝等所戴的白帢相较，它在额上没有前者那一道横缝。《晋书·五行志》说："初，魏造白帢，横缝其前以别后，名之曰'颜帢'。至永嘉之间，稍去其缝，名'无颜帢'。"则《高逸图》中的当属"无颜帢"之类；而《历代帝王图卷》中的则属"颜帢"。《世说新语·轻诋篇》说："林公（支道林）道王（坦之）云'着腻颜帢，缞布单衣，……问是何物尘垢囊！'"则东晋时犹流行戴颜帢，而唐代戴的则多是无颜帢了。

图22-14　白帢（1、2）与无颜帢（3）
1.《历代帝王图卷》中戴白帢之陈文帝　2.《历代帝王图卷》中戴白帢之陈废帝
3. 孙位《高逸图》中右起第一人（戴无颜帢）

【旧33】太宗又制翼善冠①，朔望视朝以常服及白练裙、襦通着之②。若服袴褶，又与平巾帻通用。着于《令》。

【旧88】（贞观）八年五月，太宗初服翼善冠。

【新88】太宗尝以幞头起于后周，便武事者也。方天下偃兵，采古制为翼善冠，自服之。

【新90】自是元日、冬至、朔望视朝，服翼善冠，衣白练裙、襦。服袴褶则与平巾帻通用③。

① 翼善冠创于贞观时，废止于开元十七年（见《唐会要》卷三一及【旧36】），而且其间还有武后临朝的二十余年，这时此冠亦无以施用；所以它实际上只存在了约半个世纪，又只是皇帝一个人偶尔戴一戴，所以图像材料很难找到。其状不明。

② "白"字原作"帛"。据《六典》卷一一、《通典》卷一〇八改。

③ 此句原作"常服则有袴褶与平巾帻通用"。文意难通，兹据《旧志》改正，并删去"常"、"有"二字。

【旧35】显庆元年九月，太尉长孙无忌与修礼官等奏曰："准武德初撰《衣服令》：'天子祀天地服大裘，冕无旒。'臣无忌、志宁、敬宗等谨案《郊特牲》云：'周之始郊，日以至。''被衮以象天，戴冕藻十有二旒，则天数也。'而此二礼，俱说周郊，衮与大裘，事乃有异①。案《月令》：'孟冬，天子始裘。'明以御寒，理非当暑。若启蛰祈谷，冬至报天，行事服裘，义归通允。至于季夏迎气，龙见而雩，炎炽方隆，如何可服？谨寻历代，唯服衮章，与《郊特牲》义旨相协。案周迁《舆服志》②云：'汉明帝永平二年制：采《周官》、《礼记》，始制祀天地服，天子备十二章。'沈约《宋书·志》云：'魏、晋郊天，亦皆服衮。'又王智深《宋纪》曰：'明帝制云：以大冕纯玉藻、玄衣、黄裳，郊祀天地。'后魏、周、齐迄于隋氏，勘其《礼》、《令》，祭服悉同。斯则百王通典，炎凉无妨，复与《礼经》，事无乖舛。今请宪章故实：郊祀天地，皆服衮冕。其大裘请停，仍改《礼》、《令》。

又检《新礼》：'皇帝祭社稷服绣冕，四旒，衣三章③。祭日月服玄冕，三旒，衣无章。'谨案《令》文，是四品、五品之服。此则三公亚献，皆服衮衣，孤卿助祭，服毳及鷩。斯乃乘舆章数，同于大夫，君少臣多，殊为不可。据《周礼》云：'祀昊天上帝则服大裘而冕，祀五帝亦如之④。享先王则衮冕，享先公则鷩冕，祀四望山川则毳冕，祭社稷五祀则绣冕，诸小祀则玄冕。'又云：'公侯伯子男孤卿大夫之服，衮冕以下，皆如王之服。'所以《三礼义宗》遂有二释⑤：一云公卿大夫助祭之日，所着之服降王一等。又云悉与王同。求其折衷，均未通允。但名位不同，礼亦异数，天子以十二为节，义在法天，岂有四旒三章，翻为御服？若诸臣助祭，冕与王同，便是贵贱无分，君臣不别。如其降王一等，则王着玄冕之时，群臣次服爵弁；既屈天子，又贬公卿。《周礼》此文，久不施用。亦犹祭祀之立尸侑，君亲之拜臣子⑥；覆巢设硩蔟之官⑦，去蛊置蝈氏之职⑧，唯施周代，事不通行。是故汉、魏以来，下迄隋代，相承旧事，唯用衮冕⑨。今《新礼》亲祭日月，仍服五品之服。临事施行，极不稳便。请遵历代故实，诸祭并用衮冕。"制可之。

无忌等又奏曰："皇帝为诸臣及五服亲举哀，依《礼》着素服。今《令》乃云白帢。《礼》、《令》乖舛，须归一涂。且白帢出自近代，事非稽古，虽著《令》文，不可行用。请改从素服，以合《礼》文⑩。"制从之。

自是鷩冕以下，乘舆更不服之，白帢遂废。而《令》文因循，竟不改削。

【新92】显庆元年，长孙无忌等曰："武德初撰《衣服令》，天子祀天地服大裘冕。案周郊被衮以象天，戴冕，藻十有二旒，与大裘异。《月令》：'孟冬天子始裘以御寒。'若启蛰祈谷，冬至报天，服裘可也。季夏迎气，龙见而雩，如之何可服？故历代唯服衮章。汉明帝始采《周官》、《礼记》，制祀天地之服，天子备十二章，后魏、周、隋皆如之。伏请郊祀天地服衮冕，罢大裘。

又《新礼》：皇帝祭社稷服绣冕，四旒，衣三章⑪。祭日月服玄冕，三旒，衣无章。

案《令》文，四品、五品之服也。三公亚献皆服衮，孤卿服毳、鹫；是天子同于大夫，君少臣多，非礼之中。且天子十二为节以法天，乌有四旒三章之服？若诸臣助祭，冕与王同，是贵贱无分也。若降王一等，则王服玄冕，群臣服爵弁；既屈天子，又贬公卿。《周礼》此文，久不用矣。犹祭祀之有尸侑，以君亲而拜臣子；硩蔟、蝈氏之职，不通行者盖多。故汉、魏承用衮冕。今《新礼》，亲祭日月服五品之服。请循历代故事，诸祭皆用衮冕。"制曰："可。"

无忌等又曰："《礼》：皇帝为诸臣及五服亲举哀，素服。今服白帢，《礼》、《令》乖舛。且白帢出近代，不可用。"乃改以素服。自是鹫冕以下，天子不复用，而白帢废矣⑫。

① 《通典》卷六一所载此奏，于"谨按《郊特牲》"云云句上，有"臣勘前件《令》，是武德初撰，虽凭《周礼》，理极未安"等语，这样才能和下文"而此二礼，俱说周郊，衮与大裘，事乃有异"之说相呼应。"二礼"指《周礼·司服》和《礼记·郊特牲》。祀天地之服，《司服》说着大裘，《郊特牲》说着衮冕服，二者有所不同。郑玄在《郊特牲》的注里解释为："（衮）谓有日月星辰之章，此鲁礼也。《周礼》：'王祀昊天上帝则服大裘，祀五帝亦如之。'鲁侯之服，自衮冕而下也。"

② 《旧唐书·经籍志》有《古今舆服杂事》一〇卷，周迁撰。本节说的《舆服志》即指此书。《册府元龟》卷五八六，将作者误为周廷。殿版《旧志》误为"周礼"，于是作者之名变成书名。殿版校勘记虽指出《周礼》中无《舆服志》，却仍把它当作书名看待。

③⑪ "衣"字原脱。据《通典》卷六一、《唐会要》卷三一补。

④ "祀"字原脱。据《唐会要》卷三一补。《周礼·司服》本有祀字。

⑤ "二"字原作"三"。据《通典》卷六一、《唐会要》卷三一改。

⑥ 《仪礼·士虞礼》："祝迎尸。"郑注："尸、主也。孝子之祭，不见亲之形象，心无所系，立尸而主意焉。"又《特牲馈食礼》："祝迎尸于门外，主人降立于阼阶东。"郑注："尸、所祭者之孙也。"《礼记·曲礼》："孙可以为王父尸。"《公羊传·宣公八年》何休注："祭必有尸者、节神也。礼：天子以卿为尸，诸侯以大夫为尸，卿、大夫以下以孙为尸。"尸为祭祀时代替被祭者受礼之人。

⑦ 《周礼·秋官·硩蔟氏》："掌覆夭鸟之巢。"郑注："覆犹毁也。夭鸟、恶鸣之鸟，若鸮、鵩。"

⑧ 《周礼·蝈氏》："掌去蛙黾。焚牡蘜，以灰洒之则死。"郑注："牡蘜、蘜之不华者。齐鲁之间谓蛙为蝈。黾、耿黾也。蝈与耿黾尤怒鸣，为聒人耳，去之。"从黾与从虫可相通假，如鼃可作蛛，故蛙可作鼃。《说文》："鼃、虾蟆也。"则鼃即青蛙。

⑨ "唯用",《通典》卷六一作"并用"。义较胜。

⑩ 《礼记·郊特牲》:"素服以送终也。""合"字原作"会"。据《唐会要》卷三一改。

⑫ 此三"帢"字原均作"袷"。案袷指夹衣。《四民月令·二月》杜台卿注引《字林》:"袷,衣无絮也。"故袷与帢不能通假。兹据《旧志》改正。

【旧36】开元十一年冬,玄宗将有事于南郊。中书令张说又奏称:"准《令》,皇帝祭昊天上帝服大裘之冕,事出《周礼》,取其质也;永徽二年,高宗亲享南郊用之。明庆元年修礼①,改用衮冕,事出《郊特牲》,取其文也;自则天以来用之。若遵古制,则应用大裘;若便于时,则衮冕为美。"令所司造二冕呈进。上以大裘朴略,冕又无旒,既不可通用于寒暑,乃废不用。自是,元正朝会依《礼》、《令》用衮冕及通天冠,大祭祀依《郊特牲》亦用衮冕。自余诸服,虽在《令》文,不复施用。十七年,朝拜五陵,但素服而已。朔望常朝,亦用常服,其翼善冠亦废。

【新98】开元初,将有事南郊,中书令张说请遵古制用大裘,乃命有司制二冕。玄宗以大裘朴略,不可通寒暑,废而不服。自是元正朝会用衮冕、通天冠。

【新100】玄宗谒五陵,初用素服。朔望朝,专用常服。弁服、翼善冠皆废②。

① "元"字原脱。案永徽以后、开元以前,并无"明庆"年号,此处所叙当是显庆年间之事。唐中宗讳显,故显字改作明。《中华古今注》卷中"羃䍦"条亦改显庆为明庆,则当时有此通例。元字依《通典》卷六一及【旧35】、【新91】补。

② 依本节所说,可知自开元以后,皇帝的服装只用衮冕服、通天冠服、幞头常服三种。其余各种服装,实际上皆备而不用。至中、晚唐时,服装更加简化。《旧唐书·文宗纪》说:"开成元年五月辛丑朔,帝常服御宣政殿受贺,遂宣诏大赦天下,改元开成。"在这种正旦受朝、大赦改元之隆重场合,皇帝本应服衮冕,但文宗仅着常服。可见这时连衮冕和通天冠也逐渐退出实用的领域了。

【旧104】《武德令》:皇后服有祎衣、鞠衣、钿钗礼衣三等。

祎衣,首饰花十二树①,并两博鬓。其衣以深青织成为之,文为翟之形②。素质,五色,十二等。素纱中单,黼领,罗縠褾、襈。褾、襈皆用朱色也。蔽膝。随裳色,以緅为缘③,用翟为章,三等。大带以青。随衣色,朱里,纰其外,上以朱锦,下以绿锦。纽约用青组④。革带。青袜,舄。舄加金饰。白玉双佩,玄组。双大绶。章彩尺寸,与乘舆同。受册、助祭、朝会诸大事则服之。

【新25】皇后之服三:

袆衣者，受册、助祭、朝会大事之服也。深青织成为之，画翚，赤质，五色，十二等。素纱中单，黼领，朱罗縠褾、襈。蔽膝随裳色，以緅为缘⑤，用翟为章，三等⑥。革带。大带随衣色。裨、纽约、佩、绶如天子。青袜，舄加金饰。

① 花树即花钗。《通典》卷六二作"花钗十二树"。《郊祀录》卷三说："隋改首饰为花树之数，自皇后下达，皆有差降。皇唐因之。"

② 《周礼·内司服》郑注引先郑曰："袆衣、画衣也。"郑玄曰："袆衣，画翚者。"《释名·释衣服》："王后之上服曰袆衣，画翚雉之文于衣也。伊洛而南，雉青质五色备曰翚。"不过唐代的袆衣用织成制作，其上之翚雉纹是织出来的，与画衣之古制已有所不同。

③ "以緅为缘"原作"以緅为领"。案蔽膝无领。《通典》卷六二说：隋代皇后袆衣上的蔽膝"随裳色，以緅为缘"。兹据以改正。

　　緅字的解释有二说。《论语·乡党》："君子不以绀、緅饰。"释文引《字林》："緅、青色也。"《广雅·释器》也说："緅、青也。"又一说则认为緅是暗红色。《考工记·锺氏》："三入为纁，五入为緅。"郑注："染纁者三入而成，又再染以黑，则为緅。"《仪礼·士冠礼》郑注称："其色赤而微黑。"本节所说的緅，则应指前者，因为蔽膝随衣呈深青色，故其缘也以作青色为宜。

④ 原作"大带以青衣"。案本节上文已言"其衣以深青织成为之"，这里不应重复。"衣"字殆衍文，兹删去。又夹注原在"大带"之后，今移于全句之后。

⑤ 原作"以緅领为缘"。领字衍。校例同本节注③。

⑥ "三等"之下原有"青衣"二字。系依《旧志》的衍文误增者。兹删去。

【旧105】鞠衣，黄罗为之①。其蔽膝、大带及革带、袜、舄随衣色②。余与袆衣同，唯无雉也。亲蚕则服之。

【新26】鞠衣者，亲蚕之服也。黄罗为之，不画。蔽膝、大带、革带、袜、舄随衣色③。余同袆衣。

① 《周礼·内司服》郑注引先郑曰："鞠衣、黄衣也。"郑玄曰："鞠衣、黄桑服也。色如鞠尘，象桑叶始生。《月令》：'三月荐鞠衣于上帝，告桑事。'"鞠尘在《广雅·释器》中作"麴尘"；它是麴上所生霉菌，呈鲜黄色。鞠衣的颜色与之相近，从而得名。但另外还有一种解释。《吕氏春秋·季春纪》："鞠衣。"高注："鞠（原作菊，依陈奇猷校改）衣，衣黄如菊花，故谓之菊衣。"《释名·释衣服》也说："鞠衣、黄如鞠花色也。"案今日之菊花虽五光十色，但在唐代中叶以前，常见的菊花均为黄色。《月令》说："季秋之月，菊有黄华。"魏·钟会《菊花赋》说："夫菊……纯黄不杂，后土色也"（《艺文类聚》卷八

一引)。其后经过长期的人工栽培，到中唐时菊花才出现白色的变种。白居易《重阳席上赋白菊》说："满园花菊郁金黄，中有孤丛色似霜"(《白香山诗集·后集》卷一一)。刘禹锡《和令狐相公玩白菊》说："家家菊尽黄，梁国独如霜"(《刘宾客集·外集》卷三)。许棠《白菊》说："所尚雪霜姿，非关落帽期。……人间稀有此，自古乃无诗"(《全唐诗》九函八册)。李商隐《和马郎中移白菊见示》说："陶诗只采黄金实，郢曲新传白雪英。素色不同篱下发，繁花疑自月中生"(《玉溪生诗笺注》卷二)。张蠙《白菊》说："秋天木叶干，犹有白花残。举世稀栽得，豪家却画看"(《全唐诗》一〇函一〇册)。可见白菊为此前所未见，致使诗人有耳目一新之感。晚唐又出现紫菊花；至北宋时菊种始繁。而在中唐以前，以菊花作为黄色的鞠衣得名之由来，也是讲得通的。

② "革带"上原衍一"衣"字，兹删去。"袜"字原脱，据《六典》卷一二补。
③ "袜"字原脱。校例同注②。

【旧106】钿钗礼衣，十二钿①，服通用杂色，制与上同，唯无雉及佩、绶。^{去舄，加履。}宴见宾客则服之。

【新27】钿钗礼衣者②，燕见宾客之服也。十二钿。服用杂色而不画。加双佩、小绶；去舄，加履。首饰大小华十二树，以象衮冕之旒；又有两博鬓。

① "钿"字原作"纽"。据《通典》卷一〇八改。
② "礼衣"殿版作"襢衣"，即展衣。《诗·鄘风·君子偕老》："瑳兮瑳兮，其之展也。"毛传："礼有展衣者，以丹縠为衣。"展的本字是襢《说文·衣部》："襢、丹縠衣也。"襢从亶声，㞡(展)字襄省声，故《毛诗》借用展字。展衣在《礼记·玉藻》、《杂记》中作襢衣。展字为真部定母，襢字为元部端母；端定旁纽，真元旁转，故此二字音近，可相通假。《玉篇》乃谓："襢同襄。"从亶之字也含有丹色之义。《说文·㫃部》："《周礼》曰：'通帛为旃。'旜，旃或从亶。"清·朱骏声《说文通训定声》卷一四说："旃，案绛帛不画，所谓周之大赤也……从丹，亦意兼声。"则襢衣亦可解释为丹衣。

但亶训诚、信；于是也有认为襢衣是白衣的。《周礼·内司服》先郑注、《君子偕老》郑笺都持这样的见解。《释名·释衣服》说："襢、坦也，坦然正白无文采也。"然而唐代的礼衣却不仅不会是白衣，而且也不是单色的丹衣，视此礼衣在《六典》卷一二、《通典》卷一〇八及本节中均指出"服用杂色"可知。殿版误。

【旧37】《武德令》：皇太子衣服有衮冕、具服远游三梁冠、公服远游冠、乌纱帽、平巾帻五等。贞观以后，又加弁服、进德冠之制。

衮冕，白珠九旒，以组为缨，色如其绶，青纩充耳，犀簪、导。玄衣，纁裳。九章。五章在衣：龙、山、华虫、火、宗彝。四章在裳：藻、粉米、黼、黻，织成为之。白纱中单，黼领，青褾、襈、裾。革带，金钩䚢。大带。素带，朱里，亦纰以朱、绿。纽约用组①。韨。随裳色。火、山二章也。玉具剑，金宝饰也。玉镖、首。瑜玉双佩②，朱组。双大绶，四采：赤、白、缥、绀，纯朱质③，长一丈八尺，三百二十首，广九寸。小双绶长二尺六寸，色同大绶而首半之，施二玉环也④。朱袜，赤舄。舄加金饰。侍从皇帝祭祀及谒庙、加元服、纳妃则服之。

【新28】皇太子之服六：

衮冕者，从祀、谒庙、加元服、纳妃之服也。白珠九旒，红丝组为缨，犀簪、导，青纩充耳。黑衣，纁裳。凡九章：龙、山、华虫、火、宗彝在衣；藻、粉米、黼、黻在裳。白纱中单、黼领，青褾、襈、裾。革带，金钩䚢。大带。瑜玉双佩，朱组。双大绶，朱质，赤、白、缥、绀为纯，长一丈八尺，广九寸，三百二十首。韨随裳色，有火、山二章。白袜，赤舄〔朱履〕，加金涂银钿饰。鹿卢玉具剑如天子。

① 原作"刼用组"。《通典》卷一〇八作"纽约用绿"。《礼记·玉藻》说："纽约用组。"兹据改。
② 《玉藻》说："世子佩瑜玉。"孔疏："瑜是玉之美也。"《大唐郊祀录》卷三："世子亦天子、诸侯之子也。通言今礼，准皇太子佩之者。"
③ 原作"红朱质"。校例同本卷【旧20】注⑩。
④ "二"字原作"三"。据《通典》卷一二二改。只有皇帝冕服上的小双绶才能施三玉环。

【旧38】具服远游三梁冠，加金，附蝉，九首，施珠翠，黑介帻，发缨，翠绥，犀簪、导。绛纱袍。白纱中单，皂领、褾、襈、裾。白裙、襦。白假带。方心、曲领。绛纱蔽膝。其革带、剑、佩、绶、袜、舄与上同。后改用白袜，黑舄。未冠则双童髻，空顶黑介帻，双玉导，加宝饰。谒庙、还宫、元日冬至朔日入朝、释奠则服之。

【新29】远游冠者，谒庙、还宫、元日朔日入朝、释奠之服也。以具服远游冠三梁，加金博山，附蝉，九首，施珠翠，黑介帻，发缨，翠绥，犀簪、导。绛纱袍，红裳。白纱中单，黑领、褾、襈、裾。白裙、襦。白假带。方心、曲领。绛纱蔽膝。白袜，黑舄，朔日入朝通服。

【旧39】公服远游冠。簪、导以上，并同前也。绛纱单衣。白裙、襦。革带，金钩䚢。假带。方心。纷长六尺四寸，广二寸四分，色同大绶①。鞶囊。白袜，乌皮履。五日常朝②、元日冬至受朝则服之。

【新30】远游公服者③，五日常朝、元日冬至受朝之服也。远游冠。绛纱单衣。白裙、襦。革带，金钩䚢。假带。瑜玉只佩。方心。金缕鞶囊④。纷长六尺四寸，广二寸四分，色如大绶⑤。

① 原将关于纷的尺寸与颜色之夹注，置于"鞶囊"之下。兹改正。
② "朝"字原作"服"。据《通典》卷一〇八改。
③ "远游公服"原作"袴褶公服"。案着袴褶时并不戴远游冠，兹据《旧志》改正。远游公服与远游具服中所戴的冠相同，但衣装之繁简有别。远游公服较具服从省，不带蔽膝、大绶、双佩和剑。
④ "缕"字原作"镂"。校例同本卷【新11】注⑰。
⑤ 本节"方心"下原衍一"纷"字，兹删去。末句之"纷"字原作"纯"，据《旧志》改。

【旧40】乌纱帽①。白裙、襦。白袜，乌皮履。视事及宴见宾客则服之。
【新31】乌纱冒者，视事及燕见宾客之服也。白裙、襦、乌皮履。

① 乌纱帽的形制与白纱帽相同，仅颜色各异。此帽又称乌纱高屋帽，在南北朝时很流行。图22-15所举之例即这时的乌纱帽。其帽顶伸出之带，应是所谓标。《晋志》说："近世凡车驾亲戎，中外戒严……冠黑帽，缀紫标。标以缯为之，长四寸，广一寸。"其尺寸亦与此帽上之带相近。到了唐代，如《中华古今注》所说："武德九年十一月，太宗诏曰：'今自以后，天子服乌纱帽，百官士庶同服之。'"则乌纱帽不仅如【旧30】所说，是"天子衣服"中的一类；又如本节所说，是皇太子"视事及宴见宾客"之服；而且成为士大夫家居之服。如李白《答友人赠乌纱帽》诗说："领得乌纱帽，全胜白接䍦。山人不照镜，稚子道相宜"（《李白集校注》卷一九）。杜甫《季秋苏五弟缨江楼夜宴崔十二评事韦少府侄》诗说："不眠瞻白兔，百过落乌纱"（《九家集注杜诗》卷三二）。张籍《答元八遗纱帽》诗说："黑纱方帽君边得，称对山前坐竹床。唯恐被人偷样剪，不曾闲戴出书堂"（《张司业诗集》卷六）。白居易《初冬早起寄梦得》诗说："起戴乌纱帽，行披白布裘"（《白香山诗集·后集》卷一二）。皮日休《奉和鲁望早秋吴体》诗说："捣药香侵白袷袖，穿云润破乌纱棱"（《全唐诗》九函九册）。可见在有唐一代，于便装中戴乌纱帽之风始终不衰。

图22-15 乌纱帽

东魏武定六年张天赐造像碑上的供养人（据大村西崖《支那美术史雕塑篇》附图569）

【旧42】弁服。弁以鹿皮为也。犀簪、导，组缨，玉琪九。绛纱衣，素裳。革带。鞶囊。小绶。只佩①。白袜，乌皮履。朔望②及视事则兼服之。

【新32】弁服者，朔望视事之服也。鹿皮为之。犀簪、导，组缨，九琪。绛纱衣，素裳。革带。鞶囊。小绶。只佩③。自具服以下，皆白袜，乌皮履。

　　①③ "只佩"《旧志》原作"侯佩"，《新志》原作"双佩"。兹据《通典》卷一〇八改。"侯"字应为"只（隻）"字传刻之误。《隋志》说："公服亦名从省服。……开皇故事，亦去鞶囊、佩、绶。何稠请去大绶而偏垂一小绶，缀于兽头鞶囊。独一只佩，正当于后。诏从之。"在唐代的陶俑及图像中，有些人物背后独垂一佩，当即只佩（图22-16）。至于双佩，则比较隆重，只在着冕服或通天冠时才能佩带。

　　② "朔望"，《通典》卷一〇八作"朔日"。

【旧41】平巾帻。紫褶，白袴。宝钿起梁带①。乘马则服之。

【新33】平巾帻者，乘马之服也。金饰，犀簪、导。紫褶②，白袴。起梁珠宝钿带。靴③。

　　① "宝钿起梁带"，《通典》卷一〇八作"玉梁珠宝钿带"。带上的玉饰件只有带銙，因此所谓梁疑指带銙而言。

　　② "褶"字原作裙。据《通典》卷一〇八改。

　　③ 平巾帻与袴褶通服，在南北朝时极其流行。唐代前期还有时见到，唐代后期穿的人就很少了。

图22-16　唐代陶女俑背面所见只佩

（据 H. d' Andenne de Tizac, *La Sculpture Chinoise*. Pl. 21）

【旧43】进德冠①，九琪，加金饰。与常服及白练裙、襦通着之②。若服袴褶，则与平巾帻通着。

　　自永徽以后，唯服衮冕、具服、公服而已。若乘马袴褶，则着进德冠，自余并废。若谒服、常服，紫衫袍与诸王同。

【新34】进德冠者，亦乘马之服也。九琪，加金饰。有袴褶。常服则有白裙、襦。

【新91】翼善冠、进德冠制如幞头。皇太子乘马则服进德冠，九琪，加金饰，犀簪、导。亦有袴褶。燕服用紫。其后朔望视朝，仍用弁服。

　　① 本节尚未将进德冠的各种特征叙述详备，其具体说明见本篇【新89】注①。

　　② "与"字原作"其"，据理校改。

【旧44】开元二十六年，肃宗升为皇太子，受册。太常所撰《仪注》有"服绛纱袍"之文，太子以为与皇帝所称同，上表辞不敢当，请有以易之。玄宗令百官详议。尚书左丞相裴耀卿、太子太师萧嵩等奏曰："谨案《衣服令》，皇太子具服有远游冠，三梁，加金，附蝉，九首，施珠翠，黑介帻，发缨，翠绥①，犀簪、导。绛纱袍。白纱中单，皂领、褾、襈。白裙、襦。方心、曲领。绛纱蔽膝。革带。剑。佩。绥等。谒庙、还宫、元日、冬至、朔日入朝、释奠则服之。其绛纱袍则是冠衣之内一物之数，与裙、襦、剑、佩等无别。至于贵贱之差，尊卑之异，则冠为首饰，名制有殊，并珠旒及裳彩章之数，多少有别，自外不可事事差异。亦有上下通服，名制是同。礼重则具服，礼轻则从省。今以至敬之情，有所未敢②。衣服不可减省，称谓须更变名。望所撰《仪注》，不以'绛纱袍'为称，但称为'具服'，则尊卑有差，谦光成德。"议奏，上手敕改为"朱明服"，下所司行用焉。

① "翠"字原脱。【旧38】、【新29】记具服远游冠之制，均有"翠绥"，兹据补。
② "敢"字原作"取"，据《通典》卷六一改。

【旧107】皇太子妃服：

褕翟①，首饰花九树。_{小花如大花之数，并两博鬓也。}其衣以青织成为之，文为摇翟之形②。_{青质，五色，九等也。}素纱中单，黼领，罗縠褾、襈。_{褾、襈皆用朱也。}蔽膝。_{随裳色，用緅为缘③，以摇翟为章，二等也。}大带。_{随衣色，不朱里④，纰其外，上以朱锦，下以绿锦。纽约用青组⑤。}革带。青袜，舄。_{舄加金饰。}瑜玉双佩⑥。纯朱双大绶⑦。_{章綵尺寸与皇太子同。}受册、助祭、朝会诸大事则服之。

【新35】皇太子妃之服有三：

褕翟者，受册、助祭、朝会大事之服也。青织成，文为摇翟，青质，五色，九等。素纱中单，黼领，朱罗縠褾、襈。蔽膝随裳色，用緅为缘⑧，以翟为章，二等。青衣。革带。大带随衣色，不朱里。青袜，舄加金饰。佩、绥如皇太子。

① 《诗·鄘风·君子偕老》："玼兮玼兮，其之翟也。"毛传："翟：揄狄、阙狄，羽饰衣也。"则褕翟原指以翟羽装饰之衣，以后则指画雉之衣。《周礼·内司服》"揄狄"郑注："玄谓狄当为翟。翟、雉名……江、淮而南，青质、五色皆备成章曰摇，王后之服刻缯为之形而采画之，缀于衣，以为文章。"又《礼记·玉藻》"夫人揄狄"郑注："揄读如摇。翟、雉名也。"本节言"文为摇翟之形"，则是用其后一义。

又本节"褕翟"两字，原在"首饰花九树"句后，今移于其前，以统摄下文。

② 原无"其衣以"三字。依【旧104】"袆衣"节文例增。又"青织成为之，文

为摇翟之形"二语原为夹注，亦依"褕衣"节文例改为正文。

③⑧ 原均作"用縬为领缘"。依【旧104】注③校例，删去"领"字。

④ 帝、后的大带用朱里，本节则规定不用朱里，以示区别。

⑤ "约"字原脱。据《通典》卷一〇八补。

⑥ "双"字原脱。据《通典》卷一〇八补。皇太子衮冕服用"瑜玉双佩"，皇太子妃的褕翟服应与之相同。

⑦ "纯"字原作"红"。据《通典》卷一〇八改。

【旧108】鞠衣，黄罗为之①。其蔽膝、大带及革带随衣色②，余与褕翟同③。唯无雉也。从蚕则服之。

【新36】鞠衣者，从蚕之服也。以黄罗为之，制如褕翟，无雉。蔽膝、大带随衣色。

① "黄罗为之"一语，原为夹注，今移作正文。校例同【旧107】注②。

② 原作"大带及衣革带随衣色"。前一"衣"字衍，据《通典》卷一〇八删。

③ 原无"与"字。据沈炳震《合钞》增。

【旧109】钿钗礼衣，九钿①。服通用杂色，制与上同，唯无雉及佩、绶②。去舄，加履。宴见宾客则服之。

【新37】钿钗礼衣者③，燕见宾客之服也。九钿。其服用杂色，制如鞠衣。加只佩④、小绶。去舄加履。首饰花九树，有两博鬓。

① "钿"字原作"钮"。据《通典》卷一〇八改。

② 《通典》卷一〇八记钿钗礼衣之制，有佩、绶，与本节异。

③ 原作"禮衣"，据《通典》卷一〇八改。

④ "只"字原作"双"。案《通典》卷一〇八记皇太子弁服用"小绶、只佩"，钿钗礼衣与弁服相当，亦不应加双佩。兹改正。

【旧45】《武德令》："侍臣服有衮、鷩、毳、绣、玄冕及爵弁，远游、进贤冠，武弁，獬豸冠，凡十等。

衮冕，垂青珠九旒，以组为缨，色如其绶，以下旒、缨皆如之也。青纩充耳，犀簪、导①。青衣，纁裳。服九章。五章在衣：龙、山、华虫、火、宗彝，为五等。四章在裳：藻、粉米、黼、黻，皆绛为绣，遍衣。以下皆如之②。白纱中单，黼领，绣冕以下，中单青领。青褾、襈、裾③。革带，钩䚢④。大带，三品以上，素带不朱里，皆纰其外，上以朱，下以绿⑤。五品以上带，纰其垂，外以玄，内以黄⑥。纽约皆用青组⑦。蔽，凡蔽皆随裳色。毳冕以上，山、火二章。绣冕山一章。玄冕无章。剑。佩。绶。朱袜，赤舄。第一品服之。

【新38】群臣之服二十有一：

衮冕者，一品之服也。九旒，青琪为珠，贯三采玉，以组为缨，色如其绶，青纩充耳，宝饰，犀簪、导。青衣，纁裳。九章：龙、山、华虫、火、宗彝在衣；藻、粉米、黼、黻在裳。皆缋为绣，遍衣。白纱中单，黼领，青褾、襈、裾。朱袜，赤舄。革带，钩鰈。大带。黻随裳色。金宝玉饰剑镖、首。山玄玉佩。绿綟绶，绿质，绿、紫、黄、赤为纯，长一丈八尺，广九寸，二百四十首。郊祀太尉摄事亦服之。

① 原无"犀"字。《通典》卷一〇八记群臣之簪、导时说："五品以上乃通用犀。"而衮冕为一品之服，所用当为犀簪、导。兹据《通典》补"犀"字。

② 原作"下皆如之"。沈氏《合钞》作"此以下皆如之"。兹据增。

③ "裾"字原作"裙"。据《通典》卷一〇八改。

④ "钩"字原作"剑"。据《通典》卷一〇八改。

⑤ "不"字原脱。"上以朱，下以绿"原作"上以绿"。兹据《通典》卷一〇八补出"不"字与"朱下以"三字。

⑥ "以上"二字原脱。"内以玄，外以黄"原作"外以玄黄"。兹据《通典》卷一〇八补出"以上"、"内以"四字。

⑦ "纽约皆用青组"原作"纽皆用青组之"。据《通典》卷一〇八补出"约"字，删去"之"字。

【旧46】鷩冕，七旒。服七章。^{三章在衣：华虫、火、宗彝。四章在裳：藻、粉米、黼、黻也。}余同衮冕。第二品服之。

【新39】鷩冕者，二品之服也。八旒。青衣，纁裳。七章：华虫、火、宗彝在衣；藻、粉米、黼、黻在裳①。紫绶，紫质，紫、黄、赤为纯，长一丈六尺，广八寸，一百八十首。革带之后有金缕鞶囊②。金饰剑。水苍玉佩。朱袜，赤舄。

① "藻、粉米、黼、黻在裳"句下原有"银装剑，佩水苍玉"二语。案《通典》卷一〇八和本节下文都说群臣的鷩冕服用"金饰剑"，故上述二语应是他处窜入者，兹删去。

② "缕"字原作"镂"。校例同本卷【新11】注⑰。

【旧47】毳冕，五旒。服五章。^{三章在衣：宗彝、藻、粉米。二章在裳：黼、黻也。}余同鷩冕。第三品服之。

【新40】毳冕者，三品之服也。七旒。宝饰。角簪、导。五章：宗彝、藻、粉米在衣；黼、黻在裳。韨二章：山、火。紫绶如二品。金银缕鞶囊①。金饰剑。水苍玉佩。朱袜，赤舄。

① "缕"字原作"镂"。校例同本卷【新11】注⑰。

【旧48】绣冕，四旒。服三章①。一章在衣：粉米。二章在裳：黼、黻。余并同毳冕。第四品服之。

【新41】绨冕者，四品之服也。六旒。三章：粉米在衣；黼、黻在裳。白纱中单②，青领。韍，山一章。银缕鞶囊③。自三品以下，皆青绶，青质，青、白、红为纯，长一丈四尺，广七寸，一百四十首。金饰剑。水苍玉佩。朱袜，赤舄。

① "三"字原作"二"。据《通典》卷一〇八改。
② "白纱"二字原脱。《通典》卷一〇八说群臣的绨冕服，除旒数、服章、佩、绶、剑另有规定外，"余同衮冕"。而衮冕服中有"白纱中单"。故据以补出"白纱"二字。
③ "缕"字原作"镂"。校例同本卷【新11】注⑰。

【旧49】玄冕，三旒①。衣无章，裳刺黻一章②。余同绣冕。第五品服之。

【新42】玄冕者，五品之服也。以罗为之，五旒。衣、韍无章，裳刺黻一章。角簪、导。青衣，纁裳，其服用绸。大带及韠，外黑内黄。黑绶，绀质，青、绀为纯，长一丈二尺，广六寸，一百二十首。

【新44】（群臣冕服）金饰剑。水苍玉佩。朱袜，赤舄。三品以上私祭皆服之③。

① 两志所记群臣诸冕的旒数不相同，《新志》是根据《通典》卷一〇八所载《开元礼》，《旧志》不知所据。毳冕、绨冕、玄冕的旒数，《新志》为七、六、五；《旧志》前二者为五、四，而玄冕失载。据其递减的顺序推测，玄冕应为三旒。因据以补出。
② "刺"字原作"刻"。据《通典》卷一〇八改。
③ "上"字原作"下"。据《通典》卷一〇八改。

【旧50】爵弁①，色同爵，无旒无章。玄缨，角簪、导②。青衣，纁裳。白纱中单，青领、襈、襟、裾③。革带，钩䚢。大带，练带，纰其垂，内外缁④，纽约用青组。爵韠。白袜⑤，赤履。九品以上服之。

【新46】爵弁者，六品以下、九品以上从祀之服也。以绸为之，无旒，黑缨，角簪、导。青衣，纁裳。白纱中单，青领、襈、裾。革带，钩䚢。大带及韠，内外皆缁。爵韠。白袜，赤履。五品以上私祭皆服之。

① 《仪礼·士冠礼》郑注："爵弁者，冕之次。其色赤而微黑，如爵头然，或谓之緅。其布三十升。"贾疏："凡冕以木为体，长尺六寸，广八寸。绩麻三十升布，上以玄，下以纁，前后有旒。其爵弁制大同，唯无旒又为爵色为异。又名冕者、俛也，低前一寸二分，故得冕称。其爵弁则前后平，故不得冕名。以其尊卑次于冕。故云爵弁冕之次也。"由于爵弁的形状和冕类似，因此它有时也

被称为冕。《续汉志》就说："爵弁一名冕。"爵或作雀。《逸周书》："二人雀弁持惠。"雀即麻雀。《大唐郊祀录》卷三："案雀色赤而微黑。"这是指麻雀头部的颜色，爵弁之色当与之相仿。山东金乡所谓朱鲔石室中镌刻之人物有戴爵弁的（图22-17:1），其状与《三礼图》中的爵弁很相近（图22-17:2）；惟前者的顶板稍向下俯，或是透视角度表现不甚得法之所致。

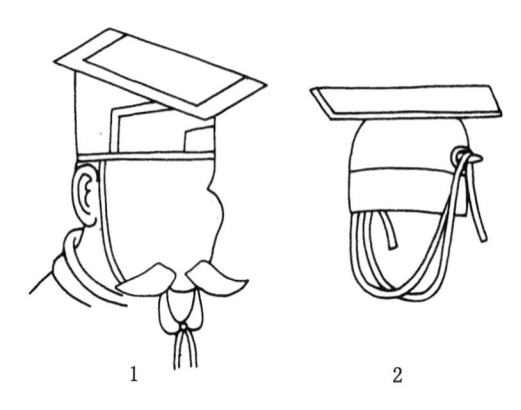

图 22-17 爵弁
1. "朱鲔"石室画像（据郑振铎《中国历史参考图谱》7辑，图 72）　2. 爵弁（据《三礼图》卷三）

② "角"字原脱。据《新志》补。
③ "襈、裾"原作"裙"。据《通典》卷一〇八改。
④ "缁"字原作"绣"。据《通典》卷一〇八改。
⑤ "白"字原脱。据《新志》补。

【旧51】凡冕服，助祭及亲迎若私家祭祀皆服之，爵弁亦同①。凡冕制以罗为之②，其服以紬。爵弁用紬为之，其韨用缯③。

【新69】三品以上有公爵者，嫡子之婚，假缔冕。五品以上子、孙，九品以上子，爵弁。庶人婚，假绛公服。

① 《礼记·杂记》说："大夫冕而祭于公，弁而祭于己。士弁而祭于公，冠而祭于己。士弁而亲迎。"郑注："亲迎虽亦己之事，摄盛服尔，非常也。"《仪礼·士昏礼》说亲迎时："主人爵弁，纁裳缁袘。从者毕玄端。乘墨车，从车二乘，执烛前马。"郑注："主人，婿也，婿为妇主。爵弁而纁裳，玄冕之次。大夫以上亲迎冕服。冕服迎者、鬼神之；鬼神之者、所以重之亲之。"
② 原作"凡冕制久以罗为之"。"久"字衍。据《通典》卷一〇八文例删去。
③ "韨"字原作"服"。据《通典》卷一〇八改。那里说："其韍用缯也。"韍、韨通，《旧志》当用韨字。韨、服字形相近，传刻中讹为服字。

【旧59】朝服。亦名具服。冠，帻，缨，簪，导。绛纱单衣。白纱中单，皂领、襈、襈、裾①。白裙、襦。亦裙衫也。革带，钩䚢。假带。曲领、方心。绛纱蔽膝。袜。舄。剑。佩。绶。一品以下、五品以上，陪祭、朝飨、拜表大事则服之。七品以下去剑、佩、绶②，余并同。

【新67】具服者，五品以上陪祭、朝飨、拜表大事之服也，亦曰朝服。冠，帻，簪，导。绛纱单衣。白纱中单，黑领、褾、襈、裾③。白裙、襦。革带，金钩、䤩。假带。曲领、方心。绛纱蔽膝。白袜，乌皮舄，剑。纷。鞶囊。双佩。双绶。六品以下去剑、佩、绶。七品以上以白笔代簪。八品、九品去白笔、白纱中单，以履代舄。

① "褾"字原脱。据《新志》补。"裾"字原作"裾"。
② "下"字原作"上"。《通典》卷一〇八作"六品以下去剑、佩、绶"，《新志》同。兹改正。
③ "黑领、褾、襈、裾"原作"黑领、袖，黑褾、襈、裾"。此"袖"字与褾上之"黑"字应是衍文，兹删去。

【旧60】公服。^{亦名从省服①}冠，帻，缨，簪，导。绛纱单衣。白裙、襦②。^{亦裙、衫也。}革带，钩䤩。假带。方心。袜，履。纷。鞶囊。一品以下、五品以上，谒见东宫及余公事则服之。其六品以下，去纷、鞶囊。余并同。

【新68】从省服者，五品以上公事、朔望朝、谒见东宫之服也，亦曰公服。冠，帻，缨，簪，导。绛纱单衣。白裙、襦。革带，钩䤩。假带。方心。袜，履。纷。鞶囊。只佩③。乌皮履。六品以下，去纷、鞶囊、只佩④。

① 原作"亦名从省服之"。"之"字衍。《通典》卷一〇八、《唐会要》卷三一、闻本、沈钞均无此字。兹删去。
② "裙"字原作"裾"。校例同本卷【旧26】注⑥。
③④ 两"只"字原均作"双"。据《通典》卷一〇八改。

【旧66】诸勋官及爵任职事官者，^{散官、散号将军，同职事。}王衣本服①，自外各从职事服。诸致仕及以理去官，被召谒见，皆服前官从省服。

① "王衣本服"，指亲王与诸王任职事官时仍衣本服。殿版"王"字误作"正"。

【旧52】远游三梁冠，黑介帻，青緌。^{凡文官皆青緌，以下准此也。}诸王服之①。亲王则加金、附蝉。

【新51】远游冠者，亲王之服也。黑介帻，三梁，青緌。金钩、䤩。大带。金宝饰剑，玉镖、首。纁朱绶，朱质，赤、黄、缥、绀为纯，长一丈八尺，广九寸，二百四十首。黄金珰，附蝉；诸王则否。

① 原作"皆诸王服之"。"皆"字衍。据《通典》卷一〇八删。

【旧53】进贤冠①。三品以上三梁，五品以上两梁，九品以上一梁。三师②、三公、太子三师三少、五等爵、尚书省、秘书省、诸寺监学、太子詹事府、三寺及散官，亲王师友、文学、国官若诸州县关津岳渎等流内九品以上服之。

【新49】进贤冠者，文官朝参、三老五更③之服也。黑介帻，青矮。纷长六尺四寸，广四寸，色如其绶。三品以上三梁，五品以上两梁，九品以上及国官一梁。六品以下私祭皆服之。侍中、中书令、左右散骑常侍有黄金珰，附蝉。貂尾侍左者左珥，侍右者右珥④。诸州大中正一梁，绛纱公服。

① 进贤冠的形制及其演变，详本书《进贤冠与武弁大冠》一文。
② "三师、三公"原作"皆三公"，据《通典》卷一〇八改。
③ 此处与五更连言之三老，并非如《后汉书·光武帝纪》李注所说："三老者、乡官也。"而是致仕的高官。《礼记·文王世子》说："遂设三老、五更之席位。"郑注："三老、五更各一人也。皆年老更事致仕者也。天子以父兄养之，示天下之孝弟也。名以三、五者，取象三辰、五星，天所以因以照明天下者。"《东观汉记》说："永平二年元日，始尊事三老，兄事五更"（《北堂书钞》卷六七引）。亦即《三老赵椽碑》所称"优号'三老'，师而不臣"之意。东汉、曹魏、北魏、北周均曾设三老、五更（见《通典》卷二〇）。唐因之。《新唐书·礼乐志》说："三师、三公致仕者，用其德行及年高者一人为三老，次一人为五更。"又说："三老、五更俱服进贤冠，乘安车，前后导从。"
④ 貂尾原应珥于武弁上，本节所记为进贤冠，却提到珥貂尾的制度，似失其次序。实际上正反映出修《新唐书》时之宋代人的观念。早在唐代以前，武弁已变成笼冠；但直到唐代，笼冠之下仍戴平巾帻。宋代却不同，这时在笼冠下面戴的已是进贤冠，所以《新志》就把珥貂这件事放在记进贤冠的本节中叙述了。

【旧54】武弁①，平巾帻。<small>侍中、中书令则加貂蝉，侍左者左珥，侍右者右珥②。</small>皆武官及门下、中书、殿中、内侍省，天策上将府，诸卫，领军，武侯，临门，领左右太子诸坊、诸率及镇、戍流内九品以上服之。其亲王府佐九品以上亦准此。

【新47】武弁者，武官朝参、殿庭武舞郎、堂下鼓人、鼓吹桉工之服也。有平巾帻。武舞：绯丝布大袖，裲裆甲，白练裙裆③，螣蛇，起梁带，豹文大口袴④，乌皮靴。鼓人：朱褠衣⑤，革带，乌皮履。鼓吹桉工加白练裙裆。

① 唐代的武弁有两种：一种是沿着笼冠之制发展下来的，唐·李贤墓墓道东壁《客使图》中为首的三位官员所戴者可以为例（图22-18）。这三位官员在接待外国使臣，头戴平巾帻、外加笼冠，二者组合在一起，是典型的武弁。他们

图 22-18　戴平巾帻加笼冠的唐代官员
（据《唐李贤墓壁画》图版 25）

身着绛纱单衣、白裙襦，前系绶，后曳纷，足着歧头履，手执笏。其身分应是太子左春坊"掌侍从赞相"、"以比侍中"的庶子或"以比门下侍郎"的中允等人。本节说太子诸坊的官员也戴武弁，正与此图相合。另一种武弁则是由鹖冠演变出来的，正面饰鹖鸟形。【新47】中所说殿庭武舞郎等人所戴者大抵应属此种。因为这种武弁的形制接近进德冠，而舞八佾的童子戴进德冠，武舞所戴武弁应与之类似。其形制详本书《进贤冠与武弁大冠》一文。

② 《旧志》将貂蝉归入武弁节中叙述，与讲服制的传统说法相合；《新志》将貂蝉归入进贤冠节中叙述，和唐代的实际情况则有所不合。

③ "裲裆甲"三字原脱。据《通典》卷一一四补。武舞人必须着裲裆甲，否则本节提到的"螣蛇"将无处附丽，因裼裆上并不加此物。明·方以智《通雅》卷

三六说："褊裆、言裲裆之盖其外也。"又说，此物"知为罩甲也"。但方氏之说并无名物训诂上的依据。案慧琳《一切经音义》卷三七引唐·张戬《考声》说："褊裆、衣名也。《方言》云：'今关中谓襦曰褊裆。'"《太平广记》卷四八七所收唐·蒋防《霍小玉传》说："生忽见玉缞帷之中，容貌妍丽，宛若平生。着石榴裙、紫褊裆、红绿帔子。"霍小玉上身着褊裆，下身着裙，此褊裆固应是襦。《通典》卷一四四说殿庭上的武舞之服为："武弁，平巾帻，金支。绯丝布大袖。裲裆甲，金饰。白练褊裆。锦腾蛇。起梁带。豹文大口袴。乌布靴。"因此本节应首先举出武舞郎的裲裆甲，因为这是武舞服饰之最主要的特点。《新唐书·礼乐志》说："武舞用神功破阵乐，衣甲。"亦是此意。至于褊裆，则应是着于甲内的一种襦。

④ 《上林赋》说武士："蒙鹖苏，袴白虎。"《汉官仪》说："虎贲中郎将衣纱縠单衣，虎纹锦袴"（《北堂书钞》卷一二九引）。《续汉志》也说："虎贲将：虎文袴，白虎文剑，佩刀。"古乐浪出土的汉代错金铜车輨軏的花纹中就有穿虎斑纹袴的骑士。绣有虎斑纹的毛织物曾在蒙古诺颜乌拉6号匈奴墓中出土。说明用虎斑纹织物制袴，为汉代武士所尚。据本节所记，则唐代武舞郎的装束犹承此风。"豹文"之"豹"为"虎"字之假。李渊的祖父名李虎，故唐代讳"虎"字。陈垣《史讳举例》卷八说："虎改为兽、为武、为豹或为彪。"如《北史·魏孝文帝纪》"太和三年"条之"薛豹子"，本名虎子，殆因撰写者为避唐讳而改其名。陕西礼泉唐·郑仁泰墓出土陶俑有的着虎纹袴（图22-19），本节所记之袴或与之相近。

⑤ 《释名·释衣服》："褠、禅衣之无胡者也，言袖夹直，形如沟也。"清·王先谦《释名疏证补》卷五说："《说文》：'胡、牛颔垂也。'《汉书·郊祀志》：'有龙垂胡。'颜注：'胡谓颈下垂肉也。'……《礼·深衣》'袂圜以应规'，注：'谓胡下也。'释文：'下垂曰胡。'盖胡是颈咽皮肉下垂之义。因引申为衣物下垂者之称。古人衣袖广大，其臂肘以下袖之下垂者亦谓之胡。今袖紧而直，无下垂者，故云无胡也。"则褠衣即直袖之衣。

图22-19 唐·郑仁泰墓出土着虎纹袴的牵驼俑

（据《陕西省博物馆》图47）

【新48】弁服者，文官九品以上公事之服也①。以鹿皮为之，通用乌纱。牙簪、导，缨。

一品九琪，二品八琪，三品七琪，四品六琪，五品五琪。五品以上通用犀簪、导②。皆朱衣，素裳。革带。鞶囊。小绶。只佩③。白袜，乌皮履。六品以下去琪及鞶囊、绶、佩。六品、七品绿衣。八品、九品青衣。

① "以上"二字原脱。据《通典》卷一○八补。
② "五品以上通用"六字原脱。《通典》卷一○八说，文官弁服的簪、导"五品以上通用犀也"。兹据补。
③ "只佩"原作"双佩"。案唐代服制通例：双佩与大绶相搭配，只佩与小绶相搭配。本节说文官的弁服系小绶，则不应用双佩。《通典》卷一○八说皇太子的弁服用"小绶，只佩"，文官的弁服更不宜逾此制。兹改正。

【旧55】法冠，一名獬豸冠①，以铁为柱，其上施珠两枚，为獬豸角形②。左右御史台流内九品以上服之③。
【新52】法冠者，御史大夫、中丞、御史之服也。一名解廌冠。

① 獬豸冠得名的由来，略见本稿卷一【旧8】注⑤。唐代仍沿用此冠。《旧唐书·肃宗纪》说：乾元二年（759年）四月诏："御史台欲弹事，不须先进状，仍服豸冠。"此事又见《唐会要》卷六一，谓："乾元二年敕御史台：所欲弹事，不须先进状，仍服豸冠。……旧制：……大事则豸冠、朱衣纁裳、白纱中单以弹之；小事常服而已。"又《旧唐书·德宗纪》说，建中元年（780年）三月"监察御史张著以法冠弹中丞严郢浚陵阳渠匿诏不行，削郢官，著赐绯鱼"。其事又见《玉海》卷八二，谓："建中元年三月，监察御史张著冠豸冠弹京兆尹兼御史大夫严郢于紫宸殿。上即位初，侍御史朱放请复旧制，置朱衣、豸冠于内廊，有犯者，御史服以弹，又令御史得专弹举，不复白于中丞、大夫。至是著首行之，赐鱼袋。自是日垂衣冠于宣政之左廊。"可见唐代确有此制。它的形状据《续汉志》刘注说有的已有"两角"，与本节"其上施珠两枚"之制相合。根据这一特点，则日本京都法然院所藏宋画《十王图》中"三七宋帝大王"所戴之冠，顶上施珠两枚，他又是"执法者"，故其冠或即獬豸冠（图22-20：2）。此画虽是宋画，但宋代的獬豸冠之形与此不同。《宋史·舆服志》说："獬豸冠即进贤冠，其梁上刻木为獬豸角，碧粉涂之，梁数从本品。"则《十王图》中的獬豸冠式当系规抚古制，或与唐式相近，又日本阿部氏所藏《送子天王图》中亦有类似之冠（图22-20：1）。此图虽未必出于吴道子笔，但其上有南唐·曹仲元观款，画的时代不能晚到宋，故图中之冠或更接近唐式獬豸冠。而后世所绘孔子像之冠，亦往往与之相近（图22-20：3）。孔子曾任鲁司寇，也是"执法"之官，戴獬豸冠正和他的身分相合。

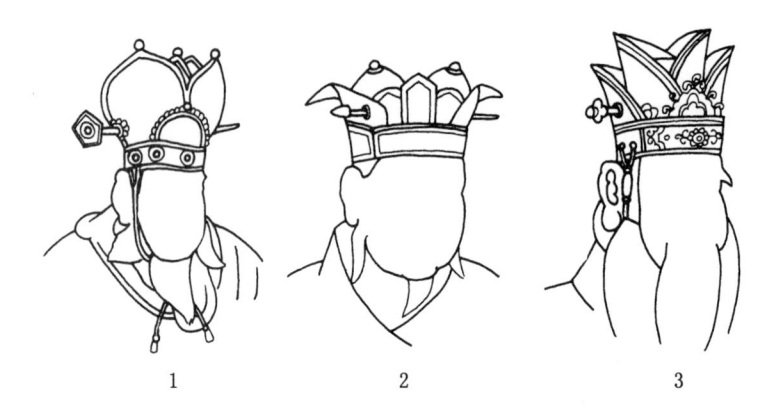

图 22-20　唐与唐以后的獬豸冠
1.《送子天王图》中的人物（据《爽籁馆欣赏》2 辑，图 2）
2.《十王图》中的"三七宋帝大王"（据《支那古美术聚英》图版 20）
3.《历代古人像赞》中的"孔子"（据《中国古代版画丛刊》）

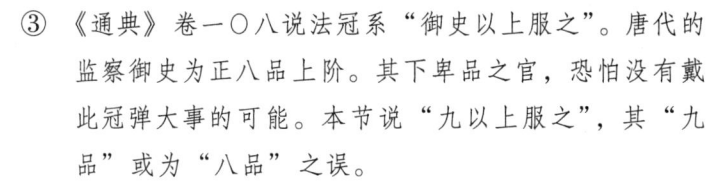

② "角"字原作"之"。据《隋志》改。

③ 《通典》卷一〇八说法冠系"御史以上服之"。唐代的监察御史为正八品上阶。其下卑品之官，恐怕没有戴此冠弹大事的可能。本节说"九以上服之"，其"九品"或为"八品"之误。

【旧89】（贞观八年五月）贵臣服进德冠。

【新89】（太宗）又制进德冠以赐贵臣，玉琪制如弁服，以金饰梁，花趺。三品以上加金络，五品以上附山、云①。

① 《通典》卷五七说：贞观中"太宗初服翼善冠，赐贵臣进德冠。因谓侍臣曰：'幞头起于周武帝，盖取便于军容耳。今四海无虞，此冠颇采古法，兼类幞头，乃宜常服。'"但翼善冠仅皇帝一人可戴，其状颇难探求。而进德冠则太子、贵臣及舞八佾的童子均可戴（《唐会要》卷三三），图像中尚存其实例。如宋元祐五年（1090 年）游师雄摹刻的《凌烟阁功臣图》中标作魏征、侯君集之二像所戴之冠，后部有软脚，类幞头，前部饰以五山、三朵云（图 22-21）。与本节的记载相对照，则时代、人物身分、形制特点均相符合，应是进德冠无疑。

图 22-21
《凌烟阁功臣图》中戴进德冠的侯君集
（据《文物》1962 年第 10 期，页 16）

【旧56】高山冠①，内侍省内谒者及亲王下司阍〔谒者若司阍〕等服之。

【新53】高山冠者，内侍省内谒者、亲王司阍、谒者之服也。

① "高山冠"下原衍一"右"字。兹删去。汉、晋之高山冠的情况，略见本稿卷一【旧8】注⑥。但《隋志》说："《傅子》曰：'魏明帝以高山冠似通天，乃毁变其形，除去卷筒，令如介帻。帻上加物，以象山峰。'"又说，至隋代，此冠已改为"形如进贤"、"前加三峰"之状。所谓山，一般指冠前所饰圭状物，这一名称直到明代仍无改变。循此以求，则南京牛首山南唐·李昪墓出土陶俑所戴之冠，既似介帻，又类进贤，其前部且饰以很显著的高山，或可推测为高山冠（图22-22）。唐代高山冠的式样，当与之相去不远。

图22-22 南京牛首山南唐·李昪墓出土戴高山冠的陶俑

（据《南唐二陵发掘报告》图版58）

【新50】殿庭文舞郎①：黄纱袍，黑领、襈。白练褾裆②。白布大口袴。革带。乌皮履。

【新54】委貌冠者③，郊庙文舞郎之服也。有黑丝布大袖，白练领、褾，绛布大口袴，革带，乌皮履。

① 关于殿庭文舞郎之服制的记载，《新志》归入"进贤冠"节中，因知他们戴的是进贤冠。

② 此"白练褾裆"是文舞时穿的。文舞中不着甲，且本节亦不言螣蛇，所以它和【新47】所记者不同，它不会是"裲裆"之误，而正是白练所制之襦。

③ 对于委貌冠的解释，自汉代以来，诸说纷纭。其质地或谓皮革，或谓漆布，或谓皂绢。其形状或谓似冠，或谓似弁。所以在《三礼图》中，委貌冠竟被绘出四种各不相同的图样。但结合唐代的情况看，这时的委貌冠大致和进贤冠差不多。委貌冠常被认为即玄冠。戴圣说："玄冠、委貌也"（《续汉志》刘注引）。郑玄也说："玄冠、委貌也"（《仪礼·士冠礼》注）。而《礼记·杂记》说："士弁而祭于公，冠（郑注：'玄冠也'）而祭于己。"与此相对应，在唐代，如《通典》卷一〇八所说：若私家祭祀，"五品以上服爵弁，六品以下服进贤冠"。则进贤冠正与玄冠即委貌冠相当。文舞者在隋代已用委貌冠。《新唐书·礼乐志》说：隋代文舞六十四人，"左籥右翟，与执纛而引者二人，皆委貌冠"。唐代沿用此制。《旧唐书·音乐志》说："据《贞观礼》，郊享日文舞奏《豫和》、《顺和》、《永和》等乐，其舞人着委貌冠服，并手执籥、翟。"这些委貌冠均应与进贤冠类似。至宣宗大中年间所制《播皇猷》也是文舞，"舞者高冠方履，褒衣博带，趋走俯仰，中于规矩"（《新唐书·礼乐志》）。其所谓

"高冠",更非进贤莫属了。故聂崇义《三礼图》说:"旧图云:'委貌、进贤冠。'"而该书中所举梁正画的委貌冠图,也正是一顶进贤冠(图22-23)。

图22-23 委貌冠
(据《三礼图》卷三)

【新45】平冕者①,郊庙武舞郎之服也。黑衣,绛裳。革带。乌皮履。

① 《续汉志》说:"樊哙冠,汉将樊哙造次所冠,以入项羽军,广九寸,高七寸,前后出各四寸,制似冕。司马、殿门、大难、卫士服之。或曰樊哙常持铁盾,闻项羽有意杀汉王,哙裂裳以裹盾,冠之入军门,立汉王旁,视项羽。"《隋志》说:"樊哙冠,广九寸,高七寸,前后出各四寸,制似平冕。凡殿门、司马、卫士服之。"《续汉志》所称"大难(傩)"与郊庙武舞的场合相近,而《隋志》谓其制似平冕,又说明平冕是从樊哙冠发展出来的。长沙马王堆1号汉墓所出帛画上部在双阙前相对而坐的两名阍人戴的就是樊哙冠(图22-24:1)。东汉画像石上也能看到这类冠(图22-24:2)。唐代在官廷作武舞时,舞人戴武弁;在郊庙作武舞时,舞人则戴平冕。因为平冕既源出于军服,而它的形制又和祭礼中所戴的冕相近。不过从根本上说来,冕服之冕取义于俛,其顶板后高前低,有俯俛之形,象征所谓"位弥高而志弥下"。平冕即樊哙冠的顶板却代表铁盾,含意并不相同。

图22-24 樊哙冠
1. 长沙马王堆1号汉墓出土帛画(据《长沙马王堆1号汉墓》下册,图版74) 2. 江苏铜山洪楼收集的汉画像石(据《江苏徐州汉画像石》图51)

【旧57】却非冠①,亭长、门仆服之。

【新55】却非冠者,亭长、门仆之服也。

① "却非冠"下原衍一"右"字。兹删去。《续汉志》说:"却非冠制似长冠,下促,宫殿门吏、仆射冠之。"晋制同。隋废而不用。聂崇义《三礼图》载其状如图22-25。未获他证,只能作为参考。

图22-25 却非冠
(据《三礼图》卷三)

【旧67】平巾帻,筓簪①,导,冠支②。五品以上绯褶,七品以上绿褶③。加两裆、縢蛇。并白袴,起梁带,五品以上金玉杂钿,六品以下金饰隐起④。靴。武官及卫官陪立大仗则服之。若文官乘马亦通服之,去两裆、螣蛇。诸视品府佐,武弁,平巾帻。

【新56】平巾帻者,武官、卫官公事之服也。金饰,五品以上兼用玉。大口袴。乌皮靴。白练裙、襦。起梁带。陪大仗,有裲裆、螣蛇。朝集从事、州县佐史、岳渎祝史、外州品子、庶民任掌事者服之。有绯褶、大口袴、紫附褠⑤。文官骑马服之,则去裲裆、螣蛇⑥。

① "箪簪"原作"簪箪"。【旧6】说:"平巾帻,牛角箪簪。"兹据改。南北朝时的平巾帻之后部增高,其斜面上有两纵裂,贯一扁簪,即箪簪(图12-10:5)。
② "冠支"原作"冠之"。据《通典》卷一〇八改。参见本卷【旧31】注①。
③ "五品以上绯褶,七品以上绿褶",原作"五品以上紫褶,六品以下绯褶",与唐代品官服色之制不合。兹据《通典》卷一〇八改正。【新57】不误。
④ 《御览》卷三七二引《三国典略》:"侯景左足下有肉瘤,其状如龟。战应克捷,瘤则隐起;如其不胜,瘤则低下。及奔败,瘤陷肉中。"隐起与低陷对言,应指隆起。同书卷一七三引《东京记》,上阳宫"掘地得铜器,似盆而浅,中有隐起双鲤之状,鱼间有四篆字,曰'长宜子孙'"。审其记述,此次出土之物应是通常所称汉代铜洗。这类器物上的图案概为隆起的阳文。故本节所称"金饰隐起",亦应指金属带具上有隆起的阳线纹饰。参看吴金华《世说新语考释·识鉴篇》"隐起"条。
⑤ 《仪礼·乡射礼》郑注:"遂,射韝也,所以敛衣。"《汉书·东方朔传》:"董君绿帻傅韝。"颜注:"韝即今之臂韝也。"《后汉书·明德马皇后纪》李注:"韝、臂衣,今之臂韝,以缚左右手,便于事也。"附韝即臂韝。
⑥ 原作"文武官骑马服之","武"字衍,据《通典》卷一〇八删。

【旧95】(文明元年诏)"京文官五品以上、六品以下,七品清官,每日入朝常服袴褶①。诸州县长官在公廨亦准此。"

【旧102】梁制云:"袴褶近代服以从戎,今缵严则文武百官咸服之②。车驾亲戎,则缚袴不舒散也。中官紫褶,外官绛褶。"舄用皮,服冠衣朱者,紫衣用赤舄,乌衣用乌舄。唯褶服以靴。靴、胡履也,取便于事,施于戎服。

【新57】袴褶之制:五品以上细绫及罗为之,六品以下小绫为之。三品以上紫,五品以上绯,七品以上绿,九品以上碧。

【新103】(开元)二十五年,御史大夫李适之建议:"冬至、元日大礼,朝参官及六品清官服朱衣,六品以下通服袴褶。"天宝中,御史中丞吉温建议:"京官朔望朝参,衣朱袴褶。"③五品以上有珂、伞④。

① 《中华古今注》卷中说,袴"盖古之裳也。周武王以布为之,名曰褶;敬王以

缯为之，名曰袴"。此说将袴和褶视为一物，致使马端临产生"不知所谓袴褶者，一物乎？二物乎"？"所谓绯褶者，衣乎？裳乎"的疑问（《文献通考》卷一一二）。王国维《胡服考》则认为："《释名》：'褶、袭也，覆上之言也。'又：'留幕、冀州所名大褶，下至膝者也。'大褶至膝，则小者较膝为短矣。颜师古注《急就篇》云：'褶、重衣之在最上者也，其形若袍，短身而广袖。'皆褶为上衣之证也。"所见极是。日本古文献《衣服令义解》也说："褶所以加袴上，故俗云袴褶。"

袴褶出现于东汉末。《三国志·魏志·崔琰传》说："太祖征并州，留琰傅文帝于邺。世子仍出田猎，变易服乘，志在驱逐，琰书谏曰：'……深唯储副，以身为宝，而猥袭虞旅之贱服，忽驰骛而陵险；志雉兔之小娱，忘社稷之为重，斯诚有识所以恻心也。唯世子燔翳捐褶，以塞众望。'"反映出袴褶本是民间的便装，这时贵族还很少穿，所以崔琰直斥之为"虞旅之贱服"。但在魏晋南北朝时期，战乱频仍，这种便装受到军人的喜爱。《晋书·杨济传》说："济字文通，历位镇南、征北将军。……济有才气，尝从武帝校猎北邙下，与侍中王济俱着布袴褶，骑马执弓、角，在辇前。"以后，袴褶逐渐成为正式的军服。《晋义熙起居注》说："安帝自荆州至新亭。诏曰：'诸侍官戎行之时，不备朱服，悉令袴褶从也'"（《御览》卷六九〇引）。《宋书·文九王传》也说："时内外戒严，普服袴褶。"在这种背景下，人们对于袴褶的观感也与前有所不同。《南史·张畅传》说："三十年元凶弑逆，义宣发哀之日，即便举兵。畅为元佐，位居僚首。……举哀毕，改服着黄袴褶出射堂简人，音姿容止，莫不瞩目，见者皆愿为尽命。"影响所及，甚至皇帝也以袴褶为常服。《宋书·后废帝纪》说："帝常着小袴褶，未尝服衣冠。"《南史·东昏侯纪》说他："戎服急装缚袴，上着绛纱，以为常服。"在邓县彩色画像砖上，骑马的主人和后面的侍从皆着袴褶，正是此种风气盛行时的写照。

着袴褶时如不缚袴，是为"缓服"，如缚袴，便称"急装"。《通鉴》卷一四一胡注："急装谓缚袴也。"《宋书·袁淑传》说："淑迁太子左卫。率元凶将弑逆。其夜淑在直，……勒左右引淑等袴褶，又就主衣取锦，截三尺为一段，又中破，分斌、淑及左右，使以缚袴。"同书《沈庆之传》说："（刘）湛之被收之夕，上开门召庆之。庆之戎服履袜，缚袴入。上见而惊曰：'卿何意乃尔急装？'"宫廷政变事起仓猝，当事者处于紧张状态，自应急装缚袴。但以后缚袴成为常规，唐代的袴褶尽管已变作礼服，却也无不缚袴。

附带应予以说明的是：元代流行的一种蒙古式长衣也叫袴褶，它和上述之袴褶是完全不同的。《明实录》洪武元年二月条说："元世祖起溯漠以有天下，悉以胡俗变易中国之制，士庶皆辫发椎髻，深檐胡帽，衣服则为袴褶窄袖及辫线腰褶。"明·王世贞《觚不觚录》说："袴褶、戎服也，其短袖或无袖，而衣中断，其下有横褶，而下复竖摺之。若袖长则为曳撒。腰间中断以一线道横之，则谓之程子衣。无线道者则谓之道袍，又曰直掇。此三者燕居之所常用也。"这种袴褶在山西赵城广胜寺明应王殿元泰定元年（1324年）"大行散乐忠都秀在此作场"之北曲杂剧壁画中可以见到，该画第二排当中戴鞑帽的人物，穿的就是元代式样的袴褶。

② "今"字原作"令"。据《隋志》改。

③ 袴褶在唐代前期作为武官的朝服，尚承南北朝时之余绪。以后由于幞头和缺骻袍行世既久，文武官员服之以朝参已成常制，袴褶遂废而不用。《文献通考》卷一一二说："贞元十五年（799年），膳部郎中归崇敬以百官朔望朝，服袴褶，非古礼。疏云：'案三代典礼、两汉史籍，并无袴褶之制，亦未详所起之由。隋代以来，始有服者。请罢之。'诏可。"他说隋代才有袴褶，虽未免将其流行的时期推迟了不少，但由于他的请罢，此后袴褶确已不常见。到了宋代，甚至连马端临都不知其为何物了。

④ "繖"即"伞"的本字。唐制四品以上官员的仪仗中有繖（《新唐书·仪卫制》），宋初仍如是。宋·叶梦得《石林燕语》卷三说："唐至五代、国初，京师皆不禁打繖。……自祥符后始禁，唯亲王、宗室得打繖，其后通及宰相、枢密、参政。"

【新58】裲裆之制：一当胸，一当背，短袖覆膊①。螣蛇之制：以锦为表，长八尺，中实以绵，象蛇形。

① 莫高窟藏经洞所出卷子本《兵役名目》（斯1898）中记一武官领到的军装："押衙罗贤信：官甲一领，并头牟、副膊"（《敦煌资料》第1辑，页207）。此副膊即覆膊，又名披膊。宋·曾公亮《武经总要·前集》卷一三"步人甲"条说："其制有身甲，上缀披膊，下属吊腿。首则兜鍪、顿项。"披膊也可简称为披。《宋史·毕再遇传》："更造轻甲，长不过膝，披不过肘。"是其例。本节所说的裲裆，既然附有覆膊，那就不是礼服中套在袴褶服外面的"裲裆"，而是真正的裲裆甲。在唐俑中可以看到着裲裆甲、披覆膊的武士。不过应当说明的是，即便是这种带有实用性质的甲，也不一定都是铁制的裲裆铠，其中还应有皮革制的。《六典》卷一六"甲之制"条中就提到"皮甲"。《续日本纪》"光仁天皇宝龟十一年（780年）"条说："今革之为甲，牢固经久，裹躬轻便，中箭难贯。计其功程，殊亦易成。"所说虽为海东之事，但也可作为旁证。

【新59】起梁带之制：三品以上玉梁宝钿，五品以上金梁宝钿，六品以下金饰隐起而已①。

① 梁指带銙。自本节可知唐代的玉銙远比金銙贵重。

【旧68】国官进贤一梁冠，黑介帻，簪、导。其服各准正品，^{其流外官亦准正品流外之例。}朝参则服之。若谒见府公，府佐平巾黑帻，国官黑介帻；皆白纱单衣，乌皮履。

【旧74】诸外官拜表受诏皆朝服①。^{本品无朝服者，则公服②。}其余公事及初上，并公服。诸州大中正进贤一梁冠，绛纱公服；若有本品者依本品服之③。

① "朝"字原脱。据《通典》卷一〇八补。
② "公服"原作"服之"。据《通典》卷一〇八改。
③ 原作"依本品参朝服之"。"参朝"二字衍，兹删去。

【旧72】黑介帻，簪、导。深衣①，青襟②、褾、领。革带。乌皮履。未冠则双童髻、空顶黑介帻，去革带。国子、太学、四门学生参见则服之。

【新60】黑介帻者，国官、视品府佐谒府；国子、太学、四门生、俊士参见之服也。簪，导。白纱单衣，青襟、褾、领。革带。乌皮履。未冠者，则空顶黑介帻③、双童髻，去革带。

① 深衣之制，详本书《深衣与楚服》一文。
② "襟"字原脱。据《通典》卷一〇八补。
③ 原作"冠则空顶黑介帻"。"冠"字衍，兹删去。

【旧69】诸流外官行署，三品以上黑介帻，绛公服。^{用绯为之，制同绛纱单衣。}方心。革带。钩、𦉘、假带。袜，乌皮履。九品以上绛褠衣①。^{制同绛公服，袖狭形直如沟，不垂。}去方心，假带。余同绛公服。

【新63】绛公服，以缦绯为之②，制如绛纱单衣。方心、曲领。革带，钩、𦉘。假带。袜，乌皮履。九品以上则绛褠衣，形如绛公服而狭，袖形直如沟，不垂。绯褶，大口袴。紫附褠。去方心、曲领。假带。

① 褠衣是直袖的外衣。本卷【新47】注⑤中已作说明。在汉代，褠衣比褒博的深衣、襜褕等的地位为低。但是到了三国时代，由于更为简捷的袴褶急装开始流行，褠衣的地位反而上升。《三国志·吴志·吕范传》裴注引《江表传》："吕范谓孙策曰：'将军士众日盛，纲纪不整。乞暂领都督部分之。'出便释褠，着袴褶，执鞭诣阁下。"可见褠衣此时已不被当作戎装，在军队中活动着之有所

不便。至南北朝时，裤衣更成为盛装。《通鉴》卷一二三"宋元嘉十五年"条说："帝数幸（雷）次宗学馆，令次宗以巾裤侍讲，资给甚厚。"胡注："裤、古侯翻，江南人士交际以为盛服，盖次于朝服。毛修之不肯巾裤到殷景仁之门是也。蜀注曰：'巾谓巾帻，裤谓单衣。'"但在唐代裤衣则下公服一等。

② 《急就篇》颜注："缦、无文之帛也。"

【旧70】其非行署者：太常谒者①、卜博士、医助教、祝史、赞引，鸿胪寺掌仪，诸典书、典学，内侍省内典引，太子左春坊掌仪②、内坊导客舍人、诸赞者，王公以下舍人，公主谒者等，各准行署依品服。自外及民任杂掌无官品者，皆平巾帻、绯衫、大口袴。朝集从事则服之。

【旧71】诸典谒，武弁，绛公服。其斋郎，介帻，绛裤衣。自外品子任杂掌者，皆平巾帻、绯衫、大口袴。朝集从事则服之。

① 原作"太常寺谒者"。沈炳震《合钞》无"寺"字，符合唐代称此官的习惯。兹据删。

② 原作"太子门下坊典仪"。案东宫的门下坊已于景云元年改为左春坊。《通典》卷一〇八作"太子右春坊掌仪"。案《旧唐书·职官志》，掌仪隶太子左春坊。兹改正。

【旧73】书算学生、州县学生则乌纱帽①。白裙、襦，青领。

【新61】书算律学生、州县学生朝参，则服乌纱冒，白裙、襦，青领。未冠者，童子髻。

① 李商隐《安平公诗》说："仲子延岳年十六，面如白玉欹乌纱"（《全唐诗》八函九册）。此韩延岳尚年少，或即一名戴乌纱帽的学生。又唐·范摅《云谿友议》中也提到"纱帽秀才"，则唐代士人释褐以前亦可戴乌纱帽。

【旧75】诸州县佐史、乡正、里正、岳渎祝史、斋郎，并介帻，绛裤衣。

【新62】介帻者，流外官、行署三品以下，登歌工人之服也。

【旧76】平巾帻，绯褶，大口袴，紫附褥，尚食局主食、典膳局主食、太官署监膳史①、食官署掌膳服之。

① "监膳史"三字原脱。据《通典》卷一〇八补。

【旧77】平巾绿帻①，青布袴褶，尚食局主膳，典膳局典食，太官署、食官署供膳服之。

【新65】平巾绿帻者，尚食局主膳，典膳局典食，太官署、食官署供膳，良醖署奉觯之服也②。青丝布袴褶。

① 《汉书·东方朔传》说："董君绿帻附韛，随主前伏殿下。"颜注引应劭曰："宰人服也。"《隋志》也说："庖人则绿帻。"唐代仍承此制。

② "良醖署"三字原脱，据《通典》卷一〇八补。

【新64】登歌工人，朱连裳，革带，乌皮履。殿庭加白练襈裆。

【旧78】五辫髻①，青袴褶，青耳屩②，羊车小史服之。总角髻，青袴褶，漏刻生、漏童服之。

【新66】羊车小史，五辫髻，紫碧腰襻③，青耳屩。漏刻生、漏童，总角髻。皆青丝布袴褶。

① 原作"平巾五辫髻"。"平巾"二字衍，据《通典》卷一〇八删。

② 屩为草履。屩上之耳为其供系带用的襻。

③ 《汉书·贾谊传》"偏诸缘"，颜注："偏诸若今之织成，以为要襻及褾、领者也。"则腰襻乃是束腰之物，类似宋代的抱肚，它常用较好的织物制作。

【旧58】诸应冠而未冠者，并双童髻，空顶帻。五品以上双玉导，金饰。三品以上加宝饰。六品以下无饰。

【旧61】诸佩绶者，皆双绶。亲王纁朱绶，四采：赤、黄、缥、绀；纯朱质，纁文织①，长一丈八尺，二百四十首，广九寸。一品绿綟绶②，四采：绿③、紫、黄、赤；纯绿质④，长一丈八尺，二百四十首，广九寸。二品、三品紫绶，三采：紫、黄、赤；纯紫质⑤，长一丈六尺，一百八十首，广八寸。四品青绶，三采：青、白、红；纯青质⑥，长一丈四尺，一百四十首，广七寸。五品黑绶，二采：青、绀；纯绀质⑦，长一丈二尺，一百首，广六寸。自王公以下皆有小双绶，长二尺六寸，色同大绶而首半之。正第一品佩二玉环，自外不同也⑧。有绶者则有纷，皆长六尺四寸，广二寸四分，各随绶色。

① 《续汉志》说：百石青绀绶"宛转缪织"。当是在绶上织出花纹。《御览》卷六八二引《博物志》说："故绶工李涉等六家所织绶不能具丙丁文。"又说："今王莽时六安都尉留应募能为丙丁文。谨处武库给食，留昼夜思念讽诵，狂痴三十日，病愈，今文以成。请赐缣五十匹。"可见绶上的花纹极为精致，织作的难度相当大。丙丁代表火，丙丁文或为火焰状的花纹。此"纁文织"也应指绶

上织出的某种花纹。

② "缋"字原作"绘",据《通典》卷一〇八改。缋指用荩草即茋草(其中含有茋草素,用它可以染出鲜艳的绿色)染色的织物。

③ "绿"字原脱,据聂崇义《新定三礼图》卷二〇补。

④⑤⑥⑦ 诸"纯"字原均作"红",校例同本卷【旧20】注⑩。

⑧ "同"字原作"合",据殿版改。

【旧62】诸鞶囊,二品以上金缕,三品金银缕,四品银缕,五品彩缕。

【旧63】诸佩,一品佩山玄玉,二品以下、五品以上佩水苍玉①。

① 《礼记·玉藻》:"公侯佩山玄玉,……大夫佩水苍玉。"郑注:"山玄,水苍;如山之玄,如水之苍也。"即淡黑色与深青色的玉。韩愈《昌黎先生集》卷七《朝归》诗说:"峨峨进贤冠,耿耿水苍佩。"就是对其实况的描写。

【旧64】诸文官七品以上,朝服者簪白笔。武官及爵则不簪。

【旧65】诸舄、履并乌色。舄重皮底,履单皮底。别注色者,不用此色。

【旧110】内外命妇服:

翟衣,青质。罗为之,绣为雉,编次于衣及裳,重为九等而下①。花钗。施两博鬓,宝钿饰也。第一品花钿九树,宝钿准花数,以下准此也。翟九等。第二品花钿八树②,翟八等。第三品花钿七树,翟七等。第四品花钿六树,翟六等。第五品花钿五树,翟五等。并素纱中单,黼领,朱襈、襈。亦通用罗縠也。蔽膝。随裳色,以緅为缘③,加以文绣,重雉为章,二等④。一品以下皆同也。大带。随衣色,纰其外⑤,上以朱锦,下以绿锦。纽约用青组⑥。革带。青袜,舄。佩。绶。内命妇受册、从蚕、朝会则服之。其外命妇嫁及受册、从蚕、大朝会亦准此。

【新70】命妇之服六:

翟衣者,内命妇受册、从蚕、朝会,外命妇嫁及受册、从蚕、大朝会之服也。青质,绣翟,编次于衣及裳,重为九等。青纱中单,黼领,朱縠襈、襈,裾。蔽膝随裳色,以緅为缘⑦,加文绣,重雉为章,二等。大带随衣色⑧。革带。青袜,舄。佩。绶。两博鬓,饰以宝钿。一品翟九等,花钗九树。二品翟八等,花钗八树。三品翟七等,花钗七树。四品翟六等,花钗六树。五品翟五等,花钗五树。宝钿视花钗之数。

① 本节"翟衣,青质"句及夹注,原在"花钗"句及其夹注之后,今移于该句前,以统摄下文。

② "钿"字原作"钗"。依本节文例改正。

③⑦ 原均作"以緅为领缘"。"领"字衍，删去。校例同本卷【旧104】注③。

④ "等"字原作"事"。据《通典》卷一○八改。

⑤ "纰"字原作"绯"。《六典》卷一二作"组其外"，近卫注："组当作纰。"其说是。兹据改。

⑥⑧ 原作"纽同青组"。依【旧104】文例改。此句下原有"青衣"二字。【新70】"大带随衣色"句下原有"以青衣"三字。均衍，兹删去。校例同本卷【新25】注④。

【旧111】钿钗礼衣，通用杂色，制与上同；唯无雉及佩、绶①。去舄，加履。第一品九钿，第二品八钿，第三品七钿，第四品六钿，第五品五钿。内命妇寻常参见，外命妇朝参、辞见及礼会则服之。

【新71】钿钗礼衣者，内命妇常参、外命妇朝参、辞见、礼会之服也。制同翟衣，加只佩②、小绶，去舄加履。一品九钿，二品八钿，三品七钿，四品六钿，五品五钿。

① 《六典》卷一二、《通典》卷一○八、《新志》皆谓钿钗礼衣加佩、绶，与本节之说异。

② "只"字原作"双"。校例同本卷【新48】注③。

【旧112】六尚、宝林、御女、采女、女官等服礼衣①，通用杂色，制与上同，唯无首饰②。七品以上有大事服之。

【新72】礼衣者，六尚、宝林、御女、采女、女官，七品以上大事之服也。通用杂色，制如钿钗礼衣，唯无首饰、佩、绶。

① "女"字原脱。据《六典》卷一二补。

② "首饰"之下，《六典》卷一二有"绶"字，《通典》卷一○八有"佩绶"二字。

【旧113】寻常供奉则公服。去中单、蔽膝、大带①。九品以上大事及寻常供奉，并公服。东宫准此。

【新73】公服者，常供奉之服也。去中单，蔽膝，大带。九品以上大事，常供奉亦如之。

① "去中单"之上原有"公服"二字。沈炳震《合钞》无此二字。兹据删。

【旧114】女史则半袖①，裙、襦。

【新74】半袖、裙、襦者，女史常供奉之服也②。

① 半袖即半臂。详本书《唐代妇女的服装与化妆》一文。
② 原作"半袖、裙、襦者，东宫女史常供奉之服也"。《六典》卷一二作："（内命妇）九品以上大事及寻常供奉并公服，东宫准此。女史则半袖、裙、襦。"《新志》转录时误解其句读，以致半袖等只成为东宫女史之服，不确。兹将"东宫"二字删去。

【旧115】诸公主、王妃，佩、绶同诸王。县主、内命妇准品。外命妇五品以上皆准夫、子；即非因夫、子而加邑号者①，亦准品。

【新75】公主、王妃佩、绶同诸王。

① "而"字原作"别"。据闻人诠覆宋本改。

【新76】花钗礼衣者，亲王纳妃所给之服也。

大袖连裳者①，六品以下妻、九品以上女嫁之服也②。青质。素纱中单。蔽膝、大带、革带、袜、履同裳色。花钗、覆筓、两博鬓，以金银杂宝饰之。庶人女嫁有花钗，以金银琉璃涂饰之。连裳青质。青衣。革带。袜、履同裳色。

妇人燕服视夫。百官女嫁、庙见、摄母服。五品以上媵降妻一等，妾降媵一等。六品以下妾降妻一等。

① 大袖连裳应是衣、裳相连的阔袖外衣，与下身着裙时上身所着的襦不同。
② 原无"之"字，据《通典》卷一〇八"大袖连裳"节文意补足。

【旧79】龙朔二年九月戊寅，司礼少常伯孙茂道奏称："诸臣九章服，君臣冕服，章数虽殊，饰龙名衮，尊卑相乱。望诸臣九章衣以云及麟代龙，升山为上，仍改冕。"当时纷议不定。仪凤二年①，太常博士苏知机又上表，以公卿以下冕服，请别立节文。敕下有司详议。崇文馆学士校书郎杨炯奏议曰："古者太昊庖牺氏，仰以观象，俯以察法，造书契而文籍生。次有黄帝轩辕氏，长而敦敏，成而聪明，垂衣裳而天下理。其后数迁五德，君非一姓。体国经野，建邦设都，文质所以再而复，正朔所以三而改。夫改正朔者，谓夏后氏建寅，殷人建丑，周人建子。至于以日系月，以月系时，以时系年，此则三王相袭之道也。夫易服色者，谓夏后氏尚黑，殷人尚白，周人尚赤。至于山、龙、华虫、宗彝、藻、火、粉米、黼、黻，此又百代可知之道也。谨案《虞书》曰：'予欲观古人之象，日月星辰，山龙华虫，作绘宗彝，藻火粉米，黼黻絺绣。'由此言之，则其所从来者尚矣。夫日月星辰者，明光照下土也②。山者，布散云雨，象圣王泽沾下人也。龙者，变化无方，象圣王应机布教也。华虫者，雉也，身被五采，象圣王体兼文明也。宗彝者，武蜼也，以刚猛制物，象圣王神武定乱也。藻者，逐水上下，象圣王随代而应也。

火者，陶冶烹饪，象圣王至德日新也。米者，人恃以生，象圣王物之所赖也。黼能断割，象圣王临事能决也。黻者，两己相背，象君臣可否相济也。逮有周氏，乃以日月星辰为旌旗之饰，又登龙于山，登火于宗彝；于是乎制衮冕以祀先王也。九章者、法于阳数也。以龙为首章者，衮者、卷也，龙德神异，应变潜见③，表圣王深沈远智，卷舒神化也。又制鷩冕以祭先公也。鷩者、雉也，有耿介之志，表公有贤才，能守耿介之节也。又制毳冕以祭四望也。四望者、岳渎之神。武雉者、山林所生也，明其象也。制绨冕以祭社稷也。社稷、土谷之神。粉米由之成也，象其功也。又制玄冕以祭群小祀也。百神异形，难可遍拟，但取黻之相背异名也。夫以周公之多才也，故化定制礼，功成作乐。夫以孔宣之将圣也，故行夏之时，服周之冕。先王之法服，乃此之自出矣；天下之能事，又于是乎毕矣。今表状'请制大明冕十二章，乘舆服之'者。谨案：日月星辰者，已施于旌旗矣④；龙武山火者，又不逾于古矣。而云：'麟、凤有四灵之名，玄龟有负图之应，云有纪官之号，水有感德之祥。'此盖别表休征，终是无逾此象⑤。然则皇王受命，天地兴符，仰观则璧合珠连，俯察则银黄玉紫。尽南宫之粉壁，不足写其形状；磬东观之铅黄，无以纪其名实。固不可毕陈于法服也。云也者、从龙之气也，水也者、藻之自生也，又不假别为章目也。此盖不经之甚也。又'鷩冕八章，三公服之'者。鷩者、太平之瑞也，非三公之德也。鹰鹯者、鸷鸟也，适可以辨刑曹之职也⑥。熊罴者、猛兽也，适可以旌武臣之力也。又称藻为水草，无所法象。引张衡赋云：'蔕倒茄于藻井，披红葩之狎猎。'⑦谓为莲花，取其文采者。夫茄者、莲也，若以莲花代藻，变古从今，既不知草木之名，亦未达文章之意。此又不经之甚也。又'毳冕六章，三品服之'者。案此王者祀四望服之名也。今三品乃得同王之毳冕，而三公不得同王之衮名。岂唯颠倒衣裳，抑亦自相矛盾。此又不经之甚也。又'黼冕四章，五品服之。'考之于古，则无其名；验之于今，则非章首。此又不经之甚也。若夫礼惟从俗，则命为制、令为诏，乃秦皇之故事，犹可以适于今矣。若乃义取随时，则出称警、入称跸，乃汉国之旧仪，犹可以行于代矣。亦何取于变周公之轨物，改宣尼之法度者哉！"由是，竟寝知机所请。

① "二"字原脱。据《唐会要》卷三一补。
② 《旧唐书校勘记》卷二七引丁子复说："本皆作'象圣王光照下土也'。"
③ "变"字原脱。据《旧唐书·杨烱传》补。
④ "于"字原脱。据《唐会要》卷三一补。
⑤ "逾此"原作"余比"。据沈炳震《合钞》改。
⑥ "刑曹"原作"祥刑"。《唐文粹》卷四〇作"刑曹"，这样则和下句中的"武臣"成对仗。兹据改。
⑦ "红"字原作"江"。据《册府元龟》卷五八六改。《文选·西京赋》亦作"红"。

【旧80】景云二年七月①，皇太子将亲释奠于国学，有司草《仪注》，令从臣皆乘马，着衣冠。太子左庶子刘子玄进议曰②："古者自大夫以上皆乘车，而以马为骖、服。魏、晋以降，迄于隋代，朝士又驾牛车，历代经史，具有其事，不可一二言也。至如李广北征，解鞍憩息；马援南伐，据鞍顾眄。斯则鞍马之设，行于军旅，戎服所乘，贵于便习者也。案江左官至尚书郎而辄轻乘马，则为御史所弹。又颜延之罢官后，好骑马出入闾里，当代称其放诞。此则专车凭轼，可擐朝衣；单马御鞍，宜从亵服。求之近古，灼然之明验矣。自皇家抚运，沿革随时。至如陵庙巡谒③，王公册命，则盛服冠冕，乘彼辂车。其士庶有衣冠亲迎者，亦时以服箱充驭。在于他事，无复乘车；贵贱所通，鞍马而已。臣伏见比者銮舆出幸，法驾首途，左右侍臣皆以朝服乘马。夫冠履而出，止可配车而行；今乘车既停，而冠履不易，可谓唯知其一而未知其二。何者？褒衣博带、方履高冠④，本非马上所施，自是车中之服。必也袜而升镫，跣以乘鞍⑤，非唯不师古道，亦自取惊今俗，求诸折中，进退无可。且长裙广袖，襜如翼如，鸣佩纡组，锵锵弈弈，驰骤于风尘之内，出入于旌棨之间；倘马有惊逸，人从颠坠。遂使属车之右，遗履不收，清道之傍，絓骖相续⑥，固以受嗤行路，有损威仪。今议者皆云：'秘阁有《梁武帝南郊图》，多有衣冠乘马者，此则近代故事，不得谓无其文。'臣案此图是后人所为，非当时所撰。且观当今有古今图画者多矣。如张僧繇画《群公祖二疏》⑦，而兵士有着芒屩者；阎立本画《昭君入匈奴》，而妇人有着帷帽者。夫芒屩出于水乡，非京华所有；帷帽创于隋代，非汉宫所作。议者岂可征此二画以为故实者乎！由斯而言，则梁武南郊之图，义同于此。又《传》称：'义惟因俗，礼贵缘情。'殷辂周冕，规模不一；秦冠汉佩，用舍无恒。况我国家道轶百王，功高万古，事有不便，理资变通⑧。其乘马衣冠，窃谓宜从省废。臣怀此异议⑨，其来自久，日不暇给，未及权扬。今属殿下亲从齿胄，将临国学，凡有衣冠乘马，皆惮此行。所以辄进狂言，用申鄙见。"皇太子手令付外宣行，仍编入《令》，以为恒式。

【新97】时皇太子将释奠，有司草《仪注》，从臣皆乘马着衣冠。左庶子刘子玄议曰："古大夫乘车，以马为骖、服。魏、晋朝士驾牛车。如李广北征，解鞍憩息；马援南伐，据鞍顾眄。则鞍马行于军旅，戎服所便。江左尚书郎乘马，则御史治之。颜延之罢官⑩，骑马出入，世称放诞。近古专车则衣朝服，单马则衣亵服。皇家巡谒陵庙、册命王公，则盛服冠履，乘路车。士庶有以衣冠亲迎者，亦时服箱。其余贵贱皆以骑代车。比者法驾所幸，侍臣朝服乘马。今既舍车，而冠履不易。何者？褒衣博带、方履高冠⑪，车中之服也。袜而镫，跣而乘，非唯骜古，亦自取惊蹶。议者以秘阁《梁南郊图》有衣冠乘马者。此图后人所为也。古今图画多矣，如画群公祖二疏，而有曳芒屩者；画昭君入匈奴，而妇人有施帷冒者。夫芒屩出于水乡，非京华所有；帷冒创于隋代，非汉宫所用。岂可因二画以为故实乎？谓乘马衣冠宜省。"太子从之，编于《令》。

① "景云"原作"景龙"。据《唐会要》卷三五改。案中宗的太子李重俊于神龙三年（707年）被杀，景龙二年（708年）时，并未新立太子。而睿宗景云二年（711年），李隆基以皇太子监国。此年八月丁巳，"皇太子释奠于大学"（《旧唐书·睿宗纪》又《礼仪志》）；东宫诸臣于七月间正为此行作准备，故有是议。

② 刘子玄即著《史通》的史学家刘知几。《旧唐书·刘子玄传》说：景云中，"时玄宗在东宫，知几以名音类上名，乃改子玄。"《新唐书·刘子玄传》说："刘子玄名知几，以玄宗讳嫌，故以字行。"

③ "谒"字原作"幸"。据《唐文粹》卷四○改。

④⑪ 两"方"字原均作"革"。据《通典》卷五三、《唐会要》卷三五改。

⑤ 本书《洛阳金村出土银着衣人像族属考辨》一文中，曾提到汉代以前入室跣足之风。实际上直到魏、晋、南朝时，还保存着这种习俗。《三国志·魏志·邴原传》裴注引《原别传》说："原先至门下通谒，太祖大惊喜，擘履而起，远出迎原。"《世说新语·雅量篇》："王子猷、子敬兄弟曾俱坐一室，上忽发火，子猷遽走避，不惶取屐。"可见这时在室内仍不穿屐履。举行大典礼的时候更是如此。《隋志》说："（天监）十一年，尚书参议：'案礼跣袜，事由燕坐，屦不宜陈尊者之侧。今则极敬之所，莫不皆跣。清庙崇严，既绝恒礼，凡有屦行者，应皆跣袜。'诏可。"到了唐代，在这类场合中，有时仍要跣袜。《新唐书·礼乐志》说："皇帝元正、冬至受群臣朝贺。……上公一人，诣西阶席（指'解剑席'，下同），脱舄，跪解剑，置于席。"所以这时袜而升镫并不是很奇怪的事。莫高窟藏经洞所出纸本着色骑马人物图，骑者虽着衣冠，却未着履，脚上可能只着有袜（图22－26）。可与本节所说的情况相对照。但在日常生活中，唐代男子多着长靿靴，此物不便频频穿脱，所以入室徒跣之旧习，也渐渐被废弃。唐·李肇《国史补》说："韦陟有疾，房尚书琯使子弟问之。延入卧内，行步悉藉茵毯。房氏子袜而登阶，侍婢皆笑之。"房琯极其保守，所以他家子弟犹存古风，然而却未免不合时宜了。

⑥ 《左传·成公二年》："骖絓于木而止。"絓训羁绊。《九章·涉江》宋·洪兴祖补注："絓，碍也。"本节此处言朝服乘马会被绊住。

⑦ 汉代疏广为太傅，其侄疏受为少傅，二人同

图22－26 敦煌石室所出唐代纸本绘画衣冠骑马人物

（据结城素明《西域画聚成》8辑，图1）

时辞官归老故乡（见《汉书·疏广传》）；遂成为封建时代中明哲保身、功遂而退的典范。《千字文》中所说："两疏见机，解组谁逼。"即指他们。以祖饯二疏为题材的图画除本节所说张僧繇的作品外，还在《图画见闻记》卷一中著录有顾恺之的《祖二疏图》。又《唐文粹》卷七七王蔿《祖二疏图记》说当时吴郡顾生能为此图。可见这是一个较流行的画题。

⑧ 原作"资于变通"，据《唐文粹》卷四〇改。

⑨ "怀"字原脱，据《册府元龟》卷五八八补。

⑩ "延之"原作"延年"，《通典》卷五三、《唐会要》卷三五同。兹据《旧志》及《旧唐书·刘子玄传》改。案刘宋·颜延之字延年。但疏奏中对于一般古人均应直书其名；作"延之"是。

卷三　常服、其他

【旧81】襂服盖古之亵服也，今亦谓之常服。江南则以巾、褐、裙、襦①，北朝则杂以戎夷之制。爰至北齐，有长帽②、短靴③、合袴④、袄子⑤，朱紫玄黄，各任所好；虽谒见君上，出入省寺，若非元正大会，一切通用。高氏诸帝，常服绯袍⑥。隋代帝王贵臣，多服黄文绫袍、乌纱帽、九环带⑦、乌皮六合靴⑧。百官常服，同于匹庶，皆着黄袍出入殿省⑨。天子朝服亦如之，唯带加十三环以为差异⑩，盖取于便事。其乌纱帽渐废⑪，贵贱通服折上巾⑫，其制周武帝建德年所造也。晋宇文护始命袍下加襕⑬。

【新81】初，隋文帝听朝之服，以赭黄文绫袍、乌纱冒、折上巾、六合靴，与贵臣通服；唯天子之带十有三环。文官又有平头小样巾。百官常服同于庶人。

① 此处说的裙、襦是外衣，和冕服中穿在中单之内的裙、襦不同。《宋书·羊欣传》："献之尝夏日入县，欣着新绢裙昼寝，献之书裙数幅而去。欣本工书，因此弥善。"又梁·沈约有《谢齐竟陵王赉母赫国云气黄绫裙、襦启》、梁·任孝恭有《谢裙、襦启》（均见《艺文类聚》卷六七），皆可为南朝人常着裙、襦之证。东晋、南朝的陶俑无论男女都有穿上襦下裙之例（图23-1）。

图23-1　着裙襦的男（右）女（左）俑
（南京石子岗东晋墓出土，据《南京六朝陶俑》图78）

② 帽的创制比冠、冕为早。《仪礼·士冠礼》郑注："皮弁者，以白鹿皮为冠，象上古也。"正义："上古也者，谓三皇时，冒覆头，句领绕项。"《尚书大传·略说》："周公对成王云：'古人冒而句领。'"郑注："古人谓三皇时，以冒覆头。……至黄帝则有冕也"（《礼记·冠义》正义引）。《淮南子·氾论》也说："古者有鍪而绻领以王天下者矣。"高注："古者，盖三皇以前也。鍪、头着兜鍪帽，言未知制冠也。"但自周、汉以来，重视冠、冕，帽被认为是"小儿、蛮夷蒙头衣"（《说文》），不登大雅之堂。《后汉书·章帝纪》中说的"冒（帽）絮（胡须）之类"，就成为描述边疆游牧民族的贬义词。在一些正规的记载中，也常提到这些民族戴帽。《后汉书·耿秉传》说："（车师后王）安得惶恐，走出门，脱帽抱马足降。"《三国志·魏志·裴潜传》："潜抚之以静，单于以下，脱帽稽颡。"均可为例。

南北朝时，北朝常戴后垂披幅的鲜卑帽，这种帽又名"突骑帽"。《隋志》说："后周之时，咸带突骑帽，如今胡帽。垂裙覆带，盖索发之遗象也。又文帝项有瘤疾，不欲人见，每常着焉。"突骑是某种少数民族语言"帽"的对音。《南史·西戎·邓至国传》说："其俗呼帽为突何。"但《南史·西戎·武兴国传》又说：其国"穿乌皂突骑帽"。则突何或即突骑。本节所谓长帽，应属其类。

③ 宋·史绳祖《学斋占毕》卷二"饮食衣服今皆变古"条说："古有舄、有履、有屦，而无靴，故靴字不见于《经》。"靴到汉代仍未广泛流行。汉人或着草制的扉（《世本》宋衷注："草曰扉"）、𱗜（《说文》："𱗜，草履也"），或着麻制的𦀚（《说文》："𦀚、枲履也"）、不借（《方言》："麻作之者，谓之不借"），或着丝制的履（《方言》："丝作之者，谓之履"），或着厚底中加木楦的复舄，或着革制的鞍、鞈、鞮、鞨（均见《急就篇》及颜注）之类。汉代考古材料中的靴，仅在咸阳杨家湾西汉墓陪葬坑中出土的军官俑上一见。过去麦高文在《中亚古国史》中认为靴起源于中亚，由此处传播到世界各地。但我国的靴却不见得是从中亚传来的。辽宁建平牛河梁新石器时代遗址第5地点2号冢出土的陶人像，足穿短靴。江西万年和青海乐都的新石器时代遗址中且曾出土短靴形陶器。山西柳林高红曾出土商代长靴形铜器。北京昌平白浮西周墓中曾出土钉在靴上的铜泡，靴体已朽失，杨泓先生在《中国古代的甲胄》一文中作出了它的复原图（见该文图68，载《中国古兵器论丛》页86）。所以我国上古时代并非全然无靴，只不过华夏族起初不常穿，穿靴是从事游牧的少数民族的风习；因而靴也被认为是一种胡服。《释名·释衣服》说："靴，跨也，两足各以一跨骑也。本胡服，赵武灵王服之。"《中华古今注》卷上也说："靴者、盖古西胡〔服〕也，昔赵武灵王好胡服，常服之。其制短靿黄皮，闲居之服。至马周改制长靿以杀之，加之以毡及缘，得着入殿省敷奏，取便乘骑也。"赵武灵王云云，虽尚无法证实。但说靴便于乘骑，其靿先短后长，却有一定的合理性。

在内地，穿靴虽有可能与骑乘之风一同兴起。但一个有趣的事实是，我国古文献中最早记下的靴之实例，并非男子的战靴，而是妇女的织成靴。《古文苑》卷一〇曹操《与杨太尉书》说："并遗足下贵室……织成靴一量。"这种织成靴又见于《晋书·石季龙载记》，说："季龙常以女骑一千为卤簿，皆着……五文织成靴。"在这时的考古材料中，未见妇女有着长靿靴者，所以上述织成靴可能是一种短靴。而这时妇女的短靴男子亦可着。《北齐书·任城王湝传》："时有妇人临汾水浣衣，有乘马人换其新靴驰而去者。妇人持故靴诣州言之。湝召城外诸妪以靴示之，绐曰：'有乘马人在路被贼劫害，遗此靴焉。得无亲属乎？'一妪抚膺哭曰：'儿昨着此靴向妻家。'如其语，捕获之。"太原王郭村北齐娄睿墓壁画中人物所着之靴，有的靴筒只及小腿之半，可以称为半

④ 汉代的裤一般不合裆。《说文》:"绔、胫衣也。"《释名·释衣服》:"裤、跨也,两股各跨别也。"膝以下为胫;因此裤只套在腿上,甚至只套在小腿部分。故清·宋绵初《释服》卷二说裤"即今俗名套裤是也"。这种裤的两绾(或名袎,即裤管)并不缝合。《汉书·上官皇后传》说:"帝时体不安,左右及医皆阿意言宜禁内,虽宫人使令皆为穷绔,多其带。"颜注引服虔曰:"穷绔有前后当,不得交通也。"可证穷裤以外之裤或不缝裆,故汉代以"两"作为裤的单位(见居延简163、294、1599等),和袜、履一样;而与衣以"领"计、裙以"要"计者不同。

但这并不是说汉代全无合裆裤,这时武士穿的短衣、大裤就是合裆的。《汉书·广川惠王越传》:"其殿门有成庆画,短衣、大裤、长剑。"在汉画像石上经常出现穿合裆大裤的武士。另一方面,由于合裆裤便于乘骑,故胡服之裤皆属此式。南北朝时各民族的杂居和融合,使合裤通行于中原地区。这就为隋、唐时缺胯袍的出现,创造了有利的前提。

⑤ 《魏书·任城王云附子澄传》说:"高祖复至邺,见公卿曰:'朕昨日入城,见车上妇人冠帽而着小襦袄。'"可见袄近于襦。《中华古今注》卷中又说:"袄盖袍之遗象也。"则袄又近于袍。原田淑人在《支那唐代の服饰》一书中认为袄比袍短而比襦长;其说是。南北朝以来,武士常着袄。如《北史·尉迟迥传》说:"迥别统万人,皆绿巾锦袄,号黄龙兵。"《中华古今注》卷上说:"隋文帝征辽,诏武臣服缺胯袄子,取军用,如服(袍)有所妨也。"图23-2为北齐娄睿墓出土俑,其上衣即袄。

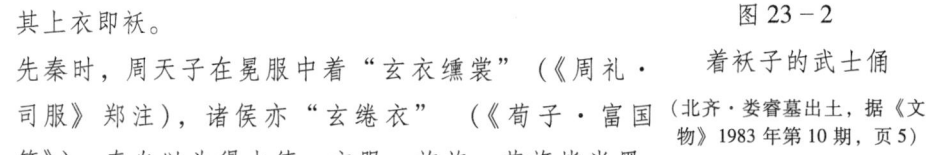

图23-2

着袄子的武士俑

(北齐·娄睿墓出土,据《文物》1983年第10期,页5)

⑥ 先秦时,周天子在冕服中着"玄衣𫄸裳"(《周礼·司服》郑注),诸侯亦"玄𫄧衣"(《荀子·富国篇》)。秦自以为得水德,衣服、旌旄、节旗皆尚黑。汉代也以袀玄之色为尚。《续汉志》:"郊祀之服皆以袀玄。"《汉书·五行志》颜注:"袀服、黑衣。"不仅在祭祀的场合,汉代统治阶级平日亦多着黑衣,故汉文帝"身衣弋绨"(《汉书·文帝纪》)。曹魏"多因汉法,其所损益之制无闻"。"晋因不改,大祭祀衣皂"(均见《通典》卷六一)。在这一长

时期中，帝王皆以黑色为其服色的基调。

至南北朝时，朝服改为赤色。《宋志》说：泰始四年"以通天冠、朱纱袍为听政之服。"又说："宫臣见至尊，皆着朱衣。"当时，有人援晋代旧例，提出将服色改回去的建议。议曹郎中沈俣之反驳说："制珪象德，损替因时；裁服象功，施用随代。车骑变于商周，冠佩革于秦汉；岂必殊代袭容，改尚沿物哉！……况朱裳以朝，缅倾百祀；韦舄不加，浩然唯旧。服为定章，事成永则，何事弃盛宋之兴法，追往晋之颓典？变改空烦，谓不宜革"（同上志）。自此以后，北朝各代除北周尚黑外（《广弘明集》卷六说："周祖以前有忌黑者，云有黑人，次膺天位。……周太祖初承俗谶：'我名黑泰，可以当之。'既入关中，改为黑皂，朝服章服，咸悉同之"），余多尚赤。《北堂书钞》卷一二九引《邺中记》说："石虎临轩大会，着丹纱袍。"北齐更甚。唐·苏鹗《苏氏演义》卷下说："北齐主好衣朱衣。娄太后崩，高湛不肯去朱袍衣素是也。"

⑦ 南北朝以前的革带上多用带钩括结，南北朝以后则多用带扣。后者在带鞓上装环以佩物，环数为九者，即九环带。《中华古今注》卷上说："唐革隋政，天子用九环带，百官士庶皆同。"详本书《中国古代的带具》一文。

⑧ 六合靴亦名"乌皮六缝"。唐·李濬《松窗杂录》说："会高力士终以脱乌皮六缝为深耻。"即指这种靴。日本正仓院所藏六合靴，乃是短靴（图23-3:1）。但在形象材料中见到的隋、唐男子，多着长勒靴（图23-3:2）；大概长勒的也可以称为六合靴。

图23-3 唐代的靴

1. 六合靴（据原田淑人《支那唐代の服饰》页28） 2. 西安等驾坡唐开元二十八年（740年）杨思勖墓出着长靴的石俑（据《唐长安城郊隋唐墓》图版93）

靴本北俗，为骑乘所便，而长靿者尤利于鞍马。《晋书·毛宝传》说："宝与祖焕战，血流满靴。"血满靴是形容其流血之多，则毛宝所着应为长靿靴。还常有在靴中藏刀的。《新唐书·李光弼传》说："始光弼将战，内刃于靴曰：'战危事，吾位三公，不可辱于贼。万有一不捷，当自刎以谢天子。'"又《李训传》说："（仇）士良手搏训而踬，训压之，将引刀靴中；救至，士良免。"《旧唐书·朱泚传》说："（段秀实）与（刘）海滨同入见泚，为陈逆顺之理，而海滨于靴中取匕首，为其所觉，遂不得前。"这些靴中能装下刀匕，可见也应是长靿的。

本节所言虽是隋代的情况，然而唐制实与之相同。《宋史·舆服志》说："唐因隋制，天子常服……折上巾、九环带、六合靴。"故可以唐代的事例为证。惟唐代增加了束靴之带。此带《中华古今注》以为是初唐·马周所加。《通鉴》卷二二一胡注引《实录》则以为是"开元中裴叔通……加以带子装束"。两说的时间不同。但《旧唐书·来子珣传》说："永昌元年（689年）四月，以上书陈事，除左台监察御史。时朝士有不带靴而朝者，子珣弹之曰：'臣闻：束带立于朝。'举朝大噱。"则靴上加带，当不晚于武后时。

靴多以皮革制作。《新唐书·朱桃椎传》说："长史窦轨见之，遗以衣服、鹿帻、鹿靴。"《李群玉诗集》卷中《薛侍御处乞靴》诗说："越客南来夸桂麝，良工用意巧缝成。看时共说茱萸绉，着处嫌无鹁鸰鸣。"则制靴要求用轻软的鹿皮，它上面有绉纹，故又称绉文靴。《元和郡县图志》卷二所记关内道同州的贡赋中就有"绉文靴"。这种靴也叫吉莫靴。唐·张鷟《耳目记》说："柴驸马绍之弟有材力，轻趫迅捷，踊身以上，挺然若飞。十余步乃止。尝着吉莫靴上砖城，直至女墙，手无扳引。"同氏《朝野佥载》卷三说："宗楚客造宅，……磨文石为阶及地，着吉莫靴者，行则仰扑。"《新唐书·地理志》"同州"条称之为"绉纹吉莫"。按吉莫这一名称在南北朝时已出现。《北齐书·韩宝业传》说："有开府薛荣宗常自云能使鬼。……经古冢，……荣宗前奏曰：'臣向见郭林宗从冢出，着大帽、吉莫靴。'"孙楷第先生《镜春园笔记》以为："'吉莫'盖鲜卑语。"可证其渊源所自。

⑨ 本节这一部分，系本唐·刘肃《大唐新语》卷一〇。该书说："故事：江南天子则白帢帽，公卿则巾褐裙襦。北朝杂以戎狄之制。北齐有长帽、短靴、合袴、袄子，朱紫玄黄，各随其好。天子多服绯袍。隋代帝王贵臣，多服黄纹绫袍、乌纱帽、九环带、乌皮六合靴。百官常服，同于走庶，皆着黄袍及衫，出入殿省。"后唐·马缟《中华古今注》卷中"绯绫袍"条也袭用了这段话。

⑩ 《隋书·李穆传》说他："乃奉十三环金带于高祖（李渊，当时尚未称帝），

⑪ 在唐代，乌纱帽起初为皇太子的公服，后来成为士大夫闲居之服。从这个意义上说，可谓此帽已渐废。但其后它不仅长期存在，而且演变出多种式样。五代时，"韩熙载在江南造轻纱帽，匠帽者谓为韩君轻格"（宋·陶谷《清异录》卷三）。在《韩熙载夜宴图》中，他正戴着这种帽（图23-4:1），与文献记载恰相贴合。宋代的纱帽较唐时更盛。宋·王得臣《麈史》卷上说："古人以纱帛冒其首，因谓之帽。然未闻其何制也。魏晋以来，始有白纱、乌纱等帽。至唐，汝阳王琎犹服砑绢帽，后人遂有仙桃（图23-4:3）、隐士之别。今贵贱通为一样，但徇所尚而屡变耳。始时唯以幞头光纱为之，名曰京纱帽，其制甚质，其檐有尖而如杏叶者；后为短檐，才二寸许者。庆历以来，方服南纱者。又曰翠纱帽者，盖前其顶与檐皆圆故也。久之，又增其身与檐，皆抹上竦，俗戏呼为笔帽，然书生多戴之。……已而又为方檐者，其制自顶上阔，檐高七八寸……比年复作短檐者，檐一二寸，其身直高而不为锐势。今则渐为四直者。"这里说的虽然多半是宋代的情况，但尖檐帽与隐士帽在晚唐、五代时已有。莫高窟156窟晚唐壁画《张仪潮夫妇出行图》中的导从多戴尖檐帽（图21-19:2；23-23）；而《重屏会棋图》中居中一人（据宋·王明清《挥麈录·三录》卷三说，他就是南唐中主李璟）所戴方顶重檐纱帽，或即隐士帽之类（图23-4:2）。《朱子语类》卷九一说："桶顶帽子乃隐士之冠是也。"苏轼常戴桶顶纱帽，这种帽因他而得名为"东坡巾"。宋·李廌《师友谈记》说："士大夫近年仿东坡，桶高檐短，名帽曰'子瞻样'"（图23-4:4）。苏轼在《椰子冠》诗中也说自己："更着短檐高屋帽，东坡何事不违时。"明·王圻《三才图会·

图23-4 重檐帽（1、2）、仙桃巾（3）、东坡巾（4）
1.《韩熙载夜宴图》 2.《重屏会棋图》 3. 宋人《十八学士图》 4. 马远《雅集图》

衣服图会》卷一"东坡巾"条谓："巾有四墙，墙外有重墙，比内墙稍杀。前后左右各以角相向，着之则角界在两眉间。以坡老所服故名，尝见其画像至今冠服犹尔"。其所谓"重墙"即宋人所说的"檐"。不过在明代，此类纱帽又转化成明式的头巾。详本书《从幞头到头巾》一文。

⑫ 折上巾即幞头。

⑬ 宋·史绳祖《学斋占毕》卷二说："后魏胡服，便于鞍马，遂施裙于衣，为横幅而缀于下，谓之襕。今之公裳是也。"

【旧82】及大业元年，炀帝始制诏吏部尚书牛弘、工部尚书宇文恺、兼内史侍郎虞世基、给事郎许善心、仪曹郎袁朗等宪章古则，创造衣冠。自天子逮于胥吏，章服皆有等差。始令五品以上，通服朱紫。是后师旅务殷，车驾多行幸，百官行从虽服袴褶，而军间不便。六年，复诏从驾涉远者，文武官等皆戎衣，贵贱异等，杂用五色。五品以上通着紫袍，六品以下兼用绯、绿①。胥吏以青，庶人以白，屠商以皂，士卒以黄②。

① 汉代文官皆着黑衣。《汉书·萧望之传》说："敞备皂衣二十余年。"颜注引如淳曰："虽有五时服，至朝皆着皂衣。"又《谷永传》说："擢之皂衣之吏。"《汉官仪》说："正月旦，天子幸德阳殿，临轩。公卿大夫百官各陪位朝贺，……宗室诸刘杂会，皆冠两梁冠、皂单衣"（《艺文类聚》卷三九引）。《论衡·衡材篇》说："吏衣黑衣。"《独断》说："公卿尚书衣皂而朝者，曰朝臣。"《后汉书·锺离意传》说："诏太官赐尚书以下朝夕餐，给帷被、皂袍。"这些记载与河北望都1号汉墓壁画中所表现的情况相合。这时，从衣着上区别官员级别高下的依据，主要看绶的采色，文职者并可参考进贤冠上的梁数。至北周时，才有所谓"品色衣"出现。《隋志》说："大象二年下诏，天台近侍及宿卫之官，皆着五色衣，以锦绮缋绣为缘，名曰品色衣。"但品色衣使用的范围狭小，其制度亦莫能详征。此次隋炀帝以官品定服色之举，影响则颇大，自唐迄明，皆因袭这种作法，成为我国古代官服之一重大变革。此后，官阶高者，衣紫衣绯；官阶低者，衣绿衣青。官大官小，一望可知。

② 汉代的军官和士兵均衣赤。南朝的军官和士兵衣绛衫。隋代军官衣品服，士兵衣黄。唐代的士兵则衣皂。

《周礼·司服》郑注："今时伍佰缇（《急就篇》颜注：'缇、黄赤色'）衣，古兵服之遗色。"《方言》卷三："卒谓之弩父，或谓之褚。"郭注："言衣赤也。"《西京赋》："迾卒清候，武士赫怒；缇衣韎韐，睢盱跋扈。"李善注："缇衣韎韐，武士之服。"韎韦为赤色柔皮，古用以制戎衣，见《左传·成公十六年》。咸阳杨家湾西汉墓陪葬坑出土的彩绘军士俑的服装多为黄赤色，望都1

号汉墓壁画中的伍佰亦衣缇衣，皆足为证。南朝的情况在唐长孺《魏晋南北朝史论拾遗·读史释词》"绛衫和白衣"条中有说，请参看。

隋代士兵衣黄，是和平民的服色相同。见本卷【旧84】注⑦。

唐代士兵衣皂。《通典》卷一六九载潘好礼纂《徐有功事迹》中刘志素的按语说："黑袄子即是武夫之衣。"其下文中黑袄亦作皂衣，可见武后时士兵已经衣皂。以后唐代的军服一直沿用此制。《唐会要》卷七二说："广德二年三月禁王公百吏家及百姓着皂衫及压耳帽子，异诸军健也。"又说："开成元年正月敕：坊市百姓甚多着绯、皂开后袄子，假托官司，自今以后宜令禁断。"可证。

【旧83】武德初，因隋旧制，天子谠服亦名常服，唯以黄袍及衫；后渐用赤黄。遂禁士庶不得以赤黄为衣服杂饰。

【旧34】其常服，赤黄袍衫，折上头巾，九环带，六合靴，皆起自魏、周，便于戎事。自贞观以后，非元日冬至受朝及大祭祀，皆常服而已。

【新82】至唐高祖，以赭黄袍、巾、带为常服。

【新84】既而天子袍衫稍用赤黄，遂禁臣民服①。

① 唐代皇帝常服有专用的服色，与前代不同。其色初为赤黄，即赭色；与后代皇帝专用之色为纯黄者亦不同。唐·李濬《摭异记》说："中宗尝召宰相苏瓌、李峤子进见。二丞相子皆童年，上近抚于赭袍前，赐与甚厚。"《尊前集》所收唐·王建《宫中三台》说："日色赭袍相似，不着红鸾扇遮。"唐·陆龟蒙《开元杂题七首·杂伎》说："六宫争近乘舆望，珠翠三千拥赭袍"（《全唐诗》九函一〇册）。《花蕊夫人宫词》："认得圣颜遥望见，碧阑干映赭黄袍"（浦江清《花蕊夫人宫词校定本》，《开明书店二十周年纪念文集》）。皆着意于皇帝之赭袍。唐·封演《封氏闻见记》卷四说："国家承隋氏火运，故为土德，衣服尚黄，旗帜尚赤，常服赭赤。"也说明了这一点。赭黄亦作柘黄。《才调集》卷一所收上引王建《宫中三台》作"日色柘黄相似"，可证。唐·元稹《元氏长庆集》卷一八《酬孝甫见赠》也说："雉尾扇开朝日出，柘黄衫对碧霄垂。"因知这种颜色是用柘木染成的。柘木中含非瑟酮色素，染出的丝织物有光照色差，在日光下黄而泛红，在烛光下赤而泛黄，色调优美，所以被视为特别高贵的服色。

皇帝服赭，唐代以前未见。但《御览》卷九五八引汉·崔寔《四民月令》说："柘染色黄赤，人君所服。"似汉代已有此制。但《御览》书成众手，容有误收；此条即非崔寔书中所能有。石声汉《四民月令校注》以为此条与崔书粘对不上，可疑，而从略。所见甚是。

至于纯黄色,在《武德令》中定为流外官及庶人的服色。到了晚唐、五代,民间始不着黄。而皇帝专用的服色遂在赤黄之外,更奄有纯黄色。《宋史·舆服志》说:"唐因隋制,天子常服赤黄、浅黄袍衫。"但唐代前期皇帝服黄,是泛用一般的服色;自唐后期至北宋,黄色却逐渐成为皇帝专用的服色了。

【新83】腰带者、揲垂头于下,名曰铊尾,取顺下之义。一品、二品銙以金,六品以上以犀,九品以上以银,庶人以铁①。

① 革带末端的包尾即铊尾。如革带去其垂绦,仅留其环,则名为环带。后又去其环,仅留其装环之垫,此物即带銙。详本书《中国古代的带具》一文。

【旧84】(武德)四年八月敕:"三品以上服①大科细绫②及罗,其色紫,饰用玉③。五品以上服小科细绫及罗,其色朱,饰用金。六品以上服丝布、杂小绫、交梭④、双钏⑤,其色黄。六品、七品饰银。八品、九品:鍮石⑥。流外及庶人服䌷、绝、布,其色通用黄、白⑦,饰用铜、铁。"

【新85】亲王及三品、二王后⑧服大科绫、罗,色用紫,饰以玉。五品以上服小科绫、罗,色用朱,饰以金。六品以上服丝布、交梭、双钏绫,色用黄。六品、七品服用绿,饰以银。八品、九品服用青⑨,饰以鍮石。勋官之服随其品,而加佩刀、砺、纷、帨。流外官、庶人、部曲、奴婢,则服䌷、绢、绝、布,色用黄、白,饰以铁、铜。

① "服"字原缺。据《通典》卷六一、《唐会要》卷三二补。"五品以上"句同。

  唐代服制,服色不视职事官,而视阶官之品。虽宰相之尊,而散官未及三品,仍须以"赐紫"系衔(参看清·钱大昕《十驾斋养新录》卷一〇"唐人服色视散官"条)。

② "细绫"原作"䌷绫"。据《册府》卷六一改。案绍兴残本《六典》卷三"河北道厥贡"条注:"定州:两窠细绫。"日本享保九年近卫家熙考订本与光绪二十一年广雅书局本"细绫"并误作"䌷绫",可见细字常易讹为"䌷"。又《通典》卷六说:"博陵郡贡细绫千二百七十四,两窠细绫十五匹,瑞绫二百五十匹,大独窠绫二十五匹,独窠绫十匹。"《元和郡县图志》卷二二、《新唐书·地理志》所记略同。"大科"即"大窠",科、窠音同字通。《金史·舆服志》说:"三师、三公、亲王、宰相、一品官,服大独科花罗,径不过五寸;执政官服小独科花罗,径不过三寸。"可为旁证。"大科细绫"即织出大团窠花的细绫。"小科细绫"原亦作"小科䌷绫"。校例同上。

③ "饰"指腰带之饰,特指带銙。

④ "交梭"原作"交梭"。据《册府》卷六一、《唐会要》卷三二改。《新志》

不误。

按《六典》卷三"户部·山南道厥贡"条注:"荆州,〔贡〕交梭縠子。"又《元和郡县图志》卷三二所记剑南道彭州、汉州的贡赋中均有"交梭罗"。这是一种带绉纹的织物。《汉书·江充传》颜注:"绉者为縠。"明·周祁《名义考》卷一一说:"縠即今绉纱。"明·宋应星《天工开物·乃服篇》说:"凡左右手各用一梭,交互织者曰绉纱。"明·方以智《物理小识》卷六说:"两手交织曰绉纱。两梭重,一梭轻,曰秋罗。"同治重修《湖州府志》卷三三说:"织绉纱必用单股紧丝,两梭顺逆合成。"清·卫杰《蚕桑萃编·工艺类》也说:"线绉……织用四批缯、八批醮,一概用龙抱柱线。龙抱柱者、一根松而粗,一根细而紧。故织成时面带绉纹。"则织绉类时,须以强捻及弱捻纬丝交替织入;或用顺、逆两种强捻丝,织时一梭用顺捻,一梭用逆捻;这样织出的织物表面可显出绉纹。所谓"交梭",大约就是用此类织法织成的縠或罗。

⑤ "双紃"原作"双绯"。据《唐会要》卷三二改。《新志》作"双紃绫"。

按唐绫常依花纹定名。白居易《杭州春望》诗说:"红袖织绫夸柿蒂。"注:"杭州出柿蒂花者,尤佳也"(《白香山诗集·后集》卷五)。明·姜南《蓉塘诗话》也说:"所谓柿蒂,指绫之纹"(《说郛·续》卷三三引)。他如"方纹绫"、"樗蒲绫"、"鸂鶒绫"等绫之命名的根据亦同。《荀子·富国篇》杨注:"紃、绦也。"故"双紃"可能是指一种织出双绦纹之绫。

⑥ 魏·钟会《刍荛论》:"夫莠生似禾,鍮石像金"(《御览》卷八三引)。这是在我国古文献中最早出现的"鍮石"一词。劳费尔《中国伊朗编》认为汉语的鍮"是波斯语 tūtiya(黄铜)第一音节的译音",还说"它是中古波斯语"(林筠因译本,页342)。张子高指出,波斯通中国始于北魏太安元年(455年),而钟会是3世纪的人,所以鍮石之名不会来自波斯语(《中国化学史稿·古代之部》页108)。但此二说的根据均不够充分。劳费尔未能举出 tūtiya 这个词汇从波斯传入中国之可靠的史料。而张说也忽略了在建立正式的官方关系之前,文化上的交流甚至可以长期存在的事实。

鍮石一词有两种含义。章鸿钊《洛氏中国伊兰卷金石译证》说:"鍮石者、初义指自然石类,后得铜锌合金。以其色似鍮石,因仍其名。"但如果以人造黄铜为鍮石,则黄铁矿(FeS_2)或黄铜矿($CuFeS_2$)可称"自然鍮"(《演繁露》说);如以天然产物为鍮石,则人造黄铜就称为"假鍮"(《格古要论》说),以示区别。我国早在南北朝时已有黄铜。《南史·王莹传》中记有"遂向东,为黄铜"之民谚。这种黄铜有可能是人工冶炼的。宋·崔昉《外丹本草》说:"用铜一斤、炉甘石一斤,炼之即成鍮石一斤半。"炉甘石即菱锌矿

($ZnCO_3$)，此物与铜在还原炉中炼成的合金今日通称黄铜；本节所说的鍮石，大约也指这种合金。由于它当时尚未被大量生产，故仍用来制造饰件如带銙等物。

⑦ "白"字原脱，据《通典》卷六一、《唐会要》卷三二补。

自隋代直到中唐时，庶民服色通用黄、白。隋·王通《中说·事君篇》说："君子非黄、白不御，妇人则有青、碧。"在唐代，不仅《武德令》中有这种规定，《唐会要》卷三一所载太和三年敕仍说："丈夫许通服黄、白。"

唐代诗文中对男子着黄衣不乏描写。如杜甫《少年行》："黄衫少年宜来数，不见堂前东逝波"（《九家集注杜诗》卷二二）。《封氏闻见记》卷六说："御史大夫李季卿宣慰江南，至临淮县馆，或言（常）伯熊善茶者，李公请为之。伯熊着黄被衫、乌纱帽，手执茶器，口通茶名，区分指点，左右刮目。"唐·蒋防《霍小玉传》说："忽有一豪士，衣轻黄纻衫，挟朱弹，丰神隽美，衣服轻华"（《太平广记》卷四八七引）。皆是其例。

至于衣白，更是宋以前最通用的庶民服色。《盐铁论·散不足篇》说："古者庶人耋老而后衣丝，其余则麻枲而已，故命曰布衣。"布衣指本色的麻布衣，亦即白衣。《汉书·两龚传》："闻之白衣。"王先谦补注引沈钦韩曰："白衣谓庶人。"《后汉书·孔融传》："前与白衣祢衡跌荡放言。"隋、唐仍沿此风，平民多着白衣。传隋·展子虔笔《游春图》中的游人尽着白衣。《新唐书·李泌传》："欲授以官，（泌）固辞，愿以客从。入议国事，出陪舆辇。众指曰：'着黄者圣人，着白者山人。'"中唐以后，民间渐有着黑衣者。唐·陈鸿祖《东城老父传》说："近者（贞元、元和间）老人扶杖出门，阅街衢中，东西南北视之，见白衫者不满百，岂天下之人皆执兵乎？"宋·王谠《唐语林》卷七说："唐末士人之衣色尚黑，故有紫绿，有墨紫。迨兵起，士庶之衣俱皂。"所以到五代时，遂以白、黑二色为平民的服色。后唐天成三年诏："今后庶人工商，只着白衣。今请县镇公吏及工商、技术，不系官乐人，通服皂、白"（《文献通考》卷一一三）。

⑧《诗·周颂·振鹭》小序："振鹭、二王之后，来助祭也。"毛传："二王：夏、殷也。"《周礼·典命》郑注："二王之后，亦为上公。"周代以夏、殷之后为二王后。《礼记·郊特牲》说："天子存二代之后，犹尊贤也，尊贤不过二代。"故唐代以北周与隋之后为二王后。《通典》卷七四说："隋封后周靖帝为介国公。"唐仍之。同书同卷又说："（武德元年）以莒之酅邑奉隋帝为酅公，行隋正，车骑服色，一仍旧章。"《白香山诗集·长庆集》卷三《新乐府·二王后》："二王后，彼何人？介公、酅公为国宾，周武、隋文之子孙。"《新唐书·

百官志·主客郎中》说："二王后子孙视正三品。酅公岁赐绢三百，米、粟亦如之，介公减三之一。"

⑨ 《新志》本节说的是武德间事，下一节（【新85】）才说到"太宗时"事。本节所列的服色为：

品 阶	一品—三品	四品、五品	六 品	七 品	八品、九品
服 色	紫	朱	黄	绿	青

但武德时并未规定这种服色，在整个唐代亦无品官于绿上着黄之制。唐·刘𫗧《隋唐嘉话》说："旧官人所服，唯黄、紫二色而已。贞观中，始令三品以上服紫，四品以上朱，六品、七品绿，八品、九品以青焉。"《新唐书·马周传》说："品官旧服止黄、紫。（贞观四年）周建白：三品服紫，四品、五品朱，六品、七品绿，八品、九品青。"故武德时的品官服色并无绿、青，而贞观以后黄色已非正式的品官服色。本节殆误记。

【旧85】五品以上执象笏。三品以上①前诎后直②，五品以上前诎后屈。自有唐以来，一例上圆下方，曾不分别。六品以下执竹、木为笏，上挫下方。

【新43】象笏上圆下方。六品以竹、木，上挫下方③。

① 《唐会要》卷三二于此句上有"旧制"二字。本节删去此二字，文义不完。"以上"原作"以下"。沈炳震《合钞》注："以下疑作以上。"案《六典》卷四"礼部·冠笏"条注："三品以上笏，前诎后直。"故当以"上"字为正。

② "诎"字原作"挫"。据《六典》卷四改。案《礼记·玉藻》："诸侯荼前诎后直。"郑注："诎云圜杀其首，不为椎头。"则所谓"前诎"即笏首前端呈圆形之意。"五品"句中"诎"字原亦作"挫"。校例同上。

③ 笏的功用原如《释名》所说，系有事书其上，以备忽忘者，见本稿卷一【旧10】注①。南北朝以来，此物亦名手板。《北齐书》："尔朱荣既诛，得其手板，上有数牒启，皆左右去留人名，非其腹心，在出限"（《御览》卷六九二引）。唐代仍有以笏记事者，如《新唐书·王播传》说："王播善口奏，虽数十事，未尝书于笏。"可知他人或当书于笏。但实际上多数人亦并不每奏事必书笏，只不过执之以为仪饰之用。

【旧86】其折上巾、乌皮六合靴，贵贱通用。

【旧87】贞观四年又制：三品以上服紫。五品以上服绯。六品、七品服绿。八品、九品服以青，带以输石。妇人从夫色。虽有令，仍通许着黄。五年七月敕：七品以上服龟甲①、双巨②、十花绫③，其色绿；九品以上服丝布及杂小绫，其色青。十一月，赐诸卫将军紫袍，锦为褾袖④。

【新86】太宗时又命七品服龟甲、双巨、十花绫，色用绿。九品服丝布、杂绫，色用青。

① 龟甲纹又称"龟背"（宋·周密《齐东野语》卷六"绍兴御府书画式"条）或"龟文"（宋·李诫《营造法式》卷一四"彩画作制度五彩遍装"条，元·陶宗仪《辍耕录》卷二三"锦褾"条）。这是一种蜂巢状的六角形四方连续图案，新疆民丰东汉墓曾出土龟甲四瓣纹罽（《丝绸之路》图版15），说明这种花纹2世纪时已见于我国。以后在炳灵寺石窟169窟北壁西秦建弘元年（420年）题记龛中之佛像的僧祇支上（《炳灵寺石窟》图版24）、山西大同出土的6世纪之北魏鎏金牌饰上（《考古》1983年第11期）、洛阳出土同一时期的北魏石棺上（《洛阳北魏世俗石刻线画集》），都出现过这种花纹。在唐代，如《历代帝王图卷》中陈文帝穿的襦上就绘有龟甲纹（图23-5）。莫高窟藏经洞所出绢本《昆沙门天及眷属像》中之药叉的上装也绘有简单的龟甲纹。

图23-5 龟甲纹
（据《历代帝王图卷》）

② 双巨在《新唐书·地理志》"兖州鲁郡"条中作"双距绫"。案"巨"、"距"、"矩"可相通假。《考工记》："必矩其阴阳。"郑注："故书矩为距。"《礼记·大学》："是以君子有絜矩之道也。"郑注："矩或作巨。"《释名·释形体》："距、矩也。"矩为曲尺，成双的曲尺可以构成图案。如《周髀算经》卷上说："合矩以为方。"《簪花仕女图》中右起第一人之外衣，及新疆吐鲁番阿斯塔那北区301号唐墓出土的"规矩纹锦"，其图案皆由双双相对的曲尺纹（矩纹）构成，疑即双巨纹（图23-6）。

③ 《新唐书·地理志》说越州的土贡中有"十样花纹绫"，或即本节所说的十花绫。具体形象不明。

④ 以锦为褾袖之衣，在《凌烟阁功臣图》中的李勣像上可以见到（图23-7:2）。西安南里王村韦泂墓壁画中的男子像，有领、褾、襟缘都用锦制作的（图23-7:3）。这种作法源于中亚，乌兹别克斯坦撒马尔罕北郊阿弗拉西阿卜（Afrasiab）古城址内出土7世纪中后期的粟特壁画中，即有此类衣饰（图23-7:1）。

【新87】（太宗时）是时，士人以褾䌷襕衫为上服①，贵女工之始也②。一命以黄，再命以黑，三命以绿，四命以缥，五命以紫③。士服短褐，庶人以白。中书令马周上议：

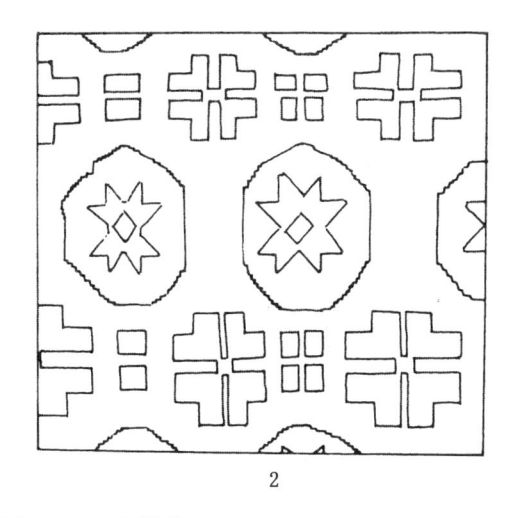

图 23-6 双巨纹

1.《簪花仕女图》 2. 唐锦（新疆吐鲁番阿斯塔那北区 310 号墓出土）

图 23-7 锦褾、袖

1. 阿弗拉西阿卜古城出土粟特壁画（据《シルクロードの遺宝》图 93）
2.《凌烟阁功臣图》中的李勣像（据《文物》1962 年第 10 期）
3. 西安南里王村韦洞墓壁画（据《文物》1959 年第 8 期）

"《礼》无服衫之文，三代之制有深衣。请加襕、袖褾、襈，为士人上服。开骻者名缺骻衫，庶人服之④。又请裹头者，左右各三襵，以象三才；重系前脚，以象二仪。"诏皆从之。太尉长孙无忌又议："服袍者下加襕⑤，绯、紫、绿皆视其品，庶人以白。"

① "枲纻"原作"棠苎"。原田淑人以为棠当作"枲"（见《支那唐代の服饰》），其说是。枲是大麻的雄株，产纤维；在这里指以大麻织成的粗麻布。苎当作纻，指以苎麻织成的细麻布。《说文·糸部》："布白而细曰纻。"兹改正。

② 《礼记·郊特牲》说："酒醴之美，玄酒、明水之尚，贵五味之本也。黼黻文绣之美，疏布之尚，反女工之始也。……贵其质而已矣。"《中华古今注》卷中"布衫"条说："用布者、尊女工之尚，不忘本也。"本节说上服用枲纻，亦正是此意。

③ 原作"三命以缥，四命以绿"。案唐制，衣绯者位在衣绿者之上，故改正。"九仪之命"见《周礼·大宗伯》，谓："一命受职（郑注：王之下士），再命受服（王之中士），三命受位（王之上士），四命受器（王之下大夫），五命赐则（王之下大夫四命，出封加一等，五命），六命赐官（此王六命之卿），七命赐国（卿出封加一等），八命作牧（谓侯伯有功德者，加命得专征伐于诸侯），九命作伯（上公有功德，加命为二伯）。"又《典命》说："其官室、车旗、衣服、礼仪各视其命之数。"西魏时，宇文泰托古改制，仿照《周礼》建立六官九命之制，北周继续沿用，隋初废除。所以唐代并不行此制，本节只不过是一种虚拟的说法。

④ 缺胯衫即衣侧开衩口的长衫，又名衩衣。王建《宫词》"每到日中重掠鬓，衩衣骑马绕宫廊"（《全唐诗》五函五册）句中所吟者即是。宋代称为四䙆衫，详见宿白先生《白沙宋墓》注㊳。缺胯衫出现于南北朝后期，见本书《南北朝时期我国服制的变化》一文。其衩口起初开得较低，后来愈变愈高，直抵胯部。缺胯之名称，或缘此而得。由于着缺胯衫便于骑乘，所以推广得很快。

⑤ 《隋志》说："宇文护始命袍下加襕。"则北周时已有这种作法。《中华古今注》卷中说：长孙无忌"请于袍上加襕，取象于缘"。与本节略同。

【旧90】龙朔二年，司礼少常伯孙茂道奏称："旧《令》：'六品、七品着绿，八品、九品着青。'深青乱紫，非卑品所服①。望请改八品、九品着碧。朝参之处，听兼服黄。"从之。总章元年，朝参始一切不许着黄②。

① 唐代三品以上官员的紫袍是青紫色，而不是红紫色。莫高窟130窟壁画中的供养人乐庭瓌像，榜题记明他已"赐紫、金鱼袋"，则所着当是紫袍。但现在其袍却呈蓝色，当是由青紫褪色而成。所以本节说"深青乱紫"。

② "朝参"二字原脱。据《通典》卷六一补。《通典》说："前令九品以上朝参及视事处听服黄。以洛阳县尉柳诞服黄夜行为部人所殴。高宗闻之，以章服错乱，故此诏申明之，朝参行列一切不得着黄。"但这时并未禁官员家居时着黄，

也未禁止平民着黄。

【旧91】上元元年八月又制："一品以下文官①带手巾、算袋②，仍佩刀子、砺石。武官欲带者听之。"

【旧96】景云中又制："令依上元故事，一品以下带手巾、算袋，其刀子、砺石等许不佩。武官五品以上佩钿鞢七事。"③七谓佩刀、刀子、磨石、契苾真哕厥、针筒、火石袋等也④。至开元初，复罢之。

【新96】初，职事官三品以上赐金装刀、砺石。一品以下则有手巾、算袋、佩刀、砺石。至睿宗时罢佩刀、砺石。而武官五品以上佩钿鞢七事：佩刀、刀子、砺石、契苾真哕厥、针筒、火石是也。

【新99】（开元初）京官⑤朔望朝参、外官衙日，则佩算袋，余日则否。

① "文官"二字原脱。据《唐会要》卷三一补。
② 当珠算在元代开始流行之前，我国古代通用筹算。筹算之筹名算。《说文》："算、长六寸，所以计历数者。"算通用竹制，也有用象牙制的。《晋书·王戎传》说他："每自执牙算，昼夜算计。"隋、唐时，算的长度减短，"广二分，长三寸"（《隋书·律历志》），约合7厘米强。算袋，即盛算筹之袋。
③ 《通典》卷六三作"文官、武官咸带七事"。《唐会要》卷三一同。两《志》只说武官佩七事，所记有异。
④ 七事中的佩刀又名横刀。《六典》卷一六原注："横刀、佩刀也，兵士所佩，名亦起于隋。"不仅兵士，将领也佩这种刀。《新唐书·王及善传》："除千牛卫将军。帝曰：'尔佩大横刀在朕侧，亦知此官贵乎？'"《通鉴》卷一九八"贞观二十年"条胡注："横刀者、用皮襻带之，刀横披下。"唐墓壁画中的武士常带这种刀。刀子则是小型刀，饮啖时用以切鱼、肉。唐·段成式《酉阳杂俎·前集》卷一记玄宗赐安禄山的物品中有"鲫鱼并鲙手刀子。"宋·王谠《唐语林》卷一说肃宗为太子时，尝侍膳，割羊臂臑，"余污漫刃，以饼洁之"；此"刃"也应指这种刀子，其状如图18－25:2。唐代并州人难绾所制刀子最有名。唐·卢纶《难绾刀子歌》说："黄金鞘里青芦叶，丽若剪成钴且捷。轻冰薄玉状不分，一尺寒光堪决云"（《全唐诗》五函二册）。可见有些刀子十分精美，但其长度一般不超过一尺。磨石用于磨刀，西周遗物中已出小型带孔磨石，其佩带方式不明（图23－8:1）。斯基泰人曾将磨石制成短棒，一端稍细，另一端装金包头，有穿孔，可供佩带（图23－8:2）。内蒙古伊克昭盟准格尔旗西沟畔2号战国匈奴墓墓主左腿侧出土包金片的磨石一件。又凉城毛庆沟58号战国墓墓主腰间亦佩磨石（图23－8:3）。但唐代遗物中尚未发现此物。"契苾真哕厥"

则是外来语的对音,指二物,尚未能解读,含义不明。"针筒"原作"计筒",据《通典》卷六三改。日本法隆寺所贮奈良时代入藏的绀牙、红牙及绿牙拨镂针筒,为有盖的象牙直身圆筒,筒径平均约 1.7、高约 7 厘米。筒面以拨镂技法刻出鸟兽、花草等纹饰。其中应有唐土制品。"火石袋"用于盛取火用的火石。我国从上古直到南北朝以前,主要用木燧钻火,隋、唐时已用击火石的方法取火。火石须与火镰配合使用。《武备志》卷一○九说:"火镰以钩刀为刃。"高昌壁画中人像腰间所佩之袋旁常有一钩状物,疑即火镰;果如是,则其袋应即火石袋(图 23-9)。

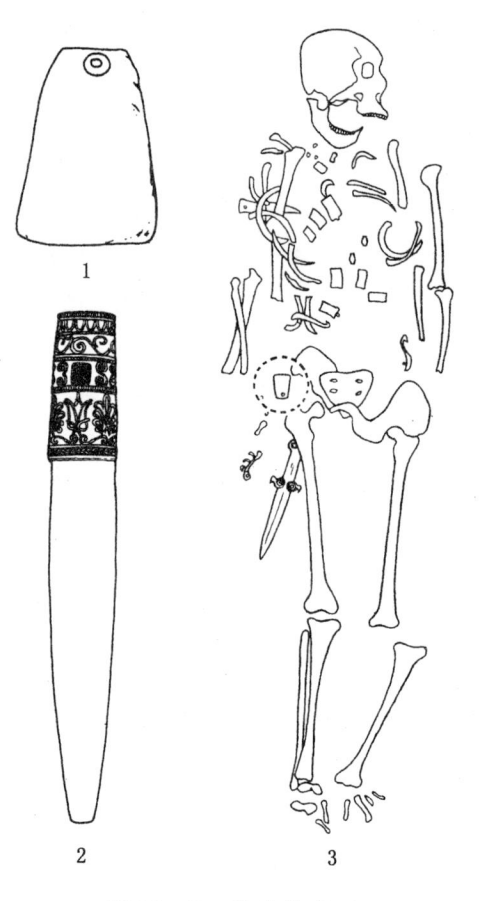

图 23-8 带孔的磨石

1. 西周,沣西张家坡出土(据《沣西发掘报告》)
2. 斯基泰,前 4 世纪,克里米亚半岛辛菲罗波尔附近出土(据 Scythian Gold, Museum of Historic Treasures of Ukraine.) 3. 内蒙古凉城毛庆沟 58 号战国墓平面图,墓主腰间佩带磨石,图中用圆框标出其位置(据《鄂尔多斯式青铜器》)

图 23-9 吐鲁番发现的高昌壁画

(据《西域画聚成》5 辑,图 4)

⑤ "京官"原作"百官"。按《旧唐书·玄宗纪》说:"(开元二年七月)京官所带跨巾、算(当作算)袋,每朝参日着,外官衙日着,余日停。"则当以"京"字为正。兹据改。

【旧92】(上元元年制)"文武三品以上服紫,金、玉带。四品服深绯,五品服浅绯,并金带。六品服深绿,七品服浅绿,并银带。八品服深青,九品服浅青,并鍮石带。庶人并铜、铁带。"

【旧94】(文明元年诏)"八品以下旧服青者,并改以碧。"①

【新93】其后,以紫为三品之服,金,玉带銙十二②;绯为四品之服,金带銙十一;浅绯为五品之服,金带銙十,深绿为六品之服,浅绿为七品之服,皆银带銙九;深青为八品之服,浅青为九品之服,皆鍮石带銙八;黄为流外官及庶人之服,铜铁带銙七③。

① 睿宗文明元年(684年)即武后光宅元年,亦即中宗嗣圣元年。此次改服色事见《新唐书·武后纪》谓:"光宅元年九月甲寅大赦改元,旗帜尚白。外官服青者以碧。"《唐会要》卷三一所记并同。本节原脱"青"字。兹据补。

② "十二"原作"十三"。据《通典》卷六三改。案十三銙之带为皇帝所专用,见本卷【旧81】注⑩。

③ 庶人之带,《通典》卷六三说用六銙,《唐会要》卷三一与本节皆说用七銙。案南唐·沈汾《续神仙传·蓝采和》说:"蓝采和不知何许人也,常衣破蓝衫,六銙黑木腰带,阔三寸余"(《太平广记》卷二二引)。可见唐代带制以六銙为下限。

　　唐代对常服的服色、带制等方面作出上述各种规定后,制度渐趋严整,实际上已取代了朝服、公服的地位。《辽史·舆服志》说:"五代颇以常服代朝服。"其实不用等到五代,唐文宗于开成元年正旦已御常服受朝贺。到了宋代,祭服、朝服等服装多已备而不用,成为具文。《朱子语类》卷九一说:"今朝廷服色三等,……此起于隋炀帝时,然当时亦只是做戎服,……他当时又自有朝服。今亦自有朝服,大祭祀时用之,然不常以朝。到临祭时取用,却一齐都破损了,要整理又须大费一巡,只得恁地包在那里。"到了元代,如陶宗仪《辍耕录》卷五所说:"天子郊祀与祭太庙日,百官陪位者皆法服。凡披秉,须依歌诀次第,则免颠倒之失。歌曰:'袜履中单黄带先,裙袍蔽膝绅绶连;方心曲领蓝腰带,玉佩丁当冠笏全。'"着衣而需歌诀,可见此时对祭服之类服装,已经非常生疏了。

【旧97】则天天授二年二月,朝集使、刺史赐绣袍,各于背上绣成八字铭①。长寿三年四月,敕赐岳牧金字、银字铭袍。延载元年五月,则天内出绯、紫单罗铭襟、背衫,赐文武三品以上。左右监门卫将军等饰以对狮子②,左右卫饰以对麒麟,左右武威卫饰以对虎,左右豹韬卫饰以对豹,左右鹰扬卫饰以对鹰③,左右玉钤卫饰以对鹘,左右金吾卫饰以对豸,诸王饰以盘石及鹿④,宰相饰以凤池,尚书饰以对雁。

【新94】武后擅政,多赐群臣巾子、绣袍,勒以回文之铭。皆无法度,不足纪。

【新101】唐初,赏朱紫者服于军中。其后,军将亦赏以假绯、紫,有从戎缺骻之服,不在军者服长袍⑤,或无官而冒衣绿,有诏殿中侍御史纠察。诸卫大将军、中郎将以下给袍者,皆易其绣文:千牛卫以瑞牛,左右卫以瑞马,骁卫以虎,武卫以鹰,威卫以豹,领军卫以白泽⑥,金吾卫以辟邪⑦。行六品者,冠去琪珠。五品去鞶囊、双佩。幞头用罗、縠。

① 《唐会要》卷三二作"内出绣袍赐新除都督、刺史。其袍皆绣刺作山形,绕山勒回纹铭曰:'德政唯明,职令思平,清慎忠勤,荣进躬亲。'自此,每新除都督、刺史,必以此袍赐之。"此次所颁之袍上的绣文为回文铭绕山形,下文所记延载元年所颁之袍,则以回文铭绕对兽。其词载于《通典》卷六一,作:"忠正贞正(《唐会要》卷三二作'忠贞正直'),崇庆荣职,文昌翊政,勋彰庆陟。""懿冲顺彰,义忠慎光,廉正躬本(《唐会要》:'本'作'奉'),谦感忠勇。"又宋·吴曾《能改斋漫录》卷一四说:"《新史·狄仁杰传》:'……后自制金字十二于袍,以旌其忠。'其十二字史不著。予案《家传》云:'以金字环绕五色双鸾。其文曰:敷政术,守清勤,升显位,励相臣。'乃命录之。"这种以铭文环绕动物纹的图案,在日本正仓院所藏天平十四年(742年)紫地白蒲

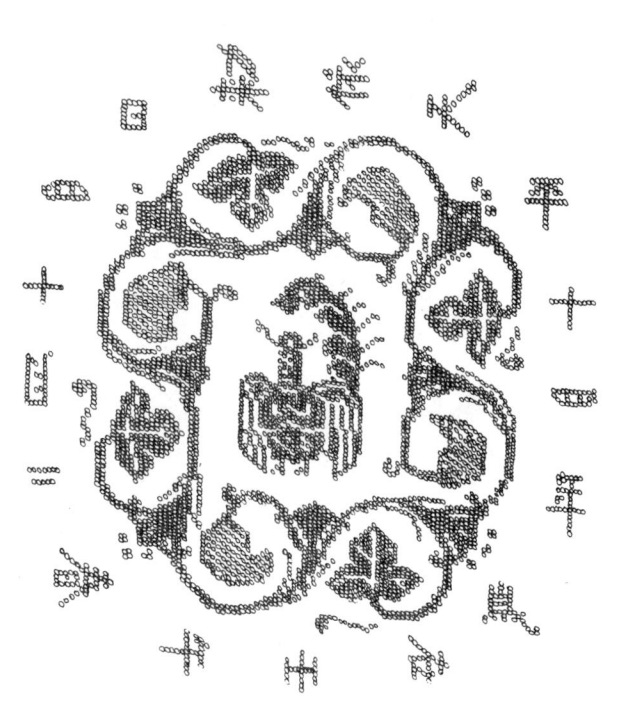

图23-10 蒲桃团窠迦陵频伽纹绫《最胜王经》帙
(正仓院藏,据平凡社《世界美术全集》卷9,图版123)

桃团窠迦陵频伽纹绫《最胜王经》经帙上还能看到(图23-10)。唐代铜镜背面也有以铭文环绕动物纹的图案,亦与这种绣文的构图相通。

② 对狮子纹锦曾在莫高窟藏经洞出土一片(斯坦因标本号Ch. xlviii, 001,载

Serindia. V.4, Pl.116），其时代或稍早于唐。近年在青海都兰唐墓中出土的绿地珠窠对狮凤纹锦（图23-11），则纯然唐风了。

③ "对麒麟"、"对豹"、"对鹰"诸"对"字原脱。据《通典》卷六一、《唐会要》卷三二补。又《通典》、《唐会要》于"左右鹰扬卫"句下，尚有"左右千牛卫饰以对牛"一语，《旧志》脱。

④ "盘石"在《唐会要》卷三二中作"盘龙"，但《通典》卷六一亦作"盘石"。案天授年间绣袍上的图案为山形纹，则这时用盘石纹也是合理的。这里说的盘石纹应与对鹿纹组织在一起。有"花树对鹿"文字铭的对鹿纹锦，于1912年曾在新疆吐鲁番阿斯塔那出土一例。盘石纹尚未在唐代织物上发现过。

图23-11 青海都兰唐墓出土对狮、凤纹锦

（据《中国历史博物馆馆刊》总15/16期，页68）

唐代织物上的对禽兽纹，往往在其四周环绕着一圈联珠图案。这种图案起源于波斯萨珊。在那里，珠圈的上下左右四方（或二方）嵌有小方块（图23-12∶1）。因为它本来是模仿萨珊式珠链，而萨珊珠链则有在中间加一节方形饰件的作法（图23-13）。莫高窟402窟隋代壁画中的联珠天马纹，其珠圈中也嵌有方块（图23-12∶2）。唐锦的联珠纹虽然仍有沿用这种作法的，但多数代之以小花朵。而阿弗拉西阿卜7世纪中期粟特壁画中的联珠纹，也大都用小珠花作为大联珠圈相切处的络结。特别是这里的联珠天马纹图案，与阿斯塔那302号永徽四年（653年）墓所出联珠对马纹锦十分相似（图23-12∶3、4）。说明在唐代前期，这类织纹直接受到粟特即昭武九姓地区的影响。由于萨珊王朝已于651年倾覆，所以在唐锦上表现出来的萨珊风格就愈来愈浅淡了。

萨珊式的联珠圈纹锦在我国最早出现于619年（武德二年）的高昌墓葬中。但此前我国久已熟悉于圆圈中布置对禽兽的构图。如叙利亚帕尔米拉（Palmyra）出土的汉绮，便织出了复合菱纹（杯纹）和实于圆圈中的对兽纹。阿斯塔那303号高昌和平元年（551年）墓出土的龙凤纹暗花绮，在依横行相络合的椭圆形中实以对龙与对凤。虽然时间已经到了6世纪中叶，但在我国西

图 23-12 联珠圈动物纹

1. 萨珊花砖（据 *Sasanidische Kunst*, Abb.3）　2. 莫高窟 402 窟隋代壁画边饰（据《敦煌壁画集》图版 36）　3. 阿弗拉西阿卜古城粟特壁画中的锦纹（据《纪念北京大学考古专业三十周年论文集》页 329）　4. 吐鲁番阿斯塔那永徽四年（653 年）墓出土对马纹锦（据《文物精华》2 辑，页 5）

部地区出现的此类织物，无论从织法或花纹上说，都是汉代以来传统技法的继续。不过，不能忽视的是：萨珊式联珠圈纹和这类图案之间存在着构图上甚至审美情趣上的若干共同点。萨珊式珠圈之得以在我国风行一时，正是由于存在着上述共同点，所以容易被我国使用者接受的缘故。

还应当看到的是，在西方，无论萨珊或粟特，其联珠圈中一般仅有一只动物，而我国却习惯安排成对的动物。《历代名画记》所记窦师纶创制的"陵阳公样"，便以对禽兽，即"对雉、斗羊、翔凤、游鳞"等图案著称。也就是说，远在唐初，通过安排对禽兽，已使联珠圈中的图案开始中国化。所以下一步出现了完全是中国情调的团花对鹿、联珠对龙、团花宝相等唐式团窠（图 23-14），也正是这一发展趋势的必然结果。

⑤ 《通典》卷六一作："开元四年二月制：军将在阵，赏借绯紫，本是从戎缺骻之服。一得之后，遂别造长袍，递相仿效。自今以后，衙内宜专定殿中侍御史纠察。"语意较清楚。

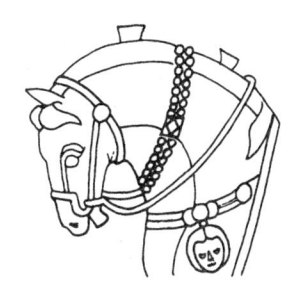

图 23-13 爱米塔契博物馆藏萨珊银盘上所见珠链
（据 *L' Artdela Perseancienne*, pl. 112）

⑥ 《宋书·符瑞志》说："泽兽。黄帝时巡狩至于东海滨，泽兽出，能言，达知万物之情，以戒于民，为时除害。贤君明德幽远，则来。"《开元占经》卷一一六引《瑞应图》称之为"白泽"。《云笈七签·先天记叙·黄帝本纪》说："帝巡狩东至海，登桓山，于海滨得白泽，神兽，能言，达于万物之情。"其说与《宋书·符瑞志》相同。在唐代，白泽常被用作徽识，除本节所记之外，《六典》卷一六"旗之制"中还提到"白泽旗"。白泽应即《酉阳杂俎·前集》卷一六所说的"貊泽"，亦即《刘子新论·殊好篇》"走貊美铁"之貊。它就是貘科的貘。徽识中的白泽应是将貘加以神化而成。

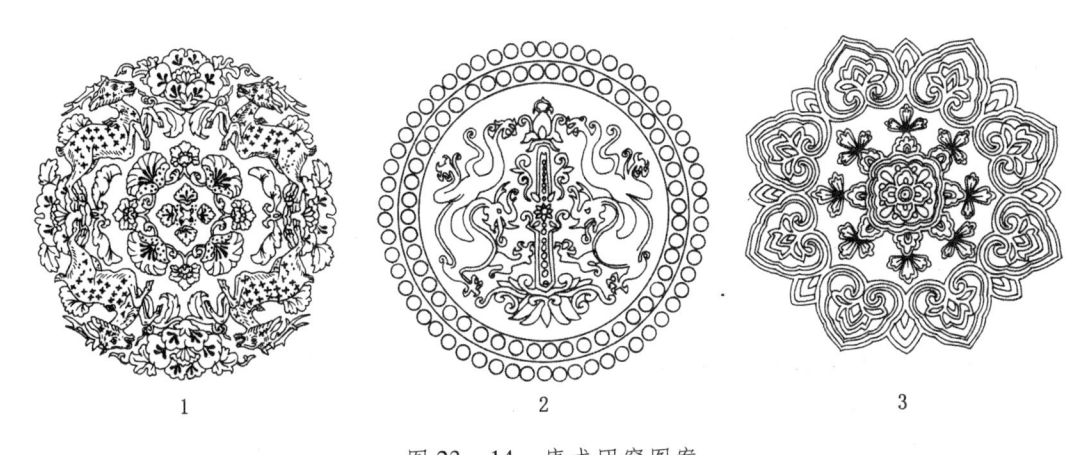

图 23-14 唐式团窠图案

1. 对鹿纹绫（据《中国古代服饰研究》页259） 2. 对龙纹绮（据《新疆出土文物》图版155）
3. 宝相花纹锦，乌鲁木齐出土（据《文物》1973年第10期，页32）

⑦ "辟邪"为神兽之名。《急就篇》颜注："射魃、辟邪，皆神兽名也。"其形象起初并无定型。四川出土的汉代画像砖上绘二虎，其旁之铭文就书作"辟邪"、"除凶"（Cheng Tek'un, Yin-Yang Wu-hsing and Han Art. pl. 9, fig. 26, 27. HJAS, V. 20, no. 1/2. 1957）。到了东汉中晚期乃将一种独角兽称为辟邪。这种神兽的造型与其名称均为我国自创，不含有任何外来因素。劳费尔《中国

伊朗编》说："'辟邪'不是外国语的译音，古体 bik-dza 既不成为波斯字也不成为马来语字"（林译本，页293，注③）。王士伦《浙江省出土铜镜选集》图27著录的一件汉镜上出现过辟邪的图像，旁附"辟邪"两字铭文，故可确认。陵墓石兽中也常雕刻辟邪。《水经注》卷三一、《金石录》卷一五记州辅墓石兽中有辟邪；《集古录》卷三、《梦溪笔谈》卷二一记宗资墓石兽中有辟邪。中国历史博物馆所藏洛阳洛河岸出土"缑氏蒿聚成奴作"在铭之石辟邪，可以视为其典型的形象。唐代的辟邪虽然在艺术上更加精美，但基本造型应无大殊。

如上所述，唐代织物常将各种禽兽安排在圆形图案内。这类图案当时称作"团窠"。唐·卢纶《宴赵氏昆季书院因与会文》诗说："花攒骐骥枥，锦绚凤凰窠"（《全唐诗》五函二册）。宋·黄庭坚《山谷题跋》卷五说："余尝得蕃锦一幅，团窠中作四异物。"清·王琦《李长吉歌诗汇解·梁公子》的注中解释得更为简明："所谓窠者，即团花也。"织或绣出一枚大团窠的花绫名"独窠绫"，唐代禁止低品官员穿这种衣料。《唐会要》卷三一说："（开元十九年六月敕）六品以下……不得服罗縠及着独窠绣绫。"织或绣出两枚大团窠的则名"两窠绫"。《元和郡县图志》卷二二河北道定州贡赋品目中有"两窠细绫"，同书卷三四剑南道绵州贡赋品目中有"对凤两窠"。此类团窠连同其中的动物纹是带有徽识性的，所以它不像本卷【旧87】注④中说的那样，仅用于装饰领、褾、襟缘等处；而如【旧97】所记，团窠当位于袍服襟、背的正中。自唐至元，图像中不乏这类例子（图23-15）。元代时，它的轮廓由圆形改为方形。到了明代，更进一步演变成官服上的补子，成为区分官员的品阶和职别的重要标志了。而本节说武官的绣文皆用兽形，【旧97】又说文官如宰相、尚书等用"凤池"、"对雁"等禽鸟形，也正和补子之文官用禽、武官用兽的制度相一致。

【新104】德宗尝赐节度使时服，以雕衔绶带，谓其行列有序、牧人有威仪也①。元和十二年，太子少师郑余庆言百官服朝服者多误。自今唯职事官五品兼六品以上散官者，则有佩、剑、绶，其余皆省。

① 《唐会要》卷三二说："贞元三年三月，初赐节度使、观察使等新制时服。上（德宗）曰：'顷来赐衣，文彩不常，非制也。朕今思之，节度使文以鹘衔绶带，取其武毅，以靖封内。观察使以雁衔仪委，取其行列有序，冀人人有威仪也。'"《旧唐书·德宗纪》说："观察使宜以雁衔威仪。威仪、瑞草也。"宋·计有功《唐诗纪事》卷四一载白居易《弟行简赐章服》诗："荣传锦帐花联萼，彩动绫袍雁趁行。"注："绯多以雁衔瑞莎为之。"可知所谓"仪委"或

图 23-15　大团窠之衣（1~3）及其向褙子的演变（4）
1. 唐《纨扇仕女图》（据《中国历代绘画——故宫博物院藏画集》卷1，页41）
2. 《韩熙载夜宴图》（据《中国画》1960年第2期，页18）
3. 山西洪赵明应王庙元代壁画（据《中国古代服饰研究》页396）
4. 元刊本《事林广记》续六·六所载弈双陆者

"威仪"，就是"瑞草"、"瑞莎"之类。又《白香山诗集·长庆集》卷一七《初除官，蒙裴常侍赠鹊衔瑞草绯袍、鱼袋》诗说："鱼缀白金随步跃，鹊衔红绶绕身飞。"更可知带有鹊衔绶带和雁衔瑞草等花纹的袍是单色的绯绫袍，并非彩色的锦袍。案宋·戴侗《六书故》卷三〇说："织采为文曰锦，织素为文曰绮。"《汉书·高帝纪》颜注："绮、文缯也，即今之细绫也。"则绫也是织素为文。所谓"织采"，是指先将丝染上彩色再织；所谓"织素"，则指先将素丝织成疋段而后染。前者即现代说的熟织，后者即现代说的生织。细绫生织后再染，则成为本色花绫。今天在敦煌壁画上所见供养人之官服，都是无花纹的单色长袍；其实当时的官服是有花纹的，只不过本色暗花在壁画上难以表现而已。

【旧98】武德以来，始有巾子，文官名流上平头小样者。则天朝贵臣内赐高头巾子，呼为武家诸王样。中宗景龙四年三月，因内宴赐宰臣以下内样巾子。开元以来，文官士伍多以紫皂官绝为头巾、平头巾子，相效为雅制。玄宗开元十九年十月，赐供奉官及诸司长官罗头巾及宫样巾子，迄今服之也。

【新95】至中宗又赐百官英王踣样巾，其制高而踣，帝在藩时冠也。其后文官以紫黑绝为巾。赐供奉官及诸司长官则有罗巾、圆头巾子，后遂不改①。

① 裹幞头时，先在发髻上施巾子。幞头的外观即由巾子的形状所决定。大体上说，初唐用较低的平头小样巾，盛唐用高而前踣的圆头巾子，中、晚唐改用直立的尖巾子（《封氏闻见记》卷五）。北宋绍圣后又流行向后偃的敛巾（《云麓漫钞》卷三，《石林燕语》卷三），是为巾子式样的一大变化（图23-16）。

图23-16 宋代后偃式敛巾
（重庆井口2号宋墓石刻画，据《文物》1961年第11期，页12）

【旧116】妇人宴服，准《令》各依夫色，上得兼下，下不得僭上。既不在公庭，而风俗奢靡，不依格令，绮罗锦绣，随所好尚。上自宫掖，下至匹庶，递相仿效，贵贱无别①。

【新102】妇人服从夫、子。五等以上亲及五品以上母、妻，服紫衣，腰襻、褾、缘用锦绣。九品以上母、妻，服朱衣。流外及庶人不服绫、罗、縠、五色线靴、履。凡裥色衣不过七破，浑色衣不过六破②。

① 唐代统治阶级妇女衣饰华奢。如《新唐书·五行志》说："安乐公主使尚方合百鸟毛织二裙，正视为一色，傍视为一色，日中为一色，影中为一色，而百鸟之状皆见。以其一献韦后。……公主初出降，益州献单丝碧罗笼裙，缕金为花鸟，细如丝发，大如黍米，眼鼻嘴甲皆备，瞭视者方见之。……自作毛裙，贵臣富家多效之，江岭奇禽异兽毛羽采之殆尽。"上行下效，小官吏之家也极力模仿。唐·柳玭《家训》说："王涯女求购值七十万钱之玉钗。王涯曰：'七十万钱，吾一月俸耳，岂于汝惜。但一钗七十万钱，此妖物也，必与祸相随。'不许。数月后，此钗为外郎冯球妻得。涯叹曰：'冯为郎吏，妻之首饰有七十万，其可久乎'"（《爱日斋丛钞》卷一引）。这些情况正可与本节所记相印证。

② 本节原作"凡裥色衣不过十二破"。裥色亦称晕裥。朱启钤《丝绣笔记》卷下说："纴绸者、本字书作晕裥，锦之名也。晕字为日月之伞，如日月周围之轮，即出现之气。以色丝织出，锦之周围浓色与中色、淡色几重现出，如日月之晕是也。"实即唐代绘画中的"晕染法"与唐代建筑彩画中的"叠晕法"在织锦图案中的应用。至于这里说的"破"，即指幅。【新110】说："妇人裙不过五幅。"可为旁证。本节说"浑色衣不过六破"，与李群玉诗"裙拖六幅潇湘水"（《李群玉诗集·后集》卷三）、孙光宪词"六幅罗裙窣地"（《花间集》）相合，益可证破就是幅。但本节原说裥色衣不过"十二破"之"十二"，则应为

"七"字之讹。可能是"七"字先中断为"十一",传钞本又臆增成"十二"。因为十二破这个数字太大,比混色衣之六破增加一倍,悬殊过甚。在古文献中,十二破的记载仅一见。明抄《纂图增新群书类要事林广记·外集·服用原始》"长裙"条说:"隋炀帝作长裙十二破,名仙裙。"本节是政府对妇女服装所作之限制性的规定,自不应采取"仙裙"的标准。以唐代布帛每幅阔 0.53 米计算,十二破即 12 幅之裙阔达 6.36 米,其肥大的程度亦非常人所堪。何况《旧唐书·高宗纪》说:"上诏雍州长史李义玄曰:'朕思还淳返朴,……其异色绫锦并花间(裥)裙衣等,靡费既广,俱害女工。天后,我之匹敌,常着七破间(裥)裙。'"这话虽是以"示天下以质素"的姿态而发,但当时的武后无论如何表示节约,其衣裙总不能比平民更为寒俭。故将本节的"十二破"改为"七破"。

【旧 117】武德、贞观之时,宫人骑马者,依齐、隋旧制,多着羃䍦。虽发自戎夷,而全身障蔽,不欲途路窥之。王公之家,亦同此制。永徽之后,皆用帷帽,拖裙到颈,渐为浅露。寻下敕禁断,初虽暂息,旋又依旧。咸亨二年又下敕曰:"百官家口,咸预士流,至于衢路之间,岂可全无障蔽?比来多着帷帽,遂弃羃䍦。曾不乘车,别坐檐子。递相仿效,浸成风俗,过为轻率,甚失礼容。前者已令渐改,如闻犹未止息。又命妇朝谒,或将驼驾车,既入禁门,有亏肃敬。此并乖于仪式,理须禁断,自今以后,勿使更然。"则天之后,帷帽大行,羃䍦渐息。中宗即位,宫禁宽弛,公私妇人,无复羃䍦之制。开元初,从驾宫人骑马者,皆着胡帽,靓妆露面,无复障蔽。士庶之家,又相仿效,帷帽之制,绝不行用。俄又露髻驰骋,或有着丈夫衣服、靴、衫。而尊卑内外,斯一贯矣①。

【新 105】初,妇人施羃䍦以蔽身。永徽中始用帷冒,施裙及颈。

【新 107】武后时,帷冒益盛。中宗后,乃无复羃䍦矣。宫人从驾,皆胡冒乘马,海内效之。至露髻驰骋,而帷冒亦废。有衣男子衣而靴,如奚、契丹之服。

① 《大唐新语》卷一〇说:"武德、贞观之代,宫人骑马者,依周礼旧仪,多着羃䍦,虽发自戎夷,而全身障蔽。永徽之后,皆用帷帽,施裙到颈,为浅露。显庆中诏曰:'百官家口,咸厕士流,至于衢路之间,岂可全无障蔽?比来多着帷帽,遂弃羃䍦。曾不乘车,只坐檐子。过于轻率,失礼容。自今以后,勿使如此。'神龙之末,羃䍦始绝。开元初,宫人马上始着胡帽,靓妆露面,士庶咸效之。天宝中,士流之妻,或衣丈夫服、靴、衫、鞭、帽,内外一贯矣。"为本节之所本。自初唐至盛唐,妇女先戴羃䍦,继戴帷帽,以后就露髻骑马了。羃䍦和帷帽的区别在于帽下拖垂之裙的长短不同。"全身障蔽"之拖长裙的羃䍦的图像从未发现过,但关于帷帽的材料却有不少,详本书《唐代妇女的

图 23-17 缀皂纱之席帽
（据《清明上河图》）

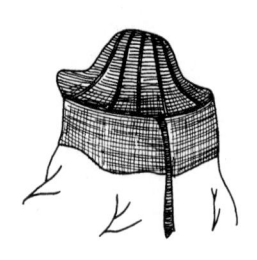

服装与化妆》一文。不过应当附作说明的是，帷帽本以席帽为胎。宋·郭若虚《图画见闻志》卷一原注："帷帽如今之席帽，周回垂网也。"唐、宋时，男子多戴席帽。有些席帽且缀短裙，如在《清明上河图》中所见者（图23-17）；它的式样和妇女戴的帷帽实颇相近。唐·李匡乂《资暇集》卷下"席帽"条说："永贞之前，组藤为盖曰席帽，取其轻也。后或以太薄，冬则不御霜雪，夏则不障暑气，乃以细色罽代藤，曰毡帽，贵其厚也，非崇贵莫戴，而人亦未尚。元和十年六月裴晋公之为台丞，自（兴）化里第早朝。时清镇一帅拒命，朝廷方参议兵计，而晋公预焉。二帅俾捷步张晏等传刃，伺便谋害。至里东门，导炬之下，霜刃猋飞。时晋公緊帽是赖，刃不即及，而帽折其檐。既脱祸，朝贵乃尚之。近者，布素之士皆戴焉。"裴度戴的这顶帽有檐，檐就是裙，所以它的外形仍应与《清明上河图》中类似帷帽的席帽差不多。

【旧119】武德来，妇人着履，规制亦重①；又有线靴。开元来，妇人例着线鞋，取轻妙便于事，侍儿乃着履②。臧获贱伍者皆服襴衫。太常乐尚胡曲，贵人御馔尽供胡食，士女皆竞衣胡服③。故有范阳羯胡之乱，兆于好尚远矣。

【新108】武德间，妇人曳履及线靴。开元中，初有线鞋，侍儿则着履。奴婢服襴衫，而士女衣胡服。其后安禄山反，当时以为服妖之应。

① 唐代妇女穿的履，头部（即絇部）有的非常高大，其高度甚至和着履者面部的长度相仿（图23-18）。本节所说"规制亦重"的履，或与之相当。

② 从初唐到晚唐妇女都有穿线鞋的，并非如【新108】所说至开元时才开始流行。而且从壁画和石刻线画中看到的情况：一般是女主人着履，侍女穿线鞋；与本节所称"侍儿乃着履"者恰相反。或缘本节意在强调线鞋的"轻妙便事"，所以说得有点过分。

③ 元稹《新乐府·法曲篇》说："自从胡骑起烟尘，毛毳腥膻满咸洛。女为胡妇学胡妆，伎进胡音务胡乐。火凤声沉多咽绝，春莺啭罢长萧索。胡音胡骑与胡妆，五十年来竞纷泊"（《元氏长庆集》卷二四）。似乎这些情况是安史之乱以后才出现的。其实，"自周、隋以来，管弦杂曲将数百曲，多用西凉乐，鼓舞

图 23-18 唐·永泰公主墓石椁线刻
（据《文物》1964年第1期，页32）

曲多用龟兹乐"(《通典》卷一四六)。唐初的十部乐中除了燕乐、清乐外，其余八部均属胡乐。胡食如麨麨（油煎饼）、胡饼（烧饼）、饆饠（抓饭）等，也像"胡部新声"一样，在长安受到广泛欢迎。这都是正常的文化交流现象。至于服装，如唐·姚汝能《安禄山事迹》卷下所说："天宝初，贵游士庶好衣胡服，为豹皮帽，妇人则簪步摇，衩衣之制度，衿袖窄小。识者窃怪之，知其戎矣。"殊不知唐代的常服本来就是从胡服中发展出来的。称之为"服妖"，不过是由于安史之乱带来的巨大创伤，使社会心理中的华夷界限远比乱前显著，对外来文化甚至也在感情上产生抵触了。

【新110】文宗即位，以四方车服僭奢，下诏："准《仪制令》，品秩勋劳为等级。职事官服绿、青、碧，勋官诸司则佩刀、砺、纷、帨。诸亲朝贺、宴会之服：一品、二品服玉及通犀，三品服花犀、斑犀①。车马无饰金银。衣曳地不过二寸，袖不过一尺三寸②。妇人裙不过五幅，曳地不过三寸，襦袖不过一尺五寸。袍袄之制：三品以上服绫，以鹘衔瑞草③、雁衔绶带及双孔雀；四品、五品服绫，以地黄交枝；六品以上服绫④，小窠⑤、无文及隔织、独织。"⑥

① "斑"字原作"班"。据《唐会要》卷三一改。通犀、斑犀、花犀是犀角之不同的品种。唐·刘恂《岭表录异》卷中说：犀牛"二角……俱有粟文，堪为腰带。千百犀中，或遇有通者。……顶花大而根花小者，谓之倒插通，此二种亦玉卮无当矣。若通，白黑分明，花点差奇，则计价巨万，乃稀世之宝也。"则通犀是指犀角中心有白缕者。另外，犀角还有特、牯两种。宋·张世南《游宦记闻》卷二说："犀之佳者是特犀，纹理细腻，斑白分明，俗谓'斑犀'，服用为上。"则特犀即斑犀。《岭表录异》又说："牯犀额上有心花，多是撒豆斑，色深者堪为銙具。"特犀的花纹细，牯犀的花纹大而匀；所谓花犀，可能指的就是牯犀了。

② 《册府》卷六一载此诏，在"衣曳地不过二寸"句前，有"丈夫袍、袄、衫等"一语。

③ 日·圆仁《入唐巡礼求法行记》卷三"开成六年正月四日"条说："其大将军着衣冠、靴，皆绣鸟衔瑞草之文。"这是当时实况的记录。

④ "上"字原作"下"。据《册府》卷六一改。

⑤ "小窠"在《册府》卷六一、《唐会要》卷三二中皆作"小团窠绫"。阿斯塔那永徽四年墓中曾出过小团窠锦，构图虽与大团窠锦相类，但团窠中无禽兽纹。

⑥ "隔织、独织"，《册府》卷六一作"隔织纱、独织"，隔织似是纱。但品官章服不宜用纱制作。宋·庄绰《鸡肋编》卷上说："越州尼皆善织，谓之寺绫者，

乃北方隔织耳，名著天下。"据此，隔织又似是绫。又莫高窟藏经洞出《僧崇恩处分遗物凭据（伯 3410）》所记崇恩遗物中有"独织紫绫袄子壹领"（《敦煌资料》第一辑）。则独织当是绫；从而说明和它相提并论的隔织大约也是绫。

【新 112】（文宗诏）"度支、户部、盐铁门官等服细葛布、无纹绫，绿，暗银①、蓝铁带②。鞍、辔、衔、镫以鍮石。未有官者，服粗葛布、官䌷，绿，铜、铁带。乘蜀马，铁镫。行官服紫粗布、䌷，蓝铁带③。中官不衣纱、縠、绫、罗④。诸司小儿不服大巾⑤。商贾、庶人、僧、道士不乘马⑥。"

① 宋·王栐《燕翼诒谋录》卷一说："太平兴国七年正月壬寅诏：三品以上銙以玉，四品以金，……八品、九品以黑银，今世所谓'药点乌银'是也。"《本草纲目》卷八"银"条附录："乌银：藏器曰：'今人用琉黄熏银，再宿泻之，则色黑矣。工人用为器；养生者以器煮药，兼于一二丈处夜承露醴，饮之长年、辟恶。'"所谓暗银，当指这种硫化银。银在高温时可以直接与硫化合，生成黑色的 Ag_2S，此物为溶解度最小的银化合物，不溶于氨水，也不溶于 $Na_2S_2O_3$ 或 NaCN 溶液，仅能溶解在硝酸中。所以除了制带銙外，还可利用它的耐腐蚀性，制作煮药的器皿。

② 若干钢件在 200℃ 至 450℃ 的温度范围内锤打并回火退火后，由于钢件表面发生氧化而覆有一层蓝色的四氧化三铁薄膜，现代冶金学称之为"蓝脆"或"烤蓝"。本节说的蓝铁，疑即指此类钢件而言。

③ 《唐会要》卷三一载：太和六年七月"度支、户部、盐铁三司奏：'准今年六月敕令，三司官典及诸色场库所由等，其孔目、句检、句覆、支对、句押、权遣、指引进库官、门官等，请许服细葛布折造及无纹绫充衫及袍、袄，依前通服绿；暗银、蓝铁充腰带；不得乘毛色大马，鞍、辔、踏镫用鍮石。其驱使官有正官及在城及诸色仓场官等，请许服细葛布折造及庶人纹绫充衫、袍，依前服绿；蓝铁充腰带；乘小马，鞍、辔、衔、镫用鍮石。其驱使官未有正官及与行案令史等，请许服粗葛布及官䌷等充衫、袄，亦请依前通服绿；铜、铁腰带，乘蜀马，其鞍用乌漆，铁踏镫。……其行官、门子等，请许依前服紫粗䌷充衫、袄；蓝铁腰带；仍不许乘马"。本节摘抄此奏但节略过甚，致使文意不甚完密。其中提到的低级官吏，多为流外杂掌人员，却允许他们服绿，正反映出中唐以后，所谓"制度僭滥"的现象。兹将唐代各时期所定品官服色列如下表（宋、明附见于后，以资比较）：

时代\服色\品级	唐					宋	明
	武德四 621	贞观四 630	上元元 674	文明元 684	太和三 829	元丰元 1078	洪武二六 1393
三品以上	紫	紫	紫	紫	紫	紫	绯
四品	朱	绯	深绯	深绯	朱	绯	绯
五品	朱	绯	浅绯	浅绯	朱	绯	绯
六品	黄	绿	深绿	深绿	绿	绿	青
七品	黄	绿	浅绿	浅绿	绿	绿	青
八品	黄	青	深青	深碧	青（许通服绿）	绿	绿
九品	黄	青	浅青	浅碧	青（许通服绿）	绿	绿
根据	【旧84】	【旧87】	【旧92】	【旧94】	《唐会要》三一	《宋史·舆服志》	《明史·舆服志》

自表中可以看出，绿衣原为六品、七品之服，然而中唐以后，实际上"绝无官者，皆诈衣绿"（《唐会要》卷三一），八品、九品官于是通服绿衣。元和八年（813年）冬，李贺入京别皇甫湜时；写了《洛阳城外别皇甫湜》一诗，中有"凭轩一双泪，奉坠绿衣前"之句。皇甫湜其时为陆浑尉，乃九品畿县尉官，而诗中说他服绿。再如白居易《哭从弟》一诗说："伤心一尉便终身，叔母年高新妇贫。一片绿衫消不得，腰金拖紫是何人！"这也是一位尉官，也穿绿衣。而如本节所述，则连不入流的杂掌也都服绿了。

④ 《唐会要》卷三一所载太和三年九月敕说："两军诸司内官，不得着纱、縠、绫、罗等衣服。"并非所有"内官"都不许服用。唐代后期宦官极其跋扈，完全不许他们穿纱、縠、绫、罗，是作不到的。《新志》比《旧志》增加的文字，大都根据《唐会要》立说，然而往往删节不当，致爽原意。此亦一例。

⑤ 《唐会要》卷三一说："太和三年正月，宣令诸司小儿勿许裹大巾子入内。"则仅是不许裹大巾子入宫，并非一概不许服大巾。

⑥ 《唐会要》卷三一载太和六年六月敕，其中说："商人乘马，前代所禁。近日得以恣其乘骑，雕鞍银镫，装饰焕烂，从以童骑，是为僭越；请一切禁断，庶人准此。师僧、道士，除纲维及两街大德，余并不得乘马。请依所司条流处分。"为本节所本。

【新113】（文宗诏）"妇人衣青、碧缬①，绤，帛，缦，平头小花草履或高头履②。而禁高髻险妆、去眉开额及吴越高头草履③。"

① 缬是布帛染花的一种方法，最初专指绞缬。《慧琳音义》卷一九引梁·阮孝绪《文字集略》说："缬、缚缯染之，解为文。"又引唐·张戬《考声》说："缬、系绢而染之为文也。"说的都是绞缬。其染花法是先将待染的织物撮撷起若干处，使之纵横有序，再用线将这些部位加以结扎；浸染后，解去其结。于是结扎处就显现出由于着色不充分而形成的浅斑。这些浅斑构成散点状花纹，虽不甚整齐，但具有自然的情趣，质朴可喜。南北朝时绞缬初出，所以还比较珍贵。《御览》卷八一五引《后魏书》说"郑云（《魏书·封回传》作郑荣）诣事长秋卿刘腾，货紫缬四百匹，得为安州刺史"。又《魏书·高阳王传》说："奴婢悉不得衣绫、绮、缬，止于缦缯而已。"均反映出这种情况。当时的绞缬多是在深色地上显出白色点子，即所谓鹿胎缬。旧题陶潜撰《搜神后记》（余嘉锡《四库提要辨证》卷一八说梁·慧皎《高僧传·序》已提到此书。则它应是南朝前期之作）卷九说："淮南陈氏于田中种豆，忽见二女子，姿色甚美，着紫缬襦、青裙，天雨而衣不湿。其壁先挂一铜镜，镜中见二鹿。"系以紫缬影射鹿的毛色。宋·欧阳修《洛阳牡丹记·花释名第二》："鹿胎花者，多叶，紫花有白点，如鹿胎之纹。"亦着眼于鹿胎毛色的这一特点。但绞缬的点子也不全是白的。《洽闻记》说：唐永徽中魏郡的一棵林檎"实大如小黄瓠，色白如玉，间以朱点，亦不多，三数而已，有如缬"（《植物名实图考长编》卷一七引）。阿斯塔那304号唐垂拱四年（688年）墓所出绞缬就在浅紫色地上染出深紫色点子。其染色的原理与上述者相同，只将操作的程序和浸染的次数略作改变便可。绞缬的点子有疏大的，也有细密的。鹿胎缬应属疏大的一类。其细密者名鱼子缬。段成式诗"醉袂几侵鱼子缬"，"厌裁鱼子深红缬"（均见《全唐诗》九函五册），所咏均为此物。

至盛唐时又出现夹缬。《唐语林》卷四说："玄宗柳婕妤有才学，上甚重之。婕妤妹适赵氏，性巧慧，因使镂板为杂花象之（当作'之象'），而为夹结。因婕妤生日，献王皇后一匹。上见而赏之，因敕宫中依样制之。当时甚秘，后渐出，遍于天下，乃为至贱所服。"夹缬用两枚镂孔花板夹帛而染，染成的花纹常左右对称。《才调集》卷五元稹《梦游春》诗中记莺莺的衣装有"玲珑合欢袴"，原注："夹缬名。""合欢"有对称耦合之义，如梁武帝《秋歌》所谓"绣带合欢结，锦衣连理文"（《玉台新咏》卷一〇），恰能表达出夹缬之花纹的特点。论者常举出日本奈良正仓院所藏山水、花鸟、对鹿等夹缬屏风作为唐代夹缬之例证。但它们印的图案为整幅大画，不宜用作衣料。莫高窟藏经洞所出夹缬以对称的构图组成四方连续图案，则是制服装用的了（图23-19:1）。还有些夹缬模仿小团窠锦的图案，也很适用（图23-19:2）。《酉阳杂俎·前集》卷八所记有"细窠"的缬，指的当即此种。唐代中期以后，正像《唐语林》说的，夹缬已遍于天下，在张萱《捣练图》等绘画中之妇女所着有团窠纹的衣裙，细加观察，其质地大多数都是夹缬。而且不仅贵妇穿，平民甚至婢女也穿。《唐会要》卷三一载太和三年敕原说："客女及婢通服青、碧，听同庶人，兼许夹缬。"与《唐语林》的说法亦相合。而且莺莺的身分本来很低微（见陈寅恪《元白诗笺证稿》页92~93），她在贞元之际也穿夹缬袴，更足以和《志》文相印证。

图23-19　唐代夹缬

1. 敦煌石室所出（据 Serindia，V.4，pl.122）　2. 正仓院藏品（据《日本染织工艺史》卷上，彩版2）

此外，唐代还有臈缬，就是蜡染。但其流行的程度不如上述二种。本节所说许妇人通服的缬，参以《唐会要》所载敕文，主要是指夹缬。从染色过程看，夹缬略同于今天的直接印染，绞缬略同于扎染，而臈缬用的则是防染印花法。上文说过，缬字的本义指绞缬；夹缬与臈缬同结扎而染的方法无关，本不应称为缬。但因绞缬久行，唐、宋时遂将缬作为一切印染织物的通称了。

② 本节首句原作"妇人衣青碧缬、平头小花草履、采帛缦成履"（句读依中华标点本）。"采帛缦成履"不词。《册府》卷六一所载敕文作："其诸绫、帛、缦或高头履及平头小花草履，即任依旧。"因知本节此句先夺"高头"二字，又

③ 江南的草履主要有二种。一为芒屩，芒草所织，穿的多为贫民。《梁书·沈瑀传》说："瑀初至，富吏皆鲜衣美服以自彰别。瑀怒曰：'汝等下县吏，何自拟贵人邪！'悉使芒屩粗布，侍立终日。"《洛阳伽蓝记》卷二记北魏·元慎也将江南的"寒门"嘲之为："布袍芒履，倒骑水牛。"《新唐书·朱桃椎传》说他在山中织芒屩，即是此物。另一种是蒲履，则比较讲究。南唐烈祖李昪常穿蒲履。《韩熙载夜宴图》中的韩熙载也穿着蒲履。至于本节说的"高头草履"，亦见《册府》卷六一，谓："又吴越之间；织造高头草履，纤如绫縠，前代所无，费日害功，颇为奢巧。伏请委所在长吏，当切加禁绝。"指的也应是蒲履。

【新115】诏下，人多怨者。京兆尹杜悰条易行者为宽限，而事遂不行。唯淮南节度使李德裕令管内妇人衣袖四尺者，阔一尺五寸；裙曳地四尺者，减至五寸①。

① 原作"唯淮南观察使李德裕令管内妇人衣袖四尺者，阔一尺五寸；裙曳地四五寸者，减三寸"。《唐会要》卷三一说："开成四年二月，淮南观察使李德裕奏：'臣管内妇人衣袖，先阔四尺，今令阔一尺五寸；裙先曳地四五寸，今令减五寸。'"如所记不误，则那里的女裙原先有的曳地四寸，有的曳地五寸；那么原曳地四寸的如何有五寸可减？故知《唐会要》中此数字不确。本节将其"减五寸"改为"减三寸"，只不过是对原来的矛盾加以调和而已。案《册府》卷六八九载此奏作："比闾阎之间，（袖）阔四尺，今令阔一尺五寸；裾曳四尺，今令曳五寸。"则当据《册府》校正，而《新志》显系臆改。

又案《旧唐书·李德裕传》，李于开成二年五月授淮南节度副大使知节度使事。《册府》卷六八九也说李德裕其时为淮南节度使。本节原依《唐会要》作"观察使"，亦误；兹改正。

【新77】天子有传国玺①及八玺，皆玉为之。神玺以镇中国②，藏而不用。受命玺以封禅、礼神。皇帝行玺以报王公书。皇帝之玺以劳王公③。皇帝信玺以召王公④。天子行玺以报四夷书。天子之玺以劳四夷。天子信玺以召兵四夷。皆泥封⑤。大朝会则符玺郎进神玺、受命玺于御座。行幸则合八玺为五舆，函封从于黄钺之内。太皇太后、皇太后、皇后、皇太子及妃玺，皆金为之，藏而不用。太皇太后、皇太后封令书以宫官印；皇后以内侍省印；皇太子以左春坊印；妃以内坊印。初、太宗刻受命玄玺，以白玉为螭首；文曰："皇天景命，有德者昌。"至武后改诸玺皆为宝，中宗即位复为玺，开元六年复为宝。天宝初改玺书为宝书。十载改传国宝为承天大宝。

① 传国玺指秦始皇刻的玉玺。清·赵翼《陔余丛考》卷二〇"杨桓《传国玺考》之误"条自注："三代以上禹鼎为重，六朝以上秦玺为重，盖风尚如此。"其说是。此玺的流传情况据《六典》卷八"符宝郎"条原注引徐令言《玉玺记》说："玉玺者，传国玺也。秦始皇取蓝田玉刻而为之。其书李斯所制，回（近卫注：《玉海》引《六典》，'回'作'面'）文曰：'受命于天，既寿永昌。'玺上隐起为盘龙文，文曰：'受天之命，皇帝寿昌。'方四寸。纽五龙盘。秦灭传汉，历王莽为元后投之于地，遂一角缺。莽灭，校尉公宾就收玺绶诣更始于宛。更始败，以玺上刘盆子。盆子降，面缚上玺绶光武。光武祠于高庙受传国玺。至灵帝崩，少帝失位，掌玺者投于井中，为孙坚所得，袁术拘其妻而夺之。术死，荆州刺史徐缪（近卫注：据《三国志》，'缪'当作'璆'）得玺还许上之。汉灭传魏，至晋怀帝，玺没于刘聪。聪死，刘曜得之。又传石勒、石季龙、冉闵。……后冉闵败，其将蒋韩（近卫注：据《晋书·载记》，'韩'当作'干'）求救于晋，遂以玺送建业，永和八年也。历东晋、宋、齐、梁，侯景窃位，为景所得。景败，为将侯子监盗玺走江东，惧追兵至，投诸佛寺，为栖寺僧永得之。陈永定三年，僧永死，弟子普智奉献。陈亡，玺传于隋。"又说：玉玺"隋末又没于宇文化及、窦建德。武德四年克平东夏，建德右仆射裴矩奉传国玺及神玺六玺以献"。本节所说的"传国玺"即指此玺。但关于秦玺的传说很多，莫衷一是。明·沈德符《秦玺始末》引宋·李心传说："曹魏刻玺如秦之文，但秦读自右，魏读自左，秦玺已不在魏矣。晋人自刻玺曰：'受命于天，皇帝寿昌。'永嘉之乱没刘、石而仍归江南者，晋玺也。晋太元十九年西燕慕容永以玉玺求援于郗恢，传侯景。北齐辛术得之以献高氏，传之隋，皆误以为秦物，而实慕容玺也。"李说虽未足为定论，但秦玺并未流传到唐代则无疑问。否则，唐太宗就无须另刻其受命玄玺了。

② "镇中国"，《通典》卷六三作"臣百王，镇万国"。《六典》卷八、《唐会要》卷五六作"承百王，镇万国"。

③ "劳王公"，《通典》、《唐会要》均作"劳来勋贤"。

④ "以召王公"，《六典》卷八、《通典》卷六三、《唐会要》卷五六均作"征召臣下用之"。

⑤ 《续汉志》刘注引《汉旧仪》说："玺皆以武都紫泥封。"以示与常人用青泥封缄有尊卑之别。但自南北朝以来，玺印已用朱色印在纸帛上。至唐代，则玺印用泥封之制，停废已久。《六典》卷八"符宝郎"条原注："天子之信，古曰玺，今曰宝；其用以玉，其封以泥。"泛言封以泥，已不合实际情况，故这种说法为《通典》所不取。本节则仍沿袭此说。

【旧100】高祖武德元年九月，改银菟符为银鱼符①。高宗永徽二年五月，开府仪同三司及京官文武职事四品、五品，并给随身鱼。

【新78】初，高祖入长安，罢隋竹使符，班银菟符，其后改为铜鱼符，以起军旅，易守长。京都留守折冲府、捉兵镇守之所及左右金吾、宫苑总监、牧监皆给之。畿内则左三右一，畿外则左五右一；左者进内，右者在外。用始第一，周而复始②。

宫殿门、城门给交鱼符、巡鱼符，左厢、右厢给开门符、闭门符。亦左符进内，右符监门掌之③。

蕃国亦给之，雄雌各十二，铭以国名；雄者进内，雌者付其国。朝贡使各赉其月鱼而至，不合者劾奏④。

传信符者、以给邮驿，通制命。皇太子监国，给双龙符，左右皆十。两京北都留守给麟符，左二十，右十九。东方诸州给青龙符，南方诸州朱雀符，西方诸州驺虞符，北方诸州玄武符，皆左四右三；左者进内，右者付外。行军所亦给之⑤。

随身鱼符者、以明贵贱，应召命。左二右一；左者进内，右者随身。皇太子以玉契召，勘合乃赴⑥。亲王以金，庶官以铜，皆题某位、姓名。官有二者，加左右。皆盛以鱼袋，三品以上饰以金，五品以上饰以银。刻姓名者去官纳之，不刻者传佩相付。

有传符、铜鱼符者，给封符印，发驿封符及封鱼函用之。有铜鱼而无传符者，给封函还符，封函用之。天子巡幸，则京师、东都留守给留守印。诸司从行者给行从印。

木契符者、以重镇守、慎出纳⑦。畿内左右皆三，畿外左右皆五⑧。皇帝巡幸，太子监国，有军旅之事则用之，王公征讨皆给焉，左右各十九。太极殿前刻漏所，亦以左契给之，右以授承天门监门，昼夜勘合，然后鸣鼓。玄武门、苑内诸门，有唤人木契，左以进内，右以授监门，有敕召者用之。鱼契所降皆有敕书。尚书省符与左同乃用⑨。

① 唐用鱼符，或以为是以鲤谐李字之音。宋·岳珂《愧剡录》卷四说："唐·李淳风《谶书》有'江中鲤鱼十八子'之说，为唐受命之符。又《酉阳杂俎》载：'唐律：取得鲤鱼即宜放，仍不得吃，号赤鲤公，卖者决六十。'"宋·吴仁杰《两汉刊误补遗》卷一〇说："符契用鱼，唐制也。……韦述记上阳宫得古铜器，为双鱼状，时以为李氏再兴之符。盖以鲤、李一音，为国氏也。……武后改国号周，乃改所佩鱼并作龟，此与忌卯金而令勿佩刚卯，事正相类。至中宗复位之岁，内外官复佩鱼。然则唐制鱼符为李氏设耳。"视玄宗时曾两度禁止捕鲤鱼（《旧唐书·玄宗纪》：开元三年"二月，禁断天下采捕鲤鱼。"又开元十九年正月"乙卯，禁采捕鲤鱼"），则这种看法不为无据。甚至南唐的李

姓亦袭用此说。宋·文莹《玉壶清话》卷九说："先主昪，字正伦，唐宪宗第八子建王恪之元孙。……天祐中，童谣曰：'东海鲤鱼飞上天。'盖谓主素育于徐氏，后竟复唐姓。"然而实际上并不完全如此。《隋书·高祖纪》说：（开皇十五年五月）"丁亥制：'京官五品以上佩铜鱼符。'"则唐代用鱼符本系沿袭隋代旧制，只不过更加神化其说而已。

② "起军旅、易守长"之符，汉代有两种，即《史记·孝文本纪》所说："（二年）九月，初与郡国守相为铜虎符、竹使符。"本节所记铜鱼符即由铜虎符演变而来。虎符是发兵用的。《后汉书·杜诗传》："旧制：发兵皆以虎符。其余征调，竹使而已。"自秦、汉直到隋代均用虎符，唐则一反此传统，绝不用虎符（宋代犹一度恢复用虎符，惟其式样与隋以前不相同），则是因为唐讳虎字之故。至于竹使符，由于用途不如铜虎符重要，故形制也较为简化。隋的木鱼符、唐的木契符，则由竹使符演变而来。

然而到了中唐以后，易守长时省去合鱼符这道手续，直接下鱼书任免。《册府》卷六〇说："德宗贞元三年十月，复降鱼书停刺史务之令。"原注："唯《令》，刺史停代皆降鱼符合之然后命。自至德以来，多不施行。又即将恬权代刺史，悉禀其教令，鱼符废。及是，漳州刺史坐事将鞫之，有司复请降鱼书停务，从之。求其书式不获，乃创鱼书曰：'敕漳州：缘刺史张愻有犯令，遣监察御史苏弁往彼停务问推。宜知。'"及至宋代，则如程大昌《演繁露》卷六所说"本朝命令多用敕书，罕有用契"的了。

③ 开门、闭门所用龟符，尚有遗物传世，如图23-20所举之例。

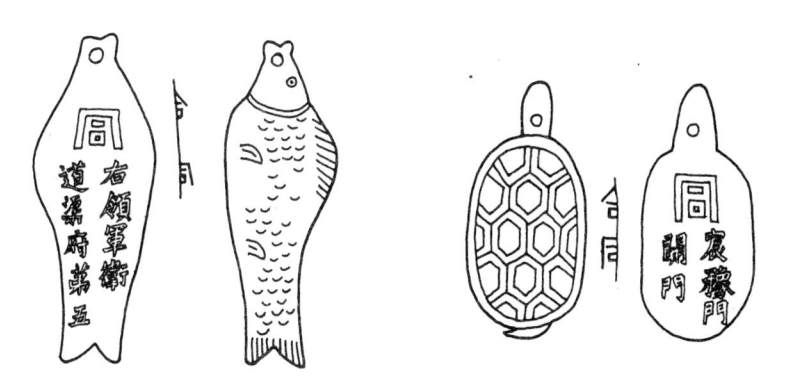

图23-20　唐代的鱼符和龟符

（据《历代符牌图录》卷上）

④ 宋·钱易《南部新书》卷乙说："西蕃诸国通唐使处，置铜鱼，雄雌相合，十二只，皆铭其国名，第一至十二。雄者留内，雌者付本国。如国使正月来，赍

第一鱼；余月准此。闰月即赍本月而已。校其雌雄合，以常礼待之。差谬即按。"记载较详。但这类鱼符尚未发现。

⑤ 传信符之制可以上溯到汉代的传。《汉书·文帝纪》说："（十二年）除关无用传。"颜注："张晏曰：'传、信也，若今过所也。'师古曰：'张说是也。古者或用棨，或用缯帛。棨者、刻木为合符也。'"又《平帝纪》说："驾一封轺传，遣诣京师。"颜注："如淳曰：'《律》：诸当乘传及发驾置传者，皆持尺五木传信，封以御史大夫印章。'其乘传：参封之；参、三也。有期会，累封两端，端各两封，凡四封也。乘置驰传，五封也；两端各二，中央一也。轺传：两马再封之，一马一封也。"则传有二种：一种是私人旅行的护照，另一种是官员公干的凭证；后者并可用以征发驿马。南北朝于发驿遣使时仍给传符，隋代也是如此；但隋代传符的式样比前代复杂。《隋书·高祖纪》说："（开皇七年四月）癸亥，颁青龙符于东方总管、刺史，西方以驺虞，南方以朱雀，北方以玄武。"《隋书·卫玄传》又说他："还镇京师。帝谓之曰：'关右之任，一委于公。……'赐以玉麟符。"以麟与四神表示中央与四方，乃是根据五行学说作出的安排；参见本稿卷一【旧13】注㉕。唐代完全承袭此制。至宋代，罢传符，由枢密院给券，称为"头子"；后改为银牌、传信木牌，最后改为檄牌。详见《宋史·舆服志》。

⑥ 《旧唐书·崔神庆传》说："（长安中）有突厥使入朝，准《仪注》，太子合预朝参。先降敕书。神庆上疏曰：'伏以五品以上所以佩龟者，比为别敕征召，恐有诈妄，内出龟合，然后应命。况太子元良国本，万方所瞻，古来征召，皆用玉契，此诚重慎之极，防萌之虑。昨缘突厥使见，太子合预朝参，直有文符下宫，曾不降敕处分。今人禀淳化，内外同心；然古人虑事于未萌之前，所以无悔吝之咎。况太子至重，不可不深为诫慎。以臣愚见，太子既与陛下异宫，伏望每召太子，预报来日，非朔望朝参，应须别唤，望降墨书及玉契。'则天深然之。"据此，则唐代太子以玉契勘合应召之制，当始自则天朝。

⑦ 木契符本是承袭汉代竹使符之制而来。《六典》卷八"木契"条原注："其在内在外及行用法式并准鱼符。"可见它也是用于征调，即所谓"重镇守"。至于"慎出纳"，则如《六典》卷三"金部郎中"条所说："掌库藏出纳之节，金宝财货之用。……乃置木契与应出物之司相合，以次行用，随符牒而合之，以明出纳之忱。"又《六典》卷二〇"左藏令"条也说："左藏令掌邦国库藏之事。……凡出给，先勘木契。"可推知其实际情况。

⑧ 《旧唐书·职官志》"符宝郎"条"木契之制"在"王畿之外，左右各五"句下，尚有"庶官镇守，则左右各十"一语。

⑨ 综合上述情况，符牌的渊源与演变大致可归纳如下表：

汉	铜虎符	竹使符	传	
隋	铜虎符	木鱼符	传符	随身鱼符
唐	铜鱼符 （鱼书）	木契符	传信符	随身鱼符 龟
宋	铜鱼符 铜虎符 （敕书）	（敕书）	头子 银牌 传信木牌 檄牌	门符 铜契 绢号

【旧101】咸亨三年五月，五品以上赐新鱼袋，并饰以银。三品以上各赐金装刀子、砺石一具。垂拱二年正月，诸州都督、刺史，并准京官带鱼袋。天授元年九月，改内外所佩鱼并作龟①。久视元年十月，职事三品以上，龟袋宜用金饰，四品用银饰，五品用铜饰；上守下行，皆从官给。神龙元年二月，内外官五品以上依旧佩鱼袋。六月，郡王、嗣王特许佩金鱼袋。景龙三年八月，令特进佩鱼。散职佩鱼自此始也。自武德以来，皆正员带阙官始佩鱼袋，员外、判、试、检校皆不佩鱼；自则天、中宗后始有之②。虽正员官得佩，亦去任及致仕即解去鱼袋。至开元九年，张嘉贞为中书令，奏诸致仕许终身佩鱼，以为荣宠。以理去任，亦听佩鱼袋。自后恩制赐赏绯紫，例兼鱼袋，谓之章服③。因之佩鱼袋、服朱紫者众矣。

【新80】高宗给五品以上随身鱼、银袋，以防召命之诈，出内必合之。三品以上金饰袋。垂拱中，都督、刺史始赐鱼。天授二年，改佩鱼皆为龟。其后三品以上龟袋饰以金，四品以银，五品以铜。中宗初，罢龟袋，复给以鱼；郡王、嗣王亦佩金鱼袋。景龙中，令特进佩鱼，散官佩鱼自此始也；然员外、试、检校官犹不佩鱼。景云中，诏衣紫者鱼袋以金饰之，衣绯者以银饰之。开元初，驸马都尉从五品者假紫、金鱼袋，都督、刺史品卑者假绯、银鱼袋④。五品以上检校、试、判官皆佩鱼。中书令张嘉贞奏，致仕者佩鱼终身。自是，百官赏绯紫，必兼鱼袋，谓之章服。当时服朱紫、佩鱼者众矣⑤。

① 唐·张鷟《耳目记》说："伪周武姓也，玄武龟也，又以铜为龟符。"宋·程大昌《演繁露》卷六说："武后以玄武为龟，故改龟佩。"此即武后时改鱼为龟的原因。

② 原作"自武德以来，皆正员带阙官始佩鱼袋，员外、判、试、检校自则天、中宗后始有之，皆不佩鱼"。语意不连贯。兹据《新志》乙正。

③ "谓"字原脱。据《唐会要》卷三一补。

④ "银"字原脱。《通典》卷四〇说："五品以上绯衣银鱼袋。"因据补。

⑤ 关于鱼袋的形制，详本书《说"金紫"》一文。这里所应附带说明的是，本节几次称佩鱼袋为"佩鱼"，这是唐代习用的说法；金鱼袋则简称为"金鱼"。韩愈《示儿》诗说："开门问谁来，无非卿大夫。不知官高卑，玉带悬金鱼"（《全唐诗》五函一〇册）。元稹《自责》诗说："犀带金鱼束紫袍，不能将命报分毫"（《元氏长庆集》卷二一）。后人有时遂以为金鱼就是用黄金铸成的鱼形佩饰，纯属误解。唐、宋时的鱼符都是铜的，鱼袋则是在木胎上包皮革制成，所谓金、银鱼袋，只不过是说袋上镶有金、银薄片所制鱼形小饰件而已。清·俞正燮《癸巳存稿》卷一四"愚儒莠书"条说："《渑水燕谈录》云：'……（陈）尧咨守荆南，宴集，以弓矢为乐。母夫人曰：汝父教汝以忠孝辅国家，今汝不务行仁义化，而专一夫之伎，岂汝先人志耶？杖之，碎其金鱼。'射为六艺之一，州将习射乃正业，忠孝之行也。受杖当解金鱼；杖碎金鱼，金坚且碎，人骨折矣！衰门贱妇，亦不至此。尧咨母不当有此言此事。"其实此处说的"金鱼"即金鱼袋，并不结实。唐·刘𬤇《隋唐嘉话》说："秘书正监崔行功未得五品前，忽有鸜鹆衔一物入其堂，置案上而去，乃鱼袋。快快数日，而加大夫。"鸜鹆即八哥，并非大型禽鸟，可是它都能衔鱼袋飞来，证明鱼袋并不重；并且即使在唐代，袋中也往往未装铜鱼符。因而姑不论陈尧咨之母是否有上述言行，但一枚包皮革的木盒何堪受杖！俞氏之所以诧为"愚儒莠书"，主要恐因不了解此"金鱼"为何物的缘故。

【新79】大将出，赐旌以专赏，节以专杀。旌以绛帛五丈，粉画虎；有铜龙一，首缠绯幡①。紫縑为袋，油囊为表。节悬画木盘三，相去数寸，隅垂赤麻，余与旌同②。

① 旌是一种长条形的旗，古人常用虹霓来比拟它。《文选》卷一九宋玉《高唐赋》："蜺为旌。"又卷八司马相如《上林赋》："拖蜺旌。"李注："张揖曰：'析羽毛，染以五采，缀以缕为旗，有似虹蜺之气也。'"与本节所说用绛帛五丈相合。旌的另一个特点是其竿头有旒，即张揖说的"析羽毛"。《尔雅·释天·讲武》也说："注旄首曰旌。"郭注："载旄首于竿头，如今之幢，亦有旒。"根据这两项特征，可知朝鲜安岳冬寿墓壁画出行图中之竿顶戴旄的长条形旗（图23-21:1），与正仓院藏金银平文琴花纹中所绘式样相同之旗（图23-21:2），应即是旌。《三礼图》卷一七中的"铭旌"，也具有这些特征；它的顶上有龙首，本节所称"铜龙"的安装方式或与之相近（图23-21:3）。

② 《周礼·掌节》所记之节中有"旌节"，郑注："旌节、今使者所拥节是也。"

本节所说的节也是旌节。它的形制据《汉书·高帝纪》颜注说："节以毛为之，上下相重，取象竹节，因以为名。将命者，持之以为信。"又据《后汉书·光武帝纪》李注说："节所以为信也，以竹为之，柄长八尺，以旄牛尾为其眊，三重。冯衍《与田邑书》曰：'今以一节之任，建三军之威。岂特宠其八尺之竹、氂牛之尾哉！'"则节乃是在竹竿上装三重用牦牛尾毛所制的眊而成。武氏祠画像石中一位"使者"手持装三眊的节，将汉节的形制表现得很清楚（图23-22:1）。安岳东晋"使持节都督诸军事、平东将军、护抚夷校尉、乐浪……玄菟、带方太守"冬寿墓的壁画中，在冬寿像侧建一节，正是表示他的"使持节"的身分（图23-22:2）。唐代的节除保持汉、晋以来传统形制的基本特征外，因为这时佛教盛行，节受到佛幢的影响，外形稍有改变。《大日经疏》卷九说："梵云'驮缚若'（dhvaja），此翻为幢。……幢但以种种杂色丝幖帜庄严。"其状与本节所说"悬木盘"、"垂赤麻"之形相近。故《宋史·仪卫志》说："幢制如节而五层。"可见这时幢和节的区别仅在于层数不同。所以在宋人《胡笳十八拍》图卷（明摹本）

图 23-21 旌

1. 朝鲜安岳永和十三年（357年）冬寿墓壁画中之旌（据《考古》1959年第1期，页31） 2. 日本正仓院藏金银平文琴上所绘之旌（据《东瀛珠光》1辑，图33·3） 3. 铭旌（据《三礼图》卷一七）

中看到的使臣所持之节与宋·武宗元《朝元仙仗图》中之幢正相类似（图23-22:3、4）。《仙仗图》虽是道教绘画，但其幢当与佛幢无殊。然而在唐画中却很少直接看到节，因为当时于路途中均将节蒙以油布囊，即本节所称"紫縑为袋，油囊为表"。《旧唐书·颍王璬传》说："璬初奉命之藩，卒遽不遑受节。绵州司马史贲进说曰：'王、帝子也，且为节度大使，今之藩而不持节，单骑径进，人何所瞻？请建大槊，蒙之油囊，为旌节状，先驱道路，足以威众。'"唐·苏鹗《苏氏演义》卷下也说："节者、……制也。言使臣仗节制置于四方。……出使之臣，节盛于碧油囊，令启路者双持于马上。"莫高窟156窟壁画唐归义军节度使张议潮出行图中，在行列前部的导骑内就有二人手执蒙囊的

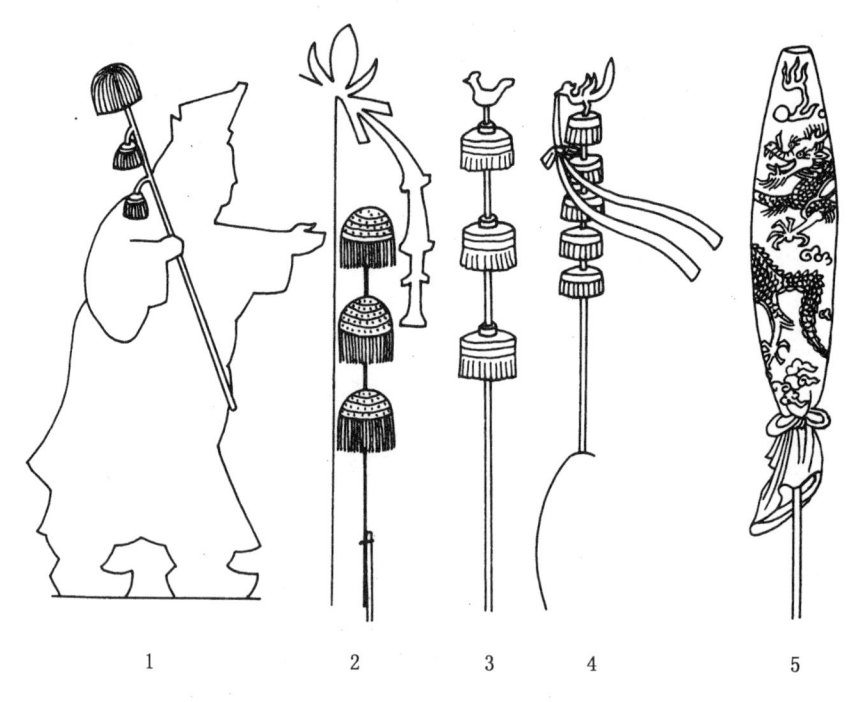

图 23-22 节与幢

1. 武氏祠画像石中持节之使者（据《中国北部考古踏查记》图版 58）
2. 冬寿墓壁画中之节（据《考古》1959 年第 1 期，页 30）
3.《胡笳十八拍图卷》中之节（据《蔡文姬》附图）
4. 宋·武宗元《朝元仙仗图》中之幢（据《中国传统线描人物画》页 64）
5. 金节（据《三才图会·仪制四》）

节（图 23-23）。其状与《三才图会·仪制图会》卷四所载蒙囊的"金节"（图 23-22:5），正相一致。

【旧93】文明元年七月甲寅诏："旗帜皆从金色①，饰之以紫，画以杂文。"

【旧103】旧制：乘舆案褥、床褥、床帷皆以紫为饰。天宝六载，礼仪使太常卿韦绍奏："请依御袍色，以赤黄为饰。"从之②。

【旧99】天宝十载五月，改诸卫旗幡队仗，先用绯色，并用赤黄色，以符土德。

① 《旧唐书·武后纪》、《通鉴》卷二〇三"光宅元年九月"条，均作旗帜从金色，与本节同。惟《新唐书·武后纪》说，光宅元年（即文明元年）"九月甲寅，大赦，改元。旗帜尚白"。有所不同。同《纪》又说：天授二年正月"改置社稷，旗帜尚赤"。则武后朝旗色的变易不止一次。

② 《通鉴》卷二〇三"光宅元年正月"条说："自是，太后常御紫宸殿，施惨紫帐以视朝。"胡注："紫之浅者为惨紫。"故玄宗乃用赤黄色以革武周旧制。

图 23-23　旗、旌、节

（莫高窟第 156 窟晚唐壁画《张议潮出行图》中所见者，据《敦煌壁画服饰资料》图 58）

【新 114】（文宗诏）"王公以下舍屋，不施重栱、藻井①。三品：堂五间九架，门三间五架；五品：堂五间七架，门三间两下；六品、七品：堂三间五架；庶人四架；而门皆一间两下②。非常参官不施悬鱼③、对凤④、瓦兽⑤、通栿、乳梁装饰⑥。"

① 原作"王公之居，不施重栱、藻井。"案《册府》卷六一："准《营缮令》：'王公以下舍屋不得施重栱、藻井。'"又长孙无忌《唐律疏议》卷二六"杂律·诸营造舍宅"条说："营造舍宅者，依《营缮令》：'王公以下凡有舍屋，不得施重栱、藻井。'"则王公之居不在禁限。兹据《册府》补"以下舍屋"四字，删去"之居"二字。

② 二"下"字原均作"架"。案《册府》卷六一作:"三品以上,堂舍不得过五间九架,仍厅厦两头;门屋不得过三间五架。五品以上,堂舍不得过五间七架,亦厅厦两头;门屋不得过三间两下(《六典》卷二三'将作监·左校令'条'下,作'厦';《唐会要》卷三一作'架')。仍通作乌头大门。勋官各依本品。六品、七品以下,堂舍不得过三间五架;门屋不得过一架(《六典》、《唐会要》作'间')两下(《六典》作'厦';《唐会要》作'架')。""架"的本字作"驾"。《淮南子·本经》:"大构驾,兴宫室。"高注:"驾、材木相乘驾也。"东汉《张景造土牛碑》:"五驾瓦屋二间。"指进深为五驾椽的瓦屋二间。本节所谓五间九架、五间七架等,也是从纵向的进深上区别等级。但在唐代,"架"还有一种含义。《旧唐书·卢杞传》说:"凡屋两架为一间。"这是依横向从面阔上计算的,与本节所说的"架"不同。

至于《册府》说的"两下",则与舍屋的进深和面阔均无关,而是指屋顶的形制。《礼记·檀弓》孔疏:"殷人以来,始屋四阿。夏家之屋,唯两下而已,无四阿,如汉之门庑。"宋·李如圭《仪礼释官》:"人君之堂屋,为四注。大夫、士,则南北两下而已。"清·江永《仪礼释官增注》:"周制:天子、诸侯得为殿屋四注;卿、大夫以下,但为夏屋两下。四注则南北东西皆有霤,两下则唯南北有霤,而东西有荣。"《仪礼·士冠礼》贾疏:"荣、屋翼也,即今之搏风也。"则两下之屋,即指悬山顶的房屋而言。以西安西郊中堡子村唐墓所出之舍屋模型相印证,其门屋是悬山顶,正符合"两下"之制的规定。但官员们的堂屋,却不能像周代的诸侯那样用殿屋四注,即庑殿顶;对此,《册府》中特别提到要"厅厦两头"。《营造法式》卷一○"九脊小帐"节称歇山顶为"两厦头"。则"厅厦两头"亦应指歇山顶。中堡村舍屋模型中的堂屋也正是歇山顶。不过这项制度在本节中未提到。其门屋句中的"架"字,则据《册府》改为"下"。

③ "悬鱼"即宋代所称"垂鱼"。《营造法式》卷七说:"凡垂鱼施之于屋山搏风版合尖之下。"由于唐代的南禅、佛光两殿上均无此物,现存的实物则以安徽合肥西郊南唐保大四年(946年)墓出土木屋上所装者为最早。

④ "对凤"作为建筑上的名称,似尚未见于他处,疑指门楣上的装饰。山西太原北齐·娄睿墓的门楣当中的兽面两侧绘对凤。朝鲜平安南道龙冈郡之高勾丽时代的双楹冢,其墓室的门楣当中有人字栱一朵,两侧的栱眼壁中绘对凤(图23-24:1)。西安慈恩寺大雁塔西门楣石上线雕之佛殿,其心间阑额上也有人字栱一朵,两侧的栱眼壁上同样刻出对凤(图23-24:2)。在西安洪庆村305号唐·李仁墓及洛阳龙门唐·安菩墓的石门楣上亦刻对凤(图23-24:3)。可见自南北朝至唐,大建筑的门楣等显著位置上常用这一装饰题材。

图 23-24　门楣上所饰对凤

1. 双楹冢墓室门楣（据《东洋建筑》图版 21）　2. 大雁塔西门楣线雕佛殿心间阑额
3. 西安洪庆村 305 号景云元年（710 年）李仁墓石门楣（据《西安郊区隋唐墓》页 11）

⑤　汉代的大型建筑物屋顶上有时立铜凤凰等饰件。至晋代开始出现鸱尾（此名称最早见于《御览》卷一八八引《晋中兴书》及《晋书·安帝纪》），随后又出现了瓦兽；二者遂构成一套屋顶装饰，为后代所沿用。瓦兽之最早的实物出土于湖北沙市（《江汉考古》1984 年第 1 期）。该瓦内底有"元光元年"纪年铭。但这并不是汉武帝的元光，而是南朝刘宋时，割据雍州、荆州一带的刘浑的年号，沙市当时正处于刘浑的控制区内。但在此后的长时期内未发现过此类瓦件。不过莫高窟唐代壁画中的大建筑之檐角部分常有若干突起物，应即代表瓦兽。

⑥　此句原作："常参官施悬鱼、对凤、瓦兽、通栿、乳梁。"从而非常参官的舍屋便不应施上述诸物。但不施悬鱼等犹可；通栿为前后相通的大梁，乳梁一般为自檐柱通内槽柱的短梁，为稍具规模之建筑物的构架所不可缺少。故通栿等物的使用范围不能只限常参官。案《册府》卷六一说："非常参官不得造轴心舍，及不得施悬鱼、对凤、瓦兽、通栿、乳梁装饰。"则仅规定非常参官舍屋的通栿、乳梁上不得施油彩画之类装饰而已。兹据《册府》补"非"、"不"、"装饰"四字。又《宋史·舆服志》说："非宫室寺观毋得彩绘栋宇。""凡臣庶家不得施重栱、藻井及五色文采为饰。"可见这种限制到宋代仍未改变。

【旧120】太极元年，左司郎中唐绍上疏曰："臣闻王公以下，送终明器等物具标甲《令》，品秩高下，各有节文①。孔子曰：'明器者，备物而不可用，以刍灵者善，为俑者不仁。'传曰：'俑者，谓有面目机发，似于生人也。以此而葬，殆将于殉，故曰不仁。'②近者，王公百官，竞为厚葬，偶人像马，雕饰如生。徒以眩耀路人，本不因心致礼。更相扇慕，破产倾资，风俗流行，遂下兼士庶③。若无禁制，奢侈日增。望诸王公以下，送葬明器，皆依《令》、《式》，并陈于墓所，不得衢路行。"

  ① 太极元年（712年）时之制度不详。以后见于记载的又有四次规定，情况如下表。实际上则远远超过以上规定。如以数量论，至会昌元年三品以上随葬的明器仍限制在一百件以内，而早在初唐时期，西安地区的独孤开远墓（贞观十六年，从三品）已出土俑一百四十六件；李爽墓（总章元年，正三品）则达一百八十一件。以高度论，会昌元年才允许俑高1.5唐尺（约合0.442米），但出土唐俑之高度超过1米的并不少见，如咸阳底张湾豆卢建墓（天宝三载）的俑高达1.18米；西安韩森寨雷君妻宋氏墓（天宝四载）出土之俑更高达1.42米。即本节所称"竞为厚葬"的反映。

	三品以上				五品以上				九品以上				庶人				根据
	数量	类别	高度	质地	数量	类别	高度	质地	数量	类别	高度	质地	数量	类别	高度	质地	
开元二〇（732）	90	四神驼马人	1.0	瓦或木	60	四神	1.0	瓦或木	40	四神	1.0	瓦或木					《通典》一〇八 《六典》二三
		音乐卤簿	0.7			音乐仆从	0.75			音乐仆从	0.7						
		女子	0.8														
		奴婢	0.2			奴婢	0.2			奴婢	0.2						
开元二九（741）	70			素瓦	40			素瓦	20			素瓦	15			素瓦	《唐会要》三八
元和六（811）	90	包括四神十二时	0.7—1.0	瓦或木	60	包括四神十二时	0.7—1.0	瓦或木	40	包括四神十二时	0.7—1.0	瓦或木	15	不包括四神十二时	0.7以下	瓦	《唐会要》三八
会昌元（841）	100	包括四神十二时	0.1—1.5	木	70	包括四神十二时	0.8—1.2	木	50	包括四神十二时	0.7—1.0	木	25	包括四神十二时	0.7以下	木	《唐会要》三八

（高度单位：唐大尺〔=0.295米〕）

② 《礼记·檀弓》:"孔子谓:'为明器者知丧道矣,备物而不可用也。哀哉!死者而用生者之器也,不殆于用殉乎哉?'其曰明器,神明之也。涂车刍灵,自古有之,明器之道也。孔子谓:'为刍灵者善。'谓:'为俑者不仁,殆于用人乎哉!'"《孟子·梁惠王篇》也说:"仲尼曰:'始作俑者,其无后乎!'为其象人而用之也。""用"本指杀牲以祭。《周礼·庖人》郑注:"杀牲谓之用。"但古代有时以人作牺牲,则称"用人"。此风盛于商代,甲文中所见用人之例,一次可达数百名。殷虚曾出人头骨,刻辞中说"方伯用"(《京津》5281),则其所用之人,甚至包括被俘获的方伯。春秋时仍有这种现象,如《左传·昭公十一年》:"用隐太子于冈山。"杜注:"用之,杀以祭山。"对于这种残酷的原始祭仪,孔子表示极端反对,他不仅反对用人,而且反对用象征人的俑,仅以为可以用刍灵,即草扎的动物模型。《檀弓》郑注说:"刍灵,束茅为人、马。"认为刍灵包括人、畜两种形象,并不符合孔子的原意。不过俑的出现却很早,安阳曾出灰陶奴隶俑,手加桎梏。战国楚墓中则多出木俑。木俑古称偶人。《说文》:"偶、桐人也。"桐人即木俑。《越绝书》说:"桐不为器,但用为俑。"《盐铁论·散不足篇》称着衣的木俑为:"桐人衣纨绨。"但陶俑也可以称为偶人。《史记·孟尝君列传》:"苏代谓曰:'今旦代从外来,见木偶人与土偶人相与语。'"可证。关于俑之得名的由来,郑玄在《檀弓》的注中解释为:"俑、偶人也,有面目机发,有似于生人。"孔疏引皇侃曰:"机械发动踊跃,故谓之俑也。"《广韵·上声二腫》也说:"俑、木人,送葬设关而能跳踊,故名之。出《埤苍》。"但在考古发掘中从未见过设有机关能够跳跃的俑,故此说不确。《说文》"俑"字下段注:"俑即偶之假借字。如喁亦禺声,而读鱼容切也。假借之义行而本义废矣。《广韵》引《埤苍》说:'木人送葬设关而能跳踊,故名之俑。'乃不知音理者,强为之说耳。"徐灏笺也说:"段说是也。《史记》'木禺龙'即木偶龙。《汉书》作'寓'。盖偶读如寓,转入董韵,故与俑通;其后又转入有韵也。"段、徐之说是。

③ 这类事例之尤著者如《新唐书·文懿公主传》说:公主于咸通十年(869年)去世,"及葬,帝(唐懿宗)与妃(郭淑妃)坐延兴门,哭以过柩,仗卫弥数十里。冶金为俑,怪宝千计实墓中。"其金俑与怪宝,也必然抬在出丧的行列中"眩耀路人"。并且除了丧家的明器仪物外,送葬者在"道祭"中还要出祭盘。本来在贞观十一年(637年)时,已有"送葬祭盘不许作假花果及楼阁"(《通典》卷八六)的规定,但实际上"奢侈日增"。唐·封演《封氏闻见记》卷六说:"大历中,太原节度使辛云京葬日,诸道节度使使人修祭。范阳祭盘最为高大,刻木为尉迟鄂公与突厥斗将之戏,机关动作,不异于生。祭讫,灵

车欲过。使者请曰：'对数未尽。'又停车，设项羽与汉高祖会鸿门之象，良久乃毕。缘经者皆手擘布幕，收哭观戏。事毕，孝子陈语与使人：'祭盘大好，赏马两匹。'"这类情况正像唐绍所说，"本不因心致礼"，只不过是豪门贵胄借以显示他们的财富与权势而已。

【旧121】（唐绍上疏曰）"又士庶亲迎之仪，备诸六礼，所以承宗庙、事舅姑。当须昏以为期，诘朝谒见。往者下俚庸鄙，时有障车，邀其酒食，以为戏乐。近日此风转盛，上及王公，乃广奏音乐，多集徒侣，遮拥道路，留滞淹时，邀致财物，动逾万计。遂使障车礼贶，过于聘财，歌舞喧哗，殊非助感①。既亏名教，实蠹风猷，违紊礼经，须加节制。望请婚姻家障车者，并须禁断。其有犯者，有荫家请准犯名教例附簿；无荫人决杖六十，仍各科本罪。"制从之②。

① 赵守俨《唐代婚姻礼俗考略》说："新娘上车以后，新郎骑马绕车三匝。然后喜车还要经过'障车'的一关，才能起程。所谓'障车'，就是阻挡住车子，不让新娘动身。其起源，可能是女家对新嫁娘表示惜别，但到了后来，名存实亡，变为乡里无赖勒索财帛的借口"（《文史》3，1963年）。唐·张鷟《朝野佥载》卷三说："崔玄信命女婿裴唯岳摄受州刺史，贪暴，取金银财物向万贯。有首领取妇，裴郎要障车绫。索一千匹，得八百匹，仍不肯放。捉新妇归，戏之，三日乃放还。"可见这种陋俗发展到何等严重的程度。对此，不仅唐绍反对，建中时颜真卿也主张"请停障车、下婿、观花烛及却扇诗"（《封氏闻见记》卷五，《唐会要》卷八三）。然而此风至宋犹存，宋代婚礼中之所谓"拦门"（《东京梦华录》卷五）和"障车"仍颇类似。

② 《唐会要》卷八三说：其后"至十一月十二日敕：'王公以下嫁娶，比来时有障车，既亏风教，特宜禁断。'"本节说"制从之"，似据此而言。但《新唐书·唐绍传》说："绍又言：'……昏家盛设障车，拥道为戏乐，邀货损资，动万计。甚伤化紊礼，不可示天下。'事虽不从，议者美叹。"则其议未获颁行，与本节及《唐会要》所记不同。

图 片 目 录

图 1-1　　始皇陵 2 号铜车　　　　　　　　　　　　　　　　　插页
图 1-2　　辒车与辁车　　　　　　　　　　　　　　　　　　　5
图 1-3　　绮与绮幭　　　　　　　　　　　　　　　　　　　　5
图 1-4　　户钥　　　　　　　　　　　　　　　　　　　　　　6
图 1-5　　山东福山出土汉画像石上的重舆辒车　　　　　　　　6
图 1-6　　2 号铜车上的策　　　　　　　　　　　　　　　　　7
图 1-7　　2 号铜车上的毂、軎与飞軨　　　　　　　　　　　　8
图 1-8　　2 号铜车的前舆与后舆　　　　　　　　　　　　　　10
图 1-9　　山东长岛出土战国铜鉴刻纹中前部有撑帆的车　　　　11
图 1-10　　2 号铜车的锡　　　　　　　　　　　　　　　　　　11
图 1-11　　车战时之"左旋"（示意图）　　　　　　　　　　　13
图 1-12　　2 号铜车左骖马所衔的橛　　　　　　　　　　　　　14
图 1-13　　六辔及其系结法　　　　　　　　　　　　　　　　　15
图 2-1　　始皇陵 1 号铜车　　　　　　　　　　　　　　　　　插页
图 2-2　　淮阴高庄战国墓出土铜器刻纹中的车　　　　　　　　24
图 2-3　　方釳　　　　　　　　　　　　　　　　　　　　　　25
图 2-4　　临淄西汉齐王墓 4 号陪葬坑中的 4 号车　　　　　　　25
图 3-1　　商、周时代的小型车箱与大型车箱　　　　　　　　　28
图 3-2　　轸饰　　　　　　　　　　　　　　　　　　　　　　28
图 3-3　　较　　　　　　　　　　　　　　　　　　　　　　　29
图 3-4　　箱中部装轼的车　　　　　　　　　　　　　　　　　30
图 3-5　　革鞃纹　　　　　　　　　　　　　　　　　　　　　30
图 3-6　　盖斗与盖弓　　　　　　　　　　　　　　　　　　　31
图 3-7　　盖弓帽　　　　　　　　　　　　　　　　　　　　　32
图 3-8　　盖杠与桿輗　　　　　　　　　　　　　　　　　　　33

图 3-9	笠毂的装置方式	34
图 3-10.	笠毂	35
图 3-11	輨釭、铜	37
图 3-12	附有笠毂状盖板的人形辖	38
图 3-13	害与辖	39
图 3-14	辉县出土战国车上所见轮缏结构	40
图 3-15	铜踵	41
图 3-16	铜軏饰	42
图 3-17	铜軏	43
图 3-18	衡与衡末	44
图 3-19	軛	45
图 3-20	釱	46
图 3-21	銮	47
图 3-22	镂	48
图 3-23	锡	49
图 3-24	衔与镳	50
图 4-1	两河流域的古车	56
图 4-2	中国古车与西方古车的车身	57
图 4-3	象形字和简单刻纹中的车	57
图 4-4	古埃及新王国时代壁画中所见颈带式系驾法	59
图 4-5	軛靼式系驾法示意图	60
图 4-6	从胸式系驾法向鞍套式系驾法的过渡	63
图 4-7	使用肩套的欧洲马车（13世纪）	65
图 4-8	中国与西方古车系驾法的比较	66
图 5-1	铜"弓形器"	70
图 5-2	弓形器使用复原图	71
图 5-3	唐兰文中的"铜弓柲"出土位置图与小屯 M20 车马坑平面图	72
图 5-4	对"弓形器"使用方法的几种设想	73
图 5-5	一人兼御者与射手时，将辔绳系于腰间	74
图 5-6	小屯 M164 马坑平面图	76
图 5-7	蒙古库苏古勒省木伦汗县乌施金—乌魏尔14号鹿石	77
图 5-8	鹿石刻纹与铜挂钩	78
图 6-1	晋代和隋代的辂	81

图 6-2	唐代的辂	83
图 6-3	宋代和金代的辂	85
图 6-4	欧洲岩画中的四轮牛车	86
图 6-5	清代《大驾卤簿图》中的"金辂"	87
图 7-1	汉代的鹿车	90
图 7-2	"木牛流马"结构示意图	91
图 7-3	驾一头牛的犁	92
图 8-1	单镫骑俑	95
图 8-2	络头	96
图 8-3	镳	97
图 8-4	两桥垂直鞍与后桥倾斜鞍	98
图 8-5	铜鞍桥	99
图 8-6	南北朝时的障泥	100
图 8-7	早期的马珂	101
图 8-8	萨珊马上的杏叶	102
图 8-9	唐代的杏叶	103
图 8-10	鞘的出现和形成	104
图 8-11	跋尘的出现	105
图 8-12	跋尘的形成	106
图 8-13	跋尘的演变（1.宋　2、3.金　4~6.元）	107
图 8-14	"围攻要塞图"银盘所见跋尘	108
图 8-15	秦汉时期的一花马和二花马	109
图 8-16	匈奴·东胡带具上所见一花马	110
图 8-17	三花马	111
图 8-18	4~8世纪的鞍具	112
图 8-19	突厥鞍桥	113
图 8-20	云珠	114
图 8-21	寄生	115
图 8-22	斯基泰人所用脚扣	116
图 8-23	8~9世纪的突厥骑士	116
图 9-1	新石器时代的玉佩饰	121
图 9-2	西周的多璜组玉佩	123
图 9-3	玉牌联珠串饰	125

图9-4	单璜佩	126
图9-5	龙形佩	129
图9-6	"珩"形佩	130
图9-7	东周至西汉的组玉佩	131
图9-8	郭宝钧所拟"战国组玉佩模式图"	132
图10-1	深衣	136
图10-2	北方各国的深衣	137
图10-3	楚帛画上所见深衣	138
图10-4	男、女深衣俑	139
图10-5	西汉女式深衣上所见"燕尾"	140
图10-6	漆瑟彩绘中的猎人	140
图10-7	短袖的"䋺衣"	141
图10-8	短袖上衣	142
图10-9	铜人	143
图10-10	禭、髾及其演变	144
图11-1	洛阳金村出土银着衣人像	147
图11-2	男式发髻	148
图11-3	椎髻	149
图11-4	两髦与发髻	149
图11-5	山东滕县西户口东汉画像石上的胡汉交战图	151
图11-6	匈奴人头部	151
图11-7	匈奴服式	152
图11-8	错金银狩猎纹镜上的武士	153
图11-9	战国跣足铜人	154
图11-10	着靴的骑马者	154
图12-1	无帻之冠	158
图12-2	明代的梁冠与东汉的进贤冠	159
图12-3	陶武士俑冠下之颎	160
图12-4	进贤冠的演变	161
图12-5	武氏祠画像石中的通天冠与进贤冠	162
图12-6	通天冠的演变	163
图12-7	皮弁	164
图12-8	弁与武弁	165

图 12-9	马王堆 3 号汉墓出土的漆纚纱弁	166
图 12-10	介帻、平上帻与平巾帻	167
图 12-11	笼冠的渊源和演变	169
图 12-12	从簪貂尾到簪鹖羽	170
图 12-13	冠珰上的金附蝉	171
图 12-14	饰蝉珰之冠	172
图 12-15	东汉的鹖冠	173
图 12-16	唐代鹖冠造型之渊源	174
图 12-17	唐代着礼服的文武俑	176
图 13-1	汉代军服上的三种徽识	180
图 13-2	负羽者	181
图 13-3	佩鞬与负箭箙的武士	182
图 14-1	沂南画像石中佩带虎头鞶囊的武士	184
图 14-2	齐王向锺离春授绶	185
图 14-3	施玉环的绶	185
图 14-4	鱼袋	187
图 15-1	北魏迁洛前的服装与十六国服装的比较	190
图 15-2	褒衣博带	192
图 15-3	南北朝的高头履	193
图 15-4	漆屐	193
图 15-5	《竹林七贤图》中的部分人物	194
图 15-6	袴褶装	195
图 15-7	娄睿墓壁画中着鲜卑装的人物	197
图 16-1	绡头和幅巾	201
图 16-2	戴鲜卑帽的男子与妇女	202
图 16-3	鲜卑帽向幞头的演变	203
图 16-4	贯铜筓的发髻	203
图 16-5	隋代的幞头	204
图 16-6	唐代软脚幞头的系裹（示意图）	205
图 16-7	莫高窟藏经洞所出绢本佛画上的相扑者	205
图 16-8	吐鲁番阿斯塔那出土唐代巾子	205
图 16-9	幞状的演变	207
图 16-10	几种形制特殊的幞头	209

图 16－11	幞头环	210
图 16－12	明·王鏊的两幅画像	211
图 16－13	装巾环的头巾	212
图 16－14	元·王绎《杨竹西像》	212
图 16－15	无披幅的头巾	213
图 16－16	只有前披幅的头巾	214
图 16－17	只有后披幅的头巾	214
图 16－18	有前后披幅的头巾	215
图 16－19	老人巾	215
图 16－20	明《皇都积胜图》（部分）	216
图 17－1	条纹裙	220
图 17－2	帔帛	221
图 17－3	半臂	223
图 17－4	唐代女装加肥的趋势	224
图 17－5	尖顶帽	225
图 17－6	胡帽与蕃帽	226
图 17－7	席帽、油帽与帷帽	228
图 17－8	唐代着男装的妇女	229
图 17－9	线鞋与锦鞋	229
图 17－10	唐代女装之履的头部	230
图 17－11	蒲履	230
图 17－12	"白毫"形额饰	232
图 17－13	V 字形额饰	233
图 17－14	"梅花妆"式的面饰	233
图 17－15	花钿的式样	234
图 17－16	石渚长沙窑出土盛花钿的盒子	234
图 17－17	木女俑头	235
图 17－18	唐代妇女髻式	236
图 17－19	五代的高髻与唐代的倭堕髻	237
图 17－20	《簪花仕女图》中之钗与南唐金钗	238
图 17－21	唐簪	239
图 17－22	唐代石刻线画中的钗	240
图 17－23	唐代花钗	241

图 17-24	唐梳	242
图 17-25	新疆吐鲁番出土唐代绢画中所见之耳环	243
图 17-26	项圈	243
图 17-27	唐钏	244
图 18-1	偏衣佩玉木俑	247
图 18-2	陕县上村岭 1715 号墓带具出土位置	250
图 18-3	无括结功能的腰带饰牌	251
图 18-4	汉代的腰带饰牌，即无穿孔带头	252
图 18-5	汉代的有穿孔带头	253
图 18-6	附穿针的有穿孔金带头	254
图 18-7	"方策"与带鐍	255
图 18-8	从带头到带鐍	255
图 18-9	I 型带鐍及其使用方法	256
图 18-10	II 型带鐍	257
图 18-11	成对的 III 型和 IV 型带鐍	258
图 18-12	始皇陵 2 号俑坑所出陶马腹带上的带扣	259
图 18-13	汉代车马具中的小带扣	259
图 18-14	汉代的银带扣	260
图 18-15	汉晋的金带扣	261
图 18-16	汉晋的玉带扣和玉带具	262
图 18-17	晋式带具	插页
图 18-18	括结后余下的窄带垂于腹前	264
图 18-19	几种带扣的使用方式示意图	265
图 18-20	另皮窑与讨合气出土带具的使用方式示意图	267
图 18-21	南北朝带具与朝鲜、日本带具的比较	268
图 18-22	单带扣·单铊尾带具的几种类型	插页
图 18-23	系环带的人物	269
图 18-24	革带上的拱形銙	269
图 18-25	佩在革带上的刀子	269
图 18-26	苏方罗香囊	270
图 18-27	倒插与顺插的铊尾	270
图 18-28	双铊尾带	271
图 18-29	荔枝纹带具	272

图18-30	宋代的毯路纹	273
图18-31	狮蛮带	273
图18-32	宋代的看带	274
图18-33	明式玉带扣结法	276
图18-34	明·沈度像	277
图18-35	元·钱裕墓出土玉绦环	278
图18-36	元代的玉绦环	278
图18-37	定陵出土龙纹闹装绦环	279
图18-38	定陵出土叠方胜纹闹装绦环	279
图18-39	定陵出土心字纹闹装绦环	279
图18-40	明《宪宗调禽图》	280
图18-41	清《情殷鉴古图》	280
图19-1	北宋帔坠	286
图19-2	南宋帔坠	286
图19-3	宋代的玉帔坠	287
图19-4	元代帔坠	287
图19-5	明代服制中规定的帔坠	288
图19-6	出土时仍系在霞帔上的帔坠	289
图19-7	明·朱佛女像	290
图19-8	明刊《中东宫冠服》中霞帔与帔坠的佩带方式	291
图19-9	明代皇后用金帔坠	291
图19-10	明代民间自制的帔坠	292
图19-11	清代霞帔	293
图20-1	宋画中戴束发冠的人物	296
图20-2	在头巾下戴莲花冠的宋代人物	297
图20-3	宋代的白玉莲花冠	298
图20-4	罩在头巾下的束发冠	298
图20-5	明代的男用束发冠	299
图20-6	明代女用金梁冠	300
图20-7	戴冠的崔夫人	300
图20-8	明代女用银冠	301
图20-9	平武出土的梅花形银盏与通道出土的桃形银盏	302
图20-10	宋代妇女所戴出尖角的大冠	302

图 片 目 录

图 20-11	宋代的团冠	303
图 20-12	明代的扭心鬏髻	303
图 20-13	包髻	304
图 20-14	明代鬏髻	306
图 20-15	明代戴特髻和鬏髻的人像	307
图 20-16	《明宪宗元宵行乐图》中所见戴特髻的嫔妃贵人	308
图 20-17	明孝靖后头戴特髻的遗骨	309
图 20-18	镶宝石的鎏金银特髻	310
图 20-19	明代女用金冠	311
图 20-20	覆盂形女冠	312
图 20-21	挑心	313
图 20-22	顶簪	314
图 20-23	头箍	314
图 20-24	分心	316
图 20-25	髻上之首饰的配置	317
图 20-26	掩鬓	318
图 20-27	草虫簪	319
图 20-28	梅花簪	320
图 20-29	啄针	320
图 20-30	围髻	321
图 20-31	采药女仙耳坠	322
图 21-1	武士俑上所见縢蛇	337
图 21-2	带鞶囊的人物	339
图 21-3	立笔	342
图 21-4	南北朝时的獬豸冠	342
图 21-5	汉代的高山冠	343
图 21-6	方心曲领	344
图 21-7	汉代的舃	345
图 21-8	汉代脱舃舞剑的人物	345
图 21-9	栖鸟的建鼓	350
图 21-10	斧车	352
图 21-11	唐《石台孝经》碑座上所见橱纹	354
图 21-12	战国铜钫纹饰中插旗旆的车	356

图 21-13	《列女传图》"伯玉车"马额前所见之钖	359
图 21-14	和田出土彩绘木板画上所见之钖	359
图 21-15	南京赵士岗南朝墓出土内设凭几的陶牛车	362
图 21-16	偏幰牛车与通幰牛车	363
图 21-17	莫高窟420窟隋代壁画中张络网垂玉饰的牛车	363
图 21-18	无轮车状的辇	365
图 21-19	亭状的辇	366
图 21-20	屋宇状大辇	367
图 21-21	篮舆与板舆	367
图 21-22	肩舆	368
图 21-23	《步辇图》中所见襻舆	368
图 21-24	敦煌石室所出绢本佛画下部两侧所绘男女供养人的乘具	373
图 21-25	驼车	374
图 22-1	大裘冕	376
图 22-2	隋唐玉佩	379
图 22-3	纷	380
图 22-4	日、月图案	383
图 22-5	帝王的章服	384
图 22-6	明代的十二章	386
图 22-7	殷墟出土大理石人像	388
图 22-8	日本圣武天皇礼履	389
图 22-9	着冕服的隋文帝	390
图 22-10	双童髻	393
图 22-11	汉代的空顶帻	394
图 22-12	唐代的介帻	395
图 22-13	白纱帽	396
图 22-14	白帢与无颜帢	397
图 22-15	乌纱帽	404
图 22-16	唐代陶女俑背面所见只佩	405
图 22-17	爵弁	410
图 22-18	戴平巾帻加笼冠的唐代官员	413
图 22-19	唐·郑仁泰墓出土着虎纹袴的牵驼俑	414
图 22-20	唐与唐以后的狮豸冠	416

图 22-21	《凌烟阁功臣图》中戴进德冠的侯君集	416
图 22-22	南京牛首山南唐·李昇墓出土戴高山冠的陶俑	417
图 22-23	委貌冠	418
图 22-24	樊哙冠	418
图 22-25	却非冠	418
图 22-26	敦煌石室所出唐代纸本绘画衣冠骑马人物	430
图 23-1	着裙襦的男女俑	432
图 23-2	着袄子的武士俑	434
图 23-3	唐代的靴	435
图 23-4	重檐帽、仙桃巾、东坡巾	437
图 23-5	龟甲纹	444
图 23-6	双巨纹	445
图 23-7	锦褾、袖	445
图 23-8	带孔的磨石	448
图 23-9	吐鲁番发现的高昌壁画	448
图 23-10	蒲桃团窠迦陵频伽纹绫《最胜王经》帙	450
图 23-11	青海都兰唐墓出土对狮、凤纹锦	451
图 23-12	联珠圈动物纹	452
图 23-13	爱米塔契博物馆藏萨珊银盘上所见珠链	453
图 23-14	唐式团窠图案	453
图 23-15	大团窠之衣及其向褶子的演变	455
图 23-16	宋代后偃式敛巾	456
图 23-17	缀皂纱之席帽	458
图 23-18	唐·永泰公主墓石椁线刻	458
图 23-19	唐代夹缬	463
图 23-20	唐代的鱼符和龟符	467
图 23-21	旌	471
图 23-22	节与幢	472
图 23-23	旗、旌、节	473
图 23-24	门楣上所饰对凤	475